150 Jahre
Wissen für die Zukunft
Oldenbourg Verlag

Lehr- und Handbücher zu Tourismus, Verkehr und Freizeit

Herausgegeben von Universitätsprofessor Dr. Walter Freyer

Lieferbare Titel:

Agricola, Freizeit – Grundlagen für Planer und Manager

Althof, Incoming-Tourismus, 2. Auflage

Bastian · Born · Dreyer, Kundenorientierung im Touristikmanagement, 2. Auflage

Bieger, Management von Destinationen, 7. Auflage

Dreyer, Kulturtourismus, 3. Auflage

Dreyer · Krüger, Sportmanagement

Dreyer · Dehner, Kundenzufriedenheit im Tourismus, 2. Auflage

Dreyer u.a., Krisenmanagement im Tourismus

Finger · Gayler, Animation im Urlaub, 3. Auflage

Freyer, Tourismus, 8. Auflage

Freyer, Tourismus-Marketing, 5. Auflage

Freyer · Pompl, Reisebüro-Management, 2. Auflage

Günter, Handbuch für Studienreiseleiter, 3. Auflage

Henselek, Hotelmanagement – Planung und Kontrolle

Kaspar, Management der Verkehrsunternehmungen

Landgrebe · Schnell, Städtetourismus

Lieb · Pompl, Qualitätsmanagement im Tourismus

Müller, Tourismus und Ökologie, 3. Auflage

Schreiber, Kongress- und Tagungsmanagement, 2. Auflage

Steinbach, Tourismus – Einführung in das räumlich-zeitliche System

Sterzenbach · Conrady, Luftverkehr, 3. Auflage

Reisebüro-Management

Gestaltung der Vertriebsstrukturen im Tourismus

Herausgegeben von
Univ.-Prof. Dr. Walter Freyer
und
Prof. Dr. Wilhelm Pompl

in Zusammenarbeit mit
Prof. Dr. Claus-Dieter Barg,
Dipl.-Tourismusbetriebsw. Claudia Brözel,
Dipl.-Kaufm. Hendrik David, Dr. Markus Heller,
Prof. Dr. Torsten Kirstges, Justiziarin Corinna Kleinert,
Dr. Kristiane Klemm, Dipl.-Kaufm. Manuel Molina,
Dr. Claudia Möller, Dr. jur. Irmgard Nies,
Dipl.-Volksw. Ulrich Schöpp, Dipl.-Betriebsw. (FH) Axel Schrand,
Dr. Markus Schuckert, Prof. Dr. Axel Schulz,
Dipl.-Volksw. Werner Sülberg, Prof. Dr. Peter Voigt,
Prof. Dr. Uwe Weithöner, Dipl.-Kaufm. Andreas Wilbers

2., vollständig überarbeitete Auflage

Oldenbourg Verlag München

Bibliografische Information der Deutschen Nationalbibliothek

Die Deutsche Nationalbibliothek verzeichnet diese Publikation in der Deutschen Nationalbibliografie; detaillierte bibliografische Daten sind im Internet über <http://dnb.d-nb.de> abrufbar.

© 2008 Oldenbourg Wissenschaftsverlag GmbH
Rosenheimer Straße 145, D-81671 München
Telefon: (089) 4 50 51-0
oldenbourg.de

Lektorat: Wirtschafts- und Sozialwissenschaften, wiso@oldenbourg.de
Herstellung: Anna Grosser
Coverentwurf: Kochan & Partner, München
Cover-Illustration: Hyde & Hyde, München
Gedruckt auf säure- und chlorfreiem Papier
Gesamtherstellung: Druckhaus „Thomas Müntzer" GmbH, Bad Langensalza

ISBN 978-3-486-58618-3

Inhaltsübersicht

Inhaltsverzeichnis

Vorwort zur 2. Auflage

Seit Erscheinen der 1. Auflage des Buches Reisebüromanagement vor knapp zehn Jahren hat sich die touristische Vertriebslandschaft national und international entscheidend verändert.

Als wesentliche Entwicklungen sind zu nennen:

- Mit dem Internet entstand eine zweite Dimension der Tourismusbranche: Die virtuelle Welt des E-Business und der Online-Medien. Für den Reisevertrieb hat dies zum verstärkten Multi Channel Vertrieb und zum Customer Relationship Management geführt.

- Der Strukturwandel im Vertriebsbereich ließ das unabhängige Reisebüro, das noch 1990 mit ca. 80% dominiert hatte, nahezu vom Markt verschwinden. Inzwischen bestimmen Reisebüroketten und -kooperationen mit über 90% das Bild der Branche.

- Integrierte Konzerne haben im Rahmen der vertikalen Expansion ihre Vertriebsaktivitäten ausgeweitet: mehr Direktvertrieb, Auf- und Ausbau eigener Reisebüroketten und Franchisesysteme sowie Einstieg in den Onlinevertrieb.

- Der Ertrag der Reisemittler basiert nicht mehr länger nur auf den Vermittlungsentgelten ihrer Handelsherren (v.a. der Reiseveranstalter und der Leistungsträger). Neue Provisionsmodelle bis hin zur Nullprovision erfordern eine Neupositionierung: Wenn wegfallende Provisionserträge durch vom Kunden zu bezahlende Entgelte zu ersetzen sind, dann wird das Reisebüro sich vom Agenten des Produzenten zum Beauftragten des Kunden wandeln müssen.

- Die zunehmende Reiseerfahrung der Kunden, ihre Möglichkeiten der Informationsbeschaffung im Internet vom Preisvergleich über die Hotelbewertung bis zum Destinations-Blog erfordern von den Reisebüromitarbeitern eine zunehmende Beratungs- und Informationsbeschaffungskompetenz, die ohne umfassende IT-Ausstattung nicht mehr zu gewährleisten ist.

Diese Entwicklungen stellen neue Herausforderungen an das Marketing der Tourismus-Produzenten, an das Management der Vertriebsorganisationen und an deren Mitarbeiter. Mit einer Neuauflage des Buches „Reisebüro-Managemens" haben wir darauf reagiert – schon der Untertitel „Gestaltung der Vertriebsstrukturen" weist auf eine neue Fokussierung hin. Alle Beiträge der Erstauflage wurden aktualisiert, einige neue kamen hinzu. Erfreulicherweise haben fast alle Autorinnen und Autoren der 1. Auflage wieder mitgewirkt. Das gibt dem Buch zugleich Konstanz und Kontinuität und ermöglicht eine Betrachtung der Entwicklungen und Veränderungen.

Unser Dank gilt insbesondere den Autoren, die auch die 2. Auflage zu einem zentralen Werk für die Reisebüro-Praxis und für die touristische Ausbildung haben werden lassen. Bei der formalen Gestaltung des Buches hat uns Frau Anke Krumbiegel sehr hilfreich unterstützt. Herrn Dr. Jürgen Schechler vom Oldenbourg Verlag danken wir für die optimale verlegerische Betreuung der vorliegenden Publikation.

Mai 2008

Die Herausgeber:

Prof. Dr. Walter Freyer
Prof. Dr. Wilhelm Pompl

Vorwort zur 1. Auflage

Die Reisebürobranche steht auf der Schwelle zum nächsten Jahrtausend zahlreichen Veränderungen am Reisemarkt gegenüber, die eine verstärkte professionelle Anwendung von Managementmethoden erfordern.

- Auf der **Nachfrageseite** sind die Kunden reiseerfahrener geworden und erwarten von Reisebüros eine qualifizierte Beratung und steigende Service-Qualität. Dabei sind sie selbst weitaus weniger berechenbar als in der Vergangenheit. Viele Kunden wechseln ebenso sprunghaft die Zielgebiete wie die Buchungsstellen und legen zudem oftmals hybride Verhaltensweisen an den Tag. Die Erfüllung von Urlaubsträumen und die emotionale Ansprache sind für viele Kunden zumindest ebenso wichtig wie ein technisch perfekter Buchungsablauf.

- Auf der **Anbieterseite** ist der Reisebüromarkt gekennzeichnet durch die in den neunziger Jahren verstärkten Konzentrationstendenzen, die insbesondere für die bisher ungebundenen Reisebüros neue Herausforderungen darstellen. Zudem sind dem klassischen touristischen Vertriebsweg Reisebüro durch die neuen Medien, insbesondere durch Online-Dienste, zusätzliche Konkurrenten erwachsen. Mit zunehmender Nutzerfreundlichkeit, steigender EDV-Affinität der Nachfrager und kostenreduzierenden Direktvertrieb der Reiseveranstalter und Leistungsträger wird die bisherige Position der Reisebüros immer mehr gefährdet. Ferner drängen zunehmend branchenfremde Unternehmen und globale Anbieter in den Reisemarkt.

Vor diesem Hintergrund entstand der Wunsch nach einer umfassenden Darstellung der spezifischen Management-Aufgaben für Reisebüros. Denn trotz der hohen wirtschaftlichen Bedeutung der Reisebürobranche sind deren Führungsaufgaben bisher in der Literatur nur unzureichend behandelt worden:

- Einerseits gibt es momentan es eine Reihe allgemeiner Veröffentlichungen zum Management, die besonderen Managementanforderungen für Reisebüros werden darin allerdings nicht berücksichtigt. Sie sind zumeist für die Belange von Groß- und Sachgüterunternehmen verfasst worden und gehen an den Bedürfnissen von klein- und mittelständischen Betrieben und von Dienstleistungsunternehmen, denen die meisten Reisebüros zuzurechnen sind, vorbei.

- Andererseits werden im Rahmen der Bücher zur „Reiseverkehrslehre", die für die Ausbildung zum/zur Reiseverkehrskaufmann/-frau verfasst worden sind, vorwiegend die operationalen Aufgaben im Reisebüro behandelt und weniger die Kenntnisse vermittelt, die für die Führungs- und Leitungspositionen in Reisebüros notwendig sind.

Das Konzept des Buches

Das vorliegende Buch soll dem Leser einen umfassenden Einblick in das Management eines Reisebüros und einen Überblick über die Branchenentwicklung geben. Es wendet sich vorrangig an heutige und morgige Führungskräfte in Reisebüros und fokussiert auf die leitenden Aufgaben (eben auf das „Management") – weniger auf das operative Tagesgeschäft. Dazu werden einerseits die betrieblichen Funktionen praxisnah und aktuell erfasst, andererseits die jeweiligen theoretischen Grundlagen systematisch dargestellt.

Das Buch soll kein Rezeptbuch mit Checklisten sein, das im Schnellkurs Branchenfremde zu Reisebürogründern macht. Es versucht vielmehr, die notwendigen theoretischen Hintergründe des Managements von Dienstleistungen in Reisebüros darzustellen, Entwicklungstrends aufzuzeigen und die einzelnen betrieblichen Funktionsbereiche umfassend und praxisnah zu behandeln. Dieses systematische Herangehen soll dem erfahrenen Praktiker helfen, sein Reisebüro noch professioneller zu entwickeln, und künftige Führungskräfte können sich intensiver mit den spezifischen Anforderungen des Reisebüro-Managements vertraut machen.

Die persönlichen Motive der Herausgeber

Ein weiterer Anlass des Buches waren die persönlichen **Motivationen der Herausgeber**, die sich beide jahrelang in Theorie und Praxis mit der Branchenentwicklung beschäftigt haben:

- Prof. Dr. Freyer war selbst Gründer und Geschäftsführer eines mittelständischen Reisebüros in Berlin, zudem Ausbilder für Reiseverkehrskaufleute, und hat während dieser Zeit die gestiegenen Reisebüroanforderungen in der Praxis kennengelernt. Im Rahmen der anschließenden Hochschullehrertätigkeit entstand der Wunsch, die eigenen Praxiserfahrungen mit den vorhandenen Erkenntnissen der Managementlehre zu verbinden.

- Prof. Dr. Pompl befasst sich nach einer Berufstätigkeit im Reiseveranstalterbereich als Hochschullehrer und Autor vorwiegend mit Themen des Dienstleistungsmanagements in der Touristik Zudem schätzt er als Kunde im zunehmenden Maße die Organisationskompetenz der „Reisebüros seines Vertrauens".

Beide verbindet die Freude am Reisen und die wissenschaftliche Beschäftigung mit der Touristik. So entstand auch der erste Entwurf dieses Buches auf einer Reise – während der gemeinsamen Teilnahme an einem tourismuswissenschaftlichen Kongress am Strand eines ehemaligen Traveller-Geheimtipps.

Zum Aufbau der Buches

Das Buch ist in drei Hauptteile gegliedert, die die verschiedenen Aufgabenbereiche des Reisebüro-Managements behandeln:

In **Teil A** werden die allgemeinen Grundlagen der Reisebürobranche aufgezeigt, wie Entwicklungsgeschichte, Leistungspalette, Reisebüroarten und Nutzergruppen.

In **Teil B** werden die betrieblichen Managementaufgaben tiefergehend betrachtet, wie Potential-, Prozess-, Marketing-, Personal- und Finanz-Management. Dabei steht weniger die Darstellung von Theorien im Vordergrund, vielmehr werden die entsprechenden allgemeinen Aussagen möglichst praxis- und anwendungsbezogen auf die Erfordernisse von Reisebüros übertragen. Die verschiedenen Beiträge stellen einen ersten Schritt auf dem Weg zur Entwicklung einer eigenständigen Managementlehre für Reisebüros dar.

Teil C zeigt die Rahmenbedingungen des Reisebüro-Managements auf, speziell Informationssysteme und neue Medien, Steuern, Versicherungen sowie Aus- und Weiterbildung von Reisebüros.

Dank an ...

Unser Dank für die Mitarbeit bei der Erstellung des Buches gilt vor allem den Autoren, die zwischen ihrer praktischen Reisebürotätigkeit bzw. ihrer Lehr- und Forschungstätigkeit die Zeit gefunden haben, ihre Erfahrungen und ihr Know-how für einen breiteren Kreis nutzbar zu machen. Es freut uns ganz besonders – und erfüllt uns auch mit etwas Stolz –, dass wir für diesen Spagat zwischen Wissenschaft und Praxis ausgewiesene Experten aus beiden Bereichen als Autoren gewinnen konnten.

Weiterhin bedanken wir uns – auch im Namen der anderen Autoren – bei den vielen Helfern, die durch Erstellung von Grafiken, Literatursuche und sonstige Anregungen zur Erstellung der Einzelbeiträge zugearbeitet haben.

Wir hoffen, dass die Beiträge der Experten in diesem Buch den Reisebüros und ihren Führungskräften bei den aktuellen und zukünftigen Branchenaufgaben helfen können, damit sie auch in Zukunft den Reisenden bei deren Auswahl der schönsten Reise für die kostbarsten Tage des Jahres professionell und kompetent zur Verfügung stehen.

Februar 1999

Die Herausgeber:

Prof. Dr. Walter Freyer
Prof. Dr. Wilhelm Pompl

Teil A

Die Reisebürobranche:
Entwicklung und Funktionen

1 Reisevertriebsmarkt: Begriffe und Strukturen

Prof. Dr. Wilhelm Pompl, Fachhochschule Heilbronn/Dr. Claudia Möller, Innsbruck/Dr. Markus Schuckert, HTW Chur

1.1 System Reisevertrieb

1.1.1 Einleitung

Der Vertrieb von Reisedienstleistungen ist seit einem Jahrzehnt durch erhebliche Veränderungen gekennzeichnet, dessen wesentlichste Determinanten in der zunehmenden Verbreitung der elektronischen Kommunikations- und Datenverarbeitungsinstrumente liegen.

Die in der zweiten Hälfte der neunziger Jahre zunächst eher zögernde Nutzung des Internets als Alternative zum stationären Vertrieb des traditionellen Reisebüros ist innerhalb eines Jahrzehnts zu einem bedeutsamen Vertriebsweg geworden, über den 2007 in Deutschland ca. 20% der Umsätze des gesamten deutschen Reisemarktes getätigt wurden (vgl. PhoCus Wright, 2007: 8). Wesentliche Treiber waren hier einerseits die Low Cost Airlines, die durch ihren zum Teil exklusiven Online-Vertrieb die Kunden ins Internet geholt und damit auch diesen Vertriebsweg salonfähig gemacht haben und andererseits Unternehmen (z.B. auch solche der IT-Branche wie Expedia), die unter Inkaufnahme langjähriger Anfangsverluste enorme finanzielle Mittel konsequent in diesen neuen Vertriebsweg investierten. Zudem haben die günstige Verfügbarkeit und zunehmende Anzahl an Internetanschlüssen, Benutzerfreundlichkeit und die dadurch steigende Akzeptanz auf Seiten der Nutzer sowie die kostengünstige Einrichtung von Websites und der einfache Betrieb von standardisierter Angebotssoftware dazu geführt, dass inzwischen nahezu jedes stationäre Reisebüro auch seinen eigenen Internetauftritt hat.

Dies führte nach einem starken Anwachsen der Zahl der stationären Reisebüros in den 1980er und in der ersten Hälfte der 1990er Jahre zu einem Rückgang dieser Vertriebsstellen und zu einem Strukturwandel im Reisevertrieb, der gekennzeichnet ist durch

- das Anwachsen des Direktvertriebs durch die Produzenten von Reiseleistungen,
- die Stärkung des Direktvertriebs zu Lasten des Agenturvertriebs,
- eine Vorwärtsintegration durch die Reiseveranstalter und Leistungsträger,

- einen Strukturwandels innerhalb des Reisebürosektors zu Lasten des unabhängigen Einzelbüros und zu Gunsten von Kooperationen und Ketten, sowie

- eine zunehmende Bedeutung der Multi Channel Distribution für die Anbieter, die ihre Produkte über eine Mehrzahl von Absatzwegen vertreiben.

Aktuelle Markterscheinungen, deren Entwicklung gegenwärtig nicht abzuschätzen ist, liegen einerseits in neuen Vertriebspartnerschaften von Produzenten mit Unternehmen aus anderen Branchen (Bsp. Lebensmittel-Discounter wie Lidl oder Aldi oder auch Fast-Food-Ketten und Baumärkte), die meist über einen begrenzten Zeitraum zu exklusiven und den Reisebüros nicht zugänglichen Preisen oder Konditionen ein stark eingegrenztes Sortiment anbieten. Dem steht jedoch andererseits eine mögliche Renaissance der stationären Reisebüros gegenüber: Sie erfahren nach der Onlineeuphorie eine neue Wertschätzung, da sie durch persönliche Beratung bei komplexen Produkten einen Mehrwert sowie durch Detailkompetenz und den direkten Kontakt Vertrauen zwischen Kunden und Reisebüro schaffen. Dies findet seine Fortsetzung darin, dass selbst Onlineunternehmen damit beginnen, ihren Vertriebsweg um stationäre Büros zu erweitern.

1.1.2   Begriff: Vertrieb

In der betriebswirtschaftlichen Literatur wird der Begriff Vertrieb auch synonym mit Distributionspolitik (MEFFERT/BURMANN/KIRCHGEORG 2008: 562), Kontaktwegepolitik (FREYER 2007: 498) oder Verkaufspolitik (PEPELS 2007: 2) gebraucht. NIESCHLAG/DICHTL/HÖRSCHGEN (881) unterscheiden dagegen zwischen

> **Distribution** als **Vertrieb im weiteren Sinne**, d. h. „allen betrieblichen Aktivitäten, die dazu beitragen, eine Leistung vom Ort ihrer Entstehung (…) an jene Stelle(n) heranzubringen, wo sie nach dem Wunsch von Anbieter und Nachfrager in den Verfügungsbereich des letzteren übergehen sollen", und

> **Vertrieb im engeren Sinne** als „jene organisatorische Einheit, die sich aus internen Aufgabenträgern, insbesondere Mitarbeitern der Verkaufsabteilung und Reisenden, in Ausnahmefällen aber auch der Geschäftsleitung, sowie Absatzhelfern wie beispielsweise Handelsvertretern zusammensetzt" (dies.: 884).

Inhaltlich geht es hierbei um die Anbahnung, die Förderung und den Abschluss des Verkaufsprozesses, die Regelung des Zahlungsverkehrs sowie den Transport der Güter (Sachgüter, Dienstleistungen, Rechte, Informationen, Geld) vom Hersteller zum Endverbraucher und gegebenenfalls wieder zurück (Reklamationen). Dies impliziert, dass

a) zu den Vertriebsmaßnahmen auch solche zählen, die in der Einschaltung von fremden Unternehmen zur Ausführung von Teilfunktionen bestehen, z.B. die Beschäftigung von Absatzhelfern oder Inkassounternehmen, und

b) diese Maßnahmen sowohl der Distribution als auch der Kommunikation zuzuordnen sind (vgl. FREYER 2007: 498), wobei die gleichen Kommunikationsmedien genutzt werden.

Im Rahmen der akquisitorischen Funktion des Tourismusvertriebs hat die **Kommunikation** die Aufgabe, die informationstechnischen Grundlagen für folgende Teilbereiche des Vertriebs sicherzustellen:

- Angebotsdarstellung;
- Werbung und Verkaufsförderung;
- Bereitstellung der Verfügbarkeitsinformation;
- Vertragsabschluß als wirtschaftlich rechtliche, aber nicht physische Übertragung von Nutzungsrechten;
- Umbuchung oder Stornierung und Rückerstattung;
- Inkassovereinbarungen.
- Entgegennahme von Beschwerden sowie Kundenbindungsaktivitäten.

Zu der generellen Notwendigkeit einer schnellen, sicheren und kostengünstigen Datenübermittlung kommen infolge des Dienstleistungscharakters die Anforderungen:

a) ein erklärungsbedürftiges Produkt umfassend darzustellen: Wegen des immateriellen Charakters können Reiseprodukte vor dem Kauf nicht in Augenschein genommen, sondern lediglich in Texten, Bildern oder Filmen beschrieben werden.

b) das Vertrauen in den Verkäufer zu stärken: Der Kunde erwirbt ja lediglich ein Versprechen, dass die Reisedienstleistungen zu einem späteren Zeitpunkt an einem anderen Ort wie vereinbart erstellt werden. Dieses Kaufrisiko kann durch eine umfassende, wahrheitsgetreue und aktuelle Kommunikation reduziert werden.

Der Tourismusvertrieb ist sehr stark von der Tatsache geprägt, dass es sich bei den Produkten um Dienstleistungen handelt, deren Charakteristika der akquisitorischen Funktion eine weitaus höhere Bedeutung einräumen als der physischen Verteilungsfunktion (vgl. dazu FREYER 2007: 497f., MEFFERT/BRUHN 2006: 592ff., POMPL 1997b: 6f). So beschränken sich die Aufgaben des logistischen Systems der **Distribution**, also der „Raum- und Zeitüberbrückungsfunktion durch Transport und Lagerung, Auftragsabwicklung und Auslieferung" (MEFFERT/BURMANN/KIRCHGEORG 2008: 563), infolge der Immaterialität des Produkts Dienstleistung, der Gleichzeitigkeit von Erstellung und Nutzung sowie der Kundenpräsenzbedingtheit der Produktion (Kunde begibt sich an den Ort der Dienstleistungserstellung) auf den Handel mit Rechten des Käufers und mit Verpflichtungen des Verkäufers. Die auch „fulfillment" genannten Prozesse der Dokumentenerstellung, Dokumentenzustellung, Umbuchung, Stornierung und des Inkasso erfolgten traditionell in materieller Form (Fahrkarte, Hotelgutschein), werden aber zunehmend auch als elektronische Dokumente erstellt, die dann entweder vom Kunden selbst ausgedruckt werden können (z.B. Fahrkarte der DB) oder es wird gänzlich auf ein materielles Dokument verzichtet (z.B. elektronisches Ticket).

Ziele der Vertriebspolitik sind die aus den übergeordneten Unternehmenszielen (nachhaltiger Bestand des Unternehmens, Gewinn, Wachstum) abgeleiteten Funktionsziele der Optimierung der Vertriebskosten, des erwünschten Distributionsgrades (Erreichbarkeit für Kunden), der Qualität der Distributionsleistung (fachliche Beratungsqualität, Kundenorientierung) sowie des Images und der Kooperationsbereitschaft der Absatzhelfer.

Die **vertriebspolitischen Strategien** (vgl. MEFFERT 2000: 641 ff.) beziehen sich auf:

- die Art des Absatzweges, nämlich ob direkt oder indirekt, Eigen- oder Fremdvertrieb;
- die Zahl der Absatzkanäle;
- die Breitendimension der intensiven, selektiven oder exklusiven Verbreitung von Verkaufsstellen;
- die Gestaltung der vertraglichen Beziehungen zu den Absatzmittlern, die als Handelsvertreter, Franchisenehmer oder Händler tätig sein können;
- die Sicherung einer Marktstellung gegenüber Absatzmittlern;
- die Ausgestaltung der monetären Anreize wie Provisionen und nichtmonetären Anreize wie Verkaufsunterstützung (z.B. Schaufensterdekoration, Verkaufsschulung oder Incentives).

1.1.3   System Tourismusvertrieb

1.1. 3.1   Komponenten des Systems Tourismusvertrieb

Das System Tourismusvertrieb (vgl. Abb. A.1-1) umfasst nicht nur die Reisemittler sondern auch die Gruppen Produzenten, Kunden, Verbände und Zulieferer (Betreiber der Infrastruktur).

Zu den **Produzenten** touristischer Leistungen (vgl. FREYER 2006: 131) zählen:

- Beherbergungsunternehmen: Hotels, Pensionen, Gasthöfe, Vermieter von Ferienwohnungen und -häusern, Kur- und Bäderbetriebe, Parahotellerie;
- Beförderungsunternehmen: Flug-, Bahn- und Busgesellschaften, Reedereien der Fluß- und Seeschifffahrt, Bergbahnen, Hausbootvermietungen, Auto- und Motorradverleih sowie andere Mobilitätsdienstleister (Taxiunternehmen, Fahrradverleih);
- Reiseveranstalter
- Kongress-, Messe- und Eventveranstalter
- Anbieter von Urlaubsaktivitäten: Sport (Tauchen, Wandern, Bergsteigen, Segeln, Golf, Ski- und Snowboardfahren, usw.), Kultur und Kunst (Opernbetriebe, Konzerthäuser, Theater, Museen und Kunsthallen, etc.) und Kulinarik (Gastronomie, Land- und Weinwirtschaft)

- Destinationsbetriebe wie Freizeit- und Ferienparks, Erlebnisbäder, Sport-
  anlagen, lokale Eventveranstalter, Fremdenführer und Tourismusinforma-
  tionen sowie
- reisenahe Dienstleister der ergänzenden Tourismusindustrie: Reiseversicherungen, Automobilclubs oder Verlage bis hin zur touristischen Randin-
  dustrie (Sportartikel- und Bekleidungsindustrie, Foto- und Kosmetikin-
  dustrie.

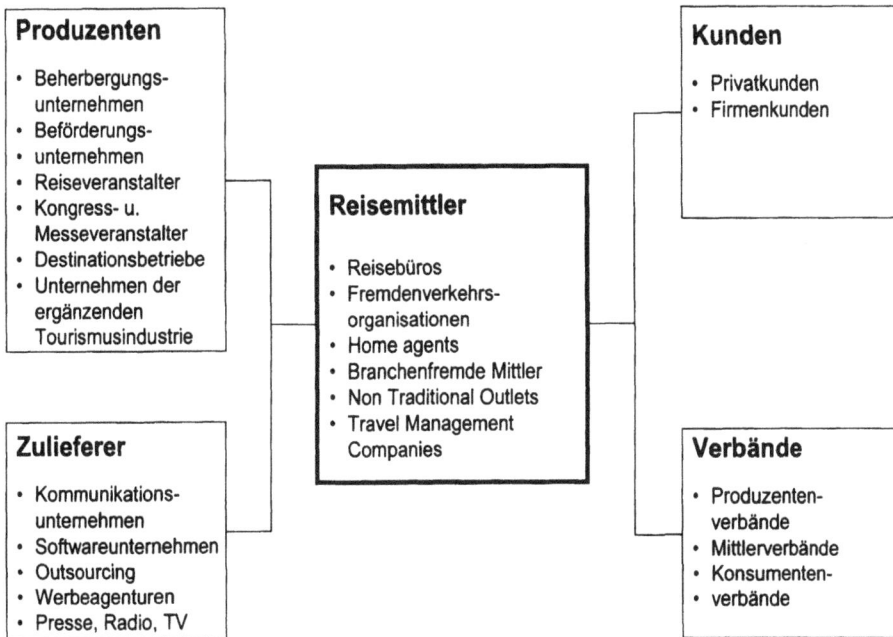

Produzenten

- Beherbergungs-
  unternehmen
- Beförderungs-
- unternehmen
- Reiseveranstalter
- Kongress- u.
  Messeveranstalter
- Destinationsbetriebe
- Unternehmen der
  ergänzenden
  Tourismusindustrie

Zulieferer

- Kommunikations-
  unternehmen
- Softwareunternehmen
- Outsourcing
- Werbeagenturen
- Presse, Radio, TV

Reisemittler

- Reisebüros
- Fremdenverkehrs-
  organisationen
- Home agents
- Branchenfremde Mittler
- Non Traditional Outlets
- Travel Management
  Companies

Kunden

- Privatkunden
- Firmenkunden

Verbände

- Produzenten-
  verbände
- Mittlerverbände
- Konsumenten-
- verbände

Abb. A.1-1:   System Tourismusvertrieb

Reisemittler

Als Reisemittler werden neben Reisebüros (stationäre, nicht stationäre) auch andere Agenturen (z.B. für Ferienhausvermittlung), Fremdenverkehrsorganisationen
(z.B. Verkehrsvereine), Home Agents (mobile Reiseverkäufer) und Unterneh-
mensdienstleister wie Travel Management Companies bezeichnet. Branchenfremde Mittler nutzen als stationäre Mittler (z.B. Discounter, Baumärkte, Buchclubs)
ihren vorhandenen Kundenstamm und ihre breite Distributionsstruktur für den
Verkauf von Reiseleistungen oder sind als nicht-stationäre Mittler mit sog. NTOs
(Non Traditional Outlets) entweder als Online-Reisebüros im E-Commerce oder
im T-Commerce (TV-Sender) tätig.

Kunden

Die Kunden entsprechen den „Endverbrauchern" der Reiseleistungen und lassen
sich in Privatreisende und Geschäftsreisende unterteilen. Sie unterscheiden sich

vor allem hinsichtlich ihrer Preissensibilität, ihrer Flexibilität und des zeitlichen Rahmens der Buchung.

Verbände

Eine Vielzahl von Verbänden widmet sich nicht direkt dem Absatz von Reisen, hat aber durch den Zusammenschluss von einzelnen Akteuren (auf Produzenten-, Mittler- oder Kundenseite) dessen Förderung durch z.B. Lobbying zum Ziel. Beispiele hierfür sind neben Produzenten- oder Konsumentenverbänden der Verband Deutscher Ferienhausagenturen, die Kooperation der Flugreise-Profis AER e.V., der Arbeitskreis Aktiver Counter e.V., der Bundesverband mittelständischer Reiseunternehmen (asr), der Deutsche Reiseverband (DRV), der Verband Deutsches Reisemanagement e.V. (VDR), der Verband Internet Reisevertrieb (VIR) oder der Verband Selbständiger Reiseberater Deutschlands e.V. (VSRD).

Zulieferer

Zu dieser Gruppe gehören Kommunikationsunternehmen (die technische Infrastruktur für die Datenbearbeitung und -übermittlung bereitstellen und betreiben), Softwareunternehmen (die Software für die Branche oder einzelne Unternehmen entwickeln), Zulieferer (die im Outsourcing betriebliche Leistungen wie Buchhaltung, Katalogerstellung oder Steuerberatung erbringen) sowie Werbeagenturen und Massenmedien.

1.1.3.2   Kommunikationsmedien

Die traditionellen Kommunikationsmedien umfassen:

- persönliche Kommunikation unmittelbar face-to-face in eigenen Buchungsstellen, auf Messen und Ausstellungen oder im mobilen Vertrieb;
- fernmündliche Kommunikation über Telefon;
- schriftliche Kommunikation per Post oder Telefax;
- Automatensysteme, wie z.B. Fahrkartenautomaten oder interaktive Bildschirme;
- traditionelle Massenkommunikationsmittel wie z.B. Zeitung (auch Beilagenwerbung), Radio, Fernsehen oder Kinowerbung;
- Plakat- und Fasadenwerbung.

Neue Vertriebsmedien auf der Grundlage elektronischer Informationstechnologien (vgl. KOLLMANN 2007: 10–19) erweitern dieses Spektrum um:

- die allgemeine Informationsbereitstellung auf Webseiten;
- die zielgerichtete Kommunikation per E-Mail;
- weitere, zumindest aktuell weniger bedeutsame internetbasierte Kommunikationswege wie z.B. IRC (Internet Relay Chat, synchrone virtuelle Diskussionsrunden, FTP (File Transfer Protocol, Übertragung von Programmen und Daten) oder Web 2.0 (Corporate Blogs, User Generated Content oder Social Networking Sites wie z.B. Xing, StudiVZ, Facebook);
- der Mobilfunk (M-Commerce), hierzu gehört vor allem die Kommunikation per SMS (Short Message Service). Eine analog zu Internetseiten all-

gemeine Bereitstellung von Informationen zum Abruf mit Mobiltelefonen hat entweder wie im Fall von WAP (Wireless Application Protocol) keine größere Bedeutung gewinnen können oder gleicht sich, auch durch die Verbreitung von schnellen Datenübertragungsstandards und immer leistungsfähigeren Mobiltelefonen, immer stärker an die www-Lösungen und Darstellungen an.

- das interaktive Fernsehen (T-Commerce), das jedoch zur Kommunikation des Kunden mit dem Anbieter in der Regel um einen weiteren Kommunikationsweg ergänzt werden muss (Webseite, E-Mail, Anruf im Call-Center o. ä.).

1.1.3.3 Vertriebswege

Vertriebswege im Sinne von Distributionsorganen (vgl. Abb. A.1-2) sind die Absatzorgane des Herstellers, die Absatzmittler, die Absatzhelfer sowie Beschaffungsorgane der Abnehmer in der Form von (im Tourismus sehr seltenen, z.B. Beamten-Selbsthilfewerk) Einkaufs- und Konsumgenossenschaften. Die Struktur des Vertriebs kann **vertikal** nach der Zahl der Absatzstufen und **horizontal** nach der Anzahl und den Betriebsformen der Vertriebsstellen gegliedert werden.

Bei der **vertikalen Struktur** bestimmt nach PEPELS (2007: 19) „die Tiefendimension des Absatzkanals (…) die Anzahl der Stufen, mit denen interagiert werden soll, und trifft somit die ein- oder mehrstufige Auslegung für den gegenseitigen Fluss von Waren, Geldern und Informationen zwischen Hersteller, Absatzmittlern und Endabnehmern." Bei der einstufigen Auslegung treten im **Direktvertrieb** Hersteller und Endverbraucher unmittelbar in Kontakt. Als Gestaltungsformen im Tourismus zeigen sich:

- Versandhandel durch Abteilung im Unternehmen;
- Unternehmenseigene stationäre Reisebüros;
- Webseiten im Internet oder eigene Online-Reisebüros;
- TV-Reisekanal;
- Call Center;
- Ticketautomaten.

Bei der mehrstufigen Ausführung erfolgt der **indirekte Vertrieb** über unabhängige Verkaufsstellen, die nicht den Weisungen des Produzenten unterstehen. Dies sind zunächst im Fremdvertrieb unternehmensfremde Mittler bzw. Verkäufer, die jedoch auch im Eigenvertrieb zum Unternehmensverbund oder zum Konzern gehören können, wenn sie weitgehende unternehmerische Freiheiten und Verantwortungen eingeräumt bekommen haben.

Reise- veranstalter	Reise- mittler	Verkehrs- träger	Beherber- gungs- betriebe	Freizeit-, Kultur-, Sportbetriebe	Destinations- betriebe

Touristische Leistungsanbieter

direkter Vertrieb

indirekter Vertrieb
(Reiseveranstalter, Reisemittler, Verkehrsträger,
Beherbergungsbetriebe, Destinationen, CRS, etc.)

Eigenvertrieb (Integrationsgrad)		Fremdvertrieb	
Filialen	Franchising	branchen- spezifisch	branchen- fremd

Reisebüros, Reisemittler	Warenhäuser, Banken, Vereine

Vertriebsmedien

persönlich	telefonisch	schriftlich	elektronisch

Reisekunden

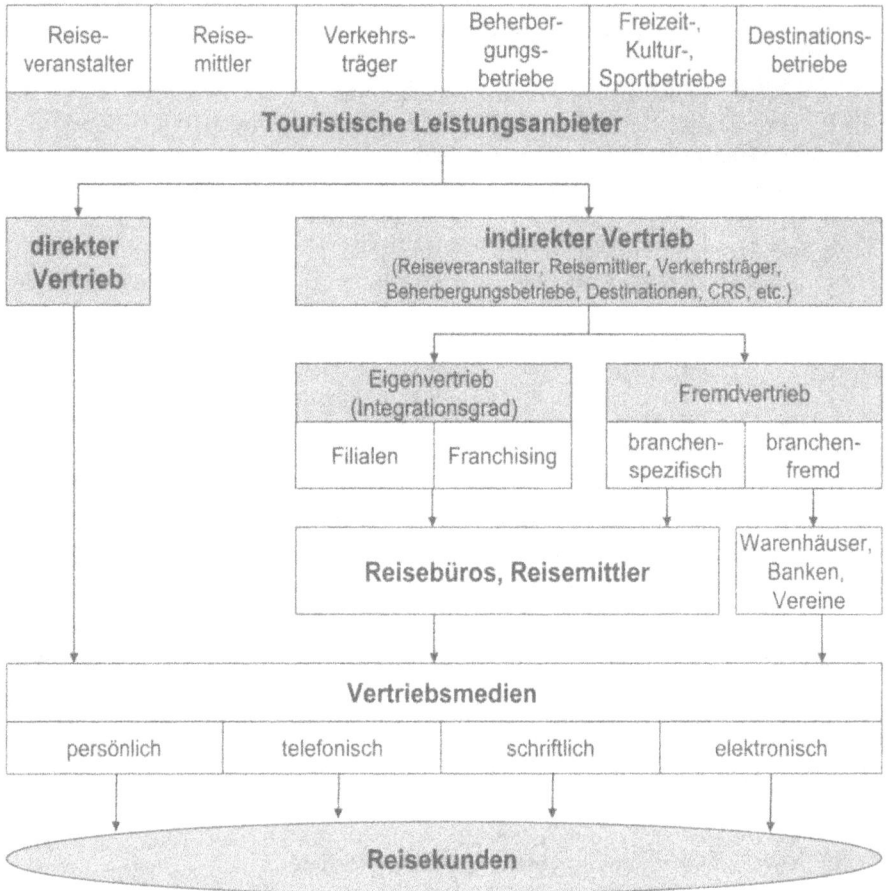

Abb A.1-2:   Vertriebswege im Tourismus
(Quelle: FREYER, 2007: 510)

Die in der betriebswirtschaftlichen Literatur (vgl. PEPELS 2003: 117, MEFFERT /BURMANN/KIRCHGEORG 2008: 562) vorgenommene Unterscheidung zwischen Absatz**mittlern**, die in eigenem Namen und auf eigene Rechnung handeln, und weisungsgebundenen Absatz**helfern**, die nicht eigenständig absatzpolitische Instrumente einsetzen und eher nur unterstützende Funktion haben, hat sich im Tourismus nicht durchgesetzt. Im Sprachgebrauch der touristischen Praxis und Literatur (vgl. POMPL 1999: 3, FREYER 2007: 22) wird für Reisebüros generell der Begriff Reisemittler im Sinne von Absatzmittler verwendet, auch wenn sie als Handelsvertreter keine Kontingente auf eigene Rechnung erwerben, ihnen im wichtigsten Geschäftsbereich Pauschalreisen und bei weiteren Produkten (Bahnfahrkarten, Eintrittskarten, Reiseversicherungen) Endpreise vorgeschrieben und keine preispolitischen Maßnahmen möglich sind.

Der indirekte Vertrieb als **Fremdvertrieb** kann über fremde Reisebüros (Agenturen), Home Agents, branchenfremde Mittler (z.B. Lebensmitteldiscounter) und neue Vertriebsstellen des E-Commerce, die sog. Non Traditional Outlets (NTO), erfolgen. Hinzu kommen ein möglicher Eigenvertrieb über ausgegliederte eigenständige Reisebüro-Filialen, Franchiseunternehmen und Joint Ventures, wenn diese Unternehmen über unternehmerische Selbständigkeit (z.B. hinsichtlich der Sortimentsgestaltung, Personalpolitik und Ergebnisverantwortung) verfügen.

Die **horizontale** Struktur des Vertriebs kann hinsichtlich der Breite (Anzahl der Vertriebsstellen) oder Distributionsintensität nach PEPELS (2007: 9ff) vier generische Ausgestaltungsformen annehmen:

- **Ubiquitär:** Das Produkt soll möglichst überall erhältlich sein, so dass alle objektiv überhaupt in Frage kommenden Verkaufsstellen einbezogen werden. Dies ist ansatzweise bei Zeitschriften oder Zigaretten der Fall, im Tourismus finden sich dazu jedoch keine Beispiele.

- **Intensiv:** Das Produkt soll bei möglichst vielen, mit vertretbarem Aufwand zu betreibenden Verkaufsstellen erhältlich sein.

- **Selektiv:** Das Produkt soll nur bei Verkaufsstellen, die bestimmte Kriterien des Herstellers erfüllen, zu erhalten sein. Mögliche Selektionskriterien (vgl. auch nachstehenden Kasten) können sein:
  - fachliche Mindestanforderungen wie Qualifikation und Zahl der Mitarbeiter, Lage und technische Ausstattung;
  - Mindestumsätze, um die Kosten der Agenturbetreuung (Katalogausstattung, Werbematerial) zu decken;
  - Steuerbarkeit hinsichtlich des Verkaufs eigener und fremder Produkte;
  - Vertriebskosten;
  - Image und finanzielle Bonität der Vertriebsstellen.

- **Exklusiv:** Das Produkt ist nur bei wenigen Vertriebsstellen (z.B. nur eine pro Ort oder Ortsteil) erhältlich, so dass eine relative Monopolstellung der Vertriebsstellen entsteht (z.B. durch Gebietsschutz, aus wettbewerbsrechtlichen Gründen in Deutschland nicht möglich).

1.1.3.4   Ein- oder Mehrkanalvertrieb

Der **Einkanalvertrieb** kommt in der Praxis nur bei reinem Online-Reisevertrieb ohne stationären Vertrieb (Beispiel: Verkauf von Low Cost Tickets ausschließlich über die Webseite, ohne Büros oder Call Center) vor, ansonsten ist der **Mehrkanalvertrieb**, also die Nutzung mehrerer Kommunikations- und Vertriebskanäle, die Regel. Neben den traditionellen Vertriebswegen ist zwischenzeitlich jedes Tourismusunternehmen zumindest mit einer Webseite im Internet vertreten und nutzt so bereits mehrere Kommunikationskanäle, während die Möglichkeit, zugleich auch Onlinebuchungen durchführen zu können, dagegen noch unterschiedlich entwickelt ist. Große überregionale Reiseveranstalter wie TUI, Thomas Cook oder die REWE-Gruppe vertreiben sowohl über unterschiedliche eigene wie

Mindestanforderungen an IATA-Agenturen:

Im internationalen Luftverkehrsverband International Air Transport Association (IATA) sind 2008 ca. 240 internationale Linienfluggesellschaften organisiert, die ca. 94% des internationalen Weltlinienluftverkehrs abwickeln. Die Zulassung zum Verkauf von Flugscheinen der IATA-Gesellschaften ist in der IATA-Resolution 814 geregelt (vgl. IATA Ticketing Handbook 2007: 86-111).

Allgemeine Anforderungen
Eine Agenturzulassung erfolgt nur an ein beim Gewerbeamt angemeldetes Reisebüro, das ganzjährig zu regelmäßigen Zeiten geöffnet hat und dem allgemeinen Publikum zugänglich sein muss. Eine weitere Voraussetzung ist der Betrieb eines vom BSP-Deutschland zugelassenen Computer-Reservierungs- und Ticketingsystems (Amadeus, Galileo, Sabre).

Fachkräfte
Zur Sicherstellung einer qualifizierten fachlichen Beratung ist die Beschäftigung von mindestens einer Ganztagskraft nachzuweisen, deren Qualifikation durch eine Ausbildung zur/zum Reisebürokauffrau/mann in einem IATA-Büro oder durch eine spezifische mindestens zweijährige Berufserfahrung und die Absolvierung von IATA-Ticketing- und Tarifberechnungskursen erfolgte.

Bonität
Der Antragsteller hat einen rentablen Geschäftsverlauf nachzuweisen (testierter Jahresabschluss). Es wird ein einwandfreier Leumund der Geschäftsleitung und des Inhabers in Bezug auf vorsätzlichen Betrug, Veruntreuung oder Konkurs vorausgesetzt. Zur finanziellen Absicherung der treuhänderisch eingenommenen Gelder (Flugpreiszahlungen der Kunden) sind umsatzorientierte Sicherungsleistungen durch Bankbürgschaft, Abtrittserklärungen von Spar- oder Festgeldkonten oder eine Vertrauensschadensversicherung zu erbringen.

Sicherheitsvorkehrungen
Die sichere Aufbewahrung der Flugdokumente und der vereinnahmten Gelder erfordert, dass Eingänge mit einbruchsicheren Schlössern und Zugänge mit verschließbaren Rollos oder mit Gittern ausgestattet sind. Zudem ist ein Safe der Güteklasse „Euro/Vds Norm Klasse 1" erforderlich.

fremde Vertriebskanäle wie z.B. Reisebüroketten, Franchiseunternehmen und Online-Reisebüros. Die Deutsche Bahn ist neben ihren Fahrkartenschaltern auf den Bahnhöfen und den Verkaufsteams für Schul- und Gruppenreisen auch traditionell über Reisemittler mit DB-Lizenz oder Bahnreiseveranstalter sowie über den Onlinevertrieb präsent. Auch bei den Reisemittlern wird zu nehmend auf eine Multichannel-Lösung gesetzt: Viele der traditionellen Reisebüros betreiben neben dem stationären Vertrieb auch eigene Internetpräsenzen für den Onlinevertrieb. Die Ziele des Mehrkanalvertriebs liegen in:

- einer **stärkeren Ausschöpfung des Nachfragepotentials** durch kundennahe Vertriebsstellen. Da es den Produzenten nicht möglich ist, ein eigenes flächendeckendes Vertriebssystem zu unterhalten, entwickelten sie den Vertrieb über Reisemittler/Agenturen. So unterhält etwa die Lufthansa nur noch auf den Flughäfen Ticketverkaufsstellen; sie ist im Rahmen des IATA-Vertriebs aber allein in Deutschland in über 4.000 Agenturen buchbar (vgl. DRV 2007: 14).

- einer **stärkeren Kundenbindung** im Rahmen des Key Account Managements, wofür der eigene Vertrieb von großer Bedeutung ist.

- einer Kostenreduktion als gewichtigem Argument für den Direktvertrieb, da neben den unmittelbar an die Mittler zu zahlenden Provisionen auch mittelbare Kosten wie z.B. für Verkaufsunterstützung (Beispiel: Schaufensterausstattung, Werbematerialien) und für Support oder Schulungen entfallen.

- einer **Angebotserweiterung**, da unterschiedliche Produkte für unterschiedliche Vertriebswege angeboten werden können. Im Bereich Last Minute wurde z.B. durch das Internet ein Entwicklungssprung ermöglicht, der im Vergleich zur davor üblichen Kommunikation per Printmedium (einmal wöchentlicher Versand von Infoblättern durch Dienstleister) eine ganz andere Aktualität und Kurzfristigkeit von Angeboten erreicht.

- einer **Individualisierung** des Angebots insofern, als a) jedem Kunden die Möglichkeit gegeben werden soll, den von ihm bevorzugten Buchungsweg nutzen zu können und b) dynamic packaging als Weiterentwicklung des Baukastensystems nur mit neuer IT-Technik und Internet möglich wurde.

1.2   Funktionen des Vertriebs

1.2.1   Grundfunktion

Die **Grundfunktion** der Reisebüros liegt darin, dass sie als „Mittler" Produzenten und Kunde zusammenbringen. Hieraus ergeben sich die Beziehungen zwischen Reisebüro und Produzent und Reisebüro und Kunde als Schwerpunkte, hinzu kommt die Beziehung zwischen dem Reisebüro und etwaigen Zwischenhändlern.

Das Reisebüro steht dabei auch im Zentrum unterschiedlicher, zum Teil gegensätzlicher Interessenlagen (vgl. Abb. A.1-3):

- die Leistungsträger erwarten oder erhoffen adäquate Berücksichtigung ihrer Produkte beim Verkauf;
- die Kunden erwarten eine neutrale Beratung bei einem in Breite und Tiefe umfangreichen Sortiment;
- das Reisebüro möchte seine Position hinsichtlich Erträgen, Image und Kundenzufriedenheit optimieren;
- innerhalb des Unternehmens selbst bestehen sowohl Zielkonflikte hinsichtlich alternativer Strategierichtungen als auch Interessengegensätze zwischen Unternehmensleitung und Mitarbeitern.

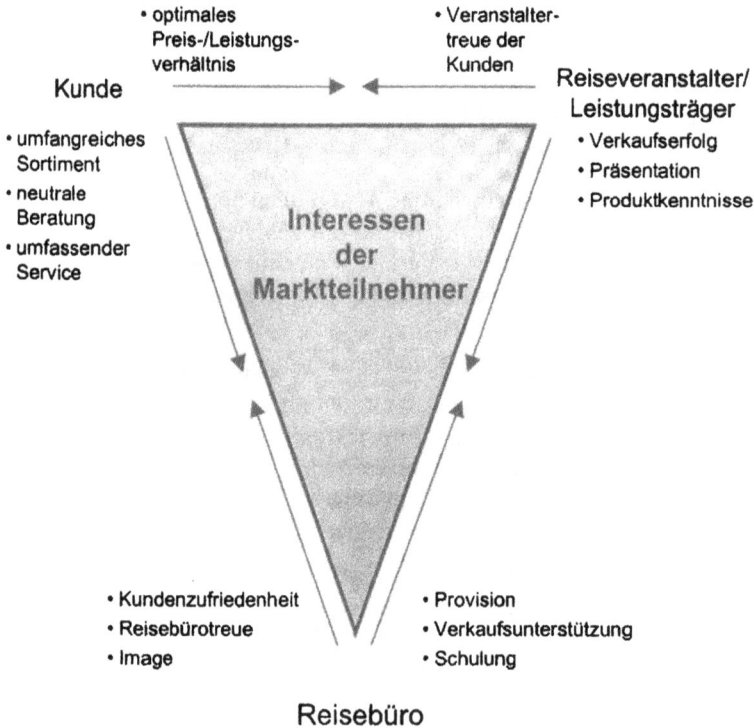

Abb. A.1-3:   Interessenlagen im Reisebüro

1.2.2   Reisebüro und Produzenten

Die Zusammenarbeit mit Reisebüros basiert aus Sicht der Produzenten auf folgenden Vorteilen des Fremdvertriebs gegenüber dem Eigenvertrieb:

- Die Provision ist, da umsatzabhängig, eine variable Kostengröße und wird nur im Erfolgsfalle (Buchungsabschluss) bezahlt. Dort, wo es die Marktseitenverhältnisse und die Konkurrenzsituation zulassen, kann auf Provisionszahlungen verzichtet werden und die Reisemittler erheben ein Beratungs- oder Vermittlungsentgelt vom Kunden.
- Die hohe Zahl der Reisebüros erlaubt ein flächendeckendes Vertriebsnetz ohne eigene Investitionen (z.B. für Fluggesellschaften).
- Reisebüros sind einem breiten Bevölkerungskreis als branchenübliche Verkaufsstellen und Fachgeschäfte für Reisedienstleistungen bekannt.
- Reisebüros weisen häufig Standortvorteile (Erreichbarkeit, Laufkundschaft) auf, sei es in bevorzugten Citylagen oder in Verbraucherschwerpunkten (z.B. Einkaufszentren).
- Reisebüros verfügen über eine Stammkundschaft, d.h. über einkaufsstättentreue Kunden; ein oft langjähriger Kundenkontakt erleichtert eine persönliche Beratung und schafft ein Vertrauensverhältnis, von dem auch der empfohlene Veranstalter/Leistungsträger profitieren kann.
- Reisebüros übernehmen für die Produzenten einen Teil der Werbung, da sie diese aufgrund der Mund-zu-Mund-Werbung und eigener Werbetätigkeit mit empfehlen.

Andererseits verursachen Agenturen neben den Provisionen eine Reihe anderer Kosten (Ausstattung mit Katalogen, Betreuung, laufende Information, Produktschulung), so dass die Anbieter aufgrund Distributionseffizienz dort, wo es die eigene Marktmacht zulässt, Mindestkriterien (Umsatz, Leistungsfähigkeit) einfordern und die Zahlung von Provisionen schrittweise reduzieren oder ganz einstellen.

Die Mittlerstellung ist aber auch dadurch gekennzeichnet, dass hier die unterschiedlichen und manchmal konträren Interessen der Beteiligten aufeinander treffen und zu Rollenkonflikten führen können, da Reisebüros auch unternehmenseigene Interessen vertreten, die denen eines Reiseveranstalters/Leistungsträgers widersprechen und durch Provisionsanreize, Agenturbetreuung, Schulungsangebote sowie gemeinsame Verkaufsförderungs- und Werbemaßnahmen nur bedingt beeinflusst werden können. Die Anbieter von Reiseleistungen erwarten einen adäquaten Verkauf ihrer Produkte durch das Reisebüro. Demnach bedeutet das für den Leitveranstalter, dass dem Kunden als erstes Reisen aus seinem Programm angeboten werden, und für die sonstigen Veranstalter, dass sie nicht gezielt benachteiligt werden. Da Reisebüros – mit Ausnahme der Buchungsstellen – mehrere Anbieter für gleiche oder ähnliche Reiseleistungen führen, kommt ihnen eine mehrfache Filterfunktion zu. Sie wirken als

- **Distributionsfilter:** Das Reisebüro entscheidet, welche Veranstalter und Leistungsträger in das Sortiment aufgenommen werden sollen, gegebenenfalls sogar durch Schwerpunktsetzungen (z.B. Profilierung als Spezialist für bestimmte Reisearten oder Verkehrsträger). Während für die Großveranstalter, Fluggesellschaften und die Bahn die Erfüllung bestimmter Mindestanforderungen nachgewiesen werden muss, sind mittlere und kleine Veranstalter vielfach ohne Bedingungen verkaufbar.

- **Imagefilter:** Das Image des Reisebüros bestimmt mitunter das Image eines Reiseprodukts teilweise mit.
- **Plazierungsfilter:** Das Reisebüro entscheidet darüber, wie ein bestimmtes Produkt oder Programm, hier konkret Kataloge und Werbematerial, am Point of Sale präsentiert wird.
- **Beratungsfilter:** Der Reisebüromitarbeiter entscheidet, sofern der Kunde sich nicht schon von vornherein ausschließlich auf einen bestimmten Anbieter festgelegt hat, welche Anbieter er überhaupt vorschlägt und welche er besonders empfiehlt (Navigationsfunktion). Durch die mündliche Leistungsbeschreibung und -bewertung werden Produkterwartungen und damit auch die Kundenzufriedenheit, verstanden als Differenz zwischen erwarteter und erhaltener Leistung, beeinflusst.
- **Servicefilter:** Die Qualität der vor, während und nach der Buchung erbrachten Serviceleistungen wirkt sich nicht nur auf die Bewertung des Reisebüros aus, sondern auch auf die Bewertung des Leistungsanbieters und seines Produkts (Halo-Effekt).

Die Anbieter versuchen daher, durch vertikales Beziehungsmanagement die Reisebüros in ihrem Sinne zu beeinflussen. Als Instrumente werden dazu in Bezug auf die Umsätze differenzierte Provisionssysteme und in Bezug auf die Beratungsqualität Produktschulungen in Form von Seminaren, Inforeisen oder auch PEP-Reisen (Produkt-Erfahrungs-Programme, Reiseangebote zu Sonderpreisen für Reisebüromitarbeiter) eingesetzt.

1.2.3   Reisebüro und Kunde

Die **Funktion** des Reisebüros für den Nachfrager liegt in der Problemlösungshilfe. Denn im Prinzip können sowohl der Geschäfts- als auch der Urlaubsreisende ihre Reisen selbst planen und alle Reiseleistungen eigenständig reservieren oder kaufen. Sie werden nur dann ein Reisebüro einschalten, wenn sie sich davon einen höheren Nutzen versprechen als bei der selbst organisierten Reise. Gekaufte Serviceleistungen treten dann an die Stelle der Eigenleistung, wenn durch sie die Reise sicherer und kompetenter vorbereitet werden kann. Die Erwartung finanzieller Vorteile kann ein weiteres Argument für die Reisebüronutzung sein (so ist eine Hotelreservierung durch das Reisebüro meist billiger als die Direktbuchung). Allerdings gibt es aber eine Kundengruppe, die sich den Reisebüroservice gönnt ähnlich wie eine Reihe anderer Dienstleistungen, die im Prinzip zwar selbst erledigt werden könnten (wie Wäscherei, Autopflege, Gartenarbeit oder Hausreinigung), aber aus Zeitnot, Bequemlichkeit oder Prestige („meine Putzfrau") delegiert werden.

Der vom Reisebüro für **private Nachfrager** realisierbare Kundennutzen konkretisiert sich in der Erleichterung der Reisevorbereitung, Beratung bei der Entscheidungsfindung und Serviceleistungen bei der Buchungsabwicklung. Die Leistungen des Reisebüros bei der Entscheidungsvorbereitung bestehen in der Zurverfügungstellung von Informationen über das Angebot (Beschreibungen, Bilder, Hintergrundinformationen, Preise). Zunächst besteht die Möglichkeit, aus einem breiten Sortiment verschiedenster Reiseveranstalter, Fluggesellschaften, Schifffahrtslinien etc. auswählen zu können. Im Gegensatz zur Direktbuchung, bei der sich der Kunde meist selbst um das Angebot (Katalog oder Prospekt anfordern bzw. im Internet recherchieren) und den Vertragsabschluß (Klärung von Vakanzen und Abwicklung der Buchung mit dem Reiseveranstalter) bemühen muss, liegen im Reisebüro die Informationen zur Einsicht bereit, sind die Angebote der Leistungsträger über GDS (Globale Distributionssysteme) abrufbar und können direkt auf Vakanz geprüft und gebucht werden. Während der einzelne Kunde in aller Regel nur eine geringe Zahl von Reiseveranstaltern kennt oder andererseits Mühe hat, aus der unüberschaubaren Angebotsmenge im Internet die für ihn in Frage kommenden Anbieter oder Angebote herauszufiltern, verfügt das Reisebüro über eine breite Palette von Anbietern, insbesondere auch von kleinen und Spezialanbietern, so dass dort eher gewährleistet ist, dass er aufgrund der größeren Auswahlmöglichkeiten einerseits und der Vorselektion durch das Reisebüro andererseits die für ihn optimale Reise findet.

Eine weitere **Hauptleistung des Reisebüros** besteht daher in der **Beratung** des Kunden bei der Kaufentscheidung: ausgebildetes Personal informiert im persönlichen Gespräch über Reisemöglichkeiten, hilft bei der Konkretisierung der Urlaubswünsche, gibt Empfehlungen und Anregungen. Entschließt sich der Kunde zur Buchung, erhält er sofort eine Buchungsbestätigung. Zu den weiteren Leistungen der Reisebüros zählen die Erledigung aller Buchungsformalitäten, d.h. die Aus- und Zustellung der Reisedokumente, die Übernahme des Zahlungsverkehrs mit den Leistungsträgern/Reiseveranstaltern (Ausnahme: Reiseveranstalter mit Direktinkasso) und gegebenenfalls Hilfestellung (keine Rechtsberatung) bei Reklamationen oder Versicherungsfällen. Außerdem geben Reisebüros Auskunft über Visa- und Einreisebedingungen und bieten Zusatzleistungen wie z.B. Reiseversicherungen an.

Die **Bezahlung** dieser Reisebüroleistungen ist unterschiedlich und basiert schlussendlich auf der Marktmacht der jeweiligen Akteure. Während im Bereich Pauschalreisen die Zahlung von Provisionen durch die Veranstalter einerseits noch als das gängige Modell gelten kann, reicht die Bandbreite andererseits bis hin zur Erhebung von expliziten Buchungsgebühren oder Serviceentgelten durch Fluggesellschaften. Zumindest im Falle von Pauschalreisen sind die Leistungen des Reisebüros für den Kunden damit ‚kostenlos', da der im Reisebüro entrichtete Preis nicht höher ist als der bei einer Direktbuchung. Für die Buchung anderer Leistungen werden von den Reisebüros inzwischen Beratungsgebühren oder Serviceentgelte in unterschiedlicher Höhe verlangt.

Ein wesentlicher **Interessenkonflikt** liegt beim Reisebüro zwischen der Erfüllung der Kundenwünsche und der Verfolgung eigener Interessen. Während der Kunde eine anbieterneutrale Beratung erwartet, möchte das Reisebüro eher provisionsorientiert buchen. Die meisten Reisebüros versuchen, durch eine Verkaufssteuerung ihre Umsätze auf einen Leitveranstalter (mit dem sie einen großen Teil des Umsatzes tätigen), auf bestimmte Fluggesellschaften, Hotelketten oder Reiseversicherungen zu konzentrieren, um so in den Genuss höherer Provisionssätze und günstigerer Konditionen (z.B. Werbekostenzuschüsse, Reisevergünstigungen) zu kommen. Damit besteht zumindest die Möglichkeit, dass dadurch die vom Kunden erwartete Neutralität gegenüber den Anbietern gefährdet und die Beratung eher an der zu erwartenden Provision als an den Reisewünschen des Kunden ausgerichtet wird. Die Provisionssysteme fördern also weniger die Interessen der Kunden als die der Reisebüros und der Produzenten, insbesondere wenn sie von letzteren als Steuerungsinstrument eingesetzt werden. Mit dem (teilweisen) Wegfall der Provisionen und der Erhebung von Beratungsgebühren beim Kunden verschiebt sich die Stellung der Reisebüros jedoch zunehmend von einem reinen Mittler zwischen zwei Marktteilnehmern zu einem Agenten und Service Provider für die Kunden.

Im **Geschäftsreisebereich** sind, neben den Serviceleistungen, die Reisekosten der entscheidende Grund für die Reisebüronutzung. Solange das Reiseaufkommen eines Unternehmens nicht ausreicht, um bei den Leistungsträgern Mengenrabatte aushandeln zu können, ist der Beschaffungsweg über ein Reisebüro kostengünstiger. Dafür sprechen zunächst vier Gründe:

- Reisebüros offerieren im Hotelbereich niedrigere Preise, wenn sie die Reservierungen über Einkaufskooperationen oder bei Zwischenhändlern vornehmen und dieser Vertriebsweg den Unternehmen nicht zugänglich ist. Im Flugbereich können sich Einsparungen aufgrund besserer Kenntnis von Angeboten und Buchungsbedingungen ergeben.
- Reisebüros können einen Teil der Provisionen für vermittelte Beförderungsleistungen als Kick-backs an die Unternehmen weitergeben, auch eine komplette Weitergabe der Provisionen und im Gegenzug eine Entlohnung der erbrachten Leistungen durch Management Fees oder Serviceentgelte ist möglich. Damit werden auch die genannten Interessenkonflikte zumindest im Geschäftsreiseverkehr zunehmend gelöst.
- Reisebüros wickeln die Buchungs- und Abrechnungsvorgänge schneller ab als Mitarbeiter im Unternehmen, weil sie über mehr Know-how und effizientere Technik verfügen.
- Reisebüros können weitere kostensparende Leistungen erbringen bis hin zum kompletten Travel Management mit der Reiseplanung unter Berücksichtigung der Reiserichtlinien des Unternehmens (z.B. Nutzungsberechtigung einer bestimmten Beförderungsklasse und der Prioritäten des Reisenden), der Erstellung von Reisekostenabrechnungen und -statistiken sowie Controlling (Auswertung der Reisekosten, Anpassung der Reiserichtlinien).

Für Unternehmen mit hoher Reisetätigkeit (z.B. Beratungs- oder Vertriebsunternehmen) oder hohem Reisevolumen aufgrund der Unternehmensgröße stellt sich jedoch die Frage der Kostensenkung und Qualitätssteigerung durch Einrichtung eines Travel Management Systems.

1.2.4   Reisebüro und Zwischenhändler

In der Wertschöpfungskette des Reisevertriebs sind vor allem im Flug- und Hotelbereich Unternehmen als Groß- oder Zwischenhändler für stationäre Reisebüros, Online-Reisebüros und Endkunden tätig.

Eine traditionell wichtige Rolle spielen hier z.B. Consolidators für die Reisebüros als eine Bezugsquelle für preisgünstige Flugscheine. Consolidators ihrerseits beziehen die Tickets von den Fluggesellschaften durch Großeinkäufe zu Nettopreisen und übernehmen für ihre Kontingente auch zum Teil das Auslastungsrisiko. Für die Reisebüros übernehmen die Consolidators, die mit einer Großzahl von Fluggesellschaften zusammenarbeiten, die Suche nach preiswerten Angeboten und meist auch die Ticketausstellung. Die Consolidators erschließen zudem die Vertriebswege Non Traditional Outlets und Non-IATA-Agenturen und ermöglichen damit die Ansprache von Nachfragesegmenten, die über den herkömmlichen Vertriebsweg nicht zu erreichen waren. Für kleinere ausländische Fluggesellschaften ohne eigene Vertriebseinrichtungen im Inland (oder ohne Website in der jeweiligen Landssprache) und/oder mit qualitativen Produktnachteilen (z.B. Umsteigeverbindung statt Non-Stop-Flug, Image des Carriers) sind sie ein Weg, preiselastisch reagierende Kunden zu gewinnen. Zunehmend nutzen auch Kreuzfahrtreedereien den Vertrieb über Consolidators, die hier aber vor allem die Endkunden direkt ansprechen und so eine Konkurrenz für die Reisebüros darstellen.

Im Hotelbereich sind folgende Unternehmen als Groß- oder Zwischenhändler tätig:

- Einkaufskooperationen, um durch Bündelung der Einzelnachfrage der Reisebüros oder Travel Management Organisationen der Unternehmen günstigere Preise und Konditionen zu erlangen.
- Hotelrepräsentanten, die für ausgewählte internationale Hotels die Vertretungsaufgaben (Marktbearbeitung, Verkauf, Provisionsabrechnung, Reklamationsbearbeitung) in einer Verkaufsregion übernehmen.
- Hotelvermittler, die als ungebundene Großhändler für eine Mehrzahl – auch konkurrierender – Hotels tätig sind.
- Incoming-Agenturen, die im Rahmen ihrer Tätigkeiten für Reiseveranstalter (Transfers, Gästebetreuung, Repräsentanz gegenüber Behörden) auch die Vermittlung von Hotelkapazitäten, z.T. aus eigenen Kontingenten, übernehmen.
- Paketreiseveranstalter („Paketer"), die veranstaltenden Reisebüros Hotelkapazitäten oder Teilpauschalreisen (Unterkunft, Reiseleitung, Programm vor Ort, aber ohne Beförderung) katalogmäßig anbieten.

Die Produkte der Tourismusunternehmen in deutschen Fremdenverkehrsorten (Destinationen) werden im Direktvertrieb und im indirekten Vertrieb über örtliche Verkehrsämter/Fremdenverkehrsstellen/Touristinfos und regionale Vertriebsgemeinschaften angeboten. Aus Reisebürosicht liegt die Funktion dieser Zwischenhändler darin, den „Deutschlandurlaub" oder die „erdgebundenen Reiseziele" durch die Erstellung von Verkaufskatalogen, das Schnüren von Pauschalpaketen und den Betrieb eigener Reservierungszentralen bzw. den Anschluss an regionale Reservierungssysteme oder Globale Distributionssysteme buchbar zu machen (vgl. BIEGER: 216).

1.3   Arten von Reisemittlern

1.3.1   Begriffsdefinitionen

Für die Begriffe Reisebüro, Reisemittler, Reisevermittler und Reiseagentur ist weder in der Literatur noch im Fachjargon der Branche eine eindeutige Verwendung feststellbar, oft werden sie sogar synonym gebraucht. Im Interesse der Begriffsklarheit erscheint es dennoch sinnvoll, die folgenden Unterscheidungen zwischen den einzelnen Unternehmenstypen zu treffen.

> **Der Begriff Reisebüro umfasst sowohl die Tätigkeit als nur vermittelndes Reisebüro (Reisemittler) als auch die gleichzeitige Tätigkeit als veranstaltendes Reisebüro (Reiseveranstalter).**

In der Realität sind die Übergänge zwischen den „reinen Typen" vermittelndes Reisebüro und Reiseveranstalter fließend.

> **Ein Reisemittler ist ein Handelsbetrieb, der im Auftrag der Produzenten vorwiegend Pauschalreisen und touristische Einzelleistungen an Endverbraucher vermittelt.**

Produzenten der zu vermittelnden Leistungen sind Reiseveranstalter (Pauschalreisen) oder Leistungsträger wie Beförderungsunternehmen, Beherbergungsbetriebe, Versicherungsunternehmen etc. Die Reisemittler benötigen dafür eine Verkaufslizenz, die auf einem formellen oder stillschweigend vorausgesetzten Agenturvertrag beruht. Daher wird der Begriff Agentur oft auch synonym mit dem des Reisemittlers verwendet. Das Wort „vorwiegend" wurde in die Definition eingefügt, weil oft auch nichttouristische Produkte wie z.B. reisenahe Waren (Reiseliteratur, Fotoartikel etc.) oder Eintrittskarten zu Veranstaltungen im Sortiment geführt werden. Mitunter stellt das Reiseangebot nur einen Teil des Mehrspartenkonzepts eines Unternehmens dar, wie z.B. im Fall von Reisebüros von Warenhausketten, der Reisen vermittelnden Lotto- und Totoannahmestellen oder bei hybriden Geschäftsmodellen, die Reisebüroleistungen mit weiteren Produkten oder Dienstleistungen (Cafés, Postfilialen, Buchhandlungen etc.) kombinieren. Der Reisemittler schließt mit den Kunden einen Geschäftsbesorgnisvertrag (§ 675 BGB) ab und ist damit für die ordnungsgemäße Erbringung der Vermittlungsleistung zuständig und verantwortlich, nicht aber für die Erbringung der Reiseleistung selbst, die dem Reiseveranstalter oder dem Leistungsträger obliegt. Kunden können Privatpersonen, Unternehmen (Geschäftsreisen der Mitarbeiter) oder Organisationen (z.B. Vereine) sein.

> **Ein veranstaltendes Reisebüro ist ein Unternehmen, das sowohl als Reisemittler als auch als Reiseveranstalter tätig ist.**

Ein Reiseveranstalter ist ein Betrieb, der eigene und fremde touristische Leistungen und gegebenenfalls auch Sachleistungen zu einem neuen und eigenständigen Produkt (Pauschalreise) verbindet und dies in eigenem Namen und auf eigene Rechnung anbietet. Ein Reisemittler wird (gemäß § 651a BGB) dann zum veranstaltenden Reisebüro (Reiseveranstalter), wenn er a) selbst Pauschalreisen veranstaltet, d.h. mindestens zwei gleichwertige Hauptreiseleistungen zu einem Gesamtpreis katalogmäßig anbietet, oder b) nach außen hin (Werbung, Buchungs- und Rechnungsformulare) wie ein Reiseveranstalter auftritt, selbst wenn er faktisch nur Pauschalreisen vermittelt; damit weitet sich der Haftungsumfang auf die ordnungsgemäße Erbringung der vereinbarten Reiseleistungen aus. Auch durch die Zusammenstellung von Pauschalreisen im Rahmen von Baukastensystemen oder des dynamic packaging (auf Kundenwunsch online erstellte Reisepakete) entsteht der Status eines Reiseveranstalters, wobei hier der Übergang von einer Webseite mit einer Warenkorbfunktion zum dynamic packaging fließend ist.

Zur Strukturierung der vielfältigen Unternehmensarten der Reisebürobranche können die Ordnungskriterien stationär, dominierender Geschäftsbereich, Haupt- oder Nebenerwerbstätigkeit sowie rechtliche/wirtschaftliche Selbständigkeit angewendet werden.

1.3.2 Stationär / nicht-stationär

Die Unterscheidung nach stationär und nicht stationär bedeutet in der Praxis meist die Unterscheidung zwischen dem bisherigen Vertrieb in klassischen Ladenbüros und dem Online-Vertrieb. Als **Online-Reisebüros** gelten Unternehmen, die für den Vertrieb von touristischen Produkten als Kommunikations- und Distributionswege ausschließlich die Online-Dienste des Internet nutzen. In der Praxis aber sind die „reinen" Typen Online-Reisebüro bzw. stationäres Reisebüro jedoch nur Endpunkte eines Kontinuums.

Analog zu stationären Reisebüros verfügen auch Online-Reisebüros über ein breites und neutrales (d.h. aus den Angeboten unterschiedlicher Produzenten bestehendes) Sortiment. Dieses umfasst Pauschalreisen, Flüge und Hotels, aber auch Mietwagen, Transfers und reisenahe Zusatzleistungen wie z.B. Versicherungsleistungen. Auch Online-Reisebüros, die von Veranstaltern betrieben werden, gehören meist in diese Kategorie, da sie neben dem eigenen Sortiment in der Regel auch Pauschalreisen anderer Veranstalter, insbesondere der Mitbewerber sowie konzernfremde Flüge und Hotels anbieten.

Die Grenzen zwischen den Begriffen stationär/nicht-stationär verschwimmen jedoch zunehmend, da viele Online-Reisebüros ihre Wurzeln im stationären Vertrieb haben (als Reisebüro, Reiseveranstalter, Bahn oder Fluggesellschaft) und auch als Online-Anbieter gegründete Unternehmen zumindest in kleinerem Umfang stationäre Filialen eröffnen. Hinzu kommt, dass zwischenzeitlich nahezu alle Reiseveranstalter, Leistungsträger und stationäre Reisebüros über einen Internetauftritt verfügen. Somit verliert eine Differenzierung nach stationärem und virtuellem Vertrieb zunehmend ihre praktische Relevanz. Zur Charakterisierung von Reisebüros erscheint es daher sinnvoll, unter Berücksichtigung der Multi Channel-Strategie auf den Schwerpunkt der Tätigkeit zurückzukommen.

1.3.3   Dominierender Geschäftsbereich

Hinsichtlich der dominierenden Geschäftstätigkeit können zunächst folgende Arten von Reisebüros unterschieden werden:

- **Vollreisebüro**: Es verfügt zusätzlich zu den Reiseveranstalterlizenzen über Lizenzen der Deutschen Bahn (Verkauf von Fahrkarten in- und ausländischer Eisenbahnen) und der IATA (International Air Transport Association; Verkauf von Flugscheinen der IATA-Mitgliedsgesellschaften).

- **Klassisches Reisebüro**: Es besitzt neben den Reiseveranstalterlizenzen nur eine Lizenz zur Vermittlung von Beförderungsleistungen, also alternativ Bahn oder Flug.

- **Touristik-Reisebüro**: Die Vermittlungsleistungen beschränken sich auf die Angebote der Reiseveranstalter ohne Bahn- oder IATA-Lizenzen, über Consolidator werden jedoch meist indirekt auch Flugtickets angeboten.

- **Buchungsstelle**: Die Tätigkeit ist auf den Verkauf von Reisen eines einzigen Reiseveranstalters beschränkt. Buchungsstellen sind sowohl im direkten Vertrieb als unternehmenseigene Buchungsstellen (z.B. Verkaufsbüro eines Busreiseveranstalters am Ort des Firmensitzes) als auch im indirekten Vertrieb, meist als Abteilungen branchenfremder Unternehmen (z.B. Banken, Lotto- und Totoannahmestellen) zu finden.

- **Spezial-Reisebüro**: Ein enges (geringe Zahl von Produktarten), aber tiefes (große Zahl unterschiedlicher Reisen einer bestimmten Produktart) Sortiment beschränkt das Angebot auf die Vermittlung weniger Reisearten, für die das Reisebüro jedoch eine hohe Fachkompetenz besitzt (z.B. Seereisen, Cluburlaub, Golf- oder Tauchreisen).

- **Incoming-Agentur**: In touristischen Zielgebieten angesiedelt, vermittelt sie Reiseleistungen der Standortregion (Pauschalpakete, Einzelleistungen, Reiseleitung) an ortsfremde Reiseveranstalter und Besucher.

- **Firmenreisebüro:** Entweder als selbstständiges Unternehmen oder als Abteilung eines Vollreisebüros (dann als ‚Firmendienst' vom Publikumsverkehr räumlich getrennt) auf die Anforderungen des Geschäftsreiseverkehrs spezialisiert. Neben der Vermittlung von Reisedienstleistungen können weitere Serviceleistungen wie Reiseplanung oder -abrechnung erbracht werden. Der Begriff „Implant" bezeichnet eine Reisebürofiliale in einem fremden Unternehmen.

- **Reisestelle/Travel Management:** Diese Stelle oder Abteilung eines nichttouristischen Unternehmens ist mit der Planung und Abwicklung der Geschäftsreisen der Mitarbeiter betraut. Die Weiterentwicklung zum Travel Management mit strategischen Aufgaben und eine Aufgabenanreicherung gehen weit über den Bereich der Reisevermittlung hinaus. Da Reisestellen keine IATA- oder DB-Lizenzen erwerben können, beziehen sie die Beförderungsdokumente direkt über die Verkaufsbüros der Verkehrsträger oder indirekt über die Firmendienste von Reisebüros. Vor allem größere Unternehmen gestalten mitunter ihre Reisestellen so aus, dass sie den Lizenzanforderungen der Verkehrsträger und Reiseveranstalter entsprechen und vermitteln dann auch Urlaubsreisen für die Mitarbeiter.

- **Call Center:** Ihre Reisevermittlungstätigkeit steht in Zusammenhang mit anderen Vertriebsmedien wie Katalogen, Annoncen in Printmedien oder Reisefernsehen. Im Rahmen des Inbound-Geschäftes (passiv, Beantwortung eingehender Telefonanrufe) geben sie Preis- und Produktauskünfte, tätigen Buchungen und nehmen Reklamationen entgegen. Outgoing-Tätigkeit (aktiv, Anrufe bei Bestands- und potentiellen Kunden) sind im Tourismus kaum existent. Im Gegensatz zur einfachen telefonischen Kundenbetreuung werden in Call Centern IT-Technologien zur Verknüpfung der Telefonanrufe mit dem internen Netz des Call Centers genutzt. Die eingehenden Anrufe werden automatisch nach vordefinierten Regeln auf die Agenten verteilt. Mit einer Identifizierung des Anrufers erfolgt der Aufruf seiner Kundenhistorie, so dass der Mitarbeiter alle Informationen zur qualifizierten, aktuellen und schnellen Beratung des Anrufers unmittelbar zur Verfügung hat. Automatisierte Sprachbeantworter (Interactive Voice Responses) werden zur Beantwortung von Routinefragen und zur Weiterleitung an zuständige Ansprechpersonen genutzt.

Die in der Branchenrealität vorzufindenden Reisebüros entsprechen entweder einem dieser reinen Typen oder sind Mischtypen, die sich aus der Kombination einzelner Geschäftätigkeiten ergeben. So sind beispielsweise viele Vollreisebüros auch als Firmenreisebüros tätig.

1.3.4   Haupt- oder Nebenerwerb

Die Definition des Haupterwerbsreisebüros, für das die Vermittlung von Reiseleistungen und gegebenenfalls die Eigenveranstaltung von Pauschalreisen die Haupterwerbstätigkeit darstellt, ist eindeutig. Problematischer ist die Abgrenzung des Nebenerwerbsreisebüros als ein Unternehmen, für das die Reisebürotätigkeit nur ein Nebengeschäftszweig ist und das sich in der Regel auf die Vermittlung von touristischen Produkten (also Veranstalterprodukte und nicht Bahnfahrkarten, Linienflüge oder Eigenveranstaltung) beschränkt.

Während mit dieser Definition typische Nebenerwerbsreisebüros wie etwa Lotto-/Totoannahmestellen oder Banken mit Reisebuchungsstellen zutreffend erfasst werden, würde diese Bezeichnung z.B. für Konzernreisebüros in Kaufhäusern, deren Umsätze oft weit über denen selbständiger Reisebüros liegen, missdeutig sein: die Reisevermittlung ist zwar nur ein Nebengeschäft der in der Hauptsache auf Konsumgüter ausgerichteten Kaufhauskonzerne, die damit befassten Abteilungen werden aber als eigenständige Unternehmenseinheiten oder Profit Centers (z.B. nach dem Shop-in-Shop-System) geführt. KREILKAMP (1995: 155) schlägt daher zur Abgrenzung folgende Kriterien für die Klassifizierung als Haupterwerbsbüro vor: Es muss mindestens eine Person ausschließlich für den Verkauf von Reisen vorhanden sein, das Büro muss nach außen über eine eigene Darstellung verfügen und/oder als eigenständige Einheit erscheinen. Jedes Reisebüro, das eines dieser Kriterien nicht erfüllt, wird als Nebenerwerbsbüro bezeichnet. Reiseberater oder Home Agents nehmen eine Sonderstellung ein, da sie ihre Tätigkeit haupt- oder nebenberuflich ausüben können. Home Agents sind mobile Reiseverkäufer, die meist von zu Hause aus Reisen verkaufen und dazu ihre Kunden in der Regel zu einem vorher vereinbarten Termin zu Hause aufsuchen. Der in der Praxis dafür verwendete Begriff „Strukturvertrieb" ist nicht zutreffend, da „es das Ziel aller Strukturvertriebe ist, nebenberufliche Geschäftspartner so schnell wie möglich zu Verkäufern auszubilden und sie in die Hauptberuflichkeit zu führen" (SCHARFENROTH 2005: 19). Die Vermittlerfunktion basiert auch hier auf der persönlichen Ansprache von potentiellen Kunden in seinem persönlichen Umfeld (Network-Marketing), was aber bisher gänzlich fehlt, ist die Intention des Aufbaus einer hierarchischen Struktur, innerhalb derer die Höhergestellten an den Vermittlungsprovisionen der in der Hierarchie niedriger angesiedelten teilhaben. Da die meisten Reiseveranstalter für die Vergabe einer Agentur (Buchungsberechtigung) jedoch einen gewissen Mindestumsatz voraussetzen, sind die Home Agents meist an stationäre Reisebüros angeschlossen oder in Verbänden organisiert.

1.3.5   Rechtliche und wirtschaftliche Selbständigkeit

Eine Einteilung der Reisebüros nach dem Grad der wirtschaftlichen und rechtlichen Selbständigkeit führt zu folgenden Unternehmensarten:

*   **Selbständige Einzelbüros** sind zunächst wirtschaftlich und rechtlich selbständige Unternehmen, die als Einzelbüros ohne oder mit einer geringen Zahl von Filialen geführt werden können. Sie können im Prinzip zwar in eine Kooperation eingebunden sein, da dadurch aber faktisch die wirtschaftliche Selbständigkeit mehr oder weniger beeinträchtigt wird, sollen hier nur ungebundene Reisebüros als selbständige Einzelbüros bezeichnet werden.

- **Filialbüros** sind rechtlich und wirtschaftlich unselbständige Betriebe, die von einer Zentrale einheitlich geführt werden. Der Filialleiter ist Weisungsempfänger und nur für die Umsetzung der Weisungen verantwortlich. Unternehmen, die über eine Vielzahl von Reisebüro-Filialen verfügen, werden als Reisebüroketten bezeichnet. Reisebüroketten bestehen aus mehreren einzelnen Reisebüros meist an geographisch verteilten Standorten, die als rechtlich unselbständige Einheiten (Filialen) eines Unternehmens zusammengefasst sind. Sie werden nach einer einheitlichen Struktur und unter einer einheitlichen Marke betrieben. Die Vorteile von Reisebüroketten liegen einerseits in einer Erhöhung der erzielbaren Provisionssätze bei den Produzenten durch die Bündelung von Umsätzen und einer höheren Marktmacht gegenüber diesen oder Dritten (Bsp. Reservierungssystemen). Hinzu kommen andererseits eine bessere Steuerbarkeit des Vertriebs (Vorgaben, welche Veranstalter bevorzugt zu verkaufen sind) sowie Vorteile bei der Beschaffung oder der Schulung von Mitarbeitern.

- **Konzerneigene Reisebüros** werden als rechtlich und wirtschaftlich abhängige Abteilungen/Teilbetriebe mit oder ohne Ergebnisverantwortung geführt oder sind als Tochterunternehmen ausgegliederte Reisebüros oder Reisebüroketten.

- **Kooperationsbüros** sind rechtlich selbständige, aber in ihrer wirtschaftlichen Selbständigkeit eingeschränkte Reisebüros. Die Beteiligung an einer Kooperation hat zur Folge, dass das Unternehmen in den Entscheidungsbereichen, die auf der Basis von Mehrheitsentscheidungen getroffen wurden oder aufgrund vertraglicher Übereinkunft bestimmt werden, nicht mehr über die Dispositionsgewalt verfügt. Der wesentliche Unterschied zu Reisebüroketten liegt bei den Kooperationen daher in den Besitzverhältnissen, da es sich hier um rechtlich selbständige Unternehmen handelt, die sich zu einer Zusammenarbeit in bestimmten Bereichen zusammengeschlossen haben. Das Ziel von Reisebürokooperationen liegt in der Regel in einer Steigerung der erzielbaren Provisionen durch die Bündelung der von den einzelnen Partnern gemachten Umsätze sowie in einer generellen Stärkung der Marktmacht gegenüber den Produzenten bei gleichzeitiger Bewahrung der unternehmerischen Eigenständigkeit.

- **Franchisebüros:** Franchiseunternehmen schließlich sind zwischen den Reisebüroketten und den Kooperationen anzusiedeln, da es sich hier zwar einerseits um rechtlich selbständige Unternehmen handelt, die jedoch unter einer gemeinsamen Marke auftreten und dem Kunden gegenüber einheitlich kommunizieren, so dass meist der Eindruck entsteht, dass es sich um ein Unternehmen handelt. Gegen die Zahlung einer Franchisegebühr (in der Regel ein gewisser Prozentsatz des Umsatzes oder des Erlöses) sind die Franchisenehmer zur Nutzung einer (üblicherweise etablierten) Marke berechtigt, verpflichten sich jedoch im Gegenzug zur Einhaltung gewisser Richtlinien.

1.3.6   Veranstaltendes Reisebüro: Reisemittler als Reiseveranstalter

Unternehmen des Typs „veranstaltendes Reisebüro" produzieren Pauschalreisen, um den Unternehmenserfolg durch direkte zusätzliche Erträge, verstärkte Kundenbindung und Imageverbesserung zu steigern. Der Übergang zwischen veranstaltendem Reisebüro und Reiseveranstalter ist eher fließend, die meisten Reisebüros sind aber lediglich als Gelegenheitsveranstalter tätig.

Nach § 651 BGB wird ein Unternehmen zum Reiseveranstalter, wenn es Pauschalreisen (mindestens zwei Hauptleistungen, vorgefertigt und katalogmäßig angeboten, Endpreis) anbietet oder aus Kundensicht seinem Auftreten nach den Anschein erweckt, als Reiseveranstalter tätig zu sein. Der rechtliche Status ist insofern bedeutsam, als ein Reiseveranstalter für den Erfolg der Reise haftet und damit für eine mängelfreie Erbringung der einzelnen Leistungen die Verantwortung zu tragen hat, auch wenn diese von unternehmensfremden Leistungsträgern (Erfüllungsgehilfen) erbracht werden. Zudem sind die Informationspflichten nach BGB-Informationspflichten-Verordnung (BGB-InfoV, 2002) bezüglich Reisepreis und Zahlungsmodalitäten, Allgemeine Reisebedingungen, Reiseablauf zu beachten; zu den hier genannten Pflichten gehört auch die Ausstellung eines Reisesicherungsschein (Nachweis der Kundengeldabsicherung für den Fall einer Veranstalterinsolvenz). Ein Reisemittler haftet dagegen nur für die Richtigkeit der Beratung und der der Mängelfreiheit der Vermittlungsleistungen (vgl. NIES 2005: RN 135–146).

Die Tätigkeit von Reiseveranstaltern kann nach FREYER (2006: 207) entlang eines dienstleistungsorientierten Phasenmodells (vgl. Abb. A.1-4) dargestellt werden.

*   „Die **Potentialaufgaben** des Reiseveranstalters umfassen die Bereitstellung (den Einkauf) von Transport- und Beherbergungskapazitäten, die in Prospekten den Kunden angeboten werden. Ferner erfolgt in der Potentialphase die Buchung/Reservierung (direkt oder über Reisemittler).

*   Die **Prozessphase** umfasst die eigentliche Reisedurchführung, die durch verschiedene Leistungsträger realisiert wird. Der Reiseveranstalter hat hierfür lediglich die Garantiefunktion zu übernehmen, dass alle Teilleistungen wie gebucht auch realisiert werden.

*   In der **Ergebnisphase** hat der Reiseveranstalter im Wesentlichen die Nachbetreuung der Gäste und der Leistungsträger zu übernehmen. Es erfolgt die Abrechnung mit den Leistungsträgern und Reisemittlern. Gegenüber den Kunden sind mögliche Reisereklamationen abzuwickeln."

Mit der Organisation von Pauschalreisen übernimmt das Reisebüro folgende Veranstalterfunktionen (vgl. POMPL 1997a: 39f.):

*   **Produktionsfunktion:** Der Reiseveranstalter erstellt durch Kombination von Teilleistungen ein eigenständiges Produkt mit Nutzenvorteilen gegenüber der selbstorganisierten Reise. Der Kunde wird von den Aufgaben der

Reiseplanung und –organisation entlastet, die Kosten liegen meist wesentlich günstiger als bei einer Individualreise, da der Reiseveranstalter durch Abnahme größerer Kontingente erhebliche Preisnachlässe erzielen kann.

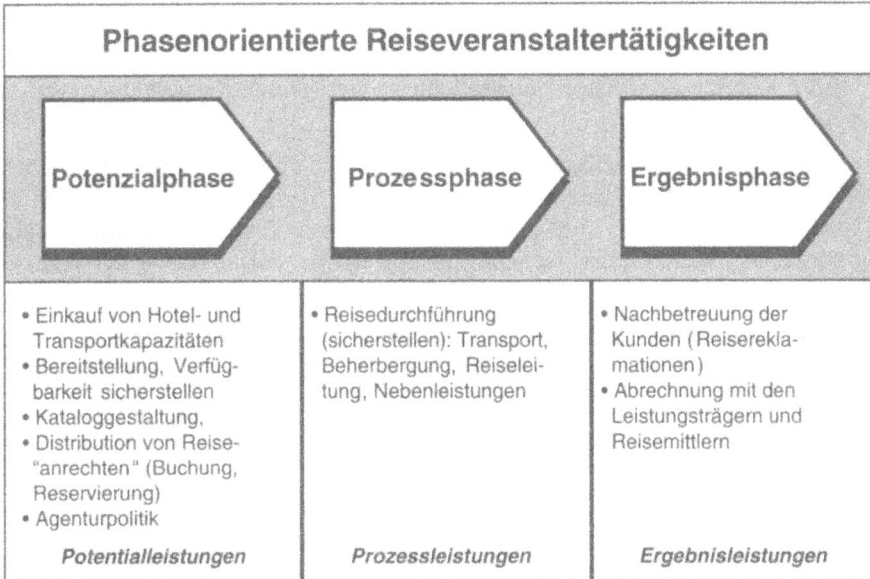

Phasenorientierte Reiseveranstaltertätigkeiten

Potenzialphase	Prozessphase	Ergebnisphase
• Einkauf von Hotel- und Transportkapazitäten • Bereitstellung, Verfügbarkeit sicherstellen • Kataloggestaltung, • Distribution von Reise-"anrechten" (Buchung, Reservierung) • Agenturpolitik	• Reisedurchführung (sicherstellen): Transport, Beherbergung, Reiseleitung, Nebenleistungen	• Nachbetreuung der Kunden (Reisereklamationen) • Abrechnung mit den Leistungsträgern und Reisemittlern
Potentialleistungen	*Prozessleistungen*	*Ergebnisleistungen*

Abb. A.1-4:   Aufgaben von Reiseveranstaltern im phasenorientierten Betriebsmodell
(Quelle: FREYER 2006: 207)

- **Handelsfunktion:** Reiseveranstalter buchen ihre Kapazitäten von Leistungsträgern über längere Zeit zu einem festen Preis, vermarkten das Angebot und übernehmen oft auch noch das Auslastungsrisiko. Sie stellen damit ein Bindeglied zwischen den Anbietern und den Nachfragern dar. Viele Leistungsträger und Destinationen wären ohne sie gar nicht in der Lage, mit wirtschaftlich vertretbaren Maßnahmen genügend Kunden zu finden.

- **Risikoübernahmefunktion:** Reiseveranstalter entlasten mit ihren Pauschalpaketen den Urlauber vom Risiko, unbekannte Produkte von fremden Herstellern beziehen zu müssen, indem sie auf gesetzlicher Grundlage das Haftungsrisiko hinsichtlich der vertragsgemäßen Leistungserfüllung übernehmen. Ihre Erfahrung und Fachkompetenz bietet die Gewähr eines kundengerechten Problemlösungspakets, das geeignet ist, die Urlaubsvorstellungen des Käufers zu erfüllen. Durch die Veröffentlichung eines Gesamtpreises in inländischer Währung besteht für den Kunden nur ein beschränktes Preisänderungsrisiko.

- **Informationsfunktion:** Die Kataloge und Websites der Reiseveranstalter sind zwar zu allererst ein Werbeinstrument für das Angebot des Unternehmens, sie erfüllen aber auch die Funktion, über die dort dargestellten Zielgebiete zu informieren. Sie unterstützen damit die Werbebemühungen der Leistungsträger und nationalen Verkehrsbüros.

Unter betriebswirtschaftlichen Gesichtspunkten können bei der Reiseveranstaltertätigkeit zwei Geschäftsmodelle unterschieden werden: die Produktion von a) vorgefertigten Pauschalpaketen, die den potentiellen Kunden per Katalog, Broschüre oder Website angeboten werden (Katalogreise), und b) die Organisation kundenindividueller Reisen, bei denen die Nachfrager die Ausgestaltung der Reise vorgeben.

Pauschalpakete werden angeboten entweder als einmalige Gruppenreisen (Beispiel Organisation einer Wochenendreise für einen Kegelclub) oder als Turnuspauschalreisen, d.h. über einen längeren Zeitraum zu regelmäßigen Terminen veranstaltete Reisen (z.B. von Mai bis September jeden Samstag Abreise nach ….).

Die Vorteile der Eigenveranstaltung von Turnuspauschalreisen liegen in der Möglichkeit, die Produktgestaltung sehr stark auf die Zielgruppe auszurichten (z.B. mit Transfer vom Heimatort zum Flughafen, Vorbereitungstreffen, Angebote vor Ort) sowie in der Eigenständigkeit der Preisgestaltung (z.B. Saisonzeiten und Saisonzuschläge).

Die Nachteile liegen vor allem im finanziellen Risiko, da die notwendigen Investitionen in technische Voraussetzungen teuer sind. Zudem übernimmt der Veranstalter ein Auslastungsrisiko: Um die Durchführung von Turnuspauschalreisen zu sichern, sind Verträge über eigene Kontingente bei Leistungsträgern notwendig (z.B. Bus oder Flugzeug). Optionsverträge (Kontingent ist bis zu einem bestimmten Tag reserviert, nicht benötigte Kapazitäten können kostenfrei storniert werden) sind zwar möglich, aber nicht überall durchsetzbar. Damit besteht das Risiko, Kapazitäten bei Leistungsträgern bezahlen zu müssen, auch wenn sie nicht an Kunden weiterverkauft werden können. Weitere Nachteile gegenüber der reinen Vermittlungstätigkeit liegen in der schon angesprochenen Haftung als Reiseveranstalter

Die **kundenindividuelle Reise** wird als Individual- oder Gruppenreise organisiert. Produktelemente werden entweder direkt bei Leistungsträgern oder als Teilleistungen bei Reiseveranstaltern (z.B. Unterkunft bei Robinson; viele Reiseveranstalter unterhalten Gruppenabteilungen mit Reisebüros als Kunden) gebucht. Diese Art der gelegentlichen Reiseveranstaltung war für viele Reisebüros schon immer Teil des Tagesgeschäftes. Die neuen Kommunikationsmöglichkeiten der IT (vgl. Beiträge Kap. Weithöhner und Schulz) ermöglichen aber neue Organisationsformen, insbesondere das dynamic packaging.

In Anlehnung an ROGL (2003: 59) bezeichnet **dynamic packaging** die Organisation von Pauschalreisen

- auf Kundenwunsch
- online und in Echtzeit erfolgende
- Angebotserstellung, Auswahl, Buchung und Bestätigung
- von Reiseproduktelementen

- unterschiedlicher Leistungsträger
- zu einem tagesaktuellen Gesamtpreis.

Dieses neue Geschäftsmodell ermöglicht zusätzliche Erträge durch risikoarme Produktion (keine eigenen Kontingente mit Auslastungsrisiko), die Nutzung der Vorteile des Online-Vertriebs (wie 24/7) sowie den Zugang zu reisebürofernen aber onlineaffinen Zielgruppen. Zudem kann einer Abwanderung von Kunden zu Online-Veranstaltern entgegengewirkt werden. Die Nachteile liegen insbesondere in den hohen Investitionen für Technologie und Werbung (Bekanntheitsgrad, wenn neue Zielgruppen erschlossen werden sollen).

1.4   Wettbewerbssituation

Zu den die Wettbewerbssituation im Reisevertrieb prägenden Kräften zählen neben dem internen Wettbewerb vor allem die Marktmacht der Produzenten und die Bedrohung durch neue Wettbewerber.

1.4.1   Interner Wettbewerb

Die Rivalität unter den bestehenden Wettbewerbern einer Branche ist nach PORTER (1999: 42) generell dann hoch, wenn viele und gleich ausgestattete Konkurrenten ein ähnliches Sortiment anbieten, das Marktwachstum gering ist und die Differenzierungsmöglichkeiten beschränkt sind. All dies trifft auf den Reisevertriebsmarkt zu (vgl. Kapitel A.2), der durch eine nur noch schwache Zunahme der Gesamtnachfrage (Reiseintensität im letzten Jahrzehnt ca. zwischen 72 und 75%), eine hohe Reisebürodichte, ähnliche Sortimente (Großveranstalter sind Leitveranstalter, dies gilt selbst in eigenen Filialen und auch in Franchise- oder Onlinebüros werden Produkte der Konkurrenz angeboten), ähnliche Außenauftritte und einen geringen Grad der Markenbildung gekennzeichnet ist. Dies führt zu einer schlechten Ertragslage – nach Schätzungen des Deutschen Reiseverbandes (DRV) liegt die durchschnittliche Umsatzrendite zwischen 0,3 und 0,4 Prozent (vgl. LANZ 2007: 4) – und zu einem **Verdrängungswettbewerb** unter den stationären Reisebüros So ging die Zahl der Reisevertriebsstellen von 19.600 im Jahr 2000 auf 13.400 (davon 10.465 stationäre Reisebüros, 939 Geschäftsreisebüros und 1.958 sonstige Buchungsstellen) im Jahr 2007 zurück (vgl. SÜLBERG, Kap. A.2). Eine Strategie der internationalen Expansion, vergleichbar der von Reiseveranstaltern zum Ausgleich der Rückgänge im deutschen Heimatmarkt oder zur Erreichung von Skaleneffekten, ist für Reisemittler keine Option: Auslandsbüros können nicht wie eine Filiale eines Inlandsbüros geführt werden, sondern unterscheiden sich hinsichtlich der angebotenen Produkte (ausländische Veranstalter) oder der Organisationsstrukturen (Bsp. Lizenzierungen, IT-Systeme) erheblich von Inlandsbüros, hinzu kommt die Sprachbarriere. Lediglich im Geschäftsreiseverkehr sind internationale Kooperationen zu beobachten (z.B. American Express/First Business Travel mit Unternehmen in 140 Ländern).

Da Reiseveranstalter nicht nur in allen Vertriebskanälen, sondern demzufolge genauso in allen Reisebüros zu den gleichen Preisen und Konditionen buchbar sind und die Weitergabe von Provisionen an den Kunden in der Regel auf Grund des Handelsvertreterstatus bisher nicht erlaubt ist, ergeben sich für Reisebüros wenig Ansatzpunkte, um sich über dem **Preis** von den Mitbewerbern zu differenzieren. Außerdem ist nur eine begrenzte **Angebots- und Leistungspolitik** möglich, da der Notwendigkeit einer gewissen Angebotsbreite (gewisse namhafte Veranstalter müssen im Programm vertreten sein, um dem Nachfragedruck nach diesen zu entsprechen und dem Kunden eine attraktives Sortiment anbieten zu können) das Bestreben nach einer Konzentration auf wenige Leitveranstalter (um so die Umsätze auf eine möglichst geringe Anzahl an Veranstaltern zu konzentrieren und damit die Provisionen zu maximieren) gegenüber steht. Ähnlich ist die Lage im Flugbereich zu sehen, der nach dem Bereich Pauschalreisen den zweiten größten Umsatzanteil (nach FVW-Dokumentation 2006: 6: Pauschalreisen ca. 53%, Flug 37%) der Reisebüros darstellt. Auch hier sind der Möglichkeit einer gezielten Gestaltung des **Produktportfolios** enge Grenzen gesetzt, da kundenseitig der Anspruch an ein umfassendes Angebot besteht. Hinzu kommt, dass Reisebüros auf die Qualität der Lieferantenprodukte keinen oder zumindest sehr wenig Einfluss haben. Damit kommt der Auswahl der Lieferanten eine zentrale Rolle zu und Spielräume in der Gestaltung des Angebotsportfolios werden gegebenenfalls weiter eingeschränkt.

Als strategische Optionen zur Verbesserung der Wettbewerbsposition wurden verschiedenen Formen der Zusammenarbeit gewählt. Während 1997 rund die Hälfte der damals 16.200 Reisebüros ungebundene Einzelbüros waren (FVW 1998: 11), sind es 2007 noch 320 oder ca. 3%. Die Zahl der Kooperationsbüros stieg auf 6.310 (59%), die der einer Reisebürokette angehörenden Unternehmen auf 1.960 (19%) und die der Franchisenehmer auf 2.060 (20%, vgl. SÜLBERG; Kap. A.2)

Durch die zunehmende Verbreitung und Akzeptanz des Internets wird sowohl von Online-Reisebüros als auch von Fluggesellschaften, Reiseveranstaltern, Destinationsmanagementorganisationen, Incoming-Agenturen, Hotels oder anderen Anbietern eine Vielzahl von reiserelevanten Informationen jederzeit und problemlos zugänglich gemacht. Während früher für Informationen wie z.B. Abflugzeiten, Visabestimmungen, Preise, Vakanzen oder bereits für die Produktdarstellung (Kataloge) ein Reisebüro aufgesucht werden musste, können diese Informationen von jedem Reiseinteressierten zusammen mit etlichen weiteren Hintergrundinformationen zum potentiellen Reiseziel auch ohne Reisebüros direkt aus dem Internet abgerufen werden. Während sich also früher aus dem Wissen um Produkte und Destinationen quasi ein **Informationsmonopol** der Reisebüros ergab, können sich diese heutzutage kaum mehr durch einen Informationsvorsprung gegenüber Mitbewerbern oder dem Kunden positionieren. Da eine große Zahl an Produkten, Destinationen und Spezialreisen angeboten wird, wird es – auch aufgrund der gestiegenen Reiseerfahrung in der Bevölkerung – zunehmend schwerer, selbst bei guten Produktkenntnissen gegenüber den Kunden einen Informationsvorsprung zu bewahren, die Ziele entweder bereits mehrfach selbst bereist haben oder sich im Internet gezielt und intensiv informiert haben.

Insgesamt steigen also die Anforderungen an die Reisebüros, in einem nur noch langsam wachsenden Gesamtmarkt und bei steigender Konkurrenz durch andere Vertriebskanäle Wettbewerbvorteile zu entwickeln, um langfristig im Markt bestehen zu können.

1.4.2   Marktmacht der Produzenten

Im Rahmen der strategischen Vertriebspolitik ist von den Produzenten die anzustrebende Marktposition gegenüber den Ansatzmittlern festzulegen. Nach MEFFERT (2000: 604) können vier **„absatzmittlergerichtete Basisstrategien"** unterschieden werden:

*   **Anpassung:** Wenn der Produzent über keinerlei Marktmacht gegenüber dem Vertrieb verfügt, bleibt die Anpassung an vorherrschende Regeln die einzige Möglichkeit. Dies ist etwa bei Reiseveranstaltern mit „Me-too-Sortiment" der Fall.
*   **Machterwerb:** Der Produzent versucht, durch Kooperationen mit den Vertriebsorganisationen, durch Beteiligungen oder als Franchisegeber Einfluss auf fremde Vertriebsstellen zu gewinnen.
*   **Ausweichen:** Der Produzent versucht, durch Eigenvertrieb (Machtumgehung) eine größere Unabhängigkeit von fremden Vertriebsstellen zu erreichen.
*   **Konflikt:** Der Produzent versucht, aufgrund seiner Marktmacht seine Interessen gegenüber den Vertriebspartnern durchzusetzen. Da ein konfliktärer Zustand für beide Parteien dauerhaft nicht erstrebenswert ist, wird diese Strategie mittelfristig entweder zu einer Duldung der Produzentenmacht (Anpassung der Vertriebspartner) oder zu verstärkten Aktivitäten der Händler (z.B. Kooperationen) führen.

Da durch die genannten Marktentwicklungen die Quasi-Monopolstellung der Reisebüros zunehmend aufgeweicht wurde, ist die Entwicklung der letzten Jahre vor allem von den drei letztgenannten Strategien gekennzeichnet.

Durch **Vorwärtsintegration** haben sich die Produzenten in den letzten Jahrzehnten eigene, weisungsgebundene Reisebüros in die Konzerne integriert oder durch Franchisesysteme (TUI Reise Center, Lufthansa City Center) Reisebüros an sich gebunden.

Ein **Ausweichen** auf den Direktvertrieb wurde vor allem durch das Internet und die damit verbundenen Möglichkeiten für die Produzenten gefördert. Neben einer direkten Ansprache der Kunden ist darüber hinaus eine Individualisierung und Personalisierung der Produkte möglich. Durch diesen zusätzlichen Vertriebsweg können nicht nur anfallende Mittlerprovisionen eingespart werden, sondern durch die direkte Anbindung der Webseite an eigene Datenbanken und Ablaufstrukturen auch die Prozesskosten reduziert werden. Eine Ergänzung des angebotenen Produktportfolios um andere Anbieter kann zusätzlich ein neues Geschäftsfeld erschließen, das nicht nur die Attraktivität der eigenen Seiten steigert indem das eigene Produktportfolio erweitert und sinnvoll ergänzt wird (Bsp. Hotelzimmer auf der Website von Low Cost Carriern), sondern durch das auch zusätzliche Erträge generiert werden. Dies kann von Unternehmen selbst oder in Zusammenarbeit mit anderen Unternehmen (Joint Venture) erfolgen (so entstand z.B. das Flugportal OPODO als Joint Venture von acht europäischen Fluggesellschaften; heute in Mehrheitsbesitz von Amadeus).

1.4.3. Branchenfremde Wettbewerber

Unternehmen mit Geschäftsfeldern außerhalb des Tourismus dehnen ihren Tätigkeitsbereich auf Reisevermittlung aus. Dominierend sind dabei zum einen die Discounter und zum anderen die Non Traditional Outlets (NTO) des Internetvertriebs.

Im Bereich der stationären Reisebüros haben schon seit den 1980er Jahren immer wieder branchenfremde Unternehmen versucht, den Reisemarkt als neues Geschäftsfeld zu entwickeln. Bankfilialen, Postfilialen, Tankstellen, Bekleidungsfachhandel, Tabakkonzerne, Supermärkte, Kaffeefilialisten, Versandhäuser, Versicherungen, Buchklubs, Apotheken, politische Parteien oder karitative Einrichtungen schienen mit Markennamen (hoher Bekanntheitsgrad, positives Image) und Kundennähe (durch ein dichtes Netz von Einkaufsstätten) über günstige Wettbewerbsvoraussetzungen zu verfügen. Dennoch konnten sie insgesamt nur unbedeutende Marktanteile erringen und zogen sich meist bald wieder aus dem Markt zurück. Als Grund kann die fehlende Kundenberatung angenommen werden, da diese neuen Vertriebsstellen nicht über ausgebildete Fachkräfte verfügten.

Dieses Manko kann inzwischen durch die Informationsmöglichkeiten im Internet im Allgemeinen sowie des Onlinevertriebes und der Call Center der jeweiligen Anbieter im Speziellen behoben werden, so dass mit dem Einstieg von Discountern wie Aldi, Lidl oder Plus eine potenzielle Bedrohung entstand. Diese Unternehmen sehen sich nicht als Vertriebspartner von etablierten Reiseveranstaltern mit Agenturlizenzen, sondern als Vertriebsstellen von Produkten, die als Handelsmarken („weiße Ware") von spezialisierten Reiseveranstaltern für die jeweiligen Unternehmen hergestellt werden um dann unter der eigenen Marke vertrieben zu werden. Auch wenn die Unternehmen in ihrer Außendarstellung Wert darauf legen, dass sie weder Reiseveranstalter noch Reisemittler sind und in der Werbung den jeweiligen Veranstalter nennen, stellen sie faktisch einen neuen Typ von Reisemittler dar.

Das gegenwärtig angebotene reduzierte Sortiment – geringe Zahl von Destinationen, einfache Produkte mit hohem Standardisierungsgrad, eingeschränkte Reisezeiten (Angebot nur für einige Termine statt über eine halbjährige Periode), zeitlich eingeschränkte Buchbarkeit (nur einige Wochen nach Erscheinen des Katalogs) – scheint zwar noch eher auf den Abverkauf von Überkapazitäten zu günstigen Preisen abgestimmt zu sein, könnte aber auch den Einstieg in ein noch zu entwickelndes Geschäftsmodell „Reisediscount" darstellen, das Prinzipien des Lebensmitteldiscounts übernimmt. Da im Lebensmittelhandel die Expansionsmöglichkeiten weitgehend erschöpft sind, erweiterten die Discounter ihr Sortiment um den Non-Food-Bereich (mit Standardartikeln und Aktionsware) und dringen nun auch in den Dienstleistungsbereich vor. Die Reisevermittlung erweist sich dafür insofern als geeignet, als sie als Vermittlung keine hohen Ausrüstungsinvestitionen oder Auslastungsrisiken verursacht, Buchungen online oder über Call Center erfolgen (und damit keine eigenen Personal- und Raumkapazitäten binden), die Werbung kostengünstig im Verbund mit anderen Produkten erfolgen kann und Reisen die Attraktivität des Gesamtsortiments erhöhen. Das neue Geschäftsmodell „Reisediscount" kann so zur Konkurrenz für den herkömmlichen Vertrieb werden, dies gilt um so mehr als die genannten Reisen in der Regel exklusiv von den Discountern angeboten werden, und Reisebüros damit die dort angebotenen Reisen nicht ebenfalls in ihr Sortiment aufnehmen können.

Einen weiteren Bereich branchenfremder Wettbewerber bilden Anbieter, die ihr Wissen, ihre Erfahrung und ihre Bekanntheit im Online-Geschäft dazu nutzen, auch Reisen anzubieten. Sie werden unter dem Begriff **Non Traditional Outlets (NTO)** zusammengefasst. Hierzu gehören

- Online-Reisebüros oder Reisewebsites von branchenfremden Unternehmen, ein prominentes Beispiel hierfür ist Expedia, das ursprünglich von Microsoft gegründet wurde;
- Websites mit Community-Charakter wie z.B. hotelcheck.de oder Holidaycheck.com, bei denen der Erfahrungsaustausch und die Bewertungsmöglichkeit von Anbietern im Vordergrund steht, die jedoch auch eine Buchungsmöglichkeit bieten;
- Anbieter wie Ebay als bekanntestem Beispiel, die privaten oder gewerblichen Verkäufern eine Plattform zur Verfügung stellen, auf der diese ihre Angebote darstellen und verkaufen können. Der Erlös des Anbieters liegt bei diesem Beispiel nicht in vom Produzenten bezahlten Provisionen, sondern in Gebühren für die Nutzung der Online-Plattform, die vom Verkäufer oder vom Käufer des jeweiligen Artikels erhoben werden. Hier liegt der Angebotsschwerpunkt in der Regel nicht auf Reisen, sondern ist breit gestreut.
- Suchmaschinen, die eine große Bedeutung beim Auffinden von Reiseangeboten im Internet haben. Nach einer Untersuchung von Google Deutschland 2007 (2) suchen Internetnutzer acht- bis neunmal im Jahr Informationen zum Themenbereich Reise. „Suchmaschinen sind mit Abstand der häufigste Startpunkt im Such- und Buchungsprozess rund um das Thema Reisen. So geben 34 Prozent der Befragten an, ihre Online-Recherche überwiegend mit Suchmaschinen zu beginnen. Platz zwei belegen Online-Reisebüros mit 18 Prozent, gefolgt von Seiten von Fluggesellschaften und Veranstaltern mit 11 bzw. 10 Prozent." (Google 2007: 4). Suchmaschinen bieten einerseits Hilfe zur Findung der genauen Adresse eines Anbieters, den der Kunde schon kennt, andererseits kommt ihnen im Bereich Online-Marketing eine große Bedeutung zu, da Webseiten zunehmend darauf ab-

gestimmt werden, an möglichst früher Stelle gelistet zu werden (Gestaltung der URL, Adwords-Anzeigen).

Fazit: Der Reisevertrieb befindet sich in einem Strukturwandel, der bisher zu mehr Direktvertrieb und damit zu einem Rückgang der stationären Reisebüros, höheren Marktanteilen für die elektronischen Vertriebskanäle und zu einer starken Konzentration durch Kettenbildung, Kooperationen und Franchisesysteme führte. Vieles – die weitere Ausbreitung des Internets und seine Entwicklung von der Innovation zum alltäglichen genutzten Informationskanal und zur „Einkaufsstätte", der Kostendruck bei den Unternehmen, wegfallende Provisionen oder neue Geschäftsmodelle – spricht für die These, dass dieser Strukturwandel sich noch weiter fortsetzen wird. Anbieter wie Nachfrager gleichermaßen können vom Multi Channel Vertrieb profitieren. Denn es ist nicht anzunehmen, dass der stationäre Vertrieb gänzlich verschwinden wird. Das Reisebüro bietet für aus Kundensicht erklärungsbedürftige Produkte die persönliche Beratung, es offeriert den Kunden entlastende Serviceleistungen und der Besuch im Reisebüro kann für den Urlaubsreisenden schon Teil des emotionalen Reiseerlebnisses sein. Allerdings wird die Beratungstätigkeit zunehmend anspruchsvoller, da die Kunden vermehrt über Reiseerfahrung und Vorinformationen aus dem Internet verfügen.

Erfolgskriterien werden also zukünftig einerseits weiterhin darin liegen, durch Prozesskostenoptimierung und Reduktion auf profitable Geschäftsfelder ein profitables Aufwands-Ertragsverhältnis zu schaffen und andererseits durch Erschließung weiterer Einnahmemöglichkeiten wie Erhebung von Servicegebühren oder Integration von anderen Produkten und Dienstleistungen den Provisonsausfall zu kompensieren. Das erfordert eine Umpositionierung der Reisevermittlung, nämlich eine Entwicklung von der Informationsfunktion zur Beratungsfunktion, die über die Infos im Web hinaus Hilfe bei der Bedarfsermittlung und Entscheidungsfindung bietet. Das Reisebüro wird sich zunehmend als Agent des Kunden verstehen müssen, da nur so die notwendigen Beratungsgebühren gerechtfertigt werden können. Gerade hier kann der stationäre Vertrieb seinen einzigartigen Wettbewerbsvorteil, den des persönlichen Kontakts zum Kunden, gewinnbringend einsetzen. Die Nutzung zeitgemäßer Informationstechniken im Rahmen des Customer Relationship Managements und des Onlineauftritts wird dabei zur selbstverständlichen Notwendigkeit.

2 Entwicklungsgeschichte und Marktstrukturen des Reisebürovertriebs in Deutschland

Von den Pionieren der Reisevermittlung und Reiseorganisation zu horizontal und vertikal integrierten Reisekonzernen

Dipl.-Volkswirt Werner Sülberg, Deutsches Reisebüro GmbH, REWE Group, Frankfurt/Main

2.1 Überblick über die historischen Epochen des deutschen Reisemarktes

Im Unterschied zu den meisten anderen Ländern haben sich die kommerziellen Reisemarktstrukturen in Deutschland unter maßgeblichem Einfluss des Reisevermittler-Gewerbes entwickelt. Insbesondere das Entstehen der großen Reiseveranstalter ist auf vertriebsstrategische Interessen der deutschen Reisevermittler zurückzuführen. Die Reisemärkte anderer Länder wurden zumeist von starken Direkt- und Eigenvertriebssystemen der Leistungsträger dominiert und überließen dem Reisevertrieb eine relativ einflusslose Position. Die bisherige Sonderstellung des Reisevermittler-Gewerbes in Deutschland hing bis etwa zum Jahr 2000 vor allem mit seiner historischen Entwicklung zusammen. Nach dem 2. Weltkrieg kooperierten verschiedene große Reisebüros und Filialketten mieinander, um Reisen zu veranstalten und Auslastungsrisiken zu vermindern. Sie gründeten nachfolgend gemeinsam Reiseveranstalter und fusionierten diese im Zuge der Entwicklung des Pauschal- oder Massentourismus in den 60er und 70er Jahren des letzten Jahrhunderts und blieben aber weiterhin Gesellschafter dieser Unternehmen.

Erst in den 90er Jahren verschoben sich die Machtverhältnisse als die starke Gründergeneration der Nachkriegszeit auch ihre Reisebüros und Reisebüroketten fusionierten und anschließend an die von ihnen zum Teil selbst gegründeten Veranstalterkonglomerate veräußerten. Diese spalteten um die Jahrtausendwende ihre erworbenen Reisebüroorganisationen in jeweils spezialisierte Geschäftsbereiche für das stationäre Privatkundengeschäft und Geschäftsreise-Dienstleistungen auf. Während die Veranstalterkonzerne die stationären Reisebüros als integrierte und steuerbare Vertriebseinheiten benötigten und diese seit der Jahrtausendwende um Franchise- und Kooperationssysteme ergänzten, wurden die Business Travel Geschäftsbereiche teilweise an weltweit agierende Geschäftsreise-Konzerne verkauft oder im Wege einer regionalen Partnerschaft in entsprechende Organisationen eingebunden.

Die in diesem Zeitraum parallel dazu verlaufende internationale Konsolidierung der touristischen Veranstalterkonzerne, auf die am Ende zur Vervollständigung des historischen Überblicks kurz eingegangen wird, hatte allerdings weder aktiv noch passiv mit den nunmehr instrumentalisierten Reisebüros etwas zu tun. Vielmehr mussten sich die Reisevertriebsstellen in den vergangenen zehn Jahren einem neuen Wettbewerb stellen: dem Vertrieb von Reiseleistungen ohne Beratung über Internet, Ticketautomaten und alternative Vertriebskanäle – und dies in Konkurrenz zu ihren eigenen Lieferanten, d.h. Leistungsträgern und Veranstaltern, die oftmals zugleich auch ihre Eigentümer bzw. Franchisegeber sind.

Diese historische Dokumentation der Entwicklung des Reisevertriebs in Deutschland wäre nicht vollständig, wenn nicht zwei sehr wesentliche exogene Ereignisse erwähnt werden, die starken Einfluss auf die Entwicklung des Reisemarktes hatten. Die Wiedervereinigung der beiden deutschen Staaten am 9. November 1989, die den deutschen Reiseveranstaltern und Reisebüros schlagartig ein zusätzliches Kundenpotenzial von rund 25% zuführte, von denen der deutsche Reisemarkt mit zum Teil extremem Wachstum bis etwa 1996 profitierte und das Jahr 2001 mit dem Anschlag auf das World Trade Center in New York, am 11. September, der in den Folgejahren in vielen europäischen Reisemärkten zu tiefgreifenden Umsatz-Einbrüchen um 20% bis 30% führte, die Ende 2007 immer noch nicht wieder aufgeholt sind. Ob der 11. September der alleinige Auslöser einer weitgehenden Stagnation bzw. Sättigung der Reisemärkte war oder nur der Gipfel ökonomischer Probleme (Einführung des Euro, geringes Wirtschaftswachstum bzw. Stagnation vor allem in Deutschland) und vieler militärischer und terroristischer Konflikte in den 90er Jahren (Golfkriege, Bürgerkriege in Jugoslawien, Bosnien- und Kosovo-Krieg, Anschläge am Hatschepsut-Tempel/Ägypten, auf Djerba, in der Türkei etc.) mag umstritten sein. Das Jahr 2001 bescherte jedenfalls den bis dahin erfolgsverwöhnten Reiseunternehmen die bislang deutlichsten Nachfrageeinbußen und dokumentierte die nachhaltige Volatilität der Reisebranche.

Die Geschichte des Reisemarktes lässt sich in vier Epochen untergliedern:

1. Die Antike und das Mittelalter bis Mitte des 19. Jahrhunderts, in der sich Reisen von Personen überwiegend an geschäftlichen und politischen/ militärischen Erfordernissen orientierte oder aber ethnisch motiviert waren (Ein- und Auswandererströme).

2. Die Entwicklung kommerzieller Reisemarktstrukturen zwischen Mitte des 19. Jahrhunderts und dem 2. Weltkrieg.

3. Die Entwicklung des Massentourismus in hoch entwickelten Wirtschaftsnationen mit Hilfe der Logistik, Organisation und IT-Funktionen von Reiseveranstaltern und Reisebüros in der zweiten Hälfte des 20. Jahrhunderts.

4. Die Internationalisierung der Reisemarktstrukturen bei gleichzeitiger Entflechtung von Geschäftsmodellen und Vertriebskanälen durch die allgemeine Verfügbarkeit der Internet-Technologien zu Beginn des 21. Jahrhunderts.

2.2 Entwicklung kommerzieller Reisemarktstrukturen in Deutschland – ein außergewöhnliches Kapitel deutscher Wirtschaftsgeschichte

2.2.1 Entstehung des Reisevermittler-Gewerbes

Der Ursprung allen Reisens liegt im Handel und damit im Transport von Gütern. Als erste Reisegesellschaften kann man die Karawanen des Altertums bezeichnen, die neben Waren auch vereinzelt Personen beförderten. Im Zuge der regelmäßigen Ausgestaltung derartiger Handelsströme wurden Reiseorganisationen geschaffen, die sich zu Lande als Speditionen und zu Wasser als Reedereien betätigten. Historisch überliefert ist die Existenz einer offiziellen, reisebüroähnlichen Organisation bereits bei den Römern, die Reiseinformationen erteilte, Platzreservierungen für Schiffe und Kutschen vornahm, Fahrausweise ausstellte und Unterkunftsleistungen vermittelte. Als Arbeitsunterlagen dienten dazu Reisebeschreibungen und Itinerarien, die Vorläufer der heutigen Kursbücher. Mit zunehmender Arbeitsteilung wuchs neben dem bis dahin vorherrschenden Güterverkehr die Nachfrage nach Personenverkehrsleistungen überwiegend zu geschäftlichen Zwecken. Diese Zusatzfunktionen wurde von Reedereien und Speditionen zunächst übernommen, zumal es noch keine reinen Personenverkehrsmittel gab.

Ein nennenswerter Personenreiseverkehr entwickelte sich erst im Zuge von Pilgerreisen und Auswanderungsbewegungen im 18. und 19. Jahrhundert. In zunehmendem Maße etablierten namhafte Reedereien auch im Binnenland Vermittlungsbüros für den Fracht- und Personenverkehr. Durch die Ausbreitung des Schienenverkehrs vollzog sich eine parallele Entwicklung bei den Speditionen. Mit der Veranstaltung von Gesellschaftsreisen per Eisenbahn ermöglichte der Engländer Thomas Cook Mitte des vergangenen Jahrhunderts erstmalig touristische Reisen für größere Personenkreise. Durch Ausdehnung seiner Reisen auf ganz Europa übertrug er seine Ideen auch auf andere Länder. 1865 eröffnete Thomas Cook in London ein Reisebüro und baute in den Folgejahren in ganz Europa und in Übersee ein Netz eigener Reiseagenturen aus, bei denen Bahnpauschalreisen, Schiffsreisen, aber auch einzelne, internationale Bahnfahrausweise erhältlich waren.

Zu Beginn des 20. Jahrhunderts unterhielten in Deutschland die beiden Reedereien der Hamburg-Amerika-Linie und des Norddeutschen Lloyd ein umfangreiches Netz von Niederlassungen mit kleinen Reiseabteilungen, die in den Folgejahren weiter ausgebaut und verselbständigt wurden. Ähnlich wie Thomas Cook hatten auch in Deutschland einzelne Reiseunternehmen von den Eisenbahnen eine Erlaubnis zum Verkauf von amtlichen Fahrkarten erhalten. Zu Beginn dieses Jahrhunderts ergriffen die Deutschen Staatsbahnen die Initiative zur Schaffung eines Verbundes von Reisebüros. Die Königlich-Bayerische Staatsbahn-Verwaltung erwarb 1910 das Reisebüro der Speditionsfirma Schenker & Co. und legte damit den Grundstein für die Bayerische Reisebüro GmbH, das spätere **amtliche bayerische Reisebüro (abr)**, das Ende 1996 mit der Deutsches Reisebüro GmbH verschmolzen wurde. Weitere Gründungsgesellschafter waren der Norddeutsche Lloyd, die britische Firma Thomas Cook und die Bayerische Handelsbank.

Nach langen Verhandlungen wurde 1917 das bayerische Modell auf Reichs-
ebene übertragen. Am 17. Oktober des Jahres gründeten die deutschen Regierun-
gen mit Staatsbahnbesitz (die spätere Deutsche Reichsbahn) zusammen mit den
großen deutschen Schifffahrtsgesellschaften Hamburg-Amerika-Linie und Nord-
deutscher Lloyd das Deutsche Reisebüro. Dieses Unternehmen erhielt 1918 die
Erlaubnis zum Verkauf von Eisenbahn-Fahrausweisen außerhalb von Bahnhöfen
zu Originalpreisen auf Provisionsbasis und wurde nach dem Beitritt ungarischer
und österreichischer Gesellschafter in **Mitteleuropäisches Reisebüro (MER)**
umbenannt. Die Passage- und Reisebüros der Hamburg-Amerika-Linie und des
Norddeutschen Lloyd, die jeweils Beteiligungen an abr und MER unterhielten,
wurden 1941 zu einer gemeinsamen Reisebüro-Organisation zusammengefaßt
und ab 1948 unter der Firmierung Hapag Lloyd-Reisebüro fortgeführt. Die Fusion
der beiden Reedereien erfolgte 1970.

Von den Auswirkungen des 2. Weltkriegs wurde das MER besonders hart ge-
troffen. Aufgrund eines Beschlusses des Alliierten Kontrolrates verlor das MER
seine sämtlichen Auslandsniederlassungen und mußte seine Tätigkeiten auf das
Inland beschränken. Zugleich wurde es umbenannt in **Deutsches Reisebüro
(DER)**. Bereits 1947 fanden sich die alten MER-Vertretungen zusammen, um
über den mühevollen Wiederaufbau einer zentralen DER-Organisation zu beraten.
Erst 1954 mit Inkrafttreten der Pariser Verträge erhielt das DER die Erlaubnis zur
Wiederaufnahme von Auslandsbeziehungen. Die MER-Zentrale in Ost-Berlin und
die auf dem Gebiet der damaligen DDR befindlichen Reisebüros wurden enteig-
net bzw. als Staatsbetriebe fortgeführt und 1964 in VEB Reisebüro der Deutschen
Demokratischen Republik umbenannt. Seit der Wiedervereinigung Anfang 1990
firmierte das Unternehmen als Reisewelt bzw. Europäisches Reisebüro GmbH
und 100%-ige Beteiligung der Kaufhof Tochter ITS Reisen GmbH. 1995 wurde
ITS einschließlich der ostdeutschen Reisewelt-Büros an den REWE-Konzern veräußert, der seit 1990 die Reisebürokette Atlasreisen von 20 auf über 500 Vertriebsstellen ausgebaut hatte. Auch die bisherigen Reisewelt-Büros sowie die
Kaufhaus-Reisebüros von Kaufhof und Horten firmierten seit 1996 unter dem
Namen Atlasreisen.

Ironie der Geschichte: Eine konzerninterne Wiedervereinigung fand im Jahr
2000 statt, als die REWE das DER von der Deutsche Bahn AG erwarb und die
DER Reisebüros ihre alten Filialen in den neuen Bundesländern – nun unter der
Marke Atlasreisen agierend – wieder integrieren konnten. Dieses Ziel hatte ihnen
die Treuhandanstalt 1990 durch Nichtanerkennung der Restitutionsansprüche
noch verweigert.

2.2.2   Entwicklung von Reiseveranstaltern durch Initiativen und Reaktionen der Reisebüros

Die heutige Struktur des Reisegewerbes hat sich aus einer kumulativen Ausweitung der Vertriebswege des Reisebürofachhandels sowie der Waren- und Versandhäuser ergeben. Dabei blieb der größte Reiseveranstalter, die TUI, bis 1995
weitgehend im Besitz der Gründer der fusionierten Veranstalterunternehmen und
somit der Eigentümer eines großen Teils ihres eigenen Vertriebsnetzes. Aber auch

die Entstehung der zum Jahrtausendwechsel zweit-, viert- und fünfgrößten deutschen Veranstalter, NUR, DER und ITS, erklärt sich im Wesentlichen aus vertriebsstrategischen Überlegungen und Aktivitäten im Handels- und Reisevermittlungsgewerbe. Eine Ausnahme bildeten dabei lediglich der 1981 mit den Marken Meier's Weltreisen, Transair und THR Jet und Bett gegründete drittgrößte Veranstalter LTU Touristik GmbH & Co KG (LTT), der später durch die Zukäufe von Jahn Reisen (1979 von Wienerwald-Inhaber Jahn gegründet, 1981 an LTU verkauft) und Tjaereborg (1974 als Beteiligung des dänischen Veranstalters in Deutschland gegründet, 1981 von Handelskette Allkauf gekauft, 1986 an LTU weiterveräußert) expandierte. Er entstand aufgrund produktionsstrategischer Anforderungen zur Kapazitätsauslastung der Charter-Fluggesellschaft LTU.

Im Zuge des Neuaufbaus nach dem 2. Weltkrieg entschlossen sich die drei Reisebüroketten DER, abr und Hapag Lloyd neben ihrer breitgefächerten Vermittlungstätigkeit auch als Reiseveranstalter tätig zu werden. Sie gründeten 1948 gemeinsam mit dem österreichischen Reisebüro Dr. Karl Degener die Arbeitsgemeinschaft DER-Gesellschaftsreisen, aus der 1951 die **Touropa** hervorging. Durch regelmäßige Fahrten zu festen Reiseterminen mit großen Teilnehmerzahlen, die einen kompletten Sonderzug auslasteten, konnten Erholungsreisen wesentlich preiswerter angeboten werden, als es bis dahin für ein einzelnes Reisebüro im Rahmen kleiner Gruppen möglich war. 1953 entstanden durch den Zusammenschluss mehrerer Reisebürogruppen zwei weitere Fahrgemeinschaften, die als selbständige Reiseveranstalter ausgegliedert wurden: Die Reisebüros Scharnow, Kahn, Bangemann, Dr. Friedrich und das Essener Reisebüro gründeten das Unternehmen **Scharnow**; die Reisebüros Lührs, Strickrodt sowie die Verlagsreisebüros der Zeitungen ‚Die Welt' und ‚Hamburger Abendblatt' (Springer-Verlag) gründeten die Firma **Hummel**. Ab Mitte der 50er Jahre kooperierten diese drei Reiseveranstalter in verschiedenen Marktsegmenten, vor allem, um nach Aufnahme des Flugpauschalreiseverkehrs ihre Auslastungsrisiken zu vermindern. 1968 gründeten sie gemeinsam mit dem seit 1928 bestehenden Studienreisen-Veranstalter Dr. Tigges den Veranstalter-Verbund **Touristik Union International (TUI)**. Dieser Veranstalter-Verbund wurde 1970 ergänzt um das von Hummel 1969 gegründete, auf Jugendreisen spezialisierte Unternehmen Twen Tours. Im gleichen Jahr brachten DER, abr, Hapag Lloyd und Airtour-Flugreisen, wiederum ein Verbund selbständiger Reisebüros, den IT-Flugreiseveranstalter airtours international in die TUI ein. Nach einer langen Übergangsphase und einem gezielten Co-Branding ersetzte die TUI 1988 ihre bisherigen Einzelmarken (ausgenommen airtours) durch die Dachmarke TUI.

Während die genannten sechs Veranstalter-Marken aus den traditionellen Reisebüros und Reisebüroketten hervorgingen, die bis 1996 ein wesentliches Standbein ihres Vertriebsnetzes waren, drangen mit Beginn der 60er Jahre zunächst Versand- und später auch **Warenhäuser** in den lukrativen, im Aufschwung befindlichen Reisemarkt ein. Quelle und Neckermann boten in ihren Versandkatalogen sowie in ihren eigenen Warenhäusern und Verkaufsstellen vor allem Flugpauschalreisen zu den Sonnenzielen des Mittelmeeres an. Mit Beginn des Massentourismus, etwa Mitte der 60er Jahre, erwies sich jedoch dieser Vertriebsweg als zu eng. Da ihnen das Verkaufsnetz der traditionellen Reisebüros aufgrund von deren enger Bindung an die Veranstaltermarken der TUI verschlossen blieb, gründete die **Neckermann** Versand AG 1965 den Reiseveranstalter Neckermann + Reisen (ab 1980 NUR Touristic, ab 1998 C&N Touristic, seit 2001 Thomas Cook). Dieser Veranstalter betrieb bis zum von den Kartellbehörden betriebenen Wegfall der Vertriebsbindung im deutschen Veranstaltermarkt 1994 neben der konzerneigenen Versandhandels-Organisation ein eigenes Netz von selbständigen Touristik-Agenturen als bewusste Alternative zu den traditionellen Voll-Sortiment-Reisebüros.

Das **Versandhaus Quelle** war zurückhaltender bei seinen Aktivitäten im touristischen Sektor. 1968 übernahm das Unternehmen den Flugreiseveranstalter Trans-europa und veräußerte die nunmehr selbst produzierten Touristik-Programme über die eigenen Warenhäuser. 1971 übernahm die Karstadt AG 50% der Anteile von Transeuropa, die 1972 als siebte Veranstaltermarke vollständig in die TUI eingebracht wurde. Nachdem Karstadt die Aktienmehrheit an der Neckermann-Versand AG erworben und damit Einfluss auf das Reise-Tochterunternehmen NUR gewonnen hatte, erfolgte 1976 durch Auflage des Bundeskartellamtes der Austausch der Karstadt-Kapitalanteile an der TUI gegen Anteile der Kaufhaus Horten AG. Beide Kaufhaus-Konzerne betrieben darüber hinaus innerhalb ihrer Warenhäuser als Ergänzung ihrer Handelspalette je nach Standort Touristik-Vermittlungsstellen oder Mehrlizenz-Reisebüros.

Neben NUR umging auch der 1970 von der Kaufhof AG gegründete Reiseveranstalter **ITS (International Tourist Services GmbH)** die traditionellen Reisebüros. Das Unternehmen bot bis 1994 seine Produkte in den Warenhäusern Kaufhof und Hertie, in Verbrauchermärkten (u.a. Ratio, Coop, Massa, Metro), über die Versandhäuser Otto und Schwab sowie in zahlreichen Lotto- und Toto-Annahmestellen an. Auf diese Weise wurde einer großen Zahl von branchenfremden Nebenerwerbsbetrieben der Zugang zum Reiseveranstaltermarkt erschlossen.

2.2.3   Verflechtungen zwischen Reisevermittler- und Reiseveranstaltergewerbe

In den 90er Jahren haben sich nach der Wiedervereinigung Deutschlands bei nahezu allen großen Reiseveranstaltern durch vertikale und horizontale Expansion sowie durch Veränderung der Eigentumsverhältnisse neue Interessenskonstellationen entwickelt. Den Auftakt hierzu bildete das Engagement der **Westdeutschen Landesbank (West LB)** im deutschen Tourismusgewerbe. Diese übernahm zunächst 34,6% der bislang im Familienbesitz Conle befindlichen LTU-Gruppe. 1992 bündelte und erwarb sie die Anteile der kleinen Reisebürogesellschafter an der TUI wie u.a. von Scharnow, Bangemann, Strickrodt, Kahn, Essener Reisebüro, Lührs und der Familie Tigges Erben. Nach langwierigen Verhandlungen über die Vorkaufsrechte mit den anderen bisherigen Mitgesellschaftern DER, abr Reisebüro, Hapag Lloyd sowie Horten und Quelle einigte man sich auf eine neue Gesellschafterstruktur. Gemäß dieser sollten die Westdeutsche Landesbank und Hapag Lloyd jeweils 30% der Anteile an der TUI halten, Quelle 20% sowie DER und abr je 10%. Horten zog sich 1994 nach dem Verkauf an die Metro-Tochtergesellschaft Kaufhof zugunsten von Quelle aus der Beteiligung an TUI zurück. 1995 wurden schließlich im Zuge der Verschmelzung des abr auf das DER die abr-Anteile auf die Deutsche Bahn AG übertragen, die als Mehrheitsgesellschafter des DER auch über dessen Anteile an der TUI mit verfügte. Im glei-

chen Jahr erwarb die Westdeutsche Landesbank von der British Midland Bank
alle Anteile an der bis dahin weltweit drittgrößten Reisebürokette Thomas Cook
plc, deren internationale Geschäftsreisetätigkeit bereits ein Jahr später ausgegliedert und an American Express (Amex) verkauft wurde. Amex stieg damit zur mit
großem Abstand größten Geschäftsreisen-Dienstleister der Welt auf.

Völlig konträr hierzu verlief das touristische Engagement der **Metro-Gruppe**
mit ihrer Tochtergesellschaft **Kaufhof**. Die Kaufhof AG hatte im Laufe der zweiten Hälfte der 80er Jahre neben den deutschen Unternehmen ITS, Jet-Reisen,
ATT-Reisen und EVS (später: Berge & Meer) ein internationales Portfolio an
Reiseveranstaltern zusammengekauft. Aufgrund eines außerhalb der beiden Kauf-
hausketten Kaufhof und Hertie schwachen Vertriebs im deutschen Reisemarkt,
der nicht zuletzt auch ein Ergebnis der bis 1994 bestehenden, auf dem Handelsvertreterrecht basierenden und juristisch umstrittenen Vertriebsbindung war, blieben die deutschen Veranstalter der ITS-Gruppe wachstums- und ergebnisschwach.
Mit der Übernahme der drei Reisebüroketten Europäisches Reisebüro/Reisewelt
(zuvor Reisebüro der DDR), Jugendtourist und Palm-Touristik sollten diese Ver-
triebsdefizite vor allem im neu hinzugekommenen ostdeutschen Reisemarkt behoben werden. Man übernahm jedoch zugleich mit diesen Ketten erhebliche finanzielle Altlasten. Aufgrund der vom Kartellamt genehmigten Fusionen der vier
großen Warenhausketten Kaufhof/Horten und Karstadt/Hertie, erfolgte 1993 und
1994 eine vollständige **Umstrukturierung**. Die Hertie-Büros wurden sukzessive
an Karstadt übergeben und Kaufhof übernahm die Horten-Reisebüros, wobei Horten aus kartellrechtlichen Gründen seine Beteiligung an der TUI an den Quelle
Versand (Schickedanz-Gruppe) veräußerte. Da der Deckungsbeitrag des gesamten
touristischen Engagements für Metro und Kaufhof nach wie vor unbefriedigend
war, entschloss sich Metro zum vollständigen **Rückzug** aus der Touristik. Der
Türkei-Spezialist ATT-Reisen wurde an den 1983 gegründeten Türkei-Spezial-
veranstalter Öger-Tours veräußert. Die Geschäftstätigkeit von Jet-Reisen wurde
1994 auf ITS verschmolzen und ITS-Reisen einschließlich der Reisebüroketten
Reisewelt, Palm-Touristik, Jugendtourist, Kaufhof- und Horten-Reisebüro an die
Lebensmittel-Handelsgruppe **REWE** verkauft. REWE hatte 1989 eine kleine Reisebürokette namens Atlasreisen mit 20 Betriebsstellen übernommen und diese
durch eine flächendeckende Eröffnung von Reisebüros bis zu diesem Zeitpunkt
bereits auf über 500 Vertriebsstellen ausgeweitet.

Auch die im Gegensatz zu den Inlandsaktivitäten fast ausnahmslos profitablen
und attraktiven Auslandsbeteiligungen wurden bis Ende 1996 schrittweise veräußert. Die Beteiligung an Kuoni (Schweiz) wurde an die Hugentobler-Stiftung zu-
rückverkauft und von dieser an der Schweizer Börse platziert. Die Beteiligung an
Holland International (Niederlande) erwarb die TUI und verschmolz sie mit der
eigenen Tochtergesellschaft Arke Reisen, so dass durch die Fusion dieser beiden
Marktführer der mit Abstand größte vertikal integrierte holländische Reisekonzern (Veranstalter, Geschäftsreisen und stationäre Reisebüros) entstand. Tra-
velplan (Spanien) wurde von der spanischen Hidalgo-Gruppe übernommen. Sun
international (Belgien) und Voyages Conseil (Frankreich) wurden an den zweitgrößten britischen Reiseveranstalter Airtours plc (ab 2003 My Travel plc, seit
2007 Thomas Cook plc) veräußert. Schließlich verkaufte Metro Ende 1995 ihre

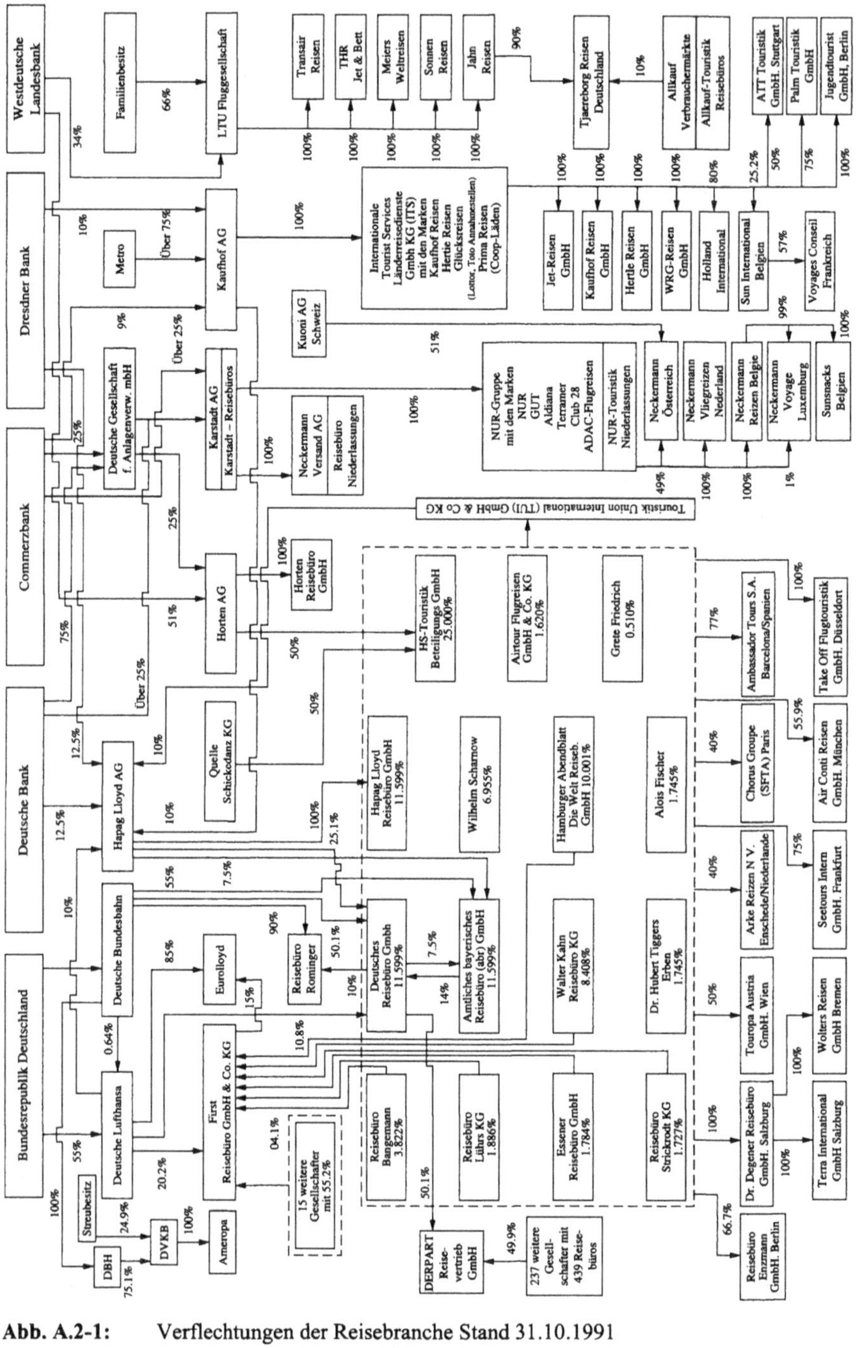

Abb. A.2-1:   Verflechtungen der Reisebranche Stand 31.10.1991
(*Quelle:* Erhebungen der Deutsches Reisebüro GmbH)

eigenen teilweise unter dem Namen FINASS firmierenden Verbrauchermarkt-Reisebüros an die deutsche Thomas Cook Reisebüro GmbH, eine 100%-Beteiligung der West LB.

Die **Deutsche Lufthansa** hatte sich seit Beginn der 80er Jahre sukzessive im Reisemittler- und Veranstaltergewerbe, zunächst durchweg als Minderheitsgesellschafter, engagiert. Sie erwarb 1978 10% am DER und stockte ihre Anteile bis 1995 im Zuge des Ausscheidens der DER-Mitgesellschafter abr und Hapag Lloyd auf 33,2% auf. Zwischenzeitlich wurden weitere Beteiligungen an Hapag Lloyd AG (18% in 1983), und der TUI-Tochtergesellschaft airtours (50%, 1994), an der Reisebürokette FIRST (20,1% in 1980), und Eurolloyd (Erwerb von 100% in 1979, Verkauf von 51% an Karstadt in 1995) übernommen sowie 1991 die Reisebüro-Franchise-Organisation Lufthansa City Center gegründet. Die 100%-ige Charterflug-Tochtergesellschaft Condor erwarb in mehreren Tranchen seit 1993 alle Anteile an den Reiseveranstaltern Fischer Reisen, Kreutzer Reisen und Air Marin einschl. deren Reisebürokette Alpha Reisen sowie 10% an dem Türkei-Spezialisten Öger Tours, die 2007 an Öger zurückgegeben wurde. Ziel der Käufe war es, die Flugkapazitäten dieser bisherigen Condor-Kunden abzusichern.

Als die West LB 1997 plante, unter Führung ihrer Beteiligung an der **Preussag AG** (Beteiligung von 29,1% direkt und 3,5% indirekt über die Niedersachsen Holding) den Hapag Lloyd Konzern (Linienschifffahrt, Charterfluggesellschaft, Kreuzfahrtreederei, Seereiseveranstalter, Reisebüros und Geschäftsreiseservice) vollständig zu übernehmen und mit TUI (Anteile 30% direkt und 30% über Hapag Lloyd), LTU (34,6%) und der stationären deutschen Thomas Cook Reisebürokette (100%) einschließlich von deren Beteiligungen zu einem vertikal integrierten globalen Reisekonzern (Preussag/TUI, sog. **rotes Lager**) zusammenzuführen, änderten die Lufthansa und Condor ihre Strategie. Sie erzielten mit dem Karstadt-Konzern Einigung, die NUR-Touristic und Condor einschließlich aller Reiseveranstalter- und Reisebürobeteiligungen zur C&N Touristic zu integrieren (Karstadt/Lufthansa, sog. **gelbes Lager**), um einen Gegenpol zum roten Lager zu bilden und die Condor gegen die Übermacht der beiden Charterflug-Konkurrenten LTU und Hapag Lloyd abzusichern. Beide Lager mussten ihre Vorhaben bei den Kartellbehörden anmelden, die angesichts des entstehenden engen Oligopols vor allem bei Flugpauschalreisen und Charterflügen im deutschen Reisemarkt erhebliche Auflagen für alle Beteiligten erteilten, um insbesondere die bislang bestehenden gesellschaftsrechtlichen Querverbindungen zwischen den beiden Lagern aufzuheben.

Lufthansa veräußerte daraufhin 1997 und 1998 binnen weniger Monate ihre Beteiligungen an den First-Reisebüros (an die West LB), an airtours (zurück an die TUI), am DER (an die Deutsche Bahn AG), an Hapag Lloyd (an die Preussag AG) und an Eurolloyd (gemeinsam mit Mitgesellschafter Karstadt an Kuoni/Schweiz). C&N Touristic erhielt die Genehmigung des Bundeskartellamtes im November 1997. Dem roten Lager wurde die Integration der Fluggesellschaft LTU und der LTU-Veranstalter verweigert. Die West LB erhielt die Auflage, ihre LTU-Beteiligungen auf einen Treuhänder zu übertragen und binnen zwei Jahren zu veräußern. Die Genehmigung des roten Lagers (ohne LTU) erfolgte schließlich im März 1998.

Deutsche Lufthansa AG (64% in dt. Streubesitz)

G. & G. Schickedanz Holding KG (Privatbesitz) [Quelle Reisebüros]

Bundesland Nordrhein-Westfalen

50% — C & N Touristik GmbH — 50%

49.7% — Karstadt AG Reisebüros

100% — Westdeutsche Landesbank AG — 100%

Köln-Düsseldorfer Dt. Rheinschiffahrt — 89.2%

10% / 90% — Condor Flugdienst GmbH

90% / 10% — NUR Touristik GmbH - NUR Touristik Reisebüros -

100% — Neckermann Versand AG Reisebüros

Familienbesitz Conle 60% und Weitere 5.4%

100% — TCT Touristik Beteiligungs GmbH & Co KG Reisebüros

65.4% — LTU Lufttransport-unternehmen GmbH & Co KG (LTU) — 34.6%

37.5% / 12.5% — TUI GmbH & Co KG — 25.8% / 11.7%

100% — Kreutzer GmbH
100% — Holidayland GmbH
100% — Fischer Reisen GmbH
100% — Bucher Reisen GmbH
100% — Alpha Holding GmbH
100% — Paradiana GmbH
100% — Alpha Reisebüro GmbH
100% — Neckermann Belgien
100% — Air Marin Flugreisen GmbH
100% — Sunsnacks
10% — Öger Tours GmbH
100% — Neckermann Niederlande
50% — Lufthansa City Center GmbH
100% — Vrij Uit Niederlande
29.2% — Amadeus GmbH & Co KG
100% — Neckermann Luxembourg
100% — Lufthansa Systems GmbH
100% — NUR Service AG Schweiz
59.9% — DERDATA GmbH
49% — NUR Neckermann Reisen AG Austria
40.1%
START Holding GmbH
100%
51% — Kuoni Reisen AG Schweiz

65.4% — LTU Touristikgesellschaft mbH & Co Betriebs KG (LTT) — 34.6%

100% — Jahn Reisen GmbH

100% — THR Tours GmbH
100% — Transair GmbH
100% — Meiers Weltreisen
100% — Marlboro Reisen GmbH
100% — DERTOUR Flugreisen GmbH
52.4% — Allkauf Reisen GmbH (Tjaereborg)
47.6%
Allkauf SB-Warenhaus GmbH & Co KG
- Allkauf-Reisebüros -
100%
Metro AG

100% — Kuoni Reisebüro GmbH Deutschland
100% — Euro Lloyd Reisebüro GmbH

100% — Transeuropa Reisen GmbH (1.2 Fly)
100% — Airconti Reisen GmbH
100% — Airtours International GmbH
100% — Wolters Reisen GmbH
100% — Robinson Club GmbH
50% — OFT Reisen GmbH
66.7% — TUI Urlaubs-Center GmbH
100% — Reisebüro Dr. Degner GmbH (A)
51% — Tiroler Landesreisebüro GmbH (A)
100% — TUI Beteiligungsgesellschaft mbH
99% — Ultramar Express S.A. (E)
100% — TUI Austria GmbH
91% — Travel Unie Nederlad B.V.
100% — Arke Reizen B.V. (NL)
100% — Holland International B.V. (NL)
100% — TUI Belgium N.V.
100% — TUI Italia S.r.L.
60% — Imholz-TUI-Vögele AG
85% — TUI Service AG Schweiz

Otto Versand AG
100%
Otto Freizeit & Touristik GmbH
100% — Otto Reisen GmbH
74.5% — Reiseland GmbH
51% — Travel Overland GmbH
51% — Maris Reisen GmbH — 49%

51% — Reise Quelle GmbH — 49%

F.I.R.S.T. Management GmbH & Co KG — 20.1%

39.7% — BS&K KG
16.1% — Reisebüro Hartmann GmbH
55% — Walter Kahn GmbH & Co KG
5.0% — Reisebüro HH-Abendblatt GmbH
6.7% — Reisebüro Jonen GmbH
33.7% — Reisebüro Strickrodt GmbH
8.3% — Reisebüro Menzell GmbH
11.3% — Reisebüro Bangemann KG
3.4% — 4 weitere Gesellschafter

100% — Thomas Cook Group plc. (GB) — Sunworld ple...
15% — First Choice p...
100% — Thomas Cook Reisebüro GmbH
100% — Finass GmbH (Metro Reisebüros)

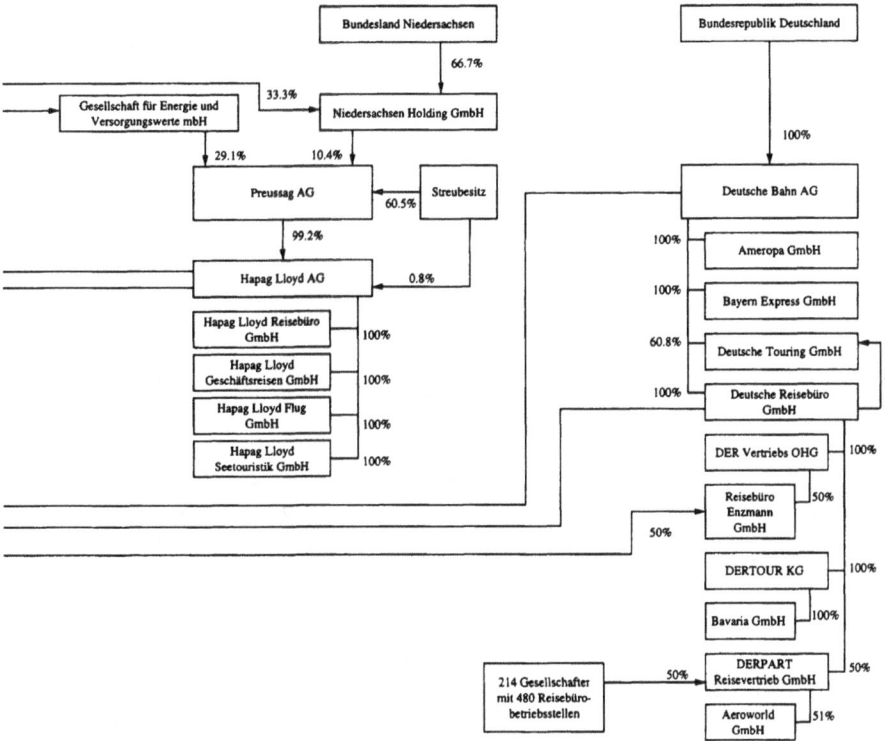

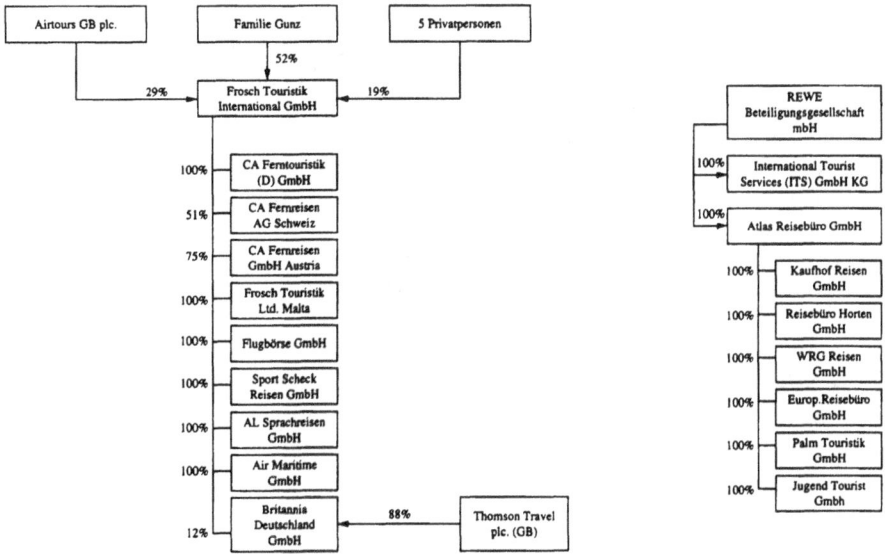

Abb. A.2-2:   Verflechtungen der Reisebranche (Stand: 30.06.1998)
(*Quelle:* Erhebungen der Deutsches Reisebüro GmbH)

Anfang 1999 verkaufte die West LB 49,9% der LTU-Gruppe an die Swissair. Zeitgleich stiegen auch die Einzelgesellschafter der LTU wie u. a. die Familie Conle als Gesellschafter aus. Die Mehrheit von 50,1% musste zur Wahrung der Flugrechte in deutschem Besitz bleiben. Mangels operativer Investoren wurden diese Anteile treuhänderisch von der Stadtsparkasse Düsseldorf und dem Bankhaus Sal. Oppenheimer übernommen. Der operative Betrieb der Fluggesellschaft wurde zur Nutzung der Synergien in eine Tochtergesellschaft unter alleinigem Management der Swissair ausgegliedert.

Im März 1998 erwarb die **Schickedanz** Holding (Versandhaus-Gruppe **Quelle**) alle 49,7% an der Karstadt AG, die sich nicht im Streubesitz befanden, und erhielt kartellrechtlich die Auflage, sich im Gegenzug von ihrer 20%-Beteiligung an der TUI zu trennen, da Karstadt gemeinsam mit Lufthansa hälftiger Eigentümer am größten Wettbewerber C&N Touristic (gelbes Lager) wurde. Die verbliebenen TUI-Gesellschafter nutzten dabei ihr quotales Vorkaufsrecht, so dass die TUI einstweilen zu jeweils 37,5 % Hapag Lloyd/Preussag und West LB sowie zu jeweils 12,5% der Deutsche Bahn AG (DB) und deren 100%-iger Tochtergesellschaft DER gehörte. Bis Ende 1998 erwarb die Preussag AG über Hapag Lloyd AG eine konsolidierungsfähige Mehrheit (75%) an der TUI durch den Zukauf der Anteile der West LB. Dies veranlasste schließlich die DB ihr Beteiligungspaket an der TUI (je 12,5% direkt sowie indirekt über das DER) ebenfalls an die Preussag zu verkaufen, die damit ab 1999 alleiniger Eigentümer der TUI wurde und sich vorübergehend in Hapag Touristik Union (HTU) umbenannte. Nach dem Umbau des Beteiligungsportfolios der Preussag AG durch Veräußerung der meisten traditionellen Industriebeteiligungen wurde im Jahr **2002**, die **Preussag AG in TUI AG umbenannt** und die meisten Konzernmarken im Co-Branding mit dem neuen TUI-Logo – dem so genannten Smiley – versehen. Damit waren die vielfältigen Verflechtungen des deutschen Reisemarktes endgültig aufgelöst und eine neue Ära der Globalisierung begann.

Mit kartellrechtlichen Genehmigung dieser Entflechtung und Schaffung zweier umfassender deutscher Reisekonzerne endete zugleich die Epoche des starken gestalterischen Einflusses der Reisebüros auf den deutschen Reisemarkt und die Zeit der mächtigen Veranstalterkonzerne, die national und international auf nahezu allen Wertschöpfungsstufen tätig sind, begann. Die Abbildungen A.2-1 und A.2-2 zeigen, wie sich der Reisemarkt am Anfang und am Ende der 90er Jahre, vor und nach der gesellschaftsrechtlichen Entflechtung darstellten – zwei wahrlich historische Dokumente deutscher Wirtschaftsgeschichte. Bevor die letzte Phase der horizontalen Konzentration, Entflechtung und Segmentierung des Reisebüromarktes ausführlich beschrieben wird, wird zur Vervollständigung der Branchenhistorie im nächsten Kapitel als Exkurs die spektakuläre Geschichte der Internationalisierung der Reisemärkte bis zur Drucklegung dieses Buches Anfang 2008 in groben Zügen dokumentiert.

2.2.4   Exkurs: Globalisierung des Reiseveranstaltermarktes im Spannungsfeld voll-, teil- und nicht-integrierter Konzerne

Im Zuge der Neuordnung nach der von den Kartellbehörden initiierten Entflechtung des deutschen Reisemarktes – seit der Wiedervereinigung der größte in Europa – stellten sich zur Jahrtausendwende schnell neue Herausforderungen. Während sich die West LB in den Folgejahren bemühte, unter dem Dach der alten Industrie-Mischkonzern-Holding Preussag AG (u.a. Salzgitter-Werke/Stahl/Lokomotivbau, VTG/Logistik, Babcock/Maschinen-/Anlagenbau, Hapag Lloyd/Containerschifffahrt etc.), die verschiedenen erworbenen Touristik-Beteiligungen zusammenzuführen und zu ordnen sowie sich zugleich von den alten, traditionellen Industriebeteiligungen zu trennen, versuchten Karstadt und Lufthansa ihre Beteiligungen, den als Preisbrecher bekannten Veranstalter Neckermann mit der Qualitäts-Charter-Airline Condor und deren Beteiligungen an den Veranstaltern Fischer, Kreutzer und Air Marin zu integrieren. Beide Konzerne übertrugen diese Herkulesaufgaben neuen Managern: Michael Frenzel (Preussag/TUI), der von der West LB kam, und Stefan Pichler (C&N Touristic), den die Lufthansa entsandte. Beide gerieten recht schnell unter öffentlichen Druck von Banken sowie institutionellen Anlegern und Gesellschaftern hinsichtlich ihrer Strategien zur Portfolio-Bereinigung der Beteiligungen, der geweckten Renditeansprüche sowie der Expansionserwartungen. Schließlich waren die drei Gesellschafter der neuen Reisekonzerne börsennotierte Unternehmen: Preussag AG (rotes Lager) sowie Karstadt AG und Lufthansa AG (gelbes Lager).

Nachdem die vertikalen und horizontalen Konzentrationsbewegungen zwischen Leistungsträgern, Reiseveranstaltern und Reisevermittlern in den nationalen Märkten zunehmend an Grenzen stießen, strebten viele Unternehmen angesichts der Öffnung des EU-Marktes seit 1993 und der zunehmenden Globalisierung ihrer internationalen Großkunden nunmehr auch **internationale Verflechtungen** an. Die größten Initiativen gingen dabei von den Fluggesellschaften und Reiseveranstaltern aus, die sich über Beteiligungen neue ausländische Märkte und Vertriebsnetze zur Füllung ihrer Flug- und/oder Beherbergungs-Kapazitäten erschließen wollten. Während deutsche Touristik-Unternehmen und Leistungsträger zahlreiche internationale Beteiligungen vor allem in Benelux, Österreich und der Schweiz unterhalten, ist es allerdings außer den weltweit bedeutenden Hotel- und Mietwagenunternehmen sowie den Veranstaltern Club Méditerranée (Frankreich), Center Parcs (Niederlande) und Hotelplan/Esco/Interhome (Schweiz) bislang keinem Produzenten von Reiseleistungen gelungen, sich dauerhaft und in nennenswerter Größenordnung im nachfragestarken deutschen Reisemarkt zu etablieren. Kuoni zog sich mit seiner Veranstalterbeteiligung nach fünf erfolglosen Jahren 1997 wieder aus Deutschland zurück.

Von Airtours zu MyTravel

Im Mai 1998 erwarb der britische Veranstalter **Airtours** plc zunächst eine Minderheitsbeteiligung an der 1983 gegründeten FTI-Gruppe (Frosch Touristik) mit Vor- und Rückkaufsoptionen. Bis 2001 wurde die Mehrheit und das Management übernommen. Gleichzeitig versuchte Airtours vergeblich den ebenfalls börsennotierten viertgrößten britischen Veranstalter First Choice im Wege einer feindlichen Übernahme zu erwerben; zuvor hatte bereits die Kuoni AG eine Fusion mit

First Choice ergebnislos geprüft. Als Airtours 2003 kurz vor dem Konkurs stand, trennte sich die Gesellschaft von allen Auslandsbeteiligungen auf dem Kontinent, wobei auch die inzwischen völlig defizitäre deutsche FTI-Gruppe an ihren Gründer Dietmar Gunz schuldenfrei rückübertragen wurde. Damit endete ein weiteres Abenteuer ausländischer Veranstalter in Deutschland beinahe tragisch. Mit Hilfe von Banken konnte Airtours gerettet werden, firmierte danach als **My Travel** und konzentrierte sich nur noch auf die Märkte Großbritannien, Irland und Skandinavien. Airtours hatte 1999 außerdem noch eine wichtige Rolle bei der Gründung des dritten deutschen Reiskonzerns gespielt.

Vom DER zum REWE Touristik Konzern

Nachdem die Deutsche Bahn AG und ihre Tochtergesellschaft Deutsches Reisebüro GmbH mit ihren umfangreichen Reisebürobeteiligungen (DER, abr, Rominger, DERPART) und dem Baustein- und Fernreiseveranstalter DERTOUR als Gesellschafter bei der TUI ausgeschieden war und sich die restlichen DER-Gesellschafter Lufthansa und Hapag Lloyd zurückgezogen hatten, stellte sich die Frage nach der zukünftigen strategischen Ausrichtung. Viele Veranstalter und Leistungsträger hatten ein starkes Interesse, das hochwertige und dichte und starke Reisebürovertriebsnetz des DER für sich zu nutzen und sich damit zu verbünden.

Der 1973 gegründete Bausteinveranstalter DER-Touristik (ab 1985 unter der Marke DERTOUR fortgeführt) war 1999 der viertgrößte deutsche Veranstalter hinter TUI, C&N und LTU-Touristik, hatte aber als Spezialveranstalter ein zwar hoch attraktives, aber eingeschränktes Sortimentsportfolio, da DERTOUR bis zu diesem Zeitpunkt aufgrund des Gesellschaftervertrages mit der TUI keine Zielgebiete auf Charterflugstrecken in Mittelmeer-Destinationen (einschl. Nordafrika und Kanarische Inseln) anbieten durfte. Damit konnte DERTOUR nicht die klassischen Massenmärkte bedienen und konzentrierte sich bereits in den 70er Jahren auf damalige Randmärkte wie Nordamerika (auch Charter), Fernreisen weltweit in Linienflugziele, Städtereisen, Individual-Destinationen wie Irland, Osteuropa (u. a. UdSSR und DDR vor der Wende), Aktivitäts-Tourismus für Golf, Reiten, Rad, Boote, Sport- und Kultur-Events sowie erdgebundene Reisen aller Art auf dem europäischen Kontinent – alles tageweise buchbar mit flexibler An- und Abreise. DERTOUR entwickelte sich in über dreißig Jahren zum Marktführer in den meisten Segmenten und blieb in einigen über viele Jahre sogar fast konkurrenzlos. Aber die Kompetenz für die Massenprodukte in die klassischen Sonnenziele fehlte und war bei allem Bemühen nicht aufholbar. Der Wunsch einen klassischen Pauschalveranstalter aus dem Verkaufserlös der TUI-Anteile hinzuzukaufen und damit auch das Reisebürosortiment konzernintern anzureichern, wurde von der DB und ihrem Eigentümer Bundesrepublik Deutschland zurückgewiesen. Der Verkaufserlös der TUI-Anteile war bereits in den Verlusten der DB AG untergegangen und eine Genehmigung für Investitionen in Touristikunternehmen angesichts der Finanzlage der DB vom verantwortlichen Verkehrsministerium nicht zu erhalten.

Die DB entschloss sich 1999, das DER mit allen Beteiligungen zu veräußern. An dem Bieterverfahren beteiligten sich viele renommierte Reiseunternehmen wie Kuoni, eine spanische Investoren-Gruppe und die C&N Touristic, die damit die Marktführerschaft der TUI brechen wollte. Das Höchstgebot kam zunächst vom britischen Veranstalter Airtours, der im Jahr zuvor die Beteiligung an FTI erworben hatte und deren Vertriebsschwäche über den DER-Reisebürovertrieb kompensieren wollte. Den Zuschlag zum Erwerb per 1.1.2000 erhielt aber der erst kurz vor Ende der Bieterfrist in den Wettbewerb eingestiegene Lebensmittelkonzern REWE, dem bereits seit 1995 der Pauschalreisenveranstalter ITS sowie fast 600 Atlas-Reisebüros gehörten. Noch zum gleichen Stichtag beteiligte sich das DER über den Veranstalter DERTOUR mehrheitlich an ADAC Reisen. Über den größten europäischen Automobilclub, und erschloss mit mehr als 16 Mio. Mitgliedern erschloss DERTOUR ein neues bislang eher Pkw-affines Kundensegment.

Während der Grundstein zum dritten großen Konzernveranstalter gelegt wurde, ereilte die bis dahin als Vorzeige-Beteiligung der West LB geführte und als nordrhein-westfälischer Landes-Airline auch politisch besonders protegierte **LTU** ein fast schon tragisches Schicksal. Dies war bei der vom Kartellamt der West LB auferlegten Abgabe ihrer LTU-Beteiligung an die Swissair so nicht absehbar. Zwar galt die Schweizer Fluggesellschaft zu diesem Zeitpunkt noch als eine der weltweit renommiertesten Airline-Adressen, jedoch steckte sie bereits bei Übernahme der LTU-Beteiligung in erheblichen wirtschaftlichen Schwierigkeiten. Die Insellage innerhalb der Europäischen Union und eine zu große und aufwändige Flotte für den kleinen Quellmarkt Schweiz sowie die dort traditionell hohen Personalkosten behinderten trotz hoher Produkt- und Dienstleistungs-Qualität die Wettbewerbsfähigkeit im europäischen Vergleich. Der Zukauf der LTU sollte die Flottenauslastung durch einen Zugang zum bevölkerungsstärksten deutschen Quellmarkt Nordrhein-Westfalen erheblich verbessern und über Kostendegressionen zugleich zu besseren Ergebnissen führen. Die starke touristische Ausrichtung der LTU hinsichtlich der Flugziele durch ihre Veranstalterkunden erwies sich jedoch dabei als ebenso hinderlich wie die Veranstalterbeteiligungen, die letztendlich nur als Platzfüller für die Flugzeuge instrumentalisiert wurden und ihre Profitabilität einbüßten. Nach mehreren Liquiditätsdarlehen durch die Schweizer Regierung ging die Swissair im Jahr 2000 schließlich in Konkurs, wobei der LTU ein Anschlusskonkurs drohte. Die Anteile an der LTU wurden schließlich aus der Konkursmasse über Treuhänder 2001 an die REWE verkauft, wobei die REWE eigentlich nur an den LTU-Veranstaltern (Meier's Weltreisen, Jahn Reisen, Tjaereborg, Transair und THR) zur Ergänzung des unter ihrer Führung entstandenen dritten Reisekonzerns interessiert war. Ihr wurde jedoch zur Auflage gemacht auch eine 40%-Beteiligung an der Fluggesellschaft zu übernehmen, die schließlich 2007 weitgehend saniert über einige Zwischenschritte (Beteiligung durch den Eigentümer der Deutschen BA Rudolf Wöhrl kombiniert mit einem Management-Buyout) an die Air Berlin verkauft wurde. Die als Swissair-Nachfolgegesellschaft neu gegründete Fluggesellschaft Swiss wurde schließlich nach zähen politischen Verhandlungen von der Lufthansa übernommen und bis 2007 erfolgreich saniert.

Die REWE komplettierte ab 2001 mit internen organisatorischen und gesellschaftsrechtlichen Veränderungen die Lagerbildung im deutschen Reisemarkt mit den Reisveranstaltern ITS, Jahn Reisen, Tjaereborg, DERTOUR, Meier's Weltreisen und ADAC Reisen, den Reisebüroketten DER, Atlasreisen, DERPART (Franchise) sowie den unter dem Dach der RSG gebündelten Kooperationen TourContact, Protours/RCE, Deutscher Reisering und Prima Urlaub, über 40 Hotels, über 50 Zielgebietsagenturen weltweit und der vorübergehenden Minderheitsbeteiligung an der Airline LTU. Abbildung A.2-3 dokumentiert die vertikalen

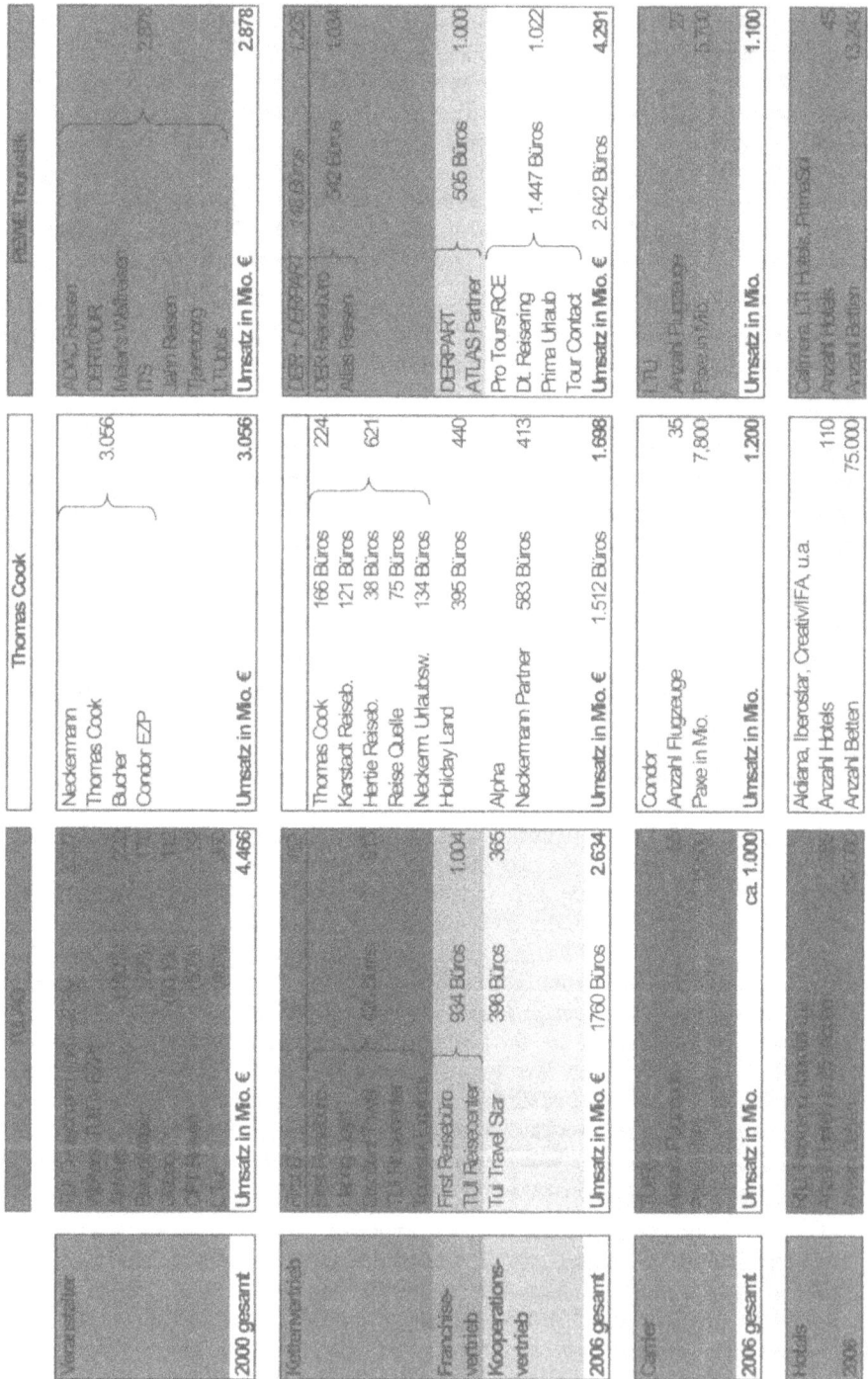

Abb. A.2-3:   Vertikale Integration der drei großen deutschen Konzerne 2006
(Quelle: eigene Darstellung, in Anlehnung an FVW Dokumentationen 2006:
„Deutsche Veranstalter"

und horizontalen Geschäftsbereiche und Beteiligungen der drei deutschen Reisekonzerne per 31.12.2006.

Die Touristikunternehmen der REWE konzentrierten ihre Aktivitäten insbesondere nach den Nachfrageeinbrüchen ab 2001 auf die Quellmärkte Deutschland
und Österreich, in denen sie jeweils den Vorsprung von C&N bzw. heute Thomas
Cook sukzessive verringerte und expandierte international ausschließlich als Veranstalter in noch junge süd-/ost-europäische Wachstumsmärkte sowie im Wind-
schatten der Handelsbeteiligungen der REWE u. a. in die Schweiz und nach Russ-
land. Anders als TUI und C&N verfolgte die REWE von Anfang an keine Strategie der vertikalen Integration. Vielmehr muss jede Wertschöpfungsstufe ihre Ei-
genwirtschaftlichkeit nachweisen, ggf. nicht nur im externen sondern auch im
konzerninternen Wettbewerb. Wachstum soll weitgehend organisch und asset-frei
sein. Dabei hilft der REWE ihre gesellschaftsrechtliche Struktur als Genossen-
schaft. Den im Vergleich zu einer Aktiengesellschaft eingeschränkten Möglichkeiten der Finanzierung, steht der nicht zu gering einzuschätzende Vorteil gegenüber, nicht unter dem eher kurzfristig orientierten Diktat eines Aktienkurses zu
stehen. Genossen beanspruchen keine Dividenden, der Wert ihres Anteils bemisst
sich nicht am Unternehmenswert und die Höhe der Kapitaleinlage regelt die Sat-
zung. Alles was verdient wird, bleibt im Unternehmen und steht zur Weiterentwicklung und Expansion zur Verfügung. Genossenschafter sind als Eigentümer
ausschließlich an einem leistungsfähigen, zukunftsorientierten Unternehmen interessiert, das auch noch für die nachfolgenden Generationen eine Warenversor-
gung zu attraktiven und wettbewerbsfähigen Konditionen sicherstellt. Langfristi-
gere Commitments von Eigentümern gibt es nicht.

Mittelständische Reiseveranstalter

Man könnte den Eindruck gewinnen, dass sich der gesamte Reiseveranstaltermarkt nur um die drei Reisekonzerne dreht. Abbildung A.2-4 dokumentiert, dass
diese als Reiseveranstalter in Deutschland aber nur einen Marktanteil von 53%
(1990: 37%) kontrollieren. Immerhin haben sich mit **alltours** (Gründung 1974,
bis 1988 nur in Nordrhein-Westfalen tätig), den jeweils 1983 gegründeten Unternehmen **FTI/Frosch Touristik** und Öger Tours sowie der Tochtergesellschaft der
weltweit größten Reederei Carnival AIDA Cruises respektable Wettbewerber eine
starke, ernst zu nehmende Marktposition neben vielen kleinen und mittelgroßen
Segment-Spezialisten erworben. Viele Marken wurden allerdings seit 1990 von
den drei Konzernen gekauft und teilweise nicht fortgeführt (u.a. Kreutzer, Fischer,
Air Marin, Jet Reisen, Airconti, Transair); von den bekannten Unternehmen musste lediglich der Stuttgarter Veranstalter Hetzel Reisen 1996 Konkurs anmelden.

**Internationale Aktivitäten der Konzerne Preussag/TUI
sowie C&N/Thomas Cook**

Motiviert durch die Expansionspläne des größten britischen Veranstalters Airtours
plc, die bei DER und First Choice erfolglos blieben, aber die Akquisition von FTI
ermöglichten, beschloss auch **Preussag/TUI** ihr touristisches Beteiligungsportfo-
lio angesichts kartellrechtlicher Beschränkungen in Deutschland international
konsequent weiter auszubauen (bis 1997 Österreich, Niederlande und Belgien).

Veranstalter	Umsatz in Mio. € 2006	Marktanteil in %	Marktanteil ohne FEP in % *	Veranstalter	Umsatz in Mio. € 1990	Marktanteil in %
1. TUI*	4.466	22,7	20,0	1. TUI	1.629	17,5
2. Thomas Cook	3.055	15,6	13,4	2. NUR	880	9,5
3. Veranstalter d. REWE Group	2.878	14,7	13,4	3. LTT REWE	865	9,3
4. Alltours	1.137	5,8	5,8	4. ITS REWE	276	3,0
5. FTI	669	3,4	3,4	5. DERTOUR REWE	263	2,8
TOP FIVE	12.206	62,1	56,0	TOP FIVE	3.914	42,1
6. Öger-Gruppe (10% T.Cook)	623	3,2	3,2	6. Hetzel**	182	2,0
7. AIDA Cruises	408	2,1	2,1	7. Kreutzer	156	1,7
8. Phoenix	236	1,2	1,2	8. Ameropa	151	1,6
9. GTI Travel	229	1,2	1,2	9. Fischer	127	1,4
10. Schauinsland	207	1,1	1,1	10. Air Marin	94	1,0
TOP TEN	13.908	70,8	64,7	TOP TEN	4.624	49,7
11. Studiosus	204	1,0	1,0	11. Alltours	93	1,0
12. Nazar	140	0,7	0,7	12. Studiosus	90	1,0
13. Hurtigrouten	107	0,5	0,5	13. ADAC Reis. REWE	88	1,0
14. Novasol Gruppe	106	0,5	0,5	14. Jet Reisen REWE	84	0,9
15. Ameropa	99	0,5	0,5	15. Airconti REWE	77	0,8
TOP FIFTEEN	14.564	74,2	68,0	TOP FIFTEEN	5.058	54,4
Flugeinzelplatz			6,2			
Sonstige	5.076	25,8	25,8	Sonstige	4.248	45,6
Gesamtmarkt	19.640	100,0	100,0	Gesamtmarkt	9.306	100,0

* FEP Flugeinzelpaltzverkauf der Konzern-Airlines
**Hetzel Konkurs 1996

Abb. A.2-4:   Marktanteile deutscher Reiseveranstalter nach Umsatz 2006 vs. 1990
(Quelle: FVW Dokumentationen Jg. 1990 und 2006: Deutsche Reiseveranstalter)

1998 wurde in zwei Schritten das drittgrößte Schweizer Reiseunternehmen Imholz Reisen übernommen und 1999 nach der Übernahme des nur im Direktvertrieb tätigen Veranstalters Vögele Reisen in TUI Suisse umfirmiert. Im darauf folgenden Jahr erwarb Preussag den drittgrößten britischen Reiseveranstalter Thomas Cook, dessen deutsche Reisebüros bereits Anfang der 90er Jahre über die West LB übernommen und in die TUI überführt wurden. Als Preussag bemerkte, dass der Wettbewerber C&N Touristic Anfang 2000 über die Übernahme des zweitgrößten britischen Reisekonzerns Thomson plc (neben Großbritannien und Irland noch in Kanada und Indien tätig) verhandelte und damit im Erfolgsfalle die europäische Marktführerschaft übernommen hätte, stieg der Hannoveraner Konzern in einen wahren Verhandlungspoker ein und überbot C&N mit einem stark überzogenen Kaufpreis für Thomson plc (Veranstaltergeschäft in Großbritannien, Irland und Skandinavien) von rund 3 Mrd. Euro. Aus kartellrechtlichen Gründen musste Preussag allerdings dafür die erst im Vorjahr erworbene Thomas Cook plc wieder abtreten und veräußerte das Unternehmen an den unterlegenen Mitbewerber C&N Touristic. Noch im Jahr 2000 akquirierte Preussag mit dem französischen Marktführer Nouvelles Frontieres und dem österreichischen Marktführer Gulet, der mit Touropa Austria und Terra Reisen zu TUI Austria fusionierte, weitere namhafte Reiseunternehmen und baute die europäische Marktführerschaft weiter aus.

Auch **C&N** bestätigte sich in Frankreich mit dem Erwerb der Reisebürokette Havas, die allerdings nach zwei Jahren wieder veräußert wurde. Im Jahr 2002 gestaltete die C&N Touristic die Marke **Thomas Cook** zur Konzernmarke über alle Wertschöpfungsstufen und Geschäftsbereiche einschließlich der konzerneigenen Charter-Airline Condor. Als die Fremd-Veranstalter daraufhin ihre Kontingente von der neuen Thomas Cook Airline abzogen, weil sie ihre Kunden nicht mit einem Wettbewerber in Urlaub fliegen lassen wollten, wurde diese wirtschaftlich fatale Fehlentscheidung zwei Jahre später wieder revidiert.

Auch die Preussag AG entschied sich 2002 zu einer Umbenennung des Konzerns in TUI AG, da die touristischen Aktivitäten nunmehr eindeutig überwogen, und verpasste den meisten touristischen Konzernmarken ein entsprechendes Co-Branding mit dem neu kreierten TUI-Smiley.

Als der zur Schickedanz-Gruppe gehörende KarstadtQuelle-Konzern 2005 in wirtschaftliche Schwierigkeiten geriet, wurde der Investment-Banker und ehemalige Bertelsmann-Chef Thomas Middelhoff mit der Sanierung und Portfolio-Bereinigung des Konzerns beauftragt. Neben der Restrukturierung der Karstadt-Kaufhäuser, der Veräußerung der Immobilien und des Versandhauses Neckermann erfolgte auch eine Umstrukturierung der Thomas Cook AG (50% Karstadt-Quelle, 50% Lufthansa), die nach einem kräftigen Sanierungsprozess noch keine ausreichende Profitabilität auswies und zu einem Kerngeschäftsfeld des Konzerns ausgebaut werden sollte. KarstadtQuelle konnte 2007 nach langwierigen Verhandlungen mit Lufthansa die 50%-Beteiligung an den Veranstaltern vollständig übernehmen und die Beteiligung an der Fluggesellschaft Condor auf 74,9% aufstocken mit einem gegenseitigen Vorkaufsrecht auf die restlichen Airline-Anteile bis Anfang 2009. KarstadtQuelle – seit 2007 in Arcandor AG umbenannt – fusionierte daraufhin die Thomas Cook AG (ohne Condor) mit der inzwischen weitgehend sanierten britischen **My Travel plc** (bis 2003 Airtours plc). Am neuen in London börsennotierten Gemeinschaftsunternehmen **Thomas Cook plc** ist Arcandor nunmehr mit 52% beteiligt. Nahezu zeitgleich erzielte die TUI AG mit dem viertgrößten britischen Veranstalter **First Choice plc**, der sich abseits des Volumengeschäfts verstärkt auf ein großes Portfolio von Veranstalter-Spezialisten und flexiblen Bausteinreisen konzentriert hatte, ebenfalls Einigung zur Fusion aller Veranstalterbeteiligungen inklusive der jeweiligen Konzern-Airlines. An dem neuen, nunmehr in London börsennotierten Gemeinschaftsunternehmen **TUI plc** ist die TUI AG, die ihre Hotel- und Schiffs-Beteiligungen nicht in das Joint Venture einbrachte, mit 51% beteiligt.

Zum Zeitpunkt der Drucklegung sind damit TUI und Thomas Cook mit weitem und nicht mehr einholbarem Vorsprung die beiden größten europäischen Reisekonzerne und zudem börsennotierte britische Unternehmen mit deutschen Mehrheitsgesellschaften. Abbildung A.2-5 veranschaulicht deutlich die internationale Dominanz.

Die Touristikunternehmen der REWE, die sich bislang fast ausschließlich im deutschsprachigen Raum und in osteuropäischen Märkten betätigten, sind als drittgrößter deutscher Reisekonzern auch auf europäischer Ebene auf dem gleichen Rang. Ob damit die Konsolidierung des Reisemarktes abgeschlossen ist, ist schwer einzuschätzen, da inzwischen Fluggesellschaften wie Air Berlin mit einem Geschäftsmodell aus Low-Cost-Airline, Ferienflieger und Liniencarrier eine neue Rolle übernehmen. Die Air Berlin wurde 1991 mit zwei Flugzeugen nach Wegfall der Flugbeschränkungen aufgrund des Vier-Mächte-Status für Berlin von Joachim Hunold und einigen privaten Investoren im Wege eines Management-Buyout erworben, wuchs bis 2004 organisch und übernahm danach bis 2007 die Wettbewerber Germania und NikiFly (2005), Deutsche BA (2006) sowie Belair (von

Konsolidierte Konzernumsätze in Mill. € auf internationaler Basis

Rang 2006	Rang 2005	Veranstalter	Konzernsitz	Vertreten in:	Mill. € in 2006	Mill. € in 2005
1.		TUI Plc			18.084	
	1.	- davon TUI	Deutschland	A, B, CH, D, DK, F, FIN, GB, HU, IRL, N, NL, PL, S	14.084	14.097
	5.	- davon First Choice	Großbritannien	B, D, GB, IRL, NL, TK, CAN	4.000	3.590
2.		Thomas Cook Plc			12.080	
	2.	- davon Thomas Cook AG	Deutschland	A, B, D, F, GB, HU, IRL, PL, CAN, IND, AUS	7.780	7.661
	3.	- davon My Travel Group	Großbritannien	A, B, CH, F, GB, I, NL, PL, Skand., USA, CAN	4.300	4.307
3.	4.	Rewe Touristik	Deutschland	A, CH, D, GB, I, ROM, RUS	4.250	4.230
4.	6.	Kuoni	Schweiz	A, CH, DK, F, GB, I, NL, S, USA, IND	2.600	2.379
5.	7.	Club Med Gruppe	Frankreich	in 46 Ländern	1.679	1.590
6.	8.	alltours	Deutschland	D	1.382	1.343
7.	9.	Alpitour	Italien	I	1.332	1.146
8.	11.	Grupo Iberostar	Spanien	E	1.200	1.113
9.	10.	Hotelplan	Schweiz	CH, F, GB, I, NL	1.118	1.115
10.	12.	OAD Group	Niederlande	NL	882	766
11.	16.	FTI	Deutschland	A, CH, D	769	578
12.	13.	Gruppo Ventaglio	Italien	I	761	732
13.	14.	Verkehrsbüro	Österreich	A	747	709
14.	15.	Öger Group	Deutschland	A, D, TR	623	677
15.	17.	Holidaybreak	Großbritannien	GB	448	446
16.	18.	Voyage Fram	Frankreich	F	410	411
17.	19.	Aida Cruises	Deutschland	A, CH, D	408	375
18.	20.	Go Voyage	Frankreich	F	402	313
		TOP 20 insgesamt			49.174	47.578

Abb. A.2-5:   Ranking der größten europäischen Touristikkonzerne 2006
(Quelle: FVW Dokumentation Jg. 2007. Europäische Veranstalter)

Hotelplan/Schweiz) und LTU (2007). Angekündigt wurde vorbehaltlich der Einigung mit dem Minderheitsgesellschafter Lufthansa und der Zustimmung der Kartellbehörden die Einbringung der Airline Condor spätestens ab 2009 durch die Arcandor AG, die im Gegenzug einen Anteil von ca. 30% an der Air Berlin erhalten soll. Möglicherweise wird dies der Beginn einer neuen Epoche der Geschichte der Reisebranche sein. Aber auch dieses Kapitel wird sicherlich ohne den Einfluss und die Beteiligung des Reisevertriebs geschrieben, auf den nun wieder detailliert eingegangen wird.

2.2.5 Horizontale Konzentration des Reisebüromarktes

Auch der deutsche Reisevermittlermarkt ist in den 90er Jahren durch umfangreiche Umstrukturierungen geprägt. So bot der Reiseboom den neuen, zumeist branchenfremden Vertriebsformen bis Anfang der 80er Jahre noch ausreichend Expansionsmöglichkeiten, ohne dem klassischen Reisebürofachhandel spürbar Marktanteile zu entziehen. Die fortwährende Ausweitung von Reisevertriebsstellen hat jedoch zunehmend zu einem **Verdrängungswettbewerb** geführt, dem die selbständigen, nicht organisierten Reiseagenturen auf Dauer kaum gewachsen sind. Während die großen Reisebüroketten bereits seit Mitte der 80er Jahre durch Zukäufe und Neueröffnungen ihre Vertriebsnetze kontrolliert ergänzten, wurde seit Beginn der 90er Jahre u.a. auch durch die Integration Ostdeutschlands die Politik einer flächendeckenden Präsenz zur dominanten Strategie erhoben. In einem überhitzten Markt verkauften viele mittelständische Reiseunternehmer zum Teil zu völlig überzogenen Preisen ihre Unternehmen an die großen Reisebüroketten, die damit ihre Vertriebsnetze stark ausweiteten.

Dieser Konzentrationsprozess verschärfte sich weiter, indem große **Ketten** kleinere aufkauften und sich auch Veranstalter und Leistungsträger um den Kauf und die Kontrolle eigener stationärer Reisebürovertriebswege bemühten. Das Ranking der deutschen Reisebüroketten auf Basis der Umsätze von 1990, 1997 und 2006 ist unter Einbeziehung der Veränderungen durch die Lagerbildung in Abbildung A.2-6 dargestellt. Sie veranschaulicht dramatisch, wie die 1990 rund 30 größten Reisebüroketten durch Aufkäufe und Fusionen zu nur noch 6 bis 8, zum Teil marktbeherrschenden, Reiseorganisationen teilweise unter Aufspaltung und Verselbständigung von stationären Reisebüro-Ketten und Business Travel-Dienstleistern zusammengefasst worden sind. Unter anderem erwarb 1995 die Karstadt AG 51% der Anteile an der bisherigen 100%-igen Lufthansa-Reisebüro-Tochtergesellschaft Eurolloyd. Mit der Übernahme der drittgrößten deutschen Reisebürokette Hertie kamen auch deren Reisebürobetriebsstellen zum Karstadt-Konzern. Durch eine konzerninterne Neuordnung übernahm die Deutsches Reisebüro GmbH von der Muttergesellschaft DB 1995 alle Anteile an der Reisebüro Rominger GmbH und 1996 alle Anteile an der abr Reisebüro GmbH, die ab 1998 ausschließlich unter der gemeinsamen Marke DER Reisebüro fortgeführt wurden. Die REWE-Beteiligung Atlasreisen, die seit 1989 ihr Vertriebsnetz überwiegend durch Neugründungen von 20 auf über 500 Reisebürobetriebsstellen ausgeweitet hatte, übernahm 1995 die Reisebürobetriebsstellen von Kaufhof und Horten sowie die ostdeutschen Reisebüroketten Reisewelt, Palm-Touristik und Jugendtourist, die nunmehr allesamt unter der Marke Atlasreisen agieren. Seit 2000 stehen DER

1990 — Umsatz in Mio. Euro

	Umsatz
1. Hapag-Lloyd Reisebüro	652
2. Deutsches Reisebüro	431
3. abr Reisebüro	386
4. Karstadt Reisebüro	281
5. Euro Lloyd Rsb.	223
6. Bangemann/Strickrodt/Kahn	183
7. NUR Reisebüro	171
8. Reise Quelle	170
9. Thomas Cook Rsb. Deutschl.	155
10. Rominger	144
11. Reisewelt/Palm/Jugendtour.	123
12. Hartmann	119
13. American Express	116
14. Kaufhof Reisebüro/ITS	96
15. Dr. Tigges/Panopa	92
16. Neckermann Versand Rsb.	80
17. Wagonlit	65
18. First Reisebüro	63
19. Hertie Reisebüro/ITS	62
20. Atlasreisen	61
21. Brune	56
22. Kuoni	54
23. Reisebüro Horten	48
24. Schenker Rhenus	41
25. Alpha Reisebüro	37
26. Auto Fischer	36
27. Metro/Finass	33
28. Sato Travel	31
29. Brewo	29
30. GOIReisen	28
31. RAK/Lifeco	26
32. Blum	20

1997 — Umsatz in Mio. Euro

	Gruppiert zu	Umsatz
1. First; BS&K; Hartmann; Kuoni Rsb. D (nur 1997); Hapag Lloyd (1997); Thomas Cook (1996); Auto Fischer (1993); Metro/Finass (1995) 1)	TUI	3.240
2. Deutsches Reisebüro; abr (1995); Rominger (1992); DERPART Reisebüro; Enzmann (1994); GOIReisen (1994)	DER	1.475
3. Karstadt Reisebüro; NUR Reisebüro; Neckermann V. Rsb.; Euro Lloyd (1995-1997); Blum (1993) 1); Hertie (1995) 1)	Karstadt Konzern	1.287
4. Atlasreisen; Kaufhof Reisebüro (1995) 1); Reisewelt/Palm/JT (1995) 1); Reisebüro Horten (1995) 1)	REWE / Atlas 2)	825
5. American Express; Th. Cook Busi. (1994); Schenker Rhe. (1993); RAK/Lifeco (1993)	Amex 2)	634
6. Carlson Wagonlit; Brune (1994); Sato Travel (1994)	CWT 2)	398
7. Reise Quelle	Quelle	175
8. Reiseland	Otto F&T	144
9. Allkauf	Allkauf	123
10. Flugbörse	FTI	115

2007 (Umsätze Stand 2006) — Umsatz in Mio. Euro

	3)	Gruppiert zu	Umsatz
1. DER Reisebüro	E		
Atlasreisen (2000)	E+F		
FCm DER Travel Solutions 2)	E		
DERPART Rsb	E+F		
DERPART Travel Service2)	F		
RSG (2002) 4)	K	REWE	4.291
2. RTK	K		
Schmetterling	K		
Best Travel	K	QTA	3.279
3. Hapag Lloyd Rsb.	E		
FIRST Reisebüro	E+F		
Discount Travel	E		
TUI Reise Center	F		
TUI Travel Star (2003)	K	TUI	2.182
4. TSS	K		
AER	K	TMCV	2.267
5. BCD Travel (2006) 2)5)	E		
6. LH City Center Rsb.	F		
LH City Center BT 2)	F	BCD	1.808
		LHCC	1.784
7. Karstadt Reisebüro	E		
Reise Quelle	E		
Neckermann Urlaubswelt	E		
Thomas Cook Rsb.	E		
Holiday Land	E		
Neckerm. Partner/Alpha Rsb.	K	Karstadt / Th.Cook	1.698
8. American Express 2)	F		
FIRST Business Travel2)	F	Amex	942
9. Reiseland	E+F		
Eurolloyd Rsb. (2007)	E		
Travel Overland (2001)	E		
DB Touristik Center (2005)	E		
American Expr. Rsb. (1998)	E	Otto F&T	799
10. Carlson Wagonlit 2)	E	CWT	798
11. Hogg Robinson (2006) 2)6)	E	HRG	673
12. TVG Reisebüros/FTI	E+F	FTI	301

1) Diese Reisebürokketten erzielten vor der Neuordnung folgende Umsätze: Kaufhof 112 Mio., Hertie 61 Mio., Horten 51 Mio., Metro/Finass 82 Mio., Reisewelt/Palm/JT 199 Mio., Blum 31 Mio.
2) Ausschließlich Business Travel
3) E=Eigentümerkette; F=Franchise-Organisation; K=Reisebüro-Kooperation
4) RSG - Reisebüro Service Gesellschaft; Kooperationsmitlieder: TourContact, Protours/RCE, Deutscher Reisering, Prima Urlaub
5) Der niederländische Business Travel Konzern BCD erwarb 2006 den deutschen BT-Marktführer TQ3 von TUI.
6) D britische Business Travel Organisation Hogg Robinson übernahm 2006 die deutschen BTI Eurolloyd Business Center von Kuoni

Abb. A.2-6:   Konzentration deutscher Reisebüro-Ketten 1990–2007
(Quelle: eigene Darstellung, in Anlehnung an FVW Dokumentationen Jg. 1990, 1997, 2006: Ketten und Kooperationen)

Reisebüro und Atlasreisen unter dem Dach der REWE unter gemeinsamer strategischer und operativer Führung und bilden gemeinsam mit dem Franchise-System DERPART und den RSG-Kooperationen TourContact, Protours/RCE, Deutscher Reisering und Prima Urlaub das größte deutsche Reisebüro-Vertriebsnetz. American Express erwarb 1994 sämtliche Geschäftsreise-Aktivitäten von Thomas Cook und übernahm u. a. auch die Schenker-Reisebüros, nachdem die DB den Transport- und Logistik-Konzern Schenker an die zum Veba-Konzern gehörende Rhenus Spedition verkauft hatte. Die deutsche Thomas Cook Reisebüro GmbH übernahm 1993 die schwerpunktmäßig in Norddeutschland tätige Reisebürokette Auto Fischer und nach Ausgliederung der Geschäftsreisesparte 1995 zu Amex die Verbrauchermarkt-Reisebüros von Metro/Finass. Amex verkaufte 1998 seine deutschen Reisebüro-Ladengeschäfte ebenso wie 2007 Kuoni seine verbliebenen stationären deutschen Reisebüro-Filialen an die zum Otto-Versand-Konzern gehörende Reiseland GmbH. Die Konzentration zwischen den Reisebüroketten veranschaulicht Abbildung A.2-7a.

Die Konzentration des Reisemittlermarktes beschleunigte sich jedoch weiter durch die Zusammenschlüsse selbständiger Reisebüros zu **Kooperationen** und Franchise-Systemen. Gab es 1990 lediglich vier Kooperationen und ein Franchise-System, so waren es 1996 bereits rund 25 derartige Organisationen. Pioniere und Marktführer sind nach wie vor die Franchise-Organisationen Kooperation DERPART Reisevertrieb GmbH (Gründung 1979) und First (Gründung 1976). Die West LB übernahm 1996 20,1 % der Anteile an First und brachte ihre deutsche Reisebürokette Thomas Cook Reisebüro GmbH als neuen Franchise-Partner mit ein. Ende 1998 veräußerten die mittelständischen First-Gesellschafter die restlichen 79,9% vollständig an die TUI. Darüber hinaus gründeten Anfang der 90er Jahre die Lufthansa mit Lufthansa City Center und die TUI mit TUI Urlaubs Center zwei neue veranstalterorientierte Franchise-Systeme, die ebenso wie viele andere Neugründungen einen erheblichen Zulauf von mittelständischen, selbständigen Betrieben verzeichneten. Auch renommierte Reisebüroketten, die vorerst keine Chance hatten, einen flächendeckenden Vertrieb in Deutschland zu erzielen, schlossen sich vorübergehend Kooperationen oder Franchise-Systemen an, wie z.B. die deutsche Kuoni-Tochtergesellschaft Travel Vision an First und die deutschen Carlson Wagonlit Büros an die QTA.

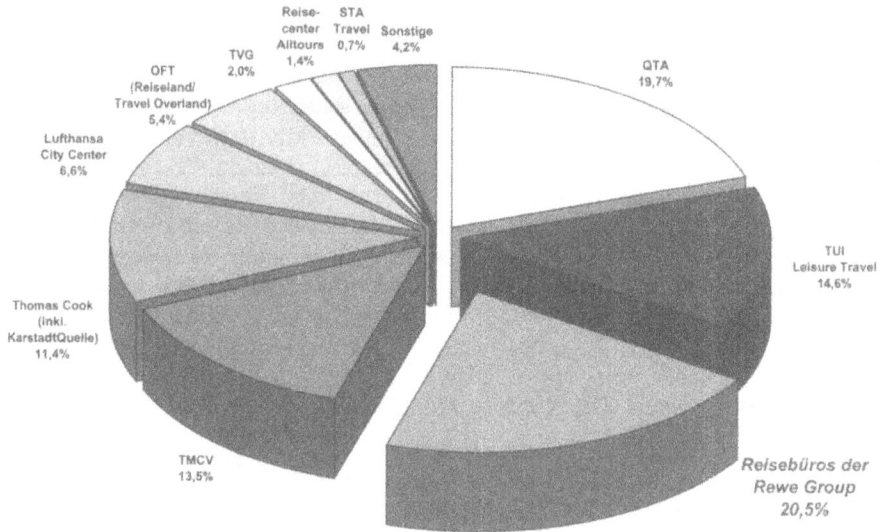

Abb. A.2-7a: Marktanteile stationäre Reisebüros nach Umsatz 2006
(Quelle: FVW und eigene Hochrechnungen)

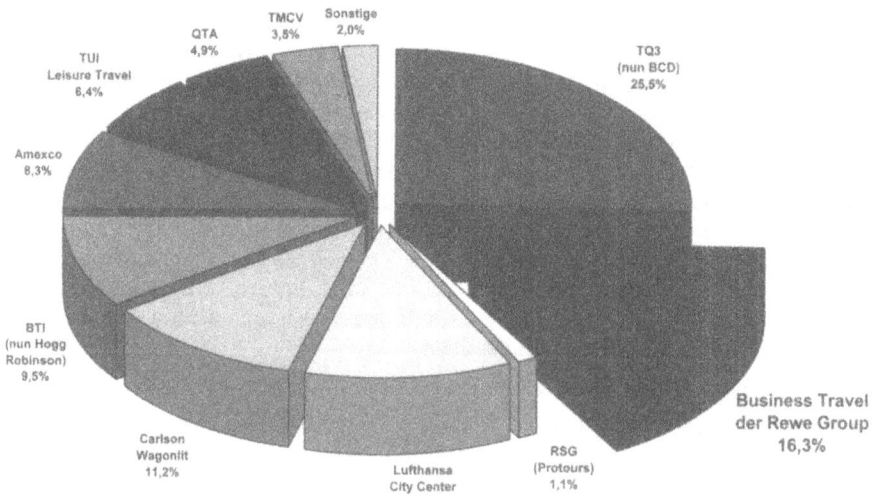

Abb. A.2-7b: Marktanteile Business Travel nach Umsatz 2006
(Quelle: FVW und eigene Hochrechnungen)

Waren 1990 nur 2.300 aller Reisebüros (Anteil 30%) in Ketten oder Franchise-systemen organisiert (davon 1.520 bzw. 20% Ketten und 770 bzw. 10% Franchise), so waren 2002 bereits 32% Ketten und Franchisenehmer (insgesamt 4.130) und zusätzlich 27% (3.500) Kooperationen angeschlossen. Im Jahr 2008 gibt es fast keine völlig ungebundenen Reisebüros (insgesamt nur 3% bzw. 320) mehr; während der Anteil der Ketten auf 19% (1.960) leicht zurückging, stieg der Anteil der Franchisenehmer auf 20% (2.060) und der Kooperations-Büros gar auf 59% (6.130). Diese Konzentration in einem seit 2001 schrumpfenden Reisbüromarkt dokumentiert einerseits die Solidarisierung des Vertriebs in konzernneutralen Vertriebsorganisationen und andererseits die Bindungsbereitschaft von Reisebüros an die Konzernveranstalter (siehe Abbildung A.2-8). Es ist derzeit noch nicht auszumachen welche der beiden strategischen Bewegungsrichtungen zukunftsweisend sein wird. Die Notwendigkeit zur Organisation in Kooperationen dokumentiert jedoch die Schwäche des Reisebürovertriebs seit dem Machtübergang auf die Veranstalter und Leistungsträger und deren Direkt- und Alternativvertriebsformen seit dem Jahrtausendwechsel. Die Aufgaben der Kooperationen und Franchise-Systeme bestehen vor allem darin, ihren zumeist mittelständischen Mitgliedsunternehmen ähnliche Vorteile zu verschaffen, wie sie Großunternehmen oder Ketten besitzen. Dies impliziert seit Aufhebung der Vertriebsbindung die Sortimentssteuerung zur Erzielung eines ertragsoptimalen Provisionsmixes. Darüber hinaus geben sie ihren Partnern Managementhilfen, führen gemeinsame Verkaufs- und Werbeaktionen durch und bilden im Rahmen ihrer Statuten Interessensvertretungen. Die Mitgliedschaft in diesen Kooperationen ist zumeist an Betriebsgrößen, Lizenzen oder andere Standards gebunden.

	Zahl der Reisebüros 2007	Anteil in % 2007	Zahl der Reisebüros 2002	Anteil in % 2002	Zahl der Reisebüros 1990	Anteil in % 1990
Reisebüroketten	1.956	18,7%	2.495	19,2%	1.523	19,8%
Reisebüro-Franchise	2.061	19,7%	1.638	12,6%	774	10,1%
Reisebüro-Kooperation	6.132	58,6%	3.501	26,9%	-	-
ungebundene Reisebüros	316	3,0%	5.394	41,4%	5.403	70,2%
Gesamtmarkt	10.465	100%	13.028	100%	7.700	100%

Abb. A.2-8: Struktur des deutschen Reisebüromarktes 1990–2007
(Quelle: DRV-Vertriebsdatenbank 2002 und 2007 (nicht veröffentlicht) sowie FVW Dokumentationen „Ketten und Kooperationen" Jg. 1990)

2.2.6 Internationale Expansion und Kooperation der Reisebüro-Organisationen

In den 90er Jahren waren kaum deutsche Reisebüros im Ausland anzutreffen. Das DER betrieb insgesamt vierzehn Auslandsfilialen, allerdings zumeist als Generalagenturen oder Incoming-Büros (vier in den USA, drei in Italien, je zwei in Spanien und Kanada, sowie je eine in Großbritannien, Frankreich und Ungarn). Hapag Lloyd löste 1990 sein gesamtes Auslandsfilialnetz auf, wobei die elf Verkaufsbüros in den USA an die Lufthansa-Tochtergesellschaft Eurolloyd verkauft wurden. Die Spedition Kühne & Nagel besaß je eine Niederlassung in Großbritannien, Kanada, Südafrika und Malaysia. Die Vorhaltung von Auslandsfilialen war offensichtlich primär für jene Unternehmen wirtschaftlich interessant, die diese Vertriebsbüros in starkem Umfang für eigene Produkte der Muttergesellschaft nutzen. Beispiele hierfür in der weiter zurückliegenden Vergangenheit waren u. a. American Express (Kreditkarten, Travellercheques, Finanzdienstleistungen), Thomas Cook (Travellercheques, Finanzdienstleistungen der Barclays Bank), Wagonlit (internationale Hotelvermarktung als 50%-Beteiligung des Hotel-Konzerns Accor bis 2006), DER (internationaler Vertrieb von Bahnfahrkarten der Muttergesellschaft DB, Veranstaltung von Reisen nach Deutschland bzw. Europa), Kühne & Nagel (Spedition, Frachtgeschäft).

Ferner besaß die TUI bereits zu 100% die österreichischen Reisebürogesellschaften Dr. Degener und Tiroler Landesreisebüro (53 Reisebüros), über die beiden zu 91% erworbenen Reiseveranstalter Arke Reizen und Holland International 330 Reisebüros in den Niederlanden und Belgien sowie über die 100%-Beteiligung TUI Suisse am übernommenen Reiseunternehmen Imholz 60 Reisebüros in der Schweiz. Andere Veranstalter und Leistungsträger haben allerdings beim internationalen Vertrieb anstelle eines kostenintensiven, risikoreichen Eigenvertriebs zukünftig eher verstärkt auf einen flexiblen, durch Internet und internationale Vertriebssysteme unterstützten sowie durch ein variantenreiches und vernetztes Marketinginstrumentarium steuerbaren Fremdvertrieb gesetzt, solange sie im relevanten Markt über keine eigenen Risikokapazitäten verfügen (Flugzeuge, Hotels etc.).

Die internationale Expansion des Reisevermittlergewerbes konzentriert sich seit der Jahrtausendwende allerdings fast ausschließlich auf den **Geschäftsreise-Service**. Bereits Ende der 90er Jahre wurde deutlich, dass es einem klassischen Reisebüro kaum noch möglich war die Geschäftsreisen-Etats größerer nationaler Kunden mit bundesweiten Niederlassungen und Beteiligungen, geschweige denn einen solchen internationaler Konzerne abzuwickeln. Da diese Kunden in der Regel eigene Sonderraten mit Airlines, Hotels und Mietwagenfirmen haben, erwies sich das klassische Geschäftsmodell als Handelsvertreter auf Provisionsbasis als unpraktikabel. Die Großkunden kassierten die Provisionen – solange sie noch gezahlt wurden – zumeist direkt ein und honorierten die Geschäftsreise-Dienstleister auf Basis von Management-Fees oder Transaction-Fees als Kostenerstattung für vertraglich vereinbarte komplette Dienstleistungspakete oder Vorgänge. Die daraus resultierenden hohen Anforderungen an die Ausbildung des Personals, die internen Abwicklungsprozesse sowie spezialisierte Soft- und Hardware-Systeme waren mit dem üblichen eher urlaubsorientierten stationären Reisebürogeschäft nicht mehr vereinbar. Daher gliederten fast alle Reisebüroketten ihren Geschäftsreise-Service in separate Beteiligungen oder Geschäftseinheiten aus, die teilweise später an internationale Spezialisten wie American Express, Carlson Wagonlit, BCD Travel oder BTI verkauft wurden oder aber als Kooperations- und Franchisepartner vergleichbaren Verbünden beitraten.

Mit der stärkeren Internationalisierung des Firmenreisegeschäftes und der zunehmenden Bündelung der Reiseaktivitäten international operierender Großkonzerne gewann die Sicherstellung eines weltweit 24 Stunden arbeitenden Servicenetzes zunehmende Bedeutung. Allein für diesen Zweck ein internationales Vertriebsnetz aufzubauen, ist weder finanzierbar noch wirtschaftlich sinnvoll. Daher haben große Reisebüroketten weltumspannende Kooperationen gegründet, wobei jedes Land nur durch eine möglichst flächendeckend arbeitende Reisebürokette repräsentiert wird. Der jeweilige Partner genießt dabei nationale ggf. teilkontinentale Exklusivität innerhalb des Verbundes. Auf Gegenseitigkeitsbasis besorgen die einzelnen Unternehmen Reiseleistungen für Firmenkunden eines Kooperationspartners und betreuen deren Geschäftsreisende im Zielland. Der jeweilig entstandene Aufwand wird zwischen den Partnern verrechnet, so dass ein Firmenkunde oder Konzern nur mit seinem Heimat-Reisebüro abrechnet und kommuniziert. Die weltweite Online-Kommunikation wird vor allem mit Hilfe von internationalen Travel-Management-Systemen sichergestellt, deren Verfügbarkeit und einheitlicher Standard für alle Partnerunternehmen Grundvoraussetzung ist. Als Schwachpunkt der internationalen Verbünde erwies sich in den vergangenen Jahren, dass die jeweiligen nationalen Partnerunternehmen als wirtschaftlich selbständige Unternehmen nahezu beliebig zwischen den verschiedenen Organisationen wechselten (zumeist von einer schwächeren zu einer stärkeren) oder ihr Unternehmen sogar an Wettbewerber mitsamt der Kundenetats verkauften.

Bereits 1994 fusionierten die beiden weltweiten Marktführer **American Express** (Nr. 1) und **Thomas Cook** (Nr. 3) ihre Geschäftsreiseaktivitäten ebenso wie die Nr. 2 und Nr. 4 **Carlson Travel** und **Wagonlit**. Diese beiden Konglomerate dominieren in fast allen wichtigen Industrieländern die Geschäftsreisemärkte. In Deutschland ist ihr Einfluss (siehe Abbildung A.2-7b) allerdings relativ gering. Daneben machte sich lediglich die Schweizer Kuoni AG über seine deutsche Tochtergesellschaft und die 1995 von Lufthansa und Karstadt erworbene Reisebürokette Eurolloyd als ausländische Reisebüroorganisation und Gesellschafter der Geschäftsreisen-Kooperation **BTI-Business Travel International** bemerkbar. Kuoni verkaufte 2005 seine BTI-Anteile einschließlich seiner Geschäftsreisebüros in Deutschland und der Schweiz an den britischen BTI-Mitgesellschafter Hogg Robinson, der diese unter dem Namen HRG weiter betreibt. Die stationären deutschen Euro-lloyd-Reisebüros veräußerte Kuoni 2007 an Reiseland.

Im Rahmen der umfangreichen Neuordnung ihrer integrierten Konzerngesellschaften gliederte die TUI 1999 die auf Geschäftsreisen spezialisierten Hapag Lloyd- und First-Filialen in eine separate Gesellschaft aus, die sich ausschließlich als Geschäftsreise-Dienstleister betätigte. Diese Gesellschaft beteiligte sich 2002 an dem nach Amex und CWT und vor BTI größten internationalen Business Travel Verbund **TQ3** (Mitgesellschafter u. a. mit Navigant/USA, Maritz/USA, Protravel/Frankreich, The Travel Company/Großbritannien) und benannte sich entsprechend um. Auch TUI trennte sich wie Kuoni 2005 vollständig von der Geschäftsreisensparte und veräußerte diese an die niederländische BCD Travel, nachdem CWT die stärksten Partner Navigant und Protravel des TQ3-Verbundes erwarb und damit seinen Rückstand auf den weltweiten Marktführer Amex verringerte. Auch Maritz/USA und The Travel Company/Großbrutannien wurden von BCD gekauft. Unabhängig von TQ3 blieb bis 2007 das Business Travel Geschäft der First-Franchisenehmer. Diese gliederten nun ebenfalls ihre Geschäftsreiseaktivitäten aus den stationären Reisebüros aus und traten als deutsche Franchiseorganisation American Express bei, wobei Amex die Großkunden und First die kleinen, mittelständischen Unternehmen (KMU) arbeitsteilig betreuen.

Das DER gliederte nach der Integration von abr und Rominger 1998 ebenfalls seine auf Geschäftskunden spezialisierten Reisebüros als eigene Geschäftssparte aus, die sich zunächst als deutscher Franchisenehmer dem internationalen Verbund GTM/Maritz anschloss. Als Maritz 2000 zu TQ3 wechselte und dabei weitere Partner wie u. a. Protravel/Frankreich mitnahm, trat DER Business Travel bis 2006 dem Synergi-Verbund bei. Seit 2007 ist DER mit regionaler Verantwortung für Zentral- und Osteuropa nunmehr Partner des in Australien beheimateten FCm-

Verbundes, der wie BCD Travel in den größten Wirtschaftsnationen weltweit über ein eigenes Filialnetz verfügt. BCD und FCm sind damit weniger abhängig von regionalen Franchisenehmern, die immer wieder Lücken in das weltweite Netz reißen können, und damit gegenüber Amex und CWT als Global Player wettbewerbsfähig. Auch die weiteren deutschen Business Travel Spezialisten haben sich in mehr oder weniger stabilen Verbünden organisiert wie die Franchiseorganisationen DERPART in Radius und LH City Center in Business Plus.

2.3   Struktur und quantitative Entwicklung des Reisebüromarktes

2.3.1   Relevanter Markt – Funktionsweise und Wertschöpfung

Strukturell agiert die Reisebranche in einem bis zu vierstufigen Wertschöpfungsprozess. Reiseveranstalter kaufen Leistungen von Hotels, Zielgebiets-Agenturen und anderen Leistungsträgern in den Urlaubsgebieten ein, kombinieren sie mit Transportleistungen von Verkehrsträgern (Airlines, Bahnen, Busunternehmen etc.) zu einem Reisepaket, der so genannten Pauschalreise, oder bereiten sie zur flexiblen und individuell kombinierbaren Reisebausteinen auf, die sie über Reisevermittlungsstellen oder direkt an die Reisekunden vertreiben. Dabei übernehmen sie weitreichende Garantien gegenüber den Leistungsträgern für die Kapazitätsauslastung (Hotels, Airlines etc.) sowie Verpflichtungen aufgrund rechtlicher Standards gegenüber den Kunden (Insolvenzschutzversicherung, Rücktransport-Verpflichtung in Krisenfällen, Veranstalterhaftung etc.) und den Reisebüros (Handelsvertreterschutz, Preisbindung etc.). Die Leistungsträger veräußern ihre originären Leistungen aber auch ohne Bündelung und Aufbereitung eines Reiseveranstalters oder Consolidators über Reisebüros oder direkt an die Kunden.

Reiseveranstalter agieren in der Wertschöpfungskette wie Händler, indem sie Angebote und Kontingente einkaufen, aufbereiten, ergänzen und mit einem Kosten- und Margenaufschlag verkaufen. Reisebüros sind juristisch Handelsvertreter und vertreiben die Angebote der Veranstalter und anderer Leistungsträger im Namen und für Rechnung ihrer Handelsherren zum von diesen kalkulierten einheitlichen Preis. Die fünf größten deutschen Reiseunternehmen TUI, Thomas Cook, REWE, alltours und FTI verfügen allesamt sowohl über eigene Veranstalter wie Reisebüroorganisationen. In Deutschland vertreiben alle Veranstalter ihr gesamtes Sortiment über konzerneigene und konzernverbundene Reisebüros wie auch über fast alle qualifizierten konzernfremden Reisebüros, darunter auch alle Reisebüros ihrer Wettbewerber. Bis Mitte der 1990er Jahre traten Reiseveranstalter mit ihren Marken nicht direkt gegenüber dem Endverbraucher auf. Erst im Zuge der Ausbreitung des Internets hat das Direktgeschäft der Veranstalter mit den Endverbrauchern unter Umgehung des Reisebürovertriebs zugenommen. Der Anteil ohne Flugeinzelplatzverkauf der Konzern-Airlines lag 2006 zwischen 3% und 8% des Umsatzvolumens. Aufgrund des Handelsvertreterstatus sind die Veranstalter verpflichtet, ihre Angebote in allen Vertriebskanälen zu gleichen Preisen und Konditionen anzubieten und Gleichbehandlung zu garantieren. Dies limitiert die Handlungsspielräume von Veranstaltermarken gegenüber dem Endverbraucher, da Exklusivitäten bei Preisen, Angeboten und Sortimenten nicht zulässig sind, wenn sie in mehreren Vertriebskanälen angeboten werden.

Reisebüros erschließen und kanalisieren unterschiedliche Kundensegmente – vor allem Geschäfts- und Privatreisende – durch verschiedene Verkaufs- und Abwicklungssysteme. Reisevermittler können als stationäre Reisebüros für Privatkunden, als Business Travel Center für Firmenkunden oder als Internet-Portale auftreten. Sie vertreiben die Angebote ihrer konzerneigenen bzw. konzernverbundenen Veranstalter und können auch die Sortimente fremder Veranstalter und Leistungsträger vertreiben, darunter auch die der Wettbewerber der eigenen Konzernveranstalter, sofern sie mit diesen entsprechende Agenturverträge abschließen. Als Handelsvertreter arbeiten sie auf Rechnung ihrer Lieferanten und erhalten hierfür eine Provision. Da sie ausschließlich die Endverbraucher ansprechen, müssten sie eigentlich eine große Markendurchdringung haben. Aufgrund der geringen Margen und daraus resultierenden minimalen Marketingbudgets sowie der Tatsache, das fast alle Reisebüro-Wettbewerber – auch die im Internet – über fast identische Angebotssortimente zu gleichen Preisen verfügen, ist es bis heute nur wenigen gelungen, ein eigenes Markenprofil aufzubauen.

Die nahezu einzigen differenzierenden Wettbewerbsmerkmale im stationären Vertrieb liegen in der Person und Kompetenz des Reiseberaters sowie teilweise im lokalen Standort. Bei den Internetportalen reduzieren sich die wettbewerbsdifferenzierenden Merkmale im Wesentlichen auf ein intelligentes Suchmaschinenmarketing sowie den bedienungsfreundlichen Aufbau und die attraktive Animation der ansonsten weitgehend identischen Internet-Booking-Engines. Denn auch in den Internetportalen findet der Kunde überwiegend dieselben Angebote der gleichen Anbieter zu identischen Preisen vor. Die wesentlichen **Anforderungen der Kunden an ein Reisebüro** sind Neutralität und Objektivität der Beratung, Navigation durch die unübersichtliche Angebotsvielfalt, kompetente Reiseberatung, die Sicherheit durch einen persönlichen Ansprechpartner und die Zeit- und Arbeitsersparnis bei der Reiseabwicklung. Insoweit stoßen Reisevermittler, die Kunden gezielt auf eine Veranstalter- oder Leistungsträger-Marke steuern möchten, bei den Nachfragern auf wenig Akzeptanz, da diese inzwischen wissen, dass die meisten Massenprodukte austauschbar und fast überall erhältlich sind. Die Anforderungen der Kunden an eine Buchung in einem Internet-Portal sind hingegen deutlich von den Parametern Preis, Transparenz und Convenience in der technischen Bedienbarkeit geprägt, während die qualitativen, sicherheitsorientierten und beratungsrelevanten Faktoren in den Hintergrund treten. Zwischen den Kunden-Erwartungen und der Leistungsfähigkeit der Internet-Portale gibt es dabei noch erhebliche Differenzen.

Der Touristikmarkt hat sich in den letzten zehn Jahren dramatisch verändert. Nach dem Einbruch vom 11. September 2001 hat sich die Nachfrage nur sehr langsam wieder erholt und lag 2007 immer noch leicht unter dem Niveau des Jahres 2001. Vor allem das Aufkommen der **Billig-Airlines/Low-Cost-Carrier** hat den Markt erheblich verändert. Zum Einen haben diese mit dem Verkauf von Billigtickets in klassische Urlaubsdestinationen am Mittelmeer zu einer Erosion der Pauschalreisen beigetragen und den Trend zu Bausteinangeboten gefördert, die täglich flexibel kombinierbar zu tagesaktuellen Preisen buchbar sind. Zum Anderen haben Sie den Linien- und Hub-Airlines mit ihrem Geschäftsmodell (Direktbuchung über Internet und Call Center ohne Reisebüroprovision, Direktflüge zwischen kleinen preiswerten Airports im Umfeld der großen Metropolen) Marktanteile auch auf Städte- und Business-Verbindungen abgenommen und dazu beigetragen, dass die Reisemittler beim Verkauf von Flügen vom Handelsvertreter zum Makler oder Händler werden, der auf die Ticketpreise Service-Entgelte aufschlagen muss. Da ab 2005 alle Airlines, wie auch die Deutsche Bahn und andere Leistungsträger (z.B. Mietwagenanbieter) auf dieses Geschäftsmodell umgestiegen sind, hat sich die Wertschöpfungskette vor allem zu Lasten der Reisemittler, aber auch der Pauschalreiseveranstalter verändert.

Die Erfahrungen der letzten Jahre im **stationären Vertrieb** haben gezeigt, dass die wichtigsten Kriterien für ein erfolgreiches Geschäft der Standort des Geschäfts und die Qualität des Personals sind. Die Markenkennung der einzelnen Vertriebsstelle ist eher unbedeutend und höchstens als Rückversicherung ein Erfolgsfaktor. Die Beratungsqualität des stationären Vertriebs auf die immer individuelleren Wünsche und Anforderungen der Kunden, konnte bis heute noch nicht überall Schritt halten. Viele Expedienten haben den Schritt vom Prospektverteiler zum kompetenten Reiseberater noch nicht geschafft, der ihnen durch die veränderten Wertschöpfungs- und Geschäftsmodelle auferlegt wurde. Ihrer neuen Rolle als Makler bzw. Händler, der seine Beratungsleistung dem Kunden gegenüber berechnen und rechtfertigen muss, sind sich viele immer noch nicht bewusst. Ein kaum lösbares Problem besteht darin, dass Reisebüro-Berater über ein breites, aber nur in Ausnahmefällen tiefes Produkt- und Zielgebietswissen verfügen. Ein reiseerfahrener Kunde mit einem klar definierten Reisewunsch besitzt aber durch die ihm zugänglichen Informationen vor allem im Internet in vielen Fällen ein tieferes Wissen als der Expedient.

Das **Internet** hat nicht nur durch den Boom der Billig-Airlines den etablierten Playern (vor allem den Reisebüros, aber teilweise auch den Reiseveranstaltern) Marktanteile abnehmen können, auch Hotel- und Mietwagen-Portale haben ebenso dazu beigetragen wie viele markenstarke Leistungsträger, die nunmehr für die Kunden direkt erreichbar sind. Internet-Portale (wie z.B. Expedia, lastminute.com, L'tur, Opodo) gewinnen massiv Marktanteile und verstärken die Trends. Vor allem die jüngere Generation, Schnäppchenjäger, hybride Kunden und Smart-Buyer buchen einfache, unkomplizierte und transparente Angebote stärker über die neuen Kanäle als stationär und bei den Veranstaltern. Die Airlines konnten sich in den letzten Jahren als Kundengewinnungsschnittstelle etablieren. Für Marktsegmente wie Städtereisen, bekannte und große Zielgebiete (Italien, Spanien, Mallorca etc.) oder etablierte Fernreiseziele, werden die Airlines zur zentralen und ersten Anlaufstelle der Kunden auf der Suche nach dem günstigsten Flugpreis. Damit haben die Airlines das Potenzial auch das Folgegeschäft als Kundendrehscheibe zu realisieren (Hotel, Mietwagen, etc). Dies verstärkt den Trend am Veranstalter und am stationären Vertrieb vorbei zur Bausteinbuchung. Flug wird zu einem wesentlichen Treiber im Touristikgeschäft und zum ‚first step/ first choice' im Entscheidungsprozess. Darüber hinaus versuchen auch andere Leistungsträger wie Hotels und Zielgebiete – durch Überkapazitäten im Markt getrieben – die Abhängigkeiten von den Veranstaltern zu reduzieren und die Kunden direkt über die Internet-Plattform zu erreichen. Die Entwicklung und Struktur des **Online-Vertriebs** werden an anderer Stelle dieses Buches dargestellt und daher im Rahmen dieses Beitrages nur gestreift.

2.3.2 Anzahl und Struktur der Reisevermittlungsstellen in langfristigen Entwicklungszyklen

Strukturelle Veränderungen des Reisebüromarktes vollziehen sich nicht in Jahresrhythmen, sondern in mittel- bis langfristigen Zyklen oder Epochen. Die wesentlichen Veränderungen des deutschen Reisemarktes werden erst in einer Langfrist-Analyse ausreichend transparent. Da die Zulassung zum Reisevermittler- und Reiseveranstaltergewerbe in Deutschland weder begrenzt noch genehmigungspflichtig ist, gibt es keine offizielle Statistik über die Zahl der Reiseveranstalter und Reisevermittlerstellen. Die nachfolgenden Ausführungen beziehen sich auf die Erhebungen der DRV-Vertriebsdatenbank sowie auf die historischen Analysen und Hochrechnungen der Deutsches Reisebüro GmbH.

Reisevermittlungsstellen klassifizieren sich grob in klassische Reisebüros, Touristik-Reisebüro, Business Travel Center sowie sonstige Buchungsstellen. Unter klassischen Reisebüros versteht man Reisevertriebsstellen, die mindestens zwei Agenturverträgen mit Konzernveranstaltern und zusätzlich eine IATA- und/oder DB-Lizenz verfügen. Touristik-Reisebüros besitzen mindestens zwei Konzernveranstalter-Agenturverträge, aber keine Verkehrsträger-Lizenz. Business Travel Center sowie von diesen betriebene Implants in den Räumen der großen Firmenkunden fallen in eine separate Kategorie und verfügen mindestens über eine IATA- und/oder DB-Lizenz, teilweise aber auch über Veranstalterlizenzen. Sonstige Buchungsstellen besitzen lediglich einen einzigen Agenturvertrag eines Konzernveranstalters und gründen ihre gewerbliche Existenz in der Regel auf branchenfremde Geschäftstätigkeiten. Von den insgesamt 71.000 Mitarbeitern, die in deutschen Reiseunternehmen gemäß Statistischem Bundsamt beschäftigt sind dürften schätzungsweise 45.000 – d. h. die deutliche Mehrheit – auf Reisvermittlungsstellen entfallen.

Die **Gesamtzahl aller Reisevertriebsstellen** in Westdeutschland hat sich kontinuierlich von 3.120 in 1970 über 9.500 in 1980, 13.200 in 1990 auf rund 19.600 in 2000 erhöht. Seit dem Jahrtausendwechsel setzte jedoch im Zuge der zunehmenden Akzeptanz von Direktbuchungen über Internet sowie infolge des Terroranschlages im September 2001 eine fast schon dramatische Konsolidierung der Zahl der Reisevermittlungsstellen ein. Von 1970 bis 1980 hatte sich der touristische Vertrieb mehr als verdreifacht (+ 6.000), während die Zahl der klassischen Reisebüros angesichts der restriktiven Zulassungsbedingungen für DB- und IATA-Lizenzen unterproportional um lediglich 380 stieg. Für diese Mehr-Lizenz-Reisebüros waren dies ,Goldgräber-Zeiten', da sie bei zugleich stark expansiver touristischer Nachfrage ohne nennenswerte Marktanteilskämpfe und abgeschirmt durch Lizenz-Schutzräume erhebliche Umsatzzuwächse verzeichnen konnten (vgl. Abbildung A.2-9). Das änderte sich jedoch Anfang der 80er Jahre. Nach der zweiten Ölkrise 1980/81 konnte sich die Nachfrage nach Veranstalterreisen erst ab 1985 wieder erholen. Die Zahl der touristischen Vertriebsstellen blieb nahezu konstant (+ 480 bzw. + 5,8%). Lediglich der unvermindert wachsende Bahn- und Flugverkehr (Umsatzplus von 1980 bis 1985: 13,5% bzw. 40,2%) führte über zusätzliche DB- und IATA-Lizenzen zu einer Zunahme um 370 klassische Reisebüros.

Der Zeitraum von **1985 bis 1990** stand im Zeichen von **Liberalisierungsbestrebungen** in allen Bereichen. Angesichts der Öffnung des EU-Marktes wurde das starre IATA-Tarifgefüge aufgeweicht, die Zulassungsbedingungen für IATA-Agenturen erheblich vereinfacht und Consolidators im Markt etabliert. Insgesamt stieg die Zahl der IATA-Agenturen in diesem Fünf-Jahres-Zeitraum um 914 von 1.283 auf 2.197, von 1985 bis 2000 sogar um 3.473. Als letzter Leistungsträger lockerte die damalige Deutsche Bundesbahn die Zulassungsbedingungen für die DB-Agenturen, die von 1985 bis 1990 um 522, von 1985 bis 2000 sogar um 3.015 zunahmen. Zusätzlich sorgte die juristische Auseinandersetzung der Reiseveranstalter um die Aufhebung der Vertriebsbindung von 1985 bis 1990 für eine inflationäre Ausweitung um insgesamt 3.050 Reisevermittlungsstellen bzw. + 30%, da alle Beteiligten bemüht waren, ihre Ausgangsposition bis zur Freigabe durch die Kartellbehörden zu verbessern.

Die **Expansion** von 13.200 auf rund 19.600 Reisevermittlungsstellen von 1990 **bis 2000** ist im Wesentlichen auf die Erschließung Ostdeutschlands nach der Wiedervereinigung zurückzuführen. Die Zahl der in diesem Zeitraum allein in den neuen Bundesländern (ohne West-Berlin) entstandenen Reisevermittlungsstellen belief sich anfangs auf rund 3.000 und hat sich bis 2007 auf rund 1.900 konsolidiert. In den alten Bundesländern nahm die Zahl der Vermittlungsstellen nochmals um 3.400 zu. Dabei ist bemerkenswert, dass sich die Zahl der klassischen Reisebüros mit Touristik- und Beförderungslizenzen in diesen 10 Jahren von 2.650 auf 6.200 mehr als verdoppelte – ein Ergebnis der vereinfachten Zulassungsbedingungen der DB und der IATA.

Unter den in den alten Bundesländern in dieser Dekade hinzugekommenen Reisevermittlungsstellen befanden sich viele zum Teil aus organisatorischen Gründen von Reisebüroketten und Franchisesystemen abgespaltene spezialisierte Betriebsstellen oder Implants für Business Travel, die in dieser Dekade von 266 auf 1.158 zunahmen. Hinzu kamen weitere von den stark expandierenden Reisebüroketten eröffnete Filialen zur Flächenerschließung sowie aber auch Vertriebsstellen, die oftmals von Branchenfremden zur Abrundung ihrer Produktpalette oder zur Erschließung neuer Vertriebswege geschaffen wurden. Dies schloss auch außergewöhnliche temporäre Experimente und alternative Vertriebsformen ein, wie die Vermittlung von Pauschalreisen über den Kaffeehandel, Tankstellen, Lebensmittelmärkte sowie Postschalter. Allerdings waren von den 19.600 Reisevermittlungsstellen nur 14.200 als Haupterwerbsreisebüros klassifiziert, während 5.400 lediglich Nebenerwerbsvertriebsstellen (Lotto-/Toto-Annahmestellen, Tankstellen, Zeitschriftenläden, Bankschalter u. ä.) waren, die über lediglich einen einzigen Agenturvertrag eines Reiseveranstalters verfügten. Diese Erkenntnisse wurden allerdings erst möglich mit der DRV-Vertriebsdatenbank, die seit 1999 jährlich die Agenturnetze der drei Konzernveranstalter, der IATA, der DB sowie der GDS-Systeme abgleicht.

Die **seit 2000** zunehmende **Konsolidierung** des Reisebüromarktes betraf nahezu alle Betriebstypen. So nahm die Zahl der klassischen Reisebüros bis 2007 um 1.958 auf 4.250 ab. Dabei sank die Zahl der Business Travel Vertriebstellen nur um 219, wobei sich deren Anzahl eher an den Organisationsstrukturen sowie den Anforderungen der Geschäftsreisekunden orientiert und nur begrenzt nach geografischen Flächendeckungsmerkmalen. Die Zahl der klassischen stationären Reisebüros nahmen hingegen um 1.739 auf nur noch 3.301 ab, da viele ihre IATA-

und Bahn-Lizenzen zurückgaben, seit die Airlines in 2004 keine Provisionen mehr bezahlen und die DB ihre Provisionen drastisch reduzierte, so dass die Reisebüros nunmehr gezwungen sind von ihren Kunden Ticket-, Service- und Beratungsgebühren zu erheben. Nach der Lizenzrückgabe fielen die Büros unter die Kategorie der Touristik-Reisebüros, die vorübergehend 2004/2005 noch leicht zunahmen, aber seit 2000 um insgesamt 815 auf 7.164 zurückgingen. Auch die Zahl der sonstigen Buchungsstellen nahm in diesem Zeitraum von 5.400 auf 2.000 ab, da die Konzernveranstalter ihre Vertriebsnetze erheblich strafften, indem sie die Mindestumsätze anhoben und die Zugangsbedingungen zu den Agenturverträgen verschärften. Damit befindet sich die Zahl aller deutschen Reisvermittlungsstellen mit 13.400 in 2007 wieder auf dem Niveau des Jahres 1990, von denen 10.465 dem stationären Vertrieb, 939 dem Business Travel und 1.992 den sonstigen Buchungsstellen zuzurechnen sind. .

2.3.3 Volumen und Struktur der Reisevermittlungsumsätze

Der **Gesamtumsatz** aller 13.400 Reisevermittlungsstellen in Westdeutschland betrug 2007 rund 21,0 Mrd. Euro. Zum Folgenden vgl. Abb. 2-9, unterer Teil. Er stieg seit 1990 um 7,3 Mrd. Euro bzw. um 53%, d. h. um durchschnittlich 2,5% pro Jahr. Betrachtet man allerdings nur den Zeitraum seit 2000, in dem der Reisebüromarkt neben dem beständigen Abfluss von Marktanteilen an den Online-Direktvertrieb zusätzlich unter der beschriebenen Geschäftssystemumstellung der Airlines und der Bahn, einem stagnierenden Veranstaltermarkt mit permanenten exogenen Störungen durch militärische Konflikte, Terroranschläge, Naturkatastrophen und Epidemien in wichtigen Zielgebieten litt, so zeigt sich eine völlig andere Entwicklung. Seit 2000 nahm der gesamt Reisvermittlungsumsatz in Deutschland von 25,1 Mrd. € um 16,2% bzw. 4,1 Mrd. € auf 21,0 Mrd. € ab. Während die Business Travel Umsätze bis 2007 mit 7,3 Mrd. € fast wieder das Niveau von 2000 mit 7,5 Mrd. € erreichten, ging der Umsatz der stationären Reisebüros aus den genannten Gründen um 22,1% von 17,6 Mrd. € auf 13,7 Mrd. € zurück, etwas stärker als die Zahl dieser Reisebüros selbst (−19,8%). Die größten Rückgänge in diesem Zeitraum verzeichneten die Bahnumsätze mit −28,0% auf 0,85 Mrd. € und die im Angebotssortiment dominierenden touristischen Reisevermittlungsumsätze mit −20,3% auf 11,1 Mrd. €. Die Einbußen bei den Flugumsätzen beliefen sich lediglich auf −7,1% auf 7,9 Mrd. € (vgl. Abb. A.2-9).

Besonders bedeutsam für die Umsatzentwicklung in den stationären Reisebüros war die bereits kurz erwähnte **Umstellung der Geschäftssysteme** der Linienfluggesellschaften und der Deutschen Bahn, die sich erstmals 2005 voll auswirkte. Seit dem 1.9.2004 stellten die meisten deutschen IATA-Fluggesellschaften die Provisionszahlungen für den Verkauf von Flugtickets ein, so dass die Reisebüros ihre Vergütung nunmehr in Form eines **Service-Entgeltes** von ihren Kunden kassieren müssen. Dabei wurde allerdings der bisherige Flugpreis nicht um den Provisionsanteil verringert, sondern auf dem bisherigen Niveau beibehalten, so dass sich für alle Kunden eine deutliche Verteuerung der Flugpreise ergab. Die Airlines sagten zu, ähnlich wie die Reisebüros, ebenfalls auskömmliche Service-Entgelte in ihren Vertriebskanälen von den Kunden zu fordern. Die anfangs vereinnahmten marktkonformen Service-Entgelte wirkten durchaus Ertrag steigernd.

	2007	2006	2005	2000	1995	1990	1985	1980	1975	1970
Zahl der Agenturen										
Klassische Reisebüros 1)	4.240	4.472	4.616	6.198	4.800	2.650	1.550	1.180	920	800
- Stationäre Reisebüros	3.301	3.596	3.636	5.040	3.980	2.384	1.430	1.130	920	800
- Business Travel Center 2)	939	876	980	1.158	820	266	120	50	0	0
Stat. touristische Reisebüros 3)	7.164	7.394	8.023	8.015	7.900	5.050	3.700	3.620	2.230	1.720
Reisebüros insgesamt	11.404	11.866	12.639	14.213	12.700	7.700	5.250	4.800	3.150	2.520
Sonstige Buchungsstellen 4)	1.992	2.596	2.905	5.405	5.300	5.500	4.900	4.700	4.200	600
Reisevermittlungsstellen insgesamt	13.396	14.462	15.544	19.618	18.000	13.200	10.150	9.500	7.350	3.120
- IATA-Agenturen	4.147	4.250	4.465	4.756	4.201	2.197	1.283	990	757	650
- DB-Agenturen	2.562	3.135	3.246	3.980	3.327	1.487	965	837	737	631
Umsätze aller Reisevermittlungsstellen in Mrd. €	21,00	20,83	20,68	25,07	21,67	13,75	9,71	7,41	4,71	3,33
- Touristik	11,10	11,08	11,03	13,90	12,78	7,98	5,73	4,60	3,07	2,10
- Flug	7,90	7,67	7,52	8,51	6,54	3,78	2,45	1,84	1,02	0,82
- DB	0,85	0,89	0,93	1,18	1,07	0,61	0,51	0,46	0,36	0,26
- Sonstiges	1,15	1,19	1,20	1,48	1,28	1,38	1,02	0,51	0,26	0,15
davon										
Stationärer Reisebüros	13,70	13,73	13,85	17,58	16,07	11,35	k.A.	k.A.	k.A.	k.A.
Business Travel	7,30	7,10	6,83	7,49	5,60	2,40	k.A.	k.A.	k.A.	k.A.

1) Reisebüros, die über mehrere Leitveranstalter-Agenturverträge und eine IATA- und/oder DB-Lizenz verfügen
2) Geschäftsreisebüros und Implants, die über mindestens eine Verkehrsträgerlizenz verfügen
3) Reisebüros, die ausschließlich über mehrere Leitveranstalter-Agenturverträge verfügen
4) Reisevermittler, die nur über einen Agenturvertrag mit einem Leitveranstalter verfügen

Abb. A.2-9:   Umsatz nach Zahl und Sparten der Reisebüros 1970–2007
(Quelle: DRV-Vertriebsdatenbank 2002, 2005, 2006 und 2007 (nicht veröffent-licht) sowie eigene Erhebungen und Hochrechnungen der REWE-Marktfor-schung)

Parallel dazu boten aber viele Fluggesellschaften **preisgünstige Tarife im Internet** an, die in Reisebüros nicht erhältlich waren. Nachdem sich die Kunden neu orientiert hatten, brach nach einer kurzen Übergangsphase ab 2005 die Nachfrage nach Flugtickets in den Reisebüros ein. Das Bahngeschäft war ebenfalls aufgrund der neuen Vertriebspolitik abgeschmolzen, da auch dort exklusive Internettarife angeboten wurden. Vor allem die klassischen Vollsortiment-Reisebüros waren von dieser Entwicklung besonders betroffen und mussten Umsatzrückgänge hinnehmen, während die Mehrzahl der reinen Touristik-Reisebüros von diesen Entwicklungen nicht betroffen war.

Das neue Geschäftsmodell der Airlines ohne Provisionszahlung und mit der Erhebung von Service-Entgelten und Honoraren war hingegen im **Business Travel** bei den großen Firmenkunden bereits seit den 90er Jahren gängige Praxis, da diese mit den Airlines Nettotarife ausgehandelt hatten und die Business Travel Agenturen aufwandsabhängig über Management-Entgelte, Service-Gebühren oder Transaction-Fees entlohnten. Bei den vielen kleinen und mittelständischen Geschäftsreisekunden wirkte sich das neue Geschäftsmodell jedoch nachteilig aus, da auch sie nunmehr die Reisebüros selbst (an Stelle der Airlines) honorieren mussten. Nach einer kurzen Neuorientierungsphase wandten sich viele wie auch schon die Privatkunden anderen Vertriebskanälen zu. Einige konnten im Wettbewerb nur durch das Zugeständnis geringerer Service-Entgelte gehalten werden. Das Interesse der großen Firmenkunden am Direktvertrieb mit den Leistungsträgern (Airlines, Hotels, Mietwagenunternehmen usw.) ist allerdings relativ gering aufgrund der hohen Service-Intensität bei kurzfristigen Reservierungen und einer Vielzahl von arbeitsintensiven, nicht umsatzrelevanten Umbuchungen und Back-office-Dienstleistungen (wie u.a. Reporting, Reisekostenabrechnungen, Mehrwertsteuer-Abrechnungen). Der von den Business Travel Agenturen erbrachte Mehrwert bzw. Zusatznutzen erweist sich dabei als deutlicher Wettbewerbsvorteil. Daher konnten die Umsatzrückgänge durch den 11. September 2001 und die SARS-Epidemie in Asien bei Geschäftsreisen bis 2007 fast wieder kompensiert werden.

2.3.4 Regionale Struktur und Vertriebsformen von Reisevermittlungsstellen

Betrachtet man die regionale Verteilung der 10.465 stationären Reisebüros in Deutschland 2007, so wird deutlich, dass sich Reisebüros, Bevölkerung und deren Kaufkraft annähernd proportional zueinander verhalten. Lediglich in Süddeutschland ist der Anteil von Bevölkerung und vor allem Kaufkraft deutlich höher als der Reisebüroanteil und damit die Reisebürodichte vergleichsweise gering. In Ostdeutschland liegt die Kaufkraft hingegen deutlich unter dem Bevölkerungs- und Reisebüroanteil.

Die **Reisebürodichte** beträgt durchschnittlich 12,7 Reisebüros pro 100.000 Einwohner. Allerdings differiert sie regional sehr stark von 10,5 in Schleswig-Holstein bis 16,9 im Bundesland Bremen (vgl. Abb. A.2-10a). Gravierende Unterschiede bestehen ebenfalls zwischen Großstädten mit durchschnittlich 16,4 Reisebüros pro 100.000 Einwohner und den Kleinstädten und ländlichen Regionen mit

11,5 (vgl. Abb. A.2-10b). Während Großstädte wie Düsseldorf (26), Leipzig (22), Dresden (20), Köln (18), Bremen (18), Hannover (18), Nürnberg (19) und Frankfurt/M (19) mit gut 20 Reisebüros deutlich überbesetzt sind, weisen andere wie z.B. Dortmund (13), Hamburg (14), Stuttgart (15), Berlin (16) und München (16) angesichts ihrer Größe und ihres Einzugsgebietes überraschend niedrige Werte auf. Die durchschnittliche Reisebürodichte in Deutschland hat seit 2001 von 15,2 auf 12,7 Reisebüros pro 100.000 Einwohner um 16,5% deutlich abgenommen, weil die Zahl der Reisebüros erheblich zurückging, während die Zahl der Einwohner stagnierte. Die deutlichsten Rückgänge verzeichneten die Bundesländer Hamburg, Bremen, Berlin, Hessen sowie die Großstädte München, Stuttgart, Frankfurt, Leipzig und Dresden. Die geringsten Rückgänge verzeichneten die neuen Bundesländer und Niedersachsen. In einigen Großstädten wie Dortmund, Duisburg und Wuppertal nahm die Reisebürodichte sogar noch leicht zu.

Dreht man die Kennzahl Reisebüros pro 100.000 Einwohner um, so ergibt sich das **Einwohnerpotenzial pro Reisebüro**. Logischerweise ist das Potenzial natürlich dort am größten, wo die Reisebürodichte am geringsten ist, bzw. das Einwohnerpotenzial ist dort am stärksten gewachsen, wo die Reisebürodichte die größten Rückgänge ausweist. Insoweit lassen die vorgenannten Aussagen zur Reisebürodichte entsprechende Umkehrschlüsse auf das Kundenpotenzial zu. Bundesweit beläuft sich dieses auf 7.866 Einwohner je Reisebüro, was einem Zuwachs gegenüber 2001 von 1.300 Personen bzw. 19,8% entspricht; von 1997 bis 2001 war das Einwohnerpotenzial bereits von 5.642 um 925 bzw. 16,4% auf 6.567 Personen gestiegen. Um vom Einwohnerpotenzial zum Kundenpotenzial oder gar dem Umsatzpotenzial pro Reisebüro zu gelangen, sind jedoch einige zusätzliche Informationen und Prämissen erforderlich. Von diesen 7.866 Einwohnern pro Reisebüro sind 79,9% volljährig und leben in Privathaushalten. Von den 6.285 Erwachsenen verreisen nur 74,7% (Reiseintensität). Diese 4.695 Urlaubsreisenden nutzen aber nur zu 54% ein Reisebüro – ergibt ein Kundenpotenzial von 2.535 Personen – und buchen dabei durchschnittlich 1,32 Urlaubsreisen pro Jahr (Reisehäufigkeit) – entsprechend 3.346 Reisen. Der durchschnittliche Umsatz pro Person und Reise in einem Reisebüro liegt bei ca. 600 Euro. Daraus errechnet sich ein maximales Umsatzpotenzial pro Reisebüro in Deutschland von 2,01 Mio. Euro – kaum ausreichend für eine mittelständische Unternehmerselbständigkeit, zumal dies nur ein Mittelwert ist, den zwar einige übertreffen, den aber auch viele verfehlen.

Von den 10.465 stationären Reisebüros in 2007 in Deutschland (2001: 13.800) entfielen 2.787 (2001: 4.006) auf **Sonder-Betriebstypen** oder **Sonder-Standorte**: 284 (362) auf Kaufhaus-Reisebüros, 304 (485) auf SB-Warenhaus-Reisebüros, 360 (479) auf Reisebüros in Einkaufszentren, 179 (268) auf Versandhaus-Vertriebsstellen. Insgesamt befanden 457 (515) in Flughäfen, 68 (262) an Bahnhöfen, 96 (112) in Banken, 182 (161) in Automobilclub-Geschäftsstellen, 490 (1.078) in Lotto-/Toto-Annahmestellen, 305 (238) in Busunternehmen und bei Spezialveranstaltern, 34 (43) in Tourist-Informationen und 26 (2001: keine) bei Online-Portalen mit einer eigenen Internet-Booking-Engine. Mehr als ein Viertel aller stationären Reisebüros (2001: fast ein Drittel) entfallen somit auf Sonderbetriebsformen oder branchenfremde Betriebsstellen. Die Zahl stationärer Reisebüros in normalen **Innenstadtlagen** belief sich 2007 auf 7.678 (2001: 9.022). Der Drang **branchenfremder Unternehmen** in den Reisemarkt ist neben die Profile

Bundesland	Einwohner		2007 Anzahl RSB		2007 Anz. RSB je 100.000 EW	2007 Potenzial EW/RSB	2001 Einwohner	2001 Anzahl RSB	2001 Anz. RSB je 100.000 EW	2001 Potenzial EW/RSB
Bremen	663.979	-1,0%	112	-27,7%	16,87	5.928	670.924	155	23,10	4.329
Sachsen	4.249.774	-5,7%	710	-16,4%	16,71	5.986	4.506.267	849	18,84	5.308
Thüringen	2.311.140	-6,4%	372	-8,8%	16,10	6.213	2.470.099	408	16,52	6.054
Berlin	3.404.037	-0,3%	546	-25,0%	16,04	6.235	3.414.293	728	21,32	4.690
Hamburg	1.754.182	3,1%	240	-32,8%	13,68	7.309	1.701.810	357	20,98	4.767
Nordrhein-Westfalen	18.028.745	0,3%	2.383	-11,9%	13,22	7.566	17.975.015	2.704	15,04	6.648
Sachsen-Anhalt	2.441.787	-9,2%	318	-10,9%	13,02	7.679	2.689.652	357	13,27	7.534
Deutschland gesamt	**82.314.906**	**0,3%**	**10.465**	**-16,2%**	**12,71**	**7.866**	**82.049.050**	**12.495**	**15,23**	**6.567**
Hessen	6.075.359	0,7%	764	-24,4%	12,58	7.952	6.033.427	1.011	16,76	5.968
Brandenburg	2.547.772	-1,3%	316	-13,2%	12,40	8.063	2.581.734	364	14,10	7.093
Saarland	1.043.187	-3,2%	125	-11,3%	11,98	8.345	1.077.508	141	13,09	7.642
Bayern	12.492.658	3,4%	1.483	-16,1%	11,87	8.424	12.076.510	1.767	14,63	6.834
Rheinland-Pfalz	4.052.860	0,8%	467	-14,9%	11,52	8.679	4.020.303	549	13,66	7.323
Niedersachsen	7.982.685	1,6%	913	-10,9%	11,44	8.743	7.855.644	1.025	13,05	7.664
Baden-Württemberg	10.738.753	3,1%	1.226	-18,4%	11,42	8.759	10.411.340	1.503	14,44	6.927
Mecklenburg-Vorpommern	1.693.754	-6,1%	191	-12,4%	11,28	8.868	1.803.253	218	12,09	8.272
Schleswig-Holstein	2.834.254	2,6%	299	-16,7%	10,55	9.479	2.761.271	359	13,00	7.692

Stadt	Einwohner		2007 Anzahl RSB		2007 Anz. RSB je 100.000 EW	2007 Potenzial EW/RSB	2001 Einwohner	2001 Anzahl RSB	2001 Anz. RSB je 100.000 EW	2001 Potenzial EW/RSB
Berlin	3.404.037	-0,3%	546	-25,6%	16,04	6.235	3.414.293	728	21,32	4.690
Hamburg	1.754.182	3,1%	240	-32,8%	13,68	7.309	1.701.810	357	20,98	4.767
München	1.294.608	8,1%	205	-28,7%	15,91	6.285	1.197.411	289	24,14	4.143
Köln	989.766	2,7%	179	-19,7%	18,09	5.529	963.446	223	23,15	4.320
Frankfurt am Main	652.610	1,4%	125	-39,7%	19,31	5.179	643.663	209	32,47	3.080
Stuttgart	593.923	1,8%	86	-38,6%	14,48	6.996	583.618	140	23,99	4.169
Dortmund	587.624	-1,0%	78	0,0%	13,27	7.534	593.300	78	13,15	7.606
Essen	583.198	-3,8%	88	-17,8%	15,09	6.627	605.963	107	17,66	5.663
Düsseldorf	577.505	1,4%	147	-22,2%	25,45	3.929	569.705	189	33,18	3.014
Bremen	547.934	0,5%	99	-26,1%	18,07	5.535	545.179	134	24,58	4.069
Hannover	515.559	-0,6%	94	-13,0%	18,23	5.485	518.414	108	20,83	4.800
Leipzig	506.578	14,6%	109	-30,6%	21,52	4.648	442.142	157	35,51	2.816
Dresden	504.795	10,6%	99	-23,3%	19,61	5.099	456.478	129	28,26	3.539
Nürnberg	500.855	2,5%	97	-19,2%	19,37	5.163	488.452	120	24,57	4.070
Duisburg	499.111	-5,1%	60	-3,2%	12,02	8.319	526.187	62	11,78	8.487
Bochum	383.743	-2,7%	52	-8,8%	13,55	7.380	394.537	57	14,45	6.922
Wuppertal	358.330	-4,3%	48	0,0%	13,40	7.465	374.456	48	12,82	7.801
Bielefeld	325.846	1,0%	38	-29,6%	11,66	8.575	322.527	54	16,74	5.973
Bonn	314.299	3,1%	44	-39,7%	14,00	7.143	304.740	73	23,95	4.175
Mannheim	307.914	-0,6%	46	-33,3%	14,94	6.694	309.689	69	22,28	4.488
TOP 40 Städte	**19.956.163**	**1,00%**	**3.272**	**-23,4%**	**16,40**	**6.099**	**19.788.823**	**4.273**	**21,63**	**4.624**
Sonstige Städte/Kreise	**62.358.743**	**0,11%**	**7.193**	**-12,5%**	**11,53**	**8.669**	**62.290.227**	**8.222**	**13,20**	**7.576**
Deutschland gesamt	**82.314.906**	**0,32%**	**10.465**	**-16,2%**	**12,71**	**7.866**	**82.049.050**	**12.495**	**15,23**	**6.567**

Abb. A.2-10b: Reisebürodichte stationäre Reisebüros nach Großstädten (TOP 20)
(Datenstand: Einwohner 1.1.2007, Reisebüros 1.5.2007)
(Quelle: DRV Vertriebsdatenbank 2007 nicht veröffentlicht)

rung mit einem attraktiven Zusatz-Produkt vor allem bedingt durch folgende Faktoren:

- Ergänzung der ohnehin reichhaltigen Produktpalette um einen zusätzlichen Frequenzbringer,

- Auslastung vorhandener Raum- und Personalkapazitäten, dadurch geringe Grenzkosten im Zuge der Mischkalkulation mit anderen Produkten,

- Möglichkeit zur Verbundwerbung mit anderen Produkten,

- hohe Werbekraft und Werbereichweiten bei hoher Kundenfrequenz an zumeist sehr attraktiven Standorten (die für Reisebüros fast unerschwinglich sind),

- rationelle Sortimentsgestaltung durch Beschränkung auf ein schmales, beratungsarmes Reiseangebot,

- straff organisierte Verwaltungsabläufe auf vorhandenen EDV-Systemen,

- relative Unabhängigkeit von der Erwirtschaftung eines eigenständigen Existenz sichernden Deckungsbeitrages, der für Reisefachgeschäfte wegen fehlender Alternativ-Geschäftsfelder lebensnotwendig ist.

Nicht immer ist der Betrieb eines mittelständischen Reisebüros mit unternehmerischer Motivation belegt. So werden viele Betriebe als Ein-Personen-Unternehmen/Ich-AG mit Teilzeithilfskräften oder als reine Familienbeschäftigung geführt und erfüllen eher das Kriterium einer selbständigen Tätigkeit denn eines Gewerbebetriebes. Oftmals dienen diese **kleinen Reisebüros** auch nur als familiäres Zweit- oder Dritteinkommen oder sind Bestandteil eines Kleinfirmen-Konglomerates im Familienbesitz, in dem ein Familienmitglied ohne nennenswerte unternehmerische Dividenden-Ratio einer seinen Interessen gerecht werdenden Beschäftigung nachgeht. In anderen Fällen wird von der Reisevermittlungstätigkeit lediglich ein Deckungsbeitrag (vielleicht gar nur ein „fringe benefit") für eine verwandte Hauptgeschäftstätigkeit erwartet (wie z.B. bei Busunternehmen, Speditionen, Hotelbetrieben o.ä.). Das Spektrum derartiger Motivationen ist groß. Wie viele von den 10.465 stationären Reisebüros und 1.992 sonstigen Buchungsstellen darunter fallen, ist leider nicht zu ermitteln. Neben diesen Reisevermittlungsstellen, die immerhin über mindestens einen Agenturvertrag eines Konzernveranstalters verfügen, haben sich in den letzten Jahren verstärkt **mobile Verkäufer** im Markt etabliert, die mit Laptop oder PC mittels eines Web-Client über einen Zugang zu den gängigen Reservierungs-Systemen verfügen und als Unteragenturen bestehender Reisebüros oder Reisebürozentralen tätig werden. Aber eines haben sie alle gemeinsam: Da sie auf eine Gewinnerzielung nicht existenznotwendig angewiesen sind und das Einkommen des Inhabers/Betreibers zumeist als Bestandteil des Überschusses angesehen wird, sind sie kaum konkursfähig und werden auch bei geringeren Margen- und Provisionsspielräumen nicht zwangsläufig vom Markt verschwinden.

Der Reisebürovertrieb ist nach der Anzahl der Reisebüros deutlich übersetzt. Die Provisionen der Veranstalter wurden offen und versteckt in den letzten Jahren gekürzt. Permanent steigende Personalkosten und längere Ladenöffnungszeiten bereiten dem stationären Vertrieb zunehmend Probleme. Die Kostenschraube sowie Umsatzverluste an das Internet werden daher auch in den nächsten Jahren zu einer weiteren Bereinigung beitragen. Experten sehen etwa 6.000 bis 7.000 stationäre Reisebüros als verträglich für den deutschen Markt an.

2.4 Horizontale und vertikale Konzentrationstendenzen im Spannungsfeld schrumpfender Ertragsmargen und Wertschöpfungsprozesse

2.4.1 Gründe für horizontale und vertikale Konzentrationsentwicklung

Untersucht man die Hintergründe für die aufgezeigten Konzentrationstendenzen, so wird deutlich, dass sie eigentlich weitgehend branchenunabhängig sind und der Reisemarkt nunmehr von einigen Entwicklungen eingeholt wird, die in anderen Branchen, wenn auch zum Teil mit unterschiedlichen Ausprägungen, bereits seit langem eingetreten sind:

1) Marktkonzentration entsteht bei Wegfall von Schutz-, Regulierungs- und Subventionierungsmechanismen in einzelnen Teilmärkten und damit als Folge von rechtlich oder politisch initiierter Liberalisierung.

2) Marktkonzentration entsteht als Reaktion von hoch entwickelten Märkten oder Teilmärkten in der Sättigungsphase des Produktlebenszyklus, wenn

   a) die Kreativität zur Schaffung neuer und diversifizierter Angebote ausgereizt ist,

   b) Newcomer bei niedrigen Markteintrittsbarrieren überwiegend als Me-Too-Anbieter in den Markt einsteigen, um unbelastet von Marktentwicklungskosten Renditen abzuschöpfen,

   c) bei starkem Wettbewerb die Margen schrumpfen und marktübliche Renditen und Dividenden nur noch über „economies of scale" oder „economies of scope" zu realisieren sind.

3) Konzentration ist die Reaktion von Märkten, die aufgrund ihres Geschäftssystems (z.B. Provisionen mit prozentualen Abhängigkeiten vom Verkaufsergebnis, Handelsvertreter-Systeme) keinen nennenswerten Einfluss auf die Gestaltung ihrer Marge haben und damit zu permanentem organisch aus eigener Kraft nicht mehr erzielbarem Wachstum gezwungen sind, um ihren Ressourceneinsatz zu finanzieren (Produktivitätsdruck durch hohe Anlageinvestitionen und/oder Fixkosten).

4) Konzentration ist ein Kettenreaktionseffekt auf Konzentrationen in vor- oder nachgelagerten Wertschöpfungsstufen zur Sicherung von Einkaufsmacht bzw. vertrieblicher Unabhängigkeit (horizontale oder vertikale Konzentration).

Überträgt man diese Grundkriterien und Erklärungsansätze auf die Ereignisse am Reisemarkt, so führen auch hier die wirtschaftlichen Kausalzusammenhänge des strategischen Handelns der einzelnen Marktteilnehmer zu einer nahezu zwangsläufigen **Normalität des Konzentrationsprozesses**. Die Rahmenbedingungen des Reisemarktes sind dadurch gekennzeichnet, dass rund ein Viertel aller Deutschen keine Urlaubsreise tätigt. Von denen, die reisen, tun dies 42% individuell, d.h. ohne Reisebüro oder Reiseveranstalter durch Selbstarrangieren. Somit sind lediglich rund 43% aller Deutschen Kunde eines oder mehrerer Reiseunternehmen. Dieser Anteil ist zwar in den letzten Jahren tendenziell gestiegen, jedoch immer noch eine deutliche Minderheit, da es offensichtlich viele Reiseformen gibt, die zumindest in Kontinentaleuropa – anders als in Insellagen wie Großbritannien und Skandinavien – ohne Branchenbeteiligung für den Endverbraucher einfacher und wirtschaftlich günstiger zu organisieren sind.

Damit ergibt sich als **erste Erkenntnis**, dass es für die Branchenunternehmen kaum möglich ist, die Gesamtwertschöpfungs-Marge der Reiseorganisation zu steigern, da einerseits die Nachfrager Reisen im Gegensatz zu den meisten Konsumgütern durchaus selbst produzieren können und zum Anderen die Leistungsträger für eine mehrstufige Reiseorganisation gegenüber der Möglichkeit zum Direktvertrieb über die eigene Logistik vor allem im Internet nur ein begrenztes Vertriebsbudget zur Verfügung stellen. Die **zweite Erkenntnis** ist, dass die von den originären Leistungsträgern zur Verfügung gestellte Marge bei konsequentem wirtschaftlichen Handeln damit maximal so groß sein kann wie der Saldo aus Nutzen und Kosten des Direktvertriebs. Eine Steigerung der Gesamtmarge für Reisebüros und Reiseveranstalter über derzeit 20% bis 25% des Endverkaufspreises für die Reiseleistung hinaus ist daher unrealistisch. Vielmehr ist diese Marge durch kostengünstigere Direktvertriebsmöglichkeiten (z.B. Online-Dienste) weiter unter Druck geraten. Markenstarke Leistungsträger mit einer eigenen Vertriebslogistik (Reservierungssysteme, Standorte, Call Center, alternative Kanäle) und unkomplizierten, selbsterklärlichen und leicht darstellbaren Produkten wie Airlines, Eisenbahnen, aber auch Hotels und Mietwagenfirmen, haben dies bereits durch Abschaffung oder Senkung der Provisionsvergütungen realisiert. Leistungsträger mit weitgehend unbekannten Marken, erklärungsbedürftigen Produkten und schwachem Eigenvertrieb wie z.B. einzelne Urlaubshotels oder lokale Mietwagenunternehmen und Ausflugsanbieter in ausländischen Zielmärkten sind hingegen auch zukünftig auf Vertriebspartner wie Veranstalter, Consolidator und/oder Reisvermittler in den Quellmärkten angewiesen.

Sinkende Margen führen zum Druck auf alle Marktpartner, den nur die wirtschaftlich Stärksten ohne Schaden überstehen. Damit besteht die Notwendigkeit, die unter Druck geratene Marge zwischen Reiseveranstaltern, Zielgebietsagenturen und Reisevermittlern neu zu verteilen. Ein Ventil, um den Umverteilungsdruck durch sinkende Margen zu mindern, ist in Wachstumsmärkten die vertikale Integration, d.h. die Konzentration aller im Produktionsprozess benötigten Wertschöpfungsstufen und Ressourcen in einer gemeinsam gesteuerten wirtschaftlichen Unternehmenseinheit. Diese Konzentration ist jedoch nur für kapitalstarke Unternehmen möglich. Sie wird in der Regel eingeleitet durch den in der Wertschöpfungskette stärksten Partner.

Fehlende Kapitalkraft für eine vertikale Integration erfordert eine eigenständige Profilierung innerhalb der Wertschöpfungskette gegenüber den vor- und nachgelagerten Stufen, um möglichst die eigene Marge zu erhalten oder ggf. zu Lasten der anderen zu steigern. Eine derartige **Profilierung** kann nur erzeugt werden, wenn ein Unternehmen solvent und gesund ist und somit über wirtschaftliche Handlungsspielräume verfügt. Maßnahmen, um derartige Spielräume zu erzeugen, können marktbezogene Parameter wie Stammkundenbindung, Markenbindung, Innovationsfreudigkeit und Exklusivitäten bzw. USP sein oder unternehmensinterne Parameter wie „economies of scope" auf der Ertragsseite (Einkaufsmacht, Sortimentssteuerung, eigenständige Preispolitik über Handelsmarke) oder "economies of scale" auf der Kostenseite (organisatorische Maßnahmen zur Produktivitätssteigerung, Flexibilisierung des Ressourceneinsatzes, Investition in Systemtechniken, Flexibilisierung von Fixkosten, Vereinfachung von Abwicklungsprozessen, Standortoptimierungen u.ä.). Die unternehmensinternen Parameter verdeutlichen bei sinkenden Ertragsmargen sehr schnell, dass sie um so leichter umsetzbar sind, je größer und kapitalkräftiger ein Unternehmen ist. Die marktbezogenen Parameter sind auch für kleinere Unternehmen und Nischenanbieter einsetzbar.

Reisebüroketten haben unter diesem Aspekt Vorteile gegenüber Franchisesystemen bzw. Kooperationen und diese wiederum gegenüber Einzelbüros. Kooperationen sind somit möglicherweise nur eine Durchgangsstation vom Einzelbüro zur Kette mit einem sukzessiven Erziehungsprozess zum Kettenverhalten, der durch ein Franchising noch intensiviert werden kann. Mittelständische Einzelbüros können aber durch eine enge lokale, persönliche Vernetzung des Inhabers und der Mitarbeiter die wirtschaftlichen Nachteile gegenüber Ketten mit zumeist starker lokaler Mitarbeiterfluktuation weitgehend kompensieren. Auch omnipräsente Großveranstalter mit einem Vollsortiment können unter unternehmensinternen wirtschaftlichen Aspekten gegenüber Me-Too-Veranstaltern und Regionalanbietern Vorteile erzielen.

In dem Moment, wo ein Unternehmen nicht mehr in der Lage ist, die vorgenannten Aktionsparameter zu seinen Gunsten für die eigene Profitabilität zu nutzen und seine Position im schrumpfenden Wertschöpfungsprozess zu halten, ist die Überlegung zur Veräußerung an ein größeres Unternehmen oder die Bündelung mit anderen zu größeren Einheiten wirtschaftlich eine Zwangsfolge. Dabei ist festzustellen, dass alle Marktteilnehmer bewusst oder unbewusst als eigenständige Mikroökonomien nach ganz normalen und logischen marktwirtschaftlichen Prinzipien agieren und nicht etwa, um dadurch anderen zu schaden oder gesetzliche Wettbewerbsregeln zu umgehen. Wirtschaftspolitisch und volkswirtschaftlich unerwünschte Entwicklungen können nur makroökonomisch mit den Mitteln der Ordnungspolitik, die in liberalen Wirtschaftssystemen unerwünscht sind, oder des Wettbewerbsrechtes reguliert werden.

Der Konzentrationsprozess ist eine sich gegenseitig aufschaukelnde Entwicklung, wie sie auch in den letzten 30 Jahren im Handelsbereich und vielen anderen Branchen entstanden ist. Leistungsträger wie Fluggesellschaften, Hotels und andere tendieren in unserer Wachstumsgesellschaft zu permanenten Investitionen. Diese Investitionen erzeugen zunächst Überkapazitäten, die über sinkende Preise in den Markt gedrückt werden. Bei sinkenden Preisen und prozentualen Margenabhängigkeiten in den verschiedenen Wertschöpfungsstufen (z.B. Provisionen, prozentuale Kalkulationsaufschläge) bedeutet dies für Veranstalter wie Reisebüros sinkende absolute Erträge pro Verkaufsvorgang. Diese Entwicklung kann nur durch Produktivitätssteigerungen kompensiert werden. Für die Reiseveranstalter waren die Möglichkeiten zur Produktivitätssteigerung durch den effizienten Einsatz von EDV-Techniken und hoch entwickelten Reservierungssystemen, straffer interner Prozessorganisation sowie durch die Einkaufsbündelung in einzelnen Zielgebieten bereits in der Vergangenheit recht hoch. So konnten sie den Margenverfall weitgehend abfedern und die günstigeren Einkaufspreise an den Markt weitergeben – zum Leidwesen der über feste Provisionssätze entlohnten Reisebüros, deren Durchschnittserträge pro Verkaufsvorgang zunächst stagnierten und seit etwa 2005 nunmehr abnehmen.

Möglichkeiten zur **Produktivitätssteigerung** in den Reisebüros ergaben sich erst durch den konzentrierten Einsatz und den Ausbau der Funktionalitäten der Reservierungssysteme und sind insgesamt sehr begrenzt. Die starke Kostenremanenz durch einen Fixkostenanteil von rund 75% allein für Personal und Standortmiete erfordert bei Betriebszeiten von bis zu 10 Stunden an sechs Tagen pro Woche eine Mindestbetriebsgröße von 3,5 Mitarbeitern, entsprechend einem Umsatzvolumen von rund 2 Mio. € pro Standort. Diese verlangt bei anhaltend sinkenden Provisionsvergütungen und zunehmendem Wettbewerb durch Direktvertriebskanäle eine beständig steigende Produktivität der Mitarbeiter – eine Schraube, die nicht endlos gedreht werden kann. Weitere Möglichkeiten zur Produktivitätssteigerung bei den Reisevermittlern durch die Schaffung von Einkaufsmacht sind inzwischen ausgeschöpft. Diese wurde durch die Bildung von Kooperationen, Franchisegruppierungen und das Wachstum der Reisebüroketten sukzessive aufgebaut. Um dieser sich bildenden Handelsmacht auszuweichen, haben Reiseveranstalter und Leistungsträger verstärkt selbst Reisebüroketten sowie steuerbare Franchiseunternehmen und Reisebüro-Kooperationen aufgebaut und gehen sukzessive den Weg der vertikalen Konzentration und/oder Vertriebsbindung über Konditionen. Diese Vorgehensweise erzeugte wiederum bei neutralen Ketten und Kooperationen als Gegenreaktion Maßnahmen zur Sortimentssteuerung und Auslistung, um sich der Konkurrenz des Eigenvertriebs der Veranstalter zu erwehren. Ergebnis war, dass beide Seiten in einem völlig überhitzten Markt für Reisebüros in den 90er Jahren zu weit überzogenen Preisen große Vertriebsnetze zusammengekauft haben und nunmehr Bindungs- und Kooperationsmodelle ausbauen, so dass am Ende sowohl auf der Reiseveranstalter- als auch auf der Reisevermittlerseite nur wenige dominante Großunternehmen übrig geblieben sind.

2.4.2   Zukunftsperspektiven der Konzentrationsentwicklungen

Aufgrund der sinkenden Margen versuchen Veranstalter und Leistungsträger (Hotels und Fluggesellschaften) in Deutschland verstärkt die gesamte Wertschöpfungskette unter ihre Kontrolle zu bekommen. Im Frühjahr 1998 genehmigte das Bundeskartellamt unter Auflagen die Bildung des gelben Lagers unter Führung von Lufthansa und Karstadt/Schickedanz-Gruppe und des roten Lagers unter Führung von West LB/Preussag sowie schließlich 2000 und 2001 auch des dritten deutschen Reisekonzerns unter dem Dach der REWE.

Das rote und das gelbe Lager konzentrierten ihre Beteiligungen und Geschäftsbereiche von Anfang an sowohl horizontal (von Unternehmen in der gleichen

Wertschöpfungsstufe national und international) als auch vertikal (durch Integration von bis zu vier nacheinander gelagerten überwiegend nationalen Wertschöpfungsebenen).

Damit wuchsen die beiden bisherigen deutschen Marktführer TUI und NUR Touristic (schon bis 1998 die Nr. 1 und Nr. 3 in Europa) international in nahezu uneinholbare Größenordnungen. Dabei hatten sie mit den Britischen Veranstaltern Thomson, Thomas Cook und Airtours/My Travel prominente Vorbilder, die letztendlich in zwei Schritten 1999 und 2007 von ihnen übernommen wurden. Während REWE den Weg der vertikalen Integration ablehnte, hat sich auch der Thomas Cook Konzern inzwischen davon gelöst und strebt wie REWE ein weitgehend asset-freies Wachstum (ohne eigene Hotels und Airlines) bei eigenständiger Gewinnerzielung jeder Wertschöpfungsebene ggf. auch im konzerninternen Wettbewerb an. Aus den negativen Erfahrungen von kaum noch wachsenden, partiell sogar rückläufigen Märkten und Marktsegmenten gesteht auch TUI inzwischen ein, dass sich das Modell der vertikalen Integration nur in ausgewählten Quellmärkten und unter bestimmten Rahmenbedingungen realisieren lässt.

Diese globalen touristischen Lagerbildungen können für die jeweiligen nationalen Konkurrenten und Märkte erhebliche Wettbewerbs-Risiken nach sich ziehen, die nachfolgend dargestellt werden.

Die **horizontale Konzentration** beinhaltet folgende **Nachteile:**

1) Erhebliche Einschränkung der nationalen Veranstaltervielfalt für die Kunden, die nicht immer wissen, dass hinter mehreren verschiedenen Veranstalter- oder Reisebüromarken, der gleiche Eigentümer, die gleiche Einkaufsorganisation, eine gezielt gesteuerte Sortimentsgestaltung etc. stehen.

2) Die Entstehung eines Oligopols in Teilmärkten mit der Gefahr entsprechender Wettbewerbsabsprachen:

   a) Die sechs größten deutschen Reiseveranstaltergruppen beherrschen rund 85% des Marktes für Flugpauschalreisen, die drei deutschen Konzerne davon allein 70%; insgesamt beträgt der Abstand zu den nächstgrößten Veranstaltern bereits 1,5 Mrd. € Umsatz,

   b) Vergleichbare Konzentrationen ergeben sich auch auf der Ebene der Reisebüro-Ketten, Franchisesysteme und Kooperationen sowie bei Incoming-Agenturen und Hotelketten in bestimmten Zielgebieten (vor allem Balearen und Kanaren).

3) Die konzernunabhängigen Veranstalter können in eine stärkere Abhängigkeit von Leistungsträgern sowie der Konzernwettbewerber geraten:

   a) Die konzernunabhängigen Veranstalter gerieten vorübergehend in eine starke Abhängigkeit von den drei Konzern-Airlines Hapag Lloyd/HLX (ab 2003)/TUIFly (ab 2007), Condor und LTU. Da REWE die LTU nicht integrierte und per Sanierungsauftrag als neutrale Airline führte und gleichzeitig mit Air Berlin seit 1998 eine starke weitere neutrale Airline entstand, gab es für die Wettbewerber des TUI- und Thomas Cook-Konzerns einschließlich REWE ausreichende Flugalternativen, die sowohl Condor als auch TUIFly isolierten und infolge hoher Überkapazitäten zu einem starken Flugeinzelplatzverkauf und Einstieg in den touristikfernen Low Cost Verkehr zwangen. In 2007 zeichnet sich eine Konsolidierung des Airline-Marktes durch Zusammenführung von Deutsche BA, Germania, LTU und Condor (sowie NikiFly/Österreich und Belair/Schweiz) unter Führung der Air Berlin ab. Eine derartige Entwicklung ist in einem Inselmarkt wie Großbritannien unmöglich. Dort besitzt jeder Veranstalter eine eigene Charter-Airline, die er auch komplett auslastet, so dass weder ein Einzelplatzverkauf stattfindet noch Kapazitäten für andere, neutrale Veranstalter zur Verfügung gestellt werden. Diese Konstellation ermöglicht dort wie übrigens auch in Skandinavien ein völlig anderes vertikal integriertes Geschäftssystem. Dadurch sind die Markteintrittsbarrieren für andere Flugreisenveranstalter nahezu unüberwindbar hoch und verhindern Wettbewerb.

b) Temporär oder zielabhängig können die beiden großen Lager aufgrund ihres Hotelbesitzes oder langfristiger exklusiver Hotelmanagementverträge den Marktzugang für lagerunabhängige Veranstalter erschweren oder diese über die gewährten Einkaufspreise in den von ihnen kontrollierten Häusern beeinflussen, da die Hotelstandorte in guten Lagen und mit guten Qualitätsstandards in stark gefragten Zielmärkten begrenzt sind.

Die **vertikale Konzentration** beinhaltet zusätzlich folgende **Nachteile**:

1) Unternehmen, die über die gesamte Wertschöpfungskette vom Leistungsträger (Airline, Hotel) über Zielgebietsagenturen/Reiseleitung, Veranstalter und Reisebüroketten mit einer durchgängigen integrierten EDV-Systemarchitektur verfügen, können bei zentraler strategischer Steuerung jede Wertschöpfungsstufe als eigenes Profit-Center unter Nutzung interner Synergien arbeiten lassen. Sie können aber auch aus strategischen Wettbewerbsgründen vorübergehend oder dauerhaft auf die eigenständige Gewinnerzielung einer (oder mehrerer) der vier Wertschöpfungsstufen verzichten, um über interne Verrechnungspreise unliebsame Konkurrenten, die in nur einer Wertschöpfungsstufe tätig sind, zu verdrängen. Angesichts der geringen Margen und Renditen im Tourismusgeschäft kann dies ein Wettbewerber nicht lange durchstehen. Auch wettbewerbshemmende Tolerierungsstrategien für einzelne Konkurrenten mit Kompensationen in anderen Wertschöpfungsstufen sind denkbar (z.B. ein Konkurrenzveranstalter wird im Sortiment der Reisebüro-Organisation eines Lagers geduldet, wenn dieser sich verpflichtet, einen bestimmten Teil seiner Flugkapazität von einer Konkurrenz-Airline zur lagereigenen Airline umzuschichten); derartige Praktiken sind für Wettbewerbshüter vor allem im internationalen Geschäft globalisierter Großunternehmen kaum nachweisbar.

2) Vertikale Integration bietet die Chance, auf mehreren oder allen Wertschöpfungsebenen Erträge und Gewinne zu erwirtschaften, wenn der Touristikmarkt in wesentlichen wächst. Bei Stagnation oder Rückgängen, wie seit 2001 besteht allerdings das Risiko gleichzeitig auf allen Wertschöpfungsebenen zu verlieren, da es kaum möglich ist die Kapazitätslücken der eigenen Flugzeuge, Hotels, Zielgebietsagenturen etc. mit Kunden von Wettbewerbern zu füllen.

3) Konzernunabhängige Veranstalter können sich dem Wettbewerbsdruck durch die vertikale Konzentration im Wesentlichen durch folgende strategische Optionen weitgehend entziehen:

a) Gründung oder Anschluss an ein drittes oder viertes vertikal organisiertes Lager (mehr dürfte der Markt kaum hergeben), wobei dies wohl nur unter weitgehender Aufgabe der eigenen Selbständigkeit erfolgen kann;

b) Konzentration auf touristische Geschäftsfelder, in denen der Besitz bzw. die Kontrolle eigener Charterflugkapazitäten und Hotels keine große Rolle spielt, wie z.B. Städtereisen, Eventreisen, Studienreisen, viele Fernreiseziele, Reise-Bausteinsysteme, Generalagenturvertrieb für ausländische Leistungsträger, Diversifikation in neue Marktnischen etc.;

c) Konzentration auf kleine spezialisierte Marktnischen und Destinationen, allerdings zumeist ohne große Wachstumsperspektive; denn sobald ein überproportionales Wachstum sichtbar wird, steigen in der Regel auch die Konzerne in den Markt mit ein und können aufgrund ihrer Sortimentsdominanz, ihrer Konditionenpolitik und ihren eigenen Vertriebskanälen in den Reisebüros die Spezialisten verdrängen.

Alle drei Optionen haben aber das Risiko gemein, bei einem eventuellen Investitionswettlauf mit den Konzernlagern aufgrund fehlender Kapitalkraft nicht mithalten zu können. Hinzu kommt, dass sich diese konzernunabhängigen Veranstalter und Reisebüros u. U. zusätzlich dem zunehmenden Wettbewerb der über den Online- und Direktvertrieb in den deutschen Markt eindringenden Leistungsträger erwehren müssen, und dies bei einer seit ca. 1996 in weiten Bereichen stagnierenden Nachfrage.

Die dargestellte Entwicklung im Reisemarkt gibt Anlass, einmal darüber nachzudenken, ob nicht alle, Produzenten, Großhändler, Einzelhändler, Politiker und letztendlich die Endverbraucher, durch ein mikroökonomisch logisches Marktverhalten dazu beitragen, dass Konzentrationsprozesse in hoch entwickelten Marktwirtschaften mit Sättigungstendenzen eigentlich ein ganz natürlicher Prozess sind, und zwar ganz gleich in welcher Branche. Dennoch werden auch in Zukunft innovative kleine und mittelgroße Nischenanbieter ihre Existenzberechtigung bei ausreichenden wirtschaftlichen Spielräumen behalten. Aber auch hier ist zu bedenken, dass die Zahl der Nischen begrenzt ist und die Kreativität zur Innovation in weitgehend gesättigten und substituierbaren Märkten abnimmt. Wo sich dennoch Wachstumsnischen auftun, finden sich in kurzer Zeit viele Nachahmer. Individuelles Wachstum ist in stagnierenden Märkten nur zu Lasten der Wettbewerber oder durch Marktbereinigungen möglich. Diese Entwicklung ist auch angesichts der demografischen Entwicklungen in fast allen europäischen Quellmärkten mit einer zunehmenden Überalterung und nachfolgende Schrumpfung der Bevölkerung und Kundenpotenziale ab 2010 sicherlich noch nicht abgeschlossen.

3 Der Online-Markt

Dipl.-Tourismusbetriebswirtin Claudia Brözel, Vorstand Verband Internet Reise-vertrieb (VIR), München

3.1 Entwicklung des Online-Reisemarktes in Deutschland (2000-2007)

Die Entwicklung des Online-Reisemarktes basiert auf der ständig verbesserten technischen Voraussetzung, das Internet zu immer günstigeren Konditionen für breite Bevölkerungsschichten zu nutzen. Bereits Mitte der 90er Jahre begann das Internet immer schneller zu wachsen – und war spätestens zu diesem Zeitpunkt auch schon immer größeren Teilen der Bevölkerung ein Begriff. In Deutschland boten die Deutsche Telekom und diverse Wettbewerber (zum Beispiel AOL und CompuServe) bundesweit Internet-Zugänge zu immer günstigeren Konditionen an und bewarben diese Angebote massiv.

Die Geschwindigkeit der Modems stieg weiter an, und in Europa wurde mit dem ISDN-Anschluss ein digitaler Telefonanschluss angeboten, der direkt für die schnelle Datenübertragung konzipiert war. Das Internet gewann infolgedessen immer mehr an Popularität. Dadurch wurde es auch wirtschaftlich interessanter, und viele größere Firmen begannen, ihre Produkte auf Homepages darzustellen und zu bewerben. Einige gingen noch weiter und gründeten Firmen, die nur im Internet agierten und dort Waren und Dienstleistungen anboten. Mit wenig Startkapital konnten sie Ideen umsetzen, die von den Kunden gut angenommen wurden. So entwickelte sich innerhalb weniger Jahre ein Markt in der digitalen Welt, der besonders für die Reisebranche immer interessanter wird. Das Internet bietet wie bisher kein anderes Medium Möglichkeiten der Darstellung und Beschreibung von Reiseleistungen sowie der Direktbuchung durch den Kunden. Der Anbieter vermag tagesaktuell zu reagieren, der Nachfrager kann rund um die Uhr Informationen suchen und Buchungen vornehmen.

Wer eine Reiseleistung im Internet erwerben will, muss über einen Zugang verfügen. Die Anzahl der Internetzugänge in Deutschland ist seit dem Jahr 2000 um 81% gestiegen, so die Reiseanalyse (RA)[1] der Forschungsgemeinschaft Urlaub und Reisen (FUR[2]). Abb. A.3-1 verdeutlicht dies.

---

[1] Anmerkung: Die Reiseanalyse (RA) befragt bevölkerungsrepräsentativ jährlich ca. 8000 Personen der deutschen Wohnbevölkerung über 14 Jahre zu Ihrem Urlaubs- und Reiseverhalten des Vorjahrs. Weitere Informationen unter www.fur.de.

[2] Die Daten in diesem Kapitel aus der Reiseanalyse werden mit freundlicher Genehmigung der Forschungsgemeinschaft Urlaub und Reisen zur Verfügung gestellt.

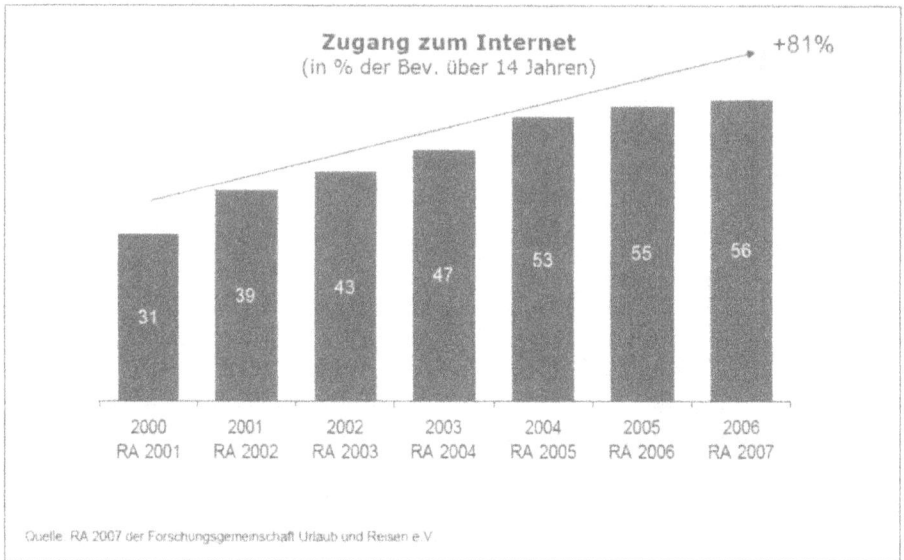

Zugang zum Internet
(in % der Bev. über 14 Jahren)   +81%

| 2000 | 2001 | 2002 | 2003 | 2004 | 2005 | 2006 |
| RA 2001 | RA 2002 | RA 2003 | RA 2004 | RA 2005 | RA 2006 | RA 2007 |

31 39 43 47 53 55 56

Quelle: RA 2007 der Forschungsgemeinschaft Urlaub und Reisen e.V.

Abb. A.3-1:   Entwicklung des Internetzugang
(Quelle: Reiseanalyse 2001–2007; eigene Darstellung)

Im Januar 2007 hatten 56% der Bevölkerung über 14 Jahre Zugang zum Internet – diese Gruppe stellt 62% aller Urlaubsreisenden und unternahm im Jahr 2006 auch 62% aller Urlaubsreisen.

Entsprechend der gestiegenen Zugangsmöglichkeiten nahmen die Fertigkeiten der Bevölkerung zu, das neue Medium zu nutzen. Die Angebotsseite entwickelte sich ebenso weiter und bot dem Kunden immer einfachere Möglichkeiten an, im Netz Informationen zu finden und Buchungen vorzunehmen.

Internetnutzung steigt rasant

Wie stark die Bedeutung des Internets als Informationsquelle und Buchungsweg in den letzten Jahren zugenommen hat, zeigt die folgende Abb. A.3-2. Die Zuwächse betragen demnach 160 bzw. 375 Prozent zwischen 2000 und 2007.

Wer über einen Zugang zum Netz verfügt, verwendet diesen immer stärker zur Reisevorbereitung. So stellt Abb. A.3-3 die Entwicklung der Zugänge und Nutzung seit 2001 im Jahresvergleich dar. Deutlich ist der Unterschied zwischen der Bevölkerung und den „Onlinern" zu sehen. Personen, die einen Zugang zum Internet haben, nutzen laut RA 07 bereits zu 70% das Internet für Informationsbeschaffung im Zusammenhang mit der Reisevorbereitung und 34% der Personen mit Internetzugang – also kanpp 13 Mio Personen – haben laut RA 07 eine Reiseleistung im Internet gebucht.

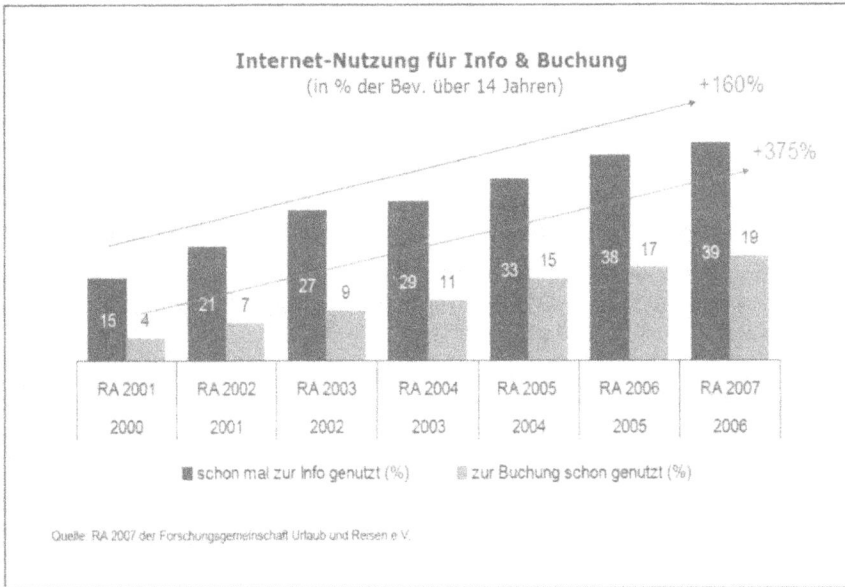

Internet-Nutzung für Info & Buchung
(in % der Bev. über 14 Jahren)   +160%

+375%

| | 15 | 4 | 21 | 7 | 27 | 9 | 29 | 11 | 33 | 15 | 38 | 17 | 39 | 19 |

| RA 2001 | RA 2002 | RA 2003 | RA 2004 | RA 2005 | RA 2006 | RA 2007 |
| 2000 | 2001 | 2002 | 2003 | 2004 | 2005 | 2006 |

■ schon mal zur Info genutzt (%)   ▨ zur Buchung schon genutzt (%)

Quelle: RA 2007 der Forschungsgemeinschaft Urlaub und Reisen e.V.

Abb. A.3-2: Entwicklung der Informations- und Buchungsnutzung
Quelle: Reiseanalyse 2001–2007; eigene Darstellung)

Januar	RA 01 2001	RA 03 2003	RA 05 2005	RA 06 2006	RA 07 2007	bezogen auf Personen mit Internet- Zugang
Bevölkerung (Mio.)	63,8	64,25	64,72	64,89	65,06	
Zugang zum Internet (%)*	31	42,6	52.9	54,7	56,2	
Zugang zum Internet (Mio.)*	19,8	27,3	34,2	35,5	36,6	36,6
hiervon haben:	%	%	%	%	%	%
schon zur Info genutzt	15,2	27,2	33,1	37,5	39,4	70
wollen zur Info nutzen	11,6	10,8	9,9	9,2	9,4	17
aktuelle + potenzielle Infonutzer	26,8	38,0	43,0	46,7	48,8	87
schon zur Buchung genutzt	4,1	9,2	14,8	17,0	19,0	34
wollen zur Buchung nutzen	14,9	18,7	15,0	16,2	16,3	29
aktuelle + potenzielle Bucher	19,0	27,9	29,8	33,2	35,3	63
hiervon haben:	Mio.	Mio.	Mio.	Mio.	Mio.	
schon zur Info genutzt	9,69	17,47	21,4	24,3	25,6	
wollen zur Info nutzen	7,41	6,94	6,4	6,0	6,1	
aktuelle + potenzielle Infonutzer	17,1	24,41	27,8	30,3	31,7	
schon zur Buchung genutzt	2,64	5,93	9,6	11,0	12,4	
wollen zur Buchung nutzen	9,49	12,03	9,7	10,5	10,6	
aktuelle + potenzielle Bucher	12,13	17,96	19,3	21,5	23,0	

Anm.: * entweder Zugang privat, am Arbeitsplatz oder woanders (Netto-Wert)

Abb. A.3-3: Nutzung des Internets für Informationsbeschaffung und Buchung
(Quelle: Reiseanalyse 2001–2007; Auszug Berichtsband 2007: 84)

Information und Online-Buchung im Fokus

In Ergänzung zur Reiseanalyse wurde im November 2007 erstmalig das Modul RAonline aufgelegt.

Es handelt sich um eine Online-Untersuchung, in der Personen im Alter von 14–64 Jahren zu ausgewählten Aspekten ihres Reiseverhaltens befragt werden.

Die Ergebnisse sind durch die Nutzung eines Internet Access Panels repräsentativ für die deutschsprachige Wohnbevölkerung im Alter von 14–64 Jahren.

Aufgrund der Befragungsmethode (internetgestützt) werden nur Internetnutzer („Onliner") befragt. Das eröffnet neue Möglichkeiten, gezielt diese Gruppe zum Online-Informations-und Buchungsverhalten zu befragen.

Die Befragten sind hinsichtlich ihres Internetverhaltens überwiegend als Intensivnutzer einzustufen: 99% der Befragten haben einen Internetzugang zu Hause, 90% nutzen das Internet täglich und 85% nutzen das Internet bereits drei Jahre und länger.

Im Januar 2007 haben 56% der Bevölkerung Zugang zum Internet – diese Gruppe stellt 62 aller Urlaubsreisen.

Von den „Onlinern" geben 80% an, das Internet schon einmal zur Information vor dem Urlaub genutzt zu haben. Bei den „Onlinern", die in den letzten 12 Monaten eine Reise unternommen haben wurde fast ausnahmslos das Internet zur Informationsbeschaffung eingesetzt (94%). Die Buchungsquote bei den Reisenden „Onlinern" liegt mit 68% weit über dem Buchungsschnitt der Bevölkerung.

Online Zielgruppen unterscheiden sich deutlich von der Bevölkerung

Obwohl eine zunehmende Gewöhnung an das Medium Internet als Informations-und Buchungsmedium für Reiseleistungen deutlich ist, zeigt die soziodemographische Struktur der Nutzer noch deutliche Ausprägungen in Verbindung mit Alter, Bildung und Einkommen.

So findet die Informationssuche für Reisen ins Ausland deutlich stärker im Internet statt als bei Inlandsreisen. In Bezug auf die Altersgruppen zeigt sich, dass über alle Altersgruppen von 14 bis 59 Jahren fast die Hälfte der deutschen Bevölkerung das Internet vor der Urlaubsreise konsultiert. Auch die „Silver Surfer" – also die über 60-Jährigen – legen stärker zu. Betrachtet man die Einkommensgruppen der Personen, die Informationen zur Reisevorbereitung im Netz suchen, so wird deutlich, dass die oberen Einkommensgruppen wesentlich stärker vertreten sind. Eine ähnliche Verteilung zeigt sich bei der Betrachtung der Bildungsschichten.

Deutlicher wird der Einfluss des Internets auf die Kundengruppen, wenn man sich die Verteilung der sozialen Schichten betrachtet. Das Schichtenmodell basiert auf der Zusammenfassung aus den drei Kriterien Schulbildung, Einkommen und berufl. Stellung.[3] Es werden also nicht nur Analysen über ein Kriterium ermöglicht.

---

[3] Das Sozialschichtenmodell wurde von Gruner + Jahr erarbeitet und wird vom Marktforschungsinstitut Ipsos für die RA umgesetzt wird. In das Modell gehen die Parameter Haushaltsnettoeinkommen, Schulbildung des Befragten und Beruf des Haushaltsvorstandes nach einem Punktesystem ein.

Jede Person wird einer Schicht zugeordnet, je höher die Punktzahl, desto höher die Zugehörigkeit zur hohen sozialen Schichten. Stufe 1 ist die höchste Schicht – Stufe 7 die niedrigste.

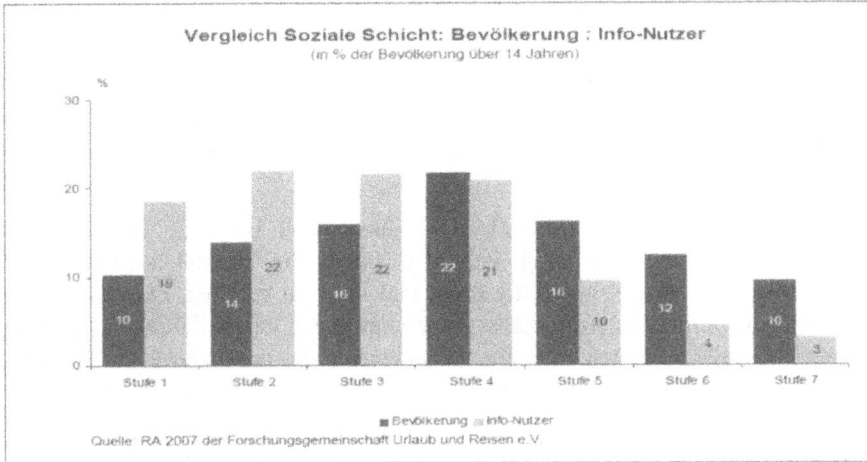

Abb. A.3-4: Soziale Schichten – Vergleich: Struktur Informationsnutzer /Bevölkerung
(Quelle: Reiseanalyse 2007; eigene Darstellung)

In der Grafik ist die Schichtenverteilung der Gesamtbevölkerung verglichen mit der von Personen, die Informationen zu Urlaubsreisen im Internet gesucht haben („Info-Sucher"). Auffällig sind die überdurchschnittlich hohen Anteile in den ersten drei Schichten der Info-Sucher im Vergleich zur Bevölkerung. Entsprechend signifikant sind die Info-Sucher in den letzten drei sozialen Schichten, Stufe 5,6 und 7, unterrepräsentiert.

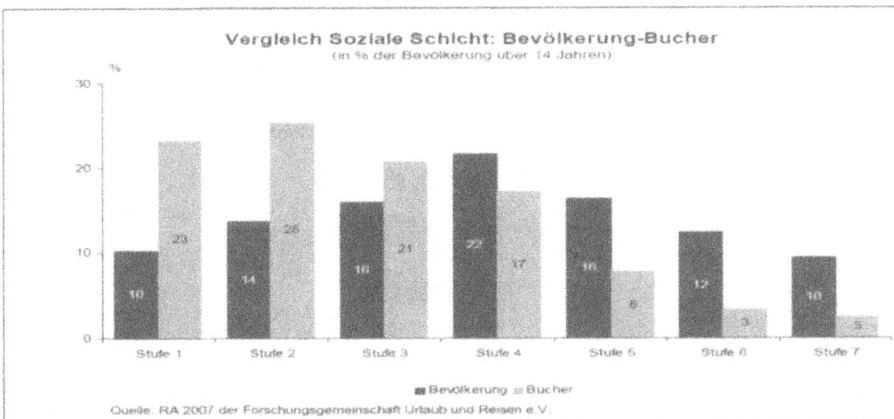

Abb. A.3-5: Soziale Schichten – Vergleich: Struktur: Bucher /Bevölkerung
(Quelle: Reiseanalyse 2007; eigene Darstellung)

Eine sehr ähnliche Verteilung zeigt die folgende Grafik in der die Gesamtbevölkerung im Vergleich mit der Schichtenzuordnung von Personen, die schon einmal im Internet gebucht („Bucher") haben (Abb. A.3-6).

Insgesamt wird deutlich, dass die Nutzung des Internets auch 2007 noch positiv mit von Bildung, Einkommen und Alter korreliert.

Online-Informationsthema Nr.1 bleibt das Reiseziel

Ausgehend von der Urlaubsplanung und -vorbereitung steht die Recherche nach dem Reiseziel auch 2007 unangefochten an erster Stelle der Informationen, die Urlauber im Internet suchen.

Auf Platz zwei stehen – in den letzten Jahren gleich bleibend – die Preisvergleichsmöglichkeiten. Dies zeigt, dass die Nutzer das Internet aufsuchen, um mehr Transparenz in Bezug auf Leistung und Preis zu erhalten. Die Anzahl der erfolgreichen Online-Preisvergleichssysteme hat in den letzten Jahren stetig zugenommen. Gerade im Bereich der Einzelleistungen, wie beispielsweise der Flüge, werden die Modelle und Leistungen für den Endverbraucher, die verschiedenste Informationsmehrwerte anbieten, immer ausgereifter (z.B. www.swoodoo.de).

Bereits an dritter Stelle steht das Interesse an einer Unterkunft und alle verfügbaren Informationen dazu. Immerhin jeder zweite Onliner hat – laut RA 07 – im Internet Informationen zu Pauschalreisen und Bausteinangeboten gesucht.

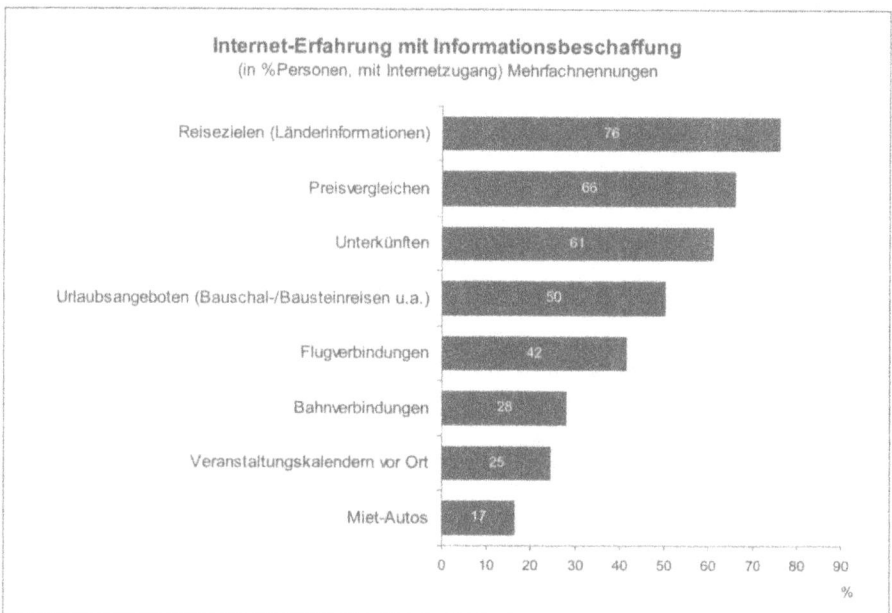

Abb. A.3-6:   Internet-Erfahrung: Urlaubsthemen im Vergleich
(Quelle: Reiseanalyse 2007; eigene Darstellung)

Online-Buchungsschwerpunkt bleibt die Unterkunft

Buchungserfahrung haben laut RA 2007 knapp 34% der Personen mit Internetzugang (siehe Abb. A.3-3). Hier steht die im Internet gebuchte Unterkunft ganz vorne, direkt gefolgt von Flugleistungen.

Bereits an dritter Stelle stehen Eintrittskarten, die online gebucht werden. Immerhin noch 16% der Personen mit Internetzugang haben eine Pauschalreise oder Bausteinprodukte online gebucht.

Obwohl die Bahn mit „satten 600 Millionen Euro Fahrkartenumsatz" auch 2006 wieder die Spitzenposition im deutschen eCommerce einnimmt[4], steht die Fahrkartenbuchung in der bevölkerungsrepräsentativen Befragung auf dem vorletzten und damit 5.Platz der gebuchten Leistungen in der RA 07. Dies ist darauf zurückzuführen, dass Bahnreisen bei Urlaubsreisen nur eine untergeordnete Rolle spielen (lediglich 5% aller Urlaubsreisen werden mit der Bahn unternommen).

Die Daten der Nachfrage-Seite spiegeln die Marktstruktur wider, wenn auch PhoCus Wright für den europäischen Markt (siehe Abb. A.3-9) das Flugsegment mit über 50% als größten Bereich darstellt, gefolgt von Hotel und Pauschal.

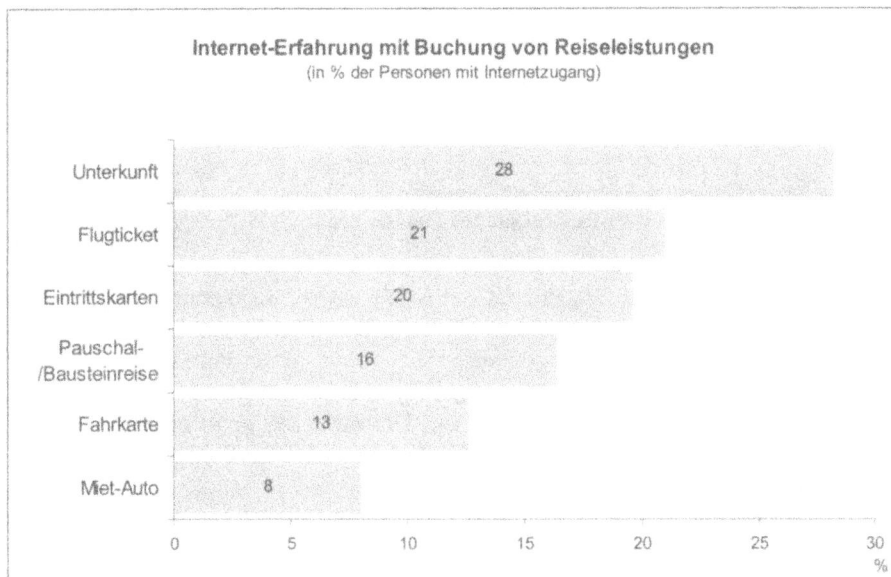

Abb. A.3-7:   Internet-Erfahrung mit Buchung von Reiseleistungen
(Quelle: Reiseanalyse 2007; eigene Darstellung)

Diese Daten bestätigen, die sich jetzt durchsetzende Erfahrung, dass auch komplexe Verknüpfungen von Reiseleistungen im Internet angeboten und gebucht werden, wie beispielsweise die Pauschalreise oder modular zu buchende Bausteinangebote.

---

[4]   fvw-Dokumentation, Juni 2007, S. 18ff.

3.2 Marktstruktur und Umsatz

Die Umsatzentwicklung im europäischen und deutschen Online-Reisemarkt wird von den Forschungsinstitutionen unterschiedlich bewertet. Problematisch für die Analyse und Darstellung der Umsatzentwicklung ist die Abgrenzung des Marktes, die von den jeweiligen Instituten nach eigenen Kriterien durchgeführt wird. Ungeklärt ist dabei, ob der Freizeit- und Urlaubsmarkt vom Geschäftsreisemarkt abgegrenzt ist oder der komplette Reisemarkt (jede Flug- oder Bahnbuchung) enthalten sind.

Eine Annäherung an das Onlinevolumen geben die folgenden Grafiken:

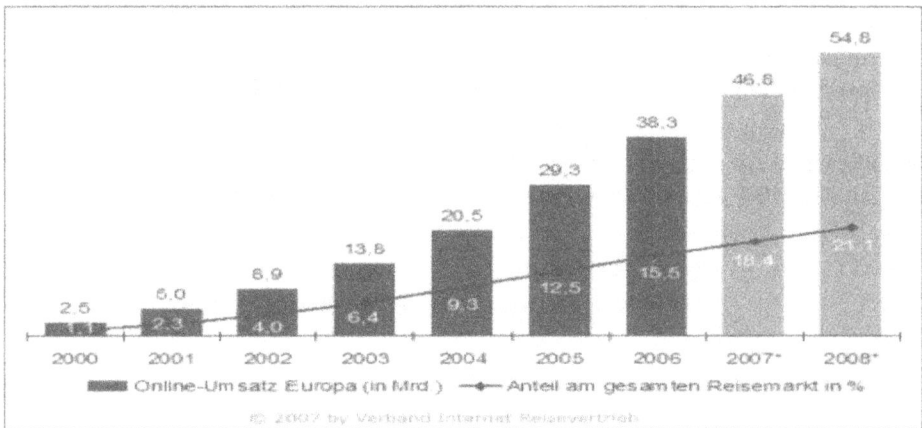

Abb. A.3-8:   Umsatz Online Reisemarkt – Europa[5]
               (Quelle: Centre for Regional and Tourism Research (CRT), eigene Darstellung;
               *Prognose)

Das Marktvolumen lässt sich anhand von Schätzungen, Befragungen der Anbieter oder der Betrachtung der Nachfrageseite darstellen. Das Centre for Regional and Tourism Research (CRT) befragt jährlich die – nicht näher definierten – 90 größten „Online-Player" (nach eigenen Angaben) und kommt damit im Mai 2007 zu dem Ergebnis, dass 2006 knapp 16 % des Umsatzes des gesamten europäischen Reisemarktes im Internet stattfanden. Die Prognose des CRT zeigt weiterhin eine steigende Tendenz.

Das amerikanische Forschungsinstitut PhoCus Wright erhebt – nach eigenen Angaben – jährlich in Einzelgesprächen mit über 100 Managern seine Datenbasis. Nach den Angaben von PhoCus Wright liegt der Anteil des Onlineumsatzes am deutschen Reisemarkt im Jahr 2006 bei 16% und wird sich auch in den kommenden Jahren noch steigern, so dass bis 2008 knapp ein Viertel des Reiseumsatzes in Deutschland online erwirtschaftet wird.

---

[5]   Basis der Erhebung: Befragung der 90 größten „Online-Player", die über 90% des europäischen Online-Marktes repräsentieren. (Quelle: ‚Trends in European Internet Distribution of Travel and Tourism Services': Studie zum europäischen Reisemarkt, enthält Statistiken zum Online-Reisemarkt. (letztes Update Mai 2007))

Während PhoCus Wright – nach eigenen Angaben – eine klare Abgrenzung des Geschäftsreisemarkets und des Freizeitmarktes durchführt und damit die oben dargestellten Größen ermittelt, werden von der Branchezeitschrift FVW einmal jährlich Daten zu Reisebüros und Veranstaltern herausgegeben, die in 2007 auch um den Online-Bereich ergänzt waren.

Die fvw nimmt eine andere Aufteilung vor und kann daher nicht verglichen werden mit den Ergebnissen von PhoCus Wright. Die FVW befragt auf der Basis der ermittelten Nielsen Netrating Zahlen die Online-Unternehmen mit der höchsten Besucherfrequenz im Internet. So entstand im Heft „Ketten und Kooperationen" ein Beitrag zu Online-Portalen mit einem aufgeführten Ranking (vgl. fvw, Nr.14/07, S. 20; siehe Abb. A.3-8). Zusätzlich betrachtet die fvw in ihrer „Veranstalterdokumentation" die verschiedenen Vertriebsstrukturen der Veranstalter in Deutschland, wobei in Eigenvertrieb, Fremdvertrieb und Online unterschieden wird. (vgl. fvw, Nr.31/07, S. 24)

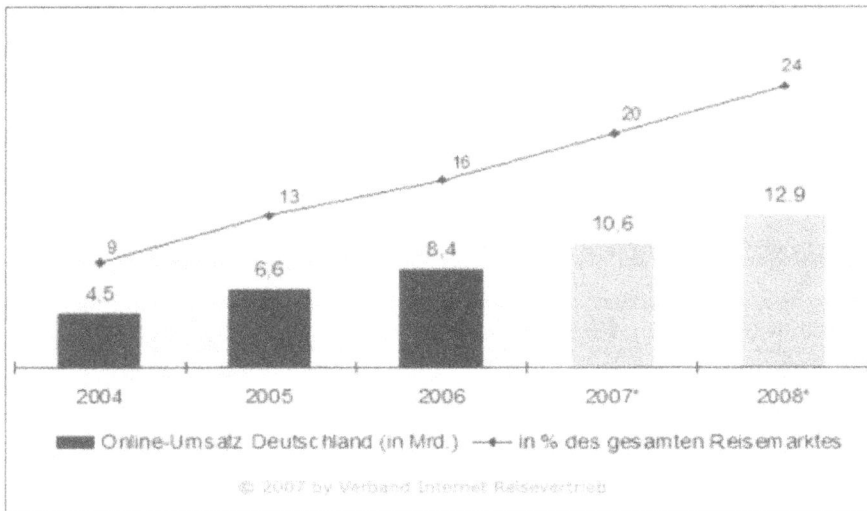

Abb. A.3-9:   Umsatz Online Reisemarkt – Deutschland
(Quelle: PhoCus Wright Inc., Germany Online Travel Overview, Second Edition, April 2007, eigene Darstellung; *Prognose)

Unter den umsatzstärksten Veranstaltern TUI, ThomasCook und Rewe, gibt lediglich Rewe einen Online-Anteil von 4% am Gesamtumsatz an. Hingegen gibt Travel-Trex-Reisen (Platz 4) einen Online Anteil von 55,8% an und liegt damit in der gesamten Tabelle beim höchten Online-Anteil. Frosch Sport Reisen, liegt mit einem Anteil von 49,8% auf Platz 2 der Veranstalter mit Online-Umsatz-Angaben. (vgl. fvw Nr. 31/07, S. 24)

In Ergänzung zu PhoCus Wright stellt die fvw in ihrer „Online-Tabelle" die 30 führenden deutschen Online Portale mit einem Gesamtumsatz von 2.426,8 Millionen Euro dar (vgl. Abb. A.3-8).

Unternehmen	Umsatz 2006 in Mill. Euro	Umsatz 2005 in Mill. Euro	Wichtige Portale (zum Teil Auswahl)
DB Vertrieb	642,0	469,0	Bahn.de, Start.de
Expedia	k.A. 320,0 [1]	k.A.	Expedia.de
Opodo	241,0 [2]	202,0	Opodo.de
Otto Freizeit und Touristik	k.A. 175,0 [1]	k.A.	Travelchannel.de, Reiseland.de, Otto-Reisen.de ...
Schmetterling	ca. 150,0 [2]	k.A.	Buche24.de ... (plus Mitglieder und Affiliates)
Travelocity (Lastminute.com)	k.A. 140,0 [1]	k.A.	Lastminute.com, Lastminute.de, Holidayautos.de ...
Unister (Aidu)	k.A. 120,0 [1]	k.A.	Aidu.de, Holidayranking.de (plus Affiliate)
Travelport (Ebookers)	k.A. 110,0 [1]	k.A.	Ebookers.de, Octopustravel.de ...
RTK-Gruppe	67,4 [2]	k.A.	Merson.de, RT-Reisen.de (plus Mitgliederportale)
Holidaycheck	58,0 [2]	26,4	Holidaycheck.de (plus Affiliate)
TSS	48,0 [2]	k.A.	Onlineweg.de (plus Mitgliederportale)
Travianet (Touristikbörse)	32,4 [2]	39,8 [3]	Touristikboerse.de (plus Affiliate)
AER	31,0 [2]	38,0	Reise.coop (plus Mitgliederportale)
Karstadt Quelle	30,6	30,0 [3]	Karstadt-Reisen.de, Neckermann-Urlaubswelt.de ...
Comvel	30,0	11,0	Weg.de
Hinundweg.com	25,5 [2]	23,7	Hinundweg.com (plus Affiliate)
LMX Reisevertrieb	k.A. 25,0 [1]	k.A.	Lastminute-Express.de, Flugbuchung.com ...
Touristik der Rewe	k.A. 23,0 [1]	k.A.	Der.de, Atlas-Reisen.de, Avigo.de, Derpart24.de ...
TUI Leisure Travel (Ferien.de)	k.A. 20,0 [1]	20,0	Ferien.de
Lufthansa City Center	18,0 [2]	k.A.	LCC24.de (plus Mitgliederportale)
Scout24 (Travelscout)	k.A. 16,0 [1]	k.A.	Travelscout24.de
Billigweg.de	15,7	k.A.	Billigweg.de
Ostteam	k.A. 15,0 [1]	k.A.	Fly.de
Travel24.com	13,6	17,3	Travel24.com, Lastminute24.com
Pro Tours/RCE	12,9	10,5	Mondino.de, Pro-Tours.de ...
NWW Online (Nix wie weg)	12,7	9,3 [3]	Nix-wie-weg.de, Hotelbewertung.de ...
TVG	k.A. 12,0	k.A.	Flugboerse.de, FTI-Ferienwelt.de ...
Deutscher Reisering	8,9	12,4	Reisering.de
Alltours Reisecenter	k.A. 8,0 [1]	k.A.	Reisecenter-Alltours.de, Spanien.de
Best-RMG	5,1 [2]	k.A.	nur Mitgliederportale
Summe	**2.426,8**	**1.707,4 [4]**	

1) FVW-Schätzung, basierend auf Unternehmenszahlen und Expertenangaben
2) Unternehmensangaben, inklusive externer Umsätze von Mitgliedern und/oder Affiliate-Partnern
3) Umsatzangaben für 2005, nachgemeldet beziehungsweise korrigiert zur FVW-Dokumentation 2005
4) Ergebnis der FVW-Dokumentation 2005, nicht deckungsgleich mit den aufgeführten Portalen 2006

Abb. A.3-10: Deutsche Online Reisebüros
(Quelle: fvw, Beilage Nr.14/07, S.20)

Führende Online Portale Europas

Nach Angaben von PhoCus Wright teilen sich im März 2007 (Veröffentlichung während eines Vortrages auf der ITB 07) die führenden Online-Portale den touristischen europäischen Online-Markt auf wie in Abb. A.3-11 dargestellt:

Die führenden Online-Reiseportale in Europa

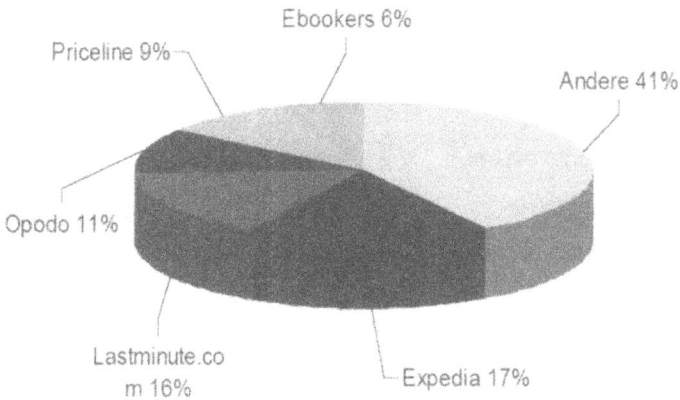

Abb. A.3-11: Führende Online Portale Europas,
(Quelle: PhoCus Wright, ITB 2007, eigene Darstellung)

Die Expedia-Gruppe hält hier – laut PhoCus Wright (07) – knapp vor der Lastminute-Gruppe mit 17% den größten Anteil am europäischen Markt.

Alle genannten Online-Portale haben sich in eine internationale Struktur hinein entwickelt oder sind aus amerikanischen oder britischen Unternehmen heraus in den deutschen Markt eingestiegen (z.B. priceline.de).

Bei allen Portalen stand in der Anfangsphase des deutschen Auftritts der Vertrieb von Reiseleistungen der führenden deutschen Veranstalter im Zentrum. Das Portal opodo.de bildet hier die Ausnahme, da es von den führenden europäischen Linienfluggesellschaften gegründet wurde und in den Anfängen als reines Flugportal agierte. Alle führenden Online-Reiseportale haben in der Zwischenzeit sowohl ihr Produktportfolio, als auch ihre Leistungen für den Endkunden erheblich weiterentwickelt.

Beispielhaft sollen in Abb. A.3-12 die Strukturen von Expedia und Ebookers dargestellt werden:

Expedia ging 1996 in den USA an den Markt und 1999 als ehemaliges Spin-Off des Software-Herstellers Microsoft in Deutschland eröffnet. Expedia.de ist eine Tochtergesellschaft von Expedia Inc., die seit August 2005 wieder als eigenständiger Reisekonzern in den USA börsennotiert[6] ist.

Nach unternehmenseigenen Angaben betrug der Gesamtjahresumsatz 2005 15,55 Milliarden US-Dollar (plus 15% gegenüber 2004).

---

[6] Die Nasdaq-Bezeichnung ist: EXPE

Struktur Expedia-Gruppe

Abb. A.3-12:   Struktur Expedia
(Quelle: Daten und Fakten zum Online Reisemarkt; VIR 2007, unternehmenseigene Darstellung expedia.de, S.5)

Unter dem Dach der Expedia inc. betreibt Expedia in allen europäischen Quellmärkten eigene Portale in der jeweiligen Landessprache. Darüber hinaus gehört mit „tripadvisor" ein eigenes Bewertungsportal zum Portfolio der Expedia-Gruppe sowie ein eigener Hoteleinkauf, der sich mit den eigenen Onlinemarken hotels.com und hoteldiscount.com präsentiert. Es wird deutlich, dass nicht allein der Vertrieb von Reiseleistungen, sondern die intelligente Verknüpfung verschiedener Leistungen (Preisvergleich, Bewertung, Community) mit einer ausgereiften Technik und zunehmend auch eigener Veranstaltertätigkeit zum Erfolg der Expedia-Gruppe beiträgt. Expedia konnte bereits 2004 damit und mit der Produktidee „click&mix", die dynamisch verschiedene Leistungen zu einem Paket bündelt, an den Markt gehen. Mit den technischen Möglichkeiten des dynamischen Paketierens können die Online-Reiseportale den Kundenwünschen nach möglichst viel individueller Freiheit bei der Zusammenstellung der Reise gerecht werden; ohne auf den rechtlichen Schutz durch die Pauschalreise verzichten zu müssen. Nach eigenen Angaben ist das Erfolgsrezept von Expedia die ständige Weiterentwicklung der eigenen Technik, die in allen Ziel- und Quellmärkten genutzt wird.

Struktur Ebookers/Travelport-Gruppe

ebookers.de gehört zu ebookers.plc, einem der – nach eigenen Angaben – größten Online-Reiseunternehmen in Europa mit Sitz in Großbritannien. ebookers ist Teil des internationalen Travelport-Konzerns. Seit 1996 im Internet aktiv, unterhält ebookers heute Websites in 13 europäischen Ländern. In Deutschland ist ebookers.de seit September 1999 online.

2006 wurde Travelport vom amerikanischen Investmentunternehmen Blackstone Group übernommen. Travelport ist in der Reisebranche eines der führenden Unternehmen weltweit, beschäftigt 8.000 Reiseexperten in 140 Ländern und betreibt über 20 führende Reisemarken wie Orbitz.com, Galileo oder OctopusTravel.

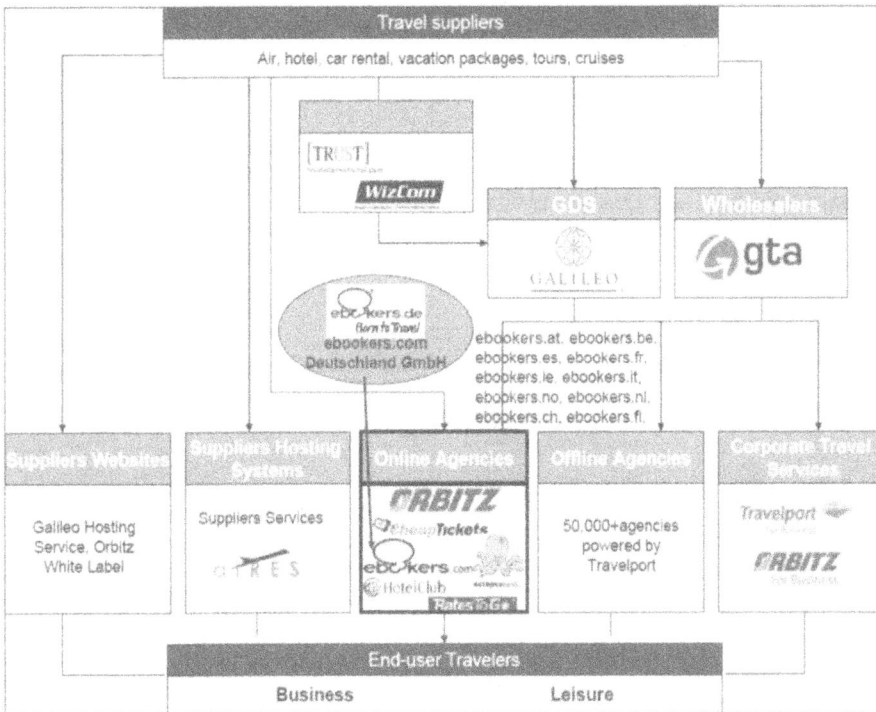

Abb. A.3-13:   Struktur ebookers
(Quelle: Daten und Fakten zum Online Reisemarkt; VIR 2007, unternehmenseigene Darstellung expedia.de, S. 4)

Während die Expedia-Gruppe keine eigenen Reservierungssysteme, Fluglinien, Hotels oder auch Offline-Agenturen betreibt, reicht die Struktur der ebookers-Gruppe wesentlich breiter in die touristische Wertschöpfungskette hinein. Ebookers ist Teil des internationalen Travelport-Konzerns, der sowohl Marktanteile im Offline-Vertrieb hält als auch mit Galileo und Worldspan zwei Reservierungssysteme betreibt.

Die beispielhafte Darstellung der beiden bekannten Online-Reisemarken zeigt, dass die Internationalisierung ein wichtiger Faktor ist, um Synergien im schnellen

Onlinemarkt zu generieren und eine Marktposition aufzubauen, die in beiden Fällen nicht mehr auf dem reinen Vertriebsgeschäft basiert.

Marktsegmente Online Europa

Zu Beginn des Internetvertriebs sagten viele Experten voraus, dass lediglich „einfache" Produkte, wie beispielsweise Hin- und Rückflug im Internet erfolgreich sein können, da sie wenig Beratungsleistung oder auch Kenntnis der Touristik voraussetzen.

Mittlerweile zeigen unterschiedliche Forschungsergebnisse, dass die Produktpalette der im Internet gebuchten Reiseleistungen immer ausgeglichener wird. Die Gründe hierfür sind einerseits auf der Nachfrageseite zu finden, da die Nutzer den Umgang mit den Buchungsmöglichkeiten immer besser erlernt haben. Andererseits verbessern sich die technischen Möglichkeiten der Online-Reiseportale fortlaufend, so dass auch komplexere Produkte einfacher abbildbar und buchbarer werden.

So gibt das CRT im Mai 2007 an, dass die Verteilung der touristischen Segmente gemessen am Umsatz in Europa zwar noch vom Bereich Flug dominiert wird, dass aber das Segment Pauschalreisen bereits das Volumen der Hotelumsätze erreicht hat.

3.3 Stärken und Schwächen des Online-Vertriebs aus Sicht der Nachfrager

3.3.1 Online-Kennzahlen

Im Online-Markt spielen einige Kennzahlen eine besondere Rolle, die zur Ermittlung bzw. Verifizierung von Erfolg oder Misserfolg eines Onlineauftritts zu Rate gezogen werden. Zu den bekanntesten Begriffen gehören die so genannte „Look-to-Book-Quote", und die „Conversion-Rate".

Die Look-to-Book-Quote gibt das Verhältnis von Online-Buchungen zur Anzahl aller Webseitenbesuche an und wird als wichtiger Gradmesser des Erfolges einer Website verstanden. Zum Beispiel sagt eine Look-to-Book-Quote von 1% aus, dass auf 100 Webseitenbesuche (Visits) eine Buchung kommt. Generell kann festgehalten werden, dass es in den letzten drei Jahren zu einer signifikanten und kontinuierlichen Verbesserung der Look-to-Book-Quote gekommen ist.[7]

---

[7]   So Dominik Rossmann, Geschäftsführer des Münchner Marktforschungsinstitut Ulysses Web-Tourismus in einem persönlichen Gespräch (www.web-tourismus.de)

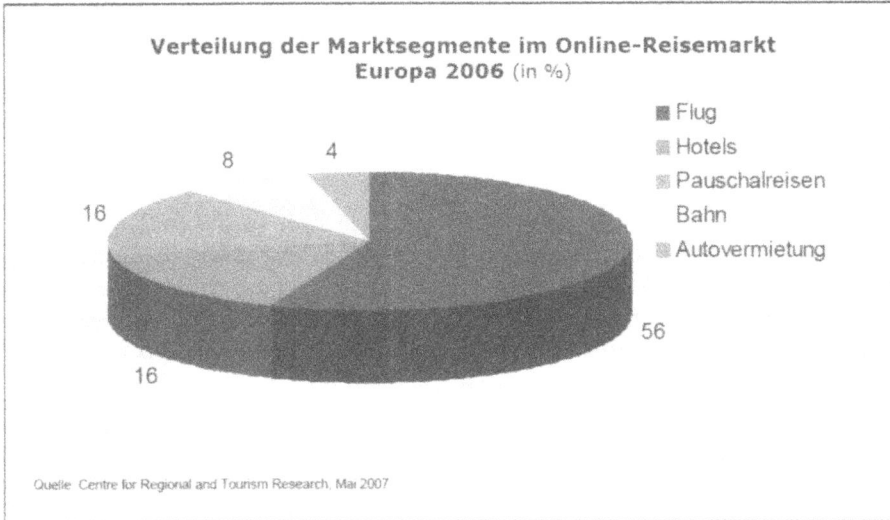

Abb. A.3-14:   Marktsegmente Online Reisemarkt Europa
(Quelle: Marktspiegel des VIR 2007; eigene Darstellung)

Die Conversion-Rate wird oftmals mit der Look-to-Book-Quote verwechselt oder gleichgesetzt, auch weil sie nach demselben Prinzip eine ähnliche, Kenngröße ermittelt. Die Conversion-Rate misst ebenso Besucher der Website im Verhältnis, allerdings mit Bezug auf eine spezielle (Online-)Aktion – ist also temporär oder kausal an eine Aktion gebunden.

Noch 2004 lag die Look-to-Book-Quote bei vielen bekannten Online-Reise-marken unter einem Prozent. Im Gegensatz dazu wurde aus dem Buchhandel bei-spielsweise von Raten zwischen 20 und 30 Prozent berichtet. Hier ist zu beachten, dass Reiseleistungen bisher in der Regel nicht wie Bücher und nicht zu den ent-sprechenden Preisen verkauft wurden. Das haben Marken wie easyjet oder Rya-nair für den Flugmarkt bereits aufgegriffen und sind erfolgreich dabei, neue Preismodelle zu etablieren. Das bedeutet, dass die niedrige Look-to-Book-Quote teilweise auf das Produkt Reise zurückgeführt werden kann, da beispielsweise die dafür verfügbare Zeit bei der Zielgruppe begrenzt ist.

Gründe für und gegen eine Online-Buchung

Daneben ist es jedoch interessant, einen Blick auf ein Ranking (Quelle RA 2005) zu werfen, bei dem die Befragten die Vor- und Nachteile des Internets (gestützt) einschätzen sollten. Die Tabelle zeigt deutlich, welchen Nutzen aber auch welche Schwächen, die befragten Personen 2005 dem Internet zuordneten.

Die zunehmende Reiseerfahrung der deutschen Bevölkerung spielt bei der In-formationssuche und Buchung von Reiseleistungen im Internet ebenfalls eine große Rolle. Die Reiseintensität der Deutschen liegt in den letzten Jahren auf ei-nem sehr hohen Niveau von 75 bis 78 Prozent. Unter Reiseintensität (auch: Urlaubsreiseintensität) laut Forschungsgemeinschaft Urlaub und Reisen den Anteil der deutschen Bevölkerung ab 14 Jahren aufwärts, welche mindestens eine Urlaubsreise (ab 5 Tagen Dauer) unternommen haben.

Die Reiseerfahrung und die Möglichkeit, Antworten auf alle offenen Fragen im Internet zu finden, beispielsweise auch in Communities wie www.gutefrage.net, bewirkt eine stärkere Unabhängigkeit der Urlauber von den Empfehlungen der Reisebüros.

Personen, die das Internet nutzen schätzen die Schnelligkeit, die Unabhängigkeit und die Transparenz, die dieses Medium in Bezug auf Reisen bietet. Abbildung 16 zeigt, dass für die große Mehrheit der Personen mit Internetzugang Einfachheit, Schnelligkeit, Übersicht und sofortige Verfügbarkeit, sowie Bequemlichkeit die Hauptargumente für eine Online-Buchung sind.

Gründe **für** eine Internetbuchung

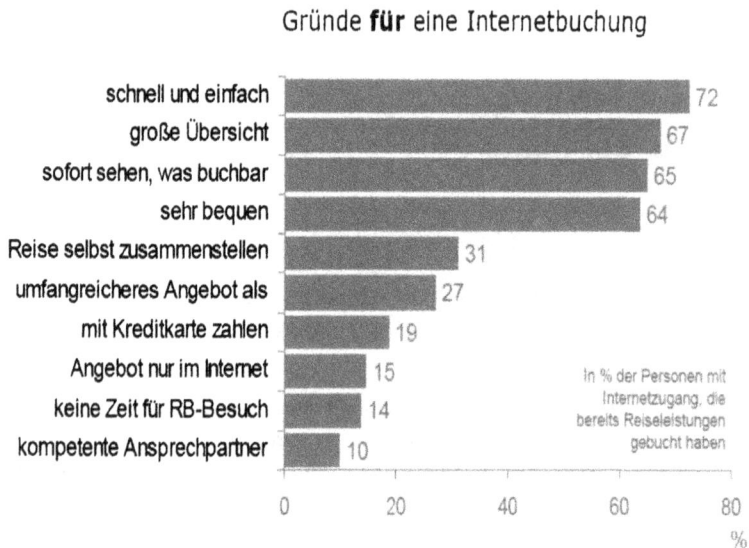

schnell und einfach	72
große Übersicht	67
sofort sehen, was buchbar	65
sehr bequen	64
Reise selbst zusammenstellen	31
umfangreicheres Angebot als	27
mit Kreditkarte zahlen	19
Angebot nur im Internet	15
keine Zeit für RB-Besuch	14
kompetente Ansprechpartner	10

In % der Personen mit Internetzugang, die bereits Reiseleistungen gebucht haben

Quelle: RA 05 - VIR-Exklusivfrage

Abb. A.3-15:   VIR Exklusivfrage: Welche Gründe sprechen für eine Online-Buchung? (Quelle: Reiseanalyse 2005, VIR Exklusiv; eigene Darstellung) [8]

31% der Befragten geben als Grund für eine Internetbuchung an, dass sie sich die Reise selbst zusammenstellen können. Alle verfügbaren Informationen können im Internet gesichtet werden – immerhin gehen 27% der Befragten davon aus, dass das Angebot im Internet umfangreicher ist als im Reisebüro – es kann eine Entscheidung getroffen werden und daraufhin kann man buchen.

Die Stärken des Internets liegen aus Kundensicht in dessen Vielfalt, seiner Transparenz und der Möglichkeit, unabhängig zu agieren.

---

[8]   Die Daten aus verschiedenen Quellen des Verbandes Internet Reisevertrieb werden mit freundlicher Genehmigung zur Verfügung gestellt.

Die Zeit spielt sicher auch eine immer stärkere Rolle. In der dargestellten Grafik geben immerhin 14% der Befragten an, keine Zeit für einen Reisebürobesuch zu haben. Die Reisevorbereitung und Buchung im Internet kann natürlich bequem 24 Stunden von jedem Ort aus durchgeführt werden.

Die Gefahren des Internets werden in den Medien immer wieder diskutiert, sowie Betrugsfälle aufgedeckt. Daher ist die „gefühlte" Sicherheit vieler Menschen im Internet noch nicht vorhanden. So zeigt auch Abb. A.3-16, dass die Unsicherheiten in Bezug auf Datenmissbrauch noch die Hauptgründe gegen eine Online-Buchung darstellen.

Gründe **gegen** eine Internetbuchung

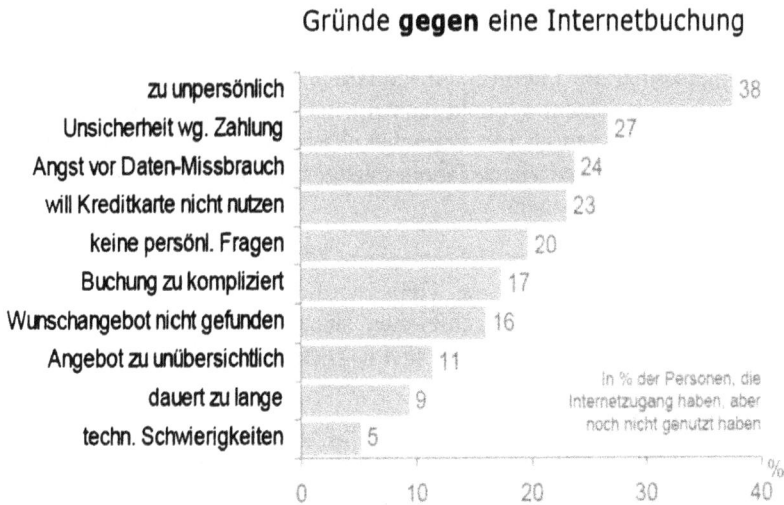

Abb. A.3-16: VIR Exklusivfrage: Welche Gründe sprechen gegen eine Online-Buchung? (Quelle: Reiseanalyse 2005, VIR Exklusiv; eigene Darstellung)

Das Internet ist für die „Nicht-Bucher" immer noch sehr unpersönlich, so der stärkste Grund für diejenigen Reisenden, die eine Möglichkeit hätten, sie aber bisher nicht nutzten.

Der fehlende persönliche Ansprechpartner und die Ängste, die sich auf das Thema Datenmissbrauch und Zahlungsunsicherheiten konzentrieren, halten 2005 noch immerhin fast 30% der Personen mit Internetzugang davon ab, tatsächlich eine Buchung vorzunehmen. Die Grafik zeigt aber auch, dass technische Schwierigkeiten bei den Nutzern Gründe sein können.

Ebenso sind die Anbieter nach diesen Ergebnissen aufgefordert, ihre Portalseiten übersichtlicher zu gestalten und die Möglichkeit für persönliche Fragen zu eröffnen.

Viele Online-Reiseportale haben diese Gründe gegen eine Internetbuchung bereits aufgegriffen, indem sie kostenlose Hotlines zu ausgebildeten Fachkräften anbieten, oder eine neutrale Zertifizierung der Buchungsprozesse durchführen lassen. Dadurch soll sichergestellt werden, dass kein Datenmissbrauch stattfindet und die Kundendaten sicher im Unternehmen verarbeitet werden, z.B. durch den TÜV Süd und das s@fer-shopping-Zeichen.

Ebenfalls investieren viele Anbieter fortlaufend in Usability-Tests in Bezug auf ihre Portalseiten und die Buchungsabläufe, so dass die Ergebnisse direkt in die Programmierung und Weiterentwicklung der Websites einfließen können.

3.4   Vom Vertriebs- zum Kommunikationskanal

Der Informationsbedarf von Urlaubern in Bezug auf geplante Reisen kann durch die Möglichkeiten des Internets auf vielfältige Weise befriedigt werden. Da Reisen ein sehr emotionales Produkt darstellt, ist das Bedürfnis sich auszutauschen sehr hoch. Der Austausch mit Freunden, Verwandten und Bekannten steht laut Reiseanalyse (FUR) seit vielen Jahren unangefochten auf Platz eins der Informationsquellen zu Reisethemen.

Durch das Internet haben sich erweiterte Möglichkeiten entwickelt, mit anderen Reisenden zu kommunizieren, Tipps zu erhalten oder sogar eine Bewertung zu einem bestimmten Hotel, Zielgebiet oder einer Fluggesellschaft abzugeben bzw. einzuholen. Aus Sicht der Urlauber sind das sehr wertvolle Informationen, um die eigene Reise zu planen.

Besonders bei der Urlaubsplanung hat das Vertrauen in die Informationsquelle einen großen Stellenwert. Um die Glaubwürdigkeit der Quelle möglichst hoch zu gestalten, werden auf vielen Portalen neutrale Zertifizierungen durchgeführt oder aufwändige Registrierungsprozesse (inklusive Profilerstellung) zur Verifizierung des Absenders von Informationen durchgeführt.

Neben den nutzergesteuerten – meist nicht wirtschaftlich orientierten – Inhalten haben sich in den letzten Jahren auch viele unternehmensgesteuerte, d. h. gewinnorientierte Plattformen entwickelt, die mit neuen technischen Möglichkeiten Informationen, Meinungen oder Bewertungen anbieten. Diese Technologien werden unter dem Stichwort „Web 2.0" zusammengefasst.

Web 2.0 ist ein Begriff für eine Reihe interaktiver und kollaborativer Konstrukte des Internets, speziell des WWWs. Populär gemacht und geprägt wurde dieser Begriff durch Tim O'Reilly, dem Besitzer des gleichnamigen Verlags in seinem Artikel „What is Web 2.0" vom 30. September 2005.

Web 2.0" beschreibt ohne geschlossene Spezifikation technischer Einzelheiten, eine veränderte Einschätzung und Benutzung des Webs, mit dem Hauptaspekt am Nutzen orientierten Sichten aller Nutzer: Inhalte werden nicht mehr nur zentralisiert von großen „Medien", der „vierten Gewalt", erstellt und an die Massen verbreitet, sondern auch von unabhängigen Personen, die sich untereinander vernetzen, der „fünften Gewalt". Typische Beispiele hierfür sind Wikis, Weblogs sowie

Bild- und Videoportale (vgl. Flickr, YouTube) und Tauschbörsen (vgl. O'REILLY 2005).

Das ist besonders für die Tourismusbranche von großer Bedeutung, da ein Film über ein Hotel oder ein Zimmer einen potentiellen Urlauber genauer informiert kann als ein Katalogbild.

Besondere Akzeptanz haben in den letzten Jahren sogenannte Bewertungsportale erfahren, beispielsweise www.holidaycheck, das 2000 gegründet wurde. Hier stellen Urlauber ihre Urlaubserfahrungen für alle interessierten Leser zur Verfügung. Dabei kann ein Interessent meist nach vielfältigen Kriterien suchen. Die Glaubwürdigkeit des Bewerters wird oft dadurch erhöht, dass genau angegeben wird, wann die Reise unternommen wurde, ebenfalls wird die Reisebegleitung (Single, Paar, Familie) ausführlich angegeben, um die Bewertung in den entsprechenden Zusammenhang zu stellen. Eine Familie mit einem Kleinkind hat andere Erwartungen an ein Hotel als ein junges Paar.

Neben Bewertungsportalen und Videoportalen wurden 2006 und 2007 einige Reise-Communities gegründet, die sowohl die Aspekte des Bewertens als auch Bild, Ton und den Gemeinschaftsaspekt auf einer Plattform vereinen, so etwa www.tagyourplace.com. Tagyourplace ist eine Community, welche sich zum Ziel gesetzt hat, den Urlaub bereits im Vorfeld erlebbar zu machen.

Tagyourplace bietet – nach eigenen Angaben – „alles, was für eine Community relevant ist: Bilder, Blogs, Profile, Kontaktmöglichkeiten etc". In einem Aspekt unterscheidet sich Tagyourplace aber doch von anderen Portalen: Hier wird Geld für Artikel bezahlt. Die Community-Währung sind „Coins". Diese können für die Bereitstellung von „Content" verdient werden und diese können für einige Community-Funktionen auch wieder ausgegeben werden. Eigenen Angaben zu Folge hat die Community bereits mehr als 4.000 registrierte User.

Die Bevölkerung ist bereits vertraut mit vielen Web 2.0 Technologien und setzt diese gezielt zur Urlaubsvorbereitung ein, so der Verband Internet Reisevertrieb, wie Abb. A.3-17 darstellt.

Die Kenntnis der neueren Informationsmöglichkeiten im Internet, von Bewertungsplattformen über Weltkarten bis hin zu Podcasts, liegt zwischen 20 und 60 Prozent. Analog zur Informationssuche (s. Abb. 4-19) stehen hier die Weltkarten oder auch Anwendungen wie google earth auf Platz eins. Der Nutzer möchte eine Orientierung über sein Reiseziel und möglichst genau auf der Karte den Ort oder sogar die Lage des Hotels sehen.

Bereits auf dem zweiten Platz folgen die Bewertungsplattformen. Fast jeder vierte Onliner nutzte schon einmal eine Hotelbewertungsplattform, bevor er eine Buchung durchführte.

Immerhin haben 17% aller Onliner angegeben, dass sie „virtuelle Touren", beispielsweise um sich in einem Hotelzimmer umzusehen oder durch das Hotel zu gehen – manchmal über eine Webcam in Echtzeit – schon einmal genutzt haben.

Dies zeigt, dass der Informationsbedarf nach zeitechten und detailgenauen Informationen groß ist und die gebotenen Möglichkeiten im Internet eine steigende Akzeptanz finden.

Möglichkeiten sich im Internet über Reisen zu informieren (in %)

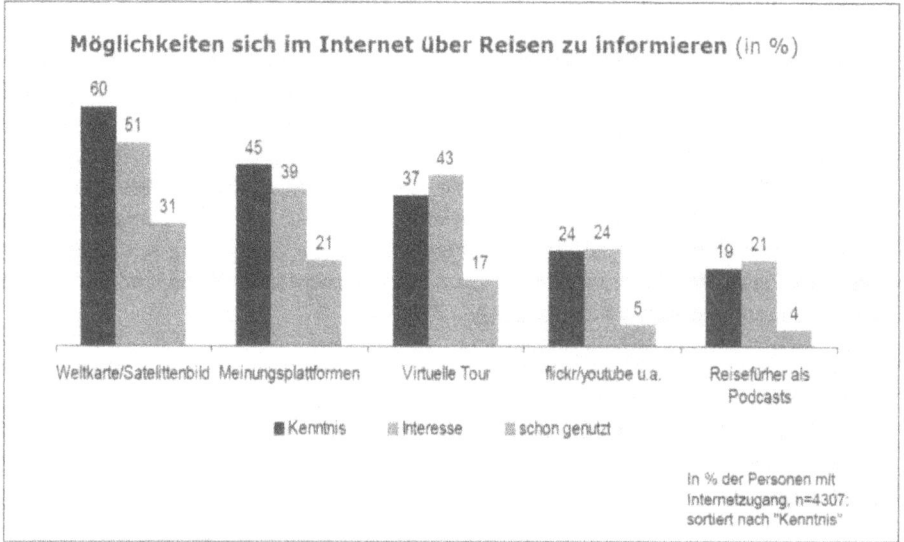

In % der Personen mit Internetzugang, n=4307: sortiert nach "Kenntnis"

■ Kenntnis   ▨ Interesse   ▨ schon genutzt

Abb. A.3-17:   VIR Exklusivfrage: Möglichkeiten sich im Internet über Reisen zu informieren
(Quelle: Reiseanalyse 2007, VIR Exklusiv; eigene Darstellung)

Web 2.0-Deutschland-Reichweite
(Aktive Reichweite in %)

Abb. A.3-18:   Web 2.0 Reichweite in Deutschland
(Quelle: Nielsen Netratings/Sonderstudie Mai 2007)

Laut einer Umfrage von Nielsen NetRatings vom Mai 2007 liegen die Reichweiten der Web-2.0-Angebote in Deutschland insgesamt bei 54% der Onliner. Das heißt, dass jeder zweite Internetnutzer Web-2.0-Angebote kennt und nutzt, wobei (siehe Abb. A.3-18) sicherlich Wikipedia das bekannteste und meistgenutzte Angebot darstellt, da es als Online-Lexikon ein breites Interessenspektrum abdeckt.

Im Vergleich zur Gesamtnutzung in Deutschland entwickeln sich die touristischen Web-2.0-Angebote sehr gut. Da bereits 2006 21% aller Onliner eine touristische Bewertungsplattform benutzt haben, ist von einer weiterhin steigenden Akzeptanz und Nutzung dieser Informationsangebote auszugehen.

3.5 Fazit

Die Internetnutzung hat sich in den vergangenen sieben Jahren sehr stark entwickelt. Für die Reisebranche bietet die digitale Welt durch optische und akustische technische Umsetzung von Angebotsinformationen gute Vertriebs- und Kundenbindungschancen.

Die Internetanbieter lernen schnell und reagieren tagsaktuell mit technischen Verbesserungen und Anpassungen. Web 2.0-Technologien stellen in vielen Fällen Open Sourcen Möglichkeiten dar, die allen Anwendern ohne Lizenzgebühren – auch zur weiteren Anpassung – zur Verfügung stehen.

Die Möglichkeiten schnell und kostengünstig Plattformen im Internet aufzubauen wachsen. Wobei die großen Online Anbieter in den letzten Jahren nicht nur in ihren technologischen Vorsprung, sondern besonders in das Thema „Vertrauen ins Internet" investieren. Beispiele stellen Zertifizierungen (s@fer shopping des TÜV Süd) oder die eigene Kommunikation über die Servicemitarbeiter dar. Das Internet muss nicht nur technisch einwandfrei und leicht bedienbar sein, sondern auch den menschlichen Faktor einbringen, den die Expedienten im Reisebüro liefern. Internetbuchungsmaschinen liefern in kürzester Zeit einen guten Überblick über Millionen von Angebote, die nach den kundeneigenen Kriterien (z.B. Reisezeit) sortiert werden können. Im nächsten Entwicklungsschritt liegt die Herausforderung beispielsweise auf einer stärkeren Personalisierung der Angebote und maßgeschneiderter Auswahl von Angeboten.

Eine weitere Herausforderung der nächsten Jahre wird in Orientierungsmöglichkeiten (Stichwort „Suchen und Finden" von passenden Angeboten auf bestimmte Bedürfnisse) und dem weiterhin dem Aufbau von Vertrauen in die Online Portale liegen.

4 Travel Management und Geschäftsreisebüro

Dipl.-Kaufmann Andreas Wilbers, Wilbers Consulting, Lindlar

4.1 Einleitung

Die Bedeutung des Geschäftsreisemarktes für die Wirtschaft in der Bundesrepublik Deutschland war über viele Jahre nicht klar. Erst seit dem Jahr 2003 werden vom Verband Deutsches Reisemanagement e.V. systematisch und umfassend Daten zum deutschen Geschäftsreisemarkt erhoben (vgl. VDR 2003). Die in den deutschen Unternehmen entstehenden Kosten von 47,4 Mrd. Euro (vgl. VDR 2007: 5) machen deutlich, dass ein effizientes Management der Geschäftsreisen notwendig ist. In Unternehmen wird diese Aufgabe immer häufiger von spezialisierten Travel- oder Mobility Managern wahrgenommen. Die Unternehmen verlangen auf der Lieferantenseite adäquate Geschäftspartner, um die vielfältigen Möglichkeiten, die Geschäftsreisekosten zu minimieren, nutzen zu können. Dabei entwickelt sich das Aufgabenspektrum immer mehr von der reinen Beschaffung von Reisedokumenten zur Unterstützung bei umfassenden Mobilitätsservices. In diesem Szenario können Geschäftsreisebüros eine wichtige Rolle spielen. Welche Managementoptionen ein Geschäftsreisebüros dabei hat, soll im vorliegendem Beitrag analysiert werden.

Zunächst erfolgt jedoch eine Abgrenzung des Begriffs Geschäftsreise sowie eine Analyse des deutschen Geschäftsreisemarktes. Anschließend werden die unterschiedlichen Ansätze von Travel- und Mobility Management und deren Einbindung in die Aufbauorganisation eines Unternehmens erläutert. Die Rolle der Geschäftsreisebüros und insbesondere deren strategische Optionen behandelt das Abschnitt 4.5. Ein Ausblick in die weitere Entwicklung des Travel Managements folgt schließlich in Abschnitt 4.6.

4.2 Der Begriff Geschäftsreise

In der Literatur wird der Begriff der Geschäftsreise unterschiedlich verwendet. Daraus leiten sich differenzierte Vorstellungen über das Volumen des Geschäftsreisemarktes ab. Nachfolgende Abbildung gibt einen Überblick über die Definition des Begriffs Geschäftsreise.

Definition	Quelle
Geschäftsreisen sind Reisen aus betrieblichem bedingtem Anlass, die direkt oder indirekt der Wertschöpfung im Unternehmen zuzurechnen sind.	BROCHHAUSEN u.a. 2004: 12
Geschäftsreise: Jede betrieblich veranlasste Reise, die anhand von einzelnen Reisekostenabrechnungen erfasst wird. Dauer. Zweck, Entfernung, Ziel der Reise oder berufliche Stellung der Reisenden sind hierfür unerheblich. Somit fließen auch Fahrten zum ständigen oder wechselnden Arbeitsplatz oder Fahrten ohne Ortswechsel in die Zahlen mit ein, sobald sie als Geschäftsreisekosten abgerechnet werden.	VDR-Geschäftsreiseanalyse 2005: 38
Geschäftsreisen sind berufsbedingte Ortsveränderungen von kurzer Dauer mit mindestens einer Übernachtung (Geschäftsreise-Tourismus) oder ohne Übernachtung (Tagesgeschäftsreisen).	FREYER/NAUMANN/SCHRÖDER 2006: 2
Geschäftsreisen sind demnach beruflich bedingte Reisen, - die im Zusammenhang mit der Berufsausübung notwendig sind, - deren Kosten von einem Unternehmen getragen werden und - die steuerlich abgesetzt werden können.	HAMMER/NAUMANN 2006: 13

Der steuerliche Begriff der Reisekosten umfasst Fahrtkosten, Verpflegungsmehraufwendungen, Übernachtungskosten sowie Reisenebenkosten, die anlässlich einer Dienstreise, einer Fahrtätigkeit oder einer Einsatzwechseltätigkeit anfallen. Eine Dienstreise liegt vor, wenn der Arbeitnehmer außerhalb seiner Wohnung und seiner regelmäßigen Arbeitsstätte vorübergehend tätig wird.	R 37 LStR (Lohnsteuerrichtlinien). Weitere steuerrechtliche Einzelheiten zu Dienstreisen, siehe § 9 EStG (Einkommsteuergesetz) R 37 – 40 LStR (Lohnsteuerrichtlinien)
Dienstreisen sind Reisen zur Erledigung von Dienstgeschäften außerhalb der Dienststätte.	§ 20 Abs. 1, Satz 1 BRKG (Bundesreisekostengesetz)

Abb. A.4-1:   Definitionen Geschäftsreise

Abgeleitet aus den verschiedenen Definitionen ist das Wesen der Geschäftsreise durch mindestens folgende Merkmale gekennzeichnet:

– beruflicher Anlass,
– berufsbedingte Ortsveränderung.

Zusammenfassend soll die Geschäftsreise wie folgt definiert sein:

> **Geschäftsreisen sind berufsbedingte Ortsveränderungen außerhalb der regelmäßigen Arbeitsstätte.**

4.3   Der Geschäftsreisemarkt

Die Grundgesamtheit der Studien des Verband Deutsches Reisemanagement e.V., die für nachfolgende Erläuterungen herangezogen wurde, bilden alle Unternehmen mit zehn oder mehr Mitarbeitern sowie Einrichtungen des öffentlichen Sektors (vgl. VDR 2006: 43). Die VDR-Geschäftsreisestudie liefert für den deutschen Geschäftsreisemarkt eine der umfangreichsten Analysen.[1]

---

[1] Ab 2007 hat die DZT erstmals den Gesamtmarkt Geschäftstourismus/-reisen für Deutschland bevölkerungsrepräsentativ und nachfrageseitig erfasst (vgl. DZT 2007, sowie HYVÄRINEN, K./ABLER, G./ TÖDTER, N. 2007). (Anmerkung die Hg.)

4.3.1   Bedeutung des Geschäftsreisemarktes

Der Geschäftsreisemarkt trägt zu einem erheblichen Teil zur volkswirtschaftlichen Entwicklung der Bundesrepublik Deutschland bei. Die Ausgaben für Geschäftsreisen machen etwa 47% der Gesamtausgaben für Reisen (Summe aus Privat- und Geschäftsreisen aus (vgl. VDR 2007: 7). Insgesamt hängen etwa 2,8 Millionen Arbeitsplätze direkt oder indirekt vom Geschäfts- und Urlaubsreisemarkt ab (VDR 2003: 17). Unter der Annahme, dass zwischen Ausgaben und Anzahl der Arbeitsplätze ein linearer Zusammenhang besteht, würden etwa 1,3 Mio. Arbeitsplätze direkt oder indirekt dem Geschäftsreiseaufkommen zuzurechnen sein. Bei rund 40,3 Mio. Erwerbstätigen (Stand: Nov. 2007) entspricht dies einem Anteil von 3,2 %.

Im Jahre 2006 lag das Bruttoinlandsprodukt in Deutschland bei 2.322,20 Mrd. Euro. Die Ausgaben für Geschäftsreisen betrugen 47,4 Mrd. Euro, wovon etwa 70% (vgl. VDR 2003: 17) in Deutschland verblieben. Dies entsprach 2006 einem Wert von 33,2 Mrd. Euro und somit einem Anteil von 1,4 % am BIP.

Die inländischen Ausgaben von 33,2 Mrd. Euro tragen zu 1,9% zum Volkseinkommen (2006: 1.751,23 Mrd. Euro) der Bundesrepublik Deutschland bei.

Etwa 2% bis 3% aller Nettoumsätze der Geschäftsreiseausgaben fließen in Form von Steuern (Gewerbe-, Grund-, Lohn- und Einkommensteuer) an den Staat zurück (VDR 2003: 16) und bilden somit eine verlässliche Einnahmequelle für Gemeinden, Länder und den Bund.

Geschäftsreisen erfordern häufig eine größere Flexibilität als touristische Reisen. Kurzfristige Terminansetzungen sowie Terminänderungen und -absagen müssen bei der Reiseplanung berücksichtigt werden. Die nachgefragte Flexibilität lassen sich die Leistungsträger in Form höherer Preise honorieren. So erwirtschaften Fluggesellschaften häufig höhere Umsätze mit Geschäftsreisenden, obwohl deren Anzahl geringer ist als die Anzahl der Privatreisenden. Geschäftsreisen sichern auf diese Weise günstigere Privatreisen und ganzjährig vorgehaltene Servicestrukturen der Leistungsträger (VDR 2003: 16).

4.3.2   Struktur und Entwicklung der Geschäftsreisekosten

Die Geschäftsreisekosten umfassen alle Kosten, die im Zusammenhang mit einer Geschäftsreise entstehen. Die direkt einer Reise zuzurechnenden Kosten werden als Einzelkosten, die im Zusammenhang mit der Organisation einer Reise entstehenden Prozesskosten als Gemeinkosten bezeichnet (vgl. BROCHHAUSEN u.a. 2004: 12).

Einzelkosten sind:

- – Fahrtkosten (z.B. für Flug, Bahn, Mietwagen, Nutzung Privat-PKW),
- – Verpflegungskosten (z.B. Bewirtung),
- – Übernachtungskosten (z.B. Hotel),
- – Reisenebenkosten (z.B. Telefon, Taxi),

Gemeinkosten sind die Kosten für

- die Reiseplanung,
- die Reisebuchung (inkl. Umbuchung, Stornierung),
- und die Reiseabrechnung.

Die Reisebürokosten werden üblicherweise den Einzelkosten zugeordnet, obwohl sie auch Merkmale der Gemeinkosten beinhalten.

Die bisher genannten Reisekosten erfassen den klassischen Bereich des Geschäftsreisemarktes, den man dem Travel Management zuordnet. Sie beziehen sich aus der Unternehmenssicht auf die direkt zuordenbaren Reisekosten und den Kosten für die Organisation der Geschäftsreise. Aus Reisebürosicht handelt es sich um die Kosten für die traditionellen Tätigkeiten eines auf den Geschäftsreisemarkt spezialisierten Reisebüros, bei dem es um die Planung, Buchung und Abrechnung von Reisedokumenten sowie einiger eng damit verbundener Tätigkeiten (z.B. Dokumentenzustellung) geht.

Das Betätigungsfeld des Travel Managements in den Unternehmen sowie der klassischen Geschäftsreisebüros wandelt sich jedoch zu einer umfassenden Mobilitätsdienstleistung. So erfasst die VDR Geschäftsreiseanalyse lediglich die Reisekosten, die anhand von einzelnen Reisekostenabrechnungen erfasst werden (vgl. VDR 2005: 38).

4.3.2.1 Entwicklung der klassischen Geschäftsreiseausgaben

Unter den klassischen Geschäftsreisekosten werden die vom VDR erhobenen Geschäftsreisekosten verstanden. Wie bereits erwähnt, beruhen sie auf den Reisekostenabrechnungen der Unternehmen (vgl. VDR 2005: 6).

Die Höhe der klassischen Geschäftsreiseausgaben unterliegen größeren Schwankungen. Wesentlicher Einflussfaktor ist die konjunkturelle Situation in Deutschland und auf dem Weltmarkt.

Jahr	in Mrd. Euro	Veränderung zum Vorjahr
2002	48,7	
2003	54,1	11,1 %
2004	44,0	-18,7 %
2005	46,2	5,0 %
2006	47,4	2,6%

Abb. A.4-2: Höhe der klassischen Geschäftsreiseausgaben (Quelle: VDR 2007)

4.3.2.2   Anzahl der Geschäftsreisen

Die Anzahl der Geschäftsreisen ist in den Jahren 2003 bis 2006 mit Ausnahme von 2004 kontinuierlich gestiegen.

Jahr	Anzahl in Mio.
2003	147,4
2004	146,4
2005	150,7
2006	157,8

Abb. A.4-3:   Anzahl der Geschäftsreisen
(Quelle: VDR 2007: 5)

4.3.2.3   Dauer der Geschäftsreisen

Die Dauer der Geschäftsreisen ist ein wichtiger Indikator, der Anhaltspunkte liefert, ob die Unternehmen versuchen, die Geschäftsreiseausgaben durch kürzere Reisen zu reduzieren. Kürzere, intensivere Geschäftsreisen vermeiden Übernachtungskosten. Die durchschnittliche Reisedauer in den Jahren 2003 bis 2006 tatsächlich kontinuierlich gesunken.

Jahr	Durchschnittliche Dauer in Tagen
2003	2,6
2004	2,4
2005	2,3
2006	2,2

Abb. A.4-4:   Durchschnittliche Dauer von Geschäftsreisen
(Quelle: VDR 2007: 6)

4.3.2.4   Geschäftsreisekosten nach Kostenbereichen

Flug- und Übernachtungskosten tragen zu über 50% zu den Gesamtausgaben für Geschäftsreisen bei. Mit größeren Abstand folgen die Bahnausgaben, sowie Kosten für Verpflegung und Mietwagen. Unter sonstigen Kosten verbergen sich eine Vielzahl an weiteren Kostenarten (z.B. Kilometergelderstattung, Taxikosten), mit wahrscheinlich erheblichem Einsparpotenzial, da sie häufig nicht im Focus der Einsparbemühungen des klassischen Travel Managements liegen.

Kostenbereich	2004 in Mrd. Euro	2005 in Mrd. Euro	2006 in Mrd. Euro	Veränderung 2006 zu 2004 in %	Anteil in % an Gesamtausgaben in Deutschland 2006
Flug	12,8	12,5	14,4	12,5 %	30 %
Bahn	5,3	7,4	7,2	35,8 %	15 %
Mietwagen	2,2	2,6	4,3	95,5 %	9 %
Übernachtung	10,1	11,3	11,1	9,9 %	24 %
Verpflegung	6,2	8,1	5,2	-16,1 %	11 %
Sonstige Kosten	7,4	4,3	5,2	-29,7 %	11 %
Gesamtkosten	44,0	46,2	47,4	7,7 %	100,0 %

Abb. A.4-5: Geschäftsreisekosten nach Kostenbereichen
(Quelle: VDR 2007: 8)

4.3.2.5   Entwicklung der Reisebüroumsätze

Ein Teil der klassischen Geschäftsreiseausgaben werden über Reisebüros gebucht. Die daraus resultierenden vermittelten Umsätze der Geschäftsreisebüros zeigt nachfolgende Abbildung.

Jahr	in Mrd. Euro	Veränderung zum Vorjahr
2002	6,93	
2003	6,37	-8,1 %
2004	6,70	5,2 %
2005	6,84	2,1%
2006	7,10	3,8 %

Abb. A.4-6:   Reisebüroumsätze
(Quelle: fvw 2004, 2006, 2007)

Nach einem Einbruch in 2003 entwickelten sich die Reisebüroumsätze in den letzten Jahren positiv. Für die folgenden Jahre werden aufgrund der expandierenden Weltwirtschaft steigende Geschäftsreiseumsätze erwartet. Ob sich die steigenden Ausgaben für Geschäftsreisen auch in höheren Reisebüroumsätzen niederschlagen, muss abgewartet werden. Da immer mehr Firmen ihre Buchungen im Internet tätigen, könnte es bei Geschäftsreisebüros mittelfristig zu sinkenden Umsätzen kommen.

4.3.2.6   Anteil der Reisekosten an den Gesamtkosten der Unternehmen

Die VDR-Geschäftsreiseanalyse enthält keine Aussage zum Anteil der Geschäftsreisekosten an den Gesamtkosten der Unternehmen. Schätzungen beziffern den Anteil der Mobilitätskosten an den Gesamtkosten der Unternehmen mit 14%

(ÖTVÖS 2003: 11). Da bei diesen Schätzungen jedoch auch Frachtkosten und Paketdienste berücksichtigt wurden, ergibt eine auf die Geschäftreisekosten fokussierte Berechnung folgenden Wert:

	2002
Mobilitätskosten	182,0 Mrd. Euro
Anteil an Gesamtkosten der Unternehmen	14 %
Gesamtkosten der Unternehmen	1.300 Mrd. Euro
Geschäftsreisekosten 2005	46,2 Mrd. Euro
Anteil der Geschäftsreisekosten an den Gesamtkosten der Unternehmen	3,55 %

Abb. A.4-7:   Anteil der Geschäftsreisekosten an den Gesamtkosten der Unternehmen (Quelle: ÖTVÖS 2003: 11; eigene Berechnungen)

Die Geschäftsreiseausgaben eines Unternehmens sind somit keine existenzentscheidende Kostenart im Unternehmen. Jedoch liegt ihr Anteil in etwa in der Größenordnung wie Telekommunikationskosten und höher als die EDV-Kosten eines Unternehmens (vgl. ÖTVÖS 2003: 11). Insofern stehen die Reisekosten immer wieder im Focus der Kosteneinsparungsprogramme der Unternehmen.

4.4   Organisatorische Einordnung des Travel Managements im Unternehmen

Jedes dritte Unternehmen mit zehn und mehr Mitarbeitern kümmert sich um das Travel Management. Jedoch findet man in vielen Unternehmen dezentrale Organisationsstrukturen in Bezug auf die Zuständigkeiten für das Thema Geschäftsreisen (vgl. VDR 2006: 16).

4.4.1   Begriffsbestimmung

Die Vielfältigkeit der Aufgaben im Zusammenhang mit Geschäftsreisen und deren sehr heterogene Ausgestaltung in den Unternehmen führt immer wieder zu Missverständnissen, was man denn nun eigentlich unter Travel Management versteht.

Abgeleitet aus dem Begriff Management erhält man folgende Definition für das Travel Management (vgl. BROCHHAUSEN u.a. 2004: 13):

> **Travel Management** ist der Prozess zur Planung, Organisation, Durchführung, Abrechnung und Kontrolle der Geschäftsreisen in einem Unternehmen.

Entscheidungstatbestand	Beispiel
Festlegung von Teilaufgaben	**Welche Aufgaben sind zu erledigen?** Ausfüllen von Formularen, Versand an Reisekostenabrechnungsstelle, Unterschriften, Verbuchung, Auszahlung
Festlegung der Reihenfolge zur Erledigung der Aufgaben	**In welcher Reihenfolge werden die Aufgaben erledigt?** Erfolgt die Unterschrift des Vorgesetzten bereits bei der Reisebuchung oder erst nach Ausfüllen des Reisekostenabrechnungsformulars?
Festlegung von Zeitpunkten bzw. der Zeitdauer zur Erledigung der Aufgaben	**Wann wird die Aufgabe begonnen und beendet?** Erfolgt die Auszahlung der Reisekostenabrechnung im Anschluss an die Verbuchung oder erst eine Woche später?
Räumliche Zuordnung der Aufgabenverrichtung	**Wo wird die Aufgabe erledigt?** Erfolgt die Verbuchung der Reisekostenabrechnung in der zentralen oder lokalen Buchhaltung?
Zuordnung der Teilaufgaben zu Stellen	**Wer erledigt die Aufgabe?** Erfolgt die Verbuchung der Reisekostenabrechnung durch die Buchhaltung oder die Personalabteilung?

Abb. A.4-8: Entscheidungstatbestände bei Prozessen am Beispiel der Reisekostenabrechnung
(Quelle: eigene Darstellung)

In der täglichen Praxis spielt der Prozessgedanke eine zentrale Rolle. Das Travel Management trifft Entscheidungen, die die Optimierung des Prozesses Geschäftsreise im Focus hat. Hierzu gehören:

– Festlegung von Teilaufgaben,
– Festlegung der Reihenfolge zur Erledigung der Aufgaben,
– Festlegung der Zeitdauer zur Erledigung der Aufgaben,
– Räumliche Zuordnung der Aufgabenverrichtung,
– Zuordnung der Teilaufgaben zu Stellen.

In welchem Rahmen das Travel Management tatsächlich Entscheidungen treffen kann, unterscheidet sich von Unternehmen zu Unternehmen sehr stark. Die

Schlussfolgerung aus den VDR-Analysen lautet jedoch nüchtern (VDR 2006: 5):
„Wer auf Travel Management verzichtet, gibt mehr aus als er muss."

4.4.2 Travel Management in der Aufbauorganisation

Die unternehmensinterne Ansiedlung des Travel Managements ist ein wichtiges
Kriterium zur Beurteilung der Bedeutung des Travel Managements in einem Unternehmen. Die nachfolgende Übersicht zeigt die Entwicklung der Verantwortung
für das Travel Management in den Jahren 2004 und 2005.

Verantwortungsbereich	2004	2005	Veränderung
Geschäftsführung	56 %	57 %	+ 1%
Travel Manager	27 %	30 %	+ 3 %
Chefsekretariat	16 %	24 %	+ 8 %
Personalbereich	14 %	20 %	+ 6 %
Finanzbereich	12 %	18 %	+ 6 %
Sonstiger Bereich	9 %	15 %	+ 6 %
Einkauf	12 %	12 %	0 %
Controlling	9 %	11 %	+ 2 %
Extern (z.B. Reisebüro, Bera-ter)	2 %	0,2 %	- 1,8 %

Abb. A.4-9:   Zuständigkeit für das Travel Management
(Quelle: VDR 2006:13, Anmerkung: Mehrfachantworten waren möglich)

In fast allen Unternehmensbereichen wurden 2005 Aufgaben des Travel Managements häufiger wahrgenommen als im Jahr zuvor. Dies verdeutlicht die Querschnittsfunktion des Travel Managements. Travel Management ist nicht eindeutig
einem Unternehmensbereich zuzuordnen. Vielmehr werden häufig Aufgaben des
Travel Managements in verschiedene Abteilungen delegiert. Da gleichzeitig in der
Mehrheit der Unternehmen die Geschäftsleitung ebenfalls mit dem Thema Travel
Management befasst ist, wäre es effizient, wenn das Travel Management als eigenständige Einheit direkt an die Geschäftsleitung berichten würde.

4.4.3   Aufgaben des Travel Managements

Der Verband Deutsches Reisemanagement definiert die Kernaufgaben des Travel
Managements wie folgt (VDR 2006: 16):

– Reiserichtlinien festlegen
– Verhandlungen mit Reisebüros

– Verhandlungen mit Leistungsträgern

– Reisekosten steuern und kontrollieren

Legt man die Definition des Begriffs Travel Management als Prozess zur Planung, Organisation, Durchführung, Abrechnung und Kontrolle der Geschäftsreisen in einem Unternehmen zu Grunde, so leiten sich die Aufgaben allgemeingültig wie folgt ab (vgl. FREYER/NAUMANN/SCHRÖDER 2006: 111):

> Aufgabe des Travel Managements ist die Gestaltung der Prozesse und Leistungen, die zur Planung, Organisation, Durchführung, Abrechnung und Kontrolle der Geschäftsreisen in einem Unternehmen notwendig sind.

4.4.4 Abgrenzung von Mobility und Travel Management

Das klassische Travel Management konzentriert sich auf die Geschäftsreise von Einzelpersonen oder kleinen Gruppen. Darüber hinaus hat sich in den letzten Jahren das Spektrum der Themen rund um die Geschäftsreise deutlich erweitert. Hierzu zählen:

– Fuhrparkmanagement (Management der Dienstfahrzeuge: z.B. Beschaffung, Wartung, Versicherung, Berücksichtigung steuerlicher Gesichtspunkte, Finanzierung, Umweltaspekte)

– MICE (Meeting-, Incentive-, Conference-, Eventmanagement)

– Mobiltelefonie

– Relocation-Management (Bereitstellung von Services bei der Entsendung von Mitarbeitern an andere Standorte insbesondere ins Ausland. Zu den Services gehören z.B. Wohnungsumzug, Beschaffung der Arbeitserlaubnis, Hilfe bei der Schulsuche)

– Management von firmeneigenen Businessjets

– Sicherheit auf Reisen (z.B. Schulungen von Mitarbeitern vor Reisen in gefährdete Gebiete, Impfungen,

– Mobilitätsversicherungen (z.B. Auslandskrankenversicherungen, Kidnapping-Versicherungen)

– Chauffeur- und Shuttleservice

– Umweltmanagement

– Alternativen zur Geschäftsreise (Audio-, Web-, Videokonferenz)

Fasst man die Aufgaben des Travel Managements und die genannten ergänzenden Themen zusammen, so spricht man vom **Mobility Management**. In Anlehnung an die Begriffsbestimmung zum Travel Management lautet die Definition des Mobility Managements:

Mobility Management ist der Prozess zur Planung, Organisation, Durchführung, Abrechnung und Kontrolle sämtlicher Elemente der Mobilität in
einem Unternehmen.

Da der Aufgabenbereich der Travel Manager zunehmend auch zusätzliche Mobili-
tätsleistungen beinhaltet, stellt sich die Frage, ob die Travel Manager diese Aufgaben in Eigenregie übernehmen oder sich externer Unterstützung, z.B. in Form
des Reisebüros bedienen sollten.

4.5 Das Geschäftsreisebüro als Element des Travel Managements

In der klassischen Form lautet die Kernaufgabe des Geschäftsreisebüros, die Firmenkunden bei der Planung und Buchung von Reisen sowie bei der Bereitstellung
von Reisedokumenten zu unterstützen. Jedoch haben die letzten Jahre gezeigt,
dass immer mehr Firmen ihre Buchungen über das Internet direkt beim Leistungsträger tätigen. Die Entwicklung der Reisekosten bei Unternehmen fällt laut VDR-
Analyse deutlich positiver aus als die Entwicklung der Reisebüroumsätze. Reisebüros müssen sich deshalb bei abschwächender Konjunktur auf sinkende Umsätze
einstellen. Steigen gleichzeitig die Internet-Buchungen der Unternehmen an, so
stellt sich für einige Reisebüros die Existenzfrage. Die Reisebüros stellen sich
langsam auf diese Entwicklungen ein und entwerfen neue Konzepte, um langfristig im Business Travel Markt eine Rolle zu spielen. Strategische Konzepte lassen
sich aus markt- und/oder ressourcenorientierter Sichtweise entwickeln.

4.5.1 Marktorientierte Sichtweise der Geschäftsreisebüros

Die fünfziger Jahres des 20. Jahrhunderts gelten allgemein als Start des Marketing. Die Distributions- und Verkaufsfunktion standen dabei im Vordergrund. In
den sechziger Jahren wandelten sich die Märkte von Verkäufer- zu Käufermärkten
und definierten das Marketing als dominante Engpassfunktion (vgl. MEFFERT
1999: 6f.). Die Funktionen des Marketing erweiterten sich in den neunziger Jahren zu einem marktorientierten Führungskonzept. Die betrieblichen Aktivitäten
leiten sich aus einer umfassenden Kunden- und Wettbewerbsorientierung ab (vgl.
RAFFÉE u.a. 1994: 45):

> Demnach lässt sich die **marktorientierte Unternehmensführung** definie-
> ren als das Management von Austauschprozessen und -beziehungen mit
> unternehmensinternen und -externen Partnern, insbesondere mit Partnern
> auf Absatz- und Beschaffungsmärkten sowie im Bereich der allgemeinen
> Öffentlichkeit.

Bei der Gestaltung der Beziehungen zu externen Partnern geht es um die Ausgestaltung der Marketinginstrumente, die man unter Dienstleistungs-, Distributions-,
Kommunikations- und Preispolitik zusammenfasst.

4.5.1.1   Dienstleistungspolitik: neue Beratungsleistung

Das Dienstleistungsangebot der Reisebüros wurde in den letzten Jahren neben den klassischen Aufgaben um neue Elemente erweitert. Die klassischen Dienstleistungen umfassen die Bereiche der Planung und Buchung von Reisen, die überwiegend per Telefonberatung erfolgt. Da immer mehr Unternehmen bereit sind, die Buchungen online über das Internet zu tätigen, bieten Reisebüros ebenfalls umfangreiche **Online-Booking-Engines** (OBE) an. Diese Buchungsmaschinen werden nicht von den Reisebüros, sondern von spezialisierten Software-Unternehmen entwickelt. Reisebüros vertreiben die Produkte als Lizenzen an Unternehmen. Sie generieren durch den Vertrieb der Lizenzen zusätzliche Einnahmen und bieten rund um die Onlinebuchung weitere Serviceleistungen (Implementierungsberatung, Helpdesk, usw.) an. Da dieses relativ neue Tätigkeitsfeld oftmals ertragsstärker als die klassische Reisevermittlung ist, konzentrieren sich Reisebüros in der Akquisition immer stärker auf die Vermittlung von Reisen über OBE's.

Neben den klassischen Buchungstätigkeiten und den damit zusammenhängenden weiteren Dienstleistungen, treten Geschäftsreisebüros immer stärker als Beratungsunternehmen auf. Die **Beratungsleistungen** erstrecken sich dabei nicht nur auf die Implementierung der von Reisebüros angebotenen Systeme, sondern unterstützen die Unternehmen auch im Einkauf. So liefern ausgeklügelte Management-Informations-Systeme den Travel Managern tagesaktuelle Daten zum Reisemanagement. Doch die Reisebüros gehen noch einen Schritt weiter. Über die Datenlieferung hinaus erstellen sie detaillierte Handlungsempfehlungen, um die Reisekosten zu senken. Die Beratung erstreckt sich dann auf die Aktualisierung von Reiserichtlinien, die Steuerung der Reiseströme auf das wirtschaftlichste Verkehrsmittel, Empfehlungen zu Einkaufsverhandlungen oder die Optimierung von Arbeitsabläufen in den Unternehmen. Man findet in den Empfehlungen sogar Hinweise zu Reisealternativen wie Telefon- oder Videokonferenzen. Kann man gleichzeitig entsprechende technische Lösungen anbieten, so verfügt das Reisebüro über weitere interessante Einnahmequellen.

4.5.1.2   Distributionspolitik für Geschäftsreisen

Die Distributionspolitik der Leistungsträger hat einen wesentlichen Einfluss auf den Vertrieb der Reisebüros. Vor wenigen Jahren bestand der klassische Vertrieb für Flug- und Bahnleistungen im Reisebüro. Hotel- und Mietwagenbuchungen erfolgten schon immer zu einem großen Teil direkt beim Leistungsträger bzw. im Hotelbereich über Hotelportale. In den letzten Jahren hat der Direktvertrieb der Fluggesellschaften, insbesondere durch den Einstieg der Low-Cost-Airlines in den Geschäftsreisemarkt, stark zugenommen. Die Deutsche Bahn verstärkt ihre Bemühungen, die Firmen auf das Bahnportal im Internet umzuleiten und belohnt die Unternehmen mit Vorteilen, in dem sie z.B. keine Serviceentgelte und ein reduziertes Reservierungsentgelt für Sitzplatzreservierungen verlangt.

Reisebüros müssen sich immer stärker der Frage nach dem Mehrwert, den ein spezialisiertes Geschäftsreisebüros liefert, stellen. Für die eigenen Vertriebsbemühungen bleibt letztendlich nur die persönliche Akquisition im Bereich der

Großunternehmen, wobei die Verkäufer nicht nur über außergewöhnliche Kenntnisse im klassischen Aufgabenbereich, sondern auch über umfangreiche betriebswirtschaftliche Kenntnisse verfügen sollten. Nur mit hervorragend ausgebildeten Vertriebsmitarbeitern ist es möglich, die Unternehmen von den Vorteilen der Beratungsleistungen eines Geschäftsreisebüros zu überzeugen. Einige Reisebüros haben deshalb die klassische Trennung von Vertrieb und Account Management (hier findet die Beratung häufig statt) teilweise aufgehoben. Mitarbeiter, die Beratungsleistungen anbieten, übernehmen gleichzeitig Vertriebsaktivitäten und können in Akquisitionsgesprächen aus einem umfangreichen Erfahrungspool schöpfen.

Reisebüroketten verkünden immer wieder, dass sie sich stärker dem Segment der klein- und mittelständischen Unternehmen widmen möchten, um weitere Kundenpotenziale erschließen zu können. Die Praxis hat jedoch gezeigt, dass lediglich die mittelständischen Unternehmen bereit sind, die Dienstleistungen eines Reisebüros zu bezahlen. Kleinere Unternehmen bevorzugen immer häufiger die direkte Buchung beim Leistungsträger im Internet.

4.5.1.3   Kommunikationspolitik für Geschäftsreisen

Die Kommunikationspolitik umfasst die Bereiche Public Relations, Werbung und Verkaufsförderung.

Die **Public Relations** umfassen die planmäßig zu gestaltenden Beziehungen zwischen einem Geschäftsreisebüro und der nach Anspruchsgruppen gegliederten Öffentlichkeit (z.B. Kunden, Geldgeber, Lieferanten) u.a. mit dem Ziel Vertrauen zu gewinnen (vgl. Jefkins 1992, S. 1f.). Inhalte der Informationen können so gestaltet sein, dass neue Dienstleistungen bekannt gegeben werden oder ein bestimmtes Image des Unternehmens vermittelt werden soll. So kann die Public Relations beispielsweise den Kunden mitteilen, dass eine Reisebürokette insbesondere für internationale Großunternehmen oder für nationale mittelständische Unternehmen genau der richtige Partner sei.

Zur Gestaltung der Kommunikationsmaßnahmen zählen z.B. Sponsoringmaßnahmen bei Events oder Tagungen, Veröffentlichung von Studien oder Pressekonferenzen.

Klassische Werbung in Printmedien oder mittels Fernsehspots findet man bei Geschäftsreisebüros eher selten. Die Kosten sind für die margenschwachen Geschäftsreisebüros oft zu hoch.

Verkaufsförderungsmaßnahmen spielen aus Sicht der Geschäftsreisebüros eine eher untergeordnete Rolle. Zielgruppe der Maßnahmen könnten Travel Manager, Reisende und Sekretariate sein. Entsprechende Maßnahmen können im Business-to-Business Geschäft jedoch schnell in den Geruch der Bestechung geraten. Reisebüros müssen sich sehr wohl überlegen, ob entsprechende und oft gut gemeinte Maßnahmen, wie z.B. eine Produktreise zum Kennenlernen der neuen Business-Class einer Fluggesellschaft, nicht schnell zum Boomerang werden können.

4.5.1.4 Preispolitik für Geschäftsreisen

In den letzten Jahren haben sich zwei Vergütungsformen in der Zusammenarbeit zwischen Unternehmen und Reisebüros durchgesetzt: Das Management-Fee-Modell und das Transaction-Fee-Modell. Das vor einigen Jahren noch beherrschende Modell der Rückvergütung (Rabattmodell) ist weitestgehend vom Markt verschwunden, da die Leistungsträger ihre Provisionszahlungen an die Reisebüros weitestgehend eingestellt haben. Reisebüros haben dadurch keine Möglichkeit mehr, die Rabattzahlungen aus den Provisionen zu finanzieren.

Für alle Unternehmen, unabhängig von der Größe, bieten die Reisebüros **Transaction-Fee-Modelle** an. Bei dieser Variante verlangen die Reisebüros Serviceentgelte, die sogenannten Transaction Fees, für die Buchung der Reiseleistungen. Die Höhe der Transaction Fee hängt davon ab, welche Transaktionen zu einem Leistungsbündel zusammengefasst werden. Als Transaktionen bezeichnet man in diesem Zusammenhang u.a. Reiseauskunft, Buchung, Sitzplatzreservierung, Ticketausstellung, Umbuchung, Erstattung, Ticketzustellung, Visumbeschaffung. Aber auch zusätzliche Dienstleistungen wie Hinterlegungen von Reisedokumenten, Nutzung eines 24-Stunden-Service, Bereitstellung eines Management-Informations-Systems werden über die Transaction Fee abgerechnet. Da die Fakturierung jeder einzelnen Transaktion aufwendig und für die Unternehmen schwer nachvollziehbar ist, fasst man die Transaktionen zu Leistungsbündeln zusammen. Reisebüros bilden für kleine und mittlere Unternehmen standardisierte Leistungsbündel und daraus resultierende Transaction Fees, während größere Unternehmen über Ausschreibungen individuell zusammengestellte Transaction Fees abfragen. Darüber hinaus fordern größere Unternehmen auch die Weitergabe der von den Leistungsträgern gewährten Provisionen.

Im **Management-Fee-Modell** liegt der Focus weniger auf der Vergütung einer einzelnen Transaktion als vielmehr auf der Honorierung des gesamten Reisebudgets mit einer festen Jahreshonorierung bzw. einer am Umsatz orientierten Vergütung. Unternehmen erstatten den Reisebüros dabei den für den Reiseetat entstehenden Aufwand zuzüglich eines Gewinnaufschlags. Das Management-Fee-Modell erhielt seinen Namen aus dem Gewinnaufschlag, der als Management Fee bezeichnet wird. In Management-Fee-Modellen werden die an die Reisebüros gezahlten Provisionen der Leistungsträger zumeist an die Unternehmen weitergereicht.

Weder im Transaction- noch im Management-Fee-Modell wird die Qualität der Leistung des Reisebüros berücksichtigt. Deshalb definieren Unternehmen und Reisebüros zusätzliche Leistungskriterien, wie z.B. Zufriedenheit der Reisenden mit dem Reisebüro oder eine Best-Buy-Garantie. Die Leistungskriterien werden in Form von Key Performance Indicators (KPI), Service Level Agreeements (SLA) oder Performance-Modellen messbar gemacht. Die Erfüllung bzw. Nichterfüllung der Kriterien kann wiederum Bestandteil des Vergütungsmodells sein. In Bonus-Modellen erhalten die Reisebüros bei einer guten Leistung eine Sondervergütung am Jahresende, während in Malus-Modellen bei Nichterfüllung der Kriterien eine

Rückvergütung seitens des Reisebüros auf bereits erhaltene Transaction- oder Management-Fees erfolgt.

4.5.1.5   Ableitung von Wettbewerbsstrategien

Jedes Unternehmen findet für seine spezifische Situation eine einmalige Vorgehensweise, um im Wettbewerb erfolgreich zu bestehen. Porter arbeitet drei in sich geschlossene Strategiegruppen heraus, die getrennt oder in Kombination miteinander angewandt werden können, um langfristigen Erfolg zu sichern (PORTER 1999: 70), vgl. Abb. 4-10.

Der Wettbewerbsvorteil ergibt sich aus der branchenweiten Differenzierung und Kostenführerschaft sowie der Konzentration auf Schwerpunkte. Die drei Strategietypen können sowohl individuell als auch in Kombination miteinander verfolgt werden. Je erfolgreicher die Strategietypen umgesetzt werden, desto erfolgreicher ist das Unternehmen.

Strategietyp	Kennzeichen
Umfassende Kostenführerschaft	– Aggressiver Aufbau von Produktionsanlagen effizienter Größe (im Dienstleistungsmarkt z.B. große Call-Center) – Energisches Ausnutzen erfahrungsbedingter Kostensenkungen – Strenge Kontrolle von variablen Kosten und Gemeinkosten – Vermeidung von marginalen Kunden – Kostenminimierung in Bereichen wie Forschung und Entwicklung, Service, Außendienst, Werbung usw. (jedoch dürfen Qualität und Service darunter nicht in dem Maße leiden, dass Kundenverluste eintreten)
Differenzierung	Ansätze einer Differenzierung können z.B. in folgenden Bereichen erfolgen: – Design oder Markenname – Technologie – Werbewirksame Aufhänger – Kundendienst – Händlernetz

Strategietyp	Kennzeichen
Konzentration auf Schwerpunkte	Konzentration auf Marktnischen, z.B.: – Konzentration auf ein oder wenige Dienstleistungselemente der Branche – Konzentration auf ein geographisch abgegrenztes Gebiet – Konzentration auf bestimmte Abnehmergruppen

Abb. A.4-10: Strategietypen nach PORTER

Für Geschäftsreisebüros ergeben sich für die drei Strategietypen beispielhaft folgende konkrete Handlungsempfehlungen:

Kostenführerschaft:

– Reduktion der Kosten durch Einrichtung von großen Call-Centern statt lokaler kleiner Firmendienste

– Bei globalen Reisebüroketten standardisierte internationale Produkte statt einer Vielzahl an nationalen Produkten

– Umfangreiche Aus- und Weiterbildungsmaßnahmen zur Steigerung der Mitarbeiterproduktivität

– Flache Hierarchien

– Einrichtung von Fulfillment-Centern zur Erstellung von (elektronischen) Reisedokumenten und deren Fakturierung in Billiglohnländern

Differenzierung:

– Forcierung technologischer Lösungen (z.B. OBE)

– Ausbau der Beratungstätigkeiten

– Internationalisierung der eigenen Geschäftsaktivitäten, um Geschäftsreisekunden in mehreren Ländern betreuen zu können.

Konzentration auf Schwerpunkte:

– Konzentration auf bestimmte Kundensegmente in Abhängigkeit der Betriebsgröße (z.B. Kleinunternehmen, mittelständische Unternehmen, Großunternehmen, internationale Konzerne)

– Konzentration auf bestimmte Kundensegmente in Abhängigkeit der Kundenstandorte (z.B. viele lokale Standorte vs. zentrale Call-Center, europaweites Call-Center)

– Konzentration auf bestimmte Servicekonfigurationen (z.B. Forcierung der Online-Buchung, Implants)

Es fällt nicht immer leicht, die Handlungsempfehlungen genau einer Handlungs-
strategie zuzuordnen. Je nach Reisebüro bzw. Kundensicht fällt die Handlungs-
empfehlung mal in die Kategorie Differenzierung, ein anderes Mal in die Gruppe
Konzentration. Bei allen Handlungsempfehlungen ist zu berücksichtigen, dass die
Verfolgung einer bestimmten Strategie zu Kundenverlusten führen kann. Konzentriert sich ein Reisebüro zukünftig auf internationale Großkonzerne, so fühlen
sich eventuell die mittelständischen Unternehmen bei diesem Geschäftsreisebüro
nicht mehr wohl und wechseln den Anbieter. Schlägt ein Reisebüro eine bestimmte Strategie ein, so sind auf der einen Seite die Potenziale genau zu untersuchen,
auf der anderen Seite müssen die negativen Aspekte ebenfalls berücksichtigt werden. Fällt die Gesamtkalkulation positiv aus, so kann mit der Strategieumsetzung
begonnen werden.

4.5.2   Ressourcenorientierte Sichtweise der Geschäftsreisebüros

Edith PENROSE hat bereits 1959 in „The Theory of the Growth of the firm" Unter-
nehmenserfolge auf die Qualität interner Ressourcen zurückgeführt. Im ressourcenorientierten Ansatz (resourced-based-view) werden zwei Ansätze zusammenge-
führt: Einerseits werden strategische Vorteile eines Unternehmens damit begründet, dass Unternehmen über andere, strategisch wertvollere Ressourcen verfügen
als Konkurrenten, andererseits ihre Ressourcen besser als ihre Konkurrenz nutzen
können.

Ressource bezeichnet allgemein den Input eines Leistungsprozesses. Es handelt
sich um die generischen Produktionsfaktoren wie Standort, Material, Anlagen,
Finanzen, Informationen und Menschen (vgl. KLIMECKI u.a. 1991: 30). Der ressourcenorientierte Ansatz besagt im Gegensatz zum marktorientierten Ansatz,
dass Ressourcen den Unternehmen nicht allgemein zugänglich sind. Unternehmen
müssen erkennen, welche Stärken und Schwächen in den einzelnen Ressourcen
enthalten sind. Insbesondere bei der menschlichen Arbeitskraft gilt es zu identifizieren, über welches spezifische Know-how die einzelnen Mitarbeiter verfügen
und in einen Prozess einbringen können. Müser hat die zentralen Bestandteile
einer ressourcenorientierten Unternehmensführung und deren Gestaltung in einem
strategischen Handlungskonzept zusammengefasst (vgl. MÜSER 1999).

Für Geschäftsreisebüros ist die **Ressource Mensch** die kritische Größe, um
Konkurrenzvorteile zu erzielen. Schaut man sich die Aus- und Weiterbildungsprogramme der Geschäftsreisebüroketten an, so sind die Ausbildungsmaßnahmen
zum Reiseverkehrskaufmann/-frau weitestgehend, da staatlich geregelt, identisch.
In den Weiterbildungsprogrammen setzt sich die Gleichförmigkeit der Schu-
lungsmaßnahmen in Bezug auf die operativen Tätigkeiten im Firmendienst oft
fort.

Die Reisebüroketten haben jedoch erkannt, dass sie als Branche nur eine Überlebenschance haben, wenn sie einerseits Alternativen zur Online-Buchung über das Internet und auf der anderen Seite Mehrwerte über Service und Beratungsleistungen anbieten. Bietet man jedoch Beratungsleistungen an, so muss das Verständnis für die Kundenbedürfnisse vorhanden sein. Das Ergebnis sind Weiterbildungsmaßnahmen, die die Probleme und Lösungsansätze aus Sicht der Kunden im Focus haben. Der Verband Deutsches Reisemanagement, ein Wirtschaftsverband, der die Interessen der geschäftsreisenden Unternehmen wahrnimmt, bietet seit mehreren Jahren spezielle auf die Interessen der Geschäftsreisebüros ausgerichtete Seminare an. Ziel ist es, Reisebüromitarbeiter für die Interessen der Kunden zu sensibilisieren und Lösungsmöglichkeiten zu erarbeiten, um für die Verbandsmitgliedern kompetente Gesprächspartner auf die Lieferantenseite auszubilden. Das Weiterbildungsprogramm beinhaltet z.B. eine Seminarreihe, die mit einer Prüfung zum „Certified Key Account Manager Business Travel" abschließt.

Jede Reisebüroorganisation muss sich die Frage stellen, welche **Kernkompetenz** es besitzt. Als wichtiges Kriterium für Kernkompetenz gilt, dass Kunden sie für sich als überdurchschnittlich wertvoll wahrnehmen. Geschieht dies nicht, so sind Reisebüros untereinander und gegenüber Alternativen, wie z.B. OBE´s, austauschbar und differenzieren sich nur noch über den Preis. Um diesem Preiskampf zu entgehen, gilt es, die eigenen Stärken zu identifizieren, auszubauen und als Mehrwert für den Kunden zu positionieren. Die Entwicklung eines Geschäftsreisebüros vom Ticketlieferanten zum Berater ist eine strategische Alternative. Sie ist jedoch nur erfolgreich, sofern die Beratungstätigkeit für den Kunden auch tatsächlich einen Mehrwert bietet. Wenn Reisebüros eine Kompetenz für Beratungstätigkeiten aufbauen, die Kunden dies aber nicht als Mehrwert erkennen, so endet die strategische Reise des Reisebüros in einer Sackgasse.

4.6   Ausblick

Der Geschäftsreisemarkt ist ein weiter wachsender Markt. Die Bedeutung des Travel Managements in den Unternehmen nimmt aufgrund der stetig steigenden Kosten zu. Die Globalisierung fordert auch von den Travel Managern eine immer stärkere Internationalisierung ihrer Tätigkeiten. Beispielsweise werden Reiserrichtlinien nicht mehr nur für nationale Gesellschaften formuliert, sondern erheben den Anspruch auf globale Gültigkeit. Verhandlungen mit Leistungsträgern werden immer häufiger für mehrere Länder geführt. Eine Kreditkarte für die Bezahlung von Reiseleistungen muss global einsetzbar sein. Die Zunahme der Verantwortung erfordert vom Travel Manager umfangreiche globale Kenntnisse des Geschäftsreisemarktes. Um diese Aufgaben effizient wahrnehmen zu können, benötigen Travel Manager fachgerechte Aus- und Weiterbildungsmaßnahmen, sowie professionelle externe Unterstützung. Neben unabhängigen Consultants kann diese Rolle auch von Geschäftsreisebüros wahrgenommen werden. Reisebüroketten wandeln sich von reinen Ticketlieferanten zu umfassenden Anbietern von Prozesslösungen in Form von Beratungsunternehmen. Mittelfristig wird jedoch nach wie vor die Buchung von Geschäftsreisen zum zentralen Geschäftsfeld der Reisebüros gehören. Langfristig wird diese Aufgabe nahezu vollständig durch technische Lösungen ersetzt.

Die Kernkompetenzen des Reisebüros und die Aufgaben der Travel Manager wandeln sich. Eine spannende und große Herausforderung für das Management der Geschäftsreisebüros sowie für die Travel Manager.

5 Multichannel-Vertrieb: Innovatives Distributions-Management für Destinationen

Prof. Dr. Walter Freyer, Lehrstuhl für Tourismuswirtschaft, TU Dresden/
Dipl.-Kaufmann Manuel Molina, Geschäftsführer TSS-Touristik Services Systems,
Dresden

5.1 Neue Distributions-Kanäle im Tourismus

Der touristische Vertrieb ist seit einigen Jahren im Umbruch – dies gilt für die klassischen Vertriebswege der Leistungsträger und Reiseveranstalter ebenso wie für Destinationen. Insbesondere die Seite der traditionellen Reisebüros wandelt sich: Aufgrund neuer veränderter Wettbewerbsbedingungen haben sich die meisten Einzelbüros in nur wenigen Jahren in Ketten und Kooperationen neu organisiert. Waren es 1990 noch ca. 80% ungebundene Reisebüros in Deutschland, so ist ihre Zahl im Jahr 2007 auf unter 5% gefallen. Aktuell werden vor allem die Rolle und Aufgaben der klassischen stationären Reisebüros und der neuen Online-Vertriebsformen diskutiert.

Aber auch die verschiedenen Tourismusproduzenten suchen nach neuen Wegen des Vertriebs. Die hier einzuordnenden Tourismus-Destinationen geraten zunehmend unter Wettbewerbsdruck und so ist es notwendig geworden, ihre Vertriebspolitik innovativ zu gestalten und Distributionswege neu zu definieren. Bisher erfolgte die Vermarktung von Destinationen zumeist über nationale und regionale Tourismusorganisationen sowie über Incoming Agenturen und Reiseveranstalter. Doch der zunehmende Wettbewerb unter den Destinationen verlangt eine professionelle und aktuelle Gestaltung der Distributions- und Marketingkanäle. Viele Destinationen haben erkannt, dass eine entsprechende Vermarktung durch Reiseveranstalter allein nicht mehr ausreicht und werden verstärkt selbständig aktiv, um Endkunden und Wiederverkäufer zu erreichen und zu stimulieren. Dabei bieten ihnen innovative Reisemittler ganz neue Wege, indem sie Destinationen direkt vermarkten. Damit erschließt sich Destinationen die gesamte Vertriebsmacht des Reise(büro)vertriebs.

Ordnet man Destinationen in die klassische Vertriebsstruktur im Tourismus ein, hatten sie schon immer eine Zwitter- oder Mehrfachfunktion. Mit ihrem natürlichen und abgeleiteten Angebot (sowie den Beförderungs- und Beherbergungsunternehmen in den Destinationen) gehören sie zu den Leistungsträgern, mit der Vermittlung von Unterkünften übernehmen sie eine Reisemittlerrolle und stellen drittens mit ihren Reisepaketen Reiseveranstalter dar (vgl. genauer FREYER 2006: 253ff.).

Auf einige dieser Aspekte wird im Folgenden hingewiesen. Es wird der Wandel der bisherigen Vertriebskanäle vom One- zum Multi-Channel-Marketing kurz aufgezeigt und die wichtigsten Ursachen für den Wandel benannt. Am Beispiel der Reisebürokooperation TSS werden neue innovative Vertriebswege und ihre Möglichkeiten für Destinationen aufgezeigt.

5.2   Vom Single-Channel- zum Multi-Channel-Marketing

Lange Zeit gab es im Marketing eine Konzentration auf einen Absatzkanal. Es galt zumeist die Prämisse „One-Producer/Product-One-Channel" und es wurde der eine „optimale" Vertriebsweg gesucht (vgl. AHLERT 1996, MEFFERT 2000: 660ff.).

Die distributionspolitischen Optionen lauteten (vereinfacht):

– Direkter oder indirekter Vertrieb (Grad der Direktbeziehung),
– eigene oder fremde Vertriebskanäle (Art der Intermediäre),
– einstufiger oder mehrstufiger Vertrieb (Anzahl der vertikalen Distributionsstufen – „Länge" des Vertriebs)
– sowie: intensive, selektive oder exklusive Distribution,
– ferner werden bis zu neun Channel Flows als Funktionen der Distributionssysteme betrachtet (vgl. KOTLER/BLIEMEL 2001: 1076f.)

Multi-Channel-Vertrieb war bis vor kurzem eher die Ausnahme unter den distributionspolitischen Optionen. Mehrkanal-Vertrieb gab es nur, wenn (a) ein Kanal keine Ausschöpfung des Marktpotenzials ergab oder (b) über andere Kanäle die Distributionskosten gesenkt werden konnten oder (c) eine gezielte(re) Kundenansprache erreicht werden sollte. Es galt ein isolierter Multi-Channel-Ansatz, der auf dem „variety seeking" basiert: Mit Hilfe verschiedener Vertriebskanäle sollten vor allem verschiedene Kundengruppen angesprochen werden.

Bei gleichen Kundengruppen wurde zumeist auf die Gefahr der Kannibalisierung, der Kanalkonflikte („channel war") sowie des hohen Koordinationsaufwandes verschiedener Vertriebskanäle hingewiesen (WIRTZ 2007: 21ff.), vgl. auch Abb. A.5-3.

Im Tourismus war die Vertriebslandschaft anfänglich klar strukturiert. Es dominierte bis Ende 2000 bei Reiseveranstaltern und Leistungsträgern (Transport- und Beherbergungsunternehmen) der klassische Vertrieb über stationäre Reisebüros mit Reisemittlerfunktion (vgl. FREYER 2007: 496ff.).

Als Alternative galt vor allem der Direktvertrieb. Er war in der privatwirtschaftlichen Tourismuswirtschaft eher die Ausnahme, beispielsweise bei einigen Spezialveranstaltern.

Bei Tourismus-Destinationen hingegen dominierte die Direktvermarktung, zumeist über regionale oder nationale Tourismusorganisationen. Zudem wurden Destinationen mit Unterstützung der Reiseveranstalter vermarktet, so konnten sie die klassischen Vertriebskanäle der Veranstalter nutzen. Nur in wenigen Fällen wurde die Zusammenarbeit ausgedehnt und Destinationen beteiligten sich an gemeinsamen Marketingaktionen. Der klassische Reisebürovertrieb war die Ausnahme, außer Destinationen stellten buchbare Pauschalprogramme zur Verfügung. In dieser Phase hatten Destinationen die Möglichkeiten des Vertriebes nur bedingt für sich erkannt.

Die ursprüngliche Wertschöpfungskette der Tourismuswirtschaft verlief bis Ende der 1990er Jahre folglich von Leistungsträgern über Reiseveranstalter und Reisebüros zu den Endkunden (vgl. Abb. A.5-1). CRS waren vor allem zwischen Leistungsträgern und Reiseveranstaltern, später zwischen den Reiseveranstaltern und Reisebüros angesiedelt. Danach wandelte sich diese Struktur und auf allen Stufen traten CRS und Internet dazwischen, anfänglich als mediale Hilfsmittel, später als eigenständige Institutionen.

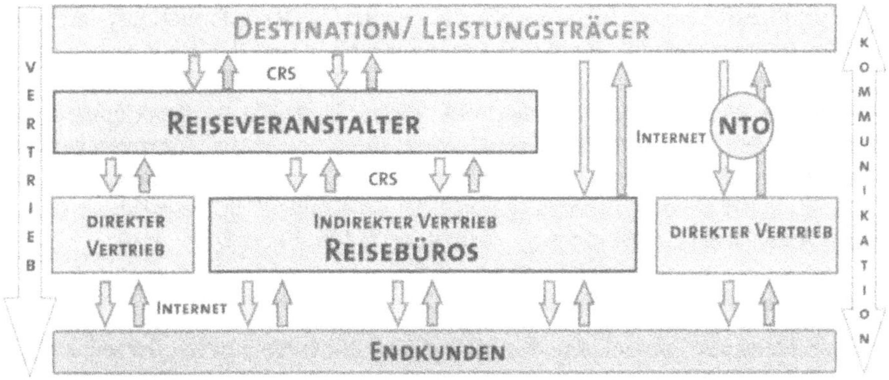

Abb. A.5-1:   Klassischer Vertrieb der Destinationen

5.3 Gründe des Wandels

Die klassischen Vertriebsstrukturen begannen Mitte der 1990er Jahre sich zu verändern. Diese Veränderungen traten nicht nur in der Tourismuswirtschaft auf, sondern auch in andern Wirtschaftsbereichen. Vor allem drei Gründe werden häufig als ursächlich genannt, die sich im Tourismus leicht verändert darstellen.

(1) Es bildete sich ein neues Verbraucherverhalten heraus, das entscheidend Einfluss auf die Strukturen des Reisevertriebs nahm. (2) Hinzu kam eine spezifische Entwicklung im Tourismus vom Wandel der Kanäle von reinen Distributions- in zusätzliche Informations- und Kommunikationskanäle. (3) Mit aufkommendem Internet entstanden neue technische Möglichkeiten, so formuliert als Online- oder Internet-Vertrieb. – Zudem ergaben sich mit dem Wegfall der Ver-

anstalterbindung für Reiseveranstalter und Reisebüros neue Möglichkeiten im touristischen Vertrieb.

Zu (1) Wandel des Verbraucherverhaltens

Als erster Grund wird auf der Nachfragerseite der Wandel der Kauf- und Konsumgewohnheiten der Verbraucher allgemein (und der Touristen im Speziellen) genannt. Der moderne Konsument wird als multioptionaler Kunde und Verbraucher charakterisiert, der zu verschieden Gelegenheiten sehr verschiedene Kaufverhaltensweisen realisiert, mal einfach und billig, mal teuer und exklusiv. Ähnliches gilt auch für Touristen und Gäste von Destinationen, die parallel verschiedene Kanäle für ihre touristischen Käufe nutzen („channel hopping", WIRTZ 2007: 281): stationäres Reisebüro, Direktkontakt mit Airlines oder Hotels sowie Internet. Der Reisegast prüft dabei, ob seine Wünsche über den jeweiligen Marketing-Kanal besser erfüllt werden können. Dabei geht es u.a. um Auswahlmöglichkeiten, Information, Preis, Schnelligkeit, Sicherheit der Buchung usw.

Zudem werden im Tourismus in unterschiedlichen Phasen des Kauf-/ Buchungsprozesses unterschiedliche Kanäle genutzt. In der Informationsphase häufig das Internet (online), für den Buchungsabschluss und die Zahlung bevorzugt das stationäre Reisebüro (face-to-face), in der Nachkaufphase eventuell der schriftliche Weg (bei Beschwerden) usw. Ferner lässt sich der Reisekunde Kataloge zusenden, besucht Reisemessen, soweit diese beiden als Vertriebswege und nicht als -medien zu sehen sind. Im Vergleich zu den USA, wo sie auf ca. 35–70% geschätzt werden, nehmen „Multi-Channel-Kunden" in Deutschland aktuell einen Anteil von ca. 10% ein. (vgl. WIRTZ 2007: 325, FRITZ 2004: 119).

Zu (2) Technologischer Wandel

Entscheidend zur Entwicklung des Multi-Channel-Marketings hat der technologische Wandel beigetragen. Die Etablierung des Internets gilt als wichtiger Treiber für das verstärkte Aufkommen des Multi-Channel-Marketings. Nicht minder wichtig sind die Weiterentwicklung der CRM-Systeme sowie deren Schnittstellen zum Internet.

Online-Marketing und E-Commerce führen zu Veränderungen innerhalb der touristischen Wertschöpfungskette durch Um- und Neugestaltung der Aufgaben der Vertriebsorgane und -medien. Ursprünglich galt die elektronische Form des Vertriebs als eine Sonderform der Vertriebsmedien, also der eher „technischmedialen" Umsetzung, neben dem persönlichen, schriftlichen oder telefonischen Kontakt mit den Kundeabsatz reagiert nicht.

Zunächst diente das Internet bei der Kaufentscheidung in erster Linie als Informationskanal. Der Kauf fand oft noch im traditionellen Reisebüro statt. Mittlerweile ist das Verhalten der multi-optionalen Verbraucher im Internet viel komplexer geworden. Es gilt nicht mehr, „so viele (Marketing-Kanäle) wie möglich" zu nutzen, sondern „gezielt und strategisch" vorzugehen.

Inzwischen wird E-Commerce aber immer mehr als eigenständiger Vertriebsweg gesehen, der durch eigene elektronische Firmen bzw. Firmenabteilungen in Konkurrenz zum klassischen Vertriebsweg im Tourismus, den Reisebüros, tritt. E-Commerce hat damit verstärkt institutionelle Bedeutung im touristischen Vertrieb und Handel erlangt.

Eine Vorreiterrolle haben hierbei die Airlines eingenommen. Als weniger beratungsintensives Produkt setzte sich hier der Online-Vertrieb schnell durch. Darauf folgten – teilweise noch unter der Schirmherrschaft der Airlines – die großen Reiseportale.

Reine Online-Büros nutzen die Plattform Internet als One-Channel-Vertrieb. Viele Reisebüros nutzen es jedoch eher ergänzend im Rahmen des Multi-Channel-Marketings, um zum einen 24 Stunden erreichbar zu sein und zum anderen, um Neukunden zu gewinnen, die nicht im stationären Vertrieb gekauft hätten.

(3) Wandel der Distributions- zu Kommunikations- und Kontakt-Kanälen

Beim klassischen Vertrieb von Sachgütern stehen logistische Probleme im Vordergrund der Betrachtung: wie kommt das Produkt vom Hersteller zum Produzenten? Hier überwiegt der One-way- oder Pipeline-Gedanke der Distribution. Hingegen sind bei den im Tourismus vorherrschenden Dienstleistungen Vertrieb und Kommunikation eng verbunden und es dominieren Two-way- oder Dialog-Kontakte (vgl. FREYER 2007: 498ff.).

Theoretisch wird hierbei vom uno-actu-Prinzip der Produktion und Konsumtion, von der Integration des externen Faktors (dem Gast) in die Leistungserstellung sowie von face-to-face-Beziehungen gesprochen. Anstelle der One-way-Distribution sind es Kontaktwege- oder – noch allgemeiner – Marketing-Kanäle. Zudem bieten auch die Neuen Medien verstärkt Rückkopplungen – und damit Zwei-Wege-Beziehungen (two-way-contacts) anstelle der traditionellen One-way- oder Pipeline-Beziehung der klassischen Sachgüter-Distribution.

Zunehmend trat ein Wandel bzw. eine Vermischung von traditionellen Vertriebswegen und Vertriebsmedien im Multi-Channel-Marketing ein. D.h. jede Vertriebs- oder Kontaktform erfolgt über ein bestimmtes (Kontakt-)Medium, z.B. persönlicher, schriftlicher, elektronischer Kontakt. Manche dieser ehemaligen Kontakt-Medien werden zu „neuen" Vertriebswegen und -institutionen, z.B. Call Center (telefonischer Kontakt), Direkt-Mailings (per Brief: schriftlicher Kontakt, per Internet: elektronischer Kontakt), Internet (elektronischer Kontakt).

Die wichtigsten Kommunikations- (mediale)- und Vertriebs- (institutionelle) Kanäle im Tourismus sind:

- **mediale Kanäle** (Kommunikations-Kanäle): persönlich, Telefon/Fax, PC/ Online/Internet, PDA/Handy, Kataloge/Prospekte, Radio-/TV-Werbung, Print-Medien, Direct-Mailings (Brief, E-Mail).

- **institutionelle Kanäle** (Vertriebskanäle): stationäre Reisebüros/-mittler, Online-Vermittler (Portale, E-Commerce), Besuchsverkauf (Hometravel oder mobiler Verkauf, M-Commerce), Marktveranstaltungen (Messen, Events).

Das klassische One-way- oder Pipeline-Denken im Vertrieb („spezielle Vertriebswege für spezielle Kunden") befindet sich also im Umbruch. Vertriebswege werden mehr und mehr zu Two-way- (interaktiven) Kontaktwegen (inklusive Kommunikationsaufgaben) – von daher ist Marketingkanäle, anstelle von Vertriebskanäle, der allgemeinere Begriff.

In diesem Zusammenhang kommt dem Internet mit seinen multi-medialen Möglichkeiten einer großen Bedeutung für touristische Anbieter zu. Mit visuellen Hotelrundgängen, Webcams, die Impressionen von der Destination übermitteln, Erfahrungsberichten etc. versuchen potenzielle Reisende sich bestmöglich über das gewünschte Produkt zu informieren.

Die Informations- und Buchungs-Optionen gehen immer mehr ineinander über. Hier sind v.a. Destinationen in Zugzwang. Anstelle einer reinen Informationsplattform wollen sie eine Buchbarkeit ihrer Destination realisieren. Lösungsansätze, die dies aus einer Hand realisiert, bietet zum Beispiel die Reisebürokooperation TSS (vgl. Abschnitt 5.2).

5.4 Multi-Channel-Marketing im Tourismus

5.4.1 Multi-Channel-Marketing ist mehr als Online-Vertrieb

Multi-Channel-Marketing im Tourismus ist weit mehr als nur Online-Marketing, wenn auch der E-Commerce ein, wenn nicht sogar der wichtigste Bestandteil ist. Die Begriffe Online-, Internet- sowie E-Commerce und E-Business werden im Folgenden weitgehend synonym verwendet, auch wenn sie zum Teil gewisse Differenzierungen aufweisen (vgl. FRITZ 2004, EGGERT 2006).

Der Grundgedanke des modernen Multi-Channel-Marketings im Tourismus ist, den Kunden über verschiedene Kanäle anzusprechen. Gern wird davon gesprochen, dass das Marketing und der Vertrieb so strukturiert werden sollen, dass man dort ist, wo der Kunde ist. Verschiedene Kanäle sollen für verschiedene Kunden geschaffen werden.

Dabei fungiert das Internet ergänzend und bereichernd, nicht ersetzend zum stationären Vertrieb. In den Anfängen des Internetvertriebes haben Reisebüros diesen Kanal oft als direkten Konkurrenten angesehen. Mittlerweile haben sie sich dessen Stärken oftmals zunutze gemacht.

Gerade im Tourismus werden in unterschiedlichen Phasen des Reiseentscheidungs-Prozesses auch unterschiedliche Vertriebs- und Kommunikationskanäle genutzt, sog. „Customer touch points", z.B. (vgl. FREYER 2007: 508ff. und Abb. 5-2):

–   Aufmerksamkeitsphase: Werbung (in klassischen Medien, Schaufenstern, Events oder Online), es kommt zur Bedarfsentwicklung

– Informationsphase: Beratung über Call Center, durch Reisebüroexpedienten und/oder Dialog-Kommunikation (Online, TV)

– Buchungsphase: Buchungsabschluss im stationären Reisebüro
Buchungsabwicklung/Vorreisephase: Zahlungsabwicklung, Ticketing, im Reisebüro, zum Teil auch Online

– Reisephase („unterwegs"): Betreuung durch Leistungsträger und Incoming-Agentur (evtl. Rückfragen, ggf. Reklamationen vor Ort), Zusatzbuchungen (Ausflüge), Side-Booking

– Nachreisephase (After Sale/Travel): Reklamationen, Nachbearbeitung/Kontaktaufnahme durch das Reisebüro, schriftlich an den Veranstalter

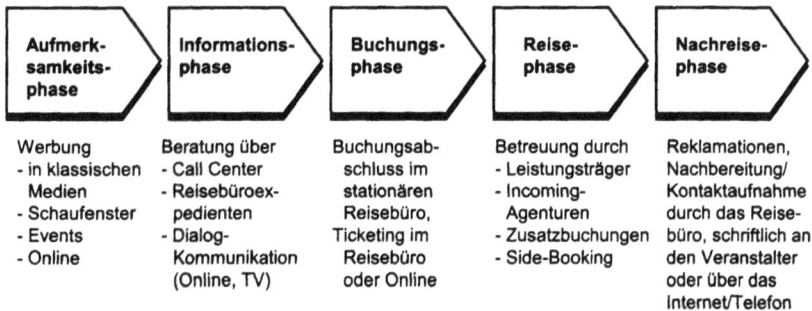

Aufmerk-samkeits-phase	Informations-phase	Buchungs-phase	Reise-phase	Nachreise-phase

Werbung
- in klassischen
  Medien
- Schaufenster
- Events
- Online
	Beratung über
	- Call Center
	- Reisebüroex-
	  pedienten
	- Dialog-
	  Kommunikation
	  (Online, TV)
		Buchungsab-
		schluss im
		stationären
		Reisebüro,
		Ticketing im
		Reisebüro
		oder Online
			Betreuung durch
			- Leistungsträger
			- Incoming-
			  Agenturen
			- Zusatzbuchungen
			- Side-Booking
				Reklamationen,
				Nachbereitung/
				Kontaktaufnahme
				durch das Reise-
				büro, schriftlich an
				den Veranstalter
				oder über das
				Internet/Telefon

Abb. A.5-2: Vertriebs- und Kommunikationskanäle während des Prozesses der Reiseentscheidung

5.4.2 Integratives oder ganzheitliches Multi-Channel-Marketing

Der Einsatz verschiedener Kanäle im Multi-Channel-Marketing verspricht dann großen Erfolg, wenn es gelingt, die verschiedenen Kanäle als Vertriebskanäle und als Kommunikationskanäle koordiniert und integriert einzusetzen und an den komplexen Konsumerwartungen der Konsumenten auszurichten. Das bedeutet, Distribution und Kommunikation zu verbinden – zu integrieren. Ein solches integratives oder ganzheitliches Multi-Channel-Marketing versucht, nicht viele unabhängige Vertriebsinstitutionen nebeneinander zu haben, sondern möglichst viele aus „einer Hand" anzubieten. Man spricht auch vom „One-face-to-the-customer". Dies erfordert, verschiedene Absatzwege aufeinander abzustimmen, um so ein Grundvertrauen, eine Wiedererkennung zu schaffen. Ziel ist es, den flüchtigen „hopper" zu binden. Dies ist vor allem bei Vertriebskonzepten von Vertriebsorganisationen wie der TSS der Fall. Multi-Channel-Marketing ist vom entweder-oder-Marketing zum sowohl-als-auch-Angebot geworden.

Wichtige Kanäle im Rahmen des Multi-Channel-Vertriebs sind:

– traditionelles stationäres Reisebüro – es gibt Sicherheit und sichert Kunden-
 nähe sowie persönlichen Kontakt
– Online-Reisebüro (mit Internet-Marke)
– Call Center – zur Kundenberatung und –betreuung

Ferner:

– Kataloge/Prospekte (als Infomaterial, Produktvorstellung ...)
– Messen und Ausstellungen
– Mobiler Verkauf/ Home Agents – Vermittler gehen zum Kunden
– branchenfremde Vertriebswege
– Face-to-face: Präsenz auf Marktveranstaltungen (Straßenfeste etc.)
– Mouth-to-mouth (virales Marketing u.a.): im Rahmen des Web-2.0.

Damit wird die gesamte Klaviatur des Vertriebs (idealerweise aus einer Hand) zur
Verfügung gestellt und die gesamte Macht des Vertriebs ist gegeben!

5.4.3   Vorteile des Mehrkanal- gegenüber Einkanalvertriebs

Das Multi-Channel-Marketing beinhaltet auf der einen Seite viele Chancen gegenüber dem Einkanalvertrieb. So stehen neue Instrumente zur Kundenbindung
zur Verfügung. Aufgrund der Erschließung neuer Absatzkanäle werden Neukunden und damit neue Umsätze gewonnen. Durch Multiplikatoreffekte können
Cross Sellings generiert werden. Es wird eine bessere Kosteneffizienz in Vertrieb
und Kommunikation durch deren Verbindung erreicht. Darüber hinaus erfolgen
ein abgestimmter, ganzheitlicher allgemeine Marken- und Imageaufbau sowie die
entsprechende -pflege. Ferner wird eine erhöhte Marktabdeckung erreicht, da die
Ansprache der Kunden über verschiedene Kontaktpunkte erfolgt und damit umfassende von Marktpotenzialen erschlossen werden.

Chancen	Risiken
Höhere Marktabdeckung	Kanalkonflikte (channel war, Kanni-
Umfassende Kundenbetreuung (inkl.	balisierung)
CRM)	Verwirrung der Kunden, zum Teil
Wirtschaftlichkeit: Optimierung der	misfit in Bezug auf CRM
Distributionskosten, Risikoausgleich	Hoher Koordinationsaufwand, hohe
Cross Selling möglich	Komplexität
Wettbewerbsvorteil bei positivem	Hohe Set-up-Kosten bei Neu- und
integrativem Image- und Markenauf-	Eigenaufbau
bau	Kontrollverlust, Suboptimierung

Abb. A.5-3:   Chancen-Risiken von Multi-Channel-Strategien

Auf der anderen Seite bestehen die eingangs bereits erwähnten Risiken der Kanalkonflikte, des hohen Koordinationsaufwandes (und damit höherer Kosten und Komplexität) und der damit evtl. verbundenen Suboptimierung und des Kontrollverlustes. In Bezug auf die Kundenbetreuung (CRM-customer relationship management) kann es zu einem „misfit" kommen, wenn die integrierte, channelübergreifende Betreuung nicht gegeben ist.

5.5 Destinationsvertrieb – Neue Chancen und Herausforderungen

5.5.1 Drei Stufen des Destination-Marketing

Ein modernes, professionelles und aktives Destinationsmarketing steht erst am Anfang seiner Entwicklung und ist relativ neu. Vielerorts verfährt man nach wie vor eher passiv, nach der Devise „warten bis der Gast kommt". In dieser ersten Stufe entsprechen die Aufgaben der Destinationsvermarktung v.a. einer – passiven – Informationsfunktion auf Kundennachfrage. Die Innovation im Destinationsmarketing beschränkte sich auf Messeauftritte mit dem Hauptziel, dass jede Destination ihre Prospekte verteilen konnte. Da es sich oft um staatliche Einrichtungen handelt, war der Wettbewerbsdruck – und damit die Ausrichtung an den Bedürfnissen des Marktes/Kunden – nur begrenzt vorhanden.

Erst ab Ende 2000 begann ein Übergang zum aktiven Destinationsmanagement. In dieser zweiten Stufe haben viele Destinationen die Zusammenarbeit mit Reiseveranstaltern etc. entdeckt und ausgebaut, u.a. in Form gemeinsamer Marketingaktionen (z.B. Länderabende, Roadshows). Dies war v.a. dadurch möglich, dass viele Destinationen Auslandsfilialen eröffneten, womit man dem Quellmarkt räumlich gesehen zwar näher war, die Bedürfnisse und Anforderungen der Kunden oft immer noch nicht kannte.

In Stufe 3 kam es zu einer Neuausrichtung der Destinationen. Die teilweise Austauschbarkeit der Produkte und der zunehmende Konkurrenzdruck unter den Destinationen erfordern ein aktives Handeln. Destinationen kommen nun ihrer Bringpflicht an Informationen und Angeboten nach und beginnen mit einem aktiven quellmarkt-bezogenen Arbeiten. Erstmals haben viele Destinationen das Internet für sich entdeckt und bauen ihre Internet-Präsenz schrittweise aus. Für ein modernes und vor allem marktgerechtes Destinations-Marketing und eine Vertriebspolitik sind professionelle Vertriebs-Strategien und -konzepte notwendig. Neben der klassischen Form des Vertriebes über NTO's und Reiseveranstalter treten erstmals neue Vertriebspartner wie Call Center in Aktion.

5.5.2   Innovatives Destination-Marketing mit Hilfe des TSS Multi-Channel-Models

Neue Möglichkeiten und Lösungen für das Management von Destinationen in einem quellmarkt-spezifischen Marketing und Vertrieb bieten erstmals auch Reisebürokooperationen wie die Touristik Service Systems mit Sitz in Dresden und ca. 2.000 unabhängigen Reisebüropartnern. Die Vertriebsorganisation stellt Destinationen die Plattformen und Kanäle des entwickelten Multi-Channel-Systems zur Verfügung.

Ziel des modernen Vertriebs ist, immer dort zu sein, wo der Kunde ist. Mit der Multi-Channel-Strategie hat die TSS einen Ansatz entwickelt, der ursprünglich die Umsätze, die an den Reisebüros immer mehr vorbei erzielt werden, wieder in die Büros zurückzuholen. Hintergrund der Entwicklung der Multi-Channel-Strategie der TSS Group war, den Reisebüros einen Lösungsansatz und wettbewerbsfähige Konzepte zur Verfügung zu stellen, um auf die Strukturumbrüche in der Touristik reagieren und erfolgreich am Markt bestehen zu können. Mittlerweile ist daraus eine Vertriebsstruktur mit vielfältigen Plattformen gewachsen, von denen auch Destinationen profitieren können. Das Model setzt sich aus modularen Vertriebskanälen zusammen, welche in Kombination optimale Vertriebs- und Marketingmöglichkeiten bieten.

Das TSS Multi-Channel-Model setzt sich aus folgenden Vertriebskanälen zusammen (vgl. Abb. A.5-4):

(1)   Stationärer Vertrieb als Kernkompetenz (ca. 2.000 angeschlossene TSS-Reisebüros, die klassische Veranstalterleistungen, Dynamic Packaging-Leistungen etc. vertreiben.)

(2)   Online-Vertrieb über die eigene Marke Onlineweg.de (Internetauftritt des Reisebüros. Diese können eine eigene Unterseite zum Hauptportal erstellen lassen und profitieren zusätzlich zu den Provisionseinnahmen und Marketingaktionen des Hauptportals.)

(3)   Call-Center-System mit B2B und B2C-Vertrieb (TSS-Servicecenter)

(4)   Reiseproduktion/-vertrieb über die Veranstaltermarke travelers friend (Ver anstalter mit auskömmlichen Provisionen)

Vorteile für eine Destination durch das Multi-Channel-Marketing einer Reisebürokooperation

Ein wesentlicher Vorteil besteht darin, Zugriff auf eine langjährig gewachsene, im Markt etablierte Vertriebs- und Marketingstruktur mit verschiedenen Kanälen zu erhalten und somit direkt am Point of Sales zu sein.

Destinationen erreichen so durch einen Ansprechpartner (die Kooperation, die als Sprachrohr fungiert) eine Vielzahl von Reisebüros, denen (z.B. in Schulungen, durch Printmedien etc.) Wissen zur Destination vermittelt wird und die es als Multiplikatoren an Endkunden weitergeben.

Neben der Möglichkeit der Information können Destinationen Produkte direkt vermarkten und vertreiben. Als Instrumente stehen zum Beispiel Call Center oder eigene Veranstaltermarken sowie diverse Internetplattformen zur Verfügung.

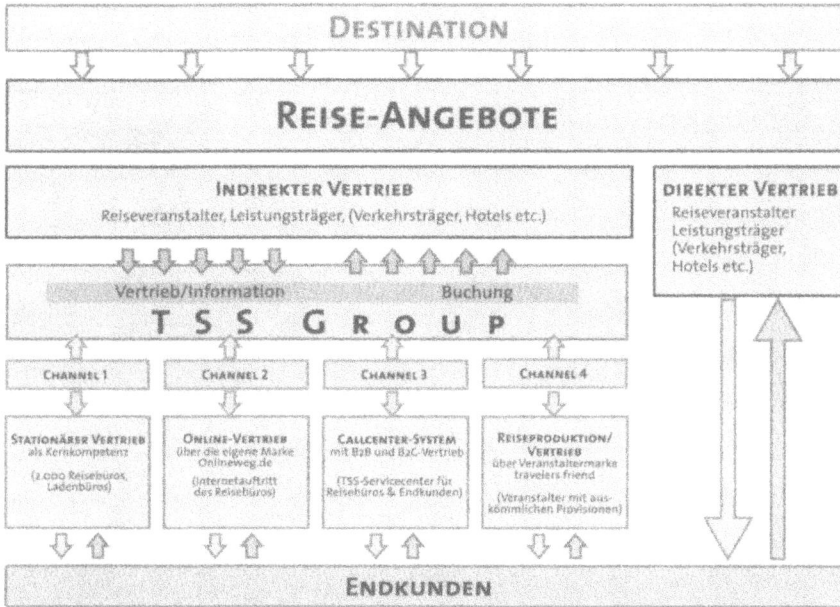

Abb. A.5- 4: Vertriebswege im Rahmen der Multi-Channel-Strategie der TSS Group

Sie können so das Ziel erreichen, dem Quellmarkt nahe zu sein, und eine direkte Nachfrage zu generieren bzw. Beratungs- und Kaufentscheidungen zu ändern.

Die komplexen Aufgaben einer Destination mit ihrer Tätigkeit als Produzent, Vermarkter und Verkäufer stellen höchste Anforderungen an die Arbeit mit den verschiedenen Quellmärkten. Marktspezifisches Know-how und Konzepte sind hier gefragt, die Vertriebsorganisationen wie die TSS mittlerweile bieten.

Hinweis:
Der vorliegende Artikel basiert auf einer Veranstaltung zum Thema „Innovative Destinationsvermarktung" auf dem ITB Berlin Kongress „Market Trends & Innovations 2007". Er ist in leicht veränderter Fassung in englischer Übersetzung erschienen als „Innovations in Destination Distribution Management" in CONRADY, R./BUCK, R. (Hg.): Trends and Issues in Global Tourism 2008, Berlin usw., S. 167–175

Teil B

Management im Reisebüro

1 Reisebüro-Management: allgemeine Grundlagen

Prof. Dr. Walter Freyer, Lehrstuhl für Tourismuswirtschaft, TU Dresden

1.1 Einleitung: Management für Reisebüros

1.1.1 Gestiegene Anforderungen an das Management von Reisebüros

Veränderungen auf den touristischen Märkten verlangen auch von Reisebüros die verstärkte professionelle Anwendung neuer Managementmethoden. Dabei geht die Diskussion der Managementlehre in zwei unterschiedliche Richtungen:

- Zum einen wird versucht, die immer komplexeren Managementaufgaben zu strukturieren und in – analytisch – kleinere, überschaubare Teilaufgaben zu zerlegen. Dies sind Ansätze der funktionalen Managementlehre und der prozessorientierten Methodenlehre des Managements: Management gilt hierbei als ein „auf die kleinsten Bauteilchen der Welt gerichtetes Denken" (BLEICHER 2004).

- Zum anderen werden integrative Modelle und Planungsprozesse entwickelt, die die zunehmende Komplexität des Managements erfassen wollen und dadurch die Interdependenz und Ganzheitlichkeit abzubilden versuchen. Hierzu existieren eine Reihe ganzheitlicher, integrativer sowie prozess- und planungsorientierter Management-Modelle: „Management als komplexe und ‚totale' Aufgabe" (ebd.).

Die meisten Ansätze der Managementlehre formulieren den Anspruch, eine **praxisorientierte Managementlehre** zu sein. Doch die betriebliche Praxis steht den verschiedenen Ansätzen eher skeptisch gegenüber. Während der Nutzen verschiedener struktureller und prozessualer Aussagen des Managements für Großbetriebe und Mega-Organisationen weitgehend akzeptiert ist, existieren in der Reisebürobranche vorwiegend Kleinbetriebe mit flachen Hierarchien, für die der Nutzen der allgemeinen Managementmodelle und -konzepte nicht unmittelbar zu sehen ist. Hier stehen eher operative Aufgaben sowie die Ausgestaltung einzelner Managementbereiche und -funktionen im Mittelpunkt der Tätigkeit.

Noch gibt es **keine spezielle Managementlehre für Reisebüros**. Doch da die grundsätzlichen Aussagen des Managements für alle Betriebe gelten, können sie in weitgehender Analogie auch auf Reisebüros übertragen werden, wenn auch in unterschiedlicher Dimension und mit unterschiedlicher Relevanz. Insofern kann es für jedes Reisebüro nützlich sein, sich intensiver mit den Aussagen, Empfehlungen und Methoden der allgemeinen Managementlehre zu beschäftigen und dies auf seinen speziellen Problembereich anzuwenden.

Im Folgenden wird versucht,

- einen Überblick über die allgemeine Managementlehre, ihre Ansätze und Empfehlungen zu geben – als Hintergrund für ein neues, professionelleres Reisebüro-Management; dies erfolgt nach den drei in der Literatur üblichen Dimensionen des Managements als Institution, Funktion oder Prozess;
- deren Relevanz und spezifische Bedeutung für das Management von Reisebüros aufzuzeigen, wobei sich die nachfolgenden Beiträge dann detaillierter mit den einzelnen Managementbereichen innerhalb eines Reisebüros auseinandersetzen werden.

1.1.2   Besonderheiten des Managements für Reisebüros

Die allgemeine Managementlehre beansprucht, grundsätzliche Erkenntnisse für alle Arten von Unternehmen und Organisationen zu liefern. Das führt aber dazu, dass die meisten Aussagen sehr allgemein und abstrakt formuliert sind und eine weitere Konkretisierung für den jeweiligen Bereich benötigen. So bestehen auch für Reisebüros eine Reihe von Besonderheiten, die ein spezifisches Reisebüro-Management berücksichtigen muss – ohne dass damit bereits eine eigenständige Managementlehre für Reisebüros konstituiert werden kann. Auch gibt es bereits Teilbereiche der allgemeinen Managementlehre, wie z.B. KMU-Management, Dienstleistungs-Management und Tourismus-Management, die im Sinne einer Analogiebetrachtung hilfreiche Erkenntnisse für das Reisebüro-Management liefern können, ohne dass eine simple Transmission oder eine 1:1-Übertragung möglich ist (vgl. auch Abb. B.1-2).

(1)   Reisebüro-Management ist KMU-Management

Viele der Besonderheiten des Reisebüro-Managements sind auf die besondere Struktur der Reisebürobranche zurückzuführen. Diese ist vor allem klein- und mittelständisch geprägt (KMU – Klein- und mittelständische Unternehmen). Das durchschnittliche Reisebüro hat lediglich zwischen 4 und 5 Mitarbeiter, zwischen 1 und 5 Mio. Euro Umsatz mit einem Bruttoerlös von ca. 10% des Umsatzes und einer Nettorendite von unter 1%. Ferner ist der Typ des eigentümergeführten Reisebüros in der Branche weit verbreitet. Hier trägt **ein** Unternehmer als Kapitalgeber die Verantwortung – er ist Kapitalgeber, Eigentümer und Führungsspitze in einem.

Doch auch einzelne Kettenbüros agieren mit ihren Erlös- und Beschäftigtenzahlen am unteren Bereich der typischen KMU. Lediglich für die Zentralen der Reisebüroketten und -kooperationen geben sich Ansatzpunkte für die Übernahme von Prinzipien des Managements von Großunternehmen.

Folglich gelten auch zahlreiche Erkenntnisse des Managements von KMU für die Reisebürobranche, ohne dass diese unreflektiert übernommen werden können (vgl. u.a. BUSSIEK 1996, HUMMEL 1994):

- **Management mit begrenzten Ressourcen:** Die meisten Reisebüros betreiben ein Management mit begrenzten Ressourcen. Dies bezieht sich sowohl auf die

Kapital- und Personalausstattung als auch auf die Ertragssituation. Das führt zu typischen Managementproblemen, die auch für andere KMU gelten:

- Die umfangreichen Führungsaufgaben werden zumeist nur von einer Person wahrgenommen. Eine Delegation von Aufgaben ist nur sehr begrenzt möglich. Der Eigentümer-Manager selbst ist zudem stark in das operative Tagesgeschäft eingebunden. Es besteht für ihn ein „Dilemma zwischen Arbeitsüberlastung und Personalkostenexplosion" (KIRSTGES 1996: 87).

- Die geringe Kapitaldecke führt oftmals zu Finanzierungsproblemen. Zumeist werden die monatlichen Ausgaben aus den laufenden Provisionserlösen finanziert. Da diese infolge der Saisonalität des Buchungsaufkommens sehr unregelmäßig anfallen, kommt es zu permanenten Finanzierungs- und Liquiditätsengpässen bzw. zu besonderen Anforderungen an das Finanzmanagement (vgl. Kapitel B.7).

- **Organisationen mit „flachen Hierarchien":** Infolge der geringen Beschäftigtenzahl haben detaillierte Stellenpläne und Organigramme nur eine geringe Bedeutung. Es überwiegen flache Hierarchien, bei denen nur selten zwischen dem Eigentümer-Manager und den ausführenden Mitarbeitern weitere Führungsebenen oder funktionale Aufgliederungen (nach Divisionen, Abteilungen) vorhanden sind. Zumeist fallen mehrere Funktionen in einer Person oder Stelle zusammen.

- **Reisebüro-Management ist stark eigentümergeprägt:** In vielen Reisebüros ist der Eigentümer zugleich die wichtigste Führungskraft als auch ein wichtiger Mitarbeiter im operativen Bereich, was zu anderen Zielsetzungen und Verhaltensweisen als in Großunternehmen führt:

  - Der Eigentümer ist kein „Manager auf Zeit", sondern hat zumeist eine lebenslange Bindung an das Unternehmen. Sein Einkommen ist zudem Risikoeinkommen. Damit verbunden ist – je nach Lebensalter des Eigentümers – die Frage der Nachfolgeregelung.

  - In vielen Reisebüros arbeiten außer dem Eigentümer weitere Familienmitglieder mit. Dies führt zu einer engen Verbindung von Privat- und Berufsleben. In Krisensituationen werden Entscheidungen aus dem Urlaub und vom Krankenbett aus getroffen – nur in den seltensten Fällen gibt es einen Vertreter mit ausreichender Entscheidungskompetenz für Grundsatzentscheidungen.

  - Der Eigentümer dominiert mit seinen Vorstellungen und Verhaltensweisen den Betrieb und ist oftmals Neuerungen gegenüber nur wenig aufgeschlossen. Folglich ist der Führungsstil häufig patriarchalisch und z.T. archaisch.

- **Spezifische Qualifikationsanforderungen an die Beschäftigten:** Reisebüros stellen aufgrund der besonderen Struktur und Tätigkeiten spezifische Anforderungen an das Management und die weiteren Mitarbeiter:

  - Die geringe Personaldecke erfordert ein umfangreicheres Wissen des Einzelnen als in Großunternehmen. Entsprechend ist auch in Reisebüros eher der „Allrounder" als der Spezialist gefragt. Zudem besteht ein hoher Anspruch an eine permanente Weiterqualifikation des Einzelnen, ohne dass dafür die Zeit vorhanden ist und sich entsprechende Karrierechancen im eigenen Betrieb ergeben werden.

– Reisebüro-Management ist in einem hohen Maß „interaktives Management", d.h. es stellt besondere Anforderungen an die kommunikativen Fähigkeiten sowohl der Manager und Mitarbeiter untereinander als auch gegenüber den Kunden und den verschiedenen Leistungsträgern (Kundenkontaktqualitäten).

• **Mangelhaftes Controlling:** Als typischer Schwachpunkt für KMU gilt ein mangelhaftes Controlling. Dies trifft zumeist auch für Reisebüros zu. Der Eigentümer-Manager meint, seinen Betrieb ausreichend zu kennen. Seine Entscheidungen unterliegen zudem **nicht der direkten Kontrolle** Dritter, sondern nur indirekt der des Marktes.

(2)   Reisebüro-Management ist Dienstleistungs-Management

Ein zweiter wichtiger Bereich mit Relevanz für Reisebüros sind Erkenntnisse des allgemeinen Dienstleistungs-Managements. Die Reisebürotätigkeit ist eine typische personenbezogene Dienstleistung. Die Haupttätigkeit besteht in der Kundenberatung. Reisebüro-Expedienten stehen in direktem Kontakt mit den Kunden, sie erbringen eine „face-to-face"-Dienstleistung. Auch die Manager selbst werden in das persönliche Beratungs- und Tagesgeschäft einbezogen. Sie haben zudem die persönlichen Kontakte zu vor- und nachgelagerten Leistungsträgern zu pflegen. Damit muss das Reisebüro-Management – ganz analog zum allgemeinen Dienstleistungsbereich (vgl. genauer CORSTEN/GÖSSINGER 2007, MEFFERT/BRUHN 2006, FREYER 2007: 64ff.):

• eine gesamte Dienstleistungskette als besonderen Leistungsprozess steuern, bei der Produktion und Konsumption gleichzeitig erfolgen (uno-actu-Prinzip) und bei der auch vor- und nachgelagerte Wertschöpfungsstufen für das Management mit berücksichtigt werden müssen;

• den Kunden als „externen Faktor" in den Management-Prozess einbeziehen und den Kundenkontakt als wichtigste Managementaufgabe wahrnehmen;

• die Immaterialität der Reisebüro-Dienstleistung berücksichtigen, die besondere Ansprüche an das Management stellt: sie kann weder gelagert noch vom Kunden im voraus geprüft werden; folglich stellen Vertrauen und Kompetenz wichtige Attribute für die Reisebüroleistungen dar; Kunden erwarten von der vermittelten Reise die Erfüllung ihrer „Träume" und einen „schönen Urlaub".

(3)   Reisebüro-Management ist vernetztes Management (Tourismus-Management)

Reisebüro-Management ist nicht als isoliertes Management zu verstehen. Reisebüros sind Teil einer touristischen Leistungskette, die von verschiedenen Tourismusunternehmen erstellt wird. Im Fall der Pauschalreise kombinieren Reiseveranstalter die Beherbergungsleistungen der Hoteliers mit den Transportleistungen der Verkehrsträger und ggf. weiteren Leistungen im Zielgebiet (Sport-, Kulturleistungen) sowie am Heimatort (Reiseversicherung, An- und Abreise) zur **Pauschalrei-**

se, die durch Reisebüros vermittelt wird. Auch bei der Vermittlung von Einzelleistungen durch das Reisebüros interessiert aus Sicht des Kunden im Regelfall weniger die einzelnen Leistungsteile/-elemente als das gesamte Leistungsprodukt – die Reise.

Folglich müssen die vor- und nachgelagerten Prozesse der gesamten touristischen Wertschöpfungsstufen für ein erfolgreiches Reisebüro-Management mit berücksichtigt werden (vgl. Abb. B.1-1), also die Leistungsträger (Transport, Beherbergung, Destination und Sonstige), die Reiseveranstalter usw.

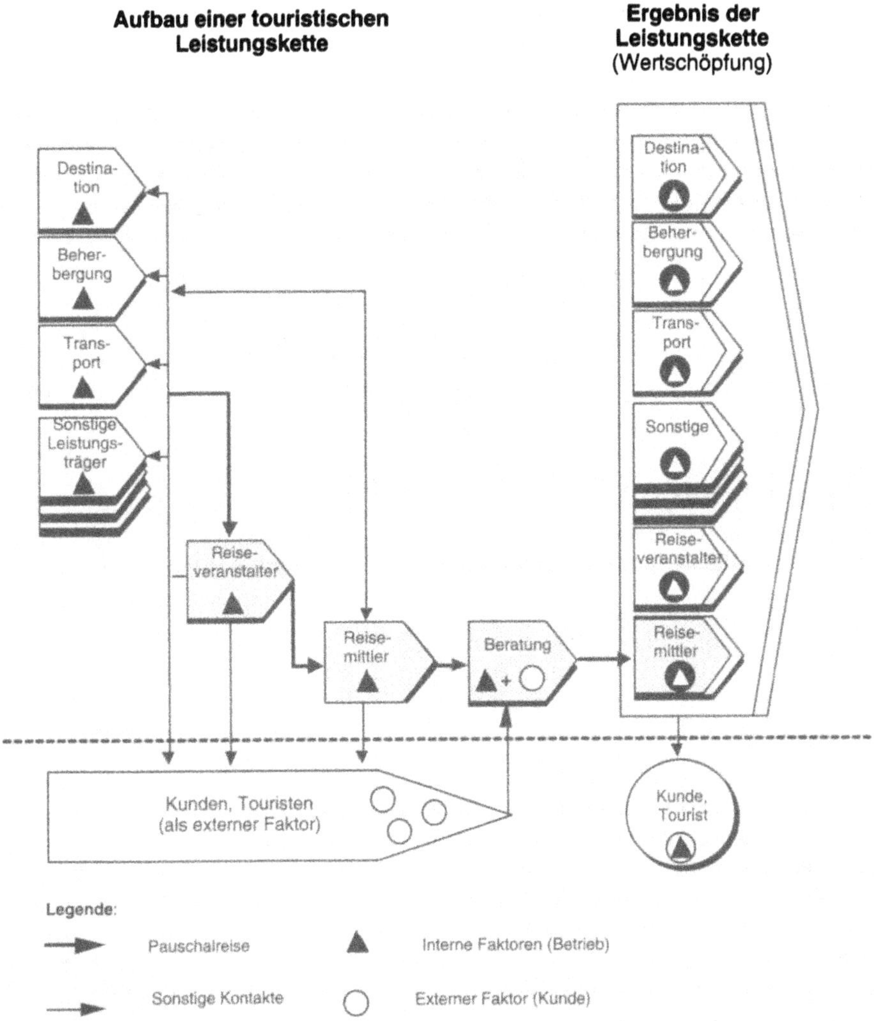

Aufbau einer touristischen Leistungskette

Ergebnis der Leistungskette (Wertschöpfung)

Destination

Beherbergung

Transport

Sonstige Leistungsträger

Reiseveranstalter

Reisemittler

Beratung

Destination

Beherbergung

Transport

Sonstige

Reiseveranstalter

Reisemittler

Kunden, Touristen (als externer Faktor)

Kunde, Tourist

Legende:

→ Pauschalreise   ▲ Interne Faktoren (Betrieb)

→ Sonstige Kontakte   ○ Externer Faktor (Kunde)

Abb. B.1-1: Touristische Wertschöpfungskette der Vermittlung einer Pauschalreise (vereinfacht*) ; (* vgl. ausführlich FREYER 2007: 282ff.)

1.1.3   Die allgemeine Managementlehre als Basis für das Reisebüro-Management

(1)   Reisebüro-Management zwischen Pragmatismus und Theorie

Die Strukturen und Entscheidungsabläufe in den meisten Reisebüros sind traditionell gewachsen und werden in den seltensten Fällen auf der Grundlage von Methoden der allgemeinen Managementlehre abgeleitet. Auch bei Neugründungen überwiegen Zeit- und Problemdruck („des Marktes") und nur in wenigen Fällen kommt es zu einem systematischen Aufbau und Entwicklung des Managements. Zudem bedingt die starke Einbindung des Reisebüroleiters in das Tagesgeschäft der klein- und mittelständisch strukturierten Branche eine nur geringe Auseinandersetzung mit strategischen und konzeptionellen Fragen des Managements.

Doch auch diesem vermeintlich „theorie- und konzeptlosen" Vorgehen liegen Strukturen und Regeln zugrunde, die analog zum konzeptionellen Management zu betrachten sind. Aber v.a. kann eine Reflexion der momentanen Reisebüro-Situation mit allgemeinen Managementerkenntnissen helfen, das derzeitige Management zu bewerten und daraus folgend zu verbessern bzw. zu bestätigen.

Für das Reisebüro-Management sind entsprechende Erkenntnisse der allgemeinen Managementlehre sowie weiterer spezieller Managementbereiche, wie z.B. KMU-, Dienstleistungs- oder Tourismus-Management, von Bedeutung. Zusammen bilden sie die Basis für die konkrete Ausgestaltung des Managements in Reisebüros. In diesem Sinne kann auch von einem relativ eigenständigen Reisebüro-Management gesprochen werden, das auf einer konkreteren Stufe die Spezifika von Reisebüros berücksichtigt und branchenbezogene und praxisorientierte Probleme in Reisebüros behandelt (vgl. Abb. B.1-2).

(2)   Allgemeine Managementaufgaben gelten auch für Reisebüros

Management gilt als die umfassendste betriebliche Aufgabe. Die heute verbreitete englische Bezeichnung „Management" steht für das Leiten, Gestalten und Entwickeln verschiedener zweckorientierter Systeme. Sie hat den früheren Begriff bzw. das Konzept der „Unternehmensführung" (leadership) weitgehend abgelöst und verbindet verstärkt betriebswirtschaftliche und verfahrensbezogene Aufgaben mit verhaltenswissenschaftlichen Aspekten (der Personalführung).

Im allgemeinsten Verständnis bezieht sich Management nicht nur auf wirtschaftlich ausgerichtete Organisationen (Unternehmensführung i.e.S.), sondern die Managementlehre entwickelt Leitungsprinzipien für die verschiedensten Institutionen und Organisationen, die ziel- und zweckgerichtet geführt werden. Sie gelten für kleine Familienbetriebe und KMU ebenso wie für Großunternehmen und internationale Konzerne. Dabei können sowohl profitorientierte als auch gemeinwirtschaftliche Zielsetzungen (z.B. Non-Profit-Management) verfolgt werden.

Als typische Managementaufgaben gelten die Leitung, Gestaltung und Entwicklung der betreffenden Systeme und Personen. Hierzu sind Zielsetzungen, Entscheidungen und das Durchsetzen wichtige Aufgaben. Häufig werden Planung, Organisation, Führung und Kontrolle als die klassischen Aufgaben des Managements angesehen. Auch die Unterscheidungen von Sach- und Personalaufgaben sowie Struktur- und Prozessaufgaben des Managements sind weit verbreitet. Ferner werden Managementaufgaben in Bezug auf die betrieblichen Ebenen (Management-Hierarchien) und die verschiedenen funktionalen Teilbereiche differenziert (Management-Funktionen). Letztlich führen die verschiedenen Ansätze der Strukturierung des Managements zu einer Verfahrenslehre des Managements, die Management als permanenten Prozess betrachtet (Management-Prozess).

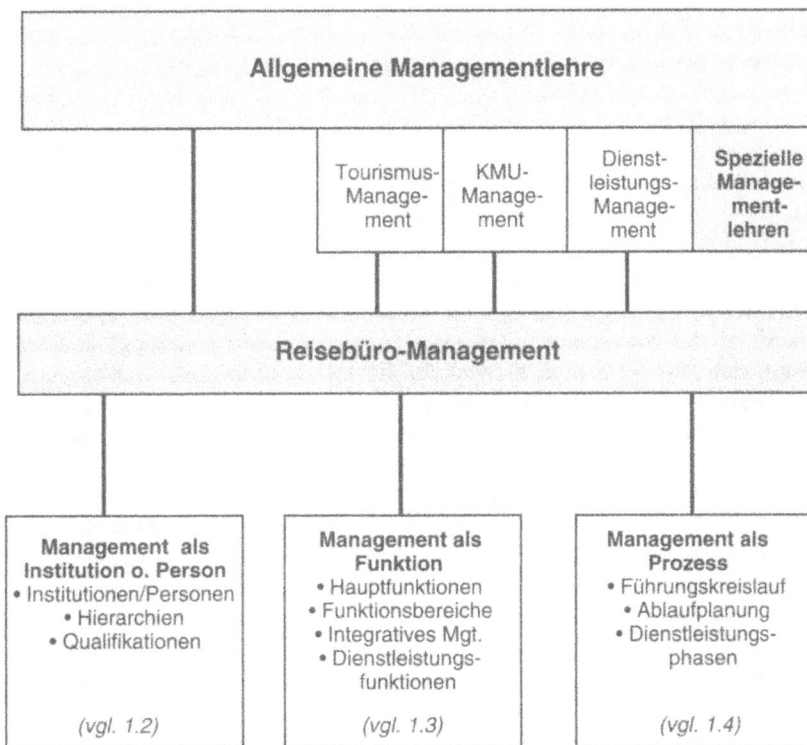

Abb. B.1-2: Reisebüro-Management im Kontext von allgemeiner und spezieller Managementlehre

(3)   Drei Dimensionen der modernen Managementlehre – Übersicht

Als Grundstruktur der modernen Managementlehre werden zumeist folgende drei Dimensionen unterschieden, die eng miteinander verbunden sind und in den folgenden Abschnitten detailliert mit ihrer Bedeutung für Reisebüros dargestellt werden.

- **Management als Institution oder Person**: Management wird mit Personen oder Institutionen gleichgesetzt, die die entsprechenden Aufgaben wahrnehmen. Hierbei geht es im Wesentlichen um die Betrachtung der Trägerschaft und deren Eigenschaften und Qualifikationen sowie Aufgaben in Bezug auf das Management. Diese Dimension der Managementlehre steht in engem Zusammenhang mit der personenbezogenen Führungslehre sowie den empirischen Untersuchungen zu Managementaufgaben. Vgl. dazu genauer Abschnitt 1.2.

- **Management als Funktion**: Hierbei werden die verschiedenen Aufgaben und Funktionen betrachtet, die das Management wahrzunehmen hat. Dies erfolgt vorwiegend analytisch und statisch. Es werden zum einen allgemeine Managementfunktionen bestimmt (vgl. Abschnitt 1.3.1), zum anderen wird Management im Bezug zu den originären betrieblichen Funktionsbereichen gesehen, entweder als übergeordnete oder parallel gelagerte funktionale Aufgabe (vgl. 1.3.2). Die aktuelle Diskussion bewegt sich zwischen der Konkretisierung verschiedener Managementfunktionen und der Entwicklung umfassender, sog. ganzheitlicher oder integrativer Management-Modelle (vgl. 1.3.3). Als neuester Ansatz sind dienstleistungsorientierte Funktionen und die damit verbundene verstärkte Interaktion zwischen Dienstleistern und Kunden zu sehen (interaktives Management, vgl. 1.3.4).

- **Management als Prozess** (Verfahrenslehre des Managements): Das prozessorientierte Management betrachtet werden Entwicklungen und Veränderungen, die durch das Management bewirkt werden. Dazu entwickelt es Management-Methoden und Verfahren entwickelt, die die Dynamik des Managements berücksichtigen. Diese Betrachtung ist als Weiterentwicklung, v.a. Dynamisierung, der funktionalen Ansätze zu sehen. Management wird als permanenter Prozess gesehen, der die längerfristige Führung und Leitung (das „Management") von Systemen sicherstellt. Hierzu ist ein Management-Planungsprozess zu betrachten, der Verfahren und Abläufe behandelt. Vgl. dazu genauer Abschnitt 1.4.

Management in Reisebüros betrifft das zweck- und zielgerichtete Leiten, Gestalten und Entwickeln des Unternehmens.

Reisebüro-Management umfasst dabei **drei Dimensionen**:
- die mit Management beauftragten und tätigen **Personen und Institutionen**: *wer* leitet/managed das Reisebüro?
- die verschiedenen Management-**Funktionen**: *was* sind Management-Aufgaben und -Funktionen in Reisebüros?
- den Management-**Prozess**: *wie*, nach welchen Prinzipien und Methoden, werden Reisebüros geleitet?

1.2 Management als Institution/Person

Wer managed?
Wer nimmt Management-Aufgaben wahr?

1.2.1 Das institutionelle Verständnis von Management

Das institutionelle oder personelle Verständnis des Managements bezeichnet alle Personen und Institutionen, die Träger von Führungs- und Gestaltungsaufgaben sind, als „Manager". Für diese Aufgaben sind sie situativ, persönlich und/oder rechtlich legitimiert und qualifiziert. Insbesondere haben Manager bestimmte Weisungsbefugnisse gegenüber Personen, Sach-, Finanz- und Rechtsmitteln. Üblich ist auch eine (Negativ) Abgrenzung gegenüber „Nicht-Managern", die v.a. ausführende Tätigkeiten aufgrund von Anweisungen wahrnehmen.

Manager als Positionsinhaber sind ferner grundsätzlich unabhängig von den Eigentumsverhältnissen oder von der konkreten beruflichen Bezeichnung zu sehen.

Das Entstehen dieser Management- oder Führungspositionen ist eine Folge der fortschreitenden Arbeitsteilung, insbesondere in größeren Unternehmen und Organisationen. Auch ist sie eng mit der Trennung von Eigentum und Unternehmensleitung verbunden. Der frühere Eigentümer-Unternehmer tritt im modernen Wirtschaftsleben immer mehr in den Hintergrund. An seine Stelle treten Manager als „kapitallose Funktionäre" (STEINMANN/SCHREYÖGG 2005: 6), die die Interessen der Eigentümer oder Kapitalgeber („share-holder") wahrnehmen. „Manager" ist zum Beruf geworden.

Allerdings ist in der Reisebürobranche nur ein langsamer Wandel vom Gründer-Unternehmer zur angestellten Führungskraft zu erkennen. Während die klassischen Einzelbüros nach wie vor zumeist eigentümergeführt sind, ist der angestellte Manager vor allem in Kettenbüros anzutreffen.

Institutionelles, personelles Management:

Das institutionelle oder personelle Management betrachtet die Positionsinhaber und deren Qualifikationen und Aufgaben:

Manager sind Führungskräfte einer Organisation, die mit bestimmten Kompetenzen, v.a. in Bezug auf Ziel-, Personal- und Sachentscheidungen, ausgestattet sind.

Manager in Reisebüros

Für Reisebüros erscheint es auf den ersten Blick offensichtlich, wer die institutionelle Management-Position einnimmt. Zumeist ist es der Eigentümer, der zugleich als Geschäftsführer oder Büroleiter tätig ist (Eigentümer-Manager). Doch gerade bei Klein- und Familienbetrieben werden eine Reihe von Entscheidungsprivilegien von langjährigen Mitarbeitern oder von Familienmitgliedern wahrgenommen, ohne dass sich diese in der eigentlichen Leitungsposition befinden. Aber ihre Entscheidungen werden allgemein akzeptiert („Management by acceptance"). Ferner sind die Entscheidungskompetenzen des Geschäftsführers bei Franchiseunternehmen sowie bei veranstalterdominierten Einzelbetrieben zum Teil stark eingeschränkt.

Zudem führen Veränderungen in der Tourismus- und Reisebürobranche dazu, dass die Anzahl der Büros mit einem Eigentümer-Geschäftsführer als Manager stetig abnimmt. Bei Reisebüroketten und Filialbetrieben fallen Eigentum und Geschäftsführertätigkeit häufig auseinander. Wesentliche Entscheidungen werden nicht im Ketten- oder Filialbetrieb, sondern in der Zentrale getroffen. Dort ist es zumeist eine Gruppe von Personen, die die unterschiedlichen Management-Aufgaben wahrnimmt.

1.2.2   Manager-Ebenen/-Hierarchien

In institutioneller Hinsicht wird gängigerweise eine Management-Pyramide betrachtet. Als Manager gelten zumeist eine Person oder eine kleine Gruppe von Personen auf der obersten betrieblichen Ebene. Hierzu hat v.a. die ältere deutsche Literatur zwischen „echten" Führungsentscheidungen des dispositiven Faktors auf der obersten hierarchischen Ebene und Leitungsaufgaben auf nachgelagerten Führungsebenen unterschieden (vgl. GUTENBERG 1969). Hingegen fassen angelsächsische Autoren den Management-Begriff dahingehend weiter, dass nach ihrer Auffassung auf allen drei Ebenen Manager und Managementaufgaben zu sehen sind.

Trotzdem besteht eine weitgehende Übereinstimmung in Bezug auf die Aufgaben und Qualifikationen der Manager innerhalb dieser Hierarchie. – In einer vereinfachten Form wird die Management-Pyramide in drei Ebenen unterteilt (auch Ränge, Kompetenzstufen, Machtpositionen, Levels, Hierarchiebenen, vgl. KOREIMANN 1999: 155ff., STAEHLE 1999: 89ff.), die sich nach Anzahl der Führungspersonen, nach Machtbefugnissen sowie nach Art und Umfang der Aufgaben unterscheiden:

- Das **Top-Management** nimmt vor allem Aufgaben wahr, die das Unternehmen als Ganzes betreffen. Dazu zählen insbesondere strategische Entscheidungen, die auf die langfristige Unternehmensentwicklung ausgerichtet sind. Es orientiert sich mit den entsprechenden Anordnungsfunktionen v.a. nach unten. Als Qualifikationen gelten konzeptionell-strategische Kompetenz, gepaart mit sozialen Qualifikationen der Menschenführung. Die Top-Manager sind weitgehend von operativen Aufgaben entbunden. Ferner haben sie zumeist nur wenig Kundenkontakt.

  GUTENBERG hat einen Katalog von fünf „echten Führungsentscheidungen" für die Inhaber dieser Positionen als **dispositiver Faktor** formuliert (vgl. GUTENBERG 1969: 139):

  1. Festlegung der Unternehmenspolitik auf weite Sicht,
  2. Koordinierung der großen betrieblichen Teilbereiche,
  3. Beseitigung von Störungen außergewöhnlicher Art im laufenden Betriebsprozess,
  4. Geschäftliche Maßnahmen von außergewöhnlicher betrieblicher Bedeutung,
  5. Besetzung der Führungsstellen in Unternehmen.

- Das **Middle-Management** ist nur teilweise mit strategischen Aufgaben betraut, hat aber zahlreiche dispositive Entscheidungen und Anordnungsfunktionen zu erfüllen. Führungspersonen der mittleren Ebene orientieren sich sowohl nach oben – sie erhalten von dort ihre Weisungen und wollen in das Top-Management aufsteigen – als auch nach unten – in diese Richtung geben sie ihre Anordnungen. Ihr Aufgabenfeld ist meist auf Abteilungen oder einzelne Funktionen eingeengt.

- Das **Lower-Management** hat operative Aufgaben im Sinne von ausführenden Tätigkeiten, die sich zumeist auf einen engeren Bereich beziehen. Sie haben ihren Teilbereich zu gestalten, in dem nur wenige weitere Untergebene sind. Dafür haben sie eine gewisse Autonomie und Weisungsbefugnis. Als typisch gelten Meister in Produktions- und Handwerksbetrieben. Im Tourismus wären Reisebüro-Expedienten oder Reiseleiter „Manager" auf dieser unteren Ebene.

Im Management für Großbetriebe besteht eine ausführliche Diskussion der Zuordnungen der verschiedenen Ebenen und deren Aufgaben. Es werden u.a. Linien- und Stabsfunktionen, zentrale und dezentrale Entscheidungsbereiche, Abteilungen, Divisionen sowie Matrix-Organisationen diskutiert und aufgezeigt. Vgl. zur ausführlichen Behandlung von Organisationsmodellen für Reiseveranstalter HEBESTREIT 1992.

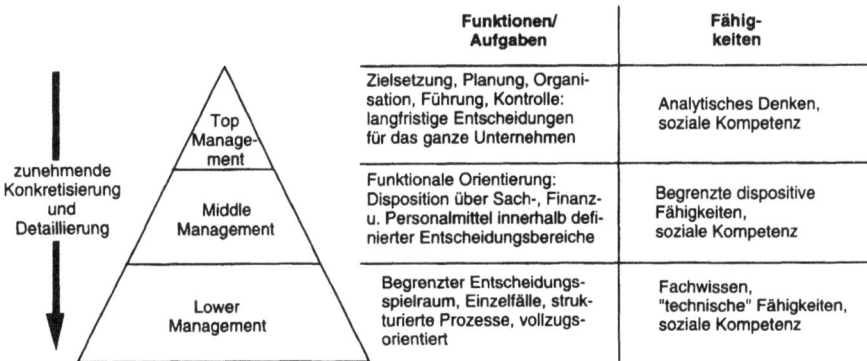

	Funktionen/ Aufgaben	Fähig- keiten
Top Management	Zielsetzung, Planung, Organi- sation, Führung, Kontrolle: langfristige Entscheidungen für das ganze Unternehmen	Analytisches Denken, soziale Kompetenz
Middle Management	Funktionale Orientierung: Disposition über Sach-, Finanz- u. Personalmittel innerhalb defi- nierter Entscheidungsbereiche	Begrenzte dispositive Fähigkeiten, soziale Kompetenz
Lower Management	Begrenzter Entscheidungs- spielraum, Einzelfälle, struk- turierte Prozesse, vollzugs- orientiert	Fachwissen, "technische" Fähigkeiten, soziale Kompetenz

zunehmende Konkretisierung und Detaillierung

Abb. B.1-3:   Die Manager-Hierarchie/-Pyramide

Alles Manager im Reisebüro?

Für **Reisebüros** mit flachen Hierarchien gibt es nur selten Zwischenebenen zwischen der (den) eigentlichen Führungsperson(en) und den ausführenden Mitarbeitern. Hier fallen viele Aufgaben und Funktionen in einer Person oder einer Stelle zusammen. Reisebüros verlangen eher Generalisten als Spezialisten – und dies auf allen Ebenen und in allen Abteilungen. Folglich erscheint in Bezug auf Reisebüro-Manager eine ausgeprägte hierarchische Differenzierung der Managementpositionen als wenig hilfreich. So würden bei diesem weiteren Verständnis von Management alle Mitarbeiter eines Reisebüros als Manager gelten. Beispielsweise wären bei vier Mitarbeitern eines Reisebüros der Inhaber/Chef der Top-Manager; er/sie übernimmt zugleich die Managementfunktionen des Finanz-, Einkaufs-, Personal-, Marketing-Managers usw. Die Expedienten wären die Middle-Manager und der Auszubildende wäre evtl. der einzige „Lower"-Manager eines Reisebüros.

Etwas anderes gelagert könnte die Sichtweise bei **Kettenbüros oder Kooperationen** sein. Hier sind durchaus Differenzierungen in bezug auf die Manager der Zentrale und der Filialen zu sehen, die unterschiedliche Kompetenzen und Managementaufgaben haben.

• **Beispiel:** Zentrale: Finanz-Management, Controlling, Produkt-Management; Filiale: Personal-Management, Beratungs-Management.

Auch wird für Dienstleistungsbetriebe von einer „Enthierarchisierung" und dem Umdrehen der traditionellen Management-Pyramide gesprochen. Dort – und ähnlich in Reisebüros – überwiegen direkte persönliche Kontakte und Interaktionen der verschiedenen Funktionsträger untereinander und mit dem Kunden (--> interaktives Management, vgl. Abschnitt 1.3.4.3).

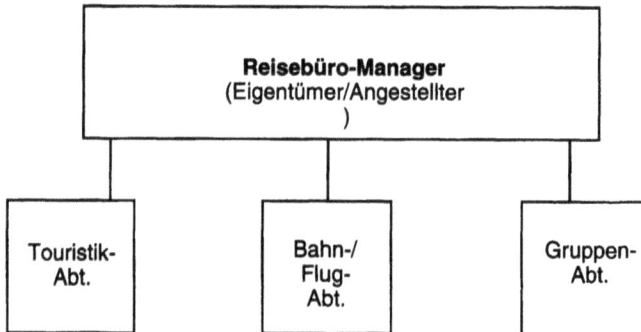

Abb. B.1-4:   Flache Hierarchien in Reisebüros

1.2.3   Manager-Eigenschaften und -Qualifikationen

Die verhaltenswissenschaftlich ausgerichtete Managementforschung beschäftigt sich ausführlich mit Eigenschaften sowie Qualifikationen von Managern aufgrund empirisch feststellbarer Tätigkeiten: „Was macht eigentlich ein Manager den ganzen Tag?" (vgl. STAEHLE 1999: 82ff.)

Gerade für Reisebüros sind die personenbezogenen Eigenschaften der Manager, gekennzeichnet durch deren Qualifikation und Führungsverhalten, entscheidend für den betrieblichen Erfolg. „Wichtigster Erfolgsfaktor für Reisebüros ist der Unternehmer bzw. Manager" (DÖRR 1994). Auch ganz allgemein gelten im Wirtschaftsleben Managementpositionen zu den wichtigsten und sind oftmals hoch dotiert.

Folglich werden in der verhaltenswissenschaftlichen Managementforschung diese Managereigenschaften ausführlich untersucht. Für eine erfolgreiche Bewältigung der Managementaufgaben werden in der Literatur meist die folgenden drei Schlüsselkompetenzen („skills") genannt, die eine Mischung aus „harten" fachlichen Fähigkeiten und „weichen" Persönlichkeitsmerkmalen darstellen (vgl. erstmals KATZ 1974: 91ff., MINTZBERG 1973; vgl. ferner STEINMANN/SCHREYÖGG 2005: 24, STAEHLE 1999: 83f., 92f.; FREYER/POMPL 1996 und Abschnitt C.4.4.6, S. 406f.), vgl. Abb. B.1-5:

(1) Konzeptionell-strategische Kompetenz (conceptual skills): Die konzeptionell-strategische oder **analytische** Kompetenz ist die Fähigkeit, Probleme und Chancen im Zusammenhang und in ihren Bezügen zum Gesamtsystem zu erkennen sowie langfristige Zielvorstellungen und Strategiepfade festzulegen. Diese Anforderungen an das analytische, abstrakte sowie ganzheitliche Denken gilt v.a. für Manager der oberen Ebene(n), die entsprechende konzeptionell-strategische und dispositive Entscheidungen zu treffen haben, wie z.B. Geschäftsgröße, Kooperationen, Agenturpolitik usw.

Im **Reisebüro-Management** kommen diese Eigenschaften oftmals zu kurz. Hier dominieren die fallweisen und operativen Entscheidungen.

(2) Technisch-fachliche Kompetenz (technical skills): Die technisch-fachliche Kompetenz fordert Fachkenntnisse und Spezialwissen sowie die Fähigkeit, theoretisches Wissen und Methoden auf den konkreten Einzelfall anzuwenden.

In **Reisebüros** meint die fachliche Kompetenz eine genaue Agentur- und Zielgebietskenntnis sowie die entsprechenden kaufmännischen und technischen Fähigkeiten, wie sie meist in der Ausbildung zum Reiseverkehrskaufmann/-frau vermittelt werden. Allerdings gelten diese Voraussetzungen v.a. für die unteren Management-Ebenen mit den entsprechenden operativen Aufgaben, also eher für eine Expediententätigkeit als für die Büroleitung.

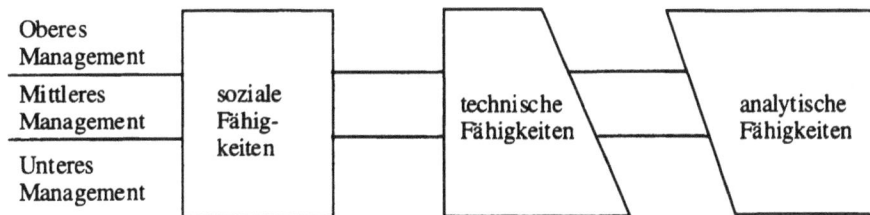

Abb. B.1-5:   Die Verteilung von Managerfähigkeiten über drei Managementebenen (Quelle: STAEHLE 1999: 93)

(3) Soziale Kompetenz (human relations skills): Bei den sozialen Kompetenzen handelt es sich um Fähigkeiten, mit Vorgesetzten, gleichgestellten Kollegen, unterstellten Mitarbeitern sowie Kooperations- und Verhandlungspartnern außerhalb des Unternehmens effektiv und effizient zusammenzuarbeiten. Dies zeigt sich im Hinblick auf Personal- und Menschenführung und umfaßt Motivations-, Konfliktlösungs- sowie Mitarbeiter- und Kundenkontaktfähigkeit. Soziale Kompetenzen sollten auf allen Hierarchieebenen vorhanden sein.

Derartige soziale Kompetenzen sind auf allen Hierarchieebenen in **Reisebüros** erforderlich. Typischerweise wurden sie von VOIGT/BENTUM 1997 wie folgt für Expedienten beschrieben, sie gelten aber zugleich als wichtige soziale Führungskompetenz auf den höheren Managementebenen:

„**Das Expedienten-Profil 2000:** Gute Fachkenntnisse allein genügen nicht. Wer erfolgreich sein will, braucht noch andere Qualitäten. Kontaktsicherheit, Belastbarkeit, Überzeugungskraft, Einsatzbereitschaft, Flexibilität, Teamfähigkeit, Menschenkenntnis, Initiative, Entschlußkraft, Zielstrebigkeit und ein selbstsicheres Auftreten sind Eigenschaften, die der Expedient heute braucht, wenn er erfolgreich verkaufen will." (VOIGT/ BENTUM 1997: 111)

(4) „Erfahrung" als weitere Schlüsselqualifikation für Reisebüros: Als weiteres Qualifikationsmerkmal für Reisebüros wird häufig **Erfahrung** genannt. So kamen FREYER/TÖDTER bei einer bundesweiten Untersuchung zu den Qualifikationsanforderungen an Beschäftigte in Reisebüros zum Ergebnis:

„Insgesamt wird vor allem „Erfahrung" hoch angesiedelt; praktische Kenntnisse, ob über Zielgebiete, ob im Bereich EDV-Anwendung oder CRS, Sprachkenntnisse, Auslandskenntnisse bzw. praktische betriebswirtschaftliche Kenntnisse werden vorausgesetzt und müssen in der einen oder anderen Richtung von Studierenden vor dem Berufsstart begonnen bzw. erreicht worden sein." (FREYER/TÖDTER 1996)

1.3   Management als Funktion (Funktionales Management) im Reisebüro

Was sind Management-Aufgaben und -Funktionen?

Die funktionale Betrachtung des Managements stellt auf die verschiedenen Aufgaben und Bereiche im betrieblichen Leistungsprozess ab, mit denen sich das Management zu beschäftigen hat. Dabei existiert zwar eine gewisse Überschneidung von funktionalem und institutionellem Management (vgl. Abschnitt 1.2), doch die Bestimmung der Management-Funktionen erfolgt weitgehend losgelöst von deren jeweiligen Funktionsträgern.

Bei der funktionalen Betrachtung wird Management entweder als parallele Aufgabe neben anderen betrieblichen Funktionsbereichen oder als übergeordnete Aufgabe gesehen. Eine dritte Auffassung geht davon aus, dass es in allen funktionalen Teilbereichen ganz ähnliche Managementaufgaben gibt.

Dies hängt eng mit dem zugrunde liegenden betriebswirtschaftlichen Grundverständnis und den entsprechenden Betriebs- und Produktionsmodellen zusammen. Als **klassische** betriebliche **Funktionsbereiche** werden Beschaffung, Produktion, Marketing, Personal und Finanzierung gesehen (vgl. Abschnitt 1.3.2). Neuere Ansätze betrachten zunehmend **dienstleistungsorientierte Management-Funktionen** betrachtet. Als solche gelten die Potenzial-, Prozess- und Ergebnisphasen (vgl. 1.3.4). Sie treten anstelle der traditionellen fünf betrieblichen Funktionsbereiche.

Zumeist wird **Management** aber **als übergeordnete Funktion** oder als **Hauptfunktion** im Sinne einer hierarchischen Sichtweise verstanden (vgl. 1.3.1). Das Management übernimmt spezifische Aufgaben für das gesamte Unternehmen, sog. dispositive Aufgaben, die sich von den originären funktionalen Aufgaben unterscheiden. Als Kombination mit den klassischen Funktionsbereichen führt dies zur Entstehung verschiedener ganzheitlicher Funktionsmodelle, z.B. als Integratives Modell der St. Galler Management-Schule oder im Sinne eines Managements als Querschnittsfunktion (vgl. 1.3.3).

Diese vier an Funktionen ausgerichteten Teilbetrachtungen der Managementlehre werden im Folgenden kurz mit ihrer jeweiligen Bedeutung für Reisebüros dargestellt (vgl. auch Abb. B.1-6):

Funktionales Management betrachtet
- **Haupt**funktionen des Managements (vgl. 1.3.1),
- Funktions**bereiche** des Managements (vgl. 1.3.2),
- **Ganzheitliches** Management: Integration von Hauptfunktionen und Funktionsbereichen (vgl. 1.3.3),
- **phasenorientierte** Managementfunktionen (v.a. bei Dienstleistungen) (vgl. 1.3.4).

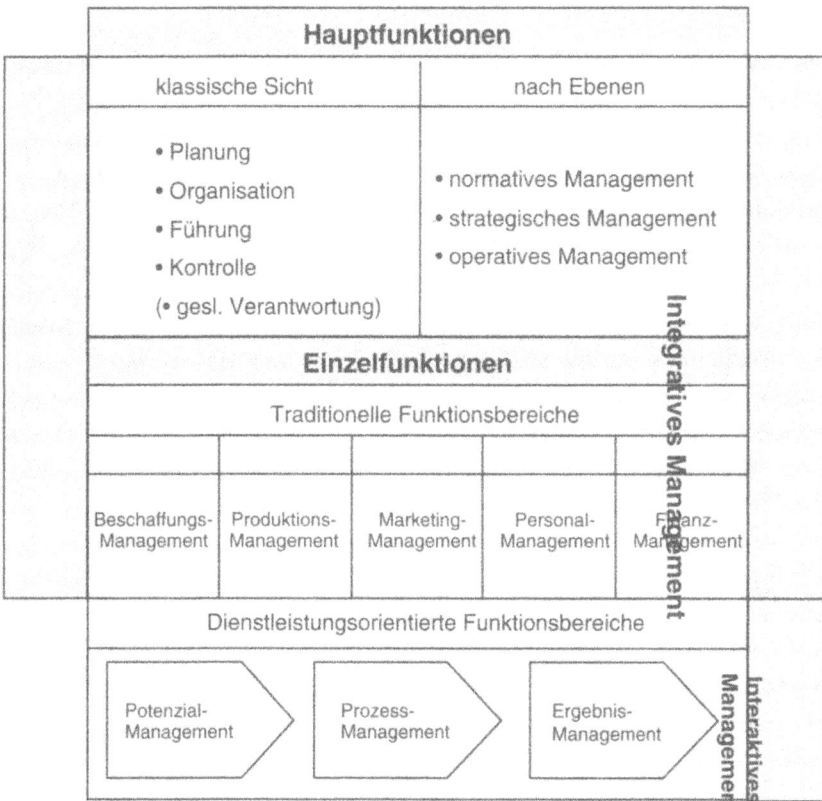

Abb. B.1-6:   Übersicht zum Management von Funktionen

1.3.1   Hauptfunktionen des Managements für Reisebüros

1.3.1.1   Management von Hauptfunktionen – Übersicht

Ein Großteil der allgemeinen Managementbeiträge versucht, sog. **Hauptfunktionen** des Managements abzuleiten, die über allen anderen Funktionen stehen bzw. als Querschnittsfunktionen in allen Teilbereichen gleichermaßen vorhanden sind. Als solche gelten Aufgaben, die das Unternehmen als Ganzes betreffen und die nicht oder nur begrenzt delegiert werden können. Hierbei haben sich in Anlehnung an die angelsächsische Managementliteratur vier „klassische" Hauptfunktionen weitgehend durchgesetzt, die ursprünglich bereits durch den Franzosen FAYOL 1916 formuliert worden sind (vgl. u.a. STAEHLE 1999, STEINMANN/ SCHREYÖGG 2005, KOREIMANN 1999):

- **Planung** (Planning), **Organisation**/Disposition (Organising), (Personal-)**Führung** (wird in der angelsächsischen Literatur zumeist getrennt als Staffing und Leading/Directing ausgewiesen), **Kontrolle** (Controlling).

In der deutschsprachigen Managementliteratur werden diese vier Hauptaufgaben gelegentlich zu den zwei Gruppen der sachbezogenen (Planung, Organisation, Kontrolle) und personenbezogenen Funktionen (Personalführung und -planung) mit entsprechenden Unterfällen zusammengefasst (vgl. KOREIMANN 1999: 25ff.). Andere Autoren sehen die Kontrolle als Teil der Planungsaufgabe und reduzieren folglich die Betrachtung auf drei Hauptfunktionen (sog. Management-Würfel, vgl. SCHIERENBECK 2003: 96). Zudem wird in neuester Zeit immer häufiger die **öffentlich-soziale Funktion** des Managements („gesellschaftliche Verantwortung übernehmen") als ein weiterer Bereich hinzugefügt, wobei strittig ist, ob dies als eigenständige „Funktion" anzusehen oder im Rahmen des normativen Managements zu behandeln ist (vgl. STAEHLE 1999: 615., POMPL 1997: 70ff.)

Neben dieser „klassischen Sicht" der Hauptfunktionen werden im Hinblick auf eine hierarchische Betrachtung **normative, strategische und operative** Dimensionen/Aufgaben unterschieden (vgl. Abb. B.1-5), die in Abschnitt 1.3.3 im Zusammenhang mit dem Integrativen Modell des Managements genauer behandelt werden.

Als klassische **Hauptfunktionen des Managements** gelten:
- Planung
- Organisation/Disposition
- (Personal-)Führung
- Kontrolle
- öffentlich-soziale Verantwortung (= neu)

1.3.1.2   Die „klassischen" Hauptfunktionen im Reisebüro-Management

Die in der Literatur diskutierten Hauptfunktionen des Managements sind sehr allgemein formuliert, so dass stets eine Übertragung und Konkretisierung für den Einzelfall, hier für das Reisebüro-Management, notwendig ist.

(1)   Planung im Reisebüro-Management

Allgemein: Planung meint die systematische Gestaltung aller übergeordneten Aufgaben. Dies drückt den Grundgedanken des zielorientierten Handelns von Systemen aus. Die Planung soll helfen, die Lücke zwischen einer zukünftig gewünschten und der heutigen Situation zu überbrücken. Dies bedeutet die Steuerung des Systems als Ganzes durch Zielbestimmung, Pläne/Planungsmethode, Entscheidungsregelungen und Kontrolle. Planung wird v.a. als „gedankliche Arbeit" gesehen, d.h. das „Nachdenken darüber, was erreicht werden soll und wie es am besten zu erreichen ist." (STEINMANN/SCHREYÖGG 2005: 10).

Planung im Reisebüro: Für Einzelreisebüros stellt die systematische Entwicklung von Plänen und Konzepten eher die Ausnahme dar. Sie sind operativ orientiert und handeln häufig nach unpräzisen Zielvorgaben. Es dominiert die fallweise oder pragmatische Vorgehensweise. „Gerade in der Touristik herrscht eine Abneigung gegen Planung, weil Änderungen eher die Regel als die Ausnahme darstellen" (POMPL 1997: 88). Doch gerade für die langfristige Unternehmenspolitik ist eine systematische Gestaltung mithilfe von präzisen Zielvorgaben und Planungsmethoden eine notwendige und zentrale Aufgabe. Zu den wichtigen Zielentscheidungen in Reisebüros zählen u.a. Agenturpolitik, Größe des Reisebüros, Betätigung als Reiseveranstalter, Kooperationen, Kettenbindung usw.

Hingegen übernehmen gerade Ketten- und Kooperationsbüros zunehmend die zuvor erläuterten Planungsfunktionen mit der Folge, dass sie durch ziel- und planorientiertes Handeln einen (strategischen) Vorsprung gegenüber den traditionellen Einzelbüros haben.

(2)   Organisation und Disposition im Reisebüro-Management

Eine weitere grundlegende Führungsfunktion ist die Gestaltung der Aufbau- und Ablaufstrukturen und Entscheidungsprozesse. Hierzu hat die Organisationslehre den Weg zu einer Führungs- oder Managementlehre geebnet. Sie hat sich von einer rein strukturellen und prozessualen Betrachtung gelöst und sich gegenüber verhaltenswissenschaftlichen Vorstellungen geöffnet (so BLEICHER 1995: 11)

Organisation meint dabei die generellen Regelungen, also das Strukturieren von Daueraufgaben, **Disposition** hingegen die eher fallweisen Entscheidungskriterien und -wege, insbesondere in Bezug auf den Einsatz der Ressourcen.

Es wird dabei üblicherweise zwischen einer Aufbau- und Ablauforganisation unterschieden. Die **Aufbauorganisation** meint u.a. die Wahl der Rechtsform eines Unternehmens, die Einteilung in Abteilungen, z.B. für Reisebüros in Flug-, DB-, Touristikabteilung und den Back-Office-Bereich, sowie die entsprechende personelle Stellenzuteilung, einschließlich Kompetenzen und Weisungsbefugnisse. Ferner gehört dazu ein Kommunikationssystem, das den Informationsfluss innerhalb des Betriebes und von/nach außen sicherstellt. – In größeren Unternehmen bestehen dazu zumeist Organigramme, Geschäftsverteilungspläne, Stellenbeschreibungen, Betriebsordnungen usw. Für – kleinere – **Reisebüros** ist die Aufbauorganisation eher traditionell gegeben und wird nur selten schriftlich fixiert oder sichtbar gemacht. Trotzdem können Veränderungen der Organisationsstrukturen zu einer effektiveren Reisebüroarbeit führen, ganz im Sinne des leanmanagements („schlanker") oder des re-engineering („verändern") in größeren Unternehmen.

Die **Ablauforganisation** betont insbesondere die zeitliche und räumliche Abfolge der verschiedenen Betriebsvorgänge. Für **Reisebüros** bedeutet dies die optimale Gestaltung des Buchungsablaufes: vom ersten Kundenkontakt über die Einbuchung, das Ticketing bis zur Aushändigung der Reiseunterlagen an den Kunden sowie die damit zusammenhängenden Back-Office-Aufgaben. Hierfür wurden in letzter Zeit Ablaufuntersuchungen im Rahmen der **Prozesskostenanalyse** für Reisebüros durchgeführt (vgl. dazu HELLER 1998). Ferner versucht das Dienstleistungs-Management, den gesamten Dienstleistungsvorgang als Dienstleistungskette mit verschiedenen „kritischen Ereignissen" zu betrachten (vgl. 1.3.4).

Neben diesen zuvor behandelten betriebsinternen Organisationsaufgaben muss das Reisebüro-Management auch vielfache **externe** Organisationsaufgaben wahrnehmen, z.B. Kooperationen, Netze, Allianzen mit anderen Reisebüros oder mit Reiseveranstaltern und Leistungsträgern. Ferner zählen dazu die bereits erwähnten Informationsfunktionen, z.B. über CRS usw.

(3)   Führung im Reisebüro-Management

Als dritte übergeordnete Managementfunktion gilt die Führung. Erst im Laufe der Entwicklung der Managementlehre wurden verstärkt verhaltenswissenschaftliche Aspekte berücksichtigt, womit sich nunmehr Führung v.a. auf die personellen Aspekte im Sinne einer Personal- oder Menschenführung bezieht (gegenüber der früheren sachbezogenen Unternehmensführung). Sie grenzt in idealtypischer bzw. analytischer Weise personen- von sachbezogenenen Aufgaben ab. In der Realität sind beide aber eng verwoben.

Als Hauptfunktionen der Führungslehre gelten **Führungsstil** und **Führungsverhalten**, die gerade für für Reisebüros mit intensivem persönlichem Kontakt zwischen den wenigen Beschäftigten und mit den Kunden von zentraler Bedeutung sind. Weitere Aufgaben der Führungslehre werden genauer im Kapitel Personal-Management behandelt (vgl. B.6).

- **Führungsverhalten:** Das eigentliche Führungsproblem besteht darin, die unternehmensbezogenen Leistungsziele mit den personenbezogenen Zielen der Mitarbeiter zu verbinden. In Abb. B.1-7 sind die verschiedenen Möglichkeiten eines unterschiedlichen Führungsverhaltens abgebildet. In einem Extrem werden v.a. die sozialen Bedürfnisse der Mitarbeiter befriedigt (Zufriedenheitsaspekt, country club management), im anderen Fall dominiert der Leistungsaspekt der Unternehmensleitung (task management). Eine positiv ausgewogene Abstimmung beider Interessenlagen wird durch das Team Management erreicht. Dazwischen gibt es die verschiedenen Kompromiss-Kombinationen im Sinne eines „Middle of the Road Managements" (vgl. im Einzelnen Abb. B.1-7).

- **Führungsstil:** Als Führungsstil werden die verschiedenen Möglichkeiten zwischen den Extremen eines autoritären und demokratischen Führungsstils diskutiert, ohne dass aus wissenschaftlicher Sicht die eine oder andere Möglichkeit als effektiver eingeschätzt werden kann. So kann eine autoritäre und patriarchalische Führung eines dominanten Eigentümers ebenso erfolgreich sein wie ein eher auf Kooperation und Partizipation ausgerichteter Stil der Teamarbeit in kleineren Büros.

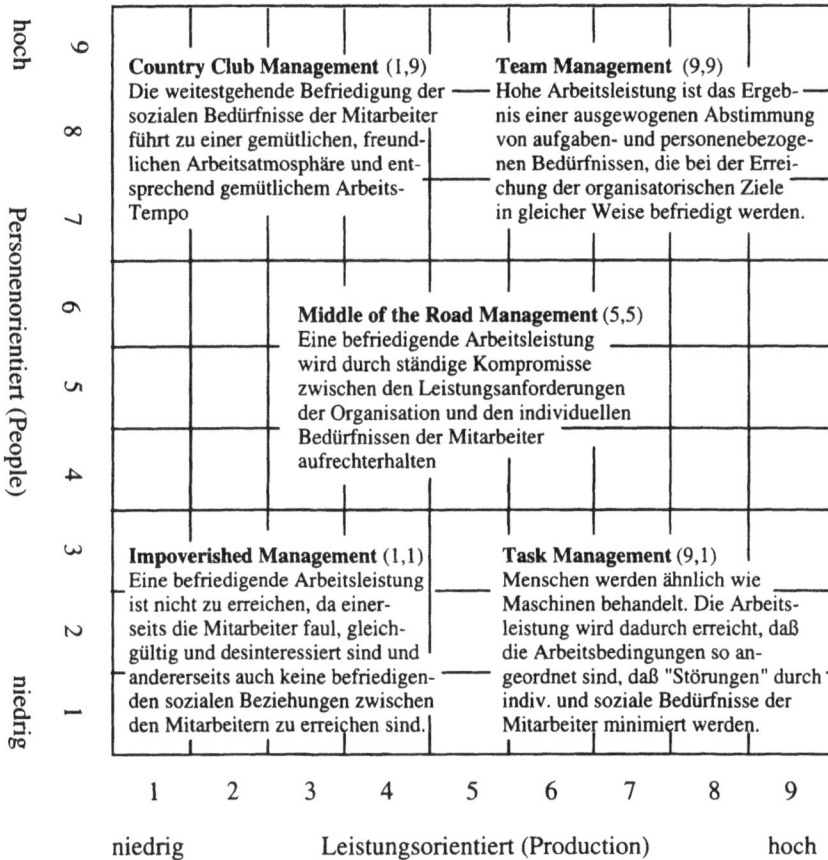

Country Club Management (1,9)
Die weitestgehende Befriedigung der —— sozialen Bedürfnisse der Mitarbeiter führt zu einer gemütlichen, freundlichen Arbeitsatmosphäre und entsprechend gemütlichem Arbeits- Tempo

Team Management (9,9)
Hohe Arbeitsleistung ist das Ergebnis einer ausgewogenen Abstimmung von aufgaben- und personenebezogenen Bedürfnissen, die bei der Erreichung der organisatorischen Ziele in gleicher Weise befriedigt werden.

Middle of the Road Management (5,5)
Eine befriedigende Arbeitsleistung wird durch ständige Kompromisse zwischen den Leistungsanforderungen der Organisation und den individuellen Bedürfnissen der Mitarbeiter aufrechterhalten

Impoverished Management (1,1)
Eine befriedigende Arbeitsleistung ist nicht zu erreichen, da einerseits die Mitarbeiter faul, gleichgültig und desinteressiert sind und andererseits auch keine befriedigenden sozialen Beziehungen zwischen den Mitarbeitern zu erreichen sind.

Task Management (9,1)
Menschen werden ähnlich wie Maschinen behandelt. Die Arbeitsleistung wird dadurch erreicht, daß die Arbeitsbedingungen so angeordnet sind, daß "Störungen" durch indiv. und soziale Bedürfnisse der Mitarbeiter minimiert werden.

hoch — Personenorientiert (People) — niedrig

niedrig   Leistungsorientiert (Production)   hoch

Abb. B.1-7:   Führungsverhalten (Managerial Grid)
(Quelle: BLAKE/MOUTON 1986)

(4)   Kontrolle im Reisebüro-Management

Als viertes hat das Management eine wichtige Kontrollfunktion für die verschiedenen planerischen, organisatorischen, finanziellen und personalpolitischen Maßnahmen. Hierbei sind die unternehmerischen Ziele permanent mit den aktuellen Entwicklungen zu vergleichen. Immer häufiger werden die Kontrollaufgaben als die zentralen unternehmerischen Aufgaben gesehen, bis hin zur Entwicklung einer eigenständigen controllingorientierten Managementlehre („Management by control").

So selbstverständlich diese Aussagen klingen mögen, Controlling stellt einen der **typischen Schwachpunkte der Reisebürobranche** dar. Dies hängt zum einen mit der mittelständischen Struktur und dem Vertrauen des Einzelunternehmers in seine eigenen Fähigkeiten zusammen:

„In kleinen und mittelständischen Unternehmen besteht die grundsätzliche Gefahr, dass der Unternehmer seinen Betrieb zu kennen glaubt, weil alles über sei nen Schreibtisch läuft und er daher die Einführung und die Einhaltung eines systematischen Kontrollwesens als überflüssig oder zu aufwendig ansieht." (POMPL 1997: 89)

Nur die wenigsten Reisebüroinhaber sind über ihre Nettorendite, über den Umsatz pro Mitarbeiter, die aktuellen Umsatzzahlen bei den verschiedenen Reiseveranstaltern oder über den aktuellen Buchungsstand und seine Auswirkungen auf den saisonalen cash-flow ausreichend informiert.

Zum anderen wurde erst Mitte der 1990er Jahren ein reisebürospezifisches Informations- und Kontrollsystem entwickelt, das schnell und aktuell über die wichtigsten betrieblichen Kennziffern informiert (vgl. Reisebüro-Betriebsvergleiche, ERDMANN 1994). Aber noch immer nutzen vor allem die größeren Büros diese Informationsquelle und Kontrollmöglichkeit.

- **Beispiele:** In Ketten- oder Kooperationsbüros werden Büroleitern monatlich Umsatzstatistiken, aufgeschlüsselt nach Reiseveranstaltern vorgelegt, auf deren Basis entsprechende Zielvorgaben neu ausgerichtet werden können. In kleineren Einzelbüros erfolgt derartiges wesentlich unregelmäßiger oder so gut wie gar nicht.

(5)   Öffentlich-soziale Verantwortung im Reisebüro-Management

Erst Mitte der 1990er Jahre wird verstärkt die gesellschaftliche Verantwortung des Managements in den Vordergrund der Betrachtung gestellt. Im Tourismus ist hingegen die gesellschaftliche Bedeutung im Sinne einer nachhaltigen Entwicklung ein bereits seit längerem viel diskutiertes Thema (vgl. HOPFENBECK/ZIMMER 1993, KIRSTGES 2003, MEZZASALMA 1994, MÜLLER 2007, VIEGAS 1998).

Auch **Reisebüros** müssen sich mit ihren Zielsetzungen und Verhaltensweisen im Sinne eines nachhaltigen Managements positionieren. Dabei haben sie als „reiner" Vermittler nur begrenzt Einfluß auf die sozio-kulturelle Unternehmenspolitik der Reiseveranstalter und Leistungsträger. Doch im Rahmen der Informationsfunktion über die ökologische und sozio-kulturelle Situation im Zielgebiet und über Auswirkungen bestimmter Transport- und Reiseformen sowie eines bestimmten Verhaltens der Reisenden können auch sie zu einer nachhaltigen Tourismusentwicklung beitragen.

Typische **Beispiele** hierfür wären:
- Informationsabende über Zielgebiete,
- Vergleich von Energiebilanzen der Transportunternehmen,
- Bevorzugte Buchung von ökologisch bewussten Reiseveranstaltern oder Transportunternehmen,
- Keine Vermittlung von Reisen mit eindeutigen Signalen in Richtung „Sex-Tourismus".

1.3.2   Management von – einzelnen – Funktionsbereichen

Eine zweite Richtung der funktionalen Managementlehre, wie in Übersicht B.1-6 dargestellt, konzentriert sich auf die Bestimmung von Managementaufgaben in verschiedenen betrieblichen Teilbereichen. Hierbei wird die Gesamtorganisation – analytisch – in originäre betriebliche Funktionsbereiche zerlegt, die zumeist mehr oder weniger unverbunden nebeneinander stehen und unterschiedliche Managementaufgaben haben. Dies basiert auf der klassischen Sichtweise der BWL als **Funktionslehre**, bei der Management als weitere Parallelfunktion gesehen wird. Doch im Laufe der Entwicklung der Managementlehre haben sich die koordinativen und übergeordneten Funktionen des Managements weitgehend durchgesetzt (vgl. 1.3.1). Management als dispositiver Faktor gilt als Ergänzung zu den sachbezogenen Funktionen in den einzelnen (Funktions-)Bereichen und hat eigenständige Aufgaben wahrzunehmen. Diese werden entweder als übergeordnet oder quergelagert zu den Funktionsbereichen gesehen (vgl.1.3.1 oder/und 1.3.3.1).

Bei der gesonderten Betrachtung von Funktionsbereichen des Managements werden üblicherweise die folgenden fünf **Basisfunktionen** des traditionellen, mit der Sachgüterproduktion beschäftigten Unternehmens unterschieden (Abb. B.1-8):

> Als klassische **Funktionsbereiche des Managements** gelten:
> * Einkaufs-/Beschaffungs-Management,
> * Produktions-/Leistungserstellungs-Management,
> * Absatz-/Marketing-Management,
> * Personal-Management,
> * Finanz-Management.
> Sie finden sich oftmals auch in der institutionellen Gliederung von Organisationen wieder (wie z.B. Beschaffungs-, Produktions-, Finanzabteilung usw.)

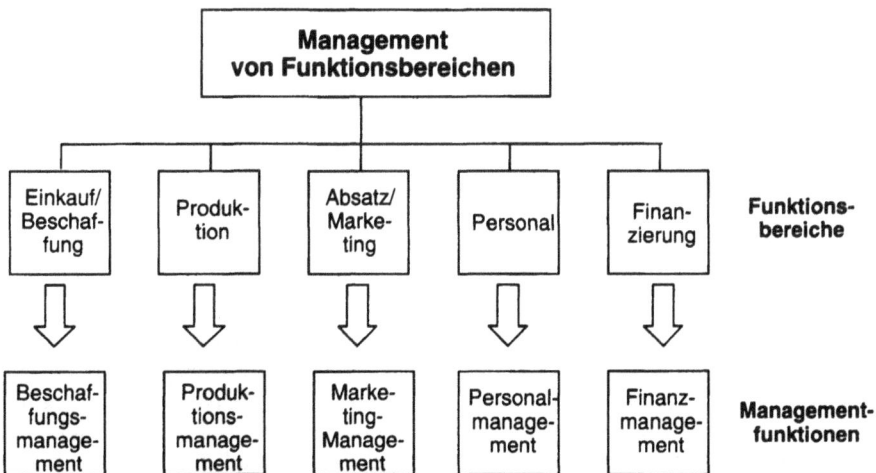

Abb. B.1-8:   Management der klassischen Funktionsbereiche

Auch für Reisebüros und andere Unternehmen der Tourismuswirtschaft werden oftmals diese traditionellen Funktionsbereiche betrachtet, obwohl aus institutioneller und funktional-analytischer Sicht eine andere Aufteilung und Systematik möglicherweise geeigneter wäre. So empfiehlt sich infolge des Dienstleistungscharakters der Reisebürotätigkeit eher eine prozess-/phasenorientierte Betrachtung (vgl. 1.3.4). Zudem gliedern sich Reisebüroabteilungen eher nach touristischen Kriterien, wie z.B. Touristik-, Flug-, Bahn-, Geschäftsreise- oder Gruppenabteilung.

Ferner fallen – bedingt durch die flachen Hierarchien und die geringe Personalausstattung der meisten Reisebüros – viele der üblichen funktionalen Managementaufgaben in einer oder in wenigen Personen zusammen. Trotzdem kann die getrennte Betrachtung der klassischen Funktionsbereiche mit den entsprechenden tourismus- und reisebürospezifischen Besonderheiten zum Verständnis zentraler Managementaufgaben für Reisebüros beitragen. Diese Einzelfunktionen werden in den folgenden Kapiteln dieses Buches genauer dargestellt (vgl. B. 3 bis B.7):

(1) **Beschaffungs-Management in Reisebüros** (als **Potenzial-Management**): In der klassischen Orientierung an der Sachgüterproduktion bedeutet Beschaffung die Bereitstellung der verschiedenen leistungswirtschaftlichen Produktionsfaktoren (Rohstoffe, Arbeitskraft usw.) als Input für den darauf folgenden eigentlichen Produktionsprozess. Auch für Reisebüros ist der Produktionsfaktor Arbeitskraft/Personal zu „beschaffen". Doch Sachmittel oder Rohstoffe sind zur touristischen Leistungserstellung nicht – oder nur in sehr begrenztem Umfang – notwendig.

Von daher bietet sich anstelle der klassischen Sichtweise des Beschaffungs-Managements für Reisebüros eher die Betrachtung der Beschaffung und Gestaltung von **Potenzialfaktoren** an (sog. **Potenzial-Management**): Reisebüros bieten durch ihre Personal- und Agenturausstattung die – potenzielle – Möglichkeit an, für Kunden im Sinne der Beratung und Reservierung aktiv werden zu können Hierfür stellen sie Personal, Kapazitäten, Reise-Agenturen, Reservierungsmöglichkeiten (z.B. CRS) usw. zur Verfügung. Dies bedeutet zugleich hohe Bereithaltungskosten, die nur durch eine entsprechende Nutzung der Reiseinteressenten kompensiert werden können (vgl. genauer Kapitel B.2).

(2) **Produktions-Management** in Reisebüros (**Prozess-Management**): Produktions-Management meint traditionell die Kombination der Inputfaktoren in der Produktionsabteilung zu einem neuen, fertigen Endprodukt, das anschließend vermarktet wird. Dies erfolgt traditionell betriebsintern und ohne Kundenkontakt.

Als „Leistungsabteilung" in Reisebüros wird üblicherweise der Beratungsbereich gesehen (front-office), in dem in direktem Kundenkontakt die Beratung stattfindet. Der Kunde ist also aktiv in den Prozess der Leistungserstellung integriert. Ferner zählen auch back-office-Aufgaben (wie Buchungsabwicklung usw.) sowie die in (1) erwähnten verschiedenen Beschaffungsfunktionen zur eigentlichen Leistungserstellung. Zudem ist eine Trennung von Beschaffung/Bereitstellung und Absatz/Marketing nicht oder nur begrenzt möglich.

Das Reisebüro-Management hat diese Kontaktphase im Sinne eines interaktiven Managements zu gestalten. Als weitere wichtige Aufgabe hat es einen reibungslosen Buchungsablauf zu gewährleisten: von der Beratung über die Reservierung bis zur Aushändigung der Reiseunterlagen, dem Inkasso und der evtl. Weiterleitung von späteren Reklamationen. Dies wird im Kapitel Prozess-Management genauer dargestellt (vgl. B.3).

(3) Marketing-Management in Reisebüros: Der Marketingfunktion kommt immer häufiger eine zentrale Stellung oder Leitfunktion im unternehmerischen Management zu. Moderne Unternehmen orientieren sich vorrangig „am Markt", d.h. an den Kundenwünschen, an den Konkurrenzbeziehungen sowie den Markttrends. Darauf richten sie sowohl ihr Angebot als auch ihr Verhalten aus – modernes Marketing ist mehr als traditionelles Absatz- und Vertriebswegedenken – es ist marktorientiertes Management, kurz: **Marketing-Management**.

Für den Tourismus hat sich ein relativ eigenständiges Marketing entwickelt, das im wesentlichen auch für Reisebüros zutrifft (vgl. genauer FREYER 2007). Als die typischen Management-Aufgaben für den Marketingbereich gelten:

- **Marketing-Analysen** von Umfeldtrends, Nachfrage- und Konkurrenzanalyse (Marktforschung i.e.S.), Betriebsanalyse, vgl. genauer Kapitel B.4.

- **Marketing-Strategien**: Aufbau von Erfolgspositionen und Bestimmung der Marketingziele, die eine Konkretisierung der übergeordneten normativen und strategischen Zielsetzungen sind, vgl. genauer Abschnitt 1.3.3.2(2) in diesem Kapitel.

- Einsatz der verschiedenen **Marketing-Instrumente**, wie Produkt-, Preis-, Vertriebswege- und Kommunikationspolitik, im Sinne eines abgestimmten Marketing-Mix, vgl. genauer Kapitel B.5.

- **Implementierung** des Marketing in Bezug auf Organisation, Ressourcenallokation und Anspruchsgruppen sowie das Marketing-Controlling.

Modernes Marketing im Tourismus ist mehr als ...

- nur „verkaufen" („Verkaufsorientierung"),
- „etwas" Werbung oder Öffentlichkeitsarbeit oder Prospektgestaltung („Kommunikations(instrumente)orientierung"),
- einzelne Marketing-Instrumente oder das „Marketing-Mix" (instrumentelle Sicht).

Tourismus-Marketing ist eine ...

- systematische, konzeptionelle Methode oder Denkrichtung („Philosophieorientierung"),
- Führungs-(Management-)Technik („Managementorientierung")

von touristischen Unternehmen, Einzelpersonen oder Organisationen, wobei „der Markt" zentraler Bezugspunkt ist („Marktorientierung") und gesellschaftliche Werte berücksichtigt werden („ganzheitliches Marketing").

Quelle: FREYER 2007: 38

(4) **Personal-Management** in Reisebüros: Personal-Management hat als zentrale Aufgaben die Beschaffung, Einsatzplanung und Qualifizierung der leitenden und ausführenden Mitarbeiter eines Unternehmens. Zudem müssen die entsprechenden organisatorischen und motivationalen Personalaufgaben wahrgenommen werden. Dies wird genauer in Kapitel B.6 dargestellt.

(5) **Finanz-Management** in Reisebüros: Das Finanz-Management hat die Aufgaben der kurzfristigen und langfristigen Kapitalplanung wahrzunehmen. Besondere Anforderungen sind an den zeitlich nicht synchronen cash-flow sowie den hohen Anteil von Kundengeldern/Fremdgeldern in Reisebüros gestellt (vgl. genauer Kapitel B.6).

Sonstige Funktionsbereiche für das Management:

Neben den zuvor benannten klassischen Funktionsbereichen für das Management werden in letzter Zeit weitere Bereiche besonders herausgestellt, die als Management-Orientierung im Sinne eines funktionalen Managements dienen. Dies sind im Einzelnen (vgl. dazu genauer abschnitt 1.3.5 (2)):

- Qualität (Qualitäts-Management, vgl. HELLER 1996, BRUHN/STAUSS 1995, POMPL/LIEB 1996, FREYER 1999, Müller 2004), Ökologie (Öko-Management, vgl. HOPFENBECK/ZIMMER 1993, MÜLLER 2007), Internationalität/Globalisierung (Internationales/interkulturelles/globales Management, vgl. FREYER 1998b, LANDGREBE 1999), Informationen (Informations-Management, vgl. LITTLE 1996, SCHERTLER 1994) usw.

Die Betrachtung erfolgt entweder als parallele Aufgabe in allen Funktionsbereichen oder -phasen oder als eigener Funktionsbereich, für den die entsprechenden übergeordneten Managementaufgaben gelten. Streng genommen sind aber die meisten der hier erwähnten Konzepte lediglich Unterfälle der anderen funktionalen Managementansätze.

1.3.3   Integratives oder ganzheitliches Management

Während in den Abschnitten 1.3.1 und 1.3.2 die verschiedenen übergeordneten oder hauptsächlichen Funktionen sowie die Funktionsbereiche – aus analytischen Gründen – getrennt betrachtet worden sind, stellt sich für ein umfassendes und praxisorientiertes Management die Aufgabe, beide Bereiche miteinander zu verbinden. Hierfür wurden verschiedene Gesamtmodelle des Managements entwickelt, wie z.B. das Management als Querschnittsfunktion und das integrative Management (vgl. Abb. B.1-6).

1.3.3.1   Management als Querschnittsfunktion

Zum einen wird Management als Querschnittsfunktion gesehen, die Aufgaben „quer" oder komplementär zu allen Funktionsbereiche wahrnimmt:

„Die Managementfunktionen stehen zu den originären betrieblichen Funktionen wie Einkauf, Produktion oder Verkauf (Sachfunktion) in einem komple-

mentären Verhältnis. Man kann sich das Management als eine komplexe Ver-
knüpfungsaktivität vorstellen, die den Leistungserstellungsprozess gleichsam
netzartig überlagert und in alle Sachfunktionsbereiche steuernd eindringt."
(STEINMANN/ SCHREYÖGG 2005: 6).

Bildlich ist dies als Matrix- oder Netz zu veranschaulichen (vgl. Abb. B.1-9).
Diese Querschnittsaufgaben sind bereits in Abschnitt 3.1 ausführlich behandelt
worden. Sie sind im weiteren aber mit den funktionalen Aufgaben, die ebenfalls
in getrennter Betrachtung bereits in Abschnitt 3.2 behandelt worden sind, zu verbinden. Damit ergibt sich ein **ganzheitliches Verständnis des Managements**, das
aber vorwiegend statisch ausgerichtet ist. Als Weiterführung des statischen ganzheitlichen Managementmodells gelten die dynamischen und prozessorientierten
Modellansätze, die in Abschnitt 1.3.4 genauer behandelt werden.

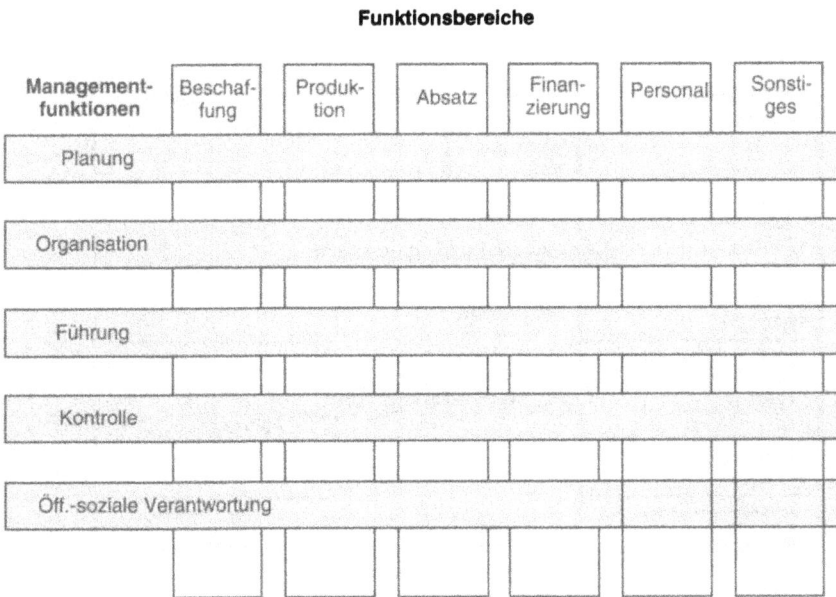

Funktionsbereiche

Management-funktionen	Beschaf-fung	Produk-tion	Absatz	Finan-zierung	Personal	Sonsti-ges
Planung						
Organisation						
Führung						
Kontrolle						
Öff.-soziale Verantwortung						

Abb. B.1-9:   Management als Querschnittsfunktion
(Quelle: nach STEINMANN/SCHREYÖGG 2005: 7, leicht verändert)

1.3.3.2   Das „integrative" Management-Modell

Zum anderen wird Management für Tourismusunternehmen häufig entlang des
„integrativen" St. Galler Management-Modells dargestellt. Es geht zurück auf
ULRICH 1990 und BLEICHER 2004 und wurde von KASPAR 1995 für die Tourismuswirtschaft weiterentwickelt. Bleicher spricht in diesem Zusammenhang von
einem „Paradigmawechsel des Managements" – verstärktes komplexes Manage-
mentdenken anstelle der analytischen Reduktion von Komplexität:

„Das neue Paradigma wird im notwendigen Wechsel vom bisherigen linearen, kausal-analytischen zu einem auf das Ganze gerichteten synthetisch-vernetzten Denkens erkannt." (BLEICHER 2004: 33, im Original z.T. kursiv)

Das St. Galler integrierte Management-Modell verbindet verschiedene übergeordnete und bereichsorientierte Managementfunktionen zu einem integrierten System. Dazu betrachtet es die verschiedenen Aufgaben/Funktionen auf einem relativ hohen Abstraktionsniveau und unterscheidet und verbindet:

- übergeordnete Managementfunktionen in hierarchischer Sicht als normative, strategische und operative Aufgaben mit

- bereichsorientierten Funktionen einer horizontalen funktionalen Sicht als Aktivitäten, Strukturen und Verhalten, weitgehend analog zu den Funktionen in Abschnitt 1.3.2.

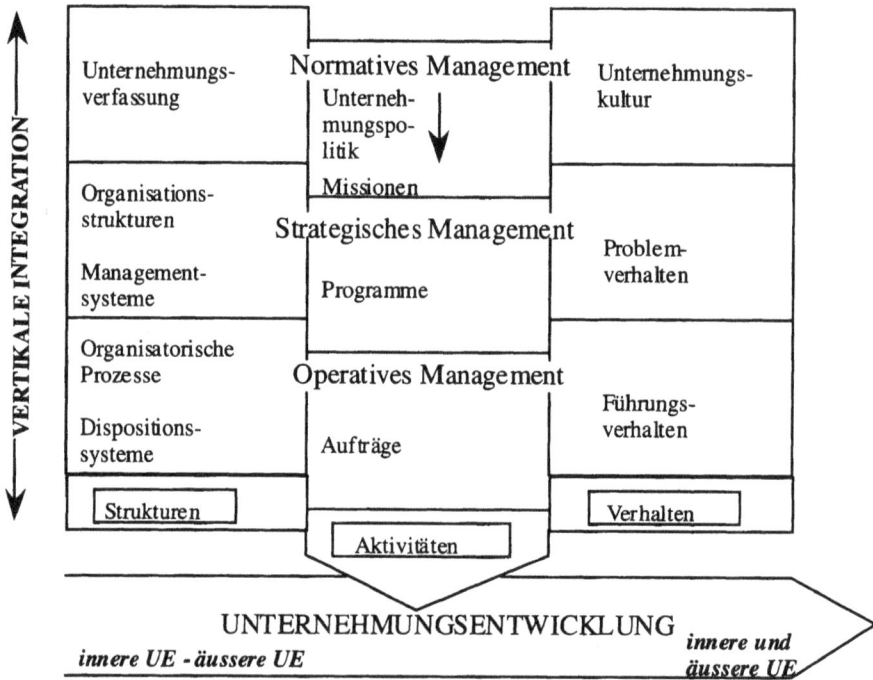

Abb. B.1-10:   Konzept des integrierten Managements
(Quelle: BLEICHER 2004: 81)

Es ist vom Grundgedanken her ganz ähnlich der zuvor erwähnten Querschnitts-Matrix zu sehen. Es geht lediglich von einer unterschiedlichen Bestimmung der übergeordneten allgemeinen und bereichsorientierten Managementfunktionen und -aufgaben aus.

Für die Management-Diskussion haben vor allem die **hierarchischen Management-Dimensionen** große Bedeutung erlangt. Hierbei geht es um die Bestimmung der normativen, strategischen und operativen Ziele (und Aufgaben) von

Unternehmen. „Dabei handelt es sich um eine gedankliche Gliederung, die zu den oben genannten Grundfunktionen des Managements mehr oder weniger quer liegt, da sie grundsätzlich alle Funktionen betrifft." (ULRICH/FLURI 1992: 19)

Auf eine weitere Differenzierung im Hinblick auf die bereichsorientierten Funktionen der Aktivitäten, Strukturen und des Verhaltens wird im Folgenden verzichtet, da zum einen das funktionsbereichsorientierte Management bereits zuvor ausführlich behandelt worden ist (vgl. 1.3.2), zum anderen **für Tourismus-unternehmen** eine weitergehende Differenzierung der beiden übergeordneten Management-Dimensionen, des normativen und strategischen Managements vorwiegend von theoretischem Interesse ist (vgl. BLEICHER 1995). So hat beispielsweise KASPAR das allgemeine integrative Modell von ULRICH und BLEICHER für den Tourismus abgewandelt, indem er anstelle der – gleichberechtigten – Matrixform eine pyramidenhafte Darstellung wählt, was auf die geringe(re) Bedeutung der beiden oberen Management-Ebenen für die im Tourismus vorherrschenden KMU hinweist:

> „In kleinen und mittleren Unternehmungen konzentriert sich die Führung im wesentlichen auf die operative Dimension (Tagesgeschäft), während die strategische nur am Rande berücksichtigt wird (Budgetplanung) und die normative häufig nur gerade im Kopf des Wirtes, Hoteliers oder Reisebüroinhabers stattfindet." (KASPAR 1995: 47)

Lediglich die drei hierarchischen Management-Funktionen werden im Folgenden etwas näher mit ihrer Bedeutung für Reisebüros erläutert, da sie zugleich wichtige Aussagen für die Zielsetzungen und Aufgaben in Reisebüros enthalten. Immer häufiger werden die drei – hierarchischen – Managementdimensionen auch anstelle oder parallel zur klassischen Sicht als Hauptfunktionen des Managements angesehen (vgl. auch Abb. B.1-5):

(1)　　Normatives Management für Reisebüros

Beim normativen Management geht es um die Bestimmung der generellen und zukunftsorientierten Leitlinien der jeweiligen Organisation. Im einzelnen werden dazu unterschieden: Unternehmenszweck, – grundsätze und -identität (so FREYER 2007: 345ff.) oder Unternehmensvision, -politik, -verfassung und -kultur (so KASPAR 1995, BLEICHER 2004). Zwischen den einzelnen Teilbereichen gibt es vielfache Überschneidungen, gelegentlich werden sie nochmals als „Leitbilder" zusammengefaßt.

Das **normative Management** umfasst wenige grundsätzliche Aufgaben von großer Reich- und Tragweite. Es handelt sich um typische Management- und Führungsentscheidungen, die das gesamte Unternehmen betreffen und die verschiedene Bereiche auf der oberen Ebene betreffen. Der Kerngedanke des normativen Management ist die Bestimmung der zukünftigen Entwicklungsrichtung (vgl. a), der Verhaltensregeln intern und gegenüber der Konkurrenz und Gesellschaft (b) sowie interne Kultur (c):

(a) Unternehmensvision, -mission oder **-zweck** für Reisebüros: Als Haupt- oder Ausgangsfrage sollte sich jede Organisation Fragen nach dem letztlichen Sinn und Zweck ihrer Existenz und ihrer Aktivitäten fragen: „Warum gibt es uns?

Was ist unser Geschäft? Was leisten wir für die Gesellschaft und für die Kunden?" Auf diese vermeintlich simplen Fragen können nur die wenigsten Unternehmen eine klare Antwort geben: „So einfach diese Fragen klingen mögen, sie gehören zu den schwierigsten, mit denen ein Unternehmen sich überhaupt auseinandersetzen muss. Die Erfolgreichen stellen sich diese Fragen immer wieder und beantworten sie sorgfältig und gründlich." (KOTLER R./ BLIEMEL 2001: 110)

Eine häufig anzutreffende Antwort auf den Sinn unternehmerischer Tätigkeit lautet: „Wir wollen Gewinne erzielen." Doch Gewinne sind das Resultat dessen, was das Unternehmen für seine Kunden leistet, nicht aber Selbstzweck (vgl. dies.: 113). Kunden kommen nicht in ein Reisebüro, weil dieses Gewinne machen will, sondern weil es einen bestimmten Nutzen für die Kunden hat:

So leistet ein **Reisebüro** einen Beitrag für die kostbarsten Tage des Jahres, für Urlaubsglück und Erholung der Reisenden. Es berät den Kunden und nimmt ihm einen Großteil der organisatorischen Arbeit bei der Suche nach der passenden Reisemöglichkeit ab. – Dieses muss auch die letztliche Sinnbestimmung der Reisebürosexistenz und dessen Handlungsmaxime sein.

(b) **Unternehmensgrundsätze, -politik** und **-verfassung** für Reisebüros: Ein zweiter Bereich beschäftigt sich mit den Normen und Verhaltensregeln der Unternehmung („policy and practice"). Hierzu zählen die Grundsätze des erlaubten und verbotenen Handelns (die „does and dont's"), z.B. ausgeprägte Profitorientierung oder Berücksichtigung sozialer Werte, agressive oder kooperative Geschäftspolitik usw. Hierbei wird oftmals auf die unterschiedlichen Interessen der Eigentümer (shareholder) und der Gesellschaft (stakeholder) und/oder die betriebsinternen und -externen Interessen hingewiesen.

Für **Reisebüros** bedeutet dies die Bestimmung der qualitativen und ökologischen Zielsetzungen (Öko- und/oder Qualitäts-Management), die Beteiligung der Mitarbeiter an den Unternehmensentscheidungen (Mitbestimmung) sowie die Berücksichtigung gesellschaftlicher Interessen, wie z.B. „nachhaltiger Tourismus", gegen „Prostitutions-Tourismus", Informationen über Sitten und Gebräuche der Gastländer (z.B. durch Informationsabende und -broschüren) usw..

(c) **Unternehmensidentität, -philosophie, -kultur** und **-ethik** für Reisebüros: Ein weiterer Bereich des normativen Managements konzentriert sich auf die Unternehmenskultur-, philosophie, -ethik oder -identität. Hierbei geht es um die konkretere Ausgestaltung des unternehmerischen Erscheinungsbildes (Corporate Design) und des Verhaltens (Corporate Behaviour) – quasi als Innenbestimmung und Identitätsstiftung: wie sehen wir uns bzw. wie wollen wir nach außen auftreten und erscheinen. Dieses Eigenimage („Wir-Gefühl") muss aber auch analog nach außen kommuniziert werden (Corporate Communications), damit Selbstbild und Fremdbild („Image") nicht auseinanderfallen. Ein möglichst abgestimmtes Auftreten und Erscheinungsbild nach innen und außen stellt die Basis für Glaubwürdigkeit und Vertrauen als wichtige Imagefaktoren für **Reisebüros** dar. Im Einzelnen bedeutet dies:

- Das äußere Erscheinungsbild („Corporate Design") drückt sich durch die Gestaltung der Schaufenster, der Inneneinrichtung, der Geschäftspapiere und Prospekte, der Kleidung der Mitarbeiter usw. aus, z.B. exklusiv, billig, modern, traditionell usw.

- Das verhaltensorientierte Erscheinungsbild („Corporate Behaviour") wird in Reisebüros v.a. durch die Expedienten den Kunden gegenüber vermittelt. Voraussetzung hierfür ist eine entsprechende Kundenorientierung und Dienstleistungsmentalität aller Mitarbeiter und Führungskräfte eines Reisebüros.

- Die Kundenorientierung muss aber auch entsprechend nach außen, den Kunden gegenüber, kommuniziert werden („Corporate Communications"), sie muss „gelebt" werden und von außen auch so wahrgenommen werden. Nur wenn die Kundenerwartungen auch erfüllt werden, stimmen Selbstbild und Fremdbild überein und es kommt zur beiderseitigen Zufriedenheit.

(d) Leitbilder für Reisebüros: Die zuvor behandelten Bestandteile des normativen Managements finden sich heutzutage oftmals in sogenannten **Leitbildern** wieder, die nach außen und innen kommuniziert werden (Beispiele finden sich u.a. in SCHRAND 1995: 325, KASPAR 1995: 82):

„Das Unternehmensleitbild hat die unternehmungspolitischen Ziel- und Grundsatzentscheidungen in wenigen konzentrierten Aussagen zum Inhalt." (KASPAR 1995: 73)

Das *abr* REISEBÜRO ist der kompetente Partner rund um's Reisen.

Reisevermittlung in den Filialen, Reiseveranstaltung und Dienstleistungen der Zentrale für die Filialen sind die Kernelemente unseres Unternehmens. Erst das Zusammenwirken dieser Elemente gemeinsam mit Tochtergesellschaften und unseren Geschäftspartnern macht uns zum führenden Unternehmen in der Reisebranche.

1 Der Name *abr* REISEBÜRO bürgt für Kompetenz in Reisevermittlung und Reiseveranstaltung. Das Zusammenspiel beider Komponenten verstärkt die Nähe zum Kunden und sichert unsere Marktposition im Wettbewerb.

2 Jede Filiale gilt als selbständige Wirtschaftseinheit. Durch aktiven Austausch von Informationen und Know-how unterstützen sich Filialen und Zentrale.

3 Unsere Tochtergesellschaften bearbeiten gezielt ausgesuchte Märkte im Vermittlungs-, Veranstaltungs- und Servicebereich, um zum Gesamterfolg beizutragen.

4 Ein faires und selbstbewusstes Auftreten gegenüber unseren Partnern ermöglicht solide und zuverlässige Geschäftsbeziehungen. Dies sichert beiderseitigen Erfolg und unseren guten Ruf.

5 Als ein führendes Unternehmen der Reisebranche sind wir zu sorgfältigem Umgang mit unseren natürlichen Ressourcen verpflichtet, Daher müssen die einzelnen Bereiche unseres Unternehmens ihre jeweiligen Möglichkeiten zum Schutz der Umwelt ausschöpfen.

Abb. B.1-11: Unternehmensleitbild des Amtlichen Bayerischen Reisebüros *(abr)* Mitarbeiterbroschüre, München 1993 (Quelle: zitiert nach SCHRAND 1995: 325)

(2) Strategisches Management für Reisebüros

Das strategische Management hat die Aufgabe, vorhandene und neue Erfolgspositionen für das Unternehmen zu bestimmen. Es ist folglich vorrangig konkurrenzorientiert, da es die eigenen strategischen Stärken und Schwächen nur im Vergleich zu anderen Anbietern und Leistungen bestimmen kann („bench-marking"). Strategische Entscheidungen differenzieren zumeist nach Funktionsbereichen und entwickeln hierzu einzelne bereichsspezifische Konzepte, z.B. Leistungs-, Marketing-, Finanzierungs- und Führungskonzepte, die auf der strategischen Ebene eng miteinander verbunden sind. Entsprechend ist die Anzahl der strategischen Entscheidungen weitaus größer als die zugrundeliegenden normativen Aussagen.

Hierzu hat das strategische Management eine Reihe von **Grund- oder Normstrategien** entwickelt, die für das eigene Unternehmen zu untersuchen und umzusetzen sind (vgl. genauer FREYER 1999a: 361ff., KREILKAMP 1987, 1998, KREIKEBAUM 1997, HINTERHUBER 2007, KIRSTGES 1996). Der Aufbau von Erfolgspositionen geht von den eigenen Stärken aus. Zu den wichtigsten strategischen Überlegungen für Reisebüros zählen:

- **Entwicklungsstrategien** legen die generelle Entwicklungsrichtung (wachsen, stabilisieren, schrumpfen), die Marktfelder (Produkt-Markt-Überlegungen) und das Marktareal (z.B. lokal, regional oder international) fest. So haben sich Reisebüros zu fragen, ob sie die gesamte Palette des touristischen Angebotes für alle Kundengruppen abdecken wollen („Universal-Reisebüro" mit IATA-, DB- und allen Reiseveranstalter-Agenturen) oder sich auf bestimmte Leistungen und/oder Märkte spezialisieren sollen, in denen sie eine hohe Kompetenz haben, z.B. als Fern-, Sport-, Kultur-Reisespezialist.

- **Konkurrenz-Strategien** betrachten den Strategiestil (friedlich, kooperativ oder kriegerisch) sowie das Wettbewerbsverhalten. Reisebüros haben dabei nur begrenzte Möglichkeiten der selbständigen Preisstrategien. Doch auf der Kosten- und Erlösseite können sie durch Einkaufskooperationen und über Superprovisionen Wettbewerbsvorteile erlangen. Im Vordergrund dürften aber Qualitätsstrategien stehen, die auf Leistungsvorteile bei der Kundenberatung und -betreuung setzen.

- **Kundenstrategien** bauen Erfolgspositionen in bezug auf bestimmte Zielgruppen auf. Anstelle der früheren undifferenzierten Massenmarktstrategie werden gezielt Kundengruppen angesprochen. Dazu werden die Nachfrager entweder nach sozio-demographischen, verhaltensorientierten oder psychographischen Kriterien segmentiert. Gerade für Reisebüros wird es in Zukunft sehr bedeutend sein, welche Kunden mit welchen Leistungen angesprochen werden können und sollen.

- **Positionierungsstrategien** empfehlen Reisebüros ein klares Profil, mit dem sie sich im gesamten Angebotsraum positionieren. Üblicherweise werden dabei die beiden Extrempositionen der Präferenz-, Premium- oder Qualitätspositionierung und der sog. Preis-Mengen- oder Billigposition unterschieden.

Trotz dieser umfassenden Möglichkeiten ist systematisches strategisches Management in der Reisebürobranche sehr unterschiedlich anzutreffen:

„Strategisches Denken und Handeln ist beim Reisebüromanagement kleiner und mittlerer Reisebüros im Gegensatz zu großen Reisebüroketten in der Regel stark unterentwickelt. Nachweislich sind aber strategiepraktizierende Reisebüromarketer gegenüber strategielosen Mitbewerbern weit überlegen (Umsatzdynamik, relativer Marktanteil, Umsatzrendite, Krisenfestigkeit)." (SCHRAND 1995: 326)

(3)   Operatives Management für Reisebüros

Das operative Management stand lange Zeit im Mittelpunkt der Managementlehre und ist erst in den letzten Jahren durch eine zunehmende Fokussierung auf normative und strategische Fragen relativiert worden. Im operativen Management sind die normativen und strategischen Zielsetzungen umzusetzen, zu implementieren. Es sind die entsprechenden Organisationsstrukturen festzulegen sowie die konkreten zeitlichen, finanziellen und personellen Entscheidungen zu treffen. Entsprechend sind die operativen Aufgaben sehr umfangreich (und detailliert), haben dafür aber nur eine geringe Reichweite. – Gerade in **Reisebüros** überwiegen die operativen Aufgaben, das „Tagesgeschäft", für das Management.

„Durch die starke Einbindung in das Tagesgeschäft ist der Unternehmer häufig veranlaßt, operative Entscheidungen zu treffen. Dadurch läuft er Gefahr, strategische Überlegungen zu vernachlässigen. Das Führungs- und Entscheidungsverhalten in KMU ist daher mehr von einem kurzfristigen, operativen Denken beherrscht als von einer weitsichtigen, strategischen Orientierung. Für die Existenz der Unternehmen ist es aber zwingend erforderlich, dass in diesem Zusammenhang eine Umorientierung auf strategisches Denken erfolgt." (BUSSIEK 1996: 43).

1.3.4   Phasenorientierte Managementfunktionen

Eine vierte Möglichkeit des funktionalen Managements fokussiert auf dienstleistungsorientierte Funktionsbereiche (vgl. dazu nochmals die Übersicht in Abb. B.1-6). Dies ist eine sehr moderne Variante des Managements, die erst im Gefolge der verstärkten Dienstleistungsorientierung entstanden ist.

Zwar sind die meisten der vorhandenen Managementansätze in ihrer Grundstruktur sehr allgemein angelegt, so dass sie für alle Arten von Managementaufgaben und Organisationen gelten können. Doch in der klassischen BWL konzentrieren sie sich hauptsächlich auf die Sachgüterproduktion. Dies hat in den letzten Jahren dazu geführt, dass verstärkt spezielle **dienstleistungsorientierte Management-Modelle** entwickelt worden sind. Sie sind von besonderer Relevanz für Reisebüros und die dort vorherrschenden Dienstleistungsfunktionen. Sie berücksichtigen ferner die Dynamik („Denken in Prozessen") und sind mehr ablauf- als aufbauorientiert (vgl. aber Abschnitt 1.3.4.3(2)).

Ohne an dieser Stelle zu weit auf die allgemeine Dienstleistungsdiskussion einzugehen (vgl. dazu BRUHN/MEFFERT 2006, CORSTEN/GÖSSINGER 2007), sollen die entsprechenden Aussagen und Managementmodelle für Reisebüros erläutert werden. Das Augenmerk des Dienstleistungs-Managements liegt zumeist auf der Betrachtung spezifischer Eigenschaften von Dienstleistungen sowie die Bestimmung sog. „konstitutiver Faktoren" von Dienstleistungen, die zu besonderen Anforderungen an das Dienstleistungs-Management führen:

• Als **spezifische Eigenschaften von Dienstleistungen,** die zumeist in Abgrenzung zu Sachgütern gesehen werden, gelten: Immaterialität (verbunden mit Nicht-Lagerfähigkeit und -Transportfähigkeit), uno-actu-Prinzip (d.h. Dienstleistungen werden gleichzeitig erstellt und konsumiert), Anwesenheit und Integration des Kunden (des sog. „externen Faktors", d.h. Dienstleistungen werden im direkten Produzenten- und Kundenkontakt erstellt), Subjektivität (d.h. verschiedene Personen bewerten die selbe oder gleiche Dienstleistung unterschiedlich). Ferner werden häufig eine Reihe weiterer Eigenschaften von (touristischen) Dienstleistungen herausgestellt, die zum Teil in den zuvor erwähnten bereits enthalten sind, aber oftmals gesondert behandelt werden (vgl. als Übersicht FREYER 2007: 94).

• Als „**konstitutive Elemente**" von Dienstleistungen gelten Potenzial-, Prozess- und Ergebniseigenschaften, d.h. Dienstleistungen werden über einen längeren Zeitraum erstellt und durchlaufen dabei die drei benannten Phasen, vgl. auch Abb. B.1-12 und die nachfolgenden Erläuterungen.

Diese allgemeinen Besonderheiten für Dienstleistungen treffen auch weitgehend für die Leistungen von Reisebüros zu. Reisebüros sind typische Dienstleistungsunternehmen. Ihre Hauptleistungen sind personenbezogene Dienstleistungen, wie z.B. Beratung, Vermittlung, Reservierung, Informationen usw., sie sind immateriell und werden in direktem Kundenkontakt (face-to-face) erbracht. Zudem erstreckt sich die Reisevermittlung über einen längeren Zeitraum, bei dem Potenzial-, Prozess- und Ergebnisleistungen unterschieden werden können. Diese spezifischen Dienstleistungseigenschaften führen zu besonderen Anforderungen an das Dienstleistungs-Management für Reisebüros:

Dienstleistungsorientiertes Management in Reisebüros umfaßt das
• Management der Immaterialität von Dienstleistungen,
• Management des Prozesscharakters,
• Management der Interaktion.

1.3.4.1   Management der Immaterialität von Dienstleistungen in Reisebüros

Dienstleistungen sind immateriell und damit nicht lager- und transportfähig, d.h. Reisebüros können ihre Vermittlungsleistungen weder auf Vorrat „produzieren" noch können sie gelagert oder an andere Orte transportiert werden. Die bereitgehaltenen Beratungskapazitäten „verfallen" nach dem Zeitpunkt oder Ort, an dem sie nicht von Kunden in Anspruch genommen werden (==> Kapazitätsmanagement).

Der Kunde kann während der Vermittlungsleistung nicht überprüfen, ob die von ihm gebuchte Reise auch seinen Erwartungen entspricht. Folglich ist er auf die Aussagen der Reiseberater (und der Leistungsträger) angewiesen – er muss ihnen vertrauen. Folglich ist es Aufgabe des Reisebüro-Managements, dieses Ver-

trauen entsprechend aufzubauen, zu entwickeln und zu erfüllen (==> Kompetenz-
und Vertrauens-Management).

Infolge der Immaterialität der Reiseleistung müssen Bilder und Erläuterungen
helfen, das erwartete Reiseerlebnis zu veranschaulichen. Prospekte, Videos, Informationsabende sind mögliche Hilfsmittel bei der Reisevermittlung.

Hinzu kommt, dass Kunden mit der Reisebuchung neben der eigentlichen
Kernleistung der korrekten Reisevermittlung die Erfüllung von weitergehenden
Wünschen erwarten. Sie suchen Urlaubsglück, Erholung, Kontakte, Erlebnisse,
Spaß, Freude usw. während der Reise usw. Die Tourismusforschung spricht von
einer „doppelten Immaterialität touristischer Leistungen" (vgl. FREYER 2007), die
ebenfalls durch Reisebüros erfüllt werden muss. Zwar kann ein Reisebüro diese
Faktoren nur sehr begrenzt bieten und beeinflussen, doch die Kenntnis dieser
Wünsche und „Zusatzwerte" hilft, die Vemittlungsleistung zur beiderseitigen Zufriedenheit zu gestalten. Reiseverkäufer sind zugleich Erholungsberater und Wun-
scherfüller für den Kunden:

> „Die Erlebnis- oder Vorstellungsebene spricht vor allem die Seele und das Ge-
> fühl an. Hier werden die Hoffnungen, Wünsche, Träume und Sehnsüchte des
> Reisenden in den Vordergrund der Beratung und des Verkaufens gestellt. Es
> wird mit Spaß, Freude sowie mit dem Image des Zielgebietes, der Airline oder
> des Reiseveranstalters argumentiert. (...) Die Kundenansprache erfolgt über
> emotionale Faktoren, wie Gefühl, Stimmungen, Image.

Letztlich sucht der Reisende eine gesamte Problemlösung. Sie kann nicht
durch den Transport von A nach B und der Unterkunft am Urlaubsort erfüllt
werden. Touristen erwarten Urlaubsglück oder die 'kostbarsten Tage des Jahres' und nicht eine voll funktionierende Tourismusmaschinerie." (FREYER
1997: 25f.)

1.3.4.2 Management des Prozesscharakters von Dienstleistungen in Reise-büros

Dienstleistungen erfolgen über einen längeren Zeitraum, sie sind ein Prozess und
erfordern daher ein prozessorientiertes Management: von der ersten Information
über die intensivere Beratung, Buchung, Aushändigung der Reiseunterlagen, Reisedurchführung und evtl. Reklamationen nach Reiserückkehr von der Reise ver-
gehen zumeist mehrere Monate.

Anstelle der produktionsorientierten Funktionen und -bereiche (Einkaufs-,
Produktions-, Absatz-, Finanz- und Personal-Management) werden im Dienstleistungs-Management zumeist die **drei Phasen** Potenzial-, Prozess- und Ergebnisphase unterschieden. Eine konsequente Management-Struktur wäre die Einrichtung von entsprechenden Betriebsbereichen, also einer Potenzial-, Prozess-
und Ergebnisabteilung. Doch ein solcher struktureller Unternehmensaufbau ist in
der Praxis nur selten anzutreffen. Anders hingegen in der Literatur zum
Dienstleistungs-Management, hier dominieren entsprechende Modelle zur Analyse der spezifischen Dienstleistungsaufgaben. Auch für das Reisebüro-Management lässt sich eine entsprechende phasenorientierte Darstellung vornehmen (vgl.
ähnlich HELLER 1996: 52):

- **Potenzial-Management:** Die Potenzialphase erfordert ein Management der Potenzialfaktoren, wie z.b. Standort, Reisebüroaufmachung und -ausstattung (physisches Umfeld und technisches Potenzial), Mitarbeiterpotenzial (Kapazitäten sowie Qualifikationen und Kompetenz) sowie finanzielle Ausstattung. Als Teilaufgaben gelten das Beschaffungs-Management und das Management von Kapazitäten. Ferner sind vertrauensbildende Maßnahmen (wie Image, Kompetenz usw.) in der Potenzialphase zu gestalten und zu kommunizieren.

- **Prozess-Management:** In der Prozessphase gilt das uno-actu-Prinzip, d.h. die Leistungserstellung und der Leistungskonsum erfolgen gleichzeitig. Management der Prozessfaktoren bedeutet vor allem Organisation und Gestaltung der mit der eigentlichen Reiseberatung und -buchung zusammenhängenden Faktoren, wie z.B. Mitarbeiterqualifikation und -information, Beratungsqualität, (technische) Buchungsmöglichkeiten usw. (vgl. genauer HELLER 1996).

Zentrale Aufgabe des Reisebüro-Management ist die Gestaltung des persönlichen Kontaktes während der gesamten Beratung. Dazu zählen im einzelnen die Kontaktaufnahme, die Informationsübermittlung (durch Prospekte oder CRS-Informationen), das Beratungsgespräch sowie die Buchung selbst (mit Reservierung, Bezahlung, Aushändigung der Reiseunterlagen usw.). Aber auch der Kunde muss mitwirken, d.h. er muss während der Beratungs- und Vermittlungsphase anwesend sein, er muss seine Wünsche adäquat äußern und er muss dem weiteren Ablauf der Buchung zustimmen. Er ist also in den gesamten Prozess integriert und es besteht eine permanente Interaktion zwischen Reisebüro und Kunde.

- **Ergebnis-Management:** Management der Ergebnisfaktoren bedeutet insbesondere, die Zufriedenheit der verschiedenen beteiligten Gruppen und Personen sicherzustellen. Dies sind primär die Kunden, deren Ergebniszufriedenheit durch, Wiederholungsbuchungen („Stammkunden") oder – im negativen Fall – durch Kundenbeschwerden festzustellen sind. Für letzterem Fall steht ein umfassendes Beschwerde-Management zur Verfügung (vgl. POMPL 1996: 209ff., STAUSS/SEIDEL 1996). Ergebniszufriedenheit zeigt sich aber auch im Hinblick auf die vermittelten Leistungsträger sowie auf das eigene Betriebsergebnis. Hierfür sind die verschiedenen Betriebsindikatoren hinzuzuziehen (wie Buchungsaufkommen, Umsätze, Gewinn, Erfüllen von Agenturverträgen etc.).

Fazit: Der gesamte Prozess der Reiseberatung ist zu managen, von der Kontaktaufnahme sowie der Vertrauensbildung und Kompetenzvermittlung in der Potenzialphase, über die Buchung, Beratung, Reservierung in der Prozessphase bis zur Ergebnisphase (mit Nachbetreuung, Reklamations-Management usw.).

1.3.4.3   Management der Interaktion von Dienstleistungen in Reisebüros

Als Fortführung bzw. Konkretisierung der zuvor behandelten phasenorientierten Managementsicht für Dienstleistungen werden sog. interaktionsorientierte Management-Modelle entwickelt. Sie betonen verstärkt die Phase der persönlichen Kontakte zwischen Produzenten und Konsumenten in Reisebüros. Dabei gibt es eine prozess- und eine strukturorientierte Variante:

(1) Interaktionsorientiertes Management I: die prozessorientierte Variante

Im traditionellen Sachgüter-Management sind Kontakte zwischen dem Produzenten und den Konsumenten nur punktuell gegeben. Sie beschränken sich im wesentlichen auf den eigentlichen Kauf- und Verkaufsakt – und selbst dieser Kontakt wird bei vielen Sachgütern durch den – herstellerfremden – Handel übernommen. Hingegen besteht bei touristischen Dienstleistungen stets eine längere Phase der Interaktion von Kunden und Produzenten (FREYER 1999a, LEHMANN 1995). Dies ist eine der konstitutiven Besonderheiten der Dienstleistungen, denn während der Kontaktphase erfolgen gleichzeitig („uno-actu") die Produktion und der Konsum der entsprechenden Dienstleistung.

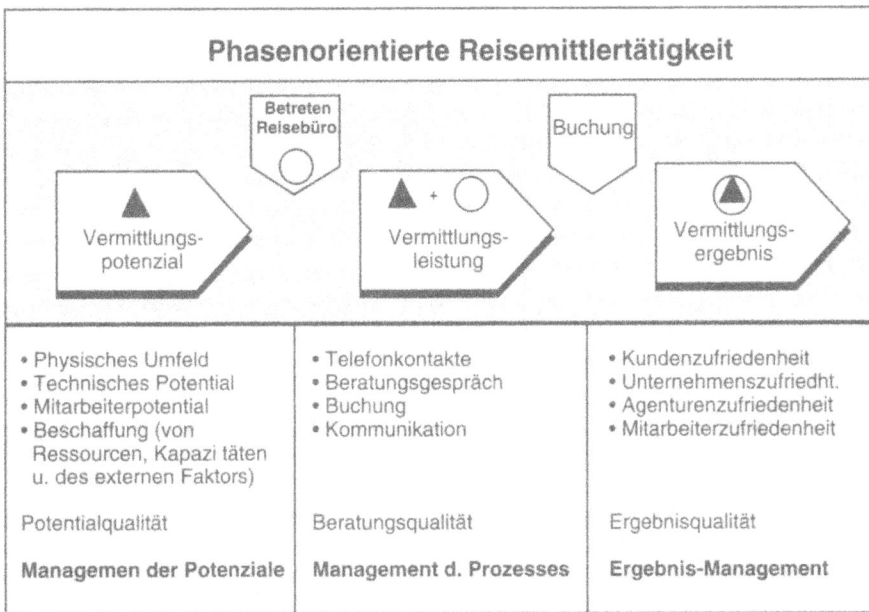

Phasenorientierte Reisemittlertätigkeit

Betreten Reisebüro	Buchung	
Vermittlungs-potenzial	Vermittlungs-leistung	Vermittlungs-ergebnis
• Physisches Umfeld • Technisches Potential • Mitarbeiterpotential • Beschaffung (von Ressourcen, Kapazi täten u. des externen Faktors)	• Telefonkontakte • Beratungsgespräch • Buchung • Kommunikation	• Kundenzufriedenheit • Unternehmenszufriedht. • Agenturenzufriedenheit • Mitarbeiterzufriedenheit
Potentialqualität	Beratungsqualität	Ergebnisqualität
Managemen der Potenziale	**Management d. Prozesses**	**Ergebnis-Management**

Legende: ◯ Leistungsnachfrager (Kunden)   ▲ Leistungsanbieter

Abb. B.1-12:   Die Dienstleistungserstellung im Reisebüro
(Quelle: nach FREYER 2007, ähnlich HELLER 1996: 52)

Die Vergleiche zur Begründung bzw. Veranschaulichung der besonderen Dienstleistungs-Management-Sichtweise sind vielfältig. Zum einen wird die Erstellung von Dienstleistungen mit der Tätigkeit von Schauspielern auf einer Bühne verglichen („products are produced – services are performed") und von einer Bühne und Hinterbühne (stage und back-stage) gesprochen. Für Reisebüros wäre dies analog der Counter- oder Front-Office und der Back-Office-Bereich, hinzu kommt ein Mid-Office-Bereich (vgl. ähnlich B.2):

• Im **Front-Office-Bereich** besteht direkter Kundenkontakt: Beratung, Reservierung und Informationsweitergabe (durch Expedienten).

- Im **Mid-Office-Bereich**, wo Aufgaben der Steuerung und Optimierung des Verkaufs wahrgenommen werden, ist der Kundenkontakt bestenfalls indirekt gegeben; dafür bestehen aber zahlreiche betriebsexterne Kontakte (zu den Leistungsträgern und Reiseveranstaltern).
- Im **Back-Office-Bereich** besteht kein Kundenkontakt; hier befinden sich die Buchhaltung, das
Controlling sowie das Abrechnungssystem.

Zum anderen wird der gesamte Leistungsprozess als Interaktionslinie entlang einer „Linie des Sichtbaren" (line of visibility) zwischen dem Kunden und dem
Dienstleister betrachtet und damit ein Organisationsmuster („blueprint") für eine
interaktive Management- oder Servicekette bestimmt. Die dort stattfindenden Interaktionen entscheiden zugleich über Erfolg und Zufriedenheit der Kunden mit
der jeweiligen Leistung. Sie werden daher auch als „kritische Ereignisse" oder
„Momente der Wahrheit" (moments of truth, vgl. GRÖNROOS 1990) bezeichnet.
Hier „sieht" bzw. erkennt der Konsument die Dienstleistungstätigkeit des Produzenten und zugleich die Ergebnisse dieser Tätigkeiten. welche als „kritische Ereignisse" betrachtet werden, die zu einer positiven oder negativen Einschätzung
der jeweiligen Dienstleistung führen. Andererseits hilft die Analyse der „line of
visibility", Schwachpunkte in der kundenbezogenen Tätigkeit von Dienstleistungen zu erkennen. Folglich wird dieses Modell v.a. im Zusammenhang mit der
Messung von Dienstleistungs-Qualität verwendet, ferner bietet es Möglichkeiten
zur Gestaltung im Sinne eines interaktionsorientierten Managements.

- Ein Beispiel im Hinblick auf das Management von Servicequalität in Reisebüros findet sich in
Abb. B.1-13, wo einerseits die phasenorientierte Sichtweise (mit Potenzial-, Prozess- und Er-
gebnisphasen) enthalten ist, andererseits die Vielzahl der möglichen positiven und negativen
Ereignissen im Sinne der „moments of truth" aufgezeigt wird.

(2)   Interaktionsorientiertes Management II: die strukturelle Variante

Während die vorherige Betrachtung vorwiegend prozessorientiert war, versucht
das interaktionsorientierte Management, auch entsprechende strukturelle Aussagen zu treffen. In diesem Zusammenhang wird auch von einem „Umdrehen der
traditionellen Management-Pyramide" gesprochen und eine veränderte Sichtweise
des Managements für dienstleistungsorientierte Unternehmen vorgeschlagen.

Der klassische Management-Aufbau ist hierarchisch strukturiert und sieht die
Management-Aufgaben an der Spitze der Pyramide (vgl. Abb. B.1-14). Kunden
stehen als externer Faktor außerhalb des Betriebes. Hingegen empfiehlt sich für
eine kundenorientierte Managementausrichtung die verstärkte Berücksichtigung
der Integration des „externen Faktors Kunde" sowie die Interaktionen zwischen
Dienstleister und Kunden. So gesehen stehen die Kunden im Management ganz
oben, die Mitarbeiter und deren Kommunikation mit den Kunden nehmen eine
zentrale Vermittlungsaufgabe wahr. Dem Management kommt demnach nur noch
eine Unterstützungsfunktion für die Kundenkontaktaufgaben zu:

> „Es steht weniger die optimale Organisation der innerbetrieblichen Abläufe im
> Vordergrund, als vielmehr die Orientierung am 'Moment of Truth'. Die ganze
> Organisation stellt auf die Kommunikation zwischen dem Kunden und den
> Servicemitarbeitern ab, sämtliche Unternehmensfunktionen und insbesondere
> die Führungskräfte üben eine Unterstützungsfunktion für die Mitarbeiter an der
> Basis aus." (LEHMANN 1995)

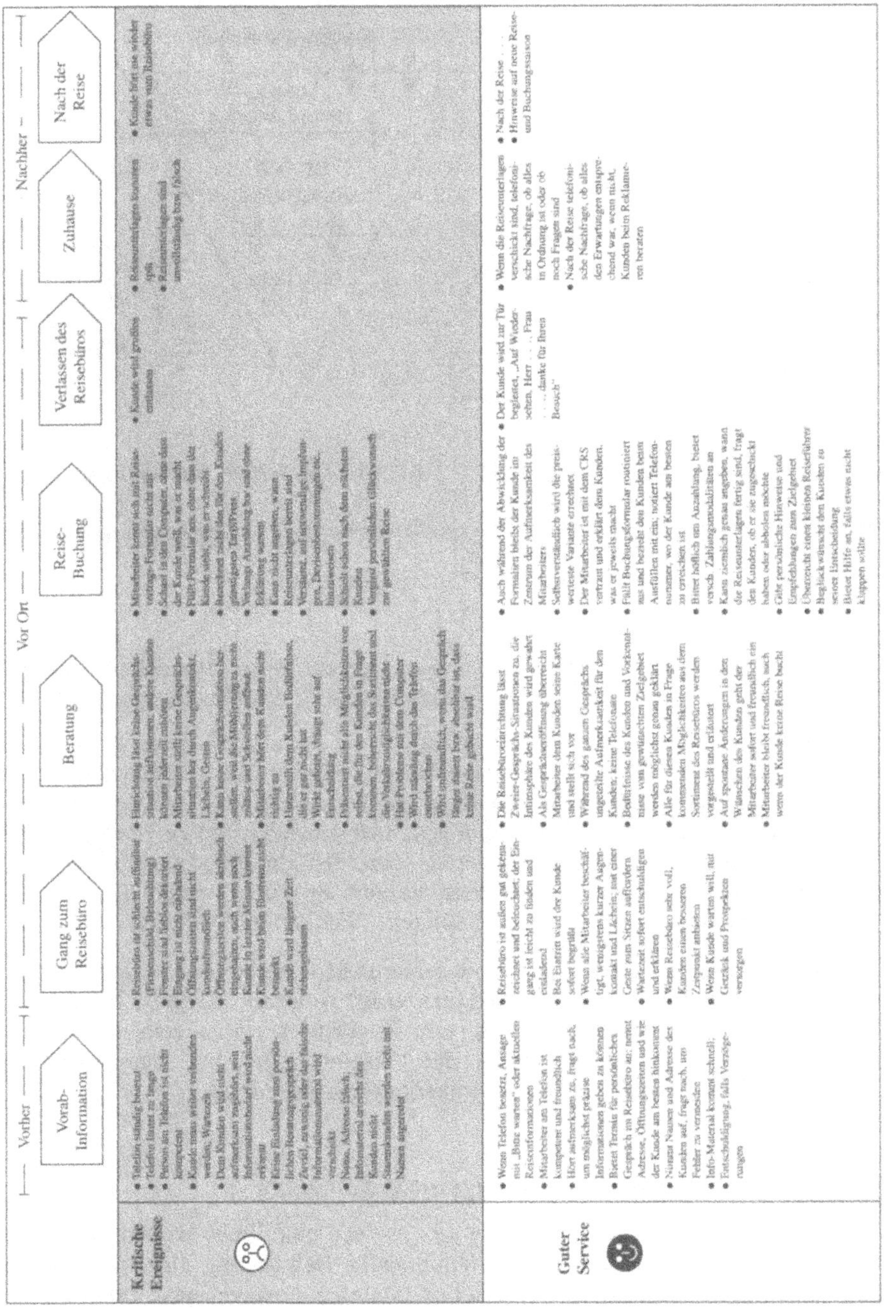

	Vorher		Vor Ort			Nachher	
	Vorab-Information	Gang zum Reisebüro	Beratung	Reise-Buchung	Verlassen des Reisebüros	Zuhause	Nach der Reise
Kritische Ereignisse							
Guter Service							

Abb. B.1-13: Interaktionsorientiertes Management im Reisebüro (prozessorientiert) (Quelle: nach ROMEISS-STRACKE 1995: 72f.)

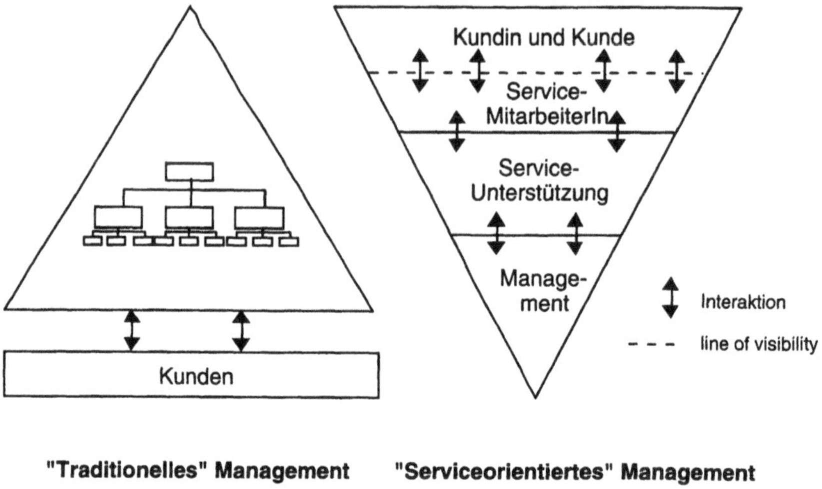

"Traditionelles" Management   "Serviceorientiertes" Management

Abb. B.1-14: Von der „traditionellen" zur „serviceorientierten" Managementpyramide bei Dienstleistungsunternehmen
(Quelle: nach LEHMANN 1995, GRÖNROOS 1990)

Entsprechend ändern sich bei einer solchen Umkehr der traditionellen Managementpyramide die Aufgaben und das Selbstverständnis des Managements:

„Hier wird der Manager nicht mehr als jemand betrachtet, dessen Aufgabe es ist, Arbeitskräfte zu kommandieren, zu kontrollieren und zu führen, sondern als jemand, der Strukturen und Material zur Verfügung stellt und damit die Arbeitskräfte in die Lage versetzt, den ausschlaggebenden Job zu erledigen. Der Manager betrachtet sich nicht länger als jemanden, der die Mitarbeiter wie unberechenbare und halsstarrige Ochsen antreibt. Er wird zu einem Trainer, Betreuer und Planer für ein Team von Spielern." (MURPHEY 1994: 71)

Dies ist zugleich Ansatzpunkt einer intensiveren Mitarbeiterorientierung des Managements, gelegentlich als **„Innen-Marketing"** (internal relations) bezeichnet. Daneben sind bei Reisebüros auch direkte Kontakte des Managements mit den Kunden (external relations) sowie mit den Leistungsträgern und Agenturen (Beschaffungs-Management und -Kommunikation) von Bedeutung.

1.3.5   Exkurs: Weitere Management-Konzepte

Neben den zuvor erwähnten Ansätzen gibt es noch eine Reihe weiterer Management-Konzepte, die im Sinne einer funktionalen Betrachtung einzelne Aspekte des Managements besonders herausstellen und eine entsprechende Theorie oder Modelle entwickeln. Für **Reisebüros** können die meisten der genannten Konzepte gewisse interessante Anregungen geben, ohne dass sie die systematische und wissenschaftlich fundierte Managementlehre ersetzen (können).

(1) „Management by"-Konzepte

Zahlreiche Methoden und Techniken sind in die Literatur unter der Bezeichnung „Management by-..."-Konzepte eingegangen. Es handelt sich bei diesen Methoden um Partialkonzepte oder sog. monistische Ansätze der Managementlehre, bei denen stets bestimmte Aspekte des Managements in den Vordergrund gestellt werden:

> „Sie beziehen sich stets nur auf einzelne Teilaspekte des Managementproblems und lassen andere, mindestens ebenso wichtige Gesichtspunkte außer acht. Man kann sie deshalb auch für sich genommen nicht als umfassende Modelle des Managements auffassen." (SCHIERENBECK 2003: 156)

Sie sind zum Teil sehr praxisnah und populär formuliert und werden der Praxis oftmals in Form von „Rezepten" angepriesen. Zu den bekanntesten Management-by-Konzepten zählen (vgl. genauer KOREIMANN 1999: 35ff. sowie SCHIERENBECK 2003: 157ff.):

- Management by Objectives: Management durch Zielvereinbarung

- Management by Delegation: Management durch Aufgabendelegation (z.B. Bad Harzburger Modell; Führung im Mitarbeiterverhältnis)

- Management by Exception: Management durch Steuerung (Führung durch Abweichungskontrolle und Eingriff im Ausnahmefall)

- Management by Control: Management durch Kontrolle

- Management by Coordination: Management durch Koordination

- Management by Communication: Management durch Kommunikation

- Management by Motivation: Management durch Motivation

- Management by Systems (Systemansatz): Management durch Systemsteuerung bzw. Führung mit Delegation und weitgehender Selbstregelung auf der Grundlage computer-gestützter Informations- und Steuerungssysteme.

Am ehesten kann das Konzept des „Management by Systems" als umfassender Managementansatz gelten, der mit gewissen Weiterentwicklungen Eingang in die moderne Sichtweise des Management als Prozess (vgl. Abschnitt 1.4) gefunden hat.

(2) Weitere Partialkonzepte des Managements

Eine ähnliche Einschätzung wie für die in der Literatur verbreiteten „Management by"-Konzepte gilt für zahlreiche weitere Managementansätze, die ebenfalls Teilaspekte der Managementorientierung in den Vordergrund/Mittelpunkt stellen und daraus eine Management-Methode formulieren. Zu erwähnen sind in diesem Zusammenhang u.a.:

- Soft Management, Lean Management, Change Management, Team Management, Management by Chaos, Total Quality Management, Globales Management, Total Value Management, Case Management, Zeitmanagement, Krisenmanagement, Innovationsmanagement, Synergiemanagement, usw. (vgl. dazu auch die ironische Darstellung bei HOERNER/VITINIUS 1997: „Heiße Luft in neuen Schläuchen – Ein kritischer Führer durch die Managementtheorien").

Besondere Bedeutung im Zusammenhang mit dem Tourismus- und Reisebüro-Management haben folgende partielle Management-Konzepte:

- Das **Qualitäts-Management** stellt die Qualität in den Mittelpunkt der Managementaufgaben, entweder als partielle Aufgabe einzelner Funktionsbereiche oder als bereichsübergreifende Querschnittsaufgabe bis hin zur „totalen" Ausrichtung aller betrieblichen Entscheidungen am Qualitätskriterium („Total-Quality-Management") (vgl. POMPL/LIEB 1997, HELLER 1996, MÜLLER 2000, DREYER/DEHNER 2003, FREYER 2001 und 2007:265ff., ferner BRUHN/STAUSS 1995, MASING 1994)

- **Öko-Management:** Ähnliches wie für das Qualitäts-Management gilt für das Öko-Management. Hier wird „Ökologieorientierung" zum Primat des unternehmerischen Handelns und alle betrieblichen Entscheidungen werden darauf abgestellt (vgl. HOPFENBECK/ZIMMER 1993, KIRSTGES 2003, MEZZASALMA 1994, MÜLLER 2007, VIEGAS 1998).

- **Informations-Management**: Die besonderen Aufgaben der Informationsmedien im Tourismus, insbesondere im Zusammenhang mit den Reservierungssystemen (CRS), haben ein relativ eigenständiges Informations-Management entstehen lassen, das inzwischen als IT-, IuK-Management bzw. als E-Business relativ eigenständige Bereiche der Managementliteratur behandelt (vgl. dazu die Beiträge von SCHULZ 2008, WEITHÖNER 2008 in diesem Band sowie EGGER 2005, LITTLE 1996, SCHERTLER 1994).

- **Internationales Management:** Im internationalen Management werden die Erkenntnisse der allgemeinen Managementlehre für die besonderen Tätigkeiten von Unternehmen und Organisationen im internationalen und interkulturellen Rahmen übertragen. Gerade im Tourismus sind zahlreiche Unternehmen im internationalen Umfeld aktiv (vgl. POMPL/LIEB 2002). Hier ist in den letzten Jahren die Diskussion um „Globalisierung im Tourismus" besonders hervorgetreten (vgl. FREYER 1998, LANDGREBE 1999). Doch für Reisebüros sind diese Ansätze des internationalen und/oder interkulturellen Managements nur am Rande von Bedeutung. Zwar ist die Vermittlungsaufgabe von Reisebüros vielfach auf internationale Destinationen/Zielgebiete gerichtet, doch das eigentliche Aktionsfeld bezieht sich vor allem auf ortsansässige Bewohner, die ins Ausland reisen wollen. Aktivitäten im internationalen Rahmen sind für Reisebüros eher die Ausnahme. Sie beziehen sich entweder auf Veranstaltertätigkeiten von Reisebüros (Outgoing) oder auf die Sonderfunktionen als Incomingagentur (für ausländische Gäste und Unternehmen).

Für **Reisebüros** können die meisten der genannten Konzepte gewisse interessante Anregungen geben, ohne dass sie die systematische und wissenschaftlich fundierte Managementlehre ersetzen (können).

(3) PORTERS Wertkettenmodell

Auch PORTERS Modell der Wertkette stellt im Hinblick auf das Management einen Ansatz dar, der funktions- bzw. bereichsorientierte Aufgaben mit übergreifenden Funktionen verbindet. In diesem Sinne ist es ebenfalls ein ganzheitlicher oder integrativer Managementansatz, der allerdings von Porter nicht vorrangig als solcher entwickelt worden ist.

PORTER 1992b unterscheidet primäre und sekundäre Aktivitäten:

- Die **primären Aktivitäten** stehen für den eigentlichen Produktions- bzw. Leistungserstellungsprozess; sie repräsentieren – bei Sachgütern – die Reihenfolge, in der Materialien ins Unternehmen gebracht und dort weiter verarbeitet werden, im einzelnen: Eingangslogistik, Operationen, Marketing & Vertrieb, Ausgangslogistik, Kundendienst.

- **Sekundäre** oder unterstützende Aktivitäten werden für alle Primärbereiche benötigt. Sie stellen den reibungslosen Ablauf der primären Leistungserstellung sicher und tragen selbst ebenfalls zur Wertschöpfung bei. Als solche gelten bei Porter: Unternehmensführung bzw. -infrastruktur, Personalwirtschaft, Technologieentwicklung und Beschaffung.

Diese Überlegungen zu den sekundären Aktivitäten stellen nichts anderes als die Bestimmung von – übergeordneten – Managementfunktionen dar, auch wenn dies von PORTER nicht intendiert war.

Im Mittelpunkt der PORTER'schen Analysen stand die Bestimmung der Wertschöpfung, dies sowohl innerbetrieblich als auch extern im Hinblick auf die Verflechtung mit vor- und nachgelagerten Wertschöpfungsstufen.

In FREYER (2007: 281f.) ist das PORTER-Modell für den touristischen Dienstleistungsprozess abgewandelt worden, indem die primären Aktivitäten entlang der typischen Dienstleistungsphasen dargestellt wurden und für alle drei Dienstleistungsphasen unterstützenden Aktivitäten, wie Management, Marketing usw. bestimmt worden sind. Dieser Ansatz kann ebenfalls zur (Weiter-)Entwicklung von Managementmodellen für Reisebüros dienen.

1.4 Management als Prozess

Wie, nach welchen Prinzipien und Methoden
werden Reisebüros geleitet?

Als dritter großer Bereich wird Management als ein permanenter Prozess gesehen, der die längerfristige Führung und Leitung (das „Management") von Unternehmen und Organisationen sicherstellt. Hierbei werden Entwicklungen und Veränderungen betrachtet, die durch das Management bewirkt werden. Dazu werden Management-Methoden und Verfahren entwickelt, die die dynamischen und zeitbezogenen Aspekte/Aufgaben des Managements berücksichtigen. Nach dieser Sichtweise ist Management eine **Verfahrenslehre,** die Problemlösungsprozesse entwickelt und **Management als Leitungs- oder Planungsprozess** betrachtet, der verschiedene Verfahren, Abläufe, Entscheidungsregeln usw. zeitlich und logistisch strukturiert. Diese Betrachtung ist als Weiterentwicklung, v.a. Dynamisierung, der funktionalen und systemorientierten Betrachtung zu sehen.

Hierzu sind drei Grundmodelle des prozessualen Managements verbreitet, die die Dynamik und Logik des Management-Prozesses unterschiedlich ausführlich darstellen:

- **Management-Kreislauf** – als vereinfachtes Gesamtmodell, das die permanente zyklische Aufgabe des Managements betont, bei der die gleichen Hauptfunktionen immer wiederkehren (vgl. Abschnitt 1.4.1).

- **Logistische Ablaufpläne**, die eine detailliertere Darstellung der verschiedenen Teilaufgaben in eine Gesamtdarstellung integrieren (vgl. 1.4.2).

- **Phasenorientiertes Management-Modell**, das die funktionalen Dienstleistungsphasen als Ausgangspunkt für ein dynamisches Planungsmodell nimmt (vgl. 1.4.3).

In all diesen Managementmodellen steht v.a. der dynamische und komplexe Aspekt das Management im Vordergrund der Betrachtung – Management ist keine einmalige, „punktuelle" Entscheidungsaufgabe, sondern muss die vielfältigen und komplexen Management-Aufgaben im Sinne einer langfristigen und permanenten Unternehmensführung wahrnehmen:

„Mit der Hervorhebung der prozessualen Dimension von Managementaktivitäten ist die Erkenntnis verknüpft, dass das Fällen von Entscheidungen in aller Regel kein punktueller Wahlakt ist, sondern als Entscheidungsprozess zu deuten ist. Die einzelnen Phasen dieses Prozesses zeigen dabei einen logisch-genetischen Zusammenhang und bilden so einen komplexen, sich ständig wiederholenden Managementzyklus, der durch Vor- sowie Rückkopplungsbeziehungen gekennzeichnet ist." (SCHIERENBECK 2003: 96)

1.4.1   Der Management- oder Führungs-Kreislauf

Management ist keine einmalige Aufgabe, sondern ein permanenter Leitungs- und Führungsprozess. Dies wird oftmals durch einen Management-Kreis oder -Zirkel veranschaulicht. Dabei sind die zentralen Managementaufgaben der Zielsetzung, Planung, Entscheidung, Realisierung und Kontrolle immer wieder zu durchlaufen. Andererseits verändern sich die Erkenntnisse der einzelnen Planungsstufen während des Management-Prozesses, so dass die einzelnen Bereiche in einer permanenten Vor- und Rückkopplungsbeziehung stehen (vgl. WÖHE 2000: 89, SCHIERENBECK 2003: 107).

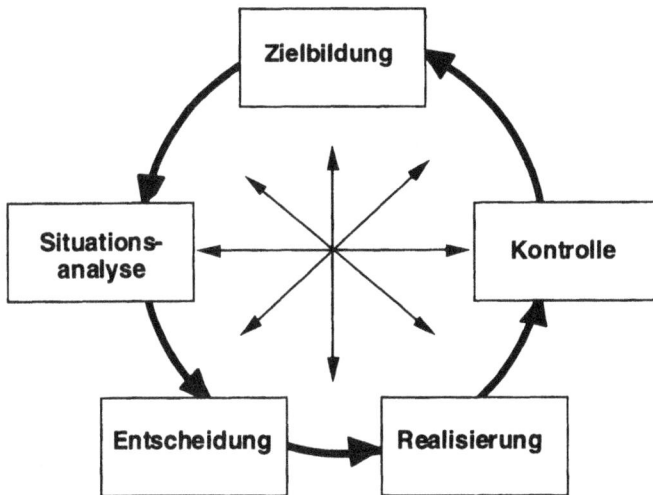

Abb. B.1-15: Der Management- Kreislauf

1.4.2 Management als logistische Ablaufplanung

Am häufigsten erfolgt die Darstellung des Management-Planungsprozesses als logistischer oder kybernetischer Ablaufplan mit unterschiedlichen Teilaufgaben (sog. Stufen oder Phasen), die nacheinander zu durchlaufen sind. Er gibt die verschiedenen Methoden und Instrumente oder – im übertragenen Sinn – das System von Straßen an, das für das Management zur Verfügung steht. Welche Wege konkret beschritten bzw. welche Instrumente ausgewählt werden, ist die Hauptaufgabe der Management-Entscheidungen.

In einem lehrbuchhaften Verständnis dieser Management-Planung sollte erst nach Beendigung der einen Phase die nächste bearbeitet werden, doch die einzelnen Stufen verlaufen nicht linear, sondern sie sind durch vielfache Vor- und Rückkopplungen miteinander verbunden. So ist beispielsweise die Zielbestimmung notwendige Voraussetzung für strategische und operative Entscheidungen, andererseits verändern sich gerade die Zielstellungen infolge der getroffenen operativen Maßnahmen oder aufgrund von Controlling-Erkenntnissen, so dass eine entsprechende Zielanpassung notwendig ist. Folglich ist eine Verbindung des kreislauforientierten Managements mit der stufenweisen Planung notwendig. Dabei müssen alle Phasen mehrfach durchlaufen werden, wobei es zu permanenten Veränderungen kommt, bei denen einzelne Stufen übersprungen werden und die jeweiligen Problembereiche intensiver bearbeitet werden als andere.

Ein ähnliches Modell wie in Abb. B.1-16 liegt den meisten Management-Planungsmethoden zugrunde. Dabei haben die Ausführungen zum Kreislaufgedanken des Managements gezeigt, dass die Reihenfolge der Anordnung der verschiedenen Phasen von untergeordneter Bedeutung ist. So beginnen einige Autoren mit der Bestimmung der Zielsetzung der Organisation, da nur dadurch die verschiedenen Entscheidungen im Sinne einer rationalen Ziel-Mittel-Beziehung bestimmt werden können. Andere Darstellungen beginnen mit einer Ist-Analyse und vergleichen sie danach mit den Soll-Vorstellungen, woraus die konkreten Maßnahmenentscheidungen folgen. Solche Überlegungen sind allerdings lediglich für den ersten Durchlauf des Management-Prozesses von einer gewissen Bedeutung. Da infolge des Kreislaufgedankens des Managements alle Phasen mehrfach durchlaufen werden müssen, erfolgt spätestens ab der zweiten Management-Runde die betreffende Abstimmung von Ist-Situation, Zielen und Maßnahmen. **Für Reisebüros** bedeutet dieser Management-Planungsprozess:

- **Informations-Management**: Die Analysephase liefert die verschiedenen Informationen über das betriebliche Umfeld, den Markt sowie das betriebliche Potenzial und bestimmt damit die vorhandene Ausgangs- oder Ist-Situation des jeweiligen Reisebüros.

- **Strategisches Management**: In der Konzeptions- oder Strategiephase werden die Ziele und die damit verbundenen intendierten Strategien des Reisebüros bestimmt. Insbesondere die Festlegung der Strategien wird als Kernstück modernen Managements gesehen („Strategisches Management").

- **Operatives Management**: In der Gestaltungsphase betrachtet der Management-Prozess die verschiedenen Aufgabenbereiche, entweder in funktionaler oder prozessorientierter Sichtweise. Dazu werden sowohl verschiedene Managementtechniken im Sinne eines entscheidungsorientierten Managements betrachtet als auch Grundaussagen für die Gestaltung der verschiedenen operativen Bereiche getroffen. Im Hinblick auf die funktionale Managementbetrachtung sind es Aufgaben des Beschaffungs-, Produktions-, Marketing-, Personal- und Finanz-Managements für Reisebüros.

- **Management-Implementierung**: Die Implementierung des Managements erfordert die konkrete Umsetzung der grundsätzlichen Möglichkeiten, die in der Phase III betrachtet worden sind, im Hinblick auf die Zielsetzungen der Phase II. Als wichtigste Implementierungsaufgaben gelten die Bestimmung der Management-Organisation, die Allokation der Ressourcen (Zeit, Personal, Finanzen) entsprechend der betrieblichen Prioritäten und Möglichkeiten sowie das Anspruchsgruppen-Management.

- **Management-Controlling**: Als fünfte Phase wird das Controlling betrachtet, das Informationen über das (Nicht-)Erreichen der vorgegebenen ökonomischen und nicht-ökonomischen Ziele liefert und damit die Basis für evtl. Veränderungen liefert. Dies hängt zum Teil eng mit Implementierungsüberlegungen zusammen.

1.4.3   Prozessorientiertes Management

Als drittes dynamisches Management-Modell kann das bereits in Abschnitt 1.3.4 ausführlich dargestellte dienstleistungs- und phasenorientierte Management-Modell gelten, das aber noch wenig Verbreitung innerhalb der allgemeinen Managementlehre gefunden hat.

I. Analysephase: Informations-Management

1. Umfeldanalyse	2. Marktanalyse	3. Betriebsanalyse
Boom- und Hemmfaktoren für den Tourismus der Zukunft	Konkurrenz- Konsumenten (Angebots-) (Nachfrage-) Analyse Analyse	Ist- und Potentialanalyse der Organisation

4. Strategische Analyse
Verdichtung, Verzahnung der Daten

II. Konzeptionsphase: Strategisches Management

1. Interpretation der Daten (Strategische Diagnose)
• Chancen-Risiken • Stärken-Schwächen • Lebenszyklus • Portfolio

2. Zielsetzung

Normative Ziele	Strategische Ziele	Operative Ziele

3. Entwicklung und Festlegung einer Management-Strategie

Management-Ziele	Management-Strategien	Mg.-Maßnahmen

III. Gestaltungsphase: Management-Entscheidungen

1.Beschaf-fungs-Mg.	2. Produk-tions-Mg.	3. Marketing-Mg.	4. Personal-Mg.	5. Finanz-Mg.
• Kapazitäten • Ressourcen - Finanzen - Personal	• Leistungserstellg. - Potentialphase - Prozessphase - Ergebnisphase • Qualitäts-Mg.	• Informations-Mk. • Strategie-Mk. • Operatives Mk. • Implementierungs-Mk. • Mk.-Controlling	• Personalbe-schaffung • Pers.führung • Personalent-wicklung	• Investition u. Finanzierung • Liquiditäts-planung

IV. Realisierungsphase: Management-Implementierung

Management-struktur	Allokations-Management	Anspruchs-gruppen-Mg.
• Organisation des Managements - Planungssystem - Informationssyst. - Kontrollsystem	• Zeitallokation • Personalallokation • Finanzallokation • Prioritäten	• marktbezogen • gesellschaftsbezg. • ganzheitlich • zukunftsbezogen • mitarbeiterbezogen

V. Kontrollphase: Management-Controlling

Parallelkontrolle	Ex-post-Kontrolle

Ursachenanalyse

Konsequenzen (Vor- und Rückkopplung)

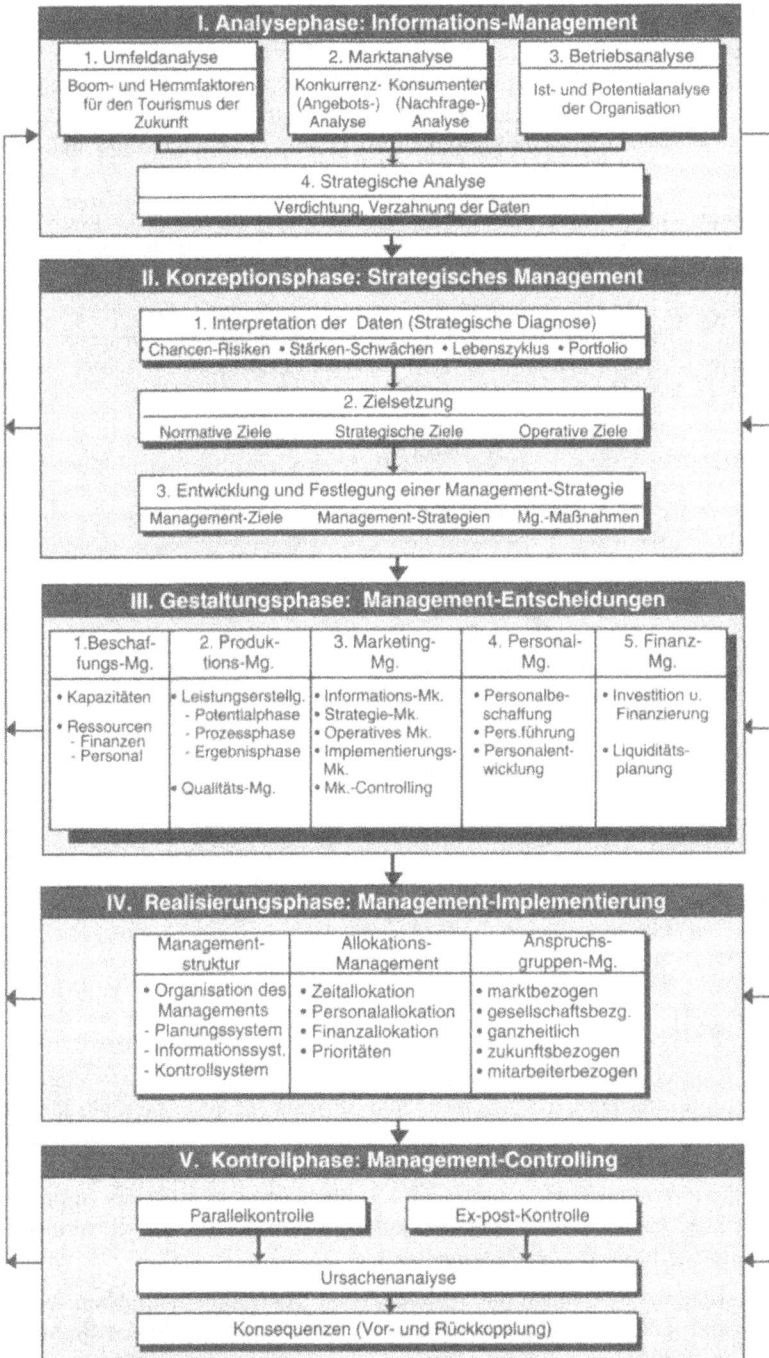

Abb. B.1-16: Der Management-Planungsprozess
(Quelle: in Anlehnung an FREYER 2007: 11, ähnlich WILD 1982)

Hier werden die verschiedenen Managementaufgaben ebenfalls als zeitbezogener dynamischer Prozess gesehen, doch anstelle der sonst üblichen fünf Phasen aus Abschnitt 1.4.2 wird der Management-Prozess als dynamische Leitung und Gestaltung der Potenzial-, Prozess- und Ergebnisphasen der typischen Dienstleistungskette gesehen. Auch hierbei bestehen die bereits erwähnten Vor- und Rückkopplungen, wie z.B.:

- Mangelnde Ergebniszufriedenheit führt zu Veränderungen der Potenzialfaktoren oder auch des eigentlichen Dienstleistungsprozesses, z.B. kann infolge von Kundenreklamationen die Beratungsqualität verbessert werden.

- Veränderte Potenzialfaktoren können die Prozess- und Ergebnisphase beeinflussen, z.B. ermöglicht die Einführung eines neuen CRS-Systems ein höheres Buchungsaufkommen oder eine schnellere Buchungsabwicklung. Dies kann wiederum zu einer größeren Kunden- und Mitarbeiterzufriedenheit führen.

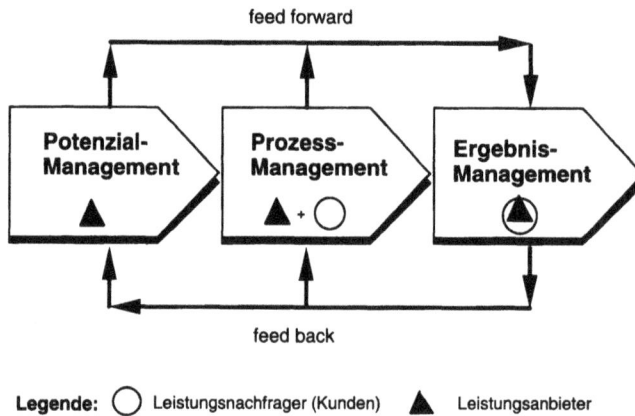

Abb. B.1-17:   Prozessorientiertes Reisebüro-Management
(Quelle: in Anlehnung an FREYER 2007: 83)

1.5   Fazit

In diesem Kapitel waren die verschiedenen allgemeinen Managementansätze, insbesondere die drei Dimensionen des Managements (Management als Institution, als Funktion und als Prozess) kurz vorgestellt worden. Für das Reisebüro-Management erscheinen aus theoretischer Sicht v.a. die dienstleistungsorientierten Managementmodelle (vgl. 1.3.4 und 1.4.3) als besonders hilfreich. In der Praxis besteht aber nach wie vor überwiegend eine funktionale Aufgliederung der Organisationsstrukturen für das Management.

Daher werden im Folgenden die verschiedenen Managementaufgaben für Reisebüros in einer Kombination aus prozessorientierter und funktionaler Sichtweise vertiefend dargestellt.

2 Informationsmanagement im Reisebüro

Prof. Dr. Axel Schulz, Fachhochschule Kempten

Um den Kunden optimal bedienen zu können und ihm eine möglichst umfassende, jedoch effiziente Beratung zu ermöglichen, ist der Einsatz eines Computers mit entsprechenden Anwendungsprogrammen in der heutigen Zeit unerlässlich. Die EDV-Ausstattung der mit allen Lizenzen (Flug, Bahn, Pauschaltouristik) ausgestatteten Vollreisebüros in Deutschland ist, abhängig von Unternehmensgröße und Grad der Selbständigkeit, sehr unterschiedlich. Reisebüroketten angehörige Büros weisen tendenziell einen höheren Grad der EDV-Ausstattung auf als kleine, mittelständische und selbständige Reisebüros.

2.1 Reisebüroaufgaben

Im Reisebüro werden in der Phase der Reisevorbereitung verschiedene Leistungen gebündelt. Bei den zu erbringenden Aufgaben kann man zwischen Front-, Mid- und Back-Office unterscheiden. Zum Front-Office werden alle Leistungen gezählt, die im Zusammenhang mit dem Kunden erbracht werden. Der Kunde steht hierbei im Vordergrund der Bemühungen, wobei die Kernaufgabe das Ermitteln der Kundenwünsche und die ausführliche Beratung ist. Nach der Reiseentscheidung wird eine verbindliche Buchung durchgeführt.

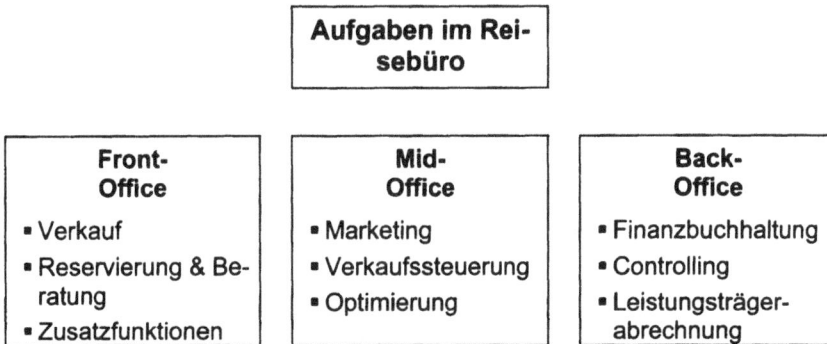

Aufgaben im Reisebüro		
Front-Office	**Mid-Office**	**Back-Office**
▪ Verkauf	▪ Marketing	▪ Finanzbuchhaltung
▪ Reservierung & Beratung	▪ Verkaufssteuerung	▪ Controlling
▪ Zusatzfunktionen	▪ Optimierung	▪ Leistungsträgerabrechnung

Abb. B.2-1   Aufgabenbereiche im Reisebüro

Verkaufsvorbereitende und unterstützende Maßnahmen werden zum sogenannten Mid-Office zugerechnet. Hierbei steht nicht der direkte Kundenkontakt im Blickpunkt, sondern die Steuerung und Optimierung des Verkaufes. Schliesslich ist ein weiterer wichtiger Prozeßschritt die Durchführung der Back-Office-Funktionen. Die im Front-Office eingegebenen Verkaufs- und Buchungsdaten werden in das Back-Office überspielt, so daß dort alle Abrechnungen und Controllingmaßnahmen durchgeführt werden können.

2.1.1   Front-Office

Verkauf	Reservierungen	Zusatz-funktionen
• Information	• Vakanzenabfrage	• Benutzoberflächen
• Beratung	• Buchungen	• Navigation
• Preisauskunft	• Packageerstellung	• Service
• Vergleich	• Cross Selling	

Abb. B.2-2:   Aufgaben im Front-Office

Charakteristisch für Dienstleistungen ist die aktive oder passive Mitwirkung des Kunden an der Dienstleistungsproduktion. Diese Mitwirkung erfolgt im Front-Office. Die Dienstleistungen im Front-Office bestehen aus verschiedenen Elementen. Diese Bereiche sollten den Expedienten beim Verkauf sowie bei der Reservierung und Buchung unterstützen. Des Weiteren sollte die Software zusätzliche nützliche Funktionen, wie z.B. Servicefunktionen für Reisemittler am Point of Sale (POS) zur Verfügung stellen.

Unter der Verkaufsfunktion sind alle Aktionen zusammengefasst, die zur ausführlichen Beratung notwendig sind. Die reine Beratungs- und Informationsfunktion hilft dem Expedienten Kundenwünsche zu erfassen und unter deren Berücksichtigung individuelle Angebote zu erstellen. Hierzu zählen Auskünfte über Zielgebiete, Hotels, Angebote, Vakanzen, Preise, Ein- und Ausreisebestimmungen sowie Versicherungsleistungen, aber auch Auskünfte über Fahr- und Flugpläne und die entsprechenden Tarife. Bei einfachen Produkten, beispielsweise der Bahnfahrt von A nach B, reicht die Weitergabe dieser Informationen in der Regel aus, um anschließend eine Buchung vornehmen zu können. Je komplexer die zu vermittelnde Reise ist, desto wichtiger wird die Beratungsleistung als zweites Dienstleistungselement des Reisemittlers. Die detaillierte Preisauskunft ist besonders für Anfragen von Flügen interessant, da hier der Computer mit der entsprechenden Software genutzt wird, um einen schnellen Überblick über den „Tarif-Dschungel" zu erhalten. Dies ist gerade in Zeiten der Billigfluglinien, die meist nur über das Internet direkt vertreiben, eine schnelle und kostengünstige Lösung, da mit einmaliger Eingabe mehrere Informationskanäle simultan abgefragt werden können.

Die Reservierung bzw. Buchung wird hauptsächlich von der Vakanzabfrage und der anschließenden Buchung geprägt. Hierfür gibt es je nach angefragter touristischer Leistung (wie Hotel, Flug, Kreuzfahrten oder Mietwagen) spezialisierte Produkte. Dieser Prozessschritt ist für den Reisemittler besonders wichtig, da der Kunde nur bereit ist, für gekaufte Reisen eine Provisionen zu bezahlen. Die Packageerstellungsfunktion ermöglicht es dem Reisemittler mit nur wenig Aufwand, vordefinierte Leistungen für den Kunden zu einem Gesamtpaket zu kombinieren. Die Cross-Selling-Funktion soll dem Expedienten die Möglichkeit geben, weitere Produkte wie Konzertkarten, Mietwagen oder Reiseversicherungen zusätzlich zur Hauptleistung anzubieten.

Zusatzfunktionen runden die Nutzung ab. Moderne Benutzeroberflächen bilden die Daten der CRS-Systeme in einer leicht verständlichen und bedienbaren Art und Weise ab. Mit Hilfe der Navigationsfunktion werden die Expedienten durch den Arbeitsablauf geführt, was zu einer Verbesserung der Abläufe und somit zur Kostenreduktion führt. Weitere Funktionen können Servicefunktionen für Reisemittler wie z.B. Verbuchung von Barzahlungen, Terminverwaltung oder Währungsrechner am Point of Sale (POS) sein.

2.1.2 Mid-Office

Kundenbeziehungen	Steuerung	Allgemeine Funktionen
▪ Kundendaten-verwaltung ▪ Auswertungen ▪ Unterstützung zur Kundenanbindung ▪ Aufbereitung der Unterlagen	▪ Servicefeeberechnung ▪ Verkaufssteuerung ▪ Kontrolle der Firmen-richtlinien	▪ Schnittstellen

Abb. B.2-3: Aufgaben im Mid-Office

Das Midoffice, ein Bindeglied zwischen dem Front- und Backoffice (siehe nächstes Kapitel), ist besonders im Hinblick auf Kosteneinsparungen und effizientere Prozessabwicklung in jüngster Zeit immer wichtiger geworden. Auch das Midoffice lässt sich in nachfolgende drei Teilbereiche untergliedern:

Die kundenbezogenen Aufgaben im Mid-Office bilden die Schnittstelle zum Front- und Back-Office. Im Vordergrund der Aktivitäten steht allerdings nicht der direkte Kundenkontakt, sondern verkaufsunterstützende und -vorbereitende Aufgaben. Ziel ist es, einen möglichst umfassenden Überblick aller Kundenaktivitäten direkt am Counter zu bekommen, um so im direkten Kundenkontakt auf die individuellen Bedürfnisse eingehen zu können. Die Basis hierfür liegt in der Kundendatenverwaltung, dem Erfassen der persönlichen Daten, der Reisegewohnheiten und sonstiger relevanter Daten. Die Auswertung der Kundendaten ermöglicht dem Reisemittler Kundendaten zu strukturieren sowie nach bestimmten Kriterien zu analysieren und zu selektieren. Funktionen, die zur Kundenbindung beitragen sind ebenfalls im Mid-Office eingegliedert. Diese können von einfachen Erinnerungsfunktionen an Geburtstage der Kunden bis hin zu zielgruppenspezifischen Werbemaßnahmen reichen.

Die Unterlagenaufbereitung beschäftigt sich mit der kundenverständlichen Darstellung von Reiseunterlagen.

Der zweite Aspekt des Midoffices liegt in der Steuerungsfunktion. Die Aufgabe der Steuerungsfunktion ist es, vordefinierte Preisaufschläge (Servicefees) und Firmenkundenvorgaben zu berücksichtigen, sowie Umsätze und Provisionen zu maximieren. Die Servicefeeberechnungsfunktion übernimmt die Kalkulation der Bruttopreise der einzelnen Leistungen für den Expedienten im Verkaufsbüro und stellt ihm diese dann zur Verfügung.

Die Verkaufssteuerung ist für ein Reisebüro von zunehmender Bedeutung. Grund hierfür ist die verstärkte Aufsplittung der Provisionen in Abhängigkeit von detaillierten Umsatzzielen sowie Flexibilisierung der bisherigen allgemeingültigen Tarife. Voraussetzung für eine aktive Verkaufssteuerung ist dabei eine vollständige und permanent aktualisierte Übersicht der Provisionen der einzelnen Veranstalter und Leistungsträger. Besonders das Erreichen von Zusatzprovisionen ist für den wirtschaftlichen Erfolg eines Reisebüros zunehmend entscheidend. Diese Provisionen werden nicht nur aufgrund von Umsatzerlösen, sondern differenzierter in Abhängigkeit von einzelnen Flugstrecken oder Zielgebieten ausgezahlt. Zum Erreichen dieser Ziele werden die dargestellten Angebote vorgefiltert. Dies ermöglicht dem Reisemittler Angebote, die nicht verkauft werden sollen auszuschließen. Ein weiterer Teilbereich beschäftigt sich mit den Firmenrichtlinien, wobei der Reisemittlern bei der Buchung für Partnerfirmen verpflichtet ist, deren firmeninterne Buchungsvorgaben zu beachten.

Schließlich ist unter der allgemeinen Funktion die Schnittstellenaufgabe zwischen Front- und Backoffice zu verstehen, sie dient der Datenbereitstellung und der Datenweitergabe vom Frontoffice zum Backoffice und umgekehrt.

Die EDV-gestützten Mid-Office Funktionen sind zwar zumeist nicht sehr ausgereift, werden aber zukünftig eine große Bedeutung erlangen. Zudem werden diese Funktionalitäten nicht in separaten Programmpaketen angeboten, sondern sind häufig integrierter Bestandteil von Front- oder Back-Office-Programmen.

2.1.3   Back-Office

Buchhaltung	Management-unterstützung	Service Funktionen
▪ Vorgangsbearbeitung ▪ Buchführung & Abrechnung	▪ Controlling ▪ Statistische Auswertungen ▪ Kontrollfunktionen	▪ Stammdatenverwaltung ▪ Schnittstellen ▪ Auto. Datenübernahme vom CRS

Abb. B.2-4:   Aufgaben im Back-Office

Der Begriff Backoffice kommt aus den USA und umschreibt die Tätigkeiten, die normalerweise im versteckten Büro im hinteren Teil des Ladens verrichtet werden. Hierzu ist die unmittelbare Mitwirkung des Kunden nicht notwendig. Der Einsatz der elektronischen Datenverarbeitung ist auch im Back-Office selbstverständlich, wobei eine enge Verzahnung mit Aufgabenstellungen des Front-Offices erfolgt.

Das Backofficesystem eines Reisemittlers lässt sich in folgende Aufgabenbereiche unterteilen: die Buchhaltung, das Controlling und dem Servicebereich. Die Buchhaltung umfasst die Vorgangsbearbeitung (mit der Abrechnung auf Kunden und Lieferantenseite, die Verwaltung von Vorgängen, das Mahnwesen sowie die Verbuchung der vorgangsrelevanten Zahlungen) sowie die Buchführungs- und Abrechnungsfunktion. Dem Controlling sind die Unterstützung des Managements mit Reportingfunktionen, Management Informations-Systemen (MIS) und Datenexportmöglichkeiten sowie Kontrollfunktionen im Bereich des Backoffices und der Unterlagenerstellung zugeordnet. Zu den Servicefunktionen des Backoffice zählt die Basisdatenverwaltung. Zur Basisdatenverwaltung gehören die Verwaltung von Mitarbeiterrechten, die Bereitstellung spezieller, auf den Expedienten zugeschnittener Daten, sowie finanzbuchhalterische Stammdaten. Die Schnittstellenfunktion zu anderen Anwendungen ermöglicht die Bereitstellung von Backofficeinformationen und deren Weitergabe an externe Buchhaltungssysteme sowie die automatische Datenübernahme vom CRS in das Backofficeprogramm.

2.2   Reservierungssysteme

Für die Buchung der Reisedienstleistungen im Reisebüro kommen heute vor allem branchenspezifische Reservierungssysteme zum Einsatz. Ein computergestütztes Reservierungssystem (CRS) ist ein Medium, mit dem Reisebüros Informationen und Vakanzen abfragen sowie Kundendaten und Leistungen erfassen und verarbeiten können.

Typischerweise handelt es sich um Systeme, die eine (informations-) logistische Funktion wahrnehmen. Sie halten aktuelle Informationen über alle verfügbaren Leistungsanbieter bereit und verfügen über die notwendige Infrastruktur zur Datenübermittlung. Insofern übernehmen diese Systeme für die Distribution der Dienstleistungen auch Aufgaben, die im Bereich der Sachgüter z.B. von Speditionen geleistet werden, nämlich den Transport der Ware (bzw. das Anrecht auf eine Dienstleistung), indem sie die räumliche Distanz zwischen Produzenten und Absatzmittler bzw. Konsumenten überwinden. Somit können bestehende CRS zunächst als Bündel von Infrastrukturmaßnahmen angesehen werden, die interessierten Anbietern von touristischen Dienstleistungen zur Nutzung angeboten werden. Ähnlich einem leeren Supermarkt wird eine Verkaufsfläche in Form von Speicher- und Kommunikationsmedien zur Verfügung gestellt. Die Anbieter können nun, indem sie ihre Daten in das CRS einspeisen, diese leeren Regalflächen füllen. Die Hauptfunktion des CRS ist die Präsentation der Dienstleistung gegenüber dem Absatzmittler und der abschließenden Reservierung des Dienstleistungsproduktes.

2.2.1 Funktionen und Unterscheidungsmerkmale

Allen Arten von Reisevertriebssystemen beinhalten die nachfolgenden vier Grundfunktionalitäten: Produktpräsentation, Reservierung, Tarife & Dokumentenerstellung sowie weitere Zusatzdienstleistungen.

Abb. B.2-5:   Grundfunktionalitäten von Reservierungssystemen

- **Produktpräsentation**
  Die wichtigste Informationsaufgabe eines CRS ist die Präsentation der Produkte bzw. Dienstleistungen der verschiedenartigen Leistungsanbieter. Für jede Gruppe von Anbietern (insbesondere Flug, Hotel, Mietwagen und Reiseveranstalter) gibt es eigene Bildschirmanzeigen, deren Inhalte auf deren Komplexität des Angebots und spezifische Leistungsmerkmale abgestimmt sind. Die Beschreibungsbedürftigkeit des Produktes „Linienflug" ist vergleichsweise gering, da die Abflug- und Ankunftszeit, die Wegstrecke, die Verfügbarkeit einzelner Buchungsklassen sowie evtl. der Flugpreis ausreichend für eine neutrale

Produktbeschreibung sind. Die Produkte der anderer Leistungsanbieter (Hotel, Mietwagen und Reiseveranstalter) benötigen wesentlich umfangreichere Informationen. So ist für ein Hotelangebot die textbasierte Beschreibung durch den Preis, die Größe des Bettes und die ungefähre Lage des Hotels allein nicht sehr aussagekräftig. Eine multimediale Aufbereitung der Information wird in den Reservierungssystemen allerdings heute noch nicht zur Verfügung gestellt.

- **Reservierung**
Der zentrale Kern und Grund für die Entwicklung aller Reservierungssysteme ist die Reservierung der angebotenen Reiseleistungen. Hierzu wird üblicherweise für jeden Passagier bzw. jede zusammengehörende Gruppe von Passagieren ein sog. Passenger Name Record (PNR) aufgebaut, in dem alle kundenabhängigen Leistungsinformationen abgespeichert werden. Der PNR ist ein Datensatz mit allen für die Buchung wichtigen personen- und reisespezifischen Daten und zudem Grundlage für das anschließende Erstellen der Reiseunterlagen (z.B. Ticketing). Drei wesentlichen Teilbereiche beinhaltet ein PNR:
Im Kopfteil wird ein Teil der Buchungsinformationen automatisch eingefügt. Hierzu gehört die Identifikationsnummer des Agenten, so daß eine Zuordnung der Buchung bzw. der Provisionszahlung möglich ist. Beim ersten Abschluß des PNR-Aufbaus vergibt das System einen Primärschlüssel (File-Key), mit dessen Hilfe jeder PNR eindeutig identifizierbar ist und der bei jeder Änderung angezeigt wird. Im Leistungsteil werden alle Leistungsbuchungen (Flug, Hotel, Mietwagen) festgehalten. Diese müssen nicht manuell vom Reisemittler eingegeben werden, sondern können mit Hilfe von kurzen Transaktionen (Short-Cuts) direkt aus dem Angebotsdisplay in den PNR übernommen werden. Eine Sortierung der PNR-Elemente erfolgt unabhängig von der Reihenfolge der Eingabe in chronologischer Reihenfolge, wobei zuerst die Flugbuchungen angezeigt werden. Im Informationsteil werden anschließend die notwendigen Zusatzeingaben vom Reisemittler manuell hinzugefügt. Hierzu gehören Sitzplatzreservierung, Sonderwünsche, Bezahlungsart etc.

```
                    ---  TST  ---
Kopfteil    RP/FRALH0982/FRALH0982      20JUL08         AZFEEV
             1.SCHLOSS/ANNETTE MRS
             2 LH 369 C 29NOV 2 NUEFRA HK1 1435 1525
             3 LH 730 C 29NOV 2 FRAHKG HK1 1700 1055+1
Leistungs-   4 BA 179 C 11DEZ 3 HKGLHR HK1 2310 0600+1
teil         5 BA 388 C 12DEZ 3 LHRNUE HK1 0705 0805
             6 HHL ST SS1 HKG IN30NOV OUT11DEZ
                1E1K USD139.00 STO OAKBROOK HOTEL
             7 CCR ZT SS1 HKG 30NOV 11JAN ECAR/
             8 AP 069/696-90000
Informations- 9 TK OK 01AUG/FRALH0499
teil         10 SSR NSST LH HK1 FRAHKG/24A,P1/S3
             11 SSR VGML LH S3
             12 OSI LH ELDERLY LADY
```

Abb. B.2-6:   Passenger Name Record (PNR) für Flugbuchungen

▪ **Tarife und Dokumentenerstellung**
Die Tarifdarstellung ist abhängig von der Art und Komplexität des Leistungsangebots. Im Flugbereich gibt es eine große Anzahl unterschiedlicher Tarife, abhängig von Passagiertyp, Buchungsklassen, Zeitpunkt der Reise, Buchungszeitpunkt, Route und Länge des Aufenthalts. Entsprechend müssen die Flugpreise bei Reisen mit mehreren Zwischenstopps individuell vom System berechnet werden, wobei sich alle Tarife laufend verändern können. Bei den anderen Leistungen (Hotel, Mietwagen und Pauschalreisen) sind die Preise hingegen eher unflexibel, so dass sie zumeist ein integrierter Bestandteil des Angebots sind.

▪ **Ticketing**
Für das Ticketing wurden dem Reisemittler in der Vergangenheit Blankoflugtickets abgezählt zur Verfügung gestellt, die erst nach direkter Bestätigung durch den Leistungsanbieter bedruckt wurden. Heute verzichtet man im Flugbereich auf die Erstellung von Ticketunterlagen, sondern speichert die relevanten Flugdaten lediglich in Form eines elektronischen Tickets (E-Ticketing) ab. Der Kunden muss sich dann beim Check-In ausweisen um das Ticket verwenden zu können. Der Ausdruck von weiteren Reiseunterlagen wird von den meisten Systemen nur unvollkommen unterstützt, so kann der Reisebüromitarbeiter bei einer Hotel- oder Mietwagenbuchung lediglich ein unverbindliches Voucher erstellen.

▪ **Zusatzleistungen**
Durch die zunehmende Konkurrenzsituation wurden die Betreiber der Systeme gezwungen, außer den drei unabdingbaren Komponenten eines Informations- und Reservierungssystems, auch Zusatzdienstleistungen anzubieten. Weitere Reiseinformationen und Zusatzleistungen sind heute direkt abrufbar. Klimatabellen, Messehinweise, Einreisebestimmungen, Veranstaltungskalender etc. werden mittlerweile von allen CRS angeboten. Des Weiteren wurden Programme und Schnittstellen entwickelt, die die interne Verwaltungstätigkeit der Reisemittler erleichtern sollen. Fakturierung, Finanzbuchhaltung, Kunden- und Kontingentverwaltung sind die wesentlichen Bestandteile. Schließlich wurde die Benutzerführung erheblich verbessert, um auch dem ungeübten Benutzer den leichten Einstieg in den Reservierungsablauf zu ermöglichen. Hierbei werden zunehmend moderne Benutzeroberflächen eingesetzt. Besonders der Schulungsaufwand für die Reisebüroexpedienten wird so minimiert.

Neben den vier Grundfunktionalitäten bildet ein Hochgeschwindigkeitsnetz für die Datenübertragung den zweiten Pfeiler der CRS. Es verbindet das System mit den Leistungsanbietern auf der einen Seite, und den Reisemittlern auf der anderen Seite. Die Anbindung der Reisebüros erfolgt in Europa zumeist über Schnittstellen zu den kooperierenden nationalen Systemen, wobei deren Netzwerkinfrastruktur verwendet wird.

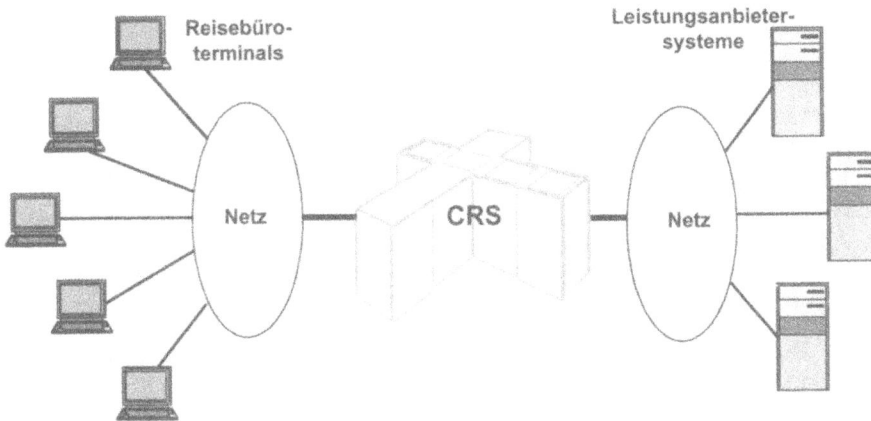

Abb. B.2-7: CRS-Aufbau

Der Begriff Reservierungssystem wird in der Praxis für eine Vielzahl verschiedenartiger Systeme verwandt. Die gebräuchlichste Klassifizierung der CRS unterscheidet zwischen regionalen, nationalen und globalen Systemen (vgl. Abb. 6). So wird durch das geographische Verbreitungsgebiet eine klare sachliche Trennung der Systeme gefördert und der unterschiedliche Anbieter- und Kundenkreis der Systeme hervorgehoben.

- **Regionale Systeme** beschränken sich zumeist auf das Übernachtungs- & Freizeitangebot einer Gemeinde oder Region, welche von Fremdenverkehrsämtern elektronisch verwaltet werden. Bei Kundenanfragen kann nun eine direkte Auskunft gegeben werden. Öfters werden von den Gasthöfen und Hotels auch die Vakanzen gepflegt, so daß gleichzeitig eine Buchung durchgeführt werden kann. Reisemittler haben zumeist keinen Zugriff auf dieses Angebot, da diese Systeme häufig von den Fremdenverkehrsämtern in direkten Kundenkontakt via Internet verwendet werden. In jüngster Zeit wird für die regionalen Systeme auch die internationale Bezeichnung Destination-Management-System verwendet.

- In Europa gibt es eine Vielzahl **nationaler Systeme**, die den heimischen Reisemarkt insbesondere mit nationalen Reiseveranstalterprodukten versorgen. Diese Systeme stellen im Grunde keine eigene Systemwelt zur Verfügung. So besteht kein Zugriff auf eine zentrale Datenbank, sondern bei einer Buchung eines Leistungsträgers wird direkt in dessen internes Buchungssystem verzweigt. Wesentliche Aufgaben der nationalen Systeme ist daher die Herstellung der Verbindung zwischen Leistungsanbieter und Reisemittler. Die Verteilung der Informationen und Buchungsmöglichkeiten auf verschiedene Leistungsanbietersysteme bezeichnet man als Multi-Access Prinzip. Heute sind die nationalen Systeme zumeist integrierter Bestandteil der globalen Systeme.

- Auf dem nordamerikanischen Markt haben sich frühzeitig luftverkehrspezifische Systeme entwickelt, welche heute weltweit unter dem Begriff **globale Systeme** (bzw. Global Distribution Systems; GDS) zusammengefaßt werden.

Diese Systeme stellen heute weltweit die Angebote der Linienfluggesellschaften und internationaler Hotel- sowie Mietwagenketten und Bahnen zur Verfügung. Durch die sogenannte Single-Access-Konzeption werden alle buchungsrelevanten und flugplanabhängigen Daten zentral abgespeichert. Der Reisemittler hat hier den wesentlichen Vorteil eine Vielzahl von Angeboten unterschiedlicher Leistungsträger durch eine einzige Abfrage am Bildschirm angezeigt zu bekommen. Weitere Vorteile sind die Verwendung einheitlicher Eingabe- und Ausgabeformate, die zentrale Abspeicherung aller relevanten Daten und der Aufbau eines einzigen PNR für alle gebuchten Leistungen (auch für Hotel- und Mietwagenbuchungen).

In der Bundesrepublik agieren insbesondere nationale und globale Systeme trotz der sehr unterschiedlichen Anbieter nicht getrennt voneinander, sondern präsentieren ihr Angebot gemeinsam gegenüber den Reisemittlern. So sind die globalen Systeme zumeist direkt mit den nationalen Systemen verbunden. Aus Sicht des Reisemittlers ist das globale System Amadeus lediglich ein weiterer Anbieter von Informations- und Buchungsmöglichkeiten im nationalen System. Aufgrund der Relevanz für Reisemittler wird im Weiteren nur auf die nationalen und globalen Systeme eingegangen.

	Regionale Systeme	Nationale Systeme	Globale Systeme
Merkmale	PC-gestützte Systeme für Zimmernachweis und -vermittlung	Multi-Access-Systeme mit nationalen Leistungsangebot und Schnittstellen zu globalen Systemen	Single-Access-Systeme der Fluggesellschaften mit weltweiter Verbreitung
Anbieter	Hotels, Gasthöfe, Fremdenverkehrszentralen	Nationale Reiseveranstalter, Charter, Bahn u.w.	Linienflug, Internationale Hotel- und Mietwagenketten, Bahnen
Nachfrager	Endkunden	Reisemittler, teilweise auch Endkunden via Internet	Reisemittler und Fluggesellschaften, Endkunden via Internet
Anschluß-zahlen	Hohe Anschlußzahlen via Internet	1.000 – 20.000 Terminals pro System	> 20.000 Terminals pro System
Beispiele	Tiscover	Esterel, Smart, Amadeus Germany	Amadeus, Galileo, Sabre

Abb. B.2-8:   Klassifizierung unterschiedlicher Arten von Reisevertriebssystemen

2.2.2 Marktbeherrschendes System in Deutschland

Die **Amadeus Germany** GmbH (bis Mitte 2003 Start Amadeus GmbH) ist heute Deutschlands führendes Reisevertriebssystem. Der Marktführer in Deutschland wurde bereits 1971 gegründet. Ende der sechziger Jahre zeichnet sich ab, dass die Reisebüros in absehbarer Zeit gezwungen sein werden, Computer-Terminals mehrerer Leistungsanbieter zu installieren, da kein umfassendes Reservierungssystem existierte. Aufgrund dieser Überlegungen begann 1971 die "Studiengesellschaft zur Automatisierung für Reise und Touristik" (Start) mit einer mehrjährigen Untersuchung zur Realisierung eines elektronischen Reisevertriebssystems in Deutschland. Die Arbeitsgruppe bestand aus Vertretern der führenden Tourismusunternehmen Deutschlands (Lufthansa, Bahn, TUI sowie den Reisebüroketten abr, DER und Hapag-Lloyd). Die Arbeitsgruppe Start legte nach verschiedenen Analysen einen Vorschlag für ein elektronisches Reisereservierungs- und Informationssystem vor, das alle mit dem Angebot und der Vermittlung von Reiseleistungen zusammenhängenden Vorgänge bewältigen kann. 1976 wurde diese Studiengesellschaft in die Betriebsgesellschaft. „Start Datentechnik für Reise und Touristik GmbH" umgewandelt und ab 1980 war das CRS Start einsatzbereit und die wesentlichen Leistungsanbieter buchbar: Die Deutsche Bundesbahn bot über Start die elektronische Sitzplatzbuchung sowie die Fahrausweiserstellung an, TUI-Reisebestätigungen konnten ausgestellt werden sowie die Flugbuchungen bei Lufthansa. 1990 erfolgte dann eine organisatorische Umstrukturierung des Unternehmens in die Start-Gruppe. Die bisherige Start Datentechnik für Reise und Touristik GmbH wurde in die Start Holding GmbH überführt, an der nur noch Lufthansa, die TUI und die Deutsche Bahn zu je 33,33 % beteiligt waren. Nach dem Ausstieg von TUI und Deutsche Bahn war Lufthansa sogar zeitweise (1997–2001) alleiniger Gesellschafter von Start.

Parallel zu der nationalen Entwicklung von Start wurde 1987 das globale Distribution System **Amadeus** von Air France, Iberia, SAS und Lufthansa gegründet. Ein Grund für diese Neugründung war die drohende Vormachtstellung der amerikanischen globalen Systeme im Bereich der Linienflugbuchungen. Mit Amadeus ist ein internationales GDS auf europäischer Basis entstanden, welches vor allem für die Flugbuchungen der europäischen Linienfluggesellschaften konzipiert wurde. Der Hauptsitz der Gesellschaft Amadeus IT Group S.A. ist in Madrid, wo die Bereiche Finanzen, Marketing, Personal und Unternehmensstrategie angesiedelt sind. Das Rechenzentrum wurde in Erding bei München gebaut und die Produktentwicklung ist in Sophia Antipolis bei Nizza angesiedelt. Hinzu kommen Marketing- und Vertriebsgesellschaften in ca. 70 Ländern. Amadeus ist heute in Europa und Nordamerika sowie in Lateinamerika, Afrika und im Mittleren Osten und Asien vertreten. Neben den ca. 75.000 Reisebüros verwenden einige Fluggesellschaften Amadeus gleichzeitig auch als internes Reservierungssystem, populäres Beispiel hierfür ist British Airways, welche ihre gesamte EDV-Struktur zu Amadeus ausgelagert hat. Amadeus bietet als globales CRS vorwiegend Leistungen in den Bereichen Flug, Hotel und Mietwagen. Der Bereich der Flugbuchungen dominiert allerdings die gesamte Systemarchitektur.

Bereits 1991 kómmt es zu einer umfassenden Zusammenarbeit zwischen Start und Amadeus in Rahmen der sogenannten Migration. So hatten die Reisemittler in Deutschland vor Inbetriebnahme von Amadeus nur Zugriff auf das interne Reservierungssystem von Lufthansa. Mit der Migration sind alle Angebotsdarstellungen, Tarife und PNRs vom Reservierungssystem der Lufthansa zum globalen System Amadeus verlagert worden. Bis Ende 1992 wurden insgesamt 8.000 Start Betriebsstellen mit 15.300 Terminals auf Amadeus aufgeschaltet und die Reisebüromitarbeiter geschult.

Eine erste Firmenallianz von Start und Amadeus wurde 1996 beschlossen. Die Gesellschafter beider Unternehmen stimmten dem Verkauf von 50 Prozent der Anteile der Start Informatik GmbH an Amadeus Global Travel Distribution S.A., Madrid, zu. Im Rahmen dieser Allianz wurden Marktdurchdringung, gemeinsamer Systembetrieb sowie Produktentwicklung angestrebt. So wurde auch die technische Verbindung des Start Rechners in Frankfurt am Main mit dem Amadeus Rechner in Erding realisiert. Ein wichtiger strategischer Schritt war die zunehmende Einbindung vom nationalen Start-System in Amadeus. Bereits im Jahre 2001 verkaufte Lufthansa 34 % seiner Start-Anteile an Amadeus und schließlich 2003 die restlichen Firmenanteile. Seitdem ist die Amadeus IT Group alleiniger Gesellschafter. Start wurde anschließend in Amadeus Germany umbenannt und vollkommen integriert, wobei auch das Start-Rechenzentrum nach Erding zu Amadeus verlagert wurde. In Deutschland konnte sich Amadeus Germany zum bedeutendsten Reisevertriebssystem entwickeln und bietet heute ein umfangreicheres Angebot als alle anderen Reservierungssysteme weltweit. Wie andere nationale Systeme auch, weist Amadeus Germany eine hohe Marktdurchdringung im Heimatmarkt auf.

Aus Sicht des Reisemittlers ist das umfangreiche globale System (Amadeus IT Group) heute lediglich eine Teilkomponente von Amadeus Germany. Die nachfolgende Abbildung gibt einen Überblick der Leistungsanbieterkategorien, welche über Amadeus Germany buchbar sind.

Ausgehend von der Struktur eines Multi-Access-System bietet Amadeus Germany nur im geringen Umfang eigene Funktionen, sondern stellt primär eine Verbindung zu den Reservierungssystemen der Leistungsanbieter her (sog. Switch Board). Aufgrund ihrer Größe sind hierbei besonders die internen Reservierungssysteme der Reiseveranstalter und das System der Deutschen Bahn hervorzuheben. Für den Flugbereich kommt es nicht zu einer Verbindung zu den einzelnen Fluggesellschaften, sondern sämtliche Vorgänge werden direkt in dem globalen Reservierungssystem der Amadeus IT Group bearbeitet, dort sind aufgrund der zentralen Single-Access-Struktur alle notwendigen Informationen zentral abgespeichert.

Nationale Anbieter

Globale Anbieter

Nutzer

40 Bahnen

200 Reiseveranstalter

485 Fluggesell.

Hotels

Reisemittler

323 Hotelketten

AMADEUS IT Group

Front-/ Mid-Office

AMADEUS Germany

Firmenreisestellen

50 Mietwagen

Versicherungen Kreditkarten

Back-Office

Kartenvorverkaufsstellen

30 Fähranbieter

Endkunden

Eventveranstalter

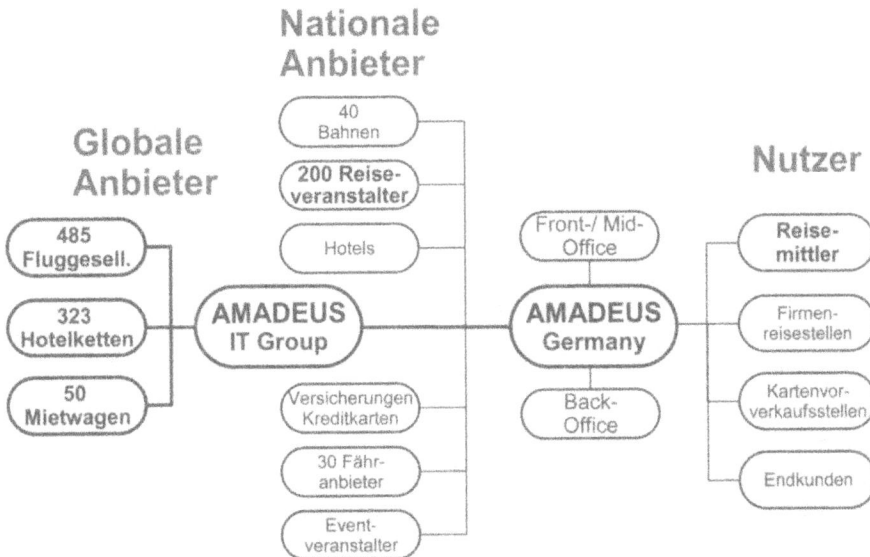

Abb. B.2-9:   Struktur des CRS Amadeus

Im geänderten Wettbewerbsumfeld definiert Amadeus Germany auch eine eigene Unternehmensstrategie. Sie sieht sowohl die Marktsicherung im Kernmarkt als auch Wachstum des Reisevertriebs über Reisebüros in Deutschland vor. Ein wesentlicher Bestandteil der künftigen Strategie ist die grundsätzlich engere Zusammenarbeit mit dem Gesellschafter Amadeus und die Gründung eines weltweiten Competence Centers Leisure unter Führung von Amadeus Germany. Weitere Punkte sind: Ein starker Ausbau des Corporate Geschäfts für das Business Travel Management (B-to-B), die Absicherung und Optimierung des Leistungsträgergeschäfts und eine zukunftsweisende Ausrichtung des Angebots für Endverbraucher (B-to-C). Damit sind auch die Geschäftsfelder klar definiert: Leistungsträger, Reisemittler und Unternehmen (Corporates).

2.2.3 Weitere Systeme

Abb. B.2-10:   Logos der globalen Distributionssysteme

Neben Amadeus Germany gibt es noch weitere Reservierungssysteme in Deutschland. Deren gesamter Marktanteil ist allerdings sehr gering. Grund hierfür ist die auf den deutschen Markt sehr gut zugeschnittene Produkt- und Leistungspalette von Amadeus Germany. Vor allem im Bereich der Bahn- und Pauschalreisen konnte die Konkurrenz in der Vergangenheit nur wenige Schnittstellen anbieten, so dass diese Systeme für Vollreisebüros ungeeignet waren. Erst in jüngster Zeit werden auch hierfür Buchungsmöglichkeiten angeboten. Die Leistungspalette aller globalen Systeme für die Bereiche der Linienfluggesellschaften sowie internationaler Hotel- und Mietwagenketten unterscheiden sich nicht stark voneinander. Bei den globalen Systemen gibt es, neben Amadeus, noch Galileo und Sabre, die im Weiteren kurz vorgestellt werden sollen:

- **Galileo** wurde zeitgleich zu Amadeus 1987 als globales System mit europäischer Beteiligung entworfen. Gegründet wurde es von den Fluggesellschaften British Airways, Swissair, KLM sowie einer Tochterfirma von United Airlines. Weitere europäische Fluggesellschaften wie Alitalia, Austrian Airlines, Aer-Lingus, TAP Air Portugal, Sabena und Olympic Airways schlossen sich kurze Zeit später an. 1992 kam es zu einem Zusammenschluß mit dem amerikanischen CRS Apollo, wobei weltweit der Namen Galileo beibehalten wurde. Die Fusion der Datenzentren und die Verlagerung nach Denver/USA erfolgte bereits 1994. Im Jahre 2001 wurde Galileo an die amerikanischer Finanzgruppe Cendant verkauft und dann im Jahre 2006 an die bekannten Finanzinvestoren Blackstone Group weiterverkauft. Der gesamte Bereich der Reisedienstleistungen wird heute unter dem Firmennamen Travelport vermarktet. Die Marketingnamen Galileo und Apollo existieren aber weiterhin. Das Unternehmen ist neben Amerika im Wesentlichen im Mittleren Osten und Afrika sowie in Asien und im pazifischen Raum vertreten. Auch in Europa hält Galileo einen Marktanteil von ca. 30 %. In vielen Ländern wie der Schweiz, Österreich und Großbritannien ist Galileo Marktführer. Neben den Fluggesellschaften können in Galileo auch ca. 115 Deutsche Reiseveranstalter abgerufen und gebucht werden. Auch die Endbenutzer können via den Onlineportalen Orbitz, ebookers, ratestogo u.s.w. auf Galileo zugreifen. Nach Freigabe durch die Kartellaufsichtsbehörden in den USA und der EU hat Travelport Mitte 2007 den Galileo-

Mitbewerber Worldspan übernommen und mit der Zusammenführung der beiden Reservierungssysteme begonnen. Worldspan war das kleinste globale CRS und vor allem in Amerika vertreten.

- Das computergestützte Reservierungssystem **Sabre** wurde als erstes internes Reservierungssystem von der Fluggesellschaft American Airlines bereits 1959 gegründet. Ziel war es, die bisherigen handgeschriebenen Reservierungen durch Lochkarten zu ersetzen. Das interne Platzbuchungssystem wurde bereits 1960 erfolgreich eingeführt, die ersten externen Terminals wurden jedoch erst 16 Jahre später in US-Reisebüros installiert. Das Rechenzentrum von Sabre steht in Tulsa/Oklahoma, USA. Sabre ist das führende amerikanische CRS und wird weltweit von mehr als 50.000 Reisebüros genutzt. Das System bietet ein umfangreiches Leistungsangebot, welches besonders auf den amerikanischen Markt zugeschnitten ist. Angeschlossen sind u.a. 400 Fluggesellschaften, 76.000 Hotels und 28 Autovermieter. Zudem verwenden auch einige Eisenbahngesellschaften, wie Amtrak sowie die staatliche französische SCNF-Gesellschaft mit ihren TGV-Schnellzügen die Technik von Sabre. Im Jahre 2000 wurde Sabre unabhängig von der Fluggesellschaft American Airlines und erwarb in den folgenden Jahren verschiedene Beteiligungen an Internetportalen (travelocity, lastminute.com, getthere etc.). Schließlich wurde auch Sabre im Jahre 2007 von einer Finanzgesellschaft übernommen.

- 1986 eröffnete Sabre sein erstes europäisches Büro und versucht seither, sich auch auf dem europäischen Markt zu etablieren. Der wichtigste Schlüssel für den Erfolg im deutschen Markt war die Übernahme der Firma Dillon Communications Systems, dem Entwickler des touristischen Systems Merlin, im Jahre 2003. Dadurch war Sabre in der Lage, den deutschen Reisebüros Zugriff auf die Reservierungssysteme der Reiseveranstalter anzubieten. und erreichte einen Marktanteil von 30% bei deutschen Reisebüros. Hauptkundenkreis von Sabre Merlin ist das touristisch orientierte Reisebüro, das eine Alternative zu Amadeus Germany sucht. Teure Standleitungen zum Rechenzentrum in Hamburg werden nicht angeboten, sondern die gesamte Datenübertragung erfolgt mittels ISDN-Leitungen oder Internet. Verkaufsargument sind vor allem die vergleichsweise geringen Kosten und die einfache Bedienung. In der Merlin-Maske können Pauschalreisen, Ferienhäuser, Busreisen, Charterflüge, Mietwagen, Versicherungen und Kreuzfahrten gebucht werden. Insgesamt stehen die wichtigsten 170 Anbieter (inkl. TUI) online zur Verfügung. Flugbuchungen sind über eine Schnittstelle zu Sabre möglich. Mit der integrierten grafischen Benutzeroberfläche kann Sabre Merlin per Maus bedient werden. Der (ungeübte) Benutzer muss nicht mehr alle Formate kennen, um das System professionell bedienen zu können. Sogenannte Shortcuts und grafische Masken reduzieren hierbei die Anzahl der Tastatureingaben und beschleunigen den Verkaufsvorgang.

- Neben dem Buchungsvorgang werden auch Management-Informationssystem-Komponenten unterstützt. Wesentliche Daten werden automatisch in eine Datenbank übernommen. Einfache Auswertungen von Kundendaten, deren Reisen und Hobbys sowie Umsätze mit einzelnen Veranstaltern können dargestellt werden. Schliesslich werden integrierte Mid- und Back-Office Funktionen angeboten werden.

	Amadeus	Galileo	Sabre
Fluggesellschaften	500	470	> 400
Hotelgesellschaften	56.000	57.000	76.000
Mietwagen	42	35	28
Reiseveranstalter	190	200	220
Kreuzfahrtlinien	7	k.A.	13
Bahngesellschaften	40	k.A.	35
Reisebüros	75.000	60.000	> 50.000
Märkte/Länder	> 215	k.A.	k.A.

Abb. B.2-11:   Marktanteile der globalen Distributionssysteme

2.2.4   Auswahlkriterien für die Systemwahl

Die Auswahlkriterien für die Installation eines CRS/GDS sind aufgrund der individuellen Anforderungen zu treffen. Folgende wesentliche Fragestellungen sind hierbei zu berücksichtigen:

- Ein wesentliches Leistungskriterium ist sicherlich die Anzahl und Art der buchbaren Leistungsanbieter. Während die globalen Systeme (GDS) über ein ähnliches Leistungsspektrum verfügen, unterscheidet sich das Angebot der nationalen Systeme (CRS) erheblich.

- Neben der Produktpräsentation und der Buchungsmöglichkeit ist die anschließende Dokumentenerstellung von großer Wichtigkeit. Nicht alle CRS bieten die Möglichkeit die Reiseunterlagen (insb. Flugtickets) auszudrucken. Daher können solche Systeme von Reisebüros mit hohem Anteil an Flugbuchungen nicht verwendet werden.

- Im zunehmenden Wettbewerb der Reisemittler stellt sich immer häufiger die Frage, welche Zusatzdienstleistungen die einzelnen CRS bieten. Neben den Backoffice-Funktionen sind hier insbesondere die neuen Medien zu erwähnen. Z.B. sind die Kosten für einen Internet-Auftritt für ein einzelnes Reisebüro höher, als bei übergreifenden Gestaltung durch den CRS-Anbieter.

- Auch auf der technischen Seite gibt es erhebliche Qualitätsunterschiede. Folgende Merkmale sollten hierbei beurteilt werden: Antwortzeiten, Systemverfügbarkeit/Ausfallhäufigkeit, Bedienungsqualität, Hilfefunktionen, multifunktionale Nutzung der CRS-PCs sowie die Integration in das lokale PC-Netzwerk des Reisebüros.

- Die Ausgaben für die CRS und sonstige EDV-Kosten sind, nach den Personalkosten, der größte Kostenblock im Reisebüro. Sie sind abhängig von der gewählten Leitungsverbindung sowie Anzahl und Art der Endgeräte (Einzel-PC, Netzwerke, einfache Drucker, spezielle Ticket-Drucker, gekaufte eigene Hardware oder vom CRS gemietete Hardware). Für kleinere Reisebüros stehen zumeist eingeschränkte Versionen zur Verfügung, welche für geringere Gebühren überlassen werden. Die Aufwendungen für die CRS-Nutzung werden allerdings durch Bonuszahlungen reduziert, die von den Leistungsanbietern zzgl. zu den Provisionszahlungen für getätigte Buchungen vergütet werden.

Trotz der aufgezählten Kriterien kann man sagen, daß es auf dem deutschen Markt kaum echte Alternativen zu Amadeus Germany gibt. Nur Reisemittlern mit Schwerpunkt Firmendienst sowie sehr kleine Reisebüros haben weitergehende Auswahlmöglichkeiten. Ein Vollreisebüro mit IATA- und DB-Lizenz und umfangreichem Touristik-Umsatz hat bisher lediglich Sabre/Merlin als Alternative zum Marktführer Amadeus. Allerdings sind die Konkurrenten dabei, den funktionalen Vorsprung aufzuholen und bieten durchaus günstige Alternativen.

2.2.5 Kostenmodelle

Die Preise, die GDS von den Reisebüros und Fluggesellschaften verlangen, basieren vor allem auf der Anzahl von Buchungen und Transaktionen, die über das System getätigt werden. Als Kennzahl dienen hier sogenannte Segmente. Ein Segment bezeichnet eine einzelne Reiseleistung. Dabei kann es sich um einen über das System gebuchten Hin- oder Rückflug, Hotelübernachtung und Mietwagen handeln. Das Besondere am Kostenmodell der GDS ist allerdings, dass sowohl die Leistungsträger, als Anbieter von Reiseleistungen, als auch die Reisemittler, als Nachfrager für die Nutzung der Reservierungssysteme, zahlen müssen. Die Kosten für die Reisemittler sinken jedoch mit zunehmender Nutzung bzw. Buchungen, da pro Buchung eine Rückzahlung (sog. Incentives) erfolgt.

Am Beispiel einer Flugbuchung über ein Reisebüro von München nach Hamburg und zurück für insgesamt 500 € soll das Kostenmodell erläutert werden. Dieser Flug wird über das GDS eingebucht. Für die Reisebürodienstleistung zahlt das buchende Unternehmen (bzw. der Privatreisende) neben dem Preis für den Flugschein zusätzlich einen Transaktion Fee in Höhe von 20 € an das Reisebüro. Die Fluggesellschaft bezahlt das Reservierungssystem für die Möglichkeit, dass verschiedene Reisemittler ihre Leistungen dort abrufen und buchen können. Das GDS berechnet hierfür pro Segment ca. 4 €, für das Hin- und Rückflugticket also 8 €. Das Reisebüro wiederum erhält vom Distributionssystem für die Nutzung eine Zahlung in Höhe von ca 1 € pro Segment.

Durch die Deregulierung des europäischen und amerikanischen CRS/GDS-Marktes und den Billigangeboten der Fluggesellschaften sind die Kosten für GDS-Nutzung stark gestiegen. Um den Reisebüros weiterhin den gesamten Leistungsumfang mit der gesamten Tarifvielfalt und insbesondere die günstigen Tarife der Billigfluggesellschaften (sogenannter Full-Content) anbieten zu können, wird in Zukunft auch in Europa das in den USA bereits angewandte Opt-in-Modell eingesetzt werden. In den USA sind Opt-in-Programme schon weiträumig akzeptiert. Die billigen Tarife sind bei diesen Verfahren im System weiterhin zu gleichen Kosten buchbar. Die Reisebüros schließen Verträge mit dem bevorzugten GDS und können auf alle Tarife der Fluggesellschaften zugreifen. Allerdings verzichten die Reisemittler auf die Incentives und zahlen zusätzlich zwischen 0,50 und 1,10 € GDS Gebühren. Im Gegenzug für den Full-Content aller Tarife müssen die Fluggesellschaften nun lediglich reduzierte GDS-Kosten bezahlen. Eine weitere Möglichkeit ist das Opt-Out-Verfahren. Die optimalen Tarife sind bei diesen Verfahren im System nur zu erhöhten Kosten buchbar. So stellen die Fluggesellschaften den GDS zwar alle Tarife zur Verfügung, die günstigen Tarife können von den Reisebüros nur mit einem GDS-Aufschlag von bis zu ca. 2,50 € vom Reisebüro gebucht werden.

2.3   Weitere Entwicklungslinien

Die Konkurrenz des Internets verändert zunehmend die Struktur der Tourismusindustrie. Einerseits müssen die Reisebüros mit gut informierten Kunden rechnen, die einen Großteil der Informationen bereits im Internet und anderen Quellen recherchiert haben. Daher ist es für den Reisemittler überlebensnotwendig, nicht nur auf das Informationsangebot der Reservierungssysteme zuzugreifen, sondern alle Informationsquellen zu nutzen. Andererseits geraten auch die Reservierungssysteme zunehmend unter Druck: die Kostenstruktur der CRS/GDS ist nicht mehr zeitgemäß, da sie unabhängig vom gebuchten Tarif mit einem sehr hohen Fixbetrag vom Leistungsanbieter vergütet werden. Es zeichnet sich daher ab, dass in naher Zukunft eine Reihe von Veränderungen auf Reisebüros und CRS zukommen werden.

- **Zukünftige Reisebüroausstattung**

Betrachtet man die heutige EDV-Ausstattung in den Reisebüros, so kann man feststellen, dass vier wesentliche Systembereiche bereits vorhanden sind. Zum einen natürlich das CRS/GDS mit allen wesentlichen Buchungsinformationen und Buchungsmöglichkeiten, besonders im Bereich Linienflug und Reiseveranstalter. Das CRS ist heute sicherlich das Hauptarbeitsmedium des Reisemittlers. Wenn der Kunde jedoch aktuelle Wetterinformationen oder Billigflugangebote bekommen möchte, muss der Reisemittler häufig das Reservierungssystem verlassen und im Internet recherchieren. Auch die speziellen Tarife der Ticketgrossshändler sind nicht ohne weiteres erreichbar. Zwar sind diese Tarife in speziellen Datenbanken innerhalb der nationalen Reservierungssysteme abgespeichert, aber eine unmittelbare Übernahme der Tarife und Aufbau eines PNRs im GDS ist nur schwer möglich. Das gleiche Bild ergibt sich für die sogenannten Beratungssysteme. Diese Systeme ermöglichen eine Anfrage und Darstellung aller Reiseveranstalter auf einem Bildschirm und vereinfachen damit den Vergleich der Leistungen und Preise der einzelnen Anbieter. Der Zugriff aus den Informationsbildschirmen der Beratungssysteme zur Buchung der Reiseveranstalterleistungen ist heute nur eingeschränkt möglich. So ergibt sich für die Zukunft die Anforderung der Integration und nahtlosen Bereitstellung aller relevanten Informations- und Buchungsdaten innerhalb des Reservierungssystems.

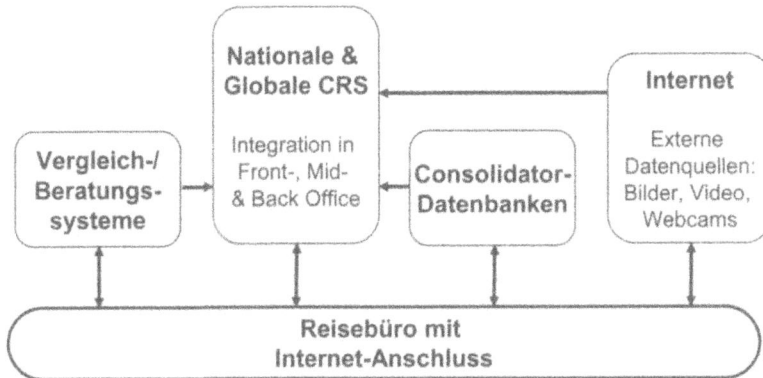

Abb. B.2-12: Reisebüroausstattung

* **Neue Anbieter**

Der Druck auf die GDS verstärkt sich zunehmend, was angesichts der enormen Kosten, die auf die Leistungsanbieter zu kommen, nicht verwunderlich ist. Deshalb finden Ersatzsysteme in den letzten Jahren immer größeren Anklang. Die sogenannten Global New Entrants (GNE) sind neue Systeme, die ähnliche Leistungen wie die GDS bieten und zudem die Reservierung und die Vorgangsverwaltung in den Reisebüros revolutionieren sollen. Zugleich können Fluggesellschaften erhebliche Einsparungen erzielen. Allerdings haben diese Systeme auch eine Reihe von Nachteilen, so bekommen die Kunden keinen Full-Content, da sie in der Regel nur mit einer begrenzten Anzahl von Fluggesellschaften Verträge abgeschlossen haben. Mit den Produkten der GNEs können derzeit lediglich einfache Flugbuchungen durchgeführt werden – diese zudem häufig nur innerhalb der USA. Da es dadurch für die Reisemittler notwendig wird, sich weiteren Vertriebskanälen anzuschließen, entstehen für sie weitere Kosten, da diese ebenso Gebühren erheben. Der Expedient muss die verschiedenen Quellen einzeln durchsuchen, bevor er dem Reisenden ein günstiges und passendes Angebot vorlegen kann. So wird eine Buchung deutlich zeitaufwendiger. Dennoch bieten Global New Entrants nicht nur Nachteile für die Tourismusindustrie. Speziell für Reisebüros bringen die GNEs mehrere Vorteile für den täglichen Ablauf mit sich. Wichtigstes Element hierbei ist die Aufhebung der CRS-fähigen Reservierungen und anderer Buchungskanäle. Statt der heutigen Buchungen in den GDS sollen die Reisemittler den sog. SuperPNR verwenden. Dieser bietet die Möglichkeit unabhängig vom Buchungssystem alle Vorgänge zu verwalten. Damit können sowohl Buchungen via Internet als auch Direktanbindungen in verschiedenen Systemen des Reisebüros koordiniert werden. Schließlich sollen die GNEs mit einer einheitlichen Oberfläche Zugriff auf mehrere angeschlossene Buchungssysteme ermöglichen. Der Vorteil dabei ist, dass Expedienten dadurch auch die Oberfläche eines anderen

CRS nutzen können, die ihnen besser vertraut ist. Ob sich allerdings diese neuen Entwicklungen in deutschen Reisebüros durchsetzen werden, ist derzeit noch sehr unsicher.

▪ **Alternative Vertriebsplattformen**

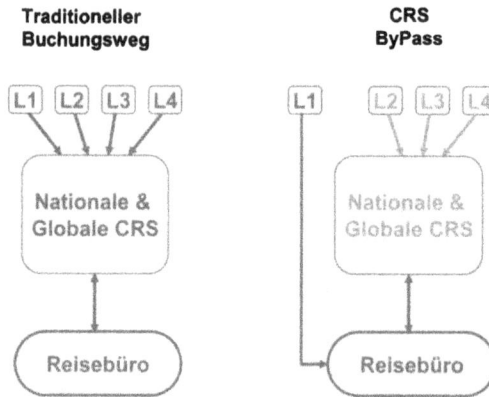

Traditioneller Buchungsweg   **CRS ByPass**

L1 L2 L3 L4   L1   L2 L3 L4

Nationale & Globale CRS   Nationale & Globale CRS

Reisebüro   Reisebüro

Abb. B.2-13:   CRS ByPass

In jüngster Zeit werden häufig Vorschläge diskutiert, die Fluggesellschaften direkt mit dem Reisebüro zu verbinden. Bei diesen Modellen werden die traditionellen GDS ganz oder zum Teil umgangen. Der ausschlaggebende Punkt dieser Entwicklungen sind vor allem die hohen GDS-Gebühren, die von den Leistungsanbietern entrichtet werden müssen. So zahlen z.B. wie schon erwähnt allein die Mitglieder der Star Alliance jährlich 1,47 Mrd. € an die GDS. Um diese hohen Gebühren zu reduzieren, finanziert die Star Alliance, dem von Lufthansa mitbegründeten Verbund aus heute 18 großen Fluggesellschaften ein System mit, welches in naher Zukunft auf den Markt kommen soll. Der Vertrieb, insbesondere über Geschäftsreisebüros, soll damit technisch verbessert werden. Dieses eigene Reservierungssystem soll als neuer Kanal dazu dienen, insbesondere die günstigen Tarife buchbar zu machen. Die in der Regel teureren Published Tarife werden weiter über die traditionellen GDS vertrieben, da hier die hohen GDS-Gebühren einen geringeren Ausschlag geben.

3 Prozessmanagement im Reisebüro:

Die qualitäts- und ertragsorientierte Gestaltung der Leistungserstellung

Dr. Markus Heller/Dipl.-Kaufmann Hendrik David,
Dr. Fried & Partner, München

3.1 Prozessorientierte Leistungserstellung

Die Leistungserstellung im Reisebüro umfasst alle Tätigkeiten im Front-, Mid- und Backoffice-Bereich eines Reisebüros, die direkt oder indirekt zur Wertschöpfung beitragen. Generell sind dabei zwei Arten von Geschäftsprozessen und Arbeitsabläufen im Reisebüro zu unterscheiden:

- Kundenbezogene Geschäftsprozesse und
- Interne reisebürobezogene Geschäftsprozesse.

Kundenbezogene Geschäftsprozesse umfassen alle Tätigkeiten im Reisebüro, die unmittelbar für den Kunden erbracht werden, um dessen Wünsche zu befriedigen: u.a. Reisebuchung, Auskunft, Beratung, Katalogausgabe, Reisedokumente erstellen. Aber auch Umbuchungen, Stornierungen und das Ausstellen von MCO's oder der Verkauf von Zusatzleistungen wie Reiseversicherungen und Eintrittskarten gehören zu den Kernelementen der kundenbezogenen Leistungserstellung im Reisebüro.

Interne reisebürobezogene Geschäftsprozesse beinhalten jene Tätigkeiten, die notwendig sind, um den Betrieb des Reisebüros als Ganzes sicherzustellen und damit die kundenbezogenen Geschäftsprozesse überhaupt zu ermöglichen. Dazu zählen Arbeitsabläufe im Zusammenhang mit Buchhaltung und Rechnungswesen, mit Personalverwaltung, Zahlungsverkehr, aber auch im Marketing-Bereich wie Kampagnen, Mailingaktionen, Schaufenstergestaltung usw.

Während sich das rein funktions- und abteilungsorientierte Reisebüromanagement primär an einer funktionsbezogenen Kosten- und Ertragsrechnung für den Front- und Backoffice-Bereich eines Reisebüros orientiert, basiert prozessorientierte Leistungserstellung auf einem Unternehmensverständnis, das die eigentlichen Prozesse der Dienstleistung und deren Ergebnisse stärker in den Vordergrund stellt. So wird die Leistungserstellung beispielsweise daran gemessen und ausgerichtet, welche Produkte (z.B. Flug-Pauschalreisen, Ferienwohnungen, Bahn-Fahrkarten, Eintrittskarten) in Relation zum benötigten Arbeitsaufwand die Gewinn- oder Verlustbringer für das Reisebüro sind. Entscheidend ist auch das Wissen um die Kostentreiber (z.B. Buchungen, Stornierungen, Reklamationen, Flugzeitenänderungen), die für einen Teil des Arbeitsaufwands und der Kosten in anderen Bereichen, wie beispielsweise dem Backoffice eines Reisemittlers, Auslöser sind.

Im Rahmen der Leistungserstellung und -bewertung ist somit ein Prozessmanagement gefordert, welches:

- „durch Erhebung und Bewertung der Prozesse die Dienstleistungsproduktion transparent darstellt;

- durch gezielte Modifikation der Leistungsprozesse deren Wirtschaftlichkeit verbessert;

- durch permanente Planung und Steuerung des prozessbezogenen Ressourcenbedarfs die Kostenentwicklung der einzelnen Abwicklungseinheiten beeinflusst." (WIELENS 1983: 23)

Prozesskostenanalysen zur Erhebung und Bewertung kundenbezogener Geschäftsprozesse, auf die im Folgenden der Fokus gelegt wird, geben Aufschluss über Prozesszeiten und Prozesskosten im Reisebüro. Derartige Analysen wurden sowohl in touristischen Reisebüros als auch in Firmendiensten durchgeführt und in der Fachpresse (FVW 25/05: 25, FVW 26/03) dokumentiert.

Die Modifikation der Leistungsprozesse zur Verbesserung der Wirtschaftlichkeit darf allerdings nicht ausschließlich auf quantitativer Basis, also lediglich in einer Optimierung der Prozesszeiten und -kosten, erfolgen. Vielmehr sind auch qualitative Aspekte wie Beratungs- oder Produktqualität zu berücksichtigen, um eine ertragsoptimale Leistungserstellung zu gewährleisten. Bevor daher die quantitativen Optimierungspotentiale im Bereich der Leistungserstellung näher betrachtet werden, ist Gegenstand des folgenden Abschnitts die qualitätsorientierte Leistungserstellung.

3.2 Qualitätsorientierte Leistungserstellung

Die Analyse von Prozessen und Prozesskosten sowie deren Optimierung bzw. Minimierung bilden die Basis zur Produktivitätssteigerung im Reisebüro. Eine rein produktivitätsorientierte Denkweise in der Leistungserstellung kann allerdings schnell zu Qualitätseinbußen, Kundenverlusten und daraus resultierenden Umsatz- und Gewinnschmälerungen führen. Dies ist vor allem dann der Fall, wenn aufgrund eines reinen Kostendenkens die Bedürfnisse und Erwartungen des Kunden nicht befriedigt werden können.

Ein probates Mittel, um im Rahmen einer kontinuierlichen Qualitätsverbesserung, diese Erwartung des Kunden nicht aus den Augen zu verlieren, stellt die neutrale und kontinuierliche Überprüfung der geleisteten Servicequalität durch Dritte dar. Dabei besteht die Möglichkeit, eine solche Überprüfung mit einem Zertifizierungsverfahren zu verbinden, an dessen Ende bei erfolgreichem Abschluss die Verleihung eines Qualitätssiegels steht. Das Siegel unterstützt dabei die Reisebüros in ihrer Kommunikation zum Kunden und signalisiert, dass ein unabhängiges Institut das Reisebüro hinsichtlich definierter Standards erfolgreich überprüft hat.

3.2.1   Zertifizierte Servicequalität

Im Rahmen der Zertifizierung von Servicequalität bilden üblicherweise zuvor festgelegte Qualitätskriterien und -dimensionen die Grundlage der Prüfung. So unterscheidet beispielsweise der TÜV SÜD folgende vier Dimensionen (TÜV SÜD 2005):

- Servicekultur
- Servicezuverlässigkeit
- Umgang mit Reklamationen
- Qualifikation der Mitarbeiter

Die **Servicekultur** basiert auf einem dokumentierten Servicemanagement, das u.a alle Aufgaben erfasst, die für Aufbau, Pflege und Entwicklung sämtlicher Prozesse gegenüber den Kunden notwendig sind. Dabei wird vorausgesetzt, dass eine kommunizierte Servicestrategie existiert, die Kundenbindung und Kundenzufriedenheit als zentrale Erfolgsfaktoren betrachtet und das Servicemanagements in die Lage versetzt, zu erkennen, mit welchem Service der Kunde zufrieden gestellt werden kann.

Die zweite Dimension **Servicezuverlässigkeit** bezieht sich auf die definierten Kriterien des angebotenen Services und deren Messung. Sie umfassen (TÜV SÜD 2003):

- „Korrektheit", d.h. verlässliche und exakte Ausführung des versprochenen Services
- Gegenständliches, d.h. angemessenes und aussagekräftiges Erscheinungsbild der Mitarbeiter, Einrichtung, Werbematerialen etc.
- Entegegenkommen, d.h. sorgsames Interesse am einzelnen Kunden und die vorhandene Bereitschaft, Kunden unverzüglich zu bedienen
- Souveränität, d.h. Vertrauen erweckendes, zuvorkommendes und fachlich kundiges Auftreten"

Elementare Voraussetzung zur Realisierung eines zuverlässigen Services ist die kundenorientierte Ausrichtung und kontinuierliche Überprüfung der Prozesse und Leistungen im Reisebüro. Dabei sind Umfeldfaktoren der Serviceerbringung (z.B. Geräuschpegel, Sauberkeit, Erscheinungsbild) ebenso zu berücksichtigen, wie die technischen Grundlagen zur Abbildung von Servicestandards. Insbesondere die Weiterentwicklung und Nutzung sogenannter Midoffice Systeme mit umfangreichen Funktionalitäten in den Bereichen Termin-, Kundendaten- und Vorgangsverwaltung sowie Kampagnenmanagement stellen eine wichtige Entwicklung dar, die es dem Reisebüro noch besser als bisher ermöglicht, den Kunden mit seinen individuellen Wünschen und Bedürfnissen in das Zentrum seiner Aktivitäten zu stellen.

Die Kundenfokussierung gilt es im Rahmen eines umfassenden Qualitätsverständnisses auch im Rahmen der **Reklamationsbearbeitung** beizubehalten. Das vermittelnde Reisebüro befindet sich dabei in einer etwas schwierigen Situation (Reisebüros dürfen grundsätzlich keine Reklamationen bearbeiten, die direkt die Leistungen von Reiseveranstaltern bzw. Leistungsträgern betreffen), es kann allerdings durch eine intelligente Form der Handhabung von Reklamationen und Beschwerden viel für die Kundenzufriedenheit tun. Denn auch wenn das Reisebüro rechtlich nicht legitimiert ist, Reiseveranstalter bzw. Leistungsträger betreffende Reklamationen zu bearbeiten, so sollte dem Kunden gerade in diesen Fällen das Gefühl vermittelt werden, auch in schwierigen Situationen durch das Reisebüro Beistand zu erhalten. Bei reisebürobezogenen Beschwerden sind schnelle und unkomplizierte Problemlösungen herbeizuführen, um den Kunden zufrieden zu stellen und langfristig an das Reisebüro zu binden. Hinzu kommt, dass die strukturierte Erfassung von Beschwerden und Reklamationen als informative Quelle zur Verbesserung der eigenen Leistungen dienen kann.

Die bisher beschriebenen Qualitätskriterien weisen auf eine hohe Komplexität der Dienstleistungsprozesse in der Reisevermittlung im Reisebüro hin, so dass das abschließende Kriterium der **Mitarbeiterqualifikation** eher als Grundlage denn als ein Kriterium unter vielen zu bewerten ist. So ist neben den fachlichen Fähigkeiten vor allem soziale Kompetenz im direkten Kundenkontakt von hoher Bedeutung, um ein positives Qualitätsbild abzugeben.

Die Überprüfung der Servicequalität erfolgt durch neutrale Auditoren des TÜV SÜD in vier Schritten:

- Im Rahmen der **Dokumentenprüfung** wird u.a. verifiziert, inwieweit Servicestandards (z.B. Umgang mit Kundenreklamationen) schriftlich fixiert sind.
- Im **Monitoring vor Ort** werden u.a. Kundenberatungsprozesse beobachtet sowie die Einhaltung der definierten Qualitätsstandards überprüft.
- Die unerkannte Durchführung von **Mystery Analysen** fokussiert auf eine Qualitätsüberprüfung aus Kundensicht.
- Im Rahmen einer ergebnisorientierten **Kundenbefragung** wird die Zufriedenheit der Endverbraucher mit dem Reisebüro eruiert.

Die Ergebnisse der Zertifizierung werden in einem Prüfbericht festgehalten, der mit zusätzlichen Verbesserungshinweisen zur Optimierung des Kundenmanagements versehen wird. Nach erfolgreicher Prüfung erhält das Reisebüro das Prüfzeichen „ServiceQualität" für eine unbefristete Laufzeit. Dabei wird die Einhaltung der Zertifizierungskriterien jährlich überwacht.

3.2.2 Die Erwartungen des Kunden im Mittelpunkt der Leistungserstellung

Sowohl im Rahmen der beschriebenen Zertifizierung von Servicequalität wie auch im Rahmen anderer Qualitätsmaßnahmen sollte immer der Kunde im Mittelpunkt stehen. Ein solches kundenorientiertes Qualitätsbestreben bedeutet, dass ausschließlich der Kunde bestimmt, ob die erbrachte Dienstleistungsqualität gut oder schlecht ist. Diese Qualitätsdefinition ist auch Gegenstand umfangreicher Untersuchungen und Arbeiten auf dem Gebiet der Qualitätsforschung (BENKENSTEIN 1993: 1107 ff.), wobei mittlerweile in Theorie und Praxis weitgehende Übereinstimmung darüber besteht, dass Dienstleistungsqualität als die „Diskrepanz zwischen den Erwartungen und den Wahrnehmungen der Kunden definiert wird" (ZEITHAML/BERRY/PARASURAMAN 1991: 110).

Die zur Beurteilung des eigentlichen Leistungserstellungsprozesses im Reisebüro entscheidende Qualität ist die so genannte Prozessqualität, eine Teilqualität der Dienstleistungsqualität (HELLER 1996: 86ff.). Während für die Beurteilung der Dienstleistungsqualität eines Reisebüros insgesamt sechs Dimensionen entscheidend sind, beurteilt der Reisebüro-Kunde die Prozessqualität, d.h. den Prozess der Dienstleistungserstellung, mittels folgender zwei Dimensionen (LEBLANC 1992: 14):

- die Reaktionsfähigkeit, die die empfundene Bereitschaft des Dienstleisters widergibt, Kunden zu helfen und sie prompt zu bedienen und

- das Einfühlungsvermögen, das die fürsorgliche Aufmerksamkeit des Mitarbeiters gegenüber dem Kunden beinhaltet.

Die Reaktionsfähigkeit beinhaltet Kriterien, wie die zügige Lieferung der Reisedokumente oder die notwendige Zeit, um Telefonrückrufe durchzuführen. Sie reflektiert die Fähigkeit des Reisebüros, prompten Service zu liefern, d.h. die Gewilltheit und Schnelligkeit, mit der dem Kunden bei der Lösung eines Problems geholfen wird, sowie die Follow-up-Kontakte im Anschluss an die Reise oder den Urlaub.

Das Einfühlungsvermögen spiegelt vor allem die spezielle Aufmerksamkeit bzw. die Freundlichkeit der Expedienten wider sowie die Begrüßung und Kontaktaufnahme durch die Mitarbeiter. Des Weiteren beschreibt sie die Einfachheit der prompten Inanspruchnahme des Serviceangebotes, ohne lange in Warteschlangen stehen zu müssen, und den Kontakt unter gleichzeitig präsenten Kunden in einem Reisebüro.

Dominierendes Prozesselement im Rahmen fast aller kundenbezogenen Geschäftsprozesse ist das Beratungs- und Verkaufsgespräch. Im Folgenden wird daher dargestellt, welche Aspekte für die Gestaltung des Beratungsgesprächs im touristischen Reisebüro entscheidend sind.

3.2.3 Dienstleistungsqualität im Beratungs- und Verkaufsgespräch

Beratungs- und Verkaufsgespräche sind durch den Expedienten bewusst zu steuern; das gilt für die Aufnahme einfacher Buchungswünsche wie auch für die Beratung und den Abschluss einer umfangreichen Pauschalreise. Nur so kann sichergestellt werden, dass die Prozessqualität durch den Expedienten aktiv beeinflußt und kontinuierlich optimiert wird.

Für den klassischen Dienstleistungsprozess im Rahmen einer Pauschalreisebuchung stehen fünf Prozesselemente im Vordergrund:

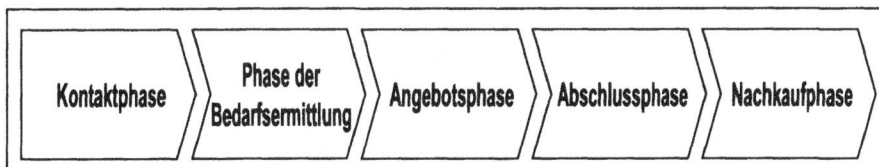

| Kontaktphase | Phase der Bedarfsermittlung | Angebotsphase | Abschlussphase | Nachkaufphase |

Abb. B.3-1 Prozesselemente im Dienstleistungsprozess

(1) Kontaktphase

Während der Kontaktphase werden die Weichen für die Beurteilung des gesamten Beratungsgesprächs gestellt. Der optimalen Gestaltung der ersten 60 Sekunden des Kundenkontaktes im Reisebüro kommt daher größte Bedeutung zu.

Dem Kunden ist zunächst eine möglichst einfache und positive Kontaktaufnahme mit dem Reisebüro zu ermöglichen, um die Kontaktphase kundenorientiert und erfolgreich zu eröffnen. Im Weiteren sind die Begrüßung des Kunden ebenso wie die signalisierte Dienstbereitschaft und das Engagement für den Kunden die entscheidenden Elemente der Kontaktphase. Selbst wenn die persönliche Ansprache aufgrund von Kundengesprächen o.ä. nicht sofort möglich ist, ist dem Kunden durch Blickkontakt bzw. Körpersprache Zuwendung zu signalisieren. Dem Kunden ist so das Gefühl zu geben, dass man ihn registriert hat und sich seiner sobald wie möglich annehmen wird.

Während der Kontaktphase ist dem Kunden zudem der Nutzen einer Beratung aufzuzeigen und zu betonen, dass er nach dem Beratungsgespräch völlig frei in seiner Entscheidung ist. Dies ist wichtig, um dem unsicheren Kunden eine eventuelle Angst vor Übervorteilung während des Beratungsgesprächs zu nehmen.

(2) Phase der Bedarfsermittlung

In der Praxis zeigt sich, dass die Abwicklung einer Buchung mit Hilfe immer besserer Informationstechnologie zunehmend reibungsloser und schneller möglich ist. In krassem Gegensatz hierzu steht allerdings der immer größer werdende Beratungsaufwand, sei es, weil Kunden sich immer häufiger bei unterschiedlichen Reisebüros und im Internet informieren, weil das Angebot immer vielfältiger und komplexer wird oder weil die Suche des Kunden und des Expedienten nach dem günstigsten Preis teilweise in keiner Relation mehr zu dem erzielten Ertrag der Buchung steht.

Um diese prozessverlängernden Einflüsse soweit in den Griff zu bekommen, dass das gesamte Beratungsgespräch nicht ausufert, ist die richtige Bedarfsermittlung von großer Bedeutung. Größere Reisebüroketten und Franchisegeber entwickeln mittlerweile Verkaufsstandards, bei denen anhand von Beratungsbögen eine standardisierte und detaillierte Bedarfsermittlung mit dem Kunden durchgeführt wird. Diese Standards helfen ein mehrfaches und zeitaufwendiges Springen zurück in die Bedarfsermittlung zu vermeiden. Auch die Frage nach dem Reisebudget wird immer wichtiger. Hierdurch lassen sich langwierige Fehlberatungen vermeiden und das Wissen über den Kundenwunsch erweitern.

(3) Angebotsphase

Während sich der Expedient mit der umfassenden Bedarfsanalyse ein vollständiges Bild von den Reisewünschen des Kunden und deren Wichtigkeit machen sollte, kommt es in der Angebotsphase darauf an, das Angebot auf die Bedürfnisse des Kunden abzustimmen und Leistungen sowie Nutzen des Angebotes diesem entsprechend der Wichtigkeit seiner Reisewünsche vorzustellen.

Die Angebotsphase stellt die eigentliche Aufgabenerfüllung im Beratungsgespräch dar. Zur Suche, Vakanzprüfung und Präsentation von Angeboten ist die

Nutzung eines Beratungstools wie z.B. Bistroportal zu empfehlen. Der Mehrwert eines solchen Systems liegt dabei insbesondere in der aggregierten Erfassung von Leistungen und Angeboten, die den zuvor definierten Wunschkriterien des Kunden entsprechen. Dabei besteht zudem die Möglichkeit die Selektionskriterien dem Kundenwunsch entsprechend zu verändern bzw. die Ergebnisliste auf Basis unterschiedlich priorisierter Kriterien zu sortieren.

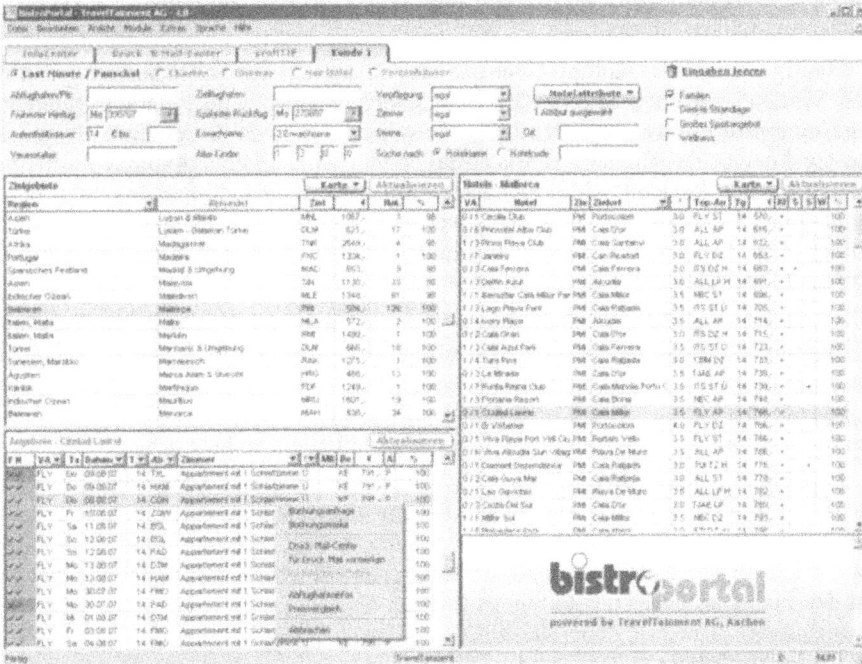

Abb. B.3-2   Angebotsliste Bistroportal

Um die Zufriedenheit mit dem präsentierten Angebot kontinuierlich zu sichern, ist ein schrittweises Vorgehen bei der Angebotspräsentation zu bevorzugen. Dabei ist das passende Produkt zunächst nur ganz pauschal vorzustellen und auf die ein bis zwei wichtigsten Reisewünsche abzustellen. Findet dieses Angebot Zustimmung beim Kunden, so sind die weiteren Vorteile des Angebotes in der Reihenfolge der Wichtigkeit der Kundenwünsche darzustellen. Dabei ist jedoch ausschließlich auf die Wünsche und Gefühle einzugehen, die bei der Bedarfsermittlung erkennbar wurden. Auch ist ein „Information-overload" beim Kunden zu vermeiden, der eintritt, wenn dieser mit zu vielen Fakten und Informationen auf einmal konfrontiert wird. Es ist ratsam, die weiteren Teile des Angebotes „scheibchenweise" zu präsentieren und zu jedem Teilangebot die Zustimmung des Kunden einzuholen.

(4) Abschlussphase

Die Buchung einer Reise etc. kann entweder direkt im Anschluss an die Beratung oder erst bei einem späteren Besuch des Kunden im Reisebüro erfolgen. Dabei kommt es vor allem darauf an,

- die Preisfrage kundenorientiert und korrekt zu lösen,
- den formalen Teil der Buchungsphase kundengerecht zu gestalten,
- den Kunden über den weiteren reisetechnischen Ablauf aufzuklären und
- die Verabschiedung des Kunden optimal zu gestalten.

Ergebnisse von Testkaufstudien und zahlreiche Beobachtungen aus der Beratungspraxis zeigen, dass viele Beratungsgespräche im Reisebüro nicht zum erfolgreichen Abschluss führen.

Häufig wird die Bedeutung einer qualitativ anspruchsvollen Bedarfsanalyse für den Verkaufsabschluss unterschätzt. In Untersuchungen wurde herausgefunden, dass eine positive Kaufreaktion daraus resultiert, „dass 50% des Zeitaufwandes auf die Analyse des Kundenbedarfs entfallen und 35% auf eine optimale Problemlösung für den Kunden" (MEYER 1991: 397). Dies bedeutet, dass bei einer sehr guten Bedarfsanalyse und einer hochwertigen Problemlösungsrelevanz des Produktes dem Kunden die Kaufentscheidung leichter fällt und der Buchungsabschluss für das Reisebüro gesichert wird.

Ein weiterer wichtiger Faktor ist die korrekte und zuverlässige sowie kundenfreundliche Bearbeitung der Reiseformalitäten (ALTSCHUL 1991: 28f.). Trotzdem oder gerade weil der Expedient den Abschluss praktisch bereits getätigt hat, ist es von großer Bedeutung, den Kunden auch während der Abwicklung der Formalitäten im Mittelpunkt der Aufmerksamkeit des Mitarbeiters zu behalten.

Die abschließende Klärung reisetechnischer Fragen sowie zusätzliche Hinweise und Empfehlungen zum Zielgebiet oder die Überreichung eines kleinen Reisegeschenks wirken servicesteigernd und kundenbindend. Bei der Verabschiedung ist der Kunde zu seiner Entscheidung zu beglückwünschen und Hilfe anzubieten, für den Fall, dass etwas nicht klappen sollte.

(5) Nachkaufphase

Die Nachkaufphase soll sowohl dem kundenorientierten Abschluss der Dienstleistung Reisevermittlung als auch der Einleitung einer erneuten Runde im Dienstleistungsprozess zwischen Kunde und Reisebüro dienen.

Die wichtigsten Elemente der Nachkaufphase sind jene, die mit der Kerndienstleistung, d.h. der Beratung und Buchung, direkt in Verbindung stehen. Hierzu gehören insbesondere die Zusendung bzw. Überreichung der Reiseunterlagen, nach Möglichkeit mit einer kurzen persönlichen Mitteilung oder Information des Expedienten. Die persönliche oder telefonische Nachfrage beim Kunden, ob alle Unterlagen in Ordnung und noch offene Fragen zu beantworten sind, erweckt den Eindruck eines gewissenhaften Umgangs mit den Kundenbelangen.

Wurde nach einer ausgiebigen Beratung keine Buchung getätigt, kann nach vorheriger Vereinbarung ein telefonisches „Nachfassen" in Erwägung gezogen werden. Ähnlich gilt es sich zu verhalten, wenn der Expedient nach Beendigung der Urlaubsreise den Kunden anruft, um ihn nach seinen Urlaubserlebnissen und – eindrücken zu befragen.

Eine vergleichbare Funktion stellen Willkommenskarten und -briefe mit Fragebögen dar, die dem Kunden nach dem Urlaub zugesandt werden. Zusätzlich zur

Erfüllung der Kundenbindungsfunktion können sich Reisebüros dieses Instrument zunutze machen, um einen Eindruck über die tatsächliche Qualität der in ihrem Produktsortiment vorhandenen Reiseveranstalter, Hotels etc. zu erhalten.

3.3   Ertragssicherung in der Leistungserstellung

Die Reisebranche befindet sich hinsichtlich der Vergütung von Reisevermittlungstätigkeiten in einer Umbruchphase. Während im touristisch dominierten Veranstalterverkauf das Reisebüro seine Einnahmen nach wie vor primär über Provisionszahlungen erzielt, dominiert im Vermittlungsgeschäft von Flugleistungen die Erhebung so genannter Serviceentgelte. Diese werden durch den Kunden in Abhängigkeit des gewählten Buchungsweges (telefonisch, fax, online) entrichtet.

3.3.1   Ertragsvariante: Provisionszahlung durch den Leistungsträger/ Reiseveranstalter

Die Positionierung des Reisebüros als Handelsvertreter bewirkt einen grundsätzlichen Anspruch auf Vergütung durch den Handelsherrn (Reiseveranstalter, Leistungsträger etc.), der allerdings auch im touristischen Vertrieb durch schrittweises Absenken von Provisionen nach und nach ausgehöhlt wird. In der deutschen Reisebürobranche beträgt die durch Reiseveranstalter vergütete Provisionshöhe mittlerweile zwischen 7 und 15 Prozent. Um zu veranschaulichen, welche Leistungen der touristische Reisevertrieb neben der reinen Buchung für diese Provision erbringt, wurde im Jahr 2005 eine Studie zur Ermittlung der Nutzwerte des Reisebüros durchgeführt (Dr. Fried & Partner 2005).

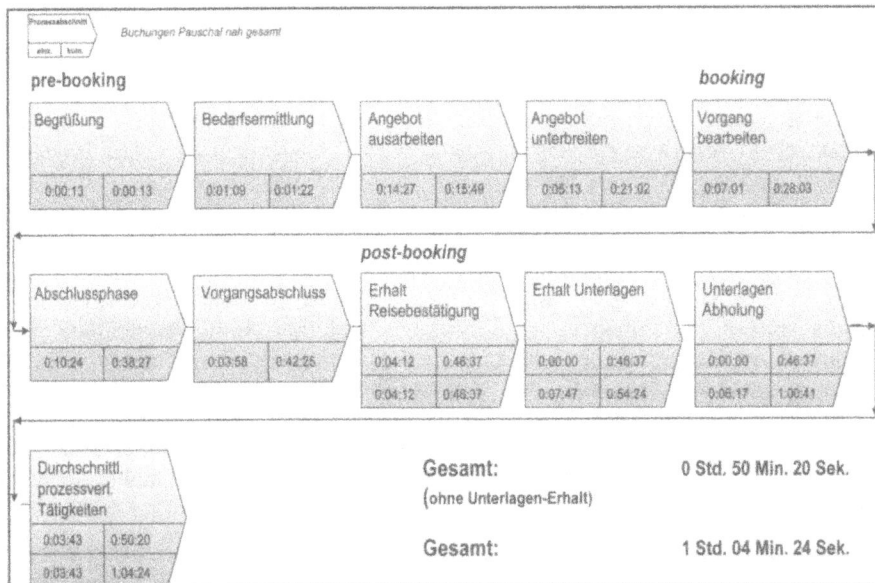

Abb. B.3-3   Gesamtprozess einer Pauschalreisebuchung

Im Rahmen dieser Nutzwertanalyse wurde die gesamte Prozesskette des touristischen Reiseverkaufs analysiert und bewertet. Den Ablauf einer Pauschalreisebuchung stellt beispielhaft Schaubild B.3-3 dar.

Neben dem Buchungsprozess wurden im Rahmen der Analysen (Dr. Fried & Partner 2005) u.a. die folgenden Kernprozesse im Reisebüro auf ihre Nutzwerte hin betrachtet:

- Auskunft
- Katalogausgabe
- Beratung
- Umbuchung und Stornierung
- Reklamation

Ein erkennbarer Nutzwert im Rahmen des **Auskunftsprozesses** ist die individuelle Informationsbereitstellung durch das Reisebüro, die sich insbesondere in einem hohen Anteil von veranstalterinduzierten Auskünften ausdrückt. So sind etwa ein Fünftel aller touristischen Buchungen von Flugzeitenänderungen, Baustelleninformationen, Hotel- und Preisänderungen etc. betroffen, die den Gesamtprozess um bis zu 25% verlängern können. Das Reisebüro erbringt hierbei Informationsleistungen, die der Veranstalter bzw. Leistungsträger nur sehr eingeschränkt oder mit hohem Ressourcenaufwand leisten könnte.

Die **Ausgabe von Reisekatalogen** an Kunden durch das Reisebüro nimmt durchschnittlich 4 Minuten und 20 Sekunden in Anspruch. Neben dieser rein aufwandsorientierten Betrachtung ist insbesondere entscheidend, dass die Bedeutung des Katalogs für die Kaufentscheidung des Kunden trotz Internet weiterhin hohe Priorität besitzt. Dies zeigt sich u.a. darin, dass der ausgegebene Reisekatalog in gut 50% aller Verkaufsgesprächen als Impulsgeber für die Auswahl und Buchung der Reiseleistungen dient, wobei etwa ein Drittel der touristischen Buchungen direkt aus dem jeweiligen Veranstalterkatalog getätigt wird. Darüber hinaus erbringt das Reisebüro aufwandsrelevante Tätigkeiten wie das Bestellen, Auffüllen und Sortieren von Katalog- und Prospektmaterial.

Die **Beratung** durch die Reisemittler bietet auch ohne direkten Buchungsabschluss einen Mehrwert für den Veranstalter bzw. Leistungsträger. Die Prozessanalysen in den Reisebüros haben gezeigt, dass der Expedient durch qualifizierte Beratung den Kunden gewinnen und auf den bevorzugten Sortimentspartner lenken kann. Er fungiert hierbei als Informationsfilter und kanalisiert die beim Endkunden vorhandene Informationsfülle in Richtung des präferierten Veranstalters. Weiterhin relativiert er eventuell beim Endkunden vorhandene negative Einstellungen gegenüber Produkten und Leistungen und trägt somit letztendlich entscheidend zur Steigerung der Kundenzufriedenheit bei. Das Verhältnis von Beratungs- zu Buchungsprozessen, das sich im Verhältnis 3:1 bewegt, verdeutlicht diesen Mehrwert des stationären Reisevertriebs. Problematisch erscheint hierbei, dass das Reisebüro umfassende Beratungsleistungen für touristische Produkte leistet, die dann vom Kunden teilweise in alternativen Vertriebskanälen gebucht werden.

Die relativ lange und kostenintensive Prozessdauer für **Umbuchungen und Stornierungen** stellen im Reisebüro einen Aufwand dar, der durch Storno- bzw. Umbuchungsgebühren nur teilweise gedeckt wird. Dabei zeigen die Analysen,

dass etwa 11% aller Buchungen und Vorgänge direkt oder indirekt von produkt-
bzw. leistungsträgerbezogenen Beschwerden bis hin zu **Reklamationen** seitens
der Kunden betroffen sind. In diesen Fällen fungiert das Reisebüro als „Puffer"
zwischen Veranstalter bzw. Leistungsträger und Kunde. Hierbei stellen konkrete
Problemlösungen bzw. das Abfedern von Reklamationen mit zwei Dritteln den
überwiegenden Anteil der Aktivitäten dar. Darüber hinaus kanalisiert der Vertrieb
in einem Drittel der Fälle Reklamationen und Beschwerden und trägt somit zu
einer Aufwandsreduzierung auf Veranstalter- sowie Leistungsträgerseite bei. Der
Nutzwert, den der Vertrieb für den Veranstalter bzw. Leistungsträger bringt, besteht in überwiegendem Maße in seiner Funktion als Katalysator für eine schnelle
und zielorientierte Problemlösung. Darüber hinaus tragen soziale Kompetenz sowie die persönliche Nähe des Vertriebs zum Kunden vielfach bereits im Vorfeld
zur Abwendung schriftlicher Beschwerden an den Veranstalter bzw. Leistungsträger bei.

Die beschriebenen Aspekte zeigen auf, welche umfassenden Beratungs- und
Serviceleistungen durch den stationären Vertriebs erbracht werden und wie weit
sich diese über sämtliche Stufen des touristischen Reisevertriebs erstrecken. Als
Schlussfolgerung ist aus diesen Ergebnissen abzuleiten, dass sich das Reisebüro
noch stärker als bisher über die erbrachten Mehrwerte positionieren bzw. den Nutzen deutlich und transparent darstellen muss.

3.3.2   Ertragsvariante: Serviceentgeltzahlung durch den Kunden

Während die zuvor beschriebenen Nutzwerte touristischer Reisvertriebsleistungen
Argumente für eine auskömmliche Vergütung durch Reiseveranstalter und Leistungsträger darstellen, hat das Reisebüro seine Mehrwerte im Bereich des Flug-
verkaufs dem Flugbuchenden zu vermitteln. Dabei erweisen sich sowohl produk-
tivitätsrelevante Aspekte (Höhe der Serviceentgelte, Buchungsprozessdauer etc.),
wie auch der Umfang des Services (Anzahl der Umbuchungen, Beratungsumfang,
Suche nach alternativen Flugangeboten etc.) als relevante Faktoren zur Ermittlung
der Serviceentgelthöhe. Beide bilden insbesondere im Business Travel Umfeld die
Grundlage für jene zwei Entgeltmodelle, die sich in Deutschland weitestgehend
durchgesetzt haben.

Beim **Transaction Fee Modell** wird jede Transaktion des Reisebüros, die zum
Erzielen einer Buchung nötig ist, zu einem vereinbarten Betrag vergütet, bei der
die Entgelthöhe je nach Destination, Buchungskanal oder Umsatz differenzieren
kann. Dieses Modell wird sowohl im Leisure als auch im Business Travel Bereich
angewendet. Aufgrund der Flexibilität und der Transparenz des Modells kann das
Modell kundenindividuell so ausgestaltet werden, dass die tatsächlich anfallenden
Prozesskosten auf den einzelnen Reisebüroprozess heruntergebrochen werden
können.

Als zweites Modell hat sich insbesondere im Business Travel die **Management Fee** etabliert, bei der das Reisebüro mit einem Pauschalbetrag auf Jahresba-
sis durch den Kunden vergütet wird. Die Kalkulation dieses Betrages erfolgt mittels Hochrechnung des zu erwartenden Gesamtaufwands auf Reisebüroseite in
Relation zum getätigten Buchungsvolumen.

Vergleichbar der Entwicklung in den Reisemärkten USA und Skandinavien, die als Vorreiter bei der Berechnung von Serviceentgelten gelten, ist auch in Deutschland davon auszugehen, dass mittelfristig eine positive Entwicklung der Ertragslage der Reisebüros zu erwarten ist. So generierte laut einer Studie von Hermes Consulting aus dem Jahr 2006 der skandinavische Markt 2005, verglichen mit dem Rest Europas, die höchsten Nettogewinne mit einem durchschnittlichen Ertrag von 10,7% pro Buchung. Haupttreiber dieser Ertragshöhe ist nach Einschätzung der Autoren die flächendeckende Einführung von Serviceentgelten in Skandinavien, die mittlerweile für 73% des Gesamtertrags stehen.

Ein entscheidender Aspekt für die Akzeptanz von Serviceentgelten durch den Kunden sowie für die wirtschaftliche Abbildung von Serviceentgelten, ist deren Integration in den Verkaufs- bzw. Buchungsprozess. Generell existieren unterschiedliche Möglichkeiten, Serviceentgelte zu berechnen und im Buchungsprozess abzubilden (Dr. Fried & Partner 2007):

- Integration der Serviceentgeltberechnung im CRS:
  Mittels hinterlegter Serviceentgelttabellen werden die Preise bzw. Tarife der einzelnen Leistungen im CRS kalkuliert und auf den Beförderungspreis addiert. Ausgewiesen wird der Bruttopreis, der auch das Serviceentgelt beinhaltet. Diese Systematik kommt vor allem bei CRS-Buchungen touristischer Flugleistungen zum Einsatz.

- Webbasierte Drittsysteme:
  Bei webbasierten Buchungssystemen, die Flugvakanzen verschiedener Quellen zusammenführen, können Bruttopreise mit inkludiertem Serviceentgelt ausgewiesen werden. Hinterlegte Serviceentgelttabellen ermöglichen hierbei die kundenindividuelle Kalkulation von Serviceentgelthöhen.

- GDS Tools zur Ermittlung von Serviceentgelten:
  Diese setzen auf das GDS auf und führen die Serviceentgeltberechnung während der Buchung durch. Die Ausweisung der Serviceentgelte erfolgt separat auf Basis hinterlegter Serviceentgelttabellen. Diese Form der Serviceentgeltberechnung und -ausweisung findet insbesondere im Linienflugbereich Anwendung.

- Nachgelagerte Berechnung im Mid- und Backoffice-System:
  Die Berechnung der Serviceentgelte erfolgt nach Buchungsabschluss in einem weiterführenden Mid- bzw. Backoffice-System. Hier ist zwischen manueller und automatischer Zusteuerung zu differenzieren.

Die automatisierte und kundenindividuelle Berechnung von Serviceentgelten wird weiter an Bedeutung zunehmen. Dies erfordert eine weiter zunehmende Integration der Serviceentgeltberechnung in die Beratungs- und Buchungssysteme des Reisevertriebs. Nur so wird es möglich sein, Entgeltmodelle systemtechnisch abzubilden und zu nutzen, die sowohl für den Massenmarkt (z.B. Leisure Kunden ohne gesonderte Servicewünsche) als auch für die kundenindividuelle Serviceentgeltgestaltung (z.B. im Business Travel Bereich) geeignet sind.

Zu berücksichtigen ist neben der technischen Integration sowie der Ausprägung möglicher Entgeltmodelle die Absicherung der wirtschaftlichen Existenz über Serviceentgelte. Dabei ist zu empfehlen, dass der Wettbewerb innerhalb des Vertriebskanals Reisebüro sowie zwischen den unterschiedlichen Vertriebskanälen nicht ausschließlich über die Höhe der Serviceentgelte ausgetragen wird, sondern der Fokus stärker auf Inhalt und Qualität der Vertriebsleistung liegt.

4 Marketingforschung

Prof. Dr. Claus-Dieter Barg, Fachhochschule Heilbronn

4.1 Der Hintergrund

Das Thema Markt- und Marketingforschung war in der Vergangenheit für die Mehrheit der Reisebüros nur von geringer Bedeutung. Ein über Jahrzehnte dynamisch wachsender Reisemarkt und sich überwiegend „fürsorglich" gebende Handelsherren ließen die Reisemittler problemfrei mitwachsen und gedeihen, ohne dass systematische und aktuelle Analysen der das Reisebüro umgebenden Marktbereiche den Unternehmens- und Marketingentscheidungen vorausgehen mussten. Die Reisebüros überblickten „ihren Markt" und hatten diesen voll im Griff.

Doch das Terrain ist schwieriger geworden.

Das Reisemittlergewerbe sieht sich rasanten **Änderungsprozessen** ausgesetzt, die existenzielle Bedeutung für das einzelne Reisebüro haben können. Nicht dass sich das allgemeine Marktumfeld der Reisemittler ändert ist dabei das Besondere, denn Veränderung und Entwicklung hat es immer gegeben, sondern das **Ausmaß** und die **Schnelligkeit** mit der sich diese Prozesse vollziehen.

Das Reisebüromanagement sieht sich in nahezu allen Umfeldbereichen mit neuen Herausforderungen konfrontiert:

- eine gewaltige Konzentrationsdynamik mit Filialisierung sowie die vielfältigen Franchise- und sonstigen Kooperationssysteme schaffen innerhalb des Reisemittlermarktes vollkommen neue Wettbewerbsbedingungen,
- Internet, Call-Center, Teleshopping, Ticketautomaten und weitere Direktvertriebsvarianten bedrohen von anderer Seite die Existenzgrundlage eines jeden einzelnen Reisebüros. Der Verkauf der Beförderungsleistungen der sog. Low-Cost-Carrier geht inzwischen nahezu komplett am Reisebüro vorbei,
- Globalisierung und Konzentration schaffen neue Kräfteverhältnisse in den „Zulieferbereichen" (Reiseveranstalter, Airlines, usw.) mit unmittelbaren Folgen für Sortiment und Ertrag,
- Änderungen im Verbraucherverhalten, immer „undurchsichtiger" und unberechenbarer werdende Kunden erfordern profunde und aktuelle Kenntnisse über die sich mehr und mehr atomisierenden Nachfragemärkte,
- selbstbewußte und reiseerfahrene „Otto-Normalverbraucher" fordern einerseits ertragsschmälernde Kickbacks, Provisionssplitting oder sonstige Vergünstigungen und erwarten andererseits immer bessere Beratungs- und Serviceleistungen,
- im Firmendienstgeschäft drängen die Kunden auf neue, für sie günstigere Abrechnungssysteme,

- Preis- und – in einigen Geschäftsfeldern – Provisionsverfall bis hin zum kompletten Wegfall der Provisionsleistungen – wie weitgehend im Geschäft mit Flugreisemarkt – beeinflussen die Umsatzrendite des Reisebüros negativ.

All dies hat Auswirkungen auf die Markt- und Wettbewerbsfähigkeit eines jeden Reisebüros.

Nur jene Unternehmen, die die mit den z.T. rasanten Veränderungen einhergehenden Anforderungen rechtzeitig und ihrer Relevanz entsprechend erkennen, haben Chancen auf eine erfolgreiche Zukunft.

Damit kommt der Markt- und Marketingforschung für das Reisebüromanagement eine neue, gewichtigere Rolle zu.

4.2   Markt- und Marketingforschung

Aktuelle und für das jeweilige Unternehmen relevante Informationen sind – als zweckbezogenes Wissen – für eine wirtschaftliche und marktgerichtete Steuerung des Unternehmens unerlässlich. Sie bilden die Grundlage für die Steuerung des gesamten Unternehmensgeschehens. Die Güte der permanent zu treffenden Entscheidungen eines Unternehmens hängt wesentlich von der Qualität und dem Umfang der zur Verfügung stehenden Informationen ab (BEREKOVEN/ECKERT/ELLEN-RIEDER 1996: 19).

Die allgemeine Marktdynamik sowie die angesprochenen Änderungsprozesse erfordern ein immer schnelleres, individuelleres und eigenverantwortlicheres Agieren des einzelnen Reisebüros. Und dazu sind relevante, aktuelle und möglichst umfassende Informationen unerlässlich. Denn:

> **Nur wer zum rechten Zeitpunkt die richtigen Informationen besitzt und sie schnell, problemadäquat und entscheidungsorientiert nutzt, kann den Marktanforderungen gerecht werden und sich einen – u.U. nicht unerheblichen – Marktvorteil verschaffen.**

Ohne die notwendigen Informationen sind die Unternehmen ebenso wenig schlagkräftig wie ohne ausreichende finanzielle Ressourcen oder – speziell in Dienstleistungsunternehmen – ohne hervorragendes „human capital" (vgl. WYSS 1991: 49).

Um den aufgezeigten Anforderungen gerecht zu werden, wurden formale Instrumente der Informationsbereitstellung entwickelt. Sie dienen als Entscheidungshilfe für Unternehmen. Zusammenfassen lässt sich dieses Instrumentarium unter dem Begriff der **Markt- oder Marketingforschung.**

Die betriebswirtschaftliche Markt- bzw. Marketingforschung ist somit die **Informations-Versorgungsstelle** des Unternehmens. Sie ist nie Selbstzweck, sondern orientiert sich stets an betrieblichen Problem- oder Fragestellungen.

In der Literatur werden die beiden Begriffe „Marktforschung" und „Marketingforschung" häufig synonym verwendet, obwohl sie vom sprachlichen Ansatz zum

Teil unterschiedliche Inhalte nahelegen[1]. Während die **Marktforschung** sich mit der Gewinnung, Analyse, Interpretation und Verwertung aller das Unternehmen umgebenden Märkte -also Finanzmärkte, Personalmärkte, Rohstoffmärkte, Nachfrage- bzw. Absatzmärkte sowie dem Wettbewerbsmarkt beschäftigt, orientiert sich die **Marketingforschung** an allen Informationssegmenten, die für Marketingentscheidungen des Unternehmens relevant erscheinen. Neben vor allem den Absatzmärkten kommen also auch innerbetriebliche Sachverhalte hinzu (wie z.B. Kapazitäten; Distributions-, Kommunikations- und Preisoptimierung; Sortiments- bzw. Programmoptimierung; Aspekte der marketingrelevanten Unternehmensorganisation). Speziell Informationen von den Beschaffungsmärkten (u.a. Transportmöglichkeiten und -kapazitäten, Übernachtungs- und Verpflegungsangebote, zusätzliche urlaubs- und freizeitrelevante Leistungsbausteine) können für immer mehr Reisebüros eine gewichtige Bedeutung spielen, wenn durch eigenveranstaltete Reisen und Events das Angebotsportfolio des Reisemittlers abgerundet wird.

Für moderne Unternehmensentscheidungen ist die Eingrenzung auf die Marktgegebenheiten vielfach zu eng, da erst die Abstimmung von internen Gegebenheiten (Potentialen) auf die marktlichen Anforderungen die Voraussetzung für optimale Unternehmensentscheidungen darstellt. Deshalb soll auch hier der umfassendere Begriff „Marketingforschung" Anwendung finden, indem nicht nur Marktgrößen, sondern auch alle intern zu gewinnenden Informationen einbezogen werden, „die für eine systematisch marktorientierte Unternehmensführung bedeutsam sind" (KÖHLER 1982: VIII).

Damit soll **Marketingforschung** definiert werden als

eine kostenverursachende Tätigkeit der systematischen Gewinnung, Analyse, Interpretation und Verwertung/Nutzung von Informationen über objektiv und subjektiv bedingte Markt- und Unternehmenstatbestände und -phänomene, die zur Erkennung und Lösung von Marketingproblemen dienen. (GREEN/TULL 1982: 4; KAMENZ 1997: 2 f.)

Die Marketingforschung tritt in den Unternehmen auf als

• **Markt- und Unternehmensanalyse**

Sinnvollerweise sollte in Unternehmen, die bis dato noch keine systematische und kontinuierliche Marketingforschungsarbeit betrieben haben, stets mit einer Markt- und Unternehmensanalyse begonnen werden (ROGGE 1981: 44 f.). Als eine zeitpunktbezogene Betrachtung, quasi als Momentaufnahme des gegenwärtigen Istzustands, verschafft sie eine gute Übersicht beispielsweise wo das eigene Unternehmen zur Zeit steht (=> sog. Stärken-/Schwächen-Analyse); was die das Unternehmen umgebenden Märkte (Nachfrage, Wettbewerb, „Zulieferer") charakterisiert (=> Umweltanalyse mit Chancen und Risiken für das eigene Unternehmen); welche politischen, steuerpolitischen oder gesellschaftlichen Rahmenbedingungen vorliegen usw. Aus diesen Erkenntnissen lassen sich dann leicht weitere konkrete Informationsbedürfnisse ableiten. Typische Fragestellungen eines Reisebüros können z.B. sein: „Wie sieht die Struktur meiner bisherigen Kunden

---

[1] Zur Abgrenzungsproblematik vgl. u.a.: MEFFERT 1992: 16; ROGGE 1981: 17 ff.; SEITZ/ MEYER 1995: 11 ff.

im relevanten Einzugsgebiet aus?", „Wie zufrieden sind meine Kunden mit meinem Leistungsangebot?", „Welches Image hat mein Reisebüro im relevanten Einzugsbereich?" oder „Wo liegen meine Stärken / Schwächen im Vergleich zu meinen unmittelbaren Wettbewerbern?"

Die Markt- und Unternehmensanalyse ist die unabdingbare Grundlage für das Entwickeln einer Marketingkonzeption, denn sie hat die Aufgabe, alle für die spezifische Situation des Unternehmens kennzeichnenden und im Rahmen der Marketing-Orientierung wichtigen Informationen zu erheben und auszuwerten.

- **Markt- und Unternehmensbeobachtung**

Mit Hilfe dieses Ansatzes sollen Veränderungen im Zeitablauf festgehalten sowie Gründe und Ursachen für Veränderungen ermittelt werden (ROGGE 1981: 46 f.). Im Rahmen einer solchen zeitraumbezogenen Betrachtung lassen sich beispielsweise u.a. Umsatzverlagerungen, Buchungszeitenverschiebungen, Veränderungen des Images eines Reisebüros, Veränderungen in den Reisepräferenzen von Kunden festhalten und analysieren, so dass daraus etwaige Marketingmaßnahmen abgeleitet werden können. Veränderungen lassen sich nur erheben, wenn der inhaltlich gleiche Informationsbedarf mehrfach im Zeitablauf erhoben und die Daten dann miteinander verglichen werden.

- **Spezielle Ergebnisforschung**

Sie dient dazu, unmittelbare Auswirkungen von Marketingmaßnahmen zu erfassen. So fallen beispielsweise in diesen Forschungsbereich Fragestellungen wie „Welche Auswirkungen hat ein Tag der Offenen Tür auf die Gewinnung von Neukunden?", „Welche unmittelbare Resonanz findet eine bestimmte Tageszeitungswerbung für ein spezielles Reiseangebot?", „Welches Ergebnis erbringt eine Direktmail-Aktion bei meinen Stammkunden/bisherigen Erstkunden?" oder „Welche Auswirkungen ergeben sich aus einer Veränderung der Öffnungszeiten?"
Die spezielle Ergebnisforschung setzt also i.d.R. eine (Marketing-)Aktion des Reisebüros sowie ein bestimmtes angestrebtes Wirkungsziel voraus. Es soll – meist in quantitativen Größen erfasst- ermittelt werden, welche Reaktionen / Wirkungen sich beispielsweise bei den Nachfragern oder auch bei den Wettbewerbern zeigen.

Insgesamt ist die Marketingforschung damit gerichtet auf

> - **das Identifizieren von Problemen**
>   (z.B.: Prozesskostenanalysen; Analyse der Wettbewerbsaktivitäten; Kundenfrequenzanalysen),
>
> - **das Lösen von Problemen**
>   (z.B.: Welche angebots-, kommunikations- oder verkaufspolitischen Maßnahmen führen zu welchen Ergebnissen?).

Eine systematische und kontinuierliche Marketingforschung ist heute für Unternehmen in den meisten Märkten eine der **Grundlagen erfolgreicher Marktteilnahme**. Denn mit ihrer Hilfe lassen sich vor allem folgende Bausteine für das Management eines Unternehmens erarbeiten:

- **Schaffen eines Grundwissens über Märkte/Teilmärkte** (u.a. Größe, Strukturen, Besonderheiten von z.B. Nachfragesegmenten, Wettbewerbern, Leistungsträgern und Reiseveranstaltermärkten),

- **Beseitigen bzw. Reduzieren von Unsicherheiten** über

  - **tatsächliche Zustände** (z.B. Provisionsregelungen der Leistungsträger und Reiseveranstalter; Buchungs- und Entscheidungsverhalten von Privat- und Firmenkunden; Kundenzufriedenheit),

  - **zukünftige Ereignisse** (z.B. mögliche Auswirkungen von neuen Gesetzen/Vorschriften / Steuern usw. auf Umsatz und Ertrag oder auf das Nachfrageverhalten).

- **Abschätzen der Folgen von Handlungsalternativen** (z.B. Eigenveranstaltungen des Reisebüros; Einführen/Streichen spezieller Serviceleistungen; Aufnahme oder Herausnahme bestimmter Reiseveranstalter in bzw. aus dem Sortiment),

- **Überprüfen der Zielerreichung von Marketingmaßnahmen** (z.B. Werbe- oder Verkaufsförderungsmaßnahmen; Kundenbindungsprogramme),

- **Aufbau von Dokumentationen und Archiven** (z.B. Kunden- bzw. Stammkundendatei),

- **Verbessern des innerbetrieblichen Informationsflusses.**

Die Kunst der Marketingforschung besteht dabei aber nicht darin, möglichst viele Informationen zu ermitteln und bereitzustellen, sondern ist darauf gerichtet, die für das Unternehmen bzw. die unternehmerische Fragestellung **richtigen und wichtigen Informationen** aus der ungeheueren Fülle an Informationen herauszufiltern.

In der Praxis sind zur Zeit noch viele, vor allem kleine und mittlere touristische Unternehmen (wie Reisebüros, Busreiseveranstalter, Spezialreiseveranstalter) weit von einer systematischen Marketingforschung entfernt. Ihre diesbezüglichen Aktivitäten sind meist noch gekennzeichnet durch eine spontane, unsystematische und oft unkoordinierte Vorgehensweise, die sich an den Tagesproblemen orientiert.

Sinnvollerweise sollte auch die Marketingforschung im Reisebüro systematisch und geplant durchgeführt werden, um die dafür notwendigen finanziellen Mittel auch optimal einsetzen zu können. Andererseits sollte Marketingforschung, da sie immer Geld und Zeit kostet sowie Arbeitskräfte bindet, nur dann betrieben werden, wenn die Daten methodisch korrekt und problemorientiert erhoben und ausgewertet werden und die gewonnen Erkenntnisse auch in die praktische Marketingarbeit einfließen (SEITZ/MEYER 1995: 7). Erleichtert wird das Handling mit den gewonnen und abgelegten Daten heute durch die vielfältigen Möglichkeiten entsprechender Datenbanksysteme und Auswertungsprogramme der EDV.

4.3   Arbeitsschritte der Marketingforschung

Grundsätzlich gilt es, präzise und schnelle Antworten auf folgende drei Grundsatzfragen zu finden:

- **<u>Was</u> geschieht in dem (für mich) relevanten Markt und seinem Umfeld?**

- **<u>Wann, wie</u> und <u>durch wen</u> geschieht dies/etwas im Markt?**

- **<u>Warum</u> geschieht dies/etwas im Markt?**

Aus diesen Grundsatzfragen lassen sich nun nach den jeweiligen Informationsbedürfnissen des Reisebüromanagements spezifizierte und konkrete Fragestellungen ableiten (z.B.: Welches Image hat unser Reisebüro bei den Kunden/Nichtkunden? Welche Auswirkungen ergeben sich voraussichtlich durch die Einführung/Streichung bestimmter Serviceleistungen? Warum wandern im Firmendienstgeschäft Kunden ab zum Wettbewerber? usw.), die dann in einem konkreten Marketingforschungsprojekt ihren Niederschlag finden.

Um auf die jeweilige Problemstellung sinnvolle und verwertbare Antworten/Informationen zu erhalten, ist es angebracht, bei der Planung eines Marketingforschungsprojektes folgende **Ablaufschritte** vorzugeben:

1. **Welches Problem soll identifiziert bzw. gelöst werden?**
   (Eindeutige Definition des Informationsdefizits und/bzw. des Informationsbedarfs)

2. **Welche Informationen werden im Einzelnen benötigt?**
   (Wichtig dabei ist, zwischen interessanten und relevanten Informationen zu unterscheiden. Häufig werden zwar interessante Informationsaspekte in ein Projekt einbezogen, die aber keinen Bezug/Wert zur anstehenden Entscheidung aufweisen. Außerdem blähen sie die zu gewinnende Datenmenge unnötig auf. Daher sollten nur entscheidungsrelevante Informationen gesammelt bzw. generiert werden.),

3. **Woher bekommt man die notwendigen Informationen?**
   (Welche Informationsquellen stehen zur Verfügung, welche Informationen müssen neu gewonnen werden?),

4. **Wie gewinnt man die notwendigen Informationen?**
   (Welche Methoden sollen bei der Datenerhebung zum Einsatz kommen?),

5. **Wie werden die Daten und Informationen erfasst und gespeichert?**
   (Welche computergestützten Zähl-, Speicher- und Auswertungsprogramme kommen zum Einsatz? Statistisch-mathematische Datenaufbereitung),

6. Wie wertet man die gewonnenen Informationen problemorientiert aus?

(Sinngebende und zielorientierte Auswertung und Interpretation der Daten),

7. Welche Konsequenzen werden aus den Ergebnissen gezogen?

8. Welche konkreten (Marketing-)Maßnahmen ergeben sich aus den Erkenntnissen?

(=> Planung und Umsetzung der erforderlichen Maßnahmen)

9. Kontrolle der Wirtschaftlichkeit

(von Marketingforschungsprojekten und Maßnahmen).

4.4 Organe der Informationsbeschaffung

Bevor näher auf Ablauf- und methodische Aspekte der Marketingforschung Bezug genommen wird, soll kurz der Frage nachgegangen werden, in wessen Hände die Verantwortung für das Beschaffen der erforderlichen Informationen gelegt wird bzw. wer die Marketingforschungsprojekte plant und durchführt. Dabei steht ein Unternehmen vor der grundsätzlichen Frage, ob es diese Aufgabe selbst durchführt (Eigenmarketing-Forschung) oder durch externe Stellen erledigen lässt (Fremdmarketing-Forschung). Ausschlaggebend dürften dabei vor allem Kosten- und Know-how-Gesichtspunkte sein.

Grundsätzlich lassen sich unterscheiden:

- **Betriebliche Marketingforschung/ Eigenmarketingforschung**

  => Hierbei handelt es sich um interne Aktivitäten, die von einem Mitarbeiter oder einer unternehmensinternen Abteilung geplant und durchgeführt werden.

  Größere Touristikunternehmen verfügen über spezielle Markt- oder Marketingforschungsabteilungen, die nicht nur eigene Forschungsprojekte planen und durchführen, sondern auch Daten, die aus allgemeinen Markt- bzw. Branchenstudien oder aus sog. Beteiligungsuntersuchungen stammen, unternehmensspezifisch aufbereiten und interpretieren.

- **Fremdmarketingforschung**

  => Das Marketingforschungsprojekt wird in die Hände von externen Spezialisten gelegt. Zu nennen sind u.a. Marktforschungsinstitute[2], Unternehmens- oder Marktforschungsberater, Werbeagenturen, Hochschulen, den Hochschulen angegliederte, spezielle Institute.

---

[2] Die Palette der Marktforschungsinstitute in Deutschland ist außerordentlich groß und breit. Sie reicht von „Einzelkämpfern", die als Marktforschungsberater ihre Dienste anbieten bis hin zu großen europa- oder weltweit agierenden Unternehmen (wie z.B. Gesellschaft für Konsumforschung (GfK AG), Nürnberg (www.gfk.de`) oder A.C. Nielsen GmbH (www.acnielsen.de). Eine Übersicht zu den Marktforschungsinstituten in Deutschland liefert der Berufsverband Deutscher Markt- und Sozialforscher e.V. (BVM); (http://www.bvm.org/)

Zum einen kann das Projekt nach der Definition des Untersuchungsziels und der Forschungsfragen für die Umsetzung (Erhebung und Auswertung) der zu gewinnenden Daten komplett in fremde Hände abgegeben werden. Des weiteren kann z.B. im Rahmen einer Beteiligungsuntersuchung die inhaltliche Projektplanung und das Forschungsdesign (gemeinsam mit anderen Beteiligten) festgelegt werden, die Feldarbeit und evtl. die Datenauswertung werden aber einem dritten, meist einem Marktforschungsinstitut, übertragen. Die Projektkosten sind von allen Beteiligten zu tragen. (Beispiel: Reiseanalyse (RA) der Forschungsgemeinschaft Urlaub und Reisen (F.U.R.)).

Auch Marktforschungsaktivitäten von Branchenverbänden können hier zugeordnet werden. In diesen Fällen plant i.d.R. ein Verband (z.B. DRV, asr, RDA oder DTV) ein entsprechendes branchenrelevantes Marktforschungsprojekt, während die Umsetzung (Feldarbeit und Auswertung) einem externen Spezialisten übertragen wird. Anschließend werden die Ergebnisse den Verbandsmitgliedern zur Verfügung gestellt.

- **Kombination aus Eigen- und Fremdmarketingforschung**

=> Diesen Weg schlagen Unternehmen oft dann ein, wenn sie zwar grundsätzlich Manpower für Marketingforschung vorhalten, diese aber aus Kapazitätsgründen nur kleinere Projekte in Eigenregie durchziehen können. Eine weitere Möglichkeit besteht darin, dass der unternehmensinterne Spezialist Marketingforschungsprojekte inhaltlich und methodisch plant, die Durchführung (sog. Feldarbeit) und evtl. auch die Datenauswertung aber externen Stellen überträgt.

Reisebüros werden in aller Regel versuchen die Marketingforschung, soweit möglich, in eigener Regie durchzuführen. Gewichtigstes Argument für das eigene Engagement sind die bei Auftragsvergabe an fremde Stellen anfallenden – i.d.R. recht hohen – Kosten. Der möglichen Kostenersparnis stehen andererseits die oft geringen methodischen und statistisch-mathematischen Kenntnisse der Mitarbeiter, die mit der Durchführung im eigenen Unternehmen betraut sind, als Gegenargument entgegen. Auch die oft unzureichende Erfahrung bei der Interpretation der Ergebnisse und ihrer Relevanz für das anstehende Entscheidungsproblem, legen nahe, die Arbeiten trotz der finanziellen Belastung in professionelle Hände zu legen.

Einen Ausweg aus der speziell für Kleinbetriebe oft prekären Kostenfalle bieten Hochschulen, die im Rahmen von praxisorientierten Forschungsprojekten (z.B. Seminar-, Bachelor- oder Masterprojekte) vielfach mit Unternehmen zusammenarbeiten.

4.5   Informationsbedürfnisse

Eine der wichtigsten Fragestellungen der Marketingforschung lautet: **Welche In**formationen werden benötigt? Denn die Konkretisierung des sachlich-inhaltlichen Informationsbedarfs ist ganz entscheidend für die Güte der Marketingforschung. Wesentliches Kriterium dabei ist die **Relevanz** der Information für das anstehende Entscheidungsproblem. Immer wieder werden in der Praxis Informationen und Daten erhoben und ausgewertet, die ausgesprochen interessant erscheinen, aber keinen direkten Bezug zur unternehmerischen Problemstellung/Entscheidungs-situation haben.

Strukturiert man die vielfältigen möglichen Informationsbedürfnisse, so lassen sich folgende Informationsgruppen für ein Reisebüro unterscheiden:

* **Informationen der Nachfrageseite[3]**

=> Ihnen kommt heute – sowohl auf der Reisemittlerseite als auch bei Veranstal-tern und Leistungsträgern – die größte Bedeutung zu. Dabei stehen reisebürobe-zogen u.a. folgende wichtige Sachverhalte im Mittelpunkt:

- die Größe des Kundeneinzugsgebietes,
- die Struktur der bereits vorhandenen und der potentiellen Kunden,
- das bisherige Buchungs- und Reiseverhalten potentieller/vorhandener Kunden,
- das beabsichtigte zukünftige Buchungs- und Reiseverhalten potentieller/ vorhandener Kunden,
- Einstellungen, Meinungen, Motive und Erwartungen potentieller/vorhan-dener Kunden u.a. zu Fragen des Urlaubs, Reisens und der Freizeit all-gemein,
- Einstellungen, Meinungen und Erwartungen der Kunden zu Reiseveran-staltern, Leistungsträgern und Urlaubsdestinationen,
- Einstellungen und/oder Verhaltensweisen der Bevölkerung zur Nutzung der Neuen Medien und sonstiger Buchungsmöglichkeiten,
- Einstellungen und Meinungen zum eigenen Reisebüro und den unmittel-baren Wettbewerbern,
- Erwartungen vorhandener und potentieller Kunden an die Leistungspalet-te und den Service des Reisebüros; Beurteilung der Leistungen des Rei-sebüros,
- Reklamations- und Beschwerdeverhalten der Kunden; Analysen der Kundenzufriedenheit.

Ein Teil der angesprochenen Sachverhalte wird bei Buchungsvorgängen automa-tisch erfasst, andere Aspekte müssen separat erhoben werden. Sinnvoll ist es auf jeden Fall, aus diesem Datenangebot eine informative und für Marketingaktivitä-ten nutzbare EDV-gestützte Kunden-/Stammkundendatei aufzubauen.

* **Informationen zu den Wettbewerbern**

=> Hier sind u.a. folgende Informationsaspekte von Interesse:

- Anzahl, Größe und Lage der Wettbewerber,
- Struktur der Wettbewerber (u.a. Personal (Anzahl, Qualität); Ange-botspalette allgemein mit Bahn, Flug, Touristik, Firmendienst; Ange-botspalette und Schwerpunkte in der Touristik; Leitveranstalter; Ergän-zungsveranstalter),

---

[3] Ausführlich mit dem Aspekt der Marketingforschung und dem Käuferverhalten setzt sich MEFFERT 1992 auseinander.

- Marketingaktivitäten der Wettbewerber (z.B. Werbe-, Verkaufsförder-ungsmaßnahmen, Direktmailaktionen, spezielle Serviceleistungen),
- Entwicklung alternativer Vertriebe (u.a. Call-Center, Internet, spezielle TV-Programme, Automaten, Tankstellen, Versandhandel).

- **Informationen zur „Beschaffungsseite"**

   ⇨ Hier geht es im wesentlichen um Informationen über Reiseveranstalter und Leistungsträger (z.B. Airlines, Autovermieter, Hotels, Fähren, natio-nale und internationale Fremdenverkehrsämter); deren Stärken und Schwächen, Besonderheiten, Angebotsbreite und -tiefe, Konditionen (z.B. Provisionssysteme, Mindestumsätze, Inkasso), Serviceleistungen und Images.

- **Überbetriebliche Informationen/Informationen zur allgemeinen Bran-chenentwicklung**

=> Diese Informationen dienen vor allem dazu, Trends und Strömungen frühzei-tig mit zu erfassen und sich darauf einzustellen. Informationen zu Fragestellungen der aktuellen Reiseintensität, der allgemeinen Buchungsentwicklung (Stichworte: DER-Reisebürospiegel; Last Minute-Buchungsentwicklung) oder zu Trendreise-zielen bzw. -reisearten und -reiseformen. Solche Informationen sind bisweilen gut geeignet, diese mit der Entwicklung im eigenen Reisebüro zu vergleichen. Aber auch Informationen zu Gesetzesänderungen, zu Krisengebieten oder besondere Entwicklungen in einzelnen Destinationen können hier von Bedeutung sein.

- **Informationen über das eigene Unternehmen**

=> Um schnell und marktadäquat agieren bzw. reagieren zu können, sollte das Reisebüromanagement hinreichend informiert sein u.a. über

   - ökonomische Tatbestände (z.B.: Buchungsentwicklung; Umsätze (evtl. differenziert nach Abteilungen, nach Zielgebieten, Reisearten und -formen); Provisions- und Kostenentwicklungen; Struktur und Umfang der Marketingaktivitäten),
   - Stärken und Schwächen des eigenen Marktauftritts (u.a. Werbeanzeigen, Schaufenstergestaltung, spezielle Maßnahmen der Verkaufsförderung, Beteiligung an örtlichen oder regionalen Messen)
   - Image des Reisebüros bei Kunden und Nichtkunden,
   - Stärken und Schwächen der Mitarbeiter im Vergleich zu jenen der Wettbewerber.

Die Erfahrungen in und mit der Reisebüropraxis zeigen bisher, dass eine systema-tische Erfassung und Bearbeitung der Daten über das eigene Unternehmen und das Marktumfeld häufig nicht gegeben sind. Das Reisemittlermanagement hat – aus der langjährigen Erfahrung heraus – in vielen Fällen „ein Gefühl für die Lage und Entwicklung" und agiert dementsprechend mehr intuitiv – „aus dem hohlen Bauch heraus" – denn fakten- und datenmäßig abgesichert.

4.6 Daten- und Informationsquellen

Werden Informationsdefizite grundsätzlicher oder aktueller Art im Reisebüro identifiziert, stellt sich die Frage nach den entsprechenden Informations- und Datenquellen. Es gilt zu klären, wie man an die gewünschten Daten und Informationen herankommt.

Grundsätzlich lassen sich zwei Lösungsvarianten unterscheiden: Zum einen liegen die benötigten Informationen und Daten bereits vor, es muss nur die adäquate Datenquelle aufgetan und ausgeschöpft werden (sog. **Sekundärforschung**) oder aber die erforderlichen Informationen und Daten existieren noch gar nicht, sie müssen erst durch entsprechende Forschungsaktivitäten generiert werden (sog. **Primärforschung**).

4.6.1 Sekundärforschung

Um Wissens- und Informationslücken zu schließen, sollte zunächst stets geprüft werden, ob die erforderlichen Informationen nicht bereits in irgendeiner Form vorliegen, sei es betriebsintern oder aber auch in externen Quellen. Dies hilft Kosten und Zeit zu sparen. Marketingforschung sollte stets mit der Sekundärforschung beginnen.

Unter **Sekundärforschung** versteht man somit das **Sammeln, Zusammenstellen und Auswerten von Daten, die bereits zu einem früheren Zeitpunkt und zu einem anderen als dem jetzt verfolgten Zweck erhoben und zusammengetragen wurden** (ROGGE 1981: 49). Da die erneute Bearbeitung des Datenmaterials am Schreibtisch erfolgen kann, spricht man hier auch von Schreibtischforschung oder **desk-research**.

Als **interne Informationsquellen** können alle Aufzeichnungen und Statistiken betrachtet werden, die innerhalb des Reisebüros angelegt und gewonnen wurden (SEITZ/MEYER 1995: 23). Dazu zählen beispielsweise Daten der Buchhaltung und Kostenrechnung ebenso wie Informationen aus Buchungsvorgängen oder Kundendateien. Aber auch systematisch festgehaltene Beobachtungen von Mitarbeitern z.B. zu Kundenanfragen, zum Verhalten von Prospektabholern oder zu Informations- und Servicewünschen von Kunden gehören zu den internen Quellen.

Kundendaten, die sich aus Buchungsunterlagen ergeben (Name, Anschrift, Geburtsdaten, Reiseziele, Reisetermine, Reisearten und Reiseformen usw.) lassen sich zum Aufbau einer für Marketingzwecke dienenden Kundendatei heranziehen. Meist sollten diese Daten, um effizient und schlagkräftig als Marketinginstrument genutzt werden zu können, aber noch um Informationen ergänzt werden, die beispielsweise Freizeitinteressen, Reisewünsche, persönliche Besonderheiten usw. umfassen. Diese Informationen lassen sich beispielsweise gezielt in Beratungsgesprächen oder aber durch eine mündliche oder schriftliche Kundenbefragung gewinnen (=> Primärforschung).

Das Spektrum der **externen Quellen** ist ausgesprochen groß. Der Bogen spannt sich von staatlichen und halbstaatlichen Stellen über Branchen- und Berufsverbände, privatwirtschaftliche Institutionen, Verlage und Fachpresse, Online-

Datenbanken, Internet[4] bis hin zu kommerziellen und hochschulspezifischen Forschungseinrichtungen sowie Veröffentlichungen von Veranstaltern und den diversen Leistungsträgern (vgl. Abbildung B.4-2).

Das praktische Problem des Reisebüromanagements – speziell bei der Nutzung externer Quellen – besteht darin, herauszufinden, welche relevanten Quellen mit welchen „reisebürotauglichen" Inhalten es auf dem Markt gibt. Allgemein gilt, dass die Sekundärforschung dann sehr hilfreich sein kann, wenn die Frage- oder Problemstellung eher allgemeiner oder grundsätzlicher Natur ist. So beispielsweise, wenn Anhaltspunkte darüber gewonnen werden sollen, welche touristischen Trends (Destinationsvorlieben, Reisearten, Reiseformen, Buchungstrends, usw.) in der Bevölkerung stärker ausgeprägt oder im Kommen sind.

Zahlreiche der hier angebotenen Informationen können kostenfrei oder gegen eine geringe Schutzgebühr bezogen werden. Allerdings ist der Informationsgehalt dieser Angebote – wie schon ausgeführt – meist eher allgemeiner Natur und dient dem lokal oder regional operierenden Reisebüro mehr als Hintergrundinformation denn als konkrete Grundlage für anstehende Marketingentscheidungen.

So liefert beispielsweise die alljährlich im Auftrag der „Forschungsgemeinschaft Urlaub und Reisen e.V. (F.U.R.)" herausgegebene bevölkerungsrepräsentative Befragung „RA Reiseanalyse" grundlegende Daten zum Urlaubsreiseverhalten der Deutschen, ihrer Urlaubsmotive und -interessen. Das Wochenend- und Kurzreiseverhalten wird analog in der sog. Kurzreiseanalyse dargestellt.

Weitere repräsentative, alljährlich durchgeführte Studien sind beispielsweise der „World Travel Monitor" von IPK International, München (http://www .ipkinternational. com) oder die „Deutsche Tourismusanalyse" des BAT Freizeit-Forschungsinstituts, Hamburg (http://www.bat.de).

Für ein lokal operierendes Reisebüro lassen sich daraus – wie gesagt – allerdings nur grobe, eher nur trendmäßige Aussagen ableiten, da die Struktur der Wohnbevölkerung und deren Reise- und Freizeitverhalten im Einzugsbereich des Reisebüros (Einkommen, Altersstruktur, Reiseinteressen und -verhalten) nicht mit der Gesamtstruktur in der Bundesrepublik Deutschland übereinstimmen muss.

Aber selbst auch bei reisebürospezifischen Grundlagenstudien ist Vorsicht geboten. So präsentiert der monatlich publizierte Reisebürospiegel der ta.ts Travel Agency Technologies & Services (http://www.ta-ts.de) die Umsatzentwicklung der Reisebüros in den Sparten Flug, Touristik, Serviceentgelt, sonstige Umsätze und Reisebüro gesamt auf der Basis von derzeit rund 2600 „durchschnittlichen Fachreisebüros" aus allen Bundesländern. Da sich jedoch die meisten Reisebüroketten und Franchisesysteme nicht an der Erhebung beteiligen, sind die Daten nur

---

[4]   Das Internet bietet eine Vielzahl von Möglichkeiten auf allgemeine und branchenspezifische Informationen und Daten zuzugreifen. So beispielsweise über die Internetauftritte der Branchenverbände, wie z.B. http://www.drv.de, http://asr-berlin.de, http://www.rda.de oder über die Homepages der touristischen Fachzeitschriften wie z.B. http://www.fvw.de oder http://travel-one.net. Weitere Möglichkeiten über Suchmaschinen wie z.B. http://www.google. com; http://www.altavista.com; http://www.reisevista.de; http://www.fernweh.de; usw. oder über Themenverzeichnisse (z.B. http://www.yahoo.com/) oder spezielle Reiseportale (http://www. expedia.de, http://www.opodo.de usw.).

bedingt aussagefähig für die monatliche Umsatzentwicklung der Reisebüros im Allgemeinen.

Ein weiteres Handicap sekundärstatistischer Daten ist oft ihr geringer Aktualitätsbezug. Bisweilen liegen viele Monate zwischen der Datenerhebung und der allgemeinen Zugriffsmöglichkeit auf diese Daten. Und zum weiteren lassen sich Studien, die vom Titel her zwar das gleiche Thema bearbeitet haben, meist dennoch nicht in ihren Ergebnissen miteinander vergleichen, da im Detail bei ihnen methodisch und inhaltlich anders vorgegangen wurde. So bildet beispielsweise sowohl die „RA Reiseanalyse" der Forschungsgemeinschaft Urlaub und Reisen e.V. (F.U.R.), als auch der „Deutscher Reisemonitor" (IPK International, München) das Urlaubs- und Reiseverhalten der deutschen Bevölkerung ab. Dennoch sind ihre Ergebnisse nicht unmittelbar vergleichbar, da beide Studien von unterschiedlichen Definitionen des Begriffs „Reise" ausgehen.[5]

Trotz der aufgezeigten Grenzen sekundärstatistischer Informationen erscheint es – auch für Reisebüros – ratsam, sich zumindest Erkenntnisse darüber zu beschaffen, welche Materialien und Studien mit welchen Inhalten zu welchen Kosten verfügbar sind. Denn mit ihrer Hilfe kann das Reisebüromanagement sich einen themenspezifischen Überblick verschaffen und sich in ein Untersuchungsgebiet einarbeiten. Außerdem kann das Beschäftigen mit Sekundärmaterialien eine wertvolle Hilfe – inhaltlich wie methodisch – in der Vorbereitung eigener Primärerhebungen sein (SEITZ/MEYER 1995: 23f).

Stärken	Schwächen
* **Daten sind meist kostengünstiger und schneller zu beschaffen als Primärdaten.**	* **Fehlende Aktualität.**
* **Daten stehen oft kontinuierlich über die Zeit zur Verfügung** (Trends u. Entwicklungen können ermittelt werden).	* **Mangelnde Sicherheit und Genauigkeit der Daten** (Fragen nach dem methodischen Vorgehen, nach der Repräsentativität der Ergebnisse, nach der Objektivität der Daten).
* **Oft einzige Möglichkeit branchenbezogene Gesamtdaten zu erhalten.**	* **Mangelnde Vergleichbarkeit der gefundenen Daten** (die einzelnen Quellen haben unterschiedliche Abgrenzungen, Definitionen, Klassifikationen usw. vorgenommen).
* **Ermöglicht leichten Einstieg in Problemfelder und -strukturen.**	* **Mangelnde Detailliertheit der Daten und damit zu geringer Problembezug zur eigenen Problemstellung.**

Abb. B.4-1: Stärken und Schwächen der Sekundärforschung

---

[5] Hinweise zu Inhalten und methodischen Aspekten der sog. klassischen touristischen Marktuntersuchungen, wie ‚Reiseanalyse', ‚Deutscher Reisemonitor' usw., finden sich u.a. bei SEITZ/ MEYER 1995: 28 ff. sowie S. 191 ff.

4.6.2   Primärforschung

In vielen Fällen reichen die in Sekundärquellen angebotenen Informationen – speziell bei regional oder lokal operierende Reisebüros – zur Lösung von Unternehmens- und/oder Marketingproblemen nicht aus. Das vorliegende oder beschaffbare Sekundärmaterial ist in aller Regel zu wenig auf die regionalen oder örtlichen Besonderheiten des Reisemittlers abgestellt. Zudem fehlt den zugänglichen Sekundärdaten häufig die Aktualität für die anstehende Unternehmensproblematik. Folglich muss das Unternehmen bestehende Informationsdefizite durch eigene oder in Auftrag gegebene Datenerhebungen, die sog. **Primärforschung** (auch **field research)**, ausgleichen. Das heißt, es gilt **neue, noch nicht in irgendeiner Form vorhandene Daten durch Befragung und/oder Beobachtung zu beschaffen.**

Dabei kann es sich beispielsweise um Informationswünsche handeln:

-   zum bereits bestehenden Kundenkreis,

-   zu allen potentiellen Kunden im Einzugsbereich,

-   zum Bild (Image) des eigenen Reisebüros – mit seinen Stärken und Schwächen
-   in der relevanten Bevölkerung oder

-   zu den Aktivitäten und Besonderheiten der unmittelbaren Wettbewerber.

Aber auch die Wirksamkeit eigener Werbe- und Verkaufsförderungsaktivitäten kann Gegenstand eines Forschungsprojektes sein oder im internen Bereich die Zufriedenheit der Mitarbeiter mit dem Unternehmen.

Ziel einer Primärerhebung kann zum einen das Ermitteln eines Ist-Zustandes sein (Welches Image hat mein Reisebüro im Vergleich zu meinen Wettbewerbern?) oder aber um Trends oder Entwicklungen zu prognostizieren (Welche Reiseziele / Reisearten / Reisezeiten werden Sie in den kommenden Jahren bevorzugen?).

Von dieser Form einer systematischen Erkenntnisgewinnung über Primärforschung machen bisher nur sehr wenige Reisebüros Gebrauch, sei es, dass ihre Notwendigkeit nicht gesehen wird oder sei es, dass die dazu erforderlichen finanziellen Mittel nicht aufgebracht werden sollen oder können.

Bei der Durchführung von Primärforschungsprojekten sind folgende Aspekte zu klären:

1. **Welche** Daten / Informationen sollen erhoben werden? (Genaue Spezifizierung wichtig!!)

2. **Bei wem** (genau) sollen die Daten / Informationen erhoben werden (z.B. Bevölkerung, Kunden, Nicht-Kunden, Mitarbeiter, Familien, Singles, Jugendliche/Senioren von... bis.., usw.)?

3. **Wie** werden die Auskunftspersonen ausgewählt (Vollerhebung – Teilerhebung; repräsentative – nicht repräsentative Stichprobe; Auswahlverfahren der Stichprobe festlegen)?

4. **Wie** sollen die Daten/Informationen erhoben werden (Mündliche/schriftliche/ telefonische Befragung, computergestützte Befragung, Internetbasierte Befragungen, Gruppendiskussion, Beobachtung)?

5. **Wann** bzw. wie oft (z.B. einmalig; alle 2 Jahre) und **wo** (im Reisebüro, auf der Strasse, zu Hause bei den zu Befragenden, in einem Teststudio) sollen die Daten / Informationen erhoben werden?

Während die Antworten zu den ersten beiden Fragen rein projektabhängig sind, lassen sich zu den weiteren Fragen Instrumente vorstellen, die – je nach Zielsetzung des Projektes – mal besser mal weniger gut geeignet erscheinen.

Bei der Frage, wie die für das Projektziel erforderlichen Auskunftspersonen ausgewählt werden, ergeben sich zwei Lösungswege: Zum einen könnten alle in Betracht kommenden Personen oder Objekte (die sog. Grundgesamtheit) in die Studie einbezogen werden. In diesem Fall spricht man von einer sog. **Vollerhebung**. Dieses Vorgehen – bekanntestes Beispiel ist die Volkszählung – ist auch für ein nur lokal operierendes Reisebüro eher die Ausnahme denn die Regel. Vorstellbar wäre beispielsweise eine Befragung <u>aller</u> bisherigen Kunden oder die Erfassung und Analyse <u>aller</u> Wettbewerber im präzise definierten Einzugsbereich.

Aus Kosten-, Zeit-, Organisations- und/oder Kapazitätsgründen wird in der Mehrzahl der Forschungsvorhaben nur ein Teil der in Betracht kommenden Einheiten in die Untersuchung einbezogen werden. Es wird eine sog. **Teilerhebung** durchgeführt. Aus den Erkenntnissen über die Teilmenge versucht man dann, Aussagen über die Grundgesamtheit abzuleiten (Repräsentationsschluss). Ein solcher Schluss ist aber nur dann gerechtfertigt, „wenn die Teilmenge hinsichtlich der Un-

Daten- und Informationsquellen

Interne Quellen

Rechnungswesen	Betriebliches Informationssystem	Mitarbeiter	Kunden
z.B.: - Umsätze - Provisionen - Kosten u. Deckungs- beiträge	z.B.: - Kundendatei / Kundendatenbank - Veranstalter- u. Leistungsträger-Datei	z.B.: - Beobachtungen zum Kundenverhalten (z.B. in der Beratungs- oder Buchungssituation) - Beobachtungen zu Wettbewerbsaktivitäten - Info-Reisen, Programmvorstellungen der Reiseveranstalter	z.B.: - Reklamationen u. Beschwerden - Dankschreiben - schriftl. Anfragen

Externe Quellen

Amtliche u. halbamtliche Institutionen	Verbände und Organisationen	Einzelwirtschaftliche Organisationen
z.B.: - Statistische Ämter (z.B. Statistisches Bundesamt, Statistische Landesämter) - Deutsche Bundesbank - Industrie- und Handelskammern (IHK)	z.B.: - Wirtschafts- u. Branchenverbände (z.B. DRV, asr, RDA, DTV, DEHOGA, ADL, ADV, BDO) - Wirtschaftswissenschaftl. Institute - Hochschulen (Fachhochschulen u. Universitäten mit tourismusspezifischen Studiengängen) - Vereinigungen wie ADAC, AvD - Weiterbildungsinstitutionen (z.B. Deutsches Seminar für Tourismus (DSFT) Berlin; Bildungswerk der Omnibusunternehmer Böblingen)	z.B.: - Forschungsgemeinschaft Urlaub und Reisen (F.U.R.) => Reiseanalyse - Forschungsinstitute, u.a.: * BAT Freizeitforschungsinstitut => Deutsche Tourismusanalyse; * IPK => Deutscher Reisemonitor; World Travel Monitor; * Infratest => TouristScope; Mobility * ETI – Europ.Tourismusinstitut Trier => Reisebiographien * Arbeitsgemeinschaft Media-Analyse => Media-Analyse (AGMA); * Institut für Demoskopie, Allensbach =>Allensbacher Werbeträger-Analyse (AWA) - Verlage z.B.: * Gruner & Jahr: MARIA-Marketing Informationen für den Absatz sowie G&J-Branchenbilder, MarkenProfile 2 * Spiegel-Verlag: Dokumentation Geschäftsreisen; * Axel Springer-Verlag: u.a. Urlaubsreisen, Charterflug Tourismus Mittelmeer * Burda Verlag: Typologie d. Wünsche * Axel Springer-/ Bauer-Verlag: Verbraucheranalyse (VA) - Fachbücher, touristische Fachzeitschriften (z.B. fvw; touristik report, touristik aktuell, travel one) sowie elektron. Datenbanken (z.B. Tourbase, TIFA,) Adreßbücher (TID, Condor-Taschenbuch) - Marktpartner wie z.B.: * Werbeagenturen * Veranstalter u. Leistungsträger (Firmenzeitschriften, Kataloge, Geschäftsberichte) * DER Data – Reisebürospiegel *Internet mit Suchmaschinen (z.B. www.google.de; www.altavista.de ; www.reisevista.de usw.)

Abb. B.4-2:   Daten- und Informationsquellen

tersuchungsmerkmale ein verkleinertes, wirklichkeitsgetreues Abbild der Grundgesamtheit darstellt" (MEFFERT 1992: 189). Ist dies der Fall, so spricht man von einer repräsentativen Studie. Kernelement ist dabei die **Stichprobe ("sample")**, d.h. die nach einem bestimmten Auswahlverfahren[6] erfolgte „Bestimmung" derjenigen Elemente aus der Grundgesamtheit, die in der Studie näher untersucht

---

[6]   Zur detaillierten Charakterisierung der einzelnen Auswahlverfahren vgl. u.a. MEFFERT 1992: 191 ff.;BEREKOFEN/ECKERT/ELLENRIEDER 1996: 51 ff.; WEIS/STEINMETZ 2005: 79 ff.

werden sollen. Zur Auswahl der Elemente stehen eine Reihe von Verfahren zur Verfügung, die sich zwei Hauptgruppen (siehe auch Abbildung B.4-3) zuordnen lassen:

- Verfahren der Zufallsauswahl (Random-Verfahren) und

- Verfahren der nicht zufälligen, bewussten Auswahl.

Die **zufallsorientierten Auswahlverfahren** sind dadurch gekennzeichnet, dass die in die Stichprobe aufzunehmenden Elemente nach dem Zufallsprinzip bestimmt werden. Dabei gilt als Grundsatz, dass jedes Element der Grundgesamtheit die gleiche Chance haben muss in die Stichprobe aufgenommen zu werden. Je nachdem, in welcher Weise die Grundgesamtheit „bekannt" ist (z.B. eine durchnummerierte Kundendatei oder bestimmte Daten der Kunden sind bekannt), können folgende Auswahltechniken[7] zum Einsatz kommen:

- Auswahl nach dem Lotterieprinzip,

- Systematische Auswahl,

- Schlussziffernauswahl,

- Geburtstagsauswahl,

- Buchstabenauswahl,

- Auswahl mittels Zufallszahlen.

Bei der **nichtzufälligen, bewussten Auswahl** wird hingegen die Stichprobe konstruiert, d.h. die Auswahl der Elemente erfolgt gezielt und überlegt nach sachrelevanten Merkmalen. Allerdings geht es auch hier darum, „die Auswahl so vorzunehmen, dass das Sample hinsichtlich der interessierenden Merkmale möglichst repräsentativ für die Grundgesamtheit ist" (BEREKOVEN/ECKERT/ELLENRIEDER 1996: 55).

Ziel der Teilerhebung ist es ja, bei einer beschränkten Anzahl von Erhebungsfällen eine möglichst genaue Übereinstimmung von den ermittelten Daten und jenen der Grundgesamtheit zu erreichen.

Somit ist neben der Entscheidung, welches Auswahlverfahren zum Zug kommen soll, von erheblicher Bedeutung, welche Stichprobengröße (z.B. Anzahl der einzubeziehenden Personen) erforderlich ist, um diesen Anforderungen gerecht zu werden. Der Stichprobenumfang wird von folgenden Faktoren wesentlich beeinflusst:

* von der erwünschten Ergebnisgenauigkeit,

sowie von der Frage:

* mit welcher Irrtumswahrscheinlichkeit sollen Aussagen getroffen werden können.[8]

---

[7]   Kurzbeschreibung der Auswahltechniken u.a. bei WEIS/STEINMETZ 2005: 82 ff.

[8]   Die mathematischen Formeln zur Ermittlung des erforderlichen Stichprobenumfangs finden sich in den einschlägigen Marktforschungslehrbüchern, so beispielsweise in WEIS/STEINMETZ, 2005: 82 ; KUSS 2004: 185

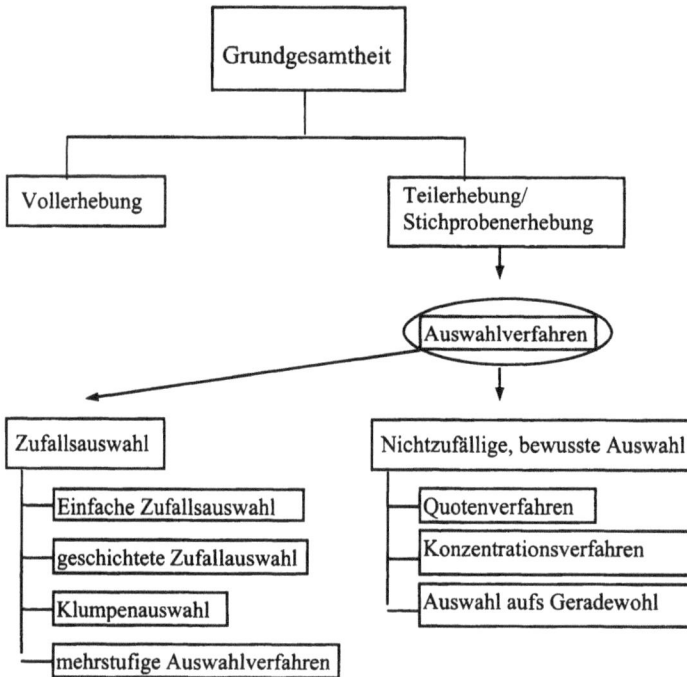

```
                    ┌─────────────────────┐
                    │   Grundgesamtheit   │
                    └─────────────────────┘
           ┌───────────────────┴────────────────────┐
    ┌─────────────┐                      ┌────────────────────────┐
    │ Vollerhebung│                      │   Teilerhebung/        │
    └─────────────┘                      │   Stichprobenerhebung  │
                                         └────────────────────────┘
                                                   │
                                        ╭──────────────────────╮
                                        │   Auswahlverfahren    │
                                        ╰──────────────────────╯
  ┌─────────────────┐                   ┌──────────────────────────────┐
  │  Zufallsauswahl │                   │ Nichtzufällige, bewusste Auswahl│
  └─────────────────┘                   └──────────────────────────────┘
     ├─ Einfache Zufallsauswahl            ├─ Quotenverfahren
     ├─ geschichtete Zufallauswahl         ├─ Konzentrationsverfahren
     ├─ Klumpenauswahl                     └─ Auswahl aufs Geradewohl
     └─ mehrstufige Auswahlverfahren
```

Abb. B.4-3:   Auswahlverfahren bei Teilerhebungen

4.6.2.1   Befragung

Von den Erhebungsmethoden (Befragung, Beobachtung) kommt der Befragung – sowohl nach der Häufigkeit des Einsatzes als auch nach der Vielseitigkeit der Erhebungsmöglichkeiten – die größte praktische Bedeutung zu (SEITZ/MEYER 1995: 57).

Des Öfteren wird in der Literatur – neben der Befragung und der Beobachtung – als dritte Erhebungsmethode noch das Experiment aufgeführt (KAMENZ 1997: 89 ff.; SEITZ/MEYER 1995: 57). Dabei handelt es sich jedoch nicht um eine eigenständige Methode, sondern um ein bestimmtes Vorgehen zur Informationsgewinnung, in dessen Rahmen die Befragung und/oder die Beobachtung als Erhebungsmethoden eingesetzt werden können (vgl. WEIS/STEINMETZ 2005: 207).

Befragungen können nach ihrer Form unterteilt werden in

- freie, nicht standardisierte Befragungen und

- standardisierte Befragungen.

Zu der ersten Gruppe gehört u.a. das freie oder qualitative Interview (auch Exploration genannt) bei dem die Fragen und auch der Fragenablauf nicht vorformuliert und auch nicht standardisiert sind. Der Interviewer leitet die Auskunftsperson im Gespräch zum vorgesehenen Thema hin und „lenkt den Gesprächsablauf nur so weit, wie dies notwendig ist, um dem Befragten seine Äußerungen so leicht und ehrlich wie möglich zu machen" (BEREKOVEN/ECKERT/ELLENRIEDER 1996: 95). Um allerdings die Ergebnisse mehrerer Interviews miteinander vergleichen zu können, wird in der Praxis meist ein gewisses Maß an Strukturierung mittels eines sog. Interviewer-Leitfadens vorgenommen. Der Leitfaden ist gewissermaßen eine Gesprächs- und Fragenskizze, die der Interviewer jedoch je nach den Umständen elastisch handhaben kann. Zur Anwendung kommt die Exploration vor allem bei Studien zu Motiven und Einstellungen der Verbraucher, aber auch bei Messungen der Kundenzufriedenheit oder bei Imagestudien. Um hier aussagefähige Ergebnisse zu erhalten, ist es erforderlich, dass der Interviewer Erfahrung und Wissen zur Explorationstechnik einbringt.

Im Gegensatz zur Exploration mit ihren qualitativ orientierten Fragestellungen sind „beim standardisierten Vorgehen die Fragebogeninhalte fixiert und genormt" (BEREKOVEN/ECKERT/ELLENRIEDER 1996: 98). Außerdem ist die Fragenreihenfolge genau festgelegt, also für alle Befragten gleich.

Nach der Art wie mit denen, die befragt werden, kommuniziert werden soll, lassen sich unterscheiden:

- mündliche Befragung,

- telefonische Befragung,

- schriftliche Befragung,

- computergestützte Befragung,

- internetbasierte Befragung.

Abbildung B.4-4 stellt die Merkmale sowie die Stärken und Schwächen der einzelnen Befragungsmöglichkeiten stichwortartig gegenüber:

Grundsätzlich können für Reisebüros, die nachfrageseitig Daten und Informationen erheben wollen, alle genannten Befragungsarten zur Anwendung kommen. In der Praxis werden jedoch die **computergestützte Befragungsvarianten** aufgrund des technischen, organisatorischen und kostenmäßigen Aufwands (noch) eher die Ausnahme als die Regel sein. Die **telefonische Befragung** eignet sich recht gut, wenn der Befragtenkreis den Anrufer kennt (geringere Abbruchquote), der Fragenumfang gering und die Fragen selbst einfach zu beantworten (geringe Komplexität) sind. Auch sollten die Antworten für den telefonischen Interviewer leicht zu erfassen und auf dem Erhebungsbogen ohne Schwierigkeiten festzuhalten sein.

	Merkmale	**Vorteile**	**Probleme**
mündliche Befragung	* Persönl. Gegenüber („face-to-face"-Interview; unmittelbarer Kontakt) * am gleichen Ort, zur gleichen Zeit * Interviewtechnik mit vorliegendem Fragebogen	* i.d.R. geringe Verweigerungsquote * Identität von Befragungs- und Auskunftsperson sichergestellt * differenzierte Fragestellungen möglich	* relativ teuer * Schulung u. Konzeitaufwendig * Interviewereinfluß
telefonische Befragung	* Persönlich auditiver Kontakt („Voice-to-voice") * an jedem beliebigen Ort, zur gleichen Zeit * Interviewtechnik, Fragebogen kann nicht eingesehen werden	* Kontaktaufnahme zu jedem Ort in relativ kurzer Zeit * mehrmalige Kontaktchance ohne wesentl. Kostensteigerung * keine (teuere) Interviewerorganisation	* Zeitl. Interviewbegrenzung * Gefahr des Abbruchs höher * Repräsentativität schwieriger
schriftliche Befragung	* Persönl. Kontakt fehlt völlig; Kommunikationselement Brief * Örtliche u. zeitl. Distanz * Fragebogentechnik * Auskunftsperson sieht Fragebogen ein	* leichte Erreichbarkeit der Zielpersonen an je- dem beliebigen Ort * relativ kostengünstig * kein Interviewereinfluß * „ausreichende Bearbeitungszeit" * höhere Anonymität der Befragten	* geringe Rücklaufquote * Repräsentativität schwierig * Identität von Befragungs- u. Auskunftsperson nicht kontrollierbar * keine Erläuterung „schwieriger" Fragen * Unkontrollierte Erhebungssituation
computergestützte Befragung a. Computer Assisted Personal Interviewing (CAPI)	* Interviewer liest Fragen vor, Auskunftspersonen geben Antworten in PC/Laptop ein * Mehrpersonenbefragung mit einem Interviewer in einem Teststudio	* Antworten können unmittelbar im PC verrechnet werden => schnelle Verarbeitung u. Auswertung * Zeitersparnis bei Datenerfassung * Komplexe Befragungen möglich	* hohe Kosten für Systemeinrichtung u. Programmierung * aufwendige Interviewerschulung * Einsatz offener Fragen schwierig
b. Computerized Self Administered Questionaires (CSAQ)	* Dialog Mensch - Computer: Befragter beantwortet -ohne Mitwirkung eines Interviewers- Fragen aus dem Computer u. gibt Antworten in den Computer selbst ein * keine Interviewer	* Antworten können unmittelbar im PC verrechnet/ ausgewertet werden * kein Interviewereinfluß * „ausreichende Bearbeitungszeit"	* hohe System- und Programmkosten * Einsatz offener Fragen problematisch

Abb. B.4-4:   Merkmale, Vor- und Nachteile verschiedener Befragungsmöglichkeiten

Mündliche und schriftliche Befragungen dürften im Tourismus die am häufigsten praktizierten Formen der Befragung sein.

Das **persönliche Interview** (mündl. Befragung) „bietet dabei den Vorteil, auch komplexe Fragen stellen zu können sowie zu überprüfen, ob die gestellten Fragen auch verstanden werden" (WEIS/STEINMETZ 2005: 113 ff.). Ein weiterer Pluspunkt liegt in der guten Qualität der erhobenen Daten, vorausgesetzt die Interviewer sind entsprechend ausgewählt und geschult und inhaltliche Verzerrungen durch den sog. Interviewereinfluss können vermieden werden. Zudem weist das persönliche Interview i.d.R. die beste Antwortquote aller Befragungsvarianten auf, d.h. dass nur wenige der angesprochenen Personen das Interview verweigern oder es während der Befragung abbrechen.

In der oft nur geringen Rücklaufquote (20 bis 30%) liegt das wesentliche Handicap der **schriftlichen Befragung**. Andererseits lassen sich auf schriftlichem Wege auch geographisch weit verstreut wohnende Befragungspersonen leicht erreichen. So ist beispielsweise für einen bundesweit operierenden Spezialveranstalter (z.B. Trekking-Reisen, Golfreisen) die schriftliche Erhebungsform (evtl. neben dem Telefoninterview) der einzig gangbare Weg, um an umfassende Kundeninformationen zu kommen.

Für ein (regional operierendes) Reisebüro ist die Entscheidung, ob bei einer bestimmten Problemstellung die mündliche oder schriftliche Befragung zum Einsatz kommen soll u.a. abhängig von Kosten- und Zeitgesichtspunkten sowie von den für eine mündliche Befragung zur Verfügung stehenden qualifizierten Interviewern.

Will das Reisebüro beispielsweise die Zufriedenheit seiner Kunden mit seinem gesamten Leistungsangebot (Angebotspalette, Beratungsqualität, fachliche Kompetenz, Freundlichkeit, Service usw.) ermitteln, so könnte – da einerseits die kompletten Anschriften bekannt sind und andererseits die Kunden das Reisebüro kennen und somit ein guter Rücklauf erwartet werden darf – einer schriftlichen Befragung der Vorzug gegeben werden. Gilt es dagegen das Image des Reisebüros mit seinen Stärken und Schwächen in der relevanten Bevölkerung zu erkunden, so würde vermutlich, u.a. aus Gründen des Rücklaufs, der komplexen Fragestellung und der kontrollierten Erhebungssituation (Auskunftsperson gleich Zielperson; leichtere Kontrolle der Repräsentativität), eine mündliche, repräsentative Stichproben-Befragung zum Einsatz kommen.

Nach der Entscheidung, ob mündlich, telefonisch oder schriftlich befragt werden soll, ist im Rahmen des befragungstaktischen Instrumentariums über die **Gestaltung des Fragebogens** (Fragebogenaufbau, Fragenabfolge) und über die **Art der Frageformulierung** zu befinden (BARG 1990a : 23 ff.; BARG 1990b: 19 ff.; MEFFERT 1992: 204).

Ausgangspunkt für den Fragebogen sind die Ziele der Studie, d.h. die zu behebenden Informationsdefizite. Sinnvoll ist es daher, zunächst einen Katalog mit all jenen Informationswünschen (sog. **Problem- oder Programmfragen**) zu erstellen, die im Rahmen des Forschungsprojektes geklärt werden sollen. Dabei ist aus der praktischen Erfahrung zwischen den für die Zielsetzung relevanten und den interessanten, aber nicht relevanten Fragebereichen zu unterscheiden. Letztere sollten so rechtzeitig wie möglich erkannt und eliminiert werden.

Meist können die Problem- oder Programmfragen nicht unmittelbar in den Fragebogen übernommen werden, da sie u.a. nicht präzise oder eindeutig genug formuliert sind, zu komplexe Sachverhalte umfassen sowie Fehlinterpretationen der Frage oder auch der Antwortergebnisse möglich sind. Die Programmfragen sind somit zu übersetzen in die **Fragebogenfragen** (Testfragen), wobei aus einer Programmfrage häufig mehrere Fragebogenfragen abzuleiten sind.

Inhaltlich sind fünf Gruppen von Fragen zu unterscheiden, die zugleich den Aufbau des Fragebogens mitbestimmen (in Anlehnung an MEFFERT 1992: 204):

1. **Einleitungs-, Kontakt- bzw. „Eisbrecher"fragen** sollen Kontakt zur Auskunftsperson herstellen, mögliche Befangenheit nehmen und zur „Mitarbeit" motivieren. Sie sollten nichts „Bedrohliches" sondern eher Allgemeines enthalten, sollten kurz und interessant formuliert sowie leicht zu beantworten sein.

2. **Filter- und Gabelungsfragen** dienen dazu die „richtigen" Auskunftspersonen herauszufiltern sowie den Fragenablauf zu steuern.

3. **Sachfragen** umfassen den eigentlichen Untersuchungsgegenstand. Sie bilden den Hauptteil der Befragung. Bei der Reihenfolge der Sachfragen ist darauf zu achten, dass man i.d.R. einem inhaltlichen Trichterprinzip -vom allgemeinen zum besonderen- folgt. Damit erleichtert man dem Befragten das Nachvollziehen des Fragehintergrundes. Andererseits ist aber auch darauf zu achten, dass keine Konditionierung der Befragten erfolgt, d.h. das keine Antworten auf bestimmte Fragen in Abhängigkeit von vorher gegebenen Antworten erfolgen. Dies lässt sich u.a. durch Abwechslung in den Fragetechniken (geschlossene Frage, offene Frage, Skalafrage, Frage mit Kärtchenvorlage usw.) sowie durch Fragen, die verschiedene Dimensionen (Wissen, Meinungen, Verhalten usw.) ansprechen, erreichen.

4. **Kontroll- und Plausibilitätsfragen** dienen zum einen der Überprüfung des „Wahrheitsgehaltes" bestimmter Antworten sowie der Überprüfung der Befragtenauskünfte auf „Stimmigkeit" (Konsistenz) und zum anderen zur Kontrolle der Interviewer.

5. **Fragen zur Person** sollten, wenn keine zwingenden Gründe eine andere Plazierung erforderlich machen, z.B. bei einer Filter- bzw. Gabelungsfrage- am Ende des Interviews gestellt werden und dienen zur Erfassung von soziodemographischen und ökonomischen Merkmalen der Befragten. Ihre Positionierung zum Schluss der Befragung dient dazu, einem möglichen Abbruch des Interviews vorzubeugen, wenn Fragen zu den persönlichen Verhältnissen (Beruf, Einkommen usw.) der Person gestellt werden.

   Diese Informationen spiegeln in der späteren Datenanalyse die Struktur der Befragten wider und helfen zu prüfen, ob bestimmte Merkmale (wie Alter, Geschlecht, Einkommen usw.) einen Einfluss auf spezifische Meinungen, Haltungen oder Verhaltensweisen haben.

Da die Qualität der in einer Befragung gewonnenen Ergebnisse u.U. stark von den Formulierungen und Antwortvorgaben abhängen können, muss auf ihre textliche

Fassung besonders viel Sorgfalt verwendet werden. Grundsätzlich sollte jede Frage folgende Anforderungen erfüllen: Sie sollte

- nicht zu lang (keine Schachtel- oder Bandwurmsätze),

- einfach (keine Fremdwörter, keine Fachbegriffe),

- unmissverständlich/eindeutig (alle Befragten sollten gleiches darunter verstehen),

- präzise (nur eine Aussage pro Fragestellung),

- neutral, nicht suggestiv (keine Beeinflussung, keine Vor-Wertungen, keine Meinungen) und

- ohne Prestigewirkung formuliert sein.

Außerdem gilt als Vorgabe, dass die Fragen sprachlich und inhaltlich so auf den Bezugsrahmen der Befragten (Kenntnisse, Vorstellungsvermögen, Erfahrungen, Sprachniveau) bezogen sind, dass diese in der Lage sind, den Frageinhalt „richtig", d.h. im intendierten Fragesinn zu interpretieren. Darüber hinaus ist bei der Fragenformulierung darauf zu achten, dass die Fragen

- keine einseitigen Wertungen enthalten

- keine Unterstellungen enthalten

- keine doppelten Verneinungen enthalten

- nicht mehrdimensional sind

- keine belasteten Wörter enthalten

- nicht suggestiv sind, indem bestimmte Antworten nahe gelegt werden

Das Spektrum, Fragen zu formulieren und eventuell Antworten mit vorzugeben, ist ausgesprochen breit. So lassen sich zum einen direkte und indirekte oder offene und geschlossene Fragen unterscheiden. Bei den Antwortvorgaben (bei geschlossenen Fragen) lassen sich die Alternativfragen (Ja-Nein-Antwort) von den zahlreichen Varianten der Mehrfachauswahlfragen unterscheiden (Die Abbildung B.4-5 gibt einen Überblick zu den gängigsten Frageformen).

Bei der Wahl zwischen offener oder geschlossener Fragestellung hat erstere den Vorteil, dass nicht bereits durch den Forscher Vorgedachtes vom Befragten wiedergegeben wird, sondern dass alle möglichen Antwortvarianten, die überhaupt denkbar sind, mittels der offenen Frage herausgefunden werden können. Neben der Möglichkeit dabei auch Antworten zu erhalten, die zum intendierten Frageinhalt bzw. -ziel keine Beziehung mehr aufweisen, hat das offene Fragen zudem den Nachteil der umständlichen, ja bisweilen sehr komplizierten Auswertung. Insbesondere dann, wenn geplant ist den Gesamtfragebogen über ein statistisches Auswertprogramm (siehe Abschnitt 4.7: Daten- und Informationsanalyse) per EDV zu verarbeiten. In solchen Fällen müssen die offenen Fragen per Hand vorausgewertet werden, indem die gegebenen Antworten so strukturiert und so verdichtet werden, dass sie kodiert und per EDV verrechnet werden können. Die Informationsverdichtung hat dann den Nachteil, dass die vorher u.U. sprachlich sehr differenziert erhaltenen Antworten nun wieder zu inhaltsähnlichen Informationsgruppen zusammengefasst werden. Ein weiterer Nachteil offener Fragestellungen kann darin bestehen, dass die Befragten – vor allem bei schriftlichen Befragungen- eine mehr oder weniger große Antwortbeschaffungsmühe oder Formulierungsschwierigkeit empfinden und die Frage dann einfach nicht beantworten.

Im Vergleich dazu weisen die geschlossenen Fragen eindeutige Auswertungsvorteile auf, da ihre Antwortvorgaben leicht zu kodieren sind und unproblematisch in die entsprechende Datentechnik eingegeben werden können. Die Schwäche der geschlossenen Frage liegt darin, dass der Informationsgehalt der Antworten unmittelbar abhängig ist von der Vollständigkeit der im voraus festgelegten Antwortvorgaben.

Die Befragungspraxis zeigt immer wieder, dass Fragen, die aus Sicht des Auftraggebers als völlig unproblematisch erscheinen, nicht zu „richtigen" Ergebnissen führen. Speziell dann, wenn der Befragte die direkte Frage als unangenehm, unpassend oder als zu intim empfindet und sie deshalb unaufrichtig oder ausweichend beantwortet. Dies kann auf Fragen zutreffen, die etwas tiefer in die privaten oder intimen Persönlichkeitsbereiche einer Person eindringen. Solche Themen sollten daher über indirekte Fragen erschlossen werden, indem aus der Frageformulierung für den Befragten u.U. das eigentliche Frageziel nicht oder nur unklar zu entnehmen ist. So ist es dem Befragten möglich, eine „richtige" Antwort zu geben, ohne sich in seinen persönlichsten Bereichen verletzt oder bloßgestellt zu sehen. Statt beispielsweise die direkte Frage zu stellen „Trinken Sie häufig Alkohol?" ist es meist geschickter über eine indirekte Version an die entsprechende Information zu kommen: „Bei welchen Gelegenheiten trinken Sie gerne Alkohol?"

Grundsätzlich sollte jeder Befragung eine (kleine) **Probebefragung** vorausgehen. Bevor der Fragebogen in Druck und in die Hauptbefragung geht, ist zu empfehlen, einige Kopien des an sich fertig gestellten Fragebogens anzufertigen und bei etwa 5 bis 10 Personen aus der Zielgruppe „zu testen". Damit können die Verständlichkeit und die Handhabbarkeit des Fragebogens überprüft sowie etwaige inhaltliche und/oder sprachliche Schwächen identifiziert werden. Auch lässt sich bei den geschlossenen Fragen die Vollständigkeit der Antwortvorgaben überprüfen. Die bei der Probebefragung identifizierten Schwachstellen sind zu eliminieren.

4.6.2.2. Beobachtung

Unter **Beobachtung wird die von Personen oder apparativen Hilfsmitteln** (z.B. Video, Blickregistriergeräte, psychobiologische Aufzeichnungen) **vollzogene systematische Erfassung von sinnlich wahrnehmbaren Zuständen, Vorgängen und Abläufen zum Zeitpunkt ihres Geschehens** verstanden (MEFFERT 1992: 198; siehe auch KUSS 2004: 115 und ausführlich WEIS/STEINMETZ 2005:151 ff.)

Dabei kann die Beobachtung auf Sachverhalte, die außerhalb der Person des Beobachters liegen (sog. **Fremdbeobachtung**), abzielen oder aber die Analyse und Beschreibung eigener Verhaltensweisen und/oder psychischer Vorgänge beinhalten (sog. **Selbstbeobachtung**).

Nimmt der Beobachter selbst teil an dem, was es zu beobachten gilt, so spricht man von **teilnehmender Beobachtung**. Dies wäre beispielsweise dann gegeben, wenn ein Beauftragter des Reisebüros A sich zu Testberatungen in die Büros B – E begibt, um etwas über Beratungsabläufe und -qualitäten, über Angebotskenntnisse, Freundlichkeit, Kompetenz und Serviceorientierung der Wettbewerbsbüros zu erfahren. Beschränkt sich dagegen der Beobachter auf die Wahrnehmung der Aktionen der zu beobachtenden Personen, so handelt es sich um eine **nicht teilnehmende Beobachtung**. So beispielsweise bei Fragestellungen wie: Wie verhalten sich Katalogabholer? In welcher Weise nutzen Passanten Katalogkörbe außerhalb des Reisebüros? Welche sportlichen Angebote nutzen welche Urlaubsgäste während ihres Aufenthaltes? Auch die in Reisebüros durchgeführten Prozesskostenanalysen wurden u.a. mit Hilfe der nicht teilnehmenden (Fremd-)Beobachtung durchgeführt, in dem neutrale Beobachter mit der Stoppuhr in der Hand festhielten, welche Arbeitsprozesse welche Zeiten beanspruchten.

Neben der (Video-)Aufzeichnung von Verhaltensweisen (z.B. Kundenlaufstudien in Geschäften; Schaufensterbeachtungsverhalten) kommen die apparativen Techniken insbesonders noch zum Einsatz, wenn es um das Erfassen der Wirkung von Werbemitteln geht (z.B. Blickverlauf beim Betrachten von Katalogtitelseiten oder Anzeigen; Leseverhalten eines Reisekatalogs; Emotionalisierung des potentiellen Kunden durch Bild und Text in Werbemitteln).

4.6.2.3.   Experiment

Experimentelle Fragestellungen gehen i.d.R. von dem Erkenntniswunsch aus, zu erfahren, ob bestimmte Faktoren (sog. Testfaktoren) einen kausalen Einfluss auf andere Faktoren (sog. Wirkfaktoren) haben. „Charakteristisch für Experimente ist die isolierte Veränderung eines Faktors und seine Auswirkung bei kontrollierten Bedingungen auf einen oder mehrere andere Faktoren" (WEIS/STEINMETZ 1995: 135 ff.). So könnte beispielsweise die Fragestellung lauten: Führt eine bestimmte Art der Titelseitengestaltung (z.B. ein großflächiges emotionales Bild) für den Reisekatalog zu besseren/schlechteren Aufmerksamkeitswerten bei den Kunden, als eine andere Gestaltungsvariante (z.B. mehrere kleine Fotos)? Oder löst eine bestimmte Art der Schaufensterdekoration grundsätzlich höhere Beachtungswerte unter den Passanten aus als eine andere? Oder welche Auswirkung hat eine Preissenkung/Preiserhöhung um x% auf Mehr- oder Minderbuchungen?

Während experimentelle Anordnungen bisher in die touristische Marketingforschung wenig Eingang gefunden haben, bedient sich vor allem die Konsumgüterindustrie dieses Forschungsansatzes in Form von Verpackungs-, Produkt-, Preisund Werbewirkungstests. Häufig wird dabei in sog. Store- und/oder Markttests geprüft, wie im Vergleich zu den auf dem Markt befindlichen Produkten neue Produktvarianten, Packungsgrößen und -formen, Geschmacks- oder Duftvarianten von den Kunden angenommen werden.

4.6.2.4   Varianten der Datenerhebung

Hinsichtlich der Häufigkeit und Regelmäßigkeit von Datenerhebungen zu einem bestimmten Gegenstandsbereich lassen sich drei Varianten unterscheiden: Ad hoc-Erhebung, Wellenerhebung und Panel.

Bei der **Ad hoc-Erhebung** handelt es sich um eine in der inhaltlichen Ausgestaltung einmalige Datenerfassung zu einem bestimmten Inhaltsbereich. Die **Wellenerhebung** erhebt den gleichen Inhaltsbereich (i.d.R. gleicher Erhebungsbogen) zu mehreren auf einander folgenden Zeitpunkten bei unterschiedlichen Personen aus der Grundgesamtheit, während es sich beim **Panel** um eine Erhebung über einen längeren Zeitraum bzw. in regelmäßigen Abständen bei den gleichen Personen zum gleichen Untersuchungsgegenstand handelt. Mit der Panelvariante lassen sich zeitraumbezogene, dynamische Marktveränderungen ermitteln. So können u.a. Entwicklungen/Änderungen im Käufer- bzw. Konsumverhalten bei den gleichen Personen über die Zeit ermittelt und analysiert werden. Beispielsweise sog. „Käuferwanderungen", d.h. wenn bestimmte Personen/Personengruppen z.B. aufgrund bestimmter gesellschaftlicher oder modischer Trends bzw. aufgrund besonderer Marketingaktivitäten einem Unternehmen/einer Marke den Rücken kehren und sich (nachhaltig) einem anderen Angebot zuwenden. Zusammengefasst bietet das Panel u.a. folgende Erkenntnismöglichkeiten:

- Analyse der Personen / Personengruppen, die ihr Verhalten und/oder ihre Einstellung änderten
- Analyse der Änderungsrichtungen
- Analyse der Ursachen in einzelnen Bereichen und der Veränderung in anderen Bereichen
- Eingehende Analyse der Bedingungen, die den Wandel verursachten.[9]

4.7   Daten- und Informationsanalyse

Die Aufgabe der Datenauswertung ist es, die zuvor gewonnenen Daten und Informationen zu ordnen, zu prüfen, zu analysieren, aufzubereiten und auf ein für die Entscheidungsfindung notwendiges und überschaubares Maß zu verdichten. Letztlich geht es darum, aussagekräftige und informative Kenngrößen zu gewinnen und die in den Daten steckenden Zusammenhänge zu erkennen (MEFFERT 1992: 243; BEREKOVEN/ECKERT/ELLENRIEDER 1996: 193).

Mussten in der Vergangenheit viele der zuvor genannten Auswertungsaktivitäten in mühsamer Kleinarbeit per Hand erledigt werden (Auszählen, Strichlisten führen, Durchschnitte ermitteln usw.), kann dazu heute auf ein breites, auf handelsüblichen PCs einsetzbares Angebot an Zähl- und Auswertungsprogrammen zurückgegriffen werden. Das wohl bekannteste statistische Auswertungsprogramm heißt SPSS (SPSS GmbH Software, München; http://www.spss.de/SPSS). Seine Stärke liegt in der Breite des Angebots an statistischen Methoden (univaria-

---

[9]   Eine ausführliche Darstellung zum Panel und zu den Panelproblemen findet sich bei WEIS/ STEINMETZ 2005:175 ff.

te, bivariate und multivariate Verfahren) sowie in den vielfältigen graphischen Darstellungsmöglichkeiten. Weitere verbreitete Allround-Programme der Marktforscher sind u.a. SAS (Statistical Analysis System; http://www.sas.de/SAS Institute), Statistica (http://www.statsoftinc.com/Stat Soft), Delphi Survey (Angewandte Computer Software GmbH, München) und Quantine (Quantine Ltd., London) (näheres siehe: SEITZ/MEYER 1995: 185; WEIS/STEINMETZ 2005: 419ff.). Darüber hinaus können auch Tabellenkalkulationsprogramme wie Exel, Lotus 1-2-3, usw. zur bivariaten Analyse genutzt werden.

Doch bei all diesen technischen Hilfen ist es nicht damit getan, nur zu wissen, wie die zuvor empirisch erhobenen Werte in die EDV einzugeben sind. Viel bedeutsamer ist es, zu wissen, welche (relevanten) statistischen Auswertungsverfahren und welche Prüftechniken im Einzelnen anzuwenden sind, um sinnvolle Ergebnisse zu erhalten. Ratsam ist es daher sicher in vielen Reisebüros, die u.U. die Fragebogengestaltung und auch die Datenerhebung in eigener Regie durchgeführt haben, für die Auswertung auf eine professionelle Unterstützung (Statistiker, Marktforscher) zu setzen.

Nach Vorliegen der ausgefüllten Erhebungsbögen sind folgende auswertungstechnische Aktivitäten vorzunehmen:

(1) Erstkontrolle der vorliegenden Erhebungsbögen

Sie sollte unmittelbar nach Erhalt der ausgefüllten Erhebungsbögen einsetzen und sich u.a. auf die Vollständigkeit, auf etwaige Eintragungsfehler und – bei handschriftlichen Vermerken – auf die Lesbarkeit beziehen. In einem solch frühen Kontrollstadium kann – falls erforderlich – bei den Interviewern nachgefragt werden, um etwaige Unklarheiten zu beseitigen.

(2) Verschlüsselung bzw. Kodierung der Antworten

Um die erhobenen inhaltlichen Kategorien (Antwortvorgaben) für die EDV les- und verrechenbar zu machen, sind die Daten in (üblicherweise) Zahlenwerte zu übersetzen (sog. Kodierung). Dazu wird – meist bereits bei der Fragebogenerstellung – ein sog. Codeplan erstellt, in dem festgelegt wird, welcher Antwortvorgabe, welche Zahlenverschlüsselung zugeordnet werden soll.
Enthält der Erhebungsbogen Antworten auf offene Fragen, so ist in aller Regel zunächst eine Verdichtung der u.U. sprachlich sehr differenziert ausgefallenen Antworten auf eine als sinnvoll erachtete Anzahl inhaltsgleiche oder – ähnliche Antworten vorzunehmen, die anschließend kodiert werden.

(3) Grundauszählung

Nach Eingabe der Daten in die EDV erfolgt die Datenanalyse. Zunächst sollen die gesammelten und aufbereiteten Daten zu übersichtlichen Tabellen und aussagekräftigen Maßzahlen und Graphiken zusammengefasst werden. Weiterhin gilt es zuprüfen, ob und inwieweit die Ergebnisse, die auf der Grundlage einer Stichprobe zustande gekommen sind, auf die eigentlich interessierende Grundgesamtheit übertragen werden können.

Der erste Schritt ist eine sog. Grundauszählung, d.h. es wird pro Frage (= Variable) gezählt, wie viel Nennungen (absolut und prozentual) auf die einzelnen vorgegebenen Antwortvarianten entfallen sind (sog. univariate Verfahren). In den meisten Standardauswertungsprogrammen lassen sich gleichzeitig die entsprechenden Mittelwerte (**Modus** = häufigster Wert, **Median** = Zentralwert; er halbiert eine der Größe nach geordnete Reihe von Merkmalswerten, (ungewogenes) **arithmetisches Mittel** = Summe der Merkmalswerte, dividiert durch die Anzahl der Merkmalswerte) und dazugehörige Statistikmaße (Varianz, Standardabweichung, Schiefe, Spannweite) mit ausweisen (ausführlich zu den Kenngrößen: WEIS/ STEINMETZ 2005: 248ff.).

Die dann in Form von Häufigkeitstabellen ausgewiesenen Daten ermöglichen einen ersten groben Überblick zu den Ergebnissen, berücksichtigen jedoch noch keine Querverbindungen. [10]

(4) Bivariate Auswertungen

Einen ersten guten Einblick in mögliche Zusammenhänge, beispielsweise ob jüngere Reisebürokunden im Vergleich zu den älteren unterschiedliche Reisegewohnheiten aufweisen, ob sie unterschiedliche Einstellungen zu Fernreisen haben oder ob sie die Serviceleistungen des Reisebüros anders beurteilen, liefern sog. **Kreuztabellierungen.** Hierbei werden verschiedene Variablen bzw. Fragen (z.B. Frage zum Alter der Befragten mit Frage zu Reisegewohnheiten oder Frage zu Einstellungen) miteinander in Beziehung gebracht und geprüft, ob zwischen den Messdaten dieser Variablen Zusammenhänge bestehen. Die Kreuztabellierung ist das einfachste Verfahren der sog. bivariaten Auswertungsverfahren. Weitere Möglichkeiten zur Veranschaulichung von Zusammenhängen zwischen zwei (oder auch mehreren) Variablen liefern die einfache Korrelationsanalyse und die einfache Regressionsanalyse (BEREKOVEN/ECKERT/ELLENRIEDER 1996: 199 ff.).

Die Aufgabe des Auswerters liegt nun darin, zu erkennen, welche Variablenkombinationen über eine Kreuztabellierung zu „sinnvollen" Ergebnissen führen können. Unsinnig ist es, alle Variablen miteinander in Beziehung zu setzen, um dann zu sehen, ob und wo sich relevante Zusammenhänge ergeben. Außerdem würde damit der Auswertungsaufwand ins Unermessliche steigen und womöglich. die Übersicht über das Datenmaterial verloren gehen.

(5) Multivariate Auswertungen

Um den bisweilen sehr komplexen Marketingproblemen gerecht zu werden, ist es häufig notwendig, mehr als zwei Variablen gleichzeitig zu betrachten und deren Beziehungsstrukturen zu untersuchen. Dazu greift man auf – z.T. sehr komplexe und statistisch-mathematisch aufwendige – multivariate Analyseverfahren zurück. Der Einsatz dieser anspruchsvollen multivariaten Verfahren, zu denen u.a. die Varianzanalyse, Diskriminanzanalyse, Clusteranalyse, Faktorenanalyse, Conjoint-Analyse und die Mehrdimensionale Skalierung gehören, sollte nur bei Vorhandensein eines entsprechenden methodischen Know-hows erwogen werden (Ausführliche Beschreibung und Anwendungsbeispiele in: GREEN/TULL 1982: 254 ff.;

---

[10]   Zu den sog. Testverfahren, die dazu dienen die Richtigkeit von im vorhinein aufgestellten Hypothesen zu überprüfen, siehe KUSS 2004: 175 f. sowie WEIS / STEINMETZ 2005 : 260 ff.

MEFFERT 1992: 255 ff.; KUSS 2004: 195 ff.; WEIS/STEINMETZ, 2005: 305 ff.; BEREKOVEN/ECKERT/ELLENRIEDER 1996: 207 ff.).

(6) Bewertung und Interpretation der Ergebnisse

Eine mindestens gleichwertige Stellung wie der methodisch sauberen Verrechnung der Daten kommt der anschließenden Bewertung und Interpretation der Ergebnisse zu. Bezugnehmend auf die Ausgangsfragestellung(en) und die Zielsetzung der Untersuchung gilt es, die Ergebnisse dahingehend zu durchleuchten, welche Erkenntnisse sie zur Problemlösung erbracht haben, ob und inwieweit sie den zugrundeliegenden „wahren" Sachverhalt widerspiegeln, ob und inwieweit aus den (Stichproben-)Ergebnissen tatsächlich auf die relevante Gesamtheit geschlossen werden kann, welche Schlussfolgerungen letztendlich gezogen werden können und ob sich aus den Ergebnissen Ansatzpunkte für konkrete Entscheidungen und Maßnahmen ableiten lassen.

Methodische Defizite und marktforscherische Unerfahrenheit stellen hier das größte Fehlerpotential dar – womöglich mit der Konsequenz, dass die Ergebnisse kostenintensiver Marketingforschungsprojekte unkorrekt interpretiert werden, zu falschen Schlüssen führen und damit die Grundlage zu völlig irrelevanten Unternehmensentscheidungen bilden. Dies ist dann meist auch das Ende einer eventuell soeben erst begonnenen systematisch ausgerichteten Marketingforschungsarbeit – weil Sinn und Nutzen in Frage gestellt werden.

(7) Präsentation der Ergebnisse

Den Abschluss eines Marketingforschungsprojektes bildet in aller Regel die Präsentation der Untersuchungsergebnisse in Form eines schriftlichen Berichtes sowie darüber hinaus meist auch in einer mündlichen Darstellung.

Inhaltlich gilt es in beiden Darstellungsvarianten die Aufgabenstellung / das Untersuchungsziel, das methodische Vorgehen (Erläuterungen zur Stichprobe, zur Datenerhebung und Datenauswertung) sowie die Ergebnisse (eventuell mit möglichen Schlussfolgerungen) klar, verständlich und so benutzerfreundlich zu präsentieren, dass der Empfänger damit umgehen kann. Besonderes Augenmerk ist dabei auf die graphische Aufbereitung der Ergebnisse zu legen. Graphische Darstellungen (Diagramme, Kartogramme) sind zum einen hervorragend geeignet den Inhalt von Tabellen in ihren wesentlichen Teilen anschaulich, leicht überblickbar und einprägsam darzubieten und ermöglichen es andererseits dem menschlichen Gehirn eine Vielzahl von Zahlen in ihren Zusammenhängen leicht(er) zu erfassen.

Speziell für die mündliche Darstellung ist es ratsam möglichst alle relevanten technischen Instrumente zur Visualisierung (z.B. Tageslichtprojektor, Beamer, Flipchart, Pinwand) in die Präsentationsüberlegungen mit einzubeziehen.

5 Operatives Marketing:
der Einsatz und die Gestaltung der Marketinginstrumente im Reisebüro

Dipl.-Soziologe/Dipl.-Betriebswirt (FH) Axel Schrand, München

5.1 Marketinginstrumente im Reisebüro

Der Einsatz der Marketinginstrumente (oft unpräzise auch als Marketing-Mix bezeichnet), erfordert vom Reisebüromarketer Entscheidungen darüber, mit welchen Mitteln die vorher definierten Marketingziele erreicht und die Marketingstrategien verfolgt werden sollen. Neben den „richtigen" Zielen und Strategien gehört unabdingbar auch der „richtige" Einsatz der Marketinginstrumente zum Marketingerfolg; denn „Ein Marketer ohne Marketinginstrumente ist wie ein Zahnarzt ohne Bohrer" (Kasimir M. Magyar).

Das 4er-Instrumentarium des Marketing kann gemäß dem amerikanischen Marketingtheoretiker Philip Kotler (Vgl. KOTLER/BLIEMEL 2001: 150 ff.) in die „Four P's" eingeteilt werden: Product, Price, Place, Promotion. Analog dazu verwenden wir im deutschen Sprachraum für die Marketingarbeit die Begriffe:

- Produktpolitik: Das Herzstück des Marketing,
- Preispolitik: Der Meßfühler des Marketing,
- Distributionspolitik: Die Pipeline des Marketing,
- Kommunikationspolitik: Das Sprachrohr des Marketing.

Im operativen Reisebüro-Marketing finden die vier Marketinginstrumente einen intensitätsmäßig sehr unterschiedlichen Einsatz, da das Reisebüro aufgrund von Leistungsträger-Vorgaben nur bedingt eine eigenständige Produkt-, Preis- und Distributionspolitik durchsetzen kann; dafür aber kann es die kommunikativen Marketinginstrumente umso offensiver einsetzen (vgl. Abb. B.5-1).

5.2 Angebots- und Leistungspolitik

5.2.1 Begriff und Bedeutung

Das Reisebüro kann aufgrund seines Vermittlerstatus nur begrenzt eine eigenständige Angebots- und Leistungspolitik betreiben. Daher kommt der Selektion der touristischen Leistungsträger unter dem Aspekt der Produktqualität und des Preis-

Marketing-instrument	Vermittelte Touristik/ Urlaubsreisen	Eigene Touristik/ Gruppenreisen	Firmendienst/ Geschäfts-reisen
1. Angebots- und Leistungs-politik			
• Hauptangebote			
- Produktqualität	•••	•••	•••
- Sortimentsbreite	••	••	••
- Sortimentstiefe	••	••	••
- Serviceleistungen	•••	•••	•••
- Preispolitik	••	••	•••
• Zusatzangebote			
- Reiseversicherung	•••	••	•
- Mietwagen	••	•	•••
- Eintrittskarten-VV	••	••	••
- Reiseliteratur	•••	•	•
2. Kommunikationspolitik			
• Persönlicher Verkauf	•••	••	••
- Beratungsgespräch	•	•••	•••
- Akquisition/Außendienst			
• Öffentlichkeitsarbeit			
- PR-Arbeit i.e.S.	•••	••	••
- Pressearbeit	•••	••	••
• Verkaufsförderung			
- kundenorientiert	••	•	••
- personalorientiert	••	•	•
• Werbung			
- Anzeigenwerbung	•••	•	•
- Direktwerbung	•••	•••	•••
••• sehr wichtig •• wichtig • weniger wichtig			

Abb. B.5-1:   Beispiel für ein Marketing-Instrumenten-Mix im Reisebüro

niveaus hinsichtlich der Sortimentsgestaltung und der daraus resultierenden Positionierung und Profilierung eine zentrale Rolle zu. Entscheidungen bezüglich Sortimentsbreite und Sortimentstiefe sind abhängig vom Reisebürotypus und der definierten Marketingstrategie.

Stark ausbaufähig ist im Reisebüro aufgrund zahlreicher Individualisierungsprozesse das Geschäft mit den touristischen Komplementärangeboten. Da sich die touristischen Nachfragestrukturen und Partialmärkte immer mehr ausdifferenzieren, muß in Zukunft das Aktionsfeld des Reisebüros weit über seine Vermittlungstätigkeit der touristischen Basisleistungen „Transport" und „Unterkunft" hinausgehen. Damit verbunden werden muß auch eine stärkere Fokussierung der „individualisierten Pauschalreise" (Teilpauschalreise, Baukastenprinzip, Verkehrsverbund, Animationsprogramme).

Die **Servicepolitik** als Komponente der Angebots- und Leistungspolitik bietet dem Reisebüromarketer weitere vielfältige Möglichkeiten, durch soziale Sensibilität und Kreativität eigene Dienstleistungen zu erbringen. Einfühlsame Servicepolitik ist hervorragend geeignet zur Profilierung gegenüber Mitbewerbern und zum Aufbau eigenständiger Erfolgsfaktoren.

Das zentrale Ziel einer jeden Servicepolitik ist es, einen „harmonischen Gleichgewichtszustand" zwischen Kunden und Reisebüro herzustellen, denn alles was dem Kunden kurzfristig und unmittelbar nützt, nützt im allgemeinen auch mittelfristig und mittelbar dem Reisebüro.

Insgesamt kann die Angebots- und Leistungspolitik als „Herzstück" des Reisebüromarketings angesehen werden; sie ist das Ergebnis intensiver Marketingforschung und reflektierter Marketingstrategien und überlagert auch die Subinstrumente der Kommunikationspolitik (Persönlicher Verkauf, Verkaufsförderung, Öffentlichkeitsarbeit, Werbung), da sie sich in ihrer Ausgestaltung nach der Angebots- und Leistungspolitik richten müssen (vgl. Abb. B.5-1).

5.2.2 Vermittelte Touristik

Die Vermittelte Touristik, also die Beratung und Buchung der Produkte der touristischen Leistungsträger, stellt für die Vielzahl der ca. 13.000 deutschen Reisebüros den Kernbereich ihrer Geschäftstätigkeit und ihrer Erlös- und Gewinnquelle dar. Bei den touristischen Leistungsträgern sind wiederum die Reiseveranstalter mit ihren Teilpauschal- und Vollpauschal-Reiseprodukten die wichtigsten Umsatzträger der (Touristik-) Reisebüros. Bei den Pauschalreisen ist die **Flugtouristik** der mit Abstand umsatzstärkste Vermittlungsbereich, wobei hier die sog. **„Warmwasser-Touristik"**, also Badereisen in den Mittelmeer- und Karibikraum, auch als MSRP-Tourismus (mass standardized rigidly packed tourism) bezeichnete Tourismusform, seit Jahrzehnten der „Money Maker" in den Reisebüros ist.

In der Flugtouristik gibt es seit Jahren einen anhaltenden Trend zu **Last-Minute**-Angeboten. Diese Pauschalreise-Variante, bei der zwischen Buchungstag und Abflugtag nicht mehr als 14 Tage liegen dürfen und eine Preisermäßigung von 30%-50% vom Katalogpreis branchenüblich ist, hat heute schon einen Anteil von ca. 15% am gesamten Flugtouristikmarkt. Diese Entwicklung wird unter Kosten- und Ertragsaspekten von den Reisebüros skeptisch gesehen. Einem relativ hohen Informations- und Buchungsaufwand steht durch den geringen Durchschnittsreisepreis eine reduzierte Provision und damit auch ein geringer Deckungsbeitrag/Gewinn gegenüber. (Vgl. auch hierzu die **Prozesskostenanalyse** der Marketingberatung Dr. Fried & Partner, München 1997).

In der Bundesrepublik Deutschland gibt es ca. 1.500 Reiseveranstalter. In den 80er Jahren arbeitete ein Reisebüro mit durchschnittlich 150 Reiseveranstaltern zusammen. In den 90er Jahren hat sich diese Zahl drastisch verringert: vor allem in den Reisebüros der großen Ketten, Kooperationen und Franchisor werden dem Reisekunden die Pauschalreisen von nur ca. 25 bis 50 Reiseveranstaltern angeboten, wobei wiederum 85% – 95% des vermittelten Touristikumsatzes mit nur acht Groß-Reiseveranstaltern erzielt wird. Ein **Groß-Reiseveranstalter** ist definiert als ein Reiseveranstalter mit mehr als 500 Mio. Euro Umsatz und/oder 1 Mio. Reiseteilnehmern im Jahr; i.d.R. werden beide Volumina erreicht. Zu diesen **„Big Six"** gehören Touristik Union International (TUI), Thomas Cook, Rewe-Touristik, Alltours, Frosch Touristik International (FTI) und Öger Tours.

Ein zentraler Grund für die Konzentration der Reisebüros auf einen sog. „Leitveranstalter" und nur wenige Groß-Reiseveranstalter liegt in der Vorgabe relativ hoher Mindestumsätze und vor allem aber in der veranstalterüblichen **Staffelprovision**, deren Höhe abhängig ist von dem im Touristikjahr (1.11. – 31.10.) erzielten absoluten Umsatz und der Umsatzentwicklung (Steigerung/Rückgang) gegenüber dem Vorjahr. Moderne Provisionssysteme, die in anderen Branchen (Automobilbranche) schon angewandt werden und auch möglicherweise in Zukunft die Verprovisionierung zwischen Reiseveranstalter und Reisebüros neu regeln könnten, zielen auf eine stärkere Marketing-Fokussierung hin: Grad der erzielten Kundenzufriedenheit, Anteil der Gewinnung von Neukunden am Gesamtumsatz, Marktanteil (Gewinn/Verlust) gegenüber dem Durchschnitt der Agenten (national/regional) sind dann zusätzliche Bezugsgrößen für die Höhe der Provisionszahlung.

Spezial-Reiseveranstalter, die sich auf eine oder nur wenige Tourismusformen und Destinationen mit ihrem Angebot konzentrieren, sind im Sortiment der Reisebüros stark unterrepräsentiert. Groß-Reiseveranstalter bearbeiten die angestammten Märkte der Spezial-Reiseveranstalter gar nicht oder nur marginal, da sie aufgrund des relativ kleinen Markvolumens auf Basis einer Vollkosten-Rechnung (Profit Center) nicht rentabel erscheinen und/oder Nischen-Marketing nicht ihrem Unternehmens-Leitbild und den Marketingstrategien entspricht (z.B. Konzentration auf Kernkompetenzen, Synergieeffekte, Wachstum/Marktanteil, Gewinnmaximierung)

Da aber das Reisebüro-Management stark „mega-minded" („Big Six") ist, bleiben somit eine Vielzahl touristischer Spezialmärkte unbearbeitet. Dieses **Marketing-Defizit** in der vermittelten Touristik ist insofern problematisch, weil

- Angebote der Spezial-Reiseveranstalter im Trend einer sich immer mehr ausdifferenzierenden Pauschalreise für ein sich immer mehr individualisierendes Reisepublikum oft überproportionale Wachstumsraten gegenüber der „Warmwasser-Touristik" aufweisen,

- Angebote der Spezial-Reiseveranstalter i.d.R. hochpreisig und nicht preisempfindlich sind und damit im Sinne eines Mehrumsatzes einen wichtigen Beitrag zum Betriebsergebnis leisten können,

- Angebote der Spezial-Reiseveranstalter sich hervorragend zur Profilierung gegenüber konkurrierenden Reisebüros eignen,

- Angebote der Spezial-Reiseveranstalter oft von sog. „High Income People" (HIP) nachgefragt werden, die wiederum als „Opinion Leader" mit einem großen Bekanntenkreis in ihrem Berufs- und Privatleben einen Weiterempfehlungs- und Multiplikatoreffekt für das Reisebüro erzielen können.

Defizite für Angebote der Vielzahl der Spezial-Reiseveranstalter gibt es im Reisebüro für folgende Tourismusformen und sog. „special interest groups": Sanfte touristische Angebote, Behinderten-, Single-, Frauen-, Senioren-Reisen, Reisen für Homosexuelle, Sport- und Abenteuer-Urlaub, Kultur- und Event-Tourismus, Wander- und Radreisen, Hobby- und Hochzeitsreisen u.v.a.

Neben diesen touristischen Partialmärkten bestehen aber auch noch umsatzstarke Marktsegmente, die Reisebüros mit einem systematischen Marketing intensiver bearbeiten könnten. Die **Seetouristik** mit den zwei Kernbereichen Hochsee-Kreuzfahrt und Fluß-Kreuzfahrt ist nicht zuletzt aufgrund ihrer hohen Durchschnitts-Passagepreise und ebensolchen Provisionen ein ausbaufähiges Angebotselement. Die **Bustouristik** ist ein traditionell vernachlässigter Bereich im Reisebüro; dabei hat der Bus entscheidende Wettbewerbsvorteile in der Eigentouristik und insbesondere auch bei geschlossenen Gruppenreisen. Die **Deutschland-Touristik** spielte bisher keine große Rolle in der vermittelten Touristik des Reisebüros; dies könnte sich jedoch bald ändern durch die verstärkten Aktivitäten der Deutschen Zentrale für Tourismus (DZT) für das Inlands-Marketing. Die Gründe, warum diese touristischen Angebote bisher nur ein Schattendasein im Reisebüro führen, sind u.a.

- mangelnde Identifikation des Reisebüro-Personals mit den Produkten (Image-Probleme),
- defizitäre Eigenerfahrung und Produktkenntnis des Reisebüro-Personals,
- unzureichende Buchbarkeit der Angebote über Computer-Reservierungssysteme (CRS).

Tendenziell wird sich in den nächsten Jahren eine Trichotomisierung des Verkaufs von touristischen Dienstleistungen abzeichnen, wobei schätzungsweise mindestens (oder höchstens?) 20% aller Buchungen ohne Inanspruchnahme eines Reisebüros getätigt werden können (vgl. Abb. B.5-2). Bei dieser Direktbuchung des Kunden müssen Entwicklungen wie das „Office Booking" bei Geschäftsreisenden und das „Home Booking" bei Privatreisenden sehr ernst genommen werden (Online-Buchung via Internet).

5.2.3 Eigene Touristik

Unter „Eigene Touristik", auch als „Eigene Veranstaltung" bezeichnet, verstehen wir die temporäre oder kontinuierliche **Geschäftstätigkeit des Reisebüros als Reiseveranstalter.** Reiseveranstalter ist, wer sich verpflichtet, dem Reisenden eine Gesamtheit von Reiseleistungen in eigener Verantwortung zu erbringen, wo mindestens zwei auf die Reise bezogene Leistungen angeboten werden müssen, von denen nicht die eine ganz untergeordnete Bedeutung hat. (Vgl. Reisevertrags-

Verkauf von touristischen Leistungen		
Beratungsverkauf	**Bedienungsverkauf**	**Selbstbedienungsverkauf**
innerhalb des Reisebüros, für erklärungsbedürftige und hochpreisige Produkte:	innerhalb des Reisebüros, für standardisierte und mittelpreisige Produkte:	außerhalb des Reisebüros, für Routinebuchungen und niedrigpreisige Produkte durch Ticketautomaten und Office Booking sowie Home Booking:
• Fernreisen • Studienreisen • Kreuzfahrten • Abenteuerreisen • Sporturlaub • Special Interest-Reisen • Gruppenreisen	• Flugpauschalreisen in den Mittelmeerraum („Warmwassertouristik") • Busreisen • Bahnreisen • Kurzreisen • Städtereisen	• Bahntickets • Flugtickets • Last Minute-Angebote • Hotelreservierung • Mietwagenreservierung • Reiseversicherungen • Eintrittskarten

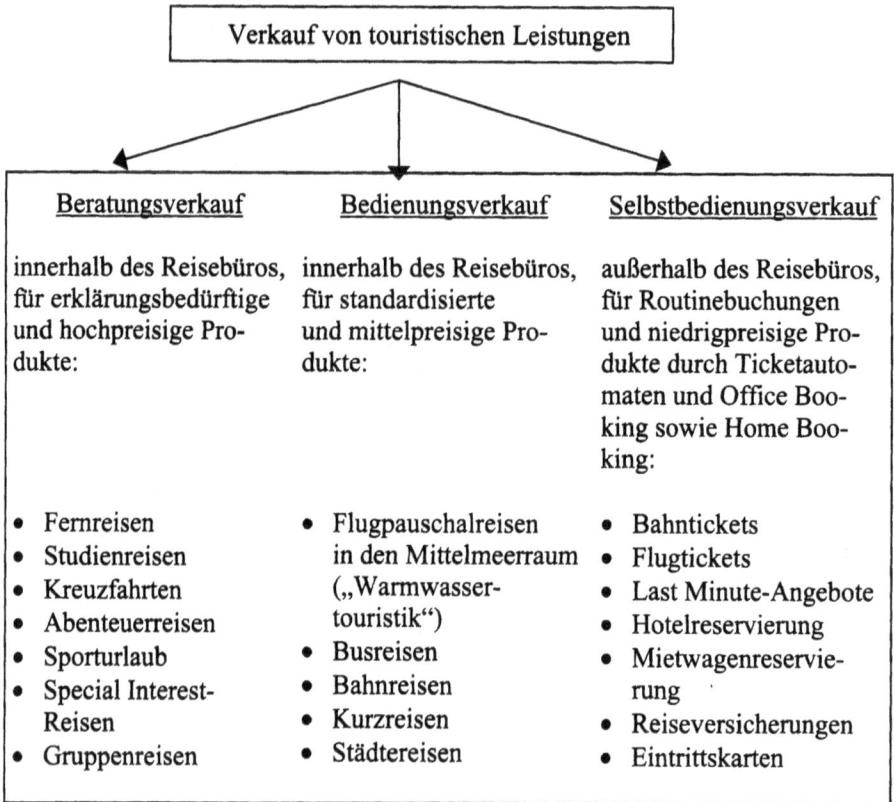

Abb. B.5-2:　Trichotomisierung des Verkaufs von touristischen Dienstleistungen

tragsgesetz (RVG), § 651 a, Abs.1, BGB). Damit kommen für das Reisebüro in seiner Reiserveranstalter-Tätigkeit folgende **Rechtsgrundlagen** zur Anwendung:

• Allgemeine Geschäfts- und Reisebedingungen (DRV),

• Insolvenzversicherung, Kundengeldabsicherung/Sicherungsschein (§ 651 k, BGB),

• Informationsverordnung (§ 651 a, Abs. 5, BGB).

Neben diesen rechtlichen Rahmenbedingungen, deren Risiken und mögliche Haftungsansprüche von Reisekunden das eigenveranstaltende Reisebüro durch den Abschluß einer Reiseveranstalter-Haftpflichtversicherung z.T. ausschließen kann, sind unter Marketing-Aspekten folgende Punkte für die Eigentouristik relevant:

• bei großen Reisebüro-Organisationen hat die Eigentouristik bereits einen Anteil von 10%–15% am gesamten Touristikumsatz,

• durch ein offensives Marketing können Umsatzpotentiale der Schwarztouristik für die Eigentouristik gewonnen werden,

- durch Kalkulationszuschläge von 25%–35% lassen sich i.d.R. bei eigenveranstalteten Reisen höhere Deckungsbeiträge und Profit-Center-Erträge erzielen als bei der vermittelten Touristik (11%–13% Provision),

- die eigenveranstaltete Reise wird oft als sog. „Ad hoc-Reise" organisiert, d.h., das Reisebüro nimmt erst dann konkrete Reservierungen vor, wenn vorher erst ein verbindlicher Buchungsauftrag des Auftraggebers vorliegt; somit werden die Auslastungsrisiken bei den touristischen Leistungsträgern minimiert und die Ertragschancen maximiert,

- die Organisation der eigenveranstalteten Reise wird durch die Reservierungsfähigkeit der touristischen Leistungsträger über Computer-Reservierungssysteme (CRS) und die Inanspruchnahme von Incoming-Agenturen, (Paket-) Reiseveranstaltern, Tourismusstellen und Partner-Reisebüros erheblich erleichtert,

- die klassische Form der Eigentouristik ist die offene und geschlossene Gruppenreise, wie z.B. Club-, Vereins-, Gemeinde-, Leser-, Klassen-, Verbands- und Incentive-Reisen,

- als Verkehrsmittel werden Bus, Bahn (Sonderzüge), Flugzeug (IT-Reise) und Fährschiff (Mini-Kreuzfahrt) bevorzugt,

- Kurzreisen (2–4 Tage), i.d.R. über das Wochenende, sind die dominante Form der eigenveranstalteten Gruppenreise und hier werden Städte-, Event- und Rundreisen am stärksten nachgefragt,

- die Eigentouristik ist hervorragend geeignet, Kompetenz und Kundenorientierung, Kreativität und Innovativität des Reisebüros der Öffentlichkeit und dem Reisepublikum zu vermitteln.

5.2.4   Firmendienst

Geschäftsreisen haben bei Voll-Reisebüros und Reisebüroketten einen Anteil von ca. 40%–60% am Gesamtumsatz. Der Geschäftsreisemarkt gilt als ein Marktsegment mit besonders hoher preis- und servicefokussierter Wettbewerbsintensität und dynamischen Konzentrations- und Globalisierungstendenzen. Hinzu kommt für Reisebüros mit Firmendienst eine ernstzunehmende Substitutionskonkurrenz durch neue Kommunikationstechnologien wie Videokonferenz, Electronic Ticketing und vor allem Online-Booking via Internet. Der Geschäftsreisemarkt wird heute weitgehend beherrscht von den amerikanischen, global operierenden Strategischen Reisebüro-Allianzen (Internet Worldwide Business Travel Management, Woodside Travel Trust, Business Travel International, Carlson Travel Network, American Express Company) und ihren deutschen Allianz-Partnern (Hapag LLoyd-Reisebüro, Deutsches Reisebüro, First Reisebüro Management, Lufthansa City Center). Reisebüros mit einem ausbaufähigen Firmendienst sind heute ohne Mitgliedschaft in einer Strategischen Reisebüro-Allianz kaum noch existenzfähig.

Auf der Nachfrageseite sind vor dem Hintergrund der Globalisierung die **transnationalen Konzerne** die wichtigsten Geschäftspartner der Reisebüros. Diese Groß- und Schlüsselkunden haben eine alles überragende Bedeutung im Firmendienst, denn gemäß der Pareto-Regel werden ca. 80% des Firmendienst-

Umsatzes mit 20% der (Groß-) Kunden erzielt. Aus diesem Grund haben große Reisebüro-Organisationen jeweils ca. 15–20 **Key Account ManagerInnen** (Großkunden-ManagerInnen) in ihre Marketing-Organisation integriert. Key Account ManagerInnen haben u.a. folgende zentralen Aufgaben (vgl. DILLER 1992: 530 f.):

- alleiniger Ansprechpartner eines oder nur weniger Großkunden bei Verhandlungen, Wünschen und Reklamationen,

- Aufbau, Pflege und Absicherung einer nachhaltigen und tragfähigen Geschäftspartnerschaft (Beziehungsmanagement),

- Sammlung und Aufbereitung aller großkundenspezifischen Daten zum Aufbau eines aussagefähigen Kundeninformationssystems,

- Analyse der Umsatzpotentiale, Deckungsbeiträge, Marktanteile und Wettbewerbssituation der Großkunden,

- Weitergabe von Kundenwünschen an die Firmendienstabteilung.

Großkunden erwarten von einem Reisebüro-Firmendienst ganz **spezifische Service-Leistungen**. Dazu gehören u.a.:

- Flughafen-Service, z.B. kostenlose Hinterlegung von TOD-Tickets (ticket on departure),
- Benutzung der Flughafen-Lounge,
- kostenlose Belieferung mit ausführlichem geschäftstouristischen Informationsmaterial,
- Schulung und Frei-Reisen für MitarbeiterInnen der Firmenreisestelle,
- Vergünstigungen bei Buchung privater Urlaubsreisen der Großkunden-MitarbeiterInnen,
- Implant-Reisebüro: in das Geschäftsgebäude des Großkunden integrierte Reisebüro-Filiale,
- Visa-, Devisen-, Messe-, Dolmetscher-Service,
- Kompetenzen im SETAKO-Bereich (Seminar, Tagung, Kongress),
- Organisation von Incentive-Wettbewerben und Incentive-Reisen.

Ein zentraler Punkt in der Zusammenarbeit zwischen Reisebüro-Firmendienst und (Groß-) Unternehmen stellt der preispolitische Parameter **Vergütungsform** dar, das i.d.R. in einem Rahmenvertrag verbindlich geregelt ist. Drei Vergütungsformen sind hier üblich (vgl. Abb. B.5-3):

(1) **Management Fee:** Das Reisebüro verpflichtet sich, die erhaltene Gesamtprovision für den kundeninduzierten Umsatz voll an den Firmenkunden weiterzugeben (Reisekostenabrechnung auf Netto-Einkaufspreis-Basis des Reisebüros). Als Gegenleistung zahlt der Kunde dafür eine feste Jahresgebühr, die die anteiligen Vollkosten und den anteiligen kalkulatorischen Gewinn des Reisebüros enthält. Die Höhe der Management Fee ist abhängig von der Höhe des Firmenumsatzes und Art und Umfang der erbrachten (Service-)Leistungen des Reisebüros. Die Management Fee-Regelung wird in Zukunft eine Bedeutungszunahme erfahren.

(2) **Transaction Fee:** Das Reisebüro verpflichtet sich, die erhaltene Gesamtprovision für den kundeninduzierten Umsatz voll an den Firmenkunden weiterzugeben, d.h. die Reisekosten werden auf Nettoeinkaufspreis-Basis

des Reisebüros abgerechnet. Als Gegenleistung zahlt der Kunde dafür für jede erbrachte Leistung (Transaktion) des Reisebüros wie Reservierung, Umbuchung, Stornierung, Ticketing wie auch Information und Beratung eine Gebühr (Fee).

(3) **Kickbacks:** Bei dieser traditionellen Form der Rabattierung und Umsatzrückvergütung verpflichtet sich das Reisebüro, einen Teil seiner erhaltenen Provision für vermittelte Flug- und Bahntickets, Hotel-und Mietwagen-Leistungen an den Kunden weiterzugeben. Dieses Provisionssplitting, i.d.R. 3%–5%, kann noch differenziert werden nach Umsatzhöhe, Leistungsart und Leistungsträger. Die Kickback-Regelung wird in Zukunft eine Bedeutungsabnahme erfahren.

5.2.5   Touristische Komplementärangebote

Neben den basalen Reisebüroangeboten Urlaubsreisen und Geschäftsreisen spielen die touristischen Ergänzungsleistungen als Umsatzträger eine zweitrangige Rolle. Diese „Residualkategorie" könnte jedoch in Zukunft an Bedeutung gewinnen, wenn der Verkauf dieser Produkte

- durch kooperative Promotionaktionen gefördert wird,
- die Reisebüromitarbeiter zum Zusatzverkauf motiviert werden (Provision),
- die Buchbarkeit über elektronische Reservierungssysteme erleichtert wird.

(1) Die Reiseversicherungen

Sie stellen eine steigerungsfähige Umsatzsparte im Reisebüro dar: Sie sind leicht zu verkaufen, da ein entsprechendes Angebot bereits auf ein latentes oder manifestes Sicherheitsbedürfnis des Reisebürokunden stößt. Außerdem kann man mit
gezielten Verkaufsförderungsaktionen eine neue und sehr große Zielgruppe für Reiseversicherungen gewinnen: die sog. „Individualreisenden" als bisherige Nicht-Reisebürokunden, die erstmals zwecks einer Reiseversicherungspolice die berühmte „psychologische Hemmschwelle" zum Reisebüro überschreiten könnten. Durch relativ hohe Provisionen und rationelle Policierung über Computer-Reservierungssysteme (AMADEUS) lassen sich auch hohe Deckungsbeiträge erzielen.

(2) Die Reservierung von Hotelzimmern

- Sie gestaltet sich dagegen im Reisebüro schwieriger. Urlaubs- und Geschäftsreisende reservieren zum überwiegenden Teil ihre Hotelzimmer selbst. Unzulänglichkeiten bestehen insbesondere in der Verkaufsunterstützung (Promotion, Printmaterial, Corporate Rates),
- Abrechnung (Voucher, Provision, Stornobedingungen),

Reservierungsfähigkeit (Reservierungssysteme, zentrale Zimmervermittlung.

Vertragsgestaltung im Reisebüro – Firma			
Konzept	Vertragsgestaltung	Vorteile	Nachteile
Management Fee	- Der Kunde erstattet dem Reisebüro alle Kosten zuzüglich eines vorab definierten Gewinns. - Die Provisionen werden an den Kunden weitergereicht.	- Die Reisebüroeinnahmen sind nicht mehr vom Umsatz abhängig. - Die Reisebürokosten stehen fest. - Der Provisionskonflikt wird entschärft. - Der Anreiz, teurer als nötig zu verkaufen, entfällt.	- Das Reisebüro erzielt auch dann Gewinn, wenn keine Kostensenkung realisiert wird. - Die Beratungs-qualität wird nicht gefordert. - Die Reisebüro-kosten lassen sich kaum auf die Kostenstel-len umlegen.
Transaction Fee	- Der Kunde zahlt für jede Tätigkeit des Reisebüros (Ticketausstellung, Umbuchung usw.) eine Gebühr. - Die Provisionen werden an den Kunden weiterge-reicht.	- Bezahlt wird der Aufwand. - Die Reisebürokosten lassen sich genau den einzelnen Kostenstellen zuordnen. - Die Reisebüroeinnahmen sind nicht mehr vom Umsatz abhängig. - Der Provisionskonflikt wird entschärft. - Der Anreiz, teurer als nötig zu verkaufen, entfällt.	- Die Reisebüro-kosten sind vorab schwer kalkulierbar. - Der Aufwand für die einzelne Tätigkeit ist für den Kunden kaum nachvoll-ziehbar. - Das Reisebüro kann den ge-wünschten Gewinn schon vorab ein-kalkulie-ren. - Die Beratungs-qualität wird nicht gefordert.
Savings-Modell	- Das Reisebüro wird an der erzielten Reisekostensenkung beteiligt. - Die Provisionen werden an den Kunden weiterge-reicht.	- Es erfolgt eine leistungsgerechte Bezahlung des Reisebüros. - Die Beratungsqualität wird gefordert. - Die Reisebüroeinnahmen sind nicht mehr vom Umsatz abhängig. - Der Provisionskonflikt wird entschärft.	- Die Definition der Kostensen-kung ist schwie-rig. - Die Preisände-rungen bei den Reiseleistungen haben direkten Einfluß auf das Kostensenkungspotential. - Die erzielte Kostensenkung ist schwer nachvollziehbar.

Abb. B.5-3: Vergütungsformen im Reisebüro-Firmendienst

Als Komplementärangebote kommen für das Reisebüro in Frage:

(3) Die Reservierung von Mietwagen

Sie erfolgt heute i.d.R. vom Mieter direkt beim Autovermieter. Dieses Vermitttlungsgeschäft hat aber insofern für Reisebüros seine Grenzen, da die Reservierung für die Kernzielgruppe der Geschäftsreisenden oft nur über „Corporate Rates" (Firmentarife) möglich ist und diese nicht provisionsfähig sind. Erfolgsversprechender gestaltet sich dagegen die Vermittlung von Mietwagen in touristischen Destinationen (Mietwagenschecks für Ferienautos).

(4) Die Fährschiff-Reservierungen

Sie eröffnen die Möglichkeit, Individual- und Autotouristen für das Reisebüro zu gewinnen. Allerdings ist die Reservierung von Fähren oft ein undankbares, d. h. ein arbeitsaufwendiges und provisionsniedriges Geschäft, so daß einige Reisebüros Fährschiffreservierungen grundsätzlich ablehnen oder eine zusätzliche Reservierungsgebühr erheben. Wenn jedoch dieses Geschäft systematisch und rationell betrieben wird (CRS, Schiffahrtscheine) läßt sich auch durch die naheliegenden „Add-On-Verkäufe" (Reiseversicherungen, Reiseliteratur) eine Erhöhung des „Store Traffic" (Kundenfrequenz) erzielen.

(5) Der Vorverkauf von Eintrittskarten

Für Kultur-, Sport- und Messeveranstaltungen ist er über elektronische Reservierungs- und Ticketingsysteme (START-KART) sehr ausbaufähig. Dieses Angebot steht in unmittelbarem Zusammenhang mit den basalen touristischen Leistungen wie Transport und Unterkunft vor allem bei Städte-, Gruppen- und Geschäftsreisen. Der Veranstaltungsmarkt gilt als besonders expansiver Markt und das Vorverkaufsangebot wird ständig erweitert.

(6) Der Verkauf von Reiseartikeln

Er war im Reisebüro bisher nicht erfolgreich. Reisebüros tun sich im allgemeinen schwer mit der Vermarktung von Warenprodukten, da ihnen Kompetenzen und Erfahrungen im Bereich des Einkaufs, Kalkulation, Sortiments- und Preisgestaltung, Präsentation und Promotion fehlen. Wenn dieses Geschäft jedoch professionell betrieben wird und entsprechende verkaufsfördernde Placierungsmöglichkeiten im Reisebüro-Ladenlokal gegeben sind, lassen sich hier interessante Zusatzumsätze erzielen.

(7) Der Verkauf von Reiseliteratur

Er ist in den meisten Reisebüros unterentwickelt. Im Buchhandel gehört die Reiseliteratur seit Jahren zu den Umsatzsparten mit den höchsten Zuwachsraten. Dieser Boom, den die Reisebüros regelrecht verschlafen haben, wird voraussichtlich weiter anhalten, da durch ein gestiegenes Bildungsniveau ein verstärktes Informationsbedürfnis über touristische Destinationen konstatiert werden kann. Für Reisebüros tut sich hier ein mengenmäßig hoch interessanter und hochkarätiger (Handelsspanne ca. 30 bis 40 Prozent) Zusatzmarkt auf; vor allem auch deshalb, weil viele Privat- und Pauschalreisende hinsichtlich ihrer Struktur mit der Kernzielgruppe der Buchkäufer nahezu identisch sind. Grundvoraussetzungen für ein erfolgreiches Reiseliteratur-Marketing im Reisebüro sind neben einer ansprechenden visuellen Buchpräsentation, Promotionaktionen, Fachkompetenz im Bucheinkauf und in der Kundenberatung.

Komplementär-Angebote	Beispiele
• Reiseversicherungen	Reiserücktrittskosten-, Reisegepäck-, Reisekranken-, Reiseunfall-, Reisehaftpflicht-Versicherung, Versicherungspakete
• Hotelreservierungen	Stadt- und Ferien-Hotels (DER-Hotelvoucher)
• Mietwagenreservierungen	„Fly & Drive", „Drive & Fly", „Rail & Road", Wohnmobil-Vermittlung, Ferienauto-Scheck
• Fährschiffreservierungen	Skandinavien-, England-, Mittelmeerfähren
• Eintrittskarten-Vorverkauf	Festspiele, Musicals, Popkonzerte, Theater, Klassikkonzerte, Sportveranstaltungen, Mesen via START-KART und Tele-Ticket
• Reiseartikel	Reisegepäck, Strandartikel, „Medical Set", Reisespiele, Weltstecker, „Elektronisches Wörterbuch"
• Reiseliteratur	Reiseführer, Straßenkarten, Sprachführer, Reisezeitschriften, Reisevideos

Abb. B.5-4:   Touristische Komplementär-Angebote im Reisebüro

5.3   Kommunikationspolitik

5.3.1   Begriff und Bedeutung

Marketingerfolge im Reisebüro sind bei weitgehend leistungsgleichen und preisidentischen Angeboten der Mitbewerber in hohem Maße auch Kommunikationserfolge. Reisebürowettbewerb muß daher auch ganz bewußt als Kommunikationswettbewerb aufgefaßt werden. Das ergibt sich aus der Ubiquität und Omnipräsenz der substituierbaren und (noch) Katalogpreisgebundenen Angebote der Groß- und Universalveranstalter (TUI, Thomas Cook, Rewe-Touristik) und aus den preisgebundenen Verkehrstarifen (IATA-Airlines, Deutsche Bundesbahn) in den Reisebüros. Bei nahezu leistungs- und preisidentischen Angeboten ist der Reisebüromarketer erfolgreicher, der die kommunikativen Marketinginstrumente kontakt- und buchungswirksamer einsetzt als seine Mitbewerber.

Es gibt in der touristischen Marketingpraxis viele Beispiele dafür, daß ein reflektierter Einsatz der Subinstrumente der Kommunikationspolitik (Persönlicher Verkauf, Verkaufsförderung, Öffentlichkeitsarbeit, Werbung) als „Sprachrohr des Marketings" zu entscheidenden kommunikationsinduzierten Wettbewerbsvorteilen („communication advantages") führen kann.

Den existenzerhaltenden Zahlungsprozessen sind im Reisebüro die Buchungsprozesse vorgeschaltet, denen wiederum Kommunikationsprozesse vorausgehen. Würden Reisebüros aufhören zu kommunizieren, dann würden sie auch aufhören zu existieren. Reisebüro-Kommunikation ist also ein Totalphänomen, bei dem man alles „falsch" oder „richtig" machen kann und zur Seins- und Überlebensfrage wird. Erfolgreiche Marktkommunikation setzt die Definition von Kommunikationszielen voraus, wie z.B.:

- Klare Positionierung des Reisebüros und Abgrenzung zu Mitbewerbern,

- Aufbau eines Corporate-Identity-orientierten Reisebüro-Images,

- Aufbau, Festigung und Erhöhung des Bekanntheitsgrades des Reisebüros,

- Vermittlung von Wissen über die Angebote und über das Reisebüro selbst,

- Auslösung von Buchungsimpulsen für die Angebote des Reisebüros.

5.3.2 Verkaufsförderung

Verkaufsförderung (Sales Promotion) kann in Abgrenzung zu den anderen kommunikativen Marketinginstrumenten wie folgt charakterisiert werden:

- Verkaufsförderung setzt schwerpunktmäßig am „Point of Purchase" (POP) oder auch „Point of Sales" (POS) genannt ein, also im Ladenlokal des Reisebüros selbst,

- Verkaufsförderung ist i.d.R. zeitlich begrenzt,

- Verkaufsförderung wird oft mit Preisaktionen kombiniert,

- Verkaufsförderung soll kurzfristig Mehrumsätze induzieren,

- Verkaufsförderung wird oft in Kooperation mit anderen touristischen Leistungsträgern, insbesondere Reiseveranstaltern, durchgeführt.

Wie Abb. B.5-5 zeigt, kann die Verkaufsförderung im Reisebüro auf drei Ebenen wirksam werden:

5.3.2.1 Verkaufspersonal-Ebene

(1) Informationsveranstaltungen

Bei den Programmvorstellungen der touristischen Leistungsträger (Reiseveranstalter) werden neben den allgemeinen Kataloginhalten insbesondere die Innovationen für die kommende Saison herausgestellt; diese Veranstaltungen finden meist im geselligen Rahmen außerhalb der Arbeitszeit statt. Informationsveranstaltungen können aber auch betriebsintern durchgeführt werden, z.B. wenn die Geschäftsleitung die MitarbeiterInnen über wichtige verkaufsfördernde Neuigkeiten der Marketingpolitik informiert oder wenn eine Mitarbeiterin ihren touristischen Informationsvorsprung, erworben auf Seminaren und Informationsreisen, an Kolleginnen weitergibt.

(2) Schulungen

Gemäß dem Motto „Ein Unternehmen ist nur so gut wie seine MitarbeiterInnen", besteht gerade im Reisebüro aufgrund der hohen Veralterungsquote des touristischen Wissens (Halbwertzeit des touristischen Wissens ca. fünf Jahre), ein permanenter Qualifizierungsbedarf der MitarbeiterInnen. Verkaufsfördernde Schulungen können dabei auf drei Ebenen ansetzen:

- **Touristisches Wissen:** Produkt- und Destinationswissen etablierter und innovativer touristischer Angebote, vermittelt auf Seminaren in Kooperation mit touristischen Leistungsträgern und/oder National Tourist Organisations (NTOs) und/oder freien Bildungsträgern, z.B. Willy-Scharnow-Stiftung des Deutschen Reisebüroverbandes (DRV).

- **Verfahrenswissen:** Aus- und Weiterbildung mit Fokussierung auf New Media-Technologien, wie Computer-Reservierungssysteme (CRS), PC-Standardsoftware, Multimedia und Onlining/Interneting

- **Verkaufswissen:** In diesem Schulungsbereich werden Qualifikationen für den face to face-Verkauf und Telefon-Verkauf (Call Center) insbesondere durch Verkaufspsychologie und Rhetorik vermittelt.

(3) ExpedientInnenreisen

Diese Reisen sind besser bekannt unter dem Namen Informationsreisen, FAM-Trips (Familary-Trip), PEP-Trips (Produkterfahrungsprogramm) oder KLA-Trips (Kennenlern-Aktion). Bei diesen Reisen werden Reisebüro-MitarbeiterInnen kostenlos oder mit einem geringen Selbstfinanzierungsanteil zu einer „Reise vor Ort" der Angebote der touristischen Leistungsträger (Reiseveranstalter) eingeladen. Eine Sonderform der ExpedientInnen-Reise stellt die rabattierte private Urlaubsreise von Reisebüro-MitarbeiterInnen und ihren LebenspartnerInnen dar; Reiseveranstalter gewähren hier ca. 25% Preisermäßigung auf den Katalogpreis und bei Last-Minute-Angeboten noch wesentliche höhere Rabatte, IATA-Airlines bieten den beliebten Agent Discount 75 (AD 75) an, d.h. 75 % Ermäßigung auf den Normaltarif, und auch Hotels, Reedereien, Busunternehmen und Autoverleiher haben ähnliche Vergünstigungen für das Reisebürogewerbe. Hinter allen Reiseformen steht die Erkenntnis, daß von Reisebüro-MitarbeiterInnen selbsterfahrene Produkte und Destinationen besser verkauft werden als nur katalogvermittelteAngebote der touristischen Leistungsträger. ExpedientInnen-Reisen induzieren also i.d.R. auch Mehrumsätze bei den „Sponsoren".

(4) Verkaufswettbewerbe

Verkaufs- und Buchungswettbewerbe dienen dem temporären Mehrumsatz für das Gesamt- bzw. Teilprogramm eines touristischen Leistungsträgers (Reiseveranstalter) oder reisebüro-eigener Produkte. Überdurchschnittlich gut verkaufende Reisebüro-MitarbeiterInnen erhalten als Gewinner des Wettbewerbes eine Prämie in Form von Geld oder Sach- und Dienstleistungen oder einer Reise.

Verkaufsförderung		
reisemittler-bezogene Verkaufsförderung	**endverbraucher-bezogene Verkaufs-förderung**	**sonstige Verkaufs-förderung**
	sie kann zum Teil direkt vom Veran-stalter, zum Teil über den Reisemittler an den Endverbraucher herangetragen wer-den:	Adressat: sog. Multiplikatoren, wie z.B.
auf das Verkaufs-personal ausgerich-tet / auf das Reisebüro ausge-richtet	• Attraktives Schau-fenster- und Innen-raum-Display • Verbundaktionen der Reiseveranstal-ter mit Fremden-verkehrsregionen oder -orten (Fol-kloredarbietung, thematisches Schaufenster) • Verbraucher-wettbewerbe (Ge-winnspiele, Preis-ausschreiben, Gut-scheinaktion) • Zugaben (Puzzle, Reiseführer) • Sonderaktionen	• Journalisten-reisen • Aktionen bei Vorständen von Vereinen, Clubs

auf das Verkaufs-personal ausgerich-tet

- Informationsver-anstaltungen
- Schulungen
- Expedienten-reisen
- Verkaufswettbe-werbe
- Leistungsanreize

auf das Reisebüro ausge-richtet

- Displaymaterial
- Reisebüro-Wettbewerbe
- Super-Provision
- Info-Schreiben, Vakanzlisten usw.
- Info-Thek, Vi-deo-Thek
- Verkaufsfolder

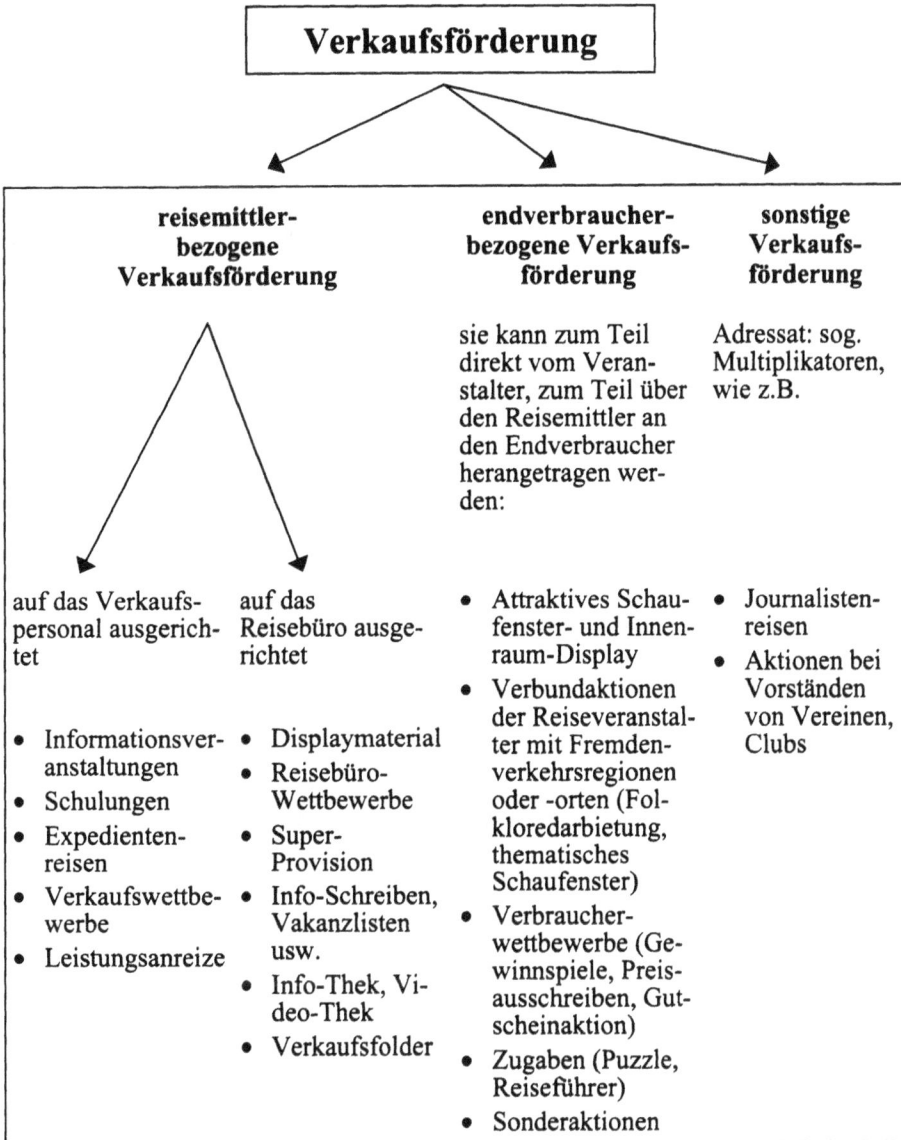

Abb. B.5-5:   Verkaufsförderung im Reisebüro
(Quelle: Touristik Management Nr. 5/1986)

(5)   Leistungsanreize

Hierunter sind finanzielle Anreizsysteme einer modernen Personalführung zu ver-stehen, die insbesondere in mittelständischen Reisebüros noch unterentwickelt sind. Dazu gehören beispielsweise übertarifliche Leistungen wie Gratifikationen und individuelle und kollektive Umsatz- und Gewinnbeteiligungen; auch die in einigen Reisebüros gezahlte Provision (ca.10%) beim Abschluß von Reiseversi-cherungen an die MitarbeiterInnen fällt hier hinein.

5.3.2.2 Reisebüro-Ebene

(1)   Displaymaterial

Hierunter versteht man Aufsteller, Plakate, Prospektständer und sonstiges Dekorationsmaterial im Innen- und Außenbereich des Reisebüros.

(2)   Reisebürowettbewerbe

Eine Teilnahme des Reisebüros an Schaufenster-Wettbewerben der touristischen Leistungsträger und Tourismus-Organisationen und an Umsatz-Wettbewerben (z.B. TUI-Club 100) kann ebenfalls verkaufsfördernd sein.

(3)   Superprovision

Erzielt ein Reisebüro im laufenden Geschäftsjahr einen Mehrumsatz gegenüber dem Vorjahr bei einem touristischen Leistungsträger, kann eine Super-Provision, auch Overriding Commission genannt, gezahlt werden; das gleiche gilt für den verstärkten Verkauf des Reisebüros von vorher deklarierten (buchungsschwachen) Programmteilen (Destination, Reisetermin, Abflughafen) eines touristischen Leistungsträgers (Reiseveranstalter), die dann superverprovisioniert werden.

(4)   Infoschreiben

Aktuelle Vakanz-Meldungen der touristischen Leistungsträger, z.B. wöchentlich über Infox, insbesondere auch über Kurzfrist-Buchungen, können ebenfalls verkaufsfördernd sein.

(5)   Videothek

Kauf- oder Leihvideos über touristische Produkte und Destinationen für Reisebüro-Personal und Kunden sind ein weiteres Instrument der Verkaufsförderung.

(6)   Verkaufsfolder

Die sog. „Flyer" oder auch „Leaflets" genannten Printerzeugnisse für touristische Produkte können in Massenauflagen mit breiter Streuwirkung ebenfalls verkaufsfördernd wirken.

5.3.2.3   Endverbraucher-/Kunden-Ebene

(1)   Schaufenster

Das Schaufenster ist die Visitenkarte des Reisebüros und besonders wichtig in Geschäftslagen mit hoher Passantenfrequenz. Reisebüros übernehmen häufig die komplette Schaufenster-Dekoration von touristischen Leistungsträgern mit der Folge, daß sie sich dadurch kaum von Mitbewerber-Reisebüros unterscheiden und eine eigene individuelle und kreative Corporate Identity-Linie nicht zum Ausdruck gebracht wird.

(2)   Verbundaktionen

Hierunter sind Aktivitäten mit touristischen Kooperationspartnern zu verstehen, wie z.B. Folklore-Veranstaltungen mit ausländischen Tourismus-Organisationen oder Film- und Dia-Vorträge mit Reiseleitern von (Studien-) Reiseveranstaltern.

(4)   Gewinnspiele

Bei Gewinnspielen sollen spezifische touristische Angebote herausgestellt und dem Mitspieler durch ein (banales) Fragespiel Wissen über das Angebot (Reiseart, Destination) vermittelt werden. Die Gewinnpreise sollten in einem Zusammenhang mit dem herausgestellten Angebot stehen, z.B. Freiflüge. Eine wesentliche Intention von Gewinnspielen besteht in der Sammlung von Interessenten-Adressen, die dann später für Direktwerbe-Aktionen verwendet werden können.

(5)   Zugaben

Zugaben, auch als Werbegeschenke oder „Give Aways" bezeichnet, sollen den „Good will" des Reisebüros zum Ausdruck bringen und die Kundenbindung stärken. Die Produktpalette ist hier sehr vielfältig; Werbegeschenke sollten jedoch möglichst einen Bezug zum Reisen haben, wie z.B. Reiseliteratur, Reiseartikel und Strandutensilien.

5.3.3   Public Relations

Public Relations (PR) oder auch Öffentlichkeitsarbeit genannt, ist in vielen Reisebüros unterentwickelt. Im Gegensatz zu den anderen kommunikativen Marketinginstrumenten ist es das Ziel jeder Public Relations-Arbeit, das Reisebüro primär als Ganzes darzustellen und langfristig Vertrauen für das Reisebüro in der Öffentlichkeit aufzubauen und zu festigen. Gemäß dem Grundsatz **„Tue Gutes und rede darüber"** gibt es eine Vielzahl von vom Reisebüro kreierten Anlässen und Aktionen, um die Öffentlichkeit, i.d.R. über die lokale Presse, zu informieren und zu involvieren. Das können z.B. sein:

- Herausgabe einer hochwertigen Image-Broschüre über Kompetenz des Reisebüros,
- Firmenjubiläen, Wieder- und Neueröffnung des Reisebüros und seiner Filialen,
- Erweiterung der Produktpalette und Service-Leistungen des Reisebüros,
- Einführung innovativer Kommunikationstechnologien mit erhöhtem Kundennutzen,
- Duchführung von Tourismus-Ausstellungen und Tourismus-Diskussionen,
- Herausgabe von kostenlosen touristischen Informationsbroschüren für ein breites Publikum,
- Durchführung von (Urlaubsfoto-) Wettbewerben mit Preiseverleihung und Foto-Ausstellung,
- Tag der offenen Tür: Blick hinter die Kulissen eines Reisbüros mit Rahmenprogramm,
- Pressereisen für lokale (Reise-) Redakteure mit Fokussierung auf eigenveranstaltete Reisen,
- Kultur-, Sport-, Öko-, Sozial-Sponsoring für lokale Institutionen und Initiativgruppen.

Presse- und Medienarbeit

Reisebüros brauchen für eine erfolgreiche PR-Arbeit die Medien, und hier insbesondere die Lokalzeitungen, die positive Meldungen über das Reisebüro mit großer Breitenwirkung in die lokale Bevölkerung transportieren. Genauer müßte man daher sagen: „Tue Gutes, rede darüber und lasse darüber reden".

Öffentlichkeitsarbeit erfordert vom Reisebüromarketer viel Kreativität, soziale Sensibilität und vor allem aber kommunikative Kompetenz. Wie PR-Arbeit im Reisebüro aussehen könnte, zeigt Abbildung B.5-6.

5.3.4 Werbung

Während erfolgreiche Public Relations-Arbeit langfristig und vertrauens- und imagebildend wirkt, zielt die Reisebüro-Werbung auf kurzfristige Buchungsimpulse, also auf temporären oder kontinuierlichen Mehrumsatz. Insofern steht auch i.d.R. bei der Reisebüro-Werbung nicht das Reisebüro als gesamtes Unternehmen im Vordergrund, sondern spezifische Reiseangebote mit konkreten Termin-, Leistungs- und Preisangaben.

Mediaplanung

Ausgehend von der Erkenntnis, daß der Kommunikationserfolg maßgeblich von der Selektion und Kombination der geeigneten Werbeträger abhängt, kommt der Mediaplanung im Reisebüro eine hohe Bedeutung zu, die auch in dem folgenden Satz zum Ausdruck kommt:

„The medium is the message" (Marshall McLuhan).

Aktionsebene	Beispiele
• Image-Broschüre	Hochwertige Broschüre, Vermittlung von „Corporate Identity", Unternehmenssolidität, Leistungsangebot, Mitarbeiter-Kompetenz
• Informationsbroschüren	Kostenlose touristische Informationsbroschüren für ein breites Interessenpotential, z.B. über Touristikmedizin, Autotouristik, Familienurlaub
• „Tag der offenen Tür"	Aktionstag mit Kooperationspartnern, „Blick hinter die Kulissen eines Reisebüros"
• Sponsoring	Sport-, Kultur-, Sozio-, Öko-Sponsoring
• Pressearbeit	Pressemeldungen, Pressekonferenzen, Pressegespräche, Pressereisen
• Tourismusausstellung	„Achtung Touristen", „Freizeit fatal", „Intelligenter Tourismus", „Sanftes Reisen"
• Tourismusdiskussion	Gruppen- und Podiumsdiskussionen, z.B. über „Tourismus und Umwelt"
• Annual Reporting	Geschäftsbericht, Sozial- und Ökobilanz
• Special Event	Neueröffnung, Wiedereröffnung, Firmenjubiläen, Preisverleihungen

Abb. B.5-6:   Aktionsebenen und -instrumente der Öffentlichkeitsarbeit im Reisebüro

Reisebüromarketer müssen bei der Mediaplanung wichtige **Kennziffern** beachten, wie z.B.

- Reichweite: Wieviele Personen erreiche ich mit dem Medium?
- Tausenderpreis: Was kostet mich die Ansprache von 1000 Personen?
- Zielgruppengenauigkeit: Welche Zielgruppen erreiche ich mit dem Medium?
- Kontaktqualität: Welches Mediaverhalten zeigen die Nutzer des Mediums?

Von der Vielzahl der potentiellen Werbe-Medien kommen für die Reisebüro-Werbung insbesondere folgende in Frage:

(1)   Lokale Tageszeitung

Die lokale Tageszeitung, die in vielen deutschen Städten und Regionen oft als einzige eine Monopolstellung hat, ist innerhalb des Werbe-Mix des Reisebüros i.d.R.das Basis-Medium. Bevor Reisebüros Anzeigen in diesem Medium plazieren, sollten sie anhand der von den Zeitungsverlagen herausgegebenen „**Media-Daten**" prüfen, ob sie mit der soziodemografischen Struktur der Leserschaft und deren Reiseverhalten auch die anvisierte Zielgruppe für ihre Reiseangebot auch erreichen. Die lokale Tageszeitung hat gegenüber anderen Werbe-Medien entscheidende Vorteile, insbesondere sind das:

- Reichweite: ca. 80% aller lokalen Haushalte werden erreicht,
- Tausender-Preis: relativ preisgünstiger Insertionspreis, um 1.000 Personen zu erreichen,
- Schaltung: unbegrenzte und kurzfristige Anzeigenschaltungen sind möglich (wichtig bei Last-Minute-Reisen),
- Beilagen: Streuprospekte mit Anforderungskarte in Kooperation mit Leistungsträgern,
- Redaktionelles Umfeld: Plazierung themenbezogener Reisebüro-Anzeigen im Reiseteil.

(2)   Stadtzeitungen

Stadtzeitungen mit ausführlichem Veranstaltungskalender (Prinz, Zitty, u.a.) eignen sich besonders gut für Flugangebote (Flight Only, Last Minute), da mit diesem Werbe-Medium und seiner Leserschaft die Kern-Zielgruppe ("Hartes Potential") für diese Angebote recht gut erreicht wird:

- junges Publikum: 18–45 Jahre,
- hohes Bildungsniveau: Realschule, Abitur, Hochschule,
- hohe Zeitflexibilität: Schüler, Studenten, Selbständige, Freiberufler,
- hohe Reiseintensität: ca. 90%.

(3)   Kundenzeitungen

Kundenzeitungen sind ein wichtiges Medium zur Kundenbindung und Neukundengewinnung; sie erscheinen zwei- bis viermal im Jahr und werden in Kooperation mit Reiseveranstaltern und Spezialverlagen an ein breites Publikum distribuiert. Kundenzeitungen enthalten einen redaktionellen Teil (Destinationen, Reisearten, neue Produkte) und viel Raum für Anzeigenwerbung.

(4)   Telefonbuchwerbung

Die Telefonbuchwerbung hat sich in den letzten Jahren zu einem expansiven Werbe-Medium entwickelt und wird oft im Werbe-Mix der Reisebüros vergessen. Die **Vorteile**, die für eine Inanspruchnahme dieses Mediums sprechen, sind z.B.

- hohe Reichweite: ca. 99% aller deutschen Haushalte haben einen Telefonanschluss,
- Bedarfskonkretisierung: Zurhandnahme der „Gelben Seiten" bei konkreter Reiseabsicht,
- Langzeitmedium: Telefonbücher und „Gelbe Seiten" werden mehrmals im Jahr genutzt,
- Reiseintensität: „Gelbe Seiten"-NutzerInnen haben eine überdurchschnittliche Reiseintensität.

(5)   Plakatanschlag

Das sog. Großplakat mit ca. 9 qm Werbefläche an Stellwänden von stark frequentierten Straßen und Plätzen kann ein sinnvolles Zusatzmedium im Werbe-Mix des Reisebüros sein. Die Werbeaussage auf dem Plakat muß kurz und prägnant sein und in Sekundenschnelle wahrgenommen werden können. Plakatwerbung kann sehr wirksam sein, wenn sie nahe am Reisebüro-Standort plaziert wird, z.B. an S- und U-Bahn-Stationen.

(6)   Funkwerbung

Lokale Privatradios gehören in den letzten Jahren zu den Gewinnern im Intermedia-Vergleich der Massenwerbung. Der Rundfunk hat sich immer mehr zum Nebenbei-Medium entwickelt: Radiohören bei der Arbeit, Hausarbeit, Autofahrt, Freizeitgestaltung. Mit dem rasanten Anstieg der durchschnittlichen täglichen Hördauer (ca. 90 Min.) der Deutschen haben sich auch die Wahrnehmungschancen für Funkspots erhöht. Auch hier können Reisebüros ihre Funkwerbung im redaktionellen Umfeld einer Reisesendung plazieren. Bei der Schaltung und Gestaltung von Funkspots sollten Reisebüros folgendes beachten:

- Nur Funkspots mit hoher Wiederholfrequenz (Sendestrecke) sind werbewirksam.
- Die soziodemografische Struktur der Hörerschaft ist tageszeitabhängig .
- Funkspots sollten akustisch und urlaubsatmosphärisch untermalt werden (Musik, Geräusche).
- Funkspots sollten Hörer-Response aktivieren, z.B. Tel.-Nr.-Angabe zur Katalogbestellung.

(7)   Kinowerbung

Film- und Dia-Werbung in Kinos sollte nur als Komplementärmedium innerhalb des Werbe-Mix des Reisebüros eingesetzt werden, da die Reichweite relativ gering und der Tausender-Preis relativ hoch ist. Kinowerbung eignet sich aber besonders für die Ansprache junger Zielgruppen in (Hochschul-)Städten, da ca. 70% der KinobesucherInnen unter 30 Jahre alt sind.

(8)   Lichtwerbung

Die Lichtwerbung (Neon-Reklame) ist ein besonders preisgünstiges Werbe-Medium mit hoher Wahrnehmungsfrequenz (belebte Straßen und Plätze, täglicher Arbeitsweg der AutofahrerInnen und ÖPNV-NutzerInnen). Reisebüros können ihre Lichtwerbung in Kooperation mit touristischen Leistungsträgern (Reiseveranstaltern) an ihrem Ladenlokal plazieren.

(9)   Direktwerbung

Die Direktwerbung (DW) hat sich in den letzten Jahren als besonders expansive und erfolgreiche Form der Reisebüro-Werbung entwickelt. Dabei bedient sich die Direktwerbung zum Transport ihrer Werbebotschaften nicht indirekt der sechs klassischen Massenwerbe-Medien wie Zeitung, Zeitschrift, Film, Funk, Fernsehen und Großplakat, sondern erreicht den Umworbenen direkt. Zur Direktwerbung gehören Postwurfsendungen, Handzettel, Prospekte, Kataloge und vor allem adressierte Werbebriefe (Mailings) an ausgewählte Empfängerkreise. Der wichtigste Transporteur der Direktwerbe-Medien ist daher die Post.

Anlässe für Direktwerbe-Aktionen sind im Reisebüro äußerst vielfältig und können z.B. sein:

- Ankündigung der neuerschienenen Reisekataloge mit Anlage einer Katalog-Bestellkarte,
- Zusendung von bestellten und unbestellten Reisekatalogen,
- Informationen über neue Reiseprodukte und neue Service-Leistungen,
- Informationen über Sonderaktionen mit Preisvorteil (First Minute, Last Minute),
- Einladungen zu Informationsvoranstaltungen, Hausmessen und Ausstellungen,
- Glückwunschkarten zu Geburtstagen und Familien-Events,
- Ansichtskarten von Informationsreisen der Reisebüro-MitarbeiterInnen.

Als Gestaltungsempfehlungen für Werbebriefe haben sich herauskristallisiert:

- **Personalisierte Anrede:** Anstatt „Lieber Reiseinteressent" besser „Sehr geehrte Frau Becker", denn erfahrungsgemäß reagiert der Mensch auf kein Wort so stark, wie auf seinen Namen.
- **KISS-Methode:** „Keep it short and simple"; der Werbebrief sollte ein einfaches Sprachniveau haben und von einem 12-Jährigen in ca. 20 Sekunden gelesen werden können.
- **P.S.-Hinweis**: Als „Eye Catcher" wird das P.S. meist zuerst gelesen; es sollte daher eine wichtige Information und einen Appell an den Leser enthalten.
- **Visualisierung:** Wichtige Aussagen sollten durch größere Schrift, Versalien, Fettdruck, Farbdruck, Einrückungen oder Unterstreichungen hervorgehoben werden.
- **Antwortkarte:** Eine sog. „Response-Karte" sollte möglichst dem Werbebrief beigefügt werden, damit der Umworbene mit dem Reisebüro in einen Dialog treten kann, z.B. Katalog anfordern.

Die Direktwerbung hat trotz ihres relativ hohen Tausender-Preises **entscheidende Vorteile**, im einzelnen sind das (vgl. HELL 1985: 12):

- Direktwerbung ermöglicht eine sehr feine Marktsegmentierung und damit kaum Streuverluste.
- Direktwerbung kann den Empfänger mit einer zielgruppenadäquaten Ansprache erreichen.
- Direktwerbung kann vor einer Massenaussendung vorher getestet und optimiert werden.
- Direktwerbung erlaubt eine Werbeerfolgskontrolle durch Response- und Buchungseingänge.
- Direktwerbung hat oft Langzeitwirkung, Aufbewahrung und Mehrfachnutzung der Kataloge.

- Direktwerbung involviert exklusiv den Leser, keine Ablenkung durch Konkurrenz-Angebote.
- Direktwerbung blüht im Verborgenen, sie wird von der Konkurrenz nicht wahrgenommen.

5.3.5   New Media Werbung

Ob die Direct-Marketing-Aktivitäten im New Media-Bereich der touristischen Leistungsträger erfolgreich sein werden und damit die Reisebüros attackieren, ist entscheidend davon abhängig, ob die neuen Kommunikations- und Distributionskanäle gegenüber den traditionellen (insbesondere Reisebüros) einen echten Mehrwert und Zusatznutzen für den New Media-user bieten.

New Media-Marketing in der Touristik	
Indirect New Media-Marketing: Reisebüro-integrierende Kommunikation und Distribution:	**Direct New Media-Marketing:** Reisebüro-substituierende Kommunikation und Distribution:
• (Buchungs-)Partnerschaft mit touristischen Leistungsträgern bei Online-Angeboten (Internet-Portale) • SB-/LM-Terminals im Ladenlokal • E-mail, Fax-Polling	• Internet-Buchungen und Verlinkungen von touristischen Leistungsträgern: Airlines, Hotels, Autovermieter, Deutsche Bahn, Reiseveranstalter • Tele-Shopping: TV-Reise, Vertriebskanäle in Verbindung mit Call Centern

Abb. B.5-7:   Reisebüro-Involvement im New Media-Marketing

Dieser Mehrwert und Zusatznutzen sowie die Präferenzfaktoren und Vorteile im touristischen New Media-Direct Marketing könnten für den Kunden etwa so aussehen:

- **Zeitsouveränität:** ständige Verfügbarkeit der New Media-Offer (24 Stunden, Wochenende),

- **Zeitersparnis:** Wegfall von Wegzeiten zum und Wartezeiten im Reisebüro,

- **Angebotstransparenz:** durch erweiterte Marktübersicht mehr Auswahlmöglichkeiten;

- **Preistransparenz:** Ersparnis durch Preisvergleichssysteme mit „best buy"-Funktion,

- **Aktualität:** tages- und stundengenaue Aktualisierung des Angebotes (Last Minute),

- **Objektivität:** Unabhängigkeit von unobjektiver und unqualifizierter Reisebüro-Beratung,

- **Prestigegewinn:** New Media-User gelten als moderne weltoffene Informationsavantgarde.

Grundsätzlich können beim New Media-Marketing in der Touristik zwei Entwicklungsrichtungen unterschieden werden, bei denen das Reisebüro seine Marktposition festigen kann bzw. seine Existenz zur Diskussion steht. Diese sind in Abb. B.5-7 dargestellt.

6 Personalmanagement in Reisebüro-unternehmen

Prof. Dr. Torsten Kirstges, Fachhochschule Wilhelmshaven

6.1 Organisatorische Voraussetzungen des Personalmanagements

6.1.1 Definitionen und Themenabgrenzung – Problembereiche von Organisation und Personalmanagement

Das vorliegende Kapitel beinhaltet eine möglichst konkrete, **praxisorientierte Anleitung zur Gestaltung der betrieblichen Personalprozesse** bei Touristikunternehmen. **Organisation und Personalwesen**, insbesondere Personalführung, verfolgen grundsätzlich das gleiche Ziel, nämlich die Anleitung der Unternehmensmitglieder zu bestimmten Handlungen. „Organisation" nutzt hierzu strukturelle Maßnahmen, „Führung" basiert auf interpersonellen, direkt-persönlichen Handlungsanweisungen. Die organisationalen Regelungen setzen quasi den Rahmen, der durch personalpolitische Maßnahmen im Detail ausgefüllt wird.

Ziel des **(strategischen) Managements** ist es, langfristig das – möglichst erfolgreiche – Überleben einer Unternehmung zu sichern, indem deren **Erfolgspotential** systematisch aufgebaut, bewahrt und genutzt wird. Das Erfolgspotential eines Reisebüros besteht insbesondere in einer guten Mitarbeiterschaft und einem besonderen Kundenkontakt.

Die Management-Stellen kann man z.B. aus einem **Organigramm**, also der graphischen Darstellung des Unternehmensaufbaus, erkennen. Als Besonderheit touristischer Unternehmungen läßt sich z.B. feststellen, daß das Management der betrieblichen **Leistungserstellung** zwar als Aufgabe besteht, dort aber organisatorisch **nicht in einer Produktionsabteilung** zusammengefaßt, sondern aufgeteilt von anderen Abteilungen übernommen wird.

Die beiden **Grundformen der Organisation (divisionale/objektorientierte/Sparten-Organisation** versus **funktionaler/verrichtungsorientierter** Organisation) sind bereits an anderer Stelle dieses Buches diskutiert worden, so daß hier auf eine wiederholte Darstellung verzichtet wird.

Die Ausführungen in diesem Kapitel betonen die Besonderheiten des Personalmanagements bei Reisemittlern. Unter einem Reisemittler versteht man ein Unternehmen, das Leistungen von Reiseveranstaltern sowie touristische Grundleistungen (z.B. nur Beförderung durch ein Verkehrsunternehmen) in fremdem Namen

und auf fremde Rechnung verkauft, somit also Leistungen Dritter *vermittelt* und –
unter reiserechtlichen Aspekten – hinsichtlich der Durchführung der Reisen keine
Haftung übernimmt.

6.1.2   Zur besonderen Situation mittelständischer Reisebüros

Die Reisebürobranche ist – trotz des seit einigen Jahren festzustellenden **Konzentrationsprozesses** – stark **mittelständisch** geprägt. Kleine Unternehmens-
bzw. Betriebseinheiten prägen das Bild der deutschen Reisemittlerlandschaft.
Daraus resultieren einige Besonderheiten, die als Rahmenbedingungen für das
Personalmanagement in Touristikunternehmen zu beachten sind:

- Mittelständische Tourismusunternehmen stecken vielfach permanent in **dem
  Dilemma zwischen Arbeitsüberlastung und Personalkostenexplosion.** Da
  Reisemittlertätigkeiten relativ personalintensiv sind, kann eine Expansion oftmals nur über einen Mehreinsatz des Faktors Arbeit erfolgen. Da dies aber zu
  hohen sprungfixen Kosten führt, wird die Einstellung von neuem Personal
  möglichst solange herausgezögert, bis die Arbeitsüberlast der alten Mitarbeiter
  eine neue Stelle ausfüllen kann.

- Insbesondere im **dispositiven Bereich** sparen mittelständische Touristikunternehmen (gezwungenermaßen) an Personal. Viele kleinere Unternehmen sind
  inhabergeführt; Marketing, Personalwesen, Organisation, Finanzwesen liegen
  in einer Hand, was oft zu **suboptimalen Ergebnissen** und **Betriebsblindheit**
  führt. Für ein kleines mittelständisches Unternehmen würde eine „einfache"
  Führungskraft ca. 30.000,- EUR (+ Lohnnebenkosten) jährlich kosten. Durch
  diese Kraft müsste theoretisch ein Mehrumsatz von 2,5–3 Mill. EUR erwirtschaftet werden, damit die Stelle finanziert wäre. Dies stellt für kleine mittelständische Unternehmen eine große Herausforderung dar, zumal *eine* **falsche
  Personalentscheidung** schnell die ohnehin **geringen Renditen** gegen Null
  oder sogar ins Minus katapultieren kann.

6.1.3   Aufgabenanalyse und Ermittlung des Tätigkeitsumfangs

Bevor man Mitarbeiter mit einer Tätigkeit betraut (auf eine Stelle „setzt"), müssen
die im Reisebüro anfallenden Aufgaben analysiert sowie der Umfang der Tätigkeiten ermittelt werden. Nach der Definition der Tätigkeiten, auf die wir hier im
einzelnen nicht eingehen wollen (siehe dazu Abschnitt 6.2.3), gilt es, deren **Umfang abzuschätzen.** Daher erfolgt eine Beschränkung auf den Menschen als Aufgabenträger und eine Betrachtung des Anfalls an Arbeitszeit. Dieser lässt sich
durch **drei Dimensionen** charakterisieren:

- **Zeit**: Wann und in welcher Periodizität entsteht eine Aufgabe? (z.B. jeden
  Montagmorgen; einmal jährlich; etc.)

- **Menge**: Wie umfangreich ist die Aufgabe? (z.B. 12 Stunden)
  Um diese Dimension näher bestimmen zu können, kann es sich bei vielen Aufgaben anbieten, zwischen der anfallenden Menge in der jeweiligen Leistungs-

einheit (z.B. zehn Anfragen für Gruppenreisen mit einem schriftlichen Angebot beantworten) und dem pro Leistungseinheit im Durchschnitt erforderlichen Zeitbedarf (ca. 30 Minuten pro Angebot) zu unterscheiden. So lässt sich durch Multiplikation (10 Anfragen x 30 Min.) der gesamte Umfang einer Aufgabe (5 Stunden) abschätzen.

- **Ort**: Wo entsteht eine Aufgabe? (z.B. am Counter; am Schreibtisch; in Palma de Mallorca; etc.)

Problematisch im Hinblick auf die Gestaltung einer (zeit-)stabilen Organisation wirkt sich ein sehr **unregelmäßiger Arbeitsanfall** aus. Dieser kann zum einen aus einem unregelmäßigen Anfall vorgelagerter Initialfaktoren resultieren – so schwankt z.B. die Zahl der Anfragen nach Gruppenreisearrangements stark: Mal kommen pro Tag 10 Anfragen, mal nur eine – zum anderen im Wesen der Aufgabe selbst liegen – z.B. muss das Layout für den Sommerkatalog punktuell, d.h. zu einem ganz bestimmten Zeitpunkt im Jahr, fertig gestellt werden; sobald dies geschehen ist, sinkt der Arbeitsanfall für diese Tätigkeit auf Null. Zur Lösung dieses Problems müssen dynamische organisatorische Regelungen getroffen werden, auf die wir weiter unten eingehen wollen.

In der Praxis liegen die Hauptschwierigkeiten dieses organisatorischen Schrittes in **der Berechnung bzw. Abschätzung des zeitlichen Arbeitsanfalls**. Unter Umständen kann auf **Erfahrungswerte** aus der Vergangenheit zurückgegriffen werden. **Zeitmessungen** (über Beobachtung mit der Stop-Uhr in der Hand) stoßen bei neuen Unternehmungen bzw. Geschäftsbereichen schnell auf ihre Grenzen. Tests und Versuche (z.B. Durchführung einer Musterbuchung; exemplarische Erstellung einer Katalogseite) bieten unter Umständen einen Ausweg. Vielfach bleibt jedoch nur der analytische Weg durch **systematische gedankliche Vorwegnahme** der einzelnen Tätigkeiten. („Wie lange benötigt man wohl, um ...?").

6.1.4 Koordination der einzelnen Tätigkeiten und Stellenbildung

6.1.4.1 Logisch-zeitliche Anordnung der Einzelaufgaben

Nachdem Art und (Arbeits-)Umfang der einzelnen Tätigkeiten festgelegt wurden, müssen diese in eine logisch-zeitliche Reihenfolge gebracht werden. Die so entstehende **Ablauforganisation** umfasst also die räumliche und zeitliche Strukturierung der Arbeitsvorgänge in einem (Tourismus-)Unternehmen. Dies impliziert, dass eine Aufgabe u.U. auf der Erledigung einer vorhergehenden aufbaut. Eine zeitliche Streckung einer Tätigkeit könnte somit zu einer nicht vertretbaren Verzögerung einer nachfolgenden Tätigkeit führen.

Was aber, wenn eine bestimmte Aufgabe so aufwendig und umfangreich ist, dass selbst eine 40-Stunden-Woche über den vorhandenen Zeitraum (z.B. drei Wochen) nicht zur Bewältigung dieser Aufgabe ausreicht? Für dieses in der Praxis regelmäßig auftretende Problem bieten sich zwei Lösungsansätze:

- Entweder wird die Tätigkeit wird detaillierter beschrieben, somit weiter aufgesplittet, und jede Teilaufgabe wird von einer anderen Stelle erledigt,

- oder die identische Aufgabe wird auf mehrere gleich lautende Stellen verteilt.

Die logisch-zeitlichen Zusammenhänge einzelner Tätigkeiten müssen in einer geeigneten Form der **Dokumentation** für die mit den jeweiligen Problemen konfrontierten Mitarbeiter, insbesondere auch für neue Kräfte, transparent gemacht werden.

Die folgende Abbildung zeigt exemplarisch die Dauer einzelner Tätigkeiten im Rahmen einer typischen Beratungs- und Buchungsleistung eines Reisebüros. Der Gesamtprozess wurde in einzelne Abschnitte zerlegt und der jeweilige Zeitbedarf wurde mit der Stop-Uhr gemessen.

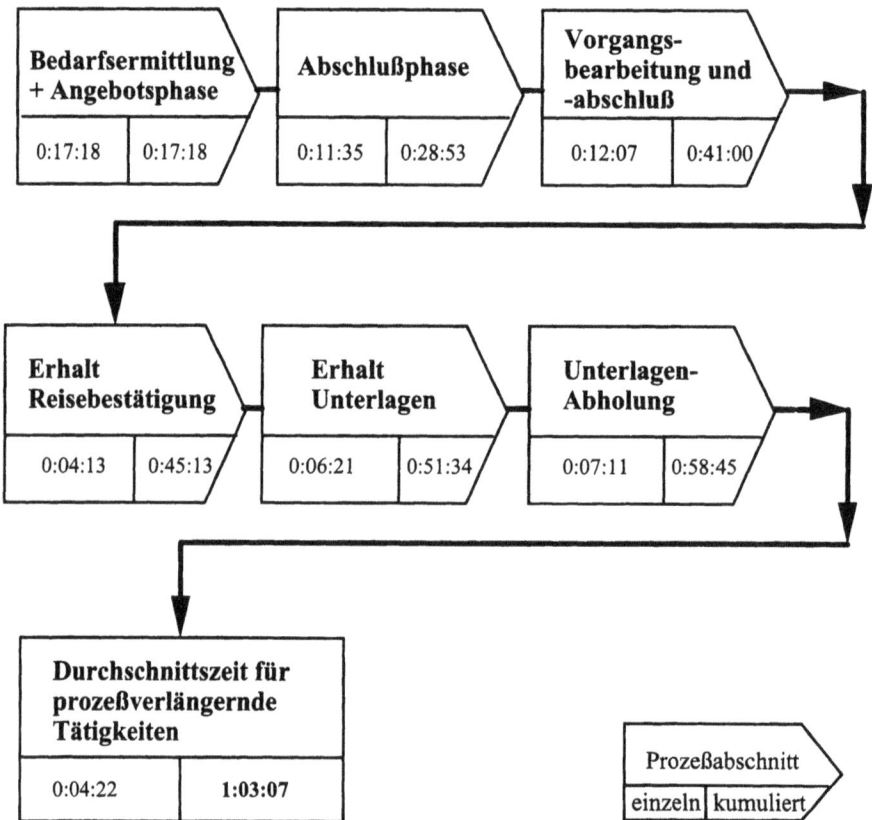

Bedarfsermittlung + Angebotsphase		Abschlußphase		Vorgangsbearbeitung und -abschluß	
0:17:18	0:17:18	0:11:35	0:28:53	0:12:07	0:41:00

Erhalt Reisebestätigung		Erhalt Unterlagen		Unterlagen-Abholung	
0:04:13	0:45:13	0:06:21	0:51:34	0:07:11	0:58:45

Durchschnittszeit für prozeßverlängernde Tätigkeiten	
0:04:22	1:03:07

Prozeßabschnitt	
einzeln	kumuliert

Abb. B.6-1: Ablauf einer Pauschalreise-Buchung - Zeit je Teilprozeß
(Quelle: Marketing Beratung Dr. Helmut Fried & Partner in: fvw Nr. 14/98 vom 12.06.98, vgl. auch Abb. B.3-3, S. 211)

6.1.4.2 Zusammenfassung der Einzeltätigkeiten zu Stellen unter Berücksichtigung des Zentralisationsgrades

Nachdem nun die einzelnen Tätigkeiten beschrieben, in ihrem Umfang festgelegt und untereinander in eine logisch-zeitliche Reihenfolge gebracht wurden, folgt die Überleitung der ablauforganisatorischen Gestaltung in eine **Aufbauorganisation**. Hierunter versteht man die formale Gliederung der Unternehmung unter Aspekten der Aufgaben-/Arbeitsteilung in organisatorische Untereinheiten, die untereinander in Beziehung stehen. Hierzu werden die einzelnen **Tätigkeiten zu Stellen zusammengefasst** (bzw. in mehrere Stellen aufgegliedert).

Eine **Stelle** ist die kleinste organisatorische Einheit der Aufbauorganisation. Sie entsteht durch die Zusammenfassung der aus der vorangegangenen Tätigkeitsanalyse gewonnenen Teilaufgaben gemäß sachlogischen Kriterien zu Aufgabenkomplexen. Eine Stelle besteht i.d.R. aus einem, ggf. auch aus mehreren Menschen, aus einer oder mehreren Maschinen oder auch aus einer Kombination von Personal- und Sachmitteln. Sie stellt somit die Summe aller Aufgaben dar, die einer Person übertragen werden – unabhängig davon, wer diese Person ist. *Eine* Stelle wird also später – dies ist Aufgabe des Personalmangements – i.d.R. durch *einen* Mitarbeiter, den **Stelleninhaber**, besetzt. Sie wird jedoch zunächst **abstrakt**, d.h. unabhängig vom Leistungsprofil eines Mitarbeiters, beschrieben. Zur Aufgabenerfüllung werden dem Aufgabenträger Informationen und Sachmittel (z.B. EDV-Systeme) zur Verfügung gestellt. In einem **Organigramm**, der graphischen Darstellung der Aufbauorganisation einer Unternehmung, aus der die einzelnen Stellen sowie deren Beziehung zueinander (hierarchische Anordnung) erkennbar ist, wird jede Stelle i.d.R. durch ein Kästchen dargestellt.

Zwischen der **Stellenbildung** und der **Aufbauorganisation** besteht ein unmittelbarer **Zusammenhang**: Die Art der Stellengestaltung bestimmt den gesamten Organisationsaufbau, bzw. die gewünschte Art der Aufbauorganisation (z.B. rein funktional) determiniert die Zusammenfassung der Einzelaufgaben zu Stellen. Wie auch immer diese aussehen mag, bei der Stellenbildung sind grundsätzlich folgende **Rahmenbedingungen** zu beachten:

- **Sämtliche** im Zuge der Aufgabenanalyse erarbeiteten **Tätigkeiten** müssen sich in der Beschreibung der Stellen **wieder finden**. Bei Leitungsstellen (Führungskräfte) muss darüber hinaus ein ausreichender **Freiraum für Mitarbeiterführung** vorgesehen werden.

- Der aus den einer Stelle zugeordneten Aufgaben resultierende (Arbeits-) **Zeitbedarf** muss zumindest grob der durchschnittlichen (Wochen-) **Arbeitszeit** eines Mitarbeiters **entsprechen**.

- Der Arbeits-(zeit-)anfall einer Stelle sollte über das gesamte Jahr hinweg möglichst **gleichmäßig verteilt** sein.

- Die **Zusammenfassung** der Tätigkeiten sollte nach **sachlogischen Kriterien** erfolgen. Hierbei bietet sich z.B. eine **Orientierung an Berufsbildern** und Ausbildungsgängen (z.B. Bilanzbuchhalter, Reiseverkehrskauffrau), somit also an den (potenziellen) Aktionsträgern, an. Dies impliziert auch, dass das „**Niveau**" (Anforderungen an Mitarbeiterqualifikationen) der zu einer Stelle aggregierten Tätigkeiten **vergleichbar** sein muss. Aufgabe, Kompetenz und Verantwortung müssen übereinstimmen. Insbesondere ist der gewünschte bzw. erforderliche Grad der **Arbeitsteilung** und der damit verbundene **Zentralisationsgrad** zu beachten.

- Unter bestimmten Bedingungen kommt man nicht umhin, eine **personenorientierte Stellenbildung** vorzunehmen. Dies kann zwar u.U. dem Grundsatz der abstrakten, personenunabhängigen Organisation widersprechen; vielfach bilden jedoch die bereits vorhandenen Mitarbeiter und deren Qualifikation (z.B. hochkarätige, teure Spezialisten) eine zu berücksichtigende Restriktion.

- Eine „falsche", d.h. nicht an sachlogischen oder arbeitsmarktspezifischen Kriterien orientierte Stellenbildung kann dazu führen, daß die Stellen später nicht besetzt werden können, da das erforderliche Personal nicht in der qualitativen und quantitativen gewünschten Weise am **Arbeitsmarkt** vorhanden ist.

Ein Kernproblem im Rahmen der Stellenbildung stellt die Frage der **Aufgabenzentralisation** bzw. -dezentralisation dar. Zentralisation ist die Zusammenfassung von Teilaufgaben aller oder mehrerer (bisherigen) Stellen zu einer (neuen) Stelle (Beispiel: Zentrales Schreibbüro erledigt die Schreibarbeiten mehrerer Stellen). Von **Dezentralisation** spricht man, wenn gleiche Aufgaben auf verschiedene Stellen verteilt werden (Beispiel: Jede Abteilung hat eine eigene Schreibstelle oder jeder Mitarbeiter erledigt seine eigenen Schreibaufgaben (z.B. Geschäftsbriefkorrespondenz) selbst). **Je stärker die Zentralisierung, desto homogener** sind i.d.R. die zu einer Stelle zusammengefaßten Tätigkeiten. In der Folge werden eher **Spezialisten** denn Generalisten als Stelleninhaber benötigt. Bezogen auf die zentralisierte Tätigkeit verfügt jedoch u.U. gerade der Spezialist über ein breites Generalistenwissen.

6.1.4.3   Hierarchische Anordnung der Stellen und Verteilung der Weisungsbefugnis

Im nächsten Schritt werden die geschaffenen **Stellen** in ein **hierarchisches Gefüge** gebracht. Die Gesamtheit aller formalen Regelungen zur Arbeitsteilung und Koordination wird als **formale Organisationsstruktur** bezeichnet.

Bereits oben wurde darauf hingewiesen, dass die zu einer **Stelle zusammengefassten Tätigkeiten** möglichst ein **vergleichbares Niveau** aufweisen sollen. Es dürfte also z.B. im Hinblick auf eine spätere Stellenbesetzung (Stichwort: Personalbeschaffung, s.u.) wenig sinnvoll sein, die Tätigkeiten „Suche neuer Produktbereiche" und „Postabstempelung" in einer Stelle zu verbinden. Trägt man diesem Grundsatz Rechnung, so ergeben sich automatisch Stellen, die sich durch **anspruchsvolle, verantwortliche Aufgaben mit Führungscharakter** auszeichnen, während andere eher **ausführende Tätigkeiten** umfassen. Dieser Grundsatz der Zusammenfassung von im Anforderungsniveau homogenen Tätigkeiten zu einer Stelle schließt jedoch nicht aus, dass im Sinne eines Job-Enrichment bewusst höherwertige Aufgaben zu einer Stelle kombiniert werden. Eine „gesunde" Organisation zeichnet sich dabei zwangsläufig dadurch aus, dass sie relativ viele ausführende und relativ wenige leitende Stellen umfaßt, wobei eine graduelle, hierarchische Abstufung in Form von Zwischenebenen zwischen Top-Stelle(n) und Bottom-Stellen besteht. Daraus resultiert der **pyramidenähnliche Aufbau** einer Unternehmung: oben wenige „Häuptlinge", unten viele „Indianer" – ein Gebilde, das normalerweise auch die Arbeitsmarktsituation eines Landes widerspiegelt.

Abgesehen von der obersten Instanz, der Geschäftsführung oder Unternehmensleitung, haben alle Instanzen auch den Charakter von **Ausführungsstellen**. Unabhängig von der hierarchischen Anordnung haben somit i.d.R. alle Stellen (auch) **Realisationsaufgaben**; der Anteil dieser operativen Aufgaben nimmt jedoch - zulasten der Planungs- und Führungstätigkeiten - mit der Basisnähe zu.

Die **Form der Organisationshierarchie**, erkennbar aus einem Organigramm, liefert erste Anhaltspunkte zur Beurteilung des **Koordinations- („Verwaltungs-") Aufwands** einer Unternehmung: Je **breiter** (d.h. je mehr Stellen auf einer hierarchischen Ebene) und je **tiefer** (d.h. je mehr übereinander angeordnete Stellen), desto „bürokratischer" ist ceteris paribus die Organisation. Die jüngsten Trends der Organisations- und Managementlehre verfolgen mit dem sog. **Lean-Management** das Ziel, Organisationen möglichst flach und schlank zu gestalten.

Die Dokumentation der einer einzelnen Stelle obliegenden Tätigkeiten erfolgt in einer sog. **Stellenbeschreibung**. Diese enthält, je nach Detaillierungsgrad ihrer Formulierung, (mindestens) die Bezeichnung der Stelle, Informationen zu ihrer Einordnung in den Organisationsaufbau, zur Stellvertretung, Unterstellung, zum Stellenziel und zu den Hauptaufgaben sowie technisch-organisatorische Angaben (z.B. Zeichnungsbefugnis). Darüber hinaus können Anforderungen an die Person des (potentiellen) Stelleninhabers, seine Belastungsfähigkeit sowie Maßstäbe zur Beurteilung seiner Leistungen in der Stellenbeschreibung festgelegt werden. Letztlich resultiert daraus ein **Anforderungsprofil**, das die Basis für die spätere **Personalauswahl** bildet. Je höher das Anforderungsniveau, desto „schwieriger" ist die Stelle, desto höher wird sie i.d.R. in der Unternehmenshierarchie aufgehangen sein. Derartige Anforderungen sind Soll-Vorstellungen über diejenigen Voraussetzungen, die von einer Person als Stelleninhaber erfüllt sein müssen, damit diese die der Stelle zugehörigen Aufgaben bewältigen kann.

6.2 Ausgewählte Probleme des Personalmanagements im Reisebüro

Gerade in **Dienstleistungsunternehmen** stellen die **Mitarbeiter** *den* **Erfolgsfaktor** dar. Insofern kommt dem Personalmanagement bei Reisemittlern eine besondere Bedeutung zu. Allerdings unterscheidet sich das Personalwesen bei Tourismusunternehmen nicht wesentlich von dem anderer Unternehmungen:

- Es gelten dieselben (arbeits-) rechtlichen Rahmenbedingungen (vgl. HENTZE: 447–449. Speziell zu arbeitsrechtlichen Regelungen bezüglich der Arbeitszeit, z.B. Sonderurlaub für Pflege kranker Kinder; Arztbesuche, Behördengänge etc. während der Arbeitszeit; Wegerisiko/Unpünktlichkeit; Mehrarbeitsvergütung bei Überstunden siehe HENTZE, Arbeitszeit).

- Wie in anderen Branchen auch gibt es **Tarifverträge**, die hier zwischen den Gewerkschaften (ver.di) und den Arbeitgeberverbänden (DRV-Tarifgemeinschaft, asr) abgeschlossen werden. Hervorzuheben ist hier lediglich, dass es keine eigene „Tourismusgewerkschaft" gibt.

- **Betriebsvereinbarungen** und individuelle **Arbeitsverträge** haben grundsätzlich den gleichen Inhalt wie in anderen Branchen.

- Die **personalpolitischen Instrumente** sind dieselben.

Aus diesen Gründen soll auf eine breite, allgemeingültige Behandlung der personalwirtschaftlichen Fragestellungen in diesem Buch verzichtet werden. Lediglich ein grober Überblick über die Teilbereiche des Personalmanagements soll die Gestaltungsdimensionen ins Bewusstsein des Lesers rufen (Zur ausführlichen Erarbeitung dieser allgemeingültigen Grundlagen kann auf die Standardwerke der Personalwirtschaftslehre verwiesen werden, z. B. HENTZE, Personalwirtschaftslehre, BISANI, Personalführung.). Vertieft werden daraufhin einige sehr **spezielle Aspekte der Personalpolitik**, die gerade **für mittelständische Reisebüros** von großer Relevanz sein können.

6.2.1   Die Teilbereiche des Personalmanagements

Zunächst ist in quantitativer, qualitativer, zeitlicher und räumlicher Hinsicht der **Personalbedarf** zu prognostizieren. Die Personalbedarfsplanung kann sich an den oben dargestellten Stellenplänen orientieren, ist somit also die logische Fortsetzung der Festlegung einer bestimmten **Aufbauorganisation**.

Aufbauend auf dem ermittelten Personalbedarf müssen die erforderlichen Mitarbeiter beschafft werden. Die **Personalbeschaffung** umfasst die beiden Hauptschritte **Personalakquisition und Personalauswahl**.

Schließlich bietet der **Personaleinsatz** eine Reihe von Gestaltungsoptionen. Einarbeitung von neuen Mitarbeitern, Job-Rotation, Arbeitszeitplanung, Arbeitsplatzergonomie und Arbeitssicherheit stellen nur einige der zentralen Aufgaben der Personaleinsatzplanung dar.

Der **Personalerhaltung und Leistungsstimulation** dienen nicht nur monetäre Anreize (z.B. in Form einer Mitarbeitererfolgsbeteiligung), sondern insbesondere auch solche Motivatoren, die intrinsische Arbeitsbedürfnisse (Leistungserfolg, soziale Anerkennung, Entfaltungsmöglichkeiten, etc.) befriedigen. Hierzu gehört auch, die Mitarbeiter kontinuierlich zu fordern und zu fördern. Die **Personalentwicklung** trägt heute mehr denn je dem Grundsatz des „lebenslangen Lernens" Rechnung. Gerade bei Reisemittlern, die sich von einer extrem dynamischen Umwelt umgeben sehen, muss der Kenntnis- und Wissensstand der Mitarbeiter ständig auf aktuellem Niveau gehalten werden. So müssen z.B. **Zielgebietskenntnisse** oder Fertigkeiten in der Bedienung (neuer) **Computerreservierungssysteme** immer wieder aktualisiert werden (vgl. MEIER 1991).

Die **Personalfreistellung** umfasst schließlich die Änderung sowie die Beendigung bestehender Arbeitsverhältnisse zur Beseitigung einer personellen Überdeckung in quantitativer, qualitativer, zeitlicher oder örtlicher Hinsicht. Insbesondere bei der **Kündigung** durch den Arbeitgeber sind eine Reihe von rechtlichen Restriktionen wie z.B. Betriebsverfassungsgesetz, Kündigungsschutzgesetz etc. zu beachten.

6.2.2 Die Personalbedarfsplanung und spezielle Aspekte der Personalbeschaffung

6.2.2.1 Grundüberlegungen zur Bedeutung einer Personalbedarfsplanung

Gerade für Reisebüros als **Dienstleistungsanbieter** wird der Personalbereich immer mehr als *der* Erfolgsfaktor angesehen. Dies resultiert einerseits daraus, dass das Verkaufspersonal durch den unmittelbaren Kontakt zum Kunden das Verkaufsergebnis und damit den Umsatzerfolg maßgeblich beeinflusst. Andererseits ist der Personalbereich als **dominierende Kostengröße** (auf diese Kostenart entfallen etwa 55 % der Erlöse) für den Erfolg eines Reisebüros von großer Relevanz. Da der Personaleinsatz im Verkauf (und damit auch in den Reisebüros) in erster Linie durch den – in der Regel stündlich, wöchentlich, monatlich und **saisonal schwankenden** – **Arbeitsanfall** bestimmt wird, ist es für den Büroleiter wichtig zu wissen, wann die Kunden wie stark sein Büro frequentieren werden, um so die einzelnen Mitarbeiter (zeitlich) sinnvoll einzusetzen.

Ziel der Personalbedarfsplanung ist daher die Bestimmung des Bedarfs an Personal, das zur Verwirklichung gegenwärtiger und zukünftiger Leistungen der Unternehmung benötigt wird, und zwar in qualitativer, quantitativer, zeitlicher und örtlicher Hinsicht. Ist von der Personenzahl die Rede, die zur Aufgabenerfüllung zu einem bestimmten Zeitpunkt oder für einen bestimmten Zeitraum benötigt wird, ist damit die **quantitative Personalbedarfsplanung** gemeint. Hinsichtlich der **qualitativen Personalbedarfsplanung** müssen darüber hinaus die Qualifikationen ermittelt werden, die diese Personen benötigen. Wichtig ist dabei die Spezifikation sowohl des qualitativen als auch des quantitativen Personalbedarfs durch **Orts- und Zeitangaben**, um zu erkennen, wie viel Personal an welchem Ort wann und wie lange benötigt wird (z.B. im Rahmen einer **Reisebürokette**).

6.2.2.2 Die Ermittlung des quantitativen Personalbedarfs

Die **Methoden** zur Bestimmung des quantitativen Personalbedarfs sind sehr vielfältig und sollen hier in

- **intuitive,**
- **arbeitswissenschaftliche** und
- **heuristisch-mathematische**

Methoden unterschieden werden (vgl. SEIBT/MÜLDER 1986: 48–71).

Zu den intuitiven Methoden zählen z.B. die Stellenplan- und die Kennzahlen-Methode. Wie sich aufgrund der Namen schon vermuten lässt, wird bei der **Stellenplan-Methode** der Personalbedarf aus dem fortgeschriebenen Stellenplan abgeleitet. Bei der **Kennzahlen-Methode** werden aufgrund von Erfahrungen oder Analysen bestimmte Bezugsgrößen abgeleitet, die dann als Basis für den (zukünftigen) Personalbedarf dienen. Eine der wichtigsten Kennzahlen ist die **Arbeitsproduktivität** als Verhältnis von Ertrag (z.B. Umsatz) zum personellen Einsatz (z.B. Mitarbeiterzahl oder Mitarbeiterstunden).

Bei den **arbeitswissenschaftlichen** Methoden wie die **REFA**- oder MTM-Methode erfolgt die Ermittlung des Personalbedarfs durch die Bestimmung der notwendigen Zeit pro Arbeitseinheit.

Zu den **heuristisch-mathematischen Methoden** zählen u.a. die Trendextrapolation und die Regressions- und Korrelationsrechnungen, d.h. der Personalbedarf wird als Funktion einer oder mehrerer Einflussgrößen analysiert und prognostiziert.

6.2.2.3   Die Ermittlung des qualitativen Personalbedarfs

6.2.2.3.1   Überblick

Bei der qualitativen Personalbedarfsbestimmung sollen diejenigen Kenntnisse, **Fähigkeiten** und Verhaltensweisen ermittelt werden, die die Mitarbeiter zu einem bestimmten Zeitpunkt besitzen müssen, damit das Unternehmen die beabsichtigten Leistungen erbringen kann (vgl. DRUMM 1995: 185).

Durch den **Vergleich des Anforderungsprofils** einer Stelle **mit** dem **Fähigkeitsprofil** des Mitarbeiters lassen sich Aussagen über eine mögliche Über- oder Unterdeckung des qualitativen Personalbedarfs treffen.

6.2.2.3.2   Kriterien der Personalauswahl: Anforderungen von Reisemittlern an potentielle Mitarbeiter

An dieser Stelle sollen einige Ergebnisse einer vom Verfasser ohne Anspruch auf vollständige Repräsentativität durchgeführten Studie über die Anforderungen von Tourismusunternehmen an (potentielle) Mitarbeiter eingeflochten werden Für die vorliegende Untersuchung wurden sämtliche Ausgaben der führenden touristischen Fachzeitschriften

- Fremdenverkehrswirtschaft International (**FVW**),
- Touristik Aktuell (**TA**),
- Touristik Report (**TR**)

des Jahres **2005** analysiert. Insgesamt konnten so **1.137 Stellenangebote**, die im Jahre 1997 in o.g. Zeitschriften publiziert wurden, erfasst und ausgewertet werden. Für den vorliegenden Beitrag beschränkt sich die Analyse, soweit nicht anders angegeben, auf diejenigen **221 Stellenangebote**, die **speziell** von **Reisemittlern** geschaltet wurden (= 19,4% aller publizierten Stellenangebote).

Ohne Zweifel unterliegt der Arbeitsmarkt leichten Wandlungen im Laufe der Monate. An seiner grundsätzlichen Struktur und den prinzipiellen Anforderungen an (potentielle) Mitarbeiter ändert sich jedoch innerhalb eines kurz- bis mittelfristigen Zeitraums nichts. Insofern können die nachfolgend aufgeführten Analyseergebnisse auch unabhängig vom eingeschränkten Untersuchungszeitraum (Jahr 2005) interessante Erkenntnisse liefern.

- **Art der offenen Stellen und allgemeine Anforderungen:**

In **25%** aller von Reisemittlern ausgeschriebenen Stellen werden **Führungskräfte** gesucht. Besonders gefragt sind hier **Reisebüroleiter** (16,3% aller Reisemittlerstellen). Bezogen auf alle 1.137 Tourismusstellen lag der Anteil der Leitungsstellen bei 39,5%. Das heißt: Im Reisebürobereich werden zwar **weniger Führungspositionen** als im Branchenschnitt angeboten, doch betrifft jede vierte ausgeschriebenen Stelle eine Leitungsposition. Im **operativen Bereich** besonders stark gesucht sind **Counterkräfte** (42% aller Reisemittlerstellen) und **Allround-Fachkräfte**. Entsprechend fordern nur **4,5%** (bezogen auf alle Tourismusstellen: 21%) aller untersuchten Stellenangebote von Bewerbern ein abgeschlossenes **Studium**, insbesondere mit tourismuswirtschaftlicher oder allgemein betriebswirtschaftlicher Ausprägung.

- **Spezielle Anforderungen im EDV-Bereich:**

Die vorliegende Analyse der Stellenannoncen beweist die große Bedeutung von EDV-Kenntnissen. Für ca. **2/3 aller Reisemittlerstellen** werden **CRS**-Kenntnisse gefordert. Neben solchen bezüglich des national führenden Computerreservierungssystems **Amadeus-Germany** (früher: START) werden in größerem Umfang auch **Kenntnisse in anderen CRS** erwartet.

CRS-Kenntnisse	alle in 2005 offenen Stellen		nur Reisebüro-Stellen	
	An-zahl	in %	An-zahl	in %
nur START/AMADEUS	222	19,5	96	43,4
nur GALILEO	6	0,5	0	0
nur SABRE	17	1,5	12	5,4
Sonstige Systeme	24	2,2	2	0,9
Kombination AMADEUS/SABRE	18	1,6	8	3,6
Sonstige Kombinationen (z.B. SABRE + GALILEO, AMADEUS + WORLDSPAN)	31	2,7	8	3,6
Grundkenntnisse	83	7,3	10	4,5
Keine Angaben	736	64,7	85	38,6
Summe	**1137**	**100,0**	**221**	**100,0**

Abb. B.6-2: Stellenanalyse – geforderte CRS-Kenntnisse

- **Spezielle Anforderungen im IATA- und DB-Bereich:**

Kenntnisse im **Flug- und Bahngeschäft** sind für sehr viele Stellen im Reisemittlerbereich unerlässlich, wobei der IATA-Bereich noch wichtiger als der DB-Bereich ist: **41%** aller ausgeschriebenen Reisemittlerstellen fordern explizit (!) IATA-Kenntnisse, **26% DB**-Kenntnisse.

Es herrscht eine starke Korrelation zwischen diesen beiden Anforderungen. Kenntnisse in den beiden Bereichen werden meist zusammen gefordert, d.h. **24,4%** der Bewerber müssen **sowohl IATA- als auch DB-Kenntnisse** mitbringen (vgl. Abbildung B.6-3).

6.2.2.4.   Spezielle Aspekte der Personalbeschaffung: Kosten und Nutzen von touristischen Stellenannoncen

An dieser Stelle sollen einige Ergebnisse einer vom Verfasser im Jahre 2005 durchgeführten Studie über die **Bewerberzahl** auf und **Erfolgsfaktoren von Stellenannoncen in der Tourismuswirtschaft** wiedergegeben werden (siehe ausführlich: KIRSTGES/GLEUE 2005). 83 touristische Unternehmen gaben zu 109 in der Fachzeitschrift FVW geschalteten Stellenannoncen Auskunft über den Erfolg dieser Personalbeschaffungsmaßnahme.

Das **am häufigsten** (ca. 30%) gewählte Format beträgt 100 mm (Breite) × 133 mm (Höhe), umfasst somit eine Fläche von **133 qcm**. Eine Stellenanzeige in diesem Format in schwarz/weiß **kostet 1.100 Euro**. Größere sowie kleinere Formate als 133 qcm werden von den Unternehmen jeweils zu etwa 35% verwendet. Berücksichtigt man in diesem Zusammenhang, dass einige Anzeigen häufiger als einmal geschaltet werden, liegen die **durchschnittlichen Ausgaben** für eine Mitarbeitersuche via Stellenanzeige bei **1.750 Euro**.

Die meisten Bewerbungen gehen wider Erwarten auf Anzeigen kleiner Größe ein, d.h. **eine große Stellenanzeige bedeutet nicht gleichzeitig eine hohe Bewerberanzahl.** Für die Unternehmen scheint diese Erkenntnis besonders interessant, denn somit können sie **auf die Schaltung großer Stellenanzeigen verzichten und so Kosten einsparen.** Mit einer Annonce in einer Größe **zwischen 50 und 100 qcm** erzielt man offensichtlich eine **ausreichende Zahl an Bewerbungen** – eine Erkenntnis, die den Fachzeitschriften, die u.a. von diesen Anzeigenschaltungen leben, sicher nicht gefällt. Zu berücksichtigen ist jedoch auch der allgemeine **Imageeffekt einer Stellenannonce:** Eine Kleinannonce „passt" nicht gut zu einem Großunternehmen.

Die mit den Stellenannoncen erzielte durchschnittliche **Bewerberanzahl** liegt bei **33 Interessenten pro Stellenanzeige.** Bei einer nach der jeweiligen **Unternehmensart** differenzierten Betrachtung fällt auf, dass Reisebüros durchschnittlich eine **viel geringere Bewerberanzahl (15 Bewerber)** verzeichnen, als Reiseveranstalter mit durchschnittlich 51 und Fremdenverkehrsorte mit 114 Bewerbern. Somit hängt die **Anzahl der Bewerber in erster Linie von der Unternehmensart ab** und ist somit **nicht vom Unternehmen beeinflussbar.**

			DB-Kenntnisse gefordert?		
			Nein	Ja	Gesamt
IATA-Kenntnisse gefordert?	Nein	Anzahl	381	17	398
		% von IATA-Kenntnisse gefordert?	95,7%	4,3%	100,0%
		% von DB-Kenntnisse gefordert?	67,7%	4,7%	43,0%
		% der Gesamtzahl	41,2%	1,8%	43,0%
	Ja	Anzahl	182	345	527
		% von IATA-Kenntnisse gefordert?	34,5%	65,5%	100,0%
		% von DB-Kenntnisse gefordert?	32,3%	95,3%	57,0%
		% der Gesamtzahl	19,7%	37,3%	57,0%
Gesamt		Anzahl	563	362	925
		% von IATA-Kenntnisse gefordert?	60,9%	39,1%	100,0%
		% von DB-Kenntnisse gefordert?	100,0%	100,0%	100,0%
		% der Gesamtzahl	60,9%	39,1%	100,0%

Abb. B.6-3:   Anforderungen an Bewerber im IATA- und DB-Bereich

Es lässt sich **kein Zusammenhang** zwischen der Bewerberzahl und den **Anforderungen** an die Bewerber im Bereich der **Fremdsprachen, EDV- und CRS-Kenntnisse** ableiten. Bei den IATA-Kenntnissen ergibt sich hingegen, dass **mehr Bewerbungen eingehen, wenn keine IATA-Kenntnisse** gefordert sind.

Mehr als 80% der Unternehmen haben durch die Schaltung einer Stellenanzeige einen **passenden Bewerber gefunden**. Dies bedeutet aber auch, dass **jedes fünfte Unternehmen** trotz einer Investition von durchschnittlich 1.750.- EUR in die Stellenannoncen auch Wochen nach der Schaltung noch **keinen Mitarbeiter**

gefunden hat. Für diese Unternehmen bieten sich evtl. **andere Maßnahmen der Personalbeschaffung** (Head-Hunter, Job-Börsen etc.) an.

6.2.3 Ausgewählte Aspekte des Personaleinsatzes: Möglichkeiten und Probleme der Arbeitszeitflexibilisierung

6.2.3.1 Grundüberlegungen zur Personaleinsatzplanung

Voraussetzung für die optimale Zuordnung der Mitarbeiter auf die einzelnen Stellen ist, dass neben den **ökonomischen Zielen** des Unternehmens auch die **Wünsche und Vorstellungen der Mitarbeiter berücksichtigt** werden, die im Rahmen der **Zufriedenheit** der Arbeitskräfte mit ihren Tätigkeiten von großer Bedeutung sind (vgl. EMMRICH/OLTMANNS 1976: VI 3).

6.2.3.2 Die Bedeutung der Dienstleistungseigenschaften für die Personaleinsatzplanung

Die **Immaterialität** ist ein wichtiges Charakteristikum der (touristischen) Dienstleistung. Das Touristikunternehmen hält sein Dienstleistungspotential bereit, kann aber den Dienstleistungsprozeß erst in dem Augenblick auslösen, in dem der externe Faktor (hier: der Kunde) dieses Potential nachfragt. Für die Personaleinsatzplanung bedeutet dieses, dass das Dienstleistungspotential dann bereitgehalten werden muss, wenn es vom sog. **externen Faktor** nachgefragt wird, also z.B. wenn der Kunde das Reisebüro betritt. In diesem Zusammenhang stellt sich die Frage, wann und in welcher Menge das Dienstleistungspotential bereitgehalten werden muss.

Problematisch gerade für den Tourismusbereich ist, dass die **Kunden nicht regelmäßig** und damit zeitlich vorhersagbar die bereitgehaltenen Dienstleistungen nachfragen, sondern i.d.R. unregelmäßig auftreten. Darüber hinaus ist das touristische Geschäft generell durch eine **starke Saisonalität** geprägt. Dies führt zu einem wechselnden, **ungleichmäßigen Arbeitsanfall**. Während in Industriebetrieben nicht abgesetzte Produkte i.d.R. auch noch zu einem späteren Zeitpunkt verkauft und bis dahin gelagert werden können, ist im Tourismusbereich nicht genutztes Dienstleistungspotential ein für alle Mal verloren. Es muss also versucht werden, durch das **Erfassen der Kundenströme** Aussagen über das zeitliche und mengenmäßige Auftreten des externen Faktors zu treffen.

Würde der dauerhafte Personaleinsatz der kurzfristigen Spitze des Personalbedarfs entsprechen, so hätte dies in anderen Perioden eine personelle Überkapazität zur Folge. Im Einzelfall lassen sich zeitweise personelle Spitzenbelastungen durch **Überstunden**, den Einsatz von **Aushilfskräften** bzw. **Springern** oder durch innerbetrieblichen **Austausch von Personal** beheben. Als dauerhafte Lösung bietet sich hingegen eine **Flexibilisierung der Arbeitszeit** an. Diese ist dann gegeben, wenn Mitarbeiter Arbeitszeitregelungen unterliegen, die vom Arbeitsanfall abhängig sind und unterschiedlich ausgestaltet werden (vgl. HENTZE: 437ff.). Neben den Arbeitszeiten der einzelnen Mitarbeiter können also auch die Anzahl der Arbeitskräfte und die Zuordnung der Mitarbeiter auf die verschiedenen Arbeitsplätze variieren.

Bei der Arbeit in einem Reisebüro kommt es aber nicht nur darauf an, zur entsprechenden Zeit die benötigte Anzahl an Mitarbeitern, d.h. das zur Aufgabenerfüllung notwendige Dienstleistungspotential bereit zu halten, sondern auch auf die **Qualität**, also die Kenntnisse und Fähigkeiten der einzelnen Mitarbeiter. Neben fachlichen müssen die Mitarbeiter auch – gerade im persönlichen Umgang mit Kunden – **soziale Kompetenzen** besitzen, die Techniken der Kundengewinnung und -erhaltung beherrschen, gut argumentieren können und über gewisse Kenntnisse im Bereich der Verhaltens- und Verkaufspsychologie verfügen. Gerade im Reisebüro hängt der Erfolg eines Verkaufsgesprächs stark von den personellen Interaktionen zwischen Expedient und Kunde ab.

6.2.3.3   Regelung der Arbeitszeit und Arbeitszeitmodelle

6.2.3.3.1 Zur Problematik der Arbeitszeitflexibilisierung

Die aufgezeigten Probleme erfordern einen durchdachten Einsatz der (vorhandenen) Mitarbeiter. Wie in Einzelhandelsgeschäften auch, kommt bei Reisemittlern der Abstimmung von **Betriebs- und Arbeitszeit** eine große Bedeutung zu, da die Betriebszeit i.d.R. die vertraglich oder gesetzlich geregelte Arbeitszeit einer Vollzeitkraft übersteigt (vgl. WÖRL 1994: 19). Unter Betriebszeit ist die Zeit zu verstehen, in welcher der Betrieb für Kunden zugänglich ist und Umsatz erwirtschaftet wird. Die Arbeitszeit ist die Arbeitsstundenzahl, die eine Arbeitskraft jeweils durchschnittlich pro Woche, Monat oder Jahr abzuleisten hat. Bei Öffnungszeiten von z.B. 9:00 bis 18:00 Uhr (montags bis freitags) und von 10:00 bis 13:00 Uhr (samstags) ergäben sich Betriebszeiten von achtundvierzig Wochenstunden, die einer (angenommenen) Arbeitszeit von achtunddreißig Wochenstunden pro Vollzeitkraft gegenüberstünden.

Die (längere) **Betriebszeit** sollte von der (kürzeren) **mitarbeiterindividuellen Arbeitszeit entkoppelt** werden. Eine Mc Kinsey-Studie unterstreicht insbesondere folgende **Produktivitätseffekte**, die durch eine **Entkoppelung von Arbeitszeit und Betriebszeit** durch mehr Teilzeitarbeit entstehen können:

* weniger Ausfälle durch Krankheit,
* weniger Fehlzeiten,
* höhere Produktivität bei Arbeiten, die besonders hohe Konzentration erfordern,
* bessere Reaktionsmöglichkeiten auf saisonale Marktschwankungen,
* sowie als nützlicher Nebeneffekt: Entlastung des Berufsverkehrs.

Eine solche Flexibilität wirft jedoch auch **Probleme** auf. Es müssen Regelungen geschaffen werden für

* Pausenzeiten,
* Überstunden,

- Urlaubszeitverrechnung (da die einzelnen Arbeitstage nicht immer gleich viele Arbeitsstunden umfassen).

Ein besonderer Vorteil dieser Arbeitszeitflexibilisierung ist, dass dabei sowohl **Unternehmens- als auch Mitarbeiterinteressen gleichermaßen berücksichtigt** werden können. Für die Mitarbeiter bedeutet die Arbeitszeitflexibilisierung eine Entsprechung des Wunsches nach mehr **Zeitsouveränität**, der vor allem aus einer – in den letzten Jahrzehnten verstärkt auftretenden – veränderten Einstellung des Arbeitnehmers zu seiner Arbeit resultiert und zu einer Interessenverlagerung in den Freizeitbereich führte (vgl. FREY 1985: 7 f.). Diese Berücksichtigung der Mitarbeiterinteressen führt wiederum zu einer erhöhten Arbeitsmotivation und Arbeitszufriedenheit und kann deshalb aus Arbeitnehmersicht am Arbeitsmarkt einen Wettbewerbsvorteil eines Unternehmens gegenüber einem anderen darstellen.

6.2.3.3.2 Vorgehensweise bei der Erstellung von Arbeitsplänen

Ausgangspunkt der Überlegungen hinsichtlich einer Flexibilisierung der Arbeitszeiten ist ein bestimmtes, vorher **ermitteltes Arbeitsvolumen**. Ziel ist es, einen Arbeitsplan zu erstellen, der sowohl eine Überbelastung als auch Leerlaufzeiten der Mitarbeiter zu vermeiden sucht, d.h. also dieses Arbeitsvolumen sinnvoll verteilen soll.

Nach der Verteilung des Arbeitsvolumens auf die einzelnen Mitarbeiter muss im folgenden ermittelt werden, an wie vielen Werktagen pro Woche die Arbeitsleistung erbracht und wie lang an den einzelnen Tagen gearbeitet werden soll. Ausgehend von einer wochenweisen Betrachtung kann das Arbeitsvolumen z.B. vier, fünf oder sechs Werktage betragen.[1]

Nachdem die Dauer der Arbeitszeit pro Tag bzw. pro Woche festgelegt worden ist, gilt es, dessen **Beginn und Ende** zu bestimmen. Diese Lage der Arbeitszeit kann sowohl unveränderlich als auch flexibel gestaltet werden. Bei einer unveränderlichen Lage der Arbeitszeit beginnt bzw. beendet der Mitarbeiter seine Arbeit immer zur gleichen Zeit und an den gleichen Tagen. Ist die Lage der Arbeitszeit flexibel, variieren Anfang und Ende der Arbeitszeit und die Wochentage, an denen die Arbeitsleistung zu erbringen ist.

Anschließend gilt es festzulegen, wie die Arbeitszeit der einzelnen Mitarbeiter zu verteilen ist. Die von der jeweiligen Arbeitskraft abzuleistenden Arbeitsstunden können dabei in gleich großen Mengen – d. h. täglich oder wöchentlich immer gleich viele Stunden – und in unterschiedlich großen Mengen – d.h. die Arbeitszeit ist ungleichmäßig auf die Tage der Woche oder auf den Monat verteilt – erbracht werden.

In einem nächsten Schritt muss, nachdem feststeht, wie viele Mitarbeiterstunden an einem jeweiligen Tag benötigt werden, ermittelt werden, wie diese Stunden auf den Tag verteilt werden sollen. Grundsätzlich hat man dabei die Möglich-

---

[1]   Einer Verteilung des Arbeitsvolumens einer Vollzeitkraft auf drei oder weniger Werktage stehen die Vorschriften des § 3 Arbeitszeitrechtgesetz (ArbZRG) entgegen, die eine werktägliche Arbeitszeit von mehr als zehn Stunden verbieten.

keit, den Tag grob in einzelne Abschnitte, z.B. vormittags, mittags und nachmittags, oder detailliert stundenweise aufzuteilen.

Der aufzustellende Arbeitsplan sollte die Arbeitszeiten der Mitarbeiter so verteilen, dass die tatsächlich vorhandenen Mitarbeiterstunden auch den benötigten entsprechen. Die **Öffnungszeit** soll dabei montags bis freitags durchgehend von 9:00 bis 18:00 Uhr und samstags von 10:00 bis 13:00 Uhr sein. Wie die Tabelle zeigt, werden **samstags** sieben Mitarbeiterstunden benötigt. Aufgrund der sehr kurzen Öffnungszeiten bietet sich hier jedoch z.B. ein **Drei-Wochen-Rhythmus** an, d.h. jeder Mitarbeiter arbeitet lediglich jeden dritten Samstag. Rein rechnerisch bedeutet dieses, dass durchschnittlich samstags pro Mitarbeiter eine Arbeitsstunde anfällt. Der sich so ergebende Arbeitsplan könnte aussehen wie in Abbildung B.6-4.

Wochentag	MA	Arbeitszeit von bis	Pause in Std.	Summe Std. pro MA pro Tag (kum.)		Summe MA-Std. pro Tag
Montag	VZK 1	09:00 - 18:00	0,5	8,5	8,5	
	VZK 2	09:00 - 18:00	0,5	8,5	8,5	
	VZK 3	09:00 - 18:00	0,5	8,5	8,5	25,5
Dienstag	VZK 1	09:00 - 17:00	0,5	7,5	16	
	VZK 2	09:30 - 18:00	0,5	8	16,5	
	VZK 3	09:00 - 18:00	0,5	8,5	17	24
Mittwoch	VZK 1	09:00 - 17:00	0,5	7,5	23,5	
	VZK 2	10:00 - 18:00	0,5	7,5	24	
	VZK 3	10:00 - 16:30	0,5	6	23	21
Donnerstag	VZK 1	11:00 - 18:00	0,5	6,5	30	
	VZK 2	10:30 - 17:00	0,5	6	30	
	VZK 3	09:00 - 16:00	0,5	6,5	29,5	19
Freitag	VZK 1	10:30 - 18:00	0,5	7	37	
	VZK 2	09:30 - 17:00	0,5	7	37	
	VZK 3	09:00 - 17:00	0,5	7,5	37	21,5
Samstag	VZK 1	Jeder MA alle	0	1	38	
	VZK 2	3 Wochen	0	1	38	
	VZK 3	3 Std.	0	1	38	3

Abb. B.6-4:   Beispiel eines Arbeitsplans für drei Vollzeitkräfte (VZK)

Aus diesem Arbeitsplan können dann die tatsächlich vorhandenen Mitarbeiterstunden abgeleitet werden. Abbildung B.6-5 soll dies verdeutlichen:

Aus dem Vergleich der Tabellen ergibt sich, dass die benötigten und tatsächlich vorhandenen Mitarbeiterstunden nicht immer hunderprozentig übereinstimmen. So kann z.B. montags die rechnerisch geforderte Mitarbeiterstundenzahl von 12,5 nicht erreicht werden, da bei drei Mitarbeitern in vier Stunden nur 3 x 4 = 12 Mitarbeiterstunden realisierbar sind.

Der vorangegangene Arbeitsplan zeigte beispielhaft eine Gestaltungsmöglichkeit flexibler Vollzeitarbeit, bei der die Lage der Arbeitszeiten flexibel war und entsprechend des Arbeitsanfalls verteilt wurde. Die Verteilung der Mitarbeiterstunden auf die einzelnen Wochentage war also ungleichmäßig. Da bei der Verteilung des Arbeitsvolumens von einer Mitarbeiterzahl von drei Vollzeitkräften ausgegangen wurde, war der Anteil jedes Mitarbeiters an diesem Arbeitsvolumen gleich groß, d.h. die durchschnittliche wöchentliche Arbeitsdauer konstant. Die Arbeitszeiten richteten sich dabei außerdem nach den Betriebs- bzw. Öffnungszeiten.

| Wochentag | Uhrzeit | | | |
	09:00-13:00	13:00-15:00	15:00-18:00	Summe
Montag	12	4,5	9	25,5
Dienstag	11,5	4,5	8	24
Mittwoch	10	4,5	6,5	21
Donnerstag	8,5	4,5	6	19
Freitag	10	4,5	7	21,5
Samstag*	3	-	-	3

* = Öffnung ab 10:00 Uhr

Abb. B.6-5: Beispiel zur groben Verteilung der vorhandenen Mitarbeiterstunden auf die Woche

Gegner solcher flexiblen Arbeitzeitmodelle führen ins Feld, daß sich in kleinen Büros der Einsatz von Teilzeitkräften aus Kostengründen nicht lohne und solche Arbeitskräfte ein Mehr an organisatorischem Aufwand erforderten. Ebenso wird bemängelt, dass teilzeitbeschäftigte Mitarbeiter nicht während der gesamten Öffnungszeiten den Kunden als Ansprechpartner zur Verfügung stünden und sie aufgrund ihrer verkürzten Anwesenheitszeit über einzelne Vorgänge oder Neuerungen nicht genügend informiert seien. Außerdem sei es den Kunden nicht zuzumuten, von einem Expedienten zum anderen geschickt zu werden.

Es ist sicherlich nicht von der Hand zu weisen, dass die Kosten[2] in einem Unternehmen bei Einführung flexibler Arbeitszeiten u.U. steigen, insbesondere dann, wenn sich die Belegschaftszahl vergrößert. Ein wichtiger Kostenaspekt sind die gesetzlichen Verpflichtungen bei Überschreiten bestimmter Schwellenwerte bezüglich der Belegschaftsgröße. Wird das im vorangegangenen Beispiel ermittelte Arbeitsvolumen auf fünf Mitarbeiter (z.B. eine Voll- und vier Teilzeitkräfte) verteilt, greift das Betriebsverfassungsgesetz (BetrVG), das im Rahmen des § 9 ab einer Belegschaftsgröße von fünf Mitarbeitern die Wahl eines Betriebsrates (Betriebobmanns) vorsieht. Dieser hat z.B. nach § 87 Abs. 1 Nr. 2 BetrVG bezüglich der Regelung der Arbeitszeiten ein Mitbestimmungsrecht. Ab sechs (bei Neuein-

---

[2] Vgl. zu den folgenden Ausführungen bezüglich Kosten und Nutzen flexibler Arbeitzeiten das Bundesministerium für Arbeit und Sozialordnung, Mobilzeit, S. 84–93.

stellungen ab 1997: 11) Mitarbeitern kommt das Kündigungsschutzgesetz zum Tragen.

6.2.4 Entlohnung im Reisebüro – Grundlagen der Mitarbeiter-erfolgsbeteiligung

6.2.4.1 Grundüberlegungen zur Mitarbeiterentlohnung in Reisebüros

Dem Mitarbeiter steht, als Gegenleistung für seinen Arbeitsleistung, ein angemessener Arbeitslohn zu. Doch was ist nun ein „angemessener" Lohn? Grundsätzlich unterscheidet man drei Ansatzpunkte zur Bestimmung der Entlohnung:

- Bei **kausalen Lohnformen** wird das Arbeitsentgelt als Äquivalent für den Einsatz des „Faktors Arbeit" im Betrieb gesehen. Der Arbeits-(zeit)einsatz des Mitarbeiters ist also „Ursache" der betrieblichen Leistung; Maßstab für die Lohnhöhe sind z.B. das Anforderungsniveau, die Berufserfahrung oder die Arbeitszeit. Entsprechend korreliert der Lohn mit diesen Größen. Die Tarifverträge, die die sog. **DRV-Tarifgemeinschaft** mit den Gewerkschaften abschließt, unterscheiden Gehaltsgruppen nach dem Anforderungsniveau, wobei je Gehaltsgruppen nochmals eine Staffelung nach Gruppenzugehörigkeit/Berufserfahrung vorgenommen wird.

- Sogenannte **finale Entgeltkomponenten** nehmen den „Arbeitsoutput", also das Leistungsergebnis, zur Grundlage der Entgeltberechnung. An diesem Grundsatz orientieren sich **Mitarbeitererfolgsbeteiligungsmodelle**, auf die in den folgenden Abschnitten näher eingegangen wird.

- Schließlich können **soziale Entgeltkomponenten** die Entlohnung beeinflussen, z.B. Krankheitstagegeld, Gehaltszuschläge für Kinder, für die Nutzung öffentlicher Verkehrsmittel auf dem Weg zur Arbeit etc.

In der Reisebüropraxis findet sich vielfach eine **Kombination** dieser unterschiedlichen Ansatzpunkte zur Festlegung eines angemessenen und „gerechten" Entgelts.

6.2.4.2 Mitarbeitererfolgsbeteiligung – oder: Wie motiviere ich meine Mitarbeiter zu Höchstleistungen?

„Wir wollen im kommenden Jahr unseren Umsatz um 12% steigern!" „Bei uns ist der Kunde König!" „Unsere Mitarbeiter sollen kostenbewusster arbeiten!" Die Beispiele **betriebswirtschaftlicher Ziele**, die sich bei vielen Unternehmen auch in einer schriftlich niedergelegten Unternehmensphilosophie wieder finden, ließen sich beliebig fortführen. Die Erfahrung lehrt: Was leicht als Ziel vorgegeben ist, kann oftmals nur schwerlich realisiert werden. Maßnahmen der Aufbau- und Ablauforganisation, der Kontrolle und der Führung stoßen rasch an ihre Grenzen, wenn es darum geht, vom einzelnen Mitarbeiter mehr Einsatz abzuverlangen. Wie können **Mitarbeiter** dazu bewegt werden, sich **anhaltend und ohne permanente äußere Anstöße** „ins Zeug zu legen"? Ein Weg, das Unmögliche möglich zu machen, könnte in der Einführung eines Mitarbeitererfolgsbeteiligungssystems liegen!

Dahinter könnte folgende „Philosophie" zur „Lohngerechtigkeit" stehen: Verstehen der Unternehmer und seine Mitarbeiter die monatlich gezahlten **Fixlöhne lediglich als Vorabzahlungen auf einen künftigen Anspruch auf den Unternehmenserfolg**, so können **alle am Unternehmen Beteiligten** mittels eines Erfolgsbeteiligungssystems zu dem **eigentlich ihnen zustehenden Engelt** kommen.

6.2.4.3   Ziele eines Mitarbeitererfolgsbeteiligungssystems

Neben den Vorteilen einer Mitarbeitererfolgsbeteiligung unter gesamtwirtschaftlichen Aspekten oder aus Arbeitnehmersicht, auf die hier nicht näher eingegangen wird, lassen sich als wesentliche **Ziele**, die ein Unternehmen mit der (freiwilligen) **Beteiligung seiner Arbeitnehmer am Unternehmensergebnis** verfolgt, nennen:

- Die Beteiligung des einzelnen Mitarbeiters am Unternehmenserfolg soll diesem ein unmittelbarer **Leistungsanreiz** sein. Die Stärke dieser Wirkung hängt insbesondere von der Art der Beteiligung ab; hierauf wird weiter unten noch näher eingegangen.

- Der **Partnerschaftsgedanke**, den Unternehmer gerne bezüglich des Arbeitsinputs sehen, soll sich – um wirklich handlungsbestimmend zu sein – auch hinsichtlich des Arbeitserfolgs manifestieren. Die Identifikation der Mitarbeiter mit dem eigenen Unternehmen – Stichwort **Corporate Identity** – lässt sich somit steigern.

- Nicht wenige Unternehmer verleihen durch die Einführung eines Mitarbeitererfolgsbeteiligungssystems ihrer Vorstellung von einer **gerechten Entlohnung** Ausdruck.[3] Der **soziale Aspekt** einer solchen finalen Entgeltform sollte also nicht unterschätzt werden.

- In Zeiten enger Arbeitsmärkte lassen sich die knappen Fachkräfte u.U. durch die Aussicht auf einen (auch) erfolgsabhängigen Lohn eher für das eigene Unternehmen gewinnen. Auch erhoffen manche Arbeitgeber eine Immunisierung ihrer Mitarbeiter gegenüber außerbetrieblichen Einwirkungen, was sich beispielsweise in einer **geringen Fluktuationsrate** niederschlägt. Insofern kann ein Erfolgsbeteiligungssystem einen strategischen **Wettbewerbsfaktor auf dem Arbeitsmarkt** darstellen.

- Freiwillige finale Entlohnungsformen bieten eine sehr hohe **Flexibilität**. Diese betrifft sowohl die Gestaltung des Entgeltsystems (wer, wann, wie viel, etc.) als auch die daraus resultierende **Personalkostenbelastung** für das Unternehmen. In schlechten Zeiten sinken – bei entsprechender Ausgestaltung des Systems – die Lohnkosten, während sich die Ausschüttungen der „fetten Jahre" ohne weiteres verkraften lassen. Durch die solchen Systemen innewohnende Reagibilität auch auf positive Wirtschaftsentwicklungen, die beispielsweise

---

[3]   Vgl. beispielsweise die Haltung des Unternehmers Elmar Pieroth, der in seinem Unternehmen das unter dem Namen **„Pieroth-Modell"** bekannt gewordene Erfolgsbeteiligungssystem einführte (vgl. PIEROTH 1970).

vielen Tarifverträgen und fixen Lohnvereinbarungen fehlt, dürften sie auch aus Arbeitnehmer-, sprich: Gewerkschaftssicht ein akzeptiertes Instrument sein.

- In Verbindung mit bestimmten **Verwendungsalternativen**, die im Erfolgsbeteiligungssystem festgelegt sein können, lässt sich sowohl eine **Vermögensbildung** der Arbeitnehmer als auch eine **Stärkung der Kapitalbasis** des ausschüttenden Unternehmens erreichen.

Wie lässt sich nun ein Mitarbeitererfolgsbeteiligungssystem gestalten? Welche Aspekte sollten Berücksichtigung finden, um ein Scheitern, einen „Schuss nach hinten", zu vermeiden? Selbstverständlich könnte es sich, gerade in kleineren, mittelständischen Unternehmungen, der Unternehmer vorbehalten, Erfolgsprämien an seine Mitarbeiter zu vergeben. Vieles spricht jedoch gegen eine solche Vorgehensweise, die für den einzelnen Arbeitnehmer leicht den Charakter der unternehmerischen Willkür annimmt oder das Gefühl einer ungerechten Behandlung hervorruft.

Auf eine ausführliche Darstellung der **Gestaltung solcher Systeme** muss an dieser Stelle verzichtet werden (vgl. KIRSTGES 1994: Kapitel II.4). Folgende Anforderungen an ein Mitarbeitererfolgsbeteiligungsmodell lassen sich jedoch nennen:

Erfolgsbeteiligungssysteme sollten daher so gestaltet sein, dass sie

- für den einzelnen Mitarbeiter **nachvollziehbar** sind. Das System muss so komplex wie nötig, aber so **transparent** und einfach wie möglich sein. Dies impliziert, dass vielfach zugunsten der Akzeptanz durch die Mitarbeiter und als Voraussetzung für die beabsichtigte Wirkung auf theoretisch optimale, aber zu komplexe Lösungen verzichtet werden muß.

- eine **laufende Information** der Belegschaft ermöglichen. Nur so ist der i.d.R. gewünschte Anreizcharakter gewährleistet.

- sich durch eine ausreichende **Zeitnähe** zwischen dem Auftreten des Erfolgs und der Ausschüttung der Erfolgsanteile auf die Mitarbeiter auszeichnen. Dadurch wird die unter Motivationsaspekten erforderliche **Kausalität** zwischen eigenem Handeln und wirtschaftlichem Unternehmenserfolg vom Mitarbeiter leichter wahrgenommen.

- insgesamt **wirtschaftlich** sind. Der Aufwand des Verfahrens muss in angemessener Relation zum Ausschüttungsbetrag, zur relativen Bedeutung des individuellen Erfolgsanteils für die Mitarbeiter und zur erzielbaren Motivationssteigerung stehen.

- **flexibel** hinsichtlich ihrer **Anpassung** an veränderte organisatorische oder wirtschaftliche Rahmenbedingungen sind.

Ein Mitarbeitererfolgsbeteiligungssystem kann **nur unternehmensindividuell konfiguriert** werden, denn betriebsspezifische Besonderheiten sollten auf jeden Fall Berücksichtigung finden. Es macht daher keinen Sinn, an dieser Stelle ein allgemeines „Patentsystem" zu proklamieren. Vielmehr müssen die **bei einer in-**

dividuellen Ausgestaltung zu berücksichtigenden Entscheidungsfelder im konkreten Einzelfall einer näheren Betrachtung unterzogen werden.

6.2.5   Personalfreistellung: Zeugnisformulierung

Die folgenden Ausführungen sollen helfen, **Arbeitszeugnisse** - seien es die eigenen oder die von anderen Personen - **richtig zu interpretieren.** Gerade in den zahlreichen mittelständischen Touristikunternehmen obliegt es i.d.R. dem Inhaber, nicht nur von Bewerbern vorgelegte Zeugnisse zu beurteilen, sondern auch seinen ausscheidenden Mitarbeitern Zeugnisse **auszustellen.** Dabei kann es vorkommen, dass er ohne es zu wollen - mangels genauer Kenntnis des „Sprachcodes" - durch abqualifizierende Formulierungen gute und verdiente Mitarbeiter auf ihrem künftigen Werdegang behindert. Daher werden aufbauend auf den erörterten **Zeugniscodes** einige Hinweise und Beispiele zum effizienten Erstellen von treffenden Arbeitszeugnissen gegeben. Eine Haftung für die Richtigkeit und juristische, insbesondere arbeitsrechtliche Vertretbarkeit einzelner Formulierungen wird ausgeschlossen.

6.2.5.1   Globale Leistungsbeurteilung

Ein zentraler Zeugniscode liegt in der globalen Beurteilung der Zufriedenheit des Arbeitgebers mit den Leistungen des Arbeitnehmers. „... hat die ihm/ihr übertragenen Aufgaben **zu unserer Zufriedenheit** erledigt ..." hört sich eigentlich positiv an, meint aber nicht mehr als eine ausreichende Leistung (Schulnote 4). Eine Nuance besser ist da schon die Formulierung „... **stets zu unserer Zufriedenheit** ..." (Schulnote 3 - 4). Zeitbezogene Attribute wie „stets", „immer", „jederzeit" oder auch „in jeder Hinsicht" betonen nämlich, dass der Arbeitgeber während der gesamten Beschäftigungsdauer, also vorbehaltlos und ohne zeitliche Einschränkung, mit dem Mitarbeiter zufrieden war. Eine befriedigende Leistung (Schulnote 3) kann man aus der Formulierung „... zu unserer **vollen** Zufriedenheit ..." (alternativ: „stets zufriedenstellend") lesen, eine gute Leistung (Schulnote 2) wird durch „... **stets** zu unserer **vollen** Zufriedenheit ..." (alternativ „voll und ganz zufriedenstellend") bezeugt. Wirklich hervorragende Mitarbeiter dürfen in ihrem Zeugnis lesen, dass sie „... **stets** (und) zu unserer **vollsten** Zufriedenheit ..." die ihnen übertragenen Aufgaben erledigt haben (Schulnote 1; alternativ: „in jeder Hinsicht und außerordentlich zufriedenstellend"). So falsch diese Formulierung auch sprachlogisch ist – voller als voll, also „vollst", gibt es nicht – so sehr hat sie sich in der Praxis doch durchgesetzt.

Schlechte Noten umschreiben immer Codes wie „**im großen und ganzen**" oder „hat sich **bemüht**" - aber seine Bemühungen nutzten leider nicht viel (alternativ: war bestrebt/willens). Vorsicht ist insbesondere auch geboten, wenn **Banalitäten und Selbstverständlichkeiten,** die von jedem Mitarbeiter sowieso erwartet werden, gelobt werden: „Wegen seiner **Pünktlichkeit** war er stets ein gutes Vorbild" besagt, dass der Mitarbeiter ansonsten so ziemlich in jeder Hinsicht eine Niete war. Es gibt eine Reihe weiterer Formulierungen, die scheinbar harmloses, gar positives ausdrücken, von „Insidern" unter den Personalchefs aber als Warnung gelesen werden. Abbildung B.6-6 nennt einige Beispiele.

6.2.5.2 Angabe des Ausscheidungsgrunds

Wichtig ist noch der **Grund des Ausscheidens** aus dem Unternehmen, der i.d.R. am Schluß des Zeugnisses genannt wird. Wer als Arbeitnehmer selbst kündigt, hat Anspruch auf einen entsprechenden Hinweis im Zeugnis („... Ausscheiden auf eigenen Wunsch ..."). Gute Mitarbeiter wird man mit dem Satz „Wir bedauern sein Ausscheiden sehr, danken für die geleistete Arbeit / jahrelange erfolgreiche Zusammenarbeit und wünschen für den weiteren Berufsweg / Lebensweg viel Erfolg" entlassen.

Zeugnisformulierung	Gemeint sein könnte:
• Arbeiten ordnungsgemäß erledigt	ist ein Bürokrat, der keine Inititiative zeigt
• zeigte für seine Arbeit Verständnis	war faul und hat nichts geleistet
• im Rahmen seiner Fähigkeiten	tat, was er konnte, aber das war nicht viel
• großer Fleiß und Interesse an der Arbeit	eifrig, aber ohne Erfolge
• mit Vorgesetzten gut zurechtgekommen	Mitläufer, der sich anpasst
• tüchtig und weiß sich gut zu verkaufen	unangenehmer Mitarbeiter/Wichtigtuer
• lernten ihn als umgänglichen Kollegen kennen	war bei Kollegen nicht sehr geschätzt
• Verbesserung des Betriebsklimas durch seine Geselligkeit	übertriebener Alkoholgenuß/Alkoholiker
• Einfühlungsvermögen für die Belange der Belegschaft	sucht Sexkontakt bei Betriebsangehörigen
• galt im Kollegenkreis als toleranter Mitarbeiter	für Vorgesetzte ein schwerer Brocken

Abb. B.6-6: Beispiele für Zeugnisformulierungen und deren Interpretation

Der Grund für diese „Zeugniscodes" liegt in den schwer zu **erfüllenden Anforderungen des Arbeitsrechts**: Zeugnisse sollen einerseits ein wahres Bild des Arbeitnehmers vermitteln, andererseits auch dessen beruflichen Lebensweg fördern. Gerade durchschnittlichen oder schlechten Arbeitskräften darf ein Zeugnis daher nicht den Weg auf dem Arbeitsmarkt verbauen. Dieses Wohlwollensgebot schließt aber nicht aus, dass auch ungünstiges gesagt werden darf, denn unter Umständen setzt sich der Zeugnis ausstellende Arbeitgeber Haftungsansprüchen späterer Arbeitgeber aus. So entwickelten sich nach und nach die oben genannten Standardformulierungen, auf die Arbeitgeber gerne zurückgreifen.

6.2.5.3 Beurteilungsdimensionen eines qualifizierten Arbeitszeugnisses

Zunächst sollte man sich darüber klar werden, dass das Verfassen eines Zeugnisses für einen verdienten Mitarbeiter durchaus **ein bis zwei Nettoarbeitsstunden** in Anspruch nehmen kann! Diese Zeit sollte sich auch ein viel beschäftigter und Stress geplagter Reisebüroinhaber nehmen, um den beruflichen Werdegang eines guten Mitarbeiters – auch wenn man vielleicht „sauer" über dessen Ausscheiden ist – zu fördern. Und gerade bei mittelmäßigen Mitarbeitern müssen die Formulierungen gut gewählt werden.

Grundsätzlich kann der Mitarbeiter wählen, ob er ein sog. **einfaches Zeugnis**, das nur eine Art Tätigkeitsnachweis darstellt, wünscht, oder ein sog. qualifiziertes Zeugnis. Das einfache Zeugnis gibt nur Auskunft über Dauer der Beschäftigung und die ausgeübte Tätigkeit; ihm fehlt jegliche Bewertung und Beurteilung. Man sollte sich hier nicht den Wünschen eines (schlechten) Arbeitnehmers beugen, in den Tätigkeitsbereichen, in denen er einige Stärken hatte, doch eine (positive) Bewertung vorzunehmen – entweder ganz oder gar nicht!

Das **qualifizierte Zeugnis** – und hiervon handeln die bisherigen und auch die folgenden Ausführungen – beginnt mit der Festschreibung des Mitarbeiternamens (inkl. akademischer Grade), Geburtstag und -ort, seiner Funktion und seiner Beschäftigungszeit im Unternehmen. Daran sollte sich eine möglichst ausführliche Arbeitsplatz-/Tätigkeitsbeschreibung anschließen, die die Aufgaben des Mitarbeiters in seiner jetzigen sowie in früheren Positionen zum Inhalt hat. Variierte die Leistung des Mitarbeiters in verschiedenen Tätigkeitsbereichen, so kann es sich anbieten, zu jeder Tätigkeit bereits ein **Einzelurteil** abzugeben. Um zu aussagekräftigen Bescheinigungen zu kommen, empfiehlt sich eine detaillierte Beurteilung anhand mehrerer Dimensionen. Als für Touristikunternehmen besonders relevante **Dimensionen der Arbeitsleistung** (neben dem allgemeinen Verhalten im Betrieb) erscheinen hier:

- Arbeitsgüte, -gründlichkeit, -genauigkeit, -sorgfalt
- Arbeitstempo, -schnelligkeit
- Arbeitsökonomie, Zielstrebigkeit
- Wirtschaftliche Denkweise, Kostenbewußtsein, Effizienz, etc.
- Touristische Fachkenntnisse
- Ausdrucksvermögen, Formulierungsfähigkeit
- Selbständigkeit, Initiative
- Bemühung um Fortbildung.

Besondere Hinweise erscheinen noch erforderlich, wenn eine **Führungskraft** beurteilt werden muss. In diesem Falle sind weitere Beurteilungsdimensionen heranzuziehen. Generell gilt jedoch auch hier, dass das „Normale", das eigentlich bereits positiv klingt, allenfalls „befriedigend" ist. Gute und sehr gute Mitarbeiter wird man in jeder dieser Dimensionen mit den Attributen „sehr", „äußerst", „ausgezeichnet", „stets" etc. beurteilen.

Die Beurteilung wird abgerundet durch die Bewertung des **Sozialverhaltens** im Betrieb (z.B. Verhalten gegenüber Vorgesetzten und Kollegen). Das Zeugnis endet mit einer der oben genannten Schlussformulierungen, die auch den Grund des Ausscheidens nennt.

Im Einzelfall entscheidend ist immer der **Gesamteindruck** eines Zeugnisses. Grundsätzlich gilt, dass ein Zeugnis **umso schlechter ist, je kürzer und inhaltsloser es gehalten ist.**

Die Formulierung des Zeugnisses ist Sache des Arbeitgebers. Gerade bei guten Mitarbeitern kann es aber durchaus sinnvoll sein, sich vom Mitarbeiter selbst einen Zeugnisentwurf vorlegen zu lassen. Der Arbeitgeber ist natürlich nicht daran gebunden, kann aber so gut die **Selbsteinschätzung des Arbeitnehmers** abtasten und vermeidet ungewollte Missverständnisse und Unwillen in den letzten Wochen des Arbeitsverhältnisses.

Bittet der Arbeitnehmer um ein **Zwischenzeugnis**, so ist es sinnvoll, am Schluss deutlich darauf hinzuweisen, dass es sich lediglich um eine vorläufige Beurteilung handelt („... Teil der Gesamtbeurteilung ...", „... vorläufige Zwischenbeurteilung ..."), da ansonsten später u.U. einmal gefällte Urteile, die sich nachträglich als zu positive „Vorschusslorbeeren" erwiesen, beibehalten werden müssen.

7 Finanzmanagement im Reisebüro

Prof. Dr. Peter Voigt, Fachhochschule München

7.1 Einleitung

Die Tourismusbranche hat in den ersten Jahren des neuen Jahrhunderts eine turbulente Phase durchlebt. Die Turbulenzen kamen aus sehr unterschiedlichen Richtungen, wirkten im Ergebnis jedoch in die gleiche Richtung: Fast alle Unternehmen der Branche taten sich weit schwerer als in den 90er Jahren, ihre Umsätze und Erträge zu steigern oder zumindest zu halten. Die Gründe waren ökonomischer wie politischer Art und wurden durch Terroranschläge sowie durch Katastrophen wie den „Tsunami" oder die Wirbelstürme der Karibik noch verstärkt.

Der deutsche Reisemarkt war darüber hinaus in den letzten Jahren tiefgreifenden strukturellen Veränderungen unterworfen. Es kam zur Bildung vertikal integrierter Touristik-Konzerne, die alle Stufen der touristischen Wertschöpfungskette vereinen. Zu den Zielen solcher Konzentrationsschritte gehört die Renditeoptimierung durch Ertragssteigerung und die Ausnutzung von Synergieeffekten. Allerdings konnten bekanntlich keineswegs alle Strategien erfolgreich umgesetzt werden. Es erwies sich für manchen Reiseveranstalter sogar als Vorteil, keine großen Kapazitäten zu besitzen, die mit Priorität ausgelastet werden müssen. Auch der Aufbau straff geführter Konzernvertriebe ist nur sehr bedingt gelungen. Es gibt in Deutschland nach wie vor eine sehr große Zahl unabhängiger Reisebüros, wobei wir die zu Kooperationen gehörenden Reisebüros in diesem Zusammenhang als unabhängig betrachten.

In großen wie in kleinen Unternehmen wurde das Thema ‚Kosteneinsparung' immer mehr zum zentralen Thema. Konzerne und große mittelständische Unternehmen stellten in diesem Zusammenhang Controller ein, deren Einfluss kontinuierlich zunahm und die immer öfter an der Spitze bzw. im Vorstand der Unternehmensgruppe zu finden sind.

Für kleine Reiseveranstalter zeigte sich immer mehr, dass nur Spezialisierung und die Konzentration auf Nischen es möglich machen, eigene Stärken zu nutzen und Schwächen (z.B. im Bereich der Finanzierung) zu kompensieren. Neben diesen produktspezifischen Strategien erwies es sich jedoch als immer wichtiger, die entscheidenden Kennzahlen im Blickfeld zu haben und rechtzeitig über kritische Entwicklungen informiert zu sein.

Das Vertriebsweg Reisebüro ist nach wie vor der mit Abstand wichtigste Vertriebsweg für organisierte Urlaubsreisen. Er ist jedoch gravierenden Veränderungen ausgesetzt, die auf eine Marktbereinigung hinauslaufen. Die Internet-Nutzung nimmt stetig zu. Immer mehr Veranstalter und Leistungsträger suchen den direkten Weg zum Kunden. Sinkende Preise, Provisionskürzungen und die stagnierende Nachfrage verursachen bei vielen Reisebüros Erlösrückgänge, während die Kosten nach wie vor ansteigen. Die gesamte Situation verlangt somit von allen Reisebürounternehmern einen tieferen Einblick in die Finanzwirtschaft ihres Reisebüros als Grundlage einer erfolgreichen Betriebsführung.

Wir beschäftigen uns in diesem Kapitel zunächst mit dem Kapitalbedarf eines Reisebüros und den Möglichkeiten seiner Finanzierung. Anschließend stellen wir die wichtigsten Anforderungen an eine ertragsorientierte Unternehmensführung dar, die zu gesunden finanziellen Verhältnissen im Unternehmen führen sollte.

7.2 Kapitalbedarf und Insolvenztatbestände

Bei der Planung des Kapitalbedarfs für ein Reisebüro sind im wesentlichen drei Faktoren zu berücksichtigen:

a) die notwendigen Investitionen bei der Einrichtung des Büros

b) die für Anlaufverluste einzuplanenden Mittel

c) Maßnahmen zum Ausgleich von Schwankungen des Finanzbedarfs

Die Investitionen für Einrichtung und Ausstattung des Reisebüros werden heute zumeist als Aufwand pro m² Geschäftsfläche angegeben. Franchisesysteme nennen auf Anfrage hier Beträge zwischen 600 und 1.000 € pro m². Ein kleineres Reisebüro mit 60 m² Geschäftsfläche hätte also einen Investitionsbedarf zwischen 36.000 und 60.000 €. Reisebüroketten planen bei der Eröffnung von Filialen in Großstädten aber auch oft Beträge zwischen 100.000 € und 200.000 € für die Einrichtung ein. Die Investitionen gehen als Betriebs- und Geschäftsausstattung in das Anlagevermögen ein (Aktivposten in der Bilanz).

Die Anlaufverluste hängen in hohem Maße davon ab, inwieweit in der Phase der Markteinführung (mindestens 2–3 Jahre) angestelltes Personal beschäftigt wird. Die Kosten eines Vollzeitmitarbeiters liegen im Reisebüro bekanntlich zwischen 40.000 und 50.000 € jährlich, wobei aus der Sicht der Produktivität ein Umsatz von mindestens einer halben Million Euro pro Verkaufsmitarbeiter als Voraussetzung zur Gewinnerzielung notwendig ist.

Zu beachten ist hier insbesondere die Rechtsform eines neuen Unternehmens. Bei einer GmbH führt die Entlohnung aller im Betrieb tätigen zu steuerlichem Aufwand. Hieraus lässt sich leicht errechnen, dass das lt. GmbH-Gesetz vorgeschriebene Mindestkapital einer GmbH in Höhe von 26.000 € nicht sehr lange reichen wird. Eine GmbH darf jedoch keinen Verlust machen, der über das gezeichnete Stammkapital hinausgeht. Andernfalls muss der Geschäftsführer nach § 64 GmbH-Gesetz binnen drei Wochen das Kapital erhöhen oder Insolvenzantrag stellen. Geschieht dies nicht, so kann eine strafrechtliche Verfolgung nach § 84 GmbH-Gesetz in Betracht kommen.

Viele mittelständische Reisebüros werden in der Rechtsform der Einzelfirma / e.K. oder OHG gegründet. Hier erhält der tätige Unternehmer (bei der OHG ggf. zwei Unternehmer) kein Gehalt, das zu steuerlichem Aufwand führt. Benötigt der Unternehmer Geld für seinen Lebensunterhalt, so kann er dies im Wege der Privatentnahme zwar entnehmen; er sollte aber strikt darauf achten, ob eine solche Entnahme auch durch erwirtschafteten Gewinn gedeckt ist. Entnimmt er Geld, das sich nur als durchlaufendes Kundengeld in der Firma befindet, so kann ihm der Vorwurf der Untreue (§ 266 Strafgesetzbuch) gemacht werden.

Im Hinblick auf das Insolvenzrecht hat eine Rechtsform mit zumindest einer unbeschränkt haftenden natürlichen Person immerhin den Vorteil, dass hier der Insolvenztatbestand der Überschuldung nicht greift, wie das bei einer GmbH oder AG der Fall sein kann. Zahlungsunfähigkeit führt jedoch bei jeder Rechtsform zu einem Insolvenztatbestand (vgl. § 64 GmbHG). Nach neuem Insolvenzrecht (InsO) gilt dies auch bereits für die zu erwartende Zahlungsunfähigkeit.

Die Höhe der Anlaufverluste wird außer von den Personalkosten natürlich auch von den Aufwendungen für EDV, Kommunikation, Raumkosten, Werbung und anderen Kostenarten beeinflusst. Insbesondere bei den Werbeaufwendungen ist zu entscheiden, ob durch massive Werbung ein schneller Markteintritt erfolgen soll, oder ob der Unternehmer lieber den Faktor ‚Zeit und Weiterempfehlung' für sich wirken lässt. In diesem Fall ist der Werbeaufwand zwar geringer; der zu finanzierende Anlaufverlust wird jedoch durch die längere Markteinführungsphase gleich hoch oder ggf. höher sein, als wenn durch intensive Werbung ein schneller Markteintritt erfolgt.

7.3   Die Kapitalbeschaffung (Finanzierung)

Grundsätzlich ist beim Kapital zu unterschieden zwischen Eigenkapital und Fremdkapital. Das Eigenkapital stammt aus Mitteln des Unternehmers bzw. der Gesellschafter. Fremdkapital kann in Form von Bankkredit oder durch Darlehen außenstehender Personen beschafft werden.

Das Problem der Finanzierung durch Bankkredit besteht zumeist in der Stellung banküblicher Sicherheiten. Generell hat im Bankgeschäft die berechtigte Hoffnung auf einen guten Geschäftsverlauf Vorrang vor der Stellung bzw. eventuellen Verwertung von Sicherheiten. Banken orientieren sich zumeist am Eigenkapital des Unternehmens. Sie handeln gern nach dem Grundsatz: „Hast Du 5 Euro, dann leihe ich Dir 5 Euro". Daher ist ein gesundes Verhältnis von Eigenkapital zu Fremdkapital anzustreben. Die mittlerweile bei Banken gültigen Bewertungsvorschriften „Basel II" stellen höhere Forderungen an das Eigenkapital und erschweren den Banken die Kreditvergabe an Unternehmen, vor allem an kleine und kapitalschwache Unternehmen.

Mittelständlern ist insbesondere in ertragsschwachen Branchen wie dem Reisebürogeschäft zu empfehlen, sich weitgehend unabhängig von Bankkredit zu machen. Böse Zungen bezeichnen Banker als Leute, die einem bei Sonnenschein einen Regenschirm leihen, ihn aber sofort zurückverlangen, wenn es anfängt zu regnen. Der Wahrheitsgehalt ist nicht zu übersehen. Kredit geben die Banken am liebsten solchen Unternehmen, die ihn eigentlich nicht brauchen.

Viele Reisebüros, die Bankkredit in Anspruch nehmen, tragen den bescheidenen erwirtschafteten Gewinn als Zinsen zur Bank. Deutlich im zweistelligen Bereich liegen zumeist die „Überziehungszinsen", also die Zinsen für geduldete, aber nicht förmlich genehmigte Sollstände des Kontos. In der Gewinn + Verlustrechnung spricht man von sog. außerordentlichen Aufwand, denn es ist nicht Betriebszweck des Reisebüros, Geld für Zinsen aufzuwenden.

Wenn Inhaber bzw. Gesellschafter einer Kapitalgesellschaft (zumeist GmbH) dem Unternehmen Darlehen zur Verfügung stellen, so kann es sich gleichwohl um Eigenkapital handeln, obwohl keine Gesellschaftsanteile gezeichnet wurden. Dies trifft insbesondere dann zu, wenn die Darlehen in Zeiten einer Unternehmenskrise gegeben werden.

Gesellschafterdarlehen können fehlendes bzw. verlorenes Eigenkapital ersetzen. Man spricht in diesem Fall von eigenkapitalersetzenden Darlehen. Allerdings muss die Gewährung solcher Darlehen mit einer vertraglichen Rangrücktrittserklärung verbunden werden. Gesellschafter, die ein solches Darlehen gewähren, müssen erklären, mit ihren Ansprüchen im Konkursfall hinter andere Verbindlichkeiten zurückzutreten.

Eigenkapital muss keineswegs vom Sparbuch oder aus der Erbschaft der Familie kommen. Es kann vielmehr auf dem Kapitalmarkt beschafft werden, wenn eine ausreichende Kapitalrendite und ein vielversprechendes Geschäftsmodell nachgewiesen wird. Die hier gegebenen Möglichkeiten werden in der Tourismusbranche nur selten genutzt.

Bedauerlicherweise konzentriert die Branche sich stets auf die Kennzahl ‚Umsatzrendite', also das Verhältnis von Betriebsergebnis zu Umsatz. Wir kommen hierauf noch zu sprechen. Viel zu wenig beachtet wird die Eigenkapitalrendite, also das Verhältnis von Betriebsergebnis zu Eigenkapital. Diese Kennzahl stellt sich in der Tourismus-Branche wesentlich besser dar als die Umsatzrendite, da die Kapitalintensität der Touristikunternehmen gering ist.

7.4 Die Liquidität

Unter ,Liquidität' versteht man in der Finanzwirtschaft die flüssigen Zahlungsmittel des Unternehmens, also im wesentlichen die Bestände in der Kasse und auf den Bankkonten. Man spricht hier auch von der ,Liquidität 1. Grades'. Ebenso wichtig ist jedoch die ,Liquidität 2. Grades'. Sie bezieht kurzfristige Forderungen und kurzfristige Verbindlichkeiten ein. Unter kurzfristig versteht man gewöhnlich Forderungen und Verbindlichkeiten mit Fälligkeit von bis zu einem Jahr. Allerdings ist diese Betrachtungsweise gerade im Reisebürogeschäft mit Vorsicht anzuwenden.

Wenn ein Reisebüro ohne ausreichende Liquidität 1. Grades einem Kunden eine große Gruppenreise verkauft, so wird es den Nettobetrag (Reisepreis abzüglich Provision und ggf. Mehrwertsteuer) etwa zum Reisetermin an den Veranstalter oder Leistungsträger abführen müssen. Hat das Reisebüro eine IATA-Lizenz, so muss es die Tickets im sog. BSP-Verfahren periodisch oder monatlich bezahlen. Nimmt nun der Kunde ein längeres Zahlungsziel in Anspruch (z.B. 10 Wochen), so kann ein Liquiditätsengpass entstehen. Es muss dann rechtzeitig geprüft werden, ob die Hausbank bereit ist, die zusätzlich nötigen Mittel kurzfristig zur Verfügung zu stellen. Gegebenenfalls könnten Forderungen gegen den Kunden als Sicherheit abgetreten werden, sofern die Bonität des Kunden außer Frage steht.

Für das Finanzmanagement des Reisebüros muss daher stets der Grundsatz gelten: „Liquidität geht vor Rentabilität". Es nützt nichts, Gewinne zu erwirtschaften, wenn nicht vorrangig für ausreichende Liquidität gesorgt wird.

Mittel- und langfristig wird freilich nur ausreichende Gewinnerzielung für ausreichende Liquidität sorgen – vorausgesetzt der Gewinn wird auch im Unternehmen belassen und zum Aufbau von Eigenkapital verwendet. Wir wenden uns daher im nächsten Kapitel der Frage zu, wie eine gute Ertragslage des Unternehmens geplant, gesteuert und überwacht werden kann.

Definition: <u>LIQUIDITÄT</u>:

Unter Liquidität versteht man die Fähigkeit eines Betriebes, jederzeit den zu den festgelegten Terminen fälligen Forderungen nachkommen zu können (Zahlungsbereitschaft). Es muss also untersucht werden, ob die liquiden Mittel ausreichen, das kurzfristig fällige Fremdkapital zu decken, denn Zahlungsunfähigkeit führt meist zur Insolvenz.

Die Überwachung der Liquidität spielt sowohl bei Reiseveranstaltern als auch bei Reisebüros eine herausragende Rolle. Die Liquidität im Reiseunternehmen weist im Jahresverlauf erhebliche Schwankungen auf, die aus den saisonalen Schwankungen des Reisegeschäftes herrühren. Da das Einzelunternehmen kaum Reserven aufbauen kann, unterliegt es kurzfristig wirtschaftlichen Schwankungen weitaus mehr als die Reisebüroketten.

Der **Grad der Liquidität** eines Unternehmens wird mit unterschiedlichen Kennzahlen gemessen:

$$\text{Liquidität I (1. Grades)} = \frac{\text{flüssige Mittel} \times 100}{\text{kurzfristige Verbindlichkeiten}}$$

Die Liquidität I (Barliquidität) bezieht alle sofort verfügbaren, flüssigen (liquiden) Mittel ein (z.B. Kasse, Bank, börsenfähige Wertpapiere).

$$\text{Liquidität II (2. Grades)} = \frac{\text{flüssige Mittel} + \text{kurzfristige Forderungen} \times 100}{\text{kurzfristige Verbindlichkeiten}}$$

Die Liquidität II (einzugsbedingte Liquidität) berücksichtigt außerdem die Forderungen und ggf. Schecks. Sie sollte mindestens 100 Prozent betragen, damit Schulden problemlos beglichen werden können.

Eine Liquidität II von unter 100% kann zu einer bedrohlichen Situation führen. Nach einer 2007 an der Fakultät für Tourismus der Hochschule München durchgeführten Bilanzanalyse von 156 Reisebüros hatte im Jahr 2004 mehr als die Hälfte der betrachteten Reisebüros (genau 86) eine Liquidität II von unter 100%. Demgegenüber gab es 30 Reisebüros mit einer Liquidität II von über 150%.

Es gibt auch noch den Begriff der Liquidität 3. Grades. Hier werden Vorräte einbezogen, was im Reisebüro allerdings so gut wie keine Rolle spielt. Bei den erwähnten Reisebüros waren die Unterschiede zwischen Liquidität II und III unerheblich.

Besonders hervorheben wollen wir an dieser Stelle nochmals, dass die Sicherung der Liquidität das wichtigste unternehmerische Ziel ist und bleibt!

7.5   Ertrags-Management im Reisebüro

In Anbetracht einer durchschnittlichen Umsatzrendite der Reisebüros von deutlich unter 0,5% sollte jeder Reisebürounternehmer sein Hauptaugenmerk auf das **Zusammenwirken der Umsätze, Erlöse und Kosten** legen. Es reicht heute nicht mehr aus, nur hohe Umsätze zu erzielen. Die Lage erfordert vielmehr ein genaues Erkennen der Gewinn- und Verlustquellen im Rahmen des Sortiments. Natürlich ist die Freude eines jeden Reisebüromitarbeiters groß, wenn er mit einem erfolgreichen Verkaufsabschluss einen großen „Umsatzfisch" an Land gezogen hat, aber schon manche große Reise hat dem Gewinn eines Reisebüros weniger gebracht als die am Nachbartisch gebuchte scheinbar kleinere Reise, die durch ihren Umsatz den Sprung in die nächst höhere Provisionsstaffel eines Reiseveranstalters ermöglicht hat. Somit ist heute ein **erlösorientiertes Verkaufen** von größter Wichtigkeit und erfordert von jedem Mitarbeiter ein Umdenken im Verkauf.

Die notwendige Basis für einen erlösorientierten Verkauf zu schaffen, ist Aufgabe des Reisebürounternehmers. Doch die Verantwortung für den Verkauf liegt bei allen Mitarbeitern, die Kundenkontakt haben.

Besonders wichtig ist der Informationsfluss zu den Counterkräften, die letztlich durch Ihre Tätigkeit am entscheidenden Hebel sitzen. Der Unternehmer, verantwortlich für die Wirtschaftlichkeit des Reisebüros, ist also gefordert, seine Mitarbeiter mit regelmäßigen Zielvorgaben und Handlungsrichtlinien zu unterstützen.

Umfragen des DTI – Deutsches Touristik Institut e.V. bei Expedienten haben gezeigt, dass im Verkaufsgespräch am Counter die Provision des Reiseveranstalters nicht zu den vorrangigen Kriterien gehört, wenn es darum geht, einen für den Kunden passenden Reiseveranstalter auszusuchen.

Die nachfolgenden Ausführungen zeigen Ansätze eines ertragsorientierten Management und verdeutlichen, dass Planungs- und Kontrollsysteme für das Management eine notwendige Maßnahme sind, um langfristig die Rentabilität eines Reisebüros zu gewährleisten.

7.5.1 Instrumente zur Ergebnisverbesserung

Das Reisebürounternehmen verfolgt eine ganze Reihe von geschäftlichen Zielen. Dazu gehören u.a. auch ein hoher Umsatz, eine hohe Produktivität sowie ein ausreichend hoher Gewinn.. Der **Gewinn vor Steuern** definiert sich wie folgt:

	Erlöse (betriebliche)
./.	Aufwendungen (betriebliche)
=	Betriebsergebnis
./.	außerordentliche Aufwendungen/+ Erlöse (z.B. Zinsen)
=	Jahresüberschuss/Jahresfehlbetrag
./.	Gewinnvortrag/Verlustvortrag (aus dem Vorjahr)
=	Bilanzgewinn/Bilanzverlust vor Ertragssteuern

Die Differenz zwischen den gesamten betrieblichen Erlösen und den gesamten betrieblichen Aufwendungen (in folgenden Kapiteln auch als Kosten bezeichnet) wird als Betriebsergebnis bezeichnet:

Betriebsergebnis =
betriebliche Erlöse gesamt – betriebliche Aufwendungen gesamt

Zu den Erlösen gehören sämtliche Erlöse aus den verschiedenen Umsatzsparten (vermittelte Touristik, Flug, evtl. Bahn, Eigenveranstaltung) sowie auch aus sonstigen Reisebürogeschäften (Werbekostenzuschüsse, Warenverkäufe etc.). Im Reisebüro werden (im Gegensatz zum Reiseveranstalter) nur die Provisionen und Boni als Erlöse bezeichnet, also nicht der Reisebüroumsatz.

Bei den betrieblichen Aufwendungen handelt es sich um folgende Arten:

* Personal	* Raumkosten	* Kommunikation/EDV
* Werbung	* Vertretung	* Büro- / Sachkosten
* Abschreibungen	* Zinsaufwand	* Sonstige Kosten

Erläuterungsbedürftig sind in dieser Struktur in erster Linie die Vertretungskosten. Hierzu zählen alle an andere Reisebüros oder Kunden abgegebenen Provisionen. In der Praxis treten diese Kosten häufig im Firmengeschäft auf. Das Reisebüro gibt in diesem Fall einen Teil seiner Provision, die es von den Leistungsträgern und Veranstaltern erhält, an den Firmenkunden weiter. Der Fachmann spricht dann von sogenannten „Kick-Backs" oder „Incentives", wenn die Provision/der Rabatt im nachhinein gezahlt wird, von Kulanzerstattungen oder einfach von Rabatt. Gleichwohl arbeiten Reisebüros, die im Firmengeschäft aktiv sind, heute meist mit anderen Vergütungsmodellen als noch vor 10 Jahren. In Zeiten der Nullprovision seitens der Fluggesellschaften müssen Transaktionsgebühren die frühere Provision ersetzen.

Wie aus der oben beschriebenen Gewinnformel ersichtlich ist, sollten die Erlöseinnahmen immer größer sein als die Kosten eines Reisebüros, damit ein Unternehmen wirtschaftlich arbeitet. Aber auch wenn ein Reisebüro ein positives Betriebsergebnis aufweist, kann es sich lohnen, die Erlös- und Kostenstrukturen und natürlich auch die Umsätze genauer zu überprüfen, um das Ergebnis zu verbessern bzw. zu optimieren. Hiermit kommen wir zu den **Managementaufgaben** des Reisebürounternehmers.

Der Reisebürounternehmer sollte auch erkennen, dass seine Mitarbeiter einen ganz entscheidenden Einfluss auf das Umsatz-, Erlös- und Kostengefüge haben. Somit hat die Personalführung einen großen Einfluss auf den angestrebten Gewinn des Unternehmens. Im Rahmen der Führung sind Mitarbeitermotivation, Weiterbildung, Entlohnung, Mitarbeiterbesprechungen etc. von großer Bedeutung und wirken sich auf das gesamte Betriebsklima aus. Auch hier spiegelt sich der Erfolg eines Reisebüros wider.

Welche genaueren Aufgaben sich innerhalb der Managementfunktionen für das Reisebüro ergeben, wird unter Punkt 7.5.2 erläutert.

In der betriebswirtschaftlichen Diskussion taucht häufig auch der Begriff des Ertrags auf. Er ist ungenau im Sinne des HGB, kennzeichnet aber gerade durch seine Unschärfe die wirtschaftliche Leistung des Unternehmens im weiteren Sinne.

Die Höhe des Ertrags eines Reisebüros hängt natürlich nicht nur alleine vom Ertragsmanagement des Reisebürounternehmers ab. Neben den innerbetrieblichen Faktoren spielen auch noch eine Menge Einflüsse von außen eine Rolle. Bei der ganzheitlichen Betrachtung sollte auch die gesamtwirtschaftliche Situation des Ortes und der Region, an dem das Reisebüro seinen Standort hat, mit einbezogen werden. Ferner sollten die Aktivitäten des Reisebüros auch auf die vorhandene Kundenstruktur ausgerichtet sein, d.h. es gilt zu prüfen, welche Alters-, Berufs- und Einkommensstrukturen vorliegen. Weitere Faktoren, wie Neugründungen/Abwanderungen von Firmen oder welche Art von Gruppen (Vereine, Organisationen, Interessengruppen, Presse etc.) vor Ort sind, sollten in Abständen analysiert und als Marktpotential genutzt werden.

Zu einem marktorientierten Denken gehört auch die Beobachtung der Wettbewerber vor Ort. Dabei sollte darauf geachtet werden, ob und welche Überschneidungen es mit den Wettbewerbern gibt. Wie gestaltet sich z.B. das Sortiment (Angebot und Preis) des Wettbewerbers. Welche Zielgruppe, sowohl im Privat- als auch im Firmenkundengeschäft spricht er an? Das Problem vieler Reisebüros besteht darin, dass sie sich im Sortiment so gut wie nicht von der großen Zahl der Mitbewerber unterscheiden. Verhängnisvoll wirkt es sich aus, wenn das Reisebüro dann versucht, sich durch Rabatte von der Konkurrenz abzusetzen.

7.5.2   Kennzahlen im Ertragsmanagement

In den Bereich der Managementfunktionen gehört auch die regelmäßige Erstellung von Kennzahlen, die Aufschluss über die eigenen Betriebsentwicklungen innerhalb eines Zeitraums geben sowie einen leichteren Vergleich mit Marktentwicklungen in der Reisebranche bieten. Diese Kennziffern werden in erster Linie als innerbetriebliches Steuerungsinstrument benutzt, können aber auch zur Analyse bei Firmenkäufen herangezogen werden.

Damit betriebswirtschaftliche Kennziffern überhaupt gebildet werden können, ist es notwendig, die Umsätze, Erlöse und Kosten zunächst in Sparten bzw. Arten zu strukturieren. Eine mögliche Struktur für Umsätze und Erlöse ist die folgende Untergliederung:

* Touristische Vermittlung	* Eigenveranstaltung
* Flug	* Sonstige Reisebürogeschäfte
* Transport	

Wenn möglich sollte eine weitere Untergliederung in Geschäfts- und Privatreisende gemacht werden. Zudem ist es sinnvoll, die Beträge in absoluten (Euro-Zahlen) wie auch in relativen (Prozent-Zahlen) nebeneinander zu stellen, um die Gewichtung der Sparten und deren Entwicklung schneller zu erkennen.

Hier nun zunächst ein paar grundsätzliche Ausführungen zu betriebswirtschaftlichen Kennzahlen:

Definition: KENNZAHLEN
Kennzahlen sind für interne und externe Zwecke einsetzbare Messgrößen,

* die in konzentrierter, stark verdichteter Form,
* auf eine relativ einfache Weise,
* schnell,
* als Ausdruck eines erfassbaren und quantifizierbaren Vorganges,
* über einen betrieblichen Tatbestand informieren.

Definition: KENNZAHLENSYSTEM:
Von einem Kennzahlensystem spricht man dann, wenn die Einzelkennzahlen, die für sich alleine eine sehr begrenzte Aussagefähigkeit besitzen, zu einem System gegenseitig abhängiger und sich ergänzender Kennzahlen zusammengefasst, d.h. durch ein Ordnungssystem in einem bloßen Systematisierungszusammenhang gruppiert bzw. durch ein Rechensystem rechnerisch miteinander zu einem geschlossenen Informationssystem verknüpft werden.

Bei Kennzahlen unterscheidet man zwischen **absoluten Zahlen** und **Verhältniszahlen (Quotienten)**.

Die **absoluten Zahlen**, als ursprüngliche Zahlen, stammen meist aus dem betrieblichen Rechnungswesen. Dabei gibt es die Möglichkeit, sie

- als Bestandsgröße für einen bestimmten Stichtag und
- als Bewegungsgröße, auf einen bestimmten Zeitraum bezogen,

zu unterteilen oder sie nach der Darstellungsform zu klassifizieren. *Beispiel für eine absolute Zahl: Betriebsergebnis*

Bei den *Verhältniszahlen* werden betriebswirtschaftlich relevante Größen zueinander in Beziehung gesetzt. Je nach Art der Verhältnisbildung unterscheidet man

- Gliederungszahlen,
- Beziehungszahlen und
- Indexzahlen (Messzahlen).

Eine Kennzahlenanalyse dient in der Regel dazu, folgende Fragen zu beantworten:

1) Die Frage nach der Verhältnismäßigkeit (Kennzahl zu hoch/zu niedrig?)
2) Die Frage nach den Ursachen (Worauf ist die Abweichung zurückzuführen? Beantwortung durch Kennzahlenzerlegung)

Kennzahlen gehören bereits seit langem zum unentbehrlichen Instrumentarium eines Controllers, und können dabei folgenden Zwecken dienen:

- als Grundlage (Vorbereitung, Fundierung, Erleichterung) von Entscheidungen
- als sinnvolle Aufbereitung von Informationen
- als Frühwarnsysteme, um rechtzeitig Entwicklungen anzuzeigen und operative (oder strategische) Korrekturmaßnahmen einleiten zu können
- als Feed-forward-Analyse (tatsächlicher zu prognostiziertem Verlauf) absehbare Auswirkungen zu antizipieren, um Fehlentwicklungen zu vermeiden

- als Planvorgabe für zukünftige Perioden
- als Kontrollinstrument für die Beurteilung vergangener Handlungsergebnisse (Soll-Ist-Vergleich)
- als Analyseinstrument zur Aufdeckung von Zusammenhängen.

Entscheidend für die Unternehmenssteuerung im Sinne des Gewinnmanagement ist auch das Verhältnis der Kosten zum Erlös. Die Analyse der Aufwands- bzw. Kostenstruktur in Betriebsvergleichen von Reisebüros zeigte stets deutlich, dass die Personalkosten mit ca. 50% der größte Kostenfaktor im Reisebüro sind, gefolgt von den Raum- und Kommunikationskosten.

In Bezug auf die Bürogröße lässt sich feststellen: Vor allem die Raumkosten, EDV-Kosten und Werbekosten sinken in Abhängigkeit von der Größe des Büros.

Auch die Kommunikations- und EDV-Kosten belegen, dass die Anschaffungen auf die Bedürfnisse des Reisebüros zugeschnitten sein müssen. Betriebsvergleiche zeigen, dass die prozentualen Kosten in Reisebüros, die einen Umsatz von unter einer Millionen Euro erwirtschaften, am höchsten sind. Das Problem vieler Reisebüros besteht also darin, dass sie schlichtweg zu klein sind.

7.5.2.1 Strukturkennzahlen

Gegenstand der Ergebnisanalyse ist es zunächst festzustellen, inwieweit der Periodenerfolg auf der eigentlichen Betriebstätigkeit beruht, d.h. also leistungsbedingt ist oder auf anderen Ursachen beruht. Dazu unterscheidet man insgesamt drei mögliche Erfolgsquellen:

1.	**Betriebsergebnis / Ordentlicher Betriebserfolg**
	resultiert aus dem eigentlichen Betriebszweck, also dem Verkauf bzw. der Vermittlung von Reisen. Er ist also leistungsbedingt.
2.	**Finanzerfolg**
	resultiert aus Aktivitäten in betriebsfremden Bereichen, steht also nicht in unmittelbarem Zusammenhang mit der betrieblichen Leistungserstellung. Hierzu gehören z.B. Erträge aus Beteiligungen sowie sämtliche Zinserträge.
3.	**außerordentlicher Erfolg**
	Erträge und Aufwendungen, die nicht regelmäßig anfallen und eher zufallsbedingt sind. Bei Reiseunternehmen fallen hierunter insbesondere eventuelle Kursgewinne durch Währungsschwankungen.

Mit Hilfe dieser sog. Erfolgsspaltung wird es möglich, die Ursachen des Periodenerfolges näher zu bestimmen. Der Jahresüberschuss der GuV-Rechnung bildet nur einen schlechten Indikator für die Abschätzung der zukünftigen Ertragskraft, da er sich aus allen drei oben genannten Komponenten zusammensetzt. Während mit dem Betriebs- und dem Finanzerfolg bei konstanten Umweltbedingungen auch in Zukunft gerechnet werden kann, sie also planbar sind, fällt das außerordentliche Ergebnis nur unregelmäßig und in nicht planbarer Höhe an. Resultiert der Jahresüberschuss also zu einem großen Teil aus dem außerordentlichen Erfolg, während nur ein geringer Betriebserfolg realisiert wurde, muss die zukünftige Ertragslage eher kritisch beurteilt werden.

7.5.2.1.1 Umsatzstruktur

Diese Kennzahl gibt die Umsatzanteile verschiedener Geschäftssparten im Verhältnis zum Gesamtumsatz an:

$$\text{Umsatzstruktur} = \frac{\text{Umsatz der Geschäftssparte}}{\text{Gesamtumsatz}} \times 100$$

Mit Hilfe dieser Kennzahl lassen sich die Schwerpunkte der Geschäftstätigkeit leicht feststellen. Außerdem lässt sich überprüfen, inwieweit das Unternehmensziel in Bezug auf die Umsatzanteile einzelner Geschäftsbereiche erreicht wurde. Ferner kann sie auch zu zwischenbetrieblichen Vergleichen genutzt werden.

Bei Reiseveranstaltern könnten Umsatzstrukturen beispielsweise nach folgenden Kriterien aufgestellt werden:

* Zielgebiete
* Verkehrsmittel
* Unterkunftsart (z.B. Fewo - Hotel)
* Unterkunftskategorie (z.B. 1-Stern- , 2-Sterne-Hotel usw.)
* Unterbringungsart (z.B. Appartement, DZ, EZ)
* Verpflegungsart (z.B. Ü/F, HP, VP)
* Reiseart (z.B. Studienreisen, Badereisen)
* Vertriebswege (z.B. Direktvertrieb, Reisebürovertrieb)   usw.

In den Reisebüros ist die Unterscheidung nach den Geschäftssparten Touristik, Flug, Bahn und sonstige Umsätze üblich. Zu den sonstigen Umsätzen gehören z.B. die Vermittlung von Versicherungsleistungen, Autovermietungen oder der Verkauf von Büchern und Reisezubehör.

7.5.2.1.2 Erlösstruktur

Diese Kennzahl gibt den Erlösanteil der Geschäftsfelder am Gesamterlös an:

$$\text{Erlösstruktur} = \frac{\text{Erlös der Geschäftssparte}}{\text{Gesamterlös}} \times 100$$

Die Erlösstruktur lässt sich analog zur Umsatzstruktur bilden, so dass Aussagen darüber möglich sind, ob die Erlösanteile der einzelnen Geschäftssparten mit ihren Umsatzanteilen übereinstimmen. Dabei kann sich durchaus herausstellen, dass einzelne Geschäftssparten zwar u.U. einen hohen Umsatzanteil erreichen, der Erlösanteil jedoch deutlich niedriger liegt.

Vergleicht man die Umsätze der einzelnen Sparten mit deren Erlösen, stellt man für das Reisebürogewerbe fest, dass die Touristik im Vergleich zum Spartenumsatz überdurchschnittliche Erlöse erzielt, während beim Fluggeschäft der Erlösanteil deutlich geringer ist als der Umsatzanteil. Ursache hierfür sind in erster Linie die im Gegensatz zur Touristik niedrigeren durchschnittlichen Provisionssätze (heute vorwiegend Gebühren) im Flugbereich.

Exkurs:

Inzwischen gehen die Provisionserlöse bei reinen Charterflügen – oder besser gesagt den Angeboten der Ferienflieger – wie auch bei Linienflügen der meisten Airlines gegen Null. Die Berechnung von Gebühren an den Kunden wird unerlässlich. Damit ergibt sich die Notwendigkeit neuer Rechenvorgänge in der Erfolgsrechnung und Erfolgsplanung. Viele Reisebüros sind sich noch unsicher, welche Gebühren verlangt werden sollen.

Ein Blick in die USA, wo schon seit längerer Zeit Gebühren seitens der Reisebüros berechnet werden, mag wenigstens einen groben Anhaltspunkt geben. Hier werden für die Suche günstiger Tarife, die Reiseplanung, die Buchung und Abwicklung bis hin zur eventuellen Stornierung Gebühren zwischen 5,- $ und 200,- $ verlangt – mit einem Durchschnittswert von 65,- $. (Vortrag auf dem FVW Kongress Zukunft im August 2005). Eine erhebliche Anzahl von Reisebüros verdient mit diesen Gebühren besser als vorher mit den Provisionen. Auch in Deutschland erklären die Vertreter von Buchhaltungsunternehmen für Reisebüros, dass zahlreiche Büros durch die Erhebung von Gebühren besser verdienen als vorher.

7.5.2.1.3 Kostenstruktur

Diese Kennzahl drückt den Anteil jeder Kostenart an den Gesamtkosten einer Unternehmung aus:

$$\text{Kostenstruktur} = \frac{\text{Kosten einer Kostenart}}{\text{Gesamtkosten}} \times 100$$

Sie kann insbesondere im zwischenbetrieblichen Vergleich Auffälligkeiten der eigenen Kostenstruktur aufzeigen und Erkenntnisse für Kosteneinsparungsmöglichkeiten liefern. Darüber hinaus leistet die Analyse der Kostenstruktur Hilfe bei der Budgeterstellung. Weisen einzelne Kostenpositionen überproportionale Steigerungen auf, ist zu untersuchen, ob diese auf vom Unternehmer schwer zu beeinflussenden Preissteigerungen beruhen oder ob innerbetriebliche Gründe für den Anstieg verantwortlich waren. Im letzten Fall sollte versucht werden, durch Rationalisierungen in den betroffenen Bereichen eine Kompensation zu erzielen. Das besondere Augenmerk sollte immer den Kostenpositionen gehören, die einen hohen Anteil an den Gesamtkosten haben, da sich hier Veränderungen überproportional auf das Ergebnis auswirken.

Bei allen Reiseunternehmen weisen die Personalkosten – wie schon erwähnt – mit über 50% den höchsten Anteil an den Gesamtkosten auf. An zweiter und dritter Stelle liegen die Raumkosten (Miete, Mietnebenkosten, Instandhaltung) und die EDV- und Kommunikationskosten (Telefon, Fax, Porto usw.).

Für eine detailliertere Kostenanalyse sollten die einzelnen Kostenarten zusätzlich nach weiteren Kriterien, z.B. Kostenstrukturen der Geschäftssparten (Kostenstellen), Kundengruppen usw., untergliedert werden.

Mit zunehmender Größe des Reisebüros reduzieren sich i.d.R. viele Kostenarten (z.B. Raumkosten, EDV), während die Personalkosten konstant bleiben bzw. sich sogar eher erhöhen. Zugleich zeigt sich bei größeren Reisebüros aber auch, dass die Mitarbeiterproduktivität (Umsatz pro Expedient) deutlich höher liegt, da die höheren Umsätze und damit die höheren Erlöse die Personalkosten deutlich übersteigen.

Mit folgender Kennzahl lässt sich die Produktivität des Personals berechnen:

$$\text{Produktivität des Personals} = \frac{\text{Gesamtumsatz}}{\text{Gesamtzahl der Expedienten}}$$

Für die Berechnung der Mitarbeiterzahl müssen auch die Leistungen von Teilzeitkräften, Auszubildenden, Praktikanten sowie ein eventueller Personalwechsel innerhalb der Abrechnungsperiode anteilig berücksichtigt werden.

In der Reisebürobranche liegt der durchschnittliche Umsatz pro Expedient bei ca. 600.000 Euro, (in den Neunziger Jahren 1 Mio. DM). Weicht die Personalproduktivität des eigenen Unternehmens von diesem Durchschnitt erheblich ab, müssen Maßnahmen ergriffen werden, um die Produktivität z.B. durch Fortbildungs- oder Verkaufsschulungsmaßnahmen zu verbessern. Auch die Motivation der Mitarbeiter kann z.B. durch leistungsorientierte Bezahlung verbessert werden.

Zur Beurteilung der Effizienz des Verwaltungsbereiches kann ebenfalls eine Kennzahl errechnet werden:

$$\text{Umsatz je Verwaltungsmitarbeiter} = \frac{\text{Gesamtumsatz}}{\text{Gesamtzahl Verwaltungsmitarbeiter}}$$

Gerade in kleinen und mittelständischen Reisebüros fehlt es z.B. oft an Controlling-Systemen, mit denen die Leistung der einzelnen Bereiche überprüft werden kann. Dies trifft insbesondere auf Firmen zu, die mit zwei oder drei Beschäftigten angefangen haben und auf sechs oder sieben Mitarbeiter gewachsen sind. Nach dem Motto: „alle machen alles" wird oft nach dem alten Konzept weitergearbeitet. Wenn jedoch die Geschäftssparten nach Abteilungen gegliedert sind, kann für jede festgestellt werden, wie hoch ihre Deckungsbeiträge (Erlöse der Abteilung minus direkt zurechenbare Kosten) sind.

Will ein Reisebüro-Inhaber sein Unternehmen umstrukturieren, so kommt es darauf an, die Erfolgsfaktoren zu betrachten und auszubauen. Viele machen den

Fehler, dass sie nur auf ihre Schwächen schauen. Erfolgsfaktoren können z.B. die Qualifikation der Mitarbeiter, der Standort oder die Werbung sein. Mit Sicherheit aber ist und bleibt der Berater, der dem Kunden das passende Produkt verschafft, der zentrale Erfolgsfaktor des Reisebüros. An der Beratungsqualität sollte keinesfalls gespart werden.

Kalkulatorischer Unternehmerlohn
Bisweilen lassen sich Einzelunternehmer durch ein positives Betriebsergebnis bzw. einen in der Gewinn- und Verlustrechnung ausgewiesenen Überschuss täuschen. Sie vergessen, ihre eigene Arbeitszeit, die in einem Angestelltenverhältnis regulär vergütet worden wäre, als kalkulatorische Kosten anzusetzen. Kalkulatorische Kosten verursachen keinen finanziellen Aufwand, erscheinen also nicht in der Gewinn- und Verlustrechnung. Daher werden sie leicht übersehen. Das Gleiche gilt für eine kalkulatorische Miete, falls sich das Reisebüro in eigenen Räumen des Unternehmers befindet.

7.5.2.2 Umsatz- und Erlösrendite

Das Verhältnis von Betriebsergebnis zu Umsatz ist die Kennzahl, auf die sich seit Jahren das Hauptinteresse der Branche richtet.

Die Definition lautet:

$$\text{Umsatzrendite} = \frac{\text{Betriebsergebnis (Provisionen – Kosten)}}{\text{Gesamtzahl Verwaltungsmitarbeiter}} \times 100$$

Das Betriebsergebnis stellt dabei den Saldo der Kontenklassen 8 (betriebliche Erlöse) und 4 (betriebliche Aufwendungen) des DRV-Kontenrahmens dar.

Die Umsatzrendite bezeichnet den Prozentsatz am Umsatz, der dem Reiseunternehmen nach Abzug aller Aufwendungen vor Steuern übrig bleibt. Bei der Beurteilung der Umsatzrendite ist zu beachten, dass beim Reisebüro ca. 90% der Umsätze durchlaufende Posten sind, die das Reisebüro für Rechnung des Reiseveranstalters oder Leistungsträgers vereinnahmt.

1990 lag die durchschnittliche Umsatzrendite noch bei 1,17%. Diese 1,17% bedeuteten damals, dass mit 1.000,- DM Reiseumsatz ein Betriebsergebnis von DM 11,70 vor Steuern erwirtschaftet wurde. Bis 1997 ist die Umsatzrendite auf 0,7% gesunken. Im Jahr 2004 hat sie Schätzungen zufolge für den Durchschnitt der Reisebüros in Deutschland weit unter 0,5% gelegen. Neuere Erhebungen zur Umsatzrendite auf Basis ausreichender Fallzahlen liegen derzeit leider nicht vor. Die Buchhaltungszentralen der großen Ketten, die solche Daten haben, stellen sie der Fachöffentlichkeit nicht zur Verfügung.

Das Entgelt für die Reisevermittlung ist die Provision. Insofern ist der Erlös des Reisemittlers auch nur die Provision, nicht der Reiseumsatz! Beim Reiseveranstalter dagegen ist der Reiseumsatz zugleich der Erlös, d.h. die Kennzahl „Erlösrendite" ist beim Reiseveranstalter nicht sinnvoll. Somit wird beim Vergleich zwischen Veranstalter und Reisebüro nur die Umsatzrendite herangezogen, während die Erlösrendite eine wichtige Kennzahl ausschließlich für das Reisebüro ist.

Die Definition lautet:

$$\text{Erlösrendite} = \frac{\text{Betriebsergebnis (Provisionen − Kosten)}}{\text{Erlös}} \times 100$$

Abgesehen von der Umsatz- und Erlösrendite sind bei Betriebsanalysen andere wichtige Kennzahlen häufig nicht beachtet worden. Besonders Reisebüro-Ketten und mittlere bis große Reiseveranstalter können zum Teil beträchtliche Eigenkapitalrenditen vorweisen, die bei der Berechnung der Umsatz- oder Erlösrendite nicht berücksichtigt werden. Daher ist es sinnvoll, zukünftig auch anderen Kennzahlen wie beispielsweise der Liquidität oder dem ROI (return on investment, Kapitalrendite) größere Beachtung zu schenken.

7.5.3   Bilanzielle Überschuldung

Eine 2007 an der Fakultät für Tourismus der Hochschule München durchgeführte Untersuchung von ca. 200 Jahresabschlüssen deutscher Reisebüros in der Rechtsform der GmbH oder GmbH & Co. KG zeigte, dass bei 45% der Reisebüros das Eigenkapital völlig durch Verluste aufgebraucht war. Die wirtschaftlichen Verluste dieser Kapitalgesellschaften waren also größer als das Eigenkapital. Eine solche bilanzielle Überschuldung muss gesondert am Schluss der Aktivseite der Bilanz unter der Bezeichnung „Nicht durch Eigenkapital gedeckter Fehlbetrag" ausgewiesen werden. Im Finanzjargon spricht man in diesem Fall auch davon, dass „...das Kapital links steht" und spielt darauf an, dass es ja eigentlich auf die rechte Seite, also die Passivseite der Bilanz gehört.

Der „nicht durch Eigenkapital gedeckte Fehlbetrag" zeigt eine buchmäßige Überschuldung des Unternehmens an. Diese ist nicht unbedingt mit einer Überschuldung im Sinne des Insolvenzrechts gleichzusetzen. Es stellt sich hier die Frage der Bewertung von Vermögensgegenständen des Unternehmens. Die buchmäßige Überschuldung wird erst dann zu einer insolvenzrechtlichen Überschuldung, wenn das Unternehmen nicht mehr über ausreichende stille Reserven verfügt. Da Reisebüros generell mit einem sehr niedrigen Anlagevermögen betrieben werden, dürfte bei den meisten der betrachteten Reisebüros allerdings der Sachverhalt der insolvenzrechtlichen Überschuldung zumindest zum Bilanzstichtag gegeben gewesen sein.

7.6. Aufgaben einer Führungskraft

Der Begriff „*managen*" ist für viele Reisebürounternehmer zu unspezifisch und wird oft mit diversen Aufgaben, wie „Entscheidungen treffen", „Ziele setzen" oder „kontrollieren" verbunden. Im Kern bedeutet der Begriff einfach „*steuern*". Zu unterscheiden sind folgende Hauptfunktionen des Management:

> Planung $\longrightarrow$ Organisation $\longrightarrow$ Führung $\longrightarrow$ Kontrolle

Dabei stellt sich für viele Reisebürounternehmer die Frage: Ist eine Planung in der heutigen Zeit überhaupt sinnvoll? Ändert sich der Markt nicht zu schnell, als dass man planen könnte ? Nicht ganz ernst gemeint, aber doch mit einem gewissen Wahrheitsgehalt versehen ist der Spruch: „Planung ersetzt Zufall durch Irrtum".

Generell lässt sich sagen: Kosten sind gut planbar, da man sie beeinflussen kann. Umsätze und Erlöse sind wesentlich schwerer planbar, da sie von der Veränderung der Marktfaktoren und der Unberechenbarkeit des Kundenverhaltens abhängen. Am Anfang eines Planungsprozesses sollte eine genaue Analyse der Entscheidungsgrundlagen erfolgen.

7.6.1 Betriebsanalyse als Basisinstrument

Für eine gewinnorientierte Ausrichtung einer Betriebsanalyse sollten zunächst die Daten in vergleichbaren Kategorien und in längeren Zeiträumen (mindestens drei Jahre) erfasst werden. Dadurch lassen sich Trends und damit Chancen und Risiken leichter erkennen und bewerten.

Zudem ist es sinnvoll, einen Datenrahmen zu erstellen, der es ermöglicht, die Betriebsentwicklungen mit den Branchenentwicklungen vergleichen zu können. Unter Punkt 4. wurden mögliche Datenuntergliederungen im Sinne des Branchenbetriebsvergleichs vorgestellt.

Übersichtliche, nicht zu detaillierte Strukturen ermöglichen dem Reisebüromanagement einen schnellen Überblick über die Entwicklungen des Reisebüros insgesamt und der wichtigsten Sparten. Auf dieser Basis können weitere Entwicklungen des Unternehmens geplant und die im Controlling erforderlichen Plan-/Ist-Vergleiche durchgeführt werden. Sind im Laufe der Zeit deutliche Abweichungen des Plans zu erkennen, empfiehlt es sich für den Reisebüromanager, tiefer in das vorhandene Zahlenmaterial einzusteigen.

Für große Reisebüros oder Kooperationen sollte eine mehrdimensionale Betriebsanalyse vorgenommen werden. Dazu gehören u.a. folgende Analysen:

7.6.1.1 Produktorientierte Analyse:

In dieser Analyse werden alle Umsätze und Erlöse der einzelnen Sparten (Flug, Bahn, Schiff, Bus, Hotel, Touristische Vermittlung (verschiedene Reiseveranstalter), Eigenveranstaltung, Gruppenreisen, Incentives) ermittelt. Auf Basis dieser

Umsätze erfolgt auch die Abrechnung mit den Leistungsträgern. Zusätzlich werden noch die Kosten nach Kostenarten (Personal-, Raumkosten etc.) erfasst und der Gewinn als Differenz zwischen Erlösen und Aufwendungen ermittelt. Diese Erfassung von Daten dient als Basis der Gewinn- und Verlustrechnung und als Bemessungsgrundlage für Steuern und sonstige Abgaben.

7.6.1.2   Kundenorientierte Analyse:

In diesem Bereich werden gewinnbringende Kunden- bzw. Marktsegmente analysiert. Umsätze und Erlöse werden den einzelnen Kundengruppen zugeordnet. Hierbei empfiehlt sich eine Unterteilung in Privat- und Firmenkunden. Im ersteren Segment können noch weitere Abstufungen nach Marktsegmenten vorgenommen werden, z.B. Kulturorientierte, Studienreisende, Golfer etc.. Im Firmendienst ist eine Untergliederung zumindest bis hin zu wichtigen Einzelkunden ratsam, da hier die Gewährung von „Kick-Backs" den Gewinn verstärkt beeinflussen können.

7.6.1.3   Mitarbeiterorientierte Analyse:

Voraussetzung für eine Bewertung der Mitarbeiterleistungen und deren leistungsorientierte Bezahlung ist die mitarbeiterorientierte Analyse. Um hier eine gewinnorientierte Steuerung und Bewertung vorzunehmen, ist es notwendig, neben den Umsätzen und Erlösen auch noch die im Geschäftsverlauf anfallenden direkt zurechenbaren Kosten zuzuordnen. Durch Abzug dieser Kosten von den Erlösen ermittelt man den **Deckungsbeitrag pro Mitarbeiter**, der dem Reisebürounternehmer zeigt, wie gewinnorientiert seine Mitarbeiter verkauft haben. Bei einer mitarbeiterorientierten Deckungsbeitragsrechnung sind das Gehalt und die Gehaltsnebenkosten, ein Großteil der Kommunikationskosten (vor allem Telefon), Seminar- und Fortbildungskosten sowie sonstige den Mitarbeitern zurechenbare Kosten, zu berücksichtigen. Insgesamt können also 70–80% der Kosten der jeweiligen Bezugsgröße zugerechnet werden.

Mit der Größe des Reisebüros steigen zwar die Personalkosten kontinuierlich an, gleichzeitig klettern jedoch auch die durchschnittlichen Deckungsbeiträge pro Mitarbeiter. Umsatzstärkere Reisebüros erreichen also eine wesentlich bessere Relation zwischen Personalkosten und Deckungsbeitrag und damit eine höhere Mitarbeiter-Produktivität.

Da die Personalkosten mit rund 50% den größten Kostenblock darstellen, ist ein gewinnorientiertes Personalkosten-Management unumgänglich. Dies bedeutet nicht Personaleinsparung um jeden Preis, denn damit sinkt in der Regel auch die Beratungs- und Verkaufsqualität. Vielmehr geht es darum, mit qualifiziertem Personal ein Höchstmaß an Qualität zu erreichen, und das zu möglichst vertretbaren Kosten. Das bedeutet, die Arbeitssituation muss effizient gestaltet werden, z.B. durch neue Teilzeit-Arbeitsmodelle in Spitzenzeiten oder SB-Terminals, damit der Berater mehr Zeit für aufwändigere Kundenanfragen hat.

Die Deckungsbeitragsrechnung im Reisebüro kann aber nicht nur nach Mitarbeitern durchgeführt werden. Sie eignet sich grundsätzlich auch zur Gewinndurchleuchtung nach Abteilungen, nach Produkten, nach Kunden bzw. Kundengruppen oder auch innerhalb einer Kette oder Kooperation nach Filialen.

Das Prinzip der Deckungsbeitragsrechnung beruht auf der Aufteilung der im Reisebüro entstehenden Kosten in direkte, d.h. dem einzelnen Geschäft oder Geschäftsbereich zurechenbare, und in nicht direkte Kosten, den sogenannten Overhead-Kosten. Hierzu gehören z.B. Miet- und Heizungskosten, aber auch jegliche Arten von Verwaltungskosten, die z.B. bei Reisebüroketten und Kooperationen anfallen.

7.6.2 Planung und Budgetierung

Absolutes Fundament für die Ertragsoptimierung im Reisebüro bildet die Planung. Dabei wird zwischen der strategischen Planung (Drei- bis Fünfjahresplanung) und der Budgetierung (Jahresplanung oder auch operative Planung) unterschieden. Sowohl mit der Planung als auch mit der Budgetierung werden die Schwerpunkte und Ziele für die künftige Geschäftsentwicklung festgelegt. Dabei können neben der Gewinnmaximierung auch andere Unternehmensziele gesteckt sein, wie z.B. die Investitionen in bestimmte neue Marktsegmente oder auch technische Verbesserungen, eine Ausweitung des Filialnetzes oder ein Aus-/Umbau des Reisebüros.

Ein wichtiger Schwerpunkt in der Planung ist auch das Sortiment, da hier durch eine geschickte Steuerung hohe Umsätze und Erlöse erwirtschaftet werden können (siehe Punkt 7.5.2.1.1, S. 308 ff.).

Innerhalb der strategischen Planung werden auf der Grundlage der gesamtwirtschaftlichen und branchenbezogenen Entwicklungen, soweit bestimmbar, der Gesamtumsatz, die Gesamterlöse und die Gesamtkosten ermittelt, woraus sich der Gewinn sowie die Umsatzrendite ermitteln lassen. Je nach Planung der einzelnen Größen kann dabei auch schon der zukünftige Bedarf an Personal rechtzeitig ermittelt werden.

Auch bei der operativen Planung, der Budgetierung (Jahresplanung) sollte zunächst analysiert werden, welche gesamtwirtschaftlichen und branchenbezogenen Rahmenbedingungen vorliegen. Für die Bestimmung der Werte ist es zunächst sinnvoll, eine Struktur festzulegen, die längerfristige Gültigkeit haben sollte, damit sich die jährlichen Vergleichswerte besser ermitteln lassen. Für die Umsätze und Erlöse empfiehlt sich eine Aufteilung nach den jeweils vorhandenen Sparten im Reisebüro, wobei innerhalb der Sparten nochmals nach umsatzträchtigen Leistungsträgern und Veranstaltern unterteilt werden sollte.

7.6.3 Organisation und Finanzmanagement

Die gesamte Organisation eines Reisebüros kann gerade auf der Kostenseite erhebliche Auswirkungen auf die Rentabilität eines Unternehmens haben. In einem "schlecht" organisierten Reisebüro sind oft die Personalkosten, evtl. auch die Bürosachkosten, überproportional hoch und die Mitarbeiterproduktivität relativ gering. Natürlich können diese Symptome auch andere Ursachen haben, dennoch empfiehlt sich von Zeit zu Zeit eine Überprüfung der Organisation.

Auch auf den Kunden wirkt eine gute Organisation positiv. Zwar nimmt der Kunde die Elemente einer Dienstleistung häufig nur als Ganzes wahr und ist in erster Linie nur an dem Endresultat interessiert, dennoch beeinflussen Schwachstellen die Einstellung des Kunden gegenüber dem Reisebüro häufig überproportional, gerade im Hinblick auf Schnelligkeit und Zuverlässigkeit. Gerade für die Kundenbindung und Stammkundenpflege ist ein Qualitätsmanagement wichtig.

Im Rahmen der **Aufbauorganisation** wird mittels Stellenbeschreibungen festgelegt, welchen Mitarbeitern welche Aufgabengebiete/Zuständigkeiten/Kompetenzen übertragen werden. Durch diese Strukturierung ergeben sich in vielen Reisebüros einzelne, miteinander in Verbindung stehende, Abteilungen: z.B. Verkauf und Backoffice oder reine Privat- und Firmenkundenabteilungen. In voll lizenzierten Reisebüros findet sich auch häufig eine Unterteilung nach Sparten (Touristik/Flug/Bahn etc.).

Bei der **Ablauforganisation** geht es um die gesamten Arbeitsabläufe, sowohl innerhalb der jeweiligen Stellen als auch zwischen den Stellen. Effiziente Arbeitsabläufe werden in Anbetracht der durchschnittlich sinkenden Renditen und dem damit verbundenen Handlungszwang zur Kosteneinsparung immer wichtiger. Denn einerseits sind die Reisebüros gefordert, ihren Service zu verbessern, andererseits sollen die Mitarbeiter die Zeit, die sie pro Kunde aufwenden, reduzieren. Ein solcher Widerspruch lässt sich nur mit einem bis ins Detail durchdachten Konzept der Arbeitsabläufe lösen.

Einer der wichtigsten und häufigsten Abläufe im Reisebüro ist sicherlich das Verkaufsgespräch. Um hier sowohl im Privatkunden- als auch im Firmenkundengeschäft eine effiziente Arbeitsweise zu entwickeln und somit eine hohe Mitarbeiterproduktivität zu erreichen, ist es für den Reisebüroinhaber sehr empfehlenswert, für die Mitarbeiter einen Verkaufsleitfaden zu entwerfen, der alle Schritte vom Beratungsgespräch, über die gesamte Buchungsabwicklung bis zur Nachbearbeitung im Verkauf genauestens festlegt.

Die Arbeitsabläufe sowie die Auslastung der Mitarbeiter sollte genau analysiert werden, denn viele Wege und Handgriffe lassen sich praktischer und kostensparender regeln. Insgesamt ist es sinnvoll, möglichst viele Arbeitsabläufe genau festzulegen und die Mitarbeiter in dieser Hinsicht zu schulen, da jeder Mitarbeiter somit schnell in der Lage ist, Arbeiten innerhalb eines Prozesses von einem anderen Mitarbeiter zu übernehmen und zudem „doppelt" ausgeführte Tätigkeiten entfallen.

7.6.4   Aufgaben im Controlling

Nach der Planung und Organisation im Reisebüro folgt eine letzte Managementfunktion: die Kontrolle, die oft mit dem Begriff **Controlling** gleichgesetzt wird, wobei das Controlling in seiner Unterscheidung eigentlich eine umfassendere Funktion hat. Hierbei handelt es sich um ein System, das die Führung im Hinblick auf Zielsetzung und Zielerreichung unterstützt. Die Aufgabe des Controlling besteht in der fortwährenden rentabilitätsbezogenen Durchleuchtung eines Unternehmens, der Aufdeckung von Schwachstellen und der Entwicklung von Verbesserungsvorschlägen mit dem Ziel, die Effizienz und die Flexibilität des Unternehmens zu erhöhen. Insgesamt fließen im Controlling schnittstellenartig alle Aktivitäten eines Unternehmens zahlenmäßig zusammen, womit dieses System einen hohen informativen Charakter aufweist.

Als hilfreiche Maßnahme im Controlling, insbesondere zur Aufdeckung von Schwachstellen, erweisen sich **Monatsberichte** oder **Quartalsberichte**, in denen ein Soll/Ist- bzw. Plan/Ist-Vergleich vorgenommen wird. Um den Vergleich zum Vorjahr zu sehen, können in diese Berichte auch Vorjahreswerte mit einbezogen werden. Diese Art von Berichten eignet sich u.a. für Umsatzentwicklungen der einzelnen Sparten, für die Teilnehmerbuchungen in der vermittelten Touristik und für den Bereich der Eigentouristik. Auch das gesamte Firmengeschäft erfordert aufgrund seiner großen Umsatzvolumen ebenfalls eine regelmäßige Kontrolle.

Die Schwierigkeit in sehr vielen Reisebüros besteht darin, dass alle genannten Aufgaben und Funktionen von ein und derselben Person ausgeübt werden müssen. Hier wird oft mehr Wissen und Können erfordert als in großen Unternehmen, wo man sich Spezialisten für die einzelnen Gebiete leisten kann. Zugleich liegt hier aber auch die Chance, schnell und flexibel auf Marktveränderungen zu reagieren. So haben immer mehr Reisebürounternehmer erkannt, dass Veränderungs-Management das Gebot der Stunde ist. Möglicherweise liegt ein Weg darin, sich von der klassischen Reisevermittlung zu verabschieden und sich als Reiseveranstalter einer Nische zuzuwenden, die den eigenen Kompetenzen entspricht. Change-Management ist für viele in der Reisebürobranche das Gebot der Stunde. Viele Reisebüros sind zu klein, um auf Dauer wettbewerbsfähig zu sein.

Auf dem FVW Kongress 2005 berichtete William A. Maloney vom amerikanischen Reisebüroverband ASTA, dass er oft von Bekannten um die Möglichkeit des häufigen Reisens beneidet wird. Dann zeigte er folgende Folie:

> Travel is not the exciting part of being
> in the travel and tourism industry.
> Survival is.

Teil C

Rahmenbedingungen des Reisebüro-Managements

1 Informationsmanagement und Informationssysteme der Reisemittler

Prof. Dr. Uwe Weithöner,
Fachhochschule Oldenburg/Ostfriesland/Wilhelmshaven

1.1 Grundlagen

1.1.1 Stationäre Reisebüros und virtuelle Reisemittler

Die Begriffe **Reisebüro und Reisemittler** werden in diesem Beitrag als synonyme Oberbegriffe verwendet, wobei die Informations- und Leistungsprozesse der Reisevermittlung im Vordergrund stehen.

Wenn erforderlich, werden **stationäre Reisebüros**, die mit Fachpersonal in Ladenlokalen oder Büros im persönlichen Kundenkontakt (Front-Office-Bereich) arbeiten, unterschieden von virtuellen Reisemittlern. **Virtuelle Reisemittler** setzen Web-Portale, Internet-Booking-Engines und Call-Center zum Front-Office-Betrieb bzw. zum direkten Kundenkontakt ein. Vereinfachend gesagt:

- Das Web-Portal übernimmt die Funktionen eines Ladenlokals mit Schaufenster und einer allgemeinen touristischen Information und Animation, und die Internet-Booking-Engine übernimmt die konkrete kundenorientierte und produktbezogene Beratung und Vermittlung. Zum persönlichen Kontakt in speziellen Fragen werden Call-Center eingesetzt.

- Die Reservierung der vermittelten Reiseleistungen und die Steuerung der Reiseabwicklungen erfolgen in den Reservierungssystemen der Reiseanbieter, unabhängig davon, ob ein stationärer oder ein virtueller Front-Office-Betrieb die Reservierung vermittelt hat.

Es wird sich in diesem Beitrag zeigen, dass sich die Wertschöpfungs-, Leistungs- und Informationsprozesse und damit die sie unterstützenden Informationssysteme gleichen, sowohl im Front-Office-Bereich als auch in den nachgelagerten Mid- und Back-Office-Prozessen.

Auch ein virtueller Reisemittler arbeitet nach den Regeln und Bedingungen des Reisemittler-Geschäfts und gemäß eines definierten Geschäftsmodells mit eigener Verantwortung für sein Geschäftsergebnis. So wird beispielsweise das Web-Portal des TUI-Konzerns unter www.tui.com durch die TUI interactive GmbH als verantwortlicher Reisemittler betrieben. Während aber über das TUI-Portal nur Reisen von konzerngebundenen Reiseanbietern vermittelt werden, bietet das Portal des Thomas Cook-Konzerns (www.thomascook.de) auch die Vermittlung konzernfremder Reiseleistungen an, um dem Kunden damit ein möglichst vollständiges Sortiment zur Vermittlung anbieten zu können (Stand: 2007/08).

Wie das Beispiel des TUI-Konzerns andeutet, kann nicht immer sofort unterschieden werden, ob es sich bei einem Web-Portal um einen in eigener Verantwortung arbeitenden Reisemittler handelt oder um einen **direkten Vertriebskanal eines Reiseanbieters**, der über das Web seine selbst produzierten Reisen und Reiseleistungen verkauft und damit auch für die Erbringung der Reiseleistungen haftet. Diese Unterscheidung, ob es sich um einen virtuellen Reisemittler handelt oder um einen Reiseanbieter, der über das Internet vermarktet, und damit die Zuordnung, wer für die Erbringung der Reiseleistung haftet, muss in den Allgemeinen Geschäftsbedingungen eines Web-Portals eindeutig geklärt werden.

Diese Unterscheidung wird auch dann erforderlich, wenn virtuelle Reisemittler neue dynamische Technologien einsetzen (vgl. Abschnitt 1.3 dieses Beitrages). Unter www.thomascook.de wird beispielsweise die Technik des **Dynamic Bundling** angeboten (→ Mix&Travel, Stand: 2007/08), mit der der Kunde individuell mehrere Einzelleistungen zur Vermittlung bündeln kann. Die Thomas Cook Vertriebs GmbH verbleibt dabei in der rechtlichen Position des Reisemittlers. Ein virtueller Reisemittler hingegen, der zusätzlich zu seinen Vermittlungsleistungen den Kunden anbietet, individuelle Reisepakete zusammen zu stellen, die dann durch die Internet-Booking-Engine online kalkuliert und zu einem Gesamtpreis als eine Pauschale angeboten werden, übernimmt für diese Reisepakete die Position und die Verantwortung eines Reiseveranstalters (Beispiele zum **Dynamic Packaging** unter www.tui.com → Clever kombinieren oder www.expedia.de → Click&Mix, Stand: 2007/08).

1.1.2   Informations- und Leistungsprozesse auf Basis von Informationssystemen

Die Leistungsprozesse eines Reisemittlers basieren auf Informationsprozessen. **Information** ist zweckorientiertes Wissen, das heißt wirtschaftlich relevantes Wissen als Basis des Entscheidens und Handels zur Erreichung der Unternehmensziele. Information ist damit ein Produktions- und Wettbewerbsfaktor.

Informationen müssen zur richtigen Zeit, am richtigen Ort, im sachgerechten Umfang und in der erforderlichen Form und Aufbereitung verfügbar sein. Um dies zu gewährleisten, sind strukturierte Informationsprozesse erforderlich und im Rahmen der Leistungsprozesse eines Unternehmens zu gestalten. **Informationsprozesse** beinhalten folgende Aktivitäten (mit Beispielen):

- **Informationsbeschaffung:** Zur Kundenberatung und zur Reisevermittlung (Front-Office-Bereich) sind touristische Informationen und Produktinformationen bzgl. Verfügbarkeiten, Preisen, Ausstattungen u. ä. erforderlich und zu beschaffen.

- **Informationsverwaltung und -verarbeitung:** Die Daten der Reiseanbieter, der Kunden und der vermittelten Reisen sind langfristig zu verwalten und situationsabhängig zu verarbeiten (z.B. im Mid-Office-Bereich Rechnungs-schreibung, Mahnwesen, Kundenbindungsaktivitäten und im Back-Office-Bereich Provisionsabrechnung, Finanzbuchhaltung und Management-Information).

- **Informationsdarstellung und -weitergabe:** Die Informationen sind zielgrup-pen-orientiert darzustellen und im Rahmen der Beratungs- und Vermarktungs-prozesse kunden-orientiert anzubieten und zu kommunizieren.

- **Kommunikation:** Informationsprozesse erfordern unternehmensinterne und externe Kommunikationen. Kommunikation meint den Austausch von Infor-mationen, wobei Menschen und entsprechend geeignete Maschinen Sender und Empfänger von Informationen sein können.

Die Informations- und Kommunikationsprozesse werden durch **Informationssys-teme** (synonym: Informationstechnologische Systeme / **IT-Systeme**, Informati-ons- und Kommunikationssysteme / **IuK-Systeme**) unterstützt oder vollzogen. Ein Informationssystem ist ein kooperierender Verbund aus elektronischen, com-puter-basierten Elementen zur Unterstützung oder Automatisierung der Leis-tungsprozesse. Informationssysteme ermöglichen ein geordnetes und planvolles Zusammenwirken von Menschen und Maschinen. Sie integrieren die Verarbei-tungs-, Verwaltungs- und Kommunikationsaktivitäten zu vollständigen, weitge-hend automatisierten Prozessen.

Das **Informationsmanagement** eines Unternehmens hat daher folgende Auf-gaben:

- Ein auf die Unternehmensziele und die Unternehmensentwicklung ausgerichte-tes Informationssystem ist aufzubauen und stets aktuell zu halten (langfristige Investitionsplanung und -entscheidung).

- Das zielgerichtete Zusammenwirken der Systemelemente ist zu organisieren, aktuell zu steuern und zu kontrollieren.

- Damit ist sicherzustellen, dass die benötigten Informationen verlässlich zur richtigen Zeit am richtigen Ort anforderungsgerecht, aktuell und mit möglichst geringem Aufwand zur Verfügung stehen.

Das Informationsmanagement hat für Tourismusunternehmen besondere Bedeu-tung. Die **Tourismusmarkte** sind Dienstleistungsmärkte, die durch folgende in-formationstechnologisch relevante **Besonderheiten** gekennzeichnet sind:

- Das touristische Produkt ist **international**. Reiseleistungen werden in einem weltweiten Wettbewerb beschafft, angeboten und vermittelt. Sie werden in entfernten Gebieten konsumiert. Reiseleistungen müssen daher international, ohne Zeitverzug, und ständig aktualisierbar angeboten und nachgefragt, reserviert und abgewickelt werden können.

- Die Internationalität, die **Kurzfristigkeit** der Buchungen und die Notwendig-keit der **Kostenoptimierung** erfordern **automatisierte Abläufe** des Reiseange-botes, der Reservierung und der Reiseabwicklung.

- Das touristische Produkt ist **nicht lagerbar**. Daher ist der Tourismusmarkt ein auslastungsorientierter Käufermarkt. Das kurzfristige auslastungsbezogene Angebotsmanagement (**Yield-Management**) hat besondere Bedeutung.

- Die Qualität des Produktes wird nicht nur quantitativ bewertet (z.B. Entfernung zum Strand), sondern sie wird subjektiv erlebt. Zu den Entscheidungen ist das touristische Produkt nicht substantiell vorhanden. Der Kunde erwirbt mit der Reisebuchung nur ein **Leistungsversprechen**. Er strebt daher nach wirklichkeitsnahen, erlebbaren Informationen. Die Informationsmedien sind so zu gestalten, dass nicht nur quantitativ und schriftlich informiert wird, sondern das touristische Angebot muss **multimedial Erlebnis-Eindrücke** und **Emotionen** vermitteln.

Als Basis des Informationsmanagements für Reisemittler werden in den folgenden Kapiteln dieses Beitrages relevante Systeme dargestellt und ihre Nutzungspotentiale und Einsatzbedingungen anwendungsorientiert erläutert.

1.2 Global Distribution Systems (GDS) als informationstechnologische Dienstleister der Reisemittler

1.2.1 Informationstechnologische Dienstleistungen der GDS im Überblick

Global Distribution Systems (GDS) werden von internationalen Technologieunternehmen betrieben, die den Touristikunternehmen damit branchen-spezielle informationstechnologische (IT-)Dienstleistungen zur weltweiten Vermarktung der Reiseprodukte anbieten.

Anmerkung: Vielfach werden die Begriffe Computer-Reservierungssystem oder Central Reservation System unter der Abkürzung CRS synonym mit dem GDS-Begriff verwendet. Der Begriff Global Distribution System ist aber der umfassendere Begriff für die Vielzahl angebotener IT-Dienstleistungen. Der Begriff Computer-Reservierungssystem wird oftmals auch allgemein und unspezifisch als Oberbegriff für elektronische Systeme zur Buchung, Reservierung und Abwicklung touristischer Leistungen genutzt.

Die **GDS-Dienstleistungen** können mit folgenden Leistungsbereichen dargestellt werden:

- **Global Distribution Network (GDN):** Internationale standardisierte Netzwerke und Kommunikationsverfahren zum Reisevertrieb über Reisemittler.

- **Global Reservation System (GRS):** Internationales zentrales Reservierungssystem zum Vertrieb von Reiseleistungen, insbesondere (Linien-)Flüge, Hotelübernachtungen, Mietwagen.

- Ergänzende datenbank-basierte Beratungs- und Buchungsdienstleistungen, **Front-Office-Dienste**, z.B. touristische Suchmaschinen mit umfangreichen

- Angebotsvergleichen, multimediale Produktdarstellungen und touristische Informationen.

- Weiterverarbeitende **Mid- und Back-Office-Dienste** insbesondere für Reisemittler, z.B. Kunden- und Vorgangsverwaltung, Management-Information, Finanzbuchhaltung oder Datentransfer der Buchungsvorgänge in die angeschlossenen Mid- und Back-Office-Systeme der Reisemittler.

- Dienstleistungen zum **web-basierten Reisevertrieb** (z.B. Internet Booking Engines).

- Dienstleistungen zum **Business Travel Management**.

- Individuelle **IT-Projektentwicklung**.

1.2.2   Internationale GDS-Betreiber und -Anbieter

Amadeus IT Group SA in Madrid, **Sabre** Holding mit Sitz in Texas/USA sowie **Galileo** International und **Worldspan** als Tochtergesellschaften der **Travelport Inc.**/USA sind die weltweit führenden GDS-Anbieter mit einer oligopolistischen Stellung am internationalen Markt. Am deutschen und europäischen Markt sind die beiden erstgenannten GDS mit ihren Tochtergesellschaften Amadeus Germany GmbH (bis 2003 START Amadeus GmbH) bzw. Sabre Deutschland Marketing GmbH mit einem gemeinsamen Marktanteil von nahe 100% führend. Wenn der Marktanteil am deutschen Markt nach angeschlossenen Reisebüros berechnet wird, ergibt sich in der Summe ein gemeinsamer Marktanteil von über 100%, da einige Reisemittler an beide Systeme angeschlossen sind (vgl. auch Abschnitt 1.2.6).

Amadeus bespielsweise stellt sich auf seiner deutschsprachigen Web-Site (www.amadeus.de, Stand: 2007/08) wie folgt dar:

„In Deutschland arbeiten 85 Prozent aller Reisebüros an rund 45.000 PCs mit dem modernen, leistungsstarken und hoch entwickelten Amadeus System.

Folgende Anbieter sind in Deutschland buchbar: rund 500 Fluggesellschaften, über 73.000 Hotels, 27 Mietwagenfirmen, rund 200 Reise- und Busveranstalter, 74 Verkehrsverbünde, 40 europäische Bahnen, 30 Fähranbieter, sechs Versicherungsanbieter, drei Event-Ticket-Anbietersysteme mit mehr als 1.000 Veranstaltern sowie acht Kreuzfahrtlinien.

Alleiniger Gesellschafter von Amadeus Germany ist die Amadeus IT Group SA, ein weltweit führender Anbieter von Technologie- und Vertriebslösungen für die Reise- und Tourismusbranche. Rund 84.000 Reisebüros sowie mehr als 27.170 Airline-Verkaufsbüros – und damit über 600.000 PCs – in über 217 Märkten weltweit nutzen sein Netz und das leistungsstarke Datenzentrum."

Sabre stellt sich auf seiner deutschsprachigen Web-Site (www.sabre-merlin.de, Stand 2007/08) wie folgt dar:

„Sabre Travel Network, ein Unternehmen der Sabre Holdings, bietet Zugang zum weltweit führenden Globalen Distributionssystem (GDS). Seine Produkte und

Dienstleistungen machen mehr als 56.000 Reisebüros weltweit zu Reise-Experten. 1960 gegründet, war Sabre das erste System, das Käufer und Verkäufer von Reisen verbunden hat.

Heute enthält das System mehr als 400 Fluggesellschaften, rund 60.000 Hotels, 37 Autovermieter, neun Kreuzfahrt-Reedereien, 36 Eisenbahnen und 232 Reiseveranstalter. Sabre Holdings Corporation ist ein weltweit führender Anbieter im Reisegeschäft."

Anmerkung: Jeweils aktuelle und detaillierte Informationen zu den Geschäftsdaten der GDS, zu ihren konkreten IT-Dienstleistungsangeboten sowie Informationen zur Unternehmensstruktur und Firmengeschichte können ihren internationalen und nationalen Web-Sites entnommen werden (www.amadeus.com bzw. www.amadeus.de, www.sabre.com bzw. www.sabre-merlin.de sowie www.galileo.com und www.worldspan.com bzw. www.travelport.com, Stand: 2007/08:).

1.2.3   Netzwerk- und Kommunikationssystem (GDN)

Abbildung 1 gibt einen Überblick über die **Netzwerk- und Kommunikationsstrukturen** eines Global Distribution Systems am Beispiel von Amadeus am deutschen Reisemarkt. Technisch basiert dieses Netzwerk auf der Internet-Technologie. Es ist aber kein öffentliches Netzwerk sondern ein abgeschirmtes **Branchen-Netzwerk** (Extranet) mit kostenpflichtiger Teilnahme. Die teilnehmenden Tourismusunternehmen werden über **standardisierte Schnittstellen (Interfaces)** eingebunden. Sie spezifizieren die für eine bestimmte Leistungsart (z.B. Pauschalreise bei einem Reiseveranstalter) und Transaktionsart (z.B. Buchung oder Vakanzabfrage) zu erfassenden und zu transferierenden Daten. Aus der **Anwender-Sicht eines stationären Reisemittlers** stellen sie sich als die nach Leistungs- oder Reisearten differenzierten Bildschirmmasken zur Datenerfassung und -anzeige dar bzw. als **Reservierungsverfahren** (z.B. TOMA-Verfahren/Amadeus Tour Market in Abb. 3 oder AMA-Verfahren in Abb. C.1-4).

Ein GDS stellt den Reisemittlern diese Verfahren via Internet zur Verfügung. Abhängig von den getroffenen Lizenzvereinbarungen erhält ein Reisemittler über das Web-Portal des GDS (z. B. **Amadeus Selling Platform**) Zugriff auf die für ihn freigegebenen Verfahren (berechtigte Teilnehmerschaft auf Basis der Internet-Technologie => Extranet). Die Systemteilnahme ist für die Reisemittler kostenpflichtig und kann gemäß der genutzten und lizenzierten Reservierungsver- fahren differenziert werden.

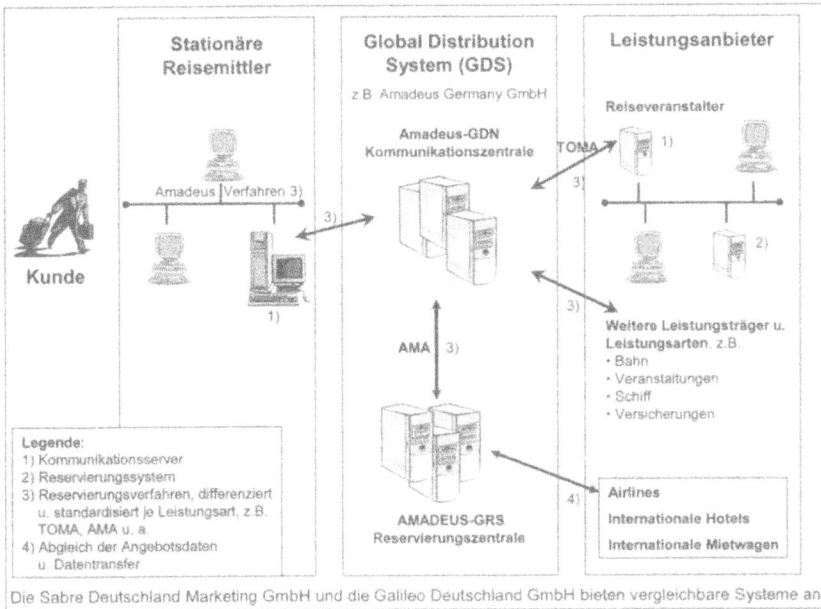

Abb. C.1-1: Global Distribution System am Beispiel von Amadeus am deutschen Reisemarkt Überblick über die Netzwerk- und Kommunikationsstrukturen (GDN)

In **Bezug auf Reiseveranstalter** und die Buchung von Pauschalreisen arbeiten die GDS als Kommunikationssysteme und Netzwerke (GDN). Sie stellen die Kommunikationsstrukturen zwischen Reisemittler und Reiseveranstalter zur Verfügung. Um als Reiseveranstalter angeschlossen zu werden, ist als Schnittstelle zu seinem betrieblichen Reservierungssystem ein automatisiert arbeitendes Software-Modul erforderlich (z. B. beim Amadeus-GDS eine TOMA-Schnittstelle). Diese Schnittstellen-Software interpretiert die von den Reisebüros im TOMA-Standard übermittelten Daten, so dass das Reservierungssystem des Veranstalters sie automatisch gemäß der gewünschten Aktion (z.B. Vakanzanfrage, Buchung) verarbeiten und beantworten kann. Anschließend versendet die Schnittstellen-Software die Antwortdaten zu der jeweiligen Aktion, so dass sie via GDN übertragen und mit der standardisierten Bildschirmmaske des TOMA-Reservierungsverfahrens für Pauschalreisen sachgerecht im Reisebüro dargestellt werden (vgl. Abb. C.1-3).

Die GDS-Teilnahme ist für Reiseveranstalter kostenpflichtig und wird i. d. R. über die Anzahl vermittelter Buchungen berechnet. Da im deutschen Reisemarkt über 2/3 der Reisebüros am Amadeus-GDS teilnehmen und über 1/3 am Sabre-GDS ist es für viele Veranstalter erforderlich, an beiden Systemen teilzunehmen und für beide GDS Schnittstellen-Software zu implementieren. Diesen Investitionsaufwand hat der Reiseveranstalter zu tragen. Die GDS prüfen kostenpflichtig die Funktionalität und technische Sicherheit der Verfahrensschnittstelle im Zusammenwirken mit dem Reservierungssystem des Reiseveranstalters.

Nur der Reiseveranstalter TUI (TUI Deutschland GmbH) bietet seinen lizenzierten Reisebüros alternativ auch ein eigenes Verfahren, das **TUI-IRIS-Verfahren**, mit speziellen und erweiterten Funktionen an.

Abbildung C.1-2 zeigt im Zusammenwirken mit den Abbildungen C.1-3 und C.1-4 wichtige Beispiele standardisierter Verfahren, die die Amadeus Germany GmbH für die jeweiligen Reisearten und Reiseleistungen anbietet bzw. vorschreibt.

Reiseart, -leistung	Buchungs- / Transaktionsverfahren, (wichtige Beispiele, ohne Anspruch auf Vollständigkeit)				
	TOMA	**TUI-IRIS**	**SFS**	**AMA**	**KART**
Pauschalreise (Reise-veranstalter)	X	TUI-Konzern			
Ferienhäuser (Reiseveranstalter)	X	TUI-Konzern			
Last-Minute-Angebote	X	TUI-Konzern			
Linienflug (Airlines)				X	
Consolidator-Flug (Ticketgroßhändler)	Freizeitreisen	TUI-Konzern		X	
Groß-Hotellerie, Hotel-Ketten				Geschäfts-reisen	
Mietwagen	Freizeitreisen	TUI-Konzern		Geschäfts-reisen	
Schiffsreisen			X		
Eintrittskarten, Veranstaltungen					X

Anmerkungen:

- Die Verfahren der **Deutsche Bahn AG** sind hier nicht dargestellt.
- Diesen Buchungsverfahren können Kundenberatungssysteme vorgeschaltet werden, z.B.
  - **FARE** (Flug-Recherche)
  - **BistroPortal** zur anbieter-übergreifenden Recherche nach Pauschalreisen, zum Preisvergleich und zur multimedialen touristischen Information (vgl. Kap. 1.2.5.1)
- In 2006 hat die Amadeus Deutschland GmbH ihren seit vielen Jahren bekannten Transaktionsverfahren neue Produktnamen gegeben, wichtige Beispiele:
  alt: TOMA   neu: Amadeus Tour Market
         INFX   Amadeus Lastminute and Specials
         KART   Amadeus Event Tickets
         SFS   Amadeus Ferry Reservation.
- Dem Reisebüro werden diese Verfahren internet-basiert über die **Amadeus Selling Platform** zur Verfügung gestellt. Im Unterschied zum öffentlichen Internet sind diese Buchungsverfahren nicht intuitiv bedienbar. Sie setzen spezielles Wissen voraus und erfordern eine detaillierte Schulung und Einarbeitung der Reisebüro-MitarbeiterInnen.
- Diese technischen Möglichkeiten können zur Reisevermittlung nur genutzt werden, wenn neben den GDS-Lizenzen das Reisebüro auch Agenturverträge mit den jeweiligen Reiseanbietern geschlossen hat bzw. über entsprechende Lizenzen verfügt.
- Die GDS Sabre, Galileo und Worldspan sind vergleichbar strukturiert und aufgebaut.

Abb. C.1-2:   Wichtige Beispiele standardisierter Transaktionsverfahren der Amadeus-Germany GmbH

Sabre-Merlin ist ein mit Amadeus vergleichbares System, das, im Unterschied zu den GDS Galileo und Worldspan, seit Ende der 90er-Jahre ein bedeutender Wettbewerber im deutschsprachigen Raum geworden ist. Der Produktname **Merlin** bezeichnet den Teil des Kommunikationssystems zur Anbindung der Reisemittler (vergleichbar Amadeus Selling Platform). Merlin setzt vergleichbare Standards der Reservierungsverfahren ein wie das Amadeus-Kommunkationssystem. Der Produktname **Robin** bezeichnet die Kommunikationszentrale mit dem Anschluss der Anbieter-Systeme (vgl. Abb. 1, Details unter www.sabre-merlin.de).

1.2.4 Globale Reservierungssysteme (GRS)

Die Global Distribution Systems (GDS) sind ursprünglich mit dem Aufbau **internationaler Reservierungszentralen (GRS)** durch jeweils kooperierende Linienfluggesellschaften gegründet worden. So ist beispielsweise das Amadeus-GRS zum Ende der 80er-Jahren des letzten Jahrhunderts von europäischen Fluggesellschaften aufgebaut worden, während das Sabre-GRS schon in den 60er-Jahren durch US-amerikanische Airlines aufgebaut wurde.

Die globalen Reservierungssysteme der im Wettbewerb stehenden GDS-Anbieter Amadeus, Galileo, Sabre und Worldspan verwalten die **Flugangebote** (insbesondere Linienflugangebote) mit ihren Kontingent-, Preis- und Leistungsdaten in ihren zentralen Rechenzentren. Sie arbeiten als Reservierungszentralen. Sie verarbeiten und verwalten die Buchungen zentral und steuern die Abwicklung der Reservierungen (Fulfilment: Inkasso, Ticketing und Abrechnung gemäß internationaler Bestimmungen).

Bedingt durch internationale Abkommen oder aus Gründen des Wettbewerbs (s. u.) kann tendenziell davon ausgegangen werden, dass alle weltweit führenden Airlines mit ihren Angeboten in allen GRS vertreten und in Echtzeit buchbar sind. Das erfordert einen permanenten und automatisierten **Abgleich der Angebotsdaten** (insbesondere Verfügbarkeiten und Preise) zwischen den Fluggesellschaften und allen sie vermarktenden GRS.

Neben den Linienflugangeboten werden **Einzelplatzangebote von Charterfluggesellschaften** und **Consolidator-Flüge** (Ticket-Großhändler) über die GRS vermarktet. Ergänzend zu den Flugleistungen sind **Mietwagen, Hotelübernachtungen** und teilweise weitere Einzelleistungen (z. B. Bahnbeförderung und Eintrittskarten) über die GRS buchbar. Es sind somit Reiseleistungen einzeln und kombiniert buchbar, die insbesondere für den (internationalen) **Geschäftsreiseverkehr** relevant sind.

Die GDS sind damit auch wichtige Vertriebssysteme für die **Groß- und Kettenhotellerie.** Teilnehmende Hotelbetriebe und -ketten übermitteln ihre Angebote, die über GDS vermarktet werden sollen, an eine Switch Company, die diese Daten in die Darstellungsweise und Formate des jeweiligen GDS konvertiert und transferiert. Dabei können, wie auch bei den Flug- und Mietwagenangeboten, spezielle **Corporate Rates** durch die Hotels hinterlegt werden, die nur für die Unternehmen buchbar sind, mit denen sie als ihre Großkunden spezielle Preiskonditionen vereinbart haben. Damit unterstützen die GDS das **Business Travel Management** der Anbieter und Nachfrager von geschäftlich genutzten Reiseleistungen (vgl. Abschnitt 1.4).

Die GRS sind bzgl. ihrer Leistungsangebote, ihrer informationstechnologischen Struktur und bzgl. ihrer Transaktionsverfahren vergleichbar. Abbildung C.1-3 zeigt ein Beispiel zum AMA-Buchungsverfahren des Amadeus-GRS.

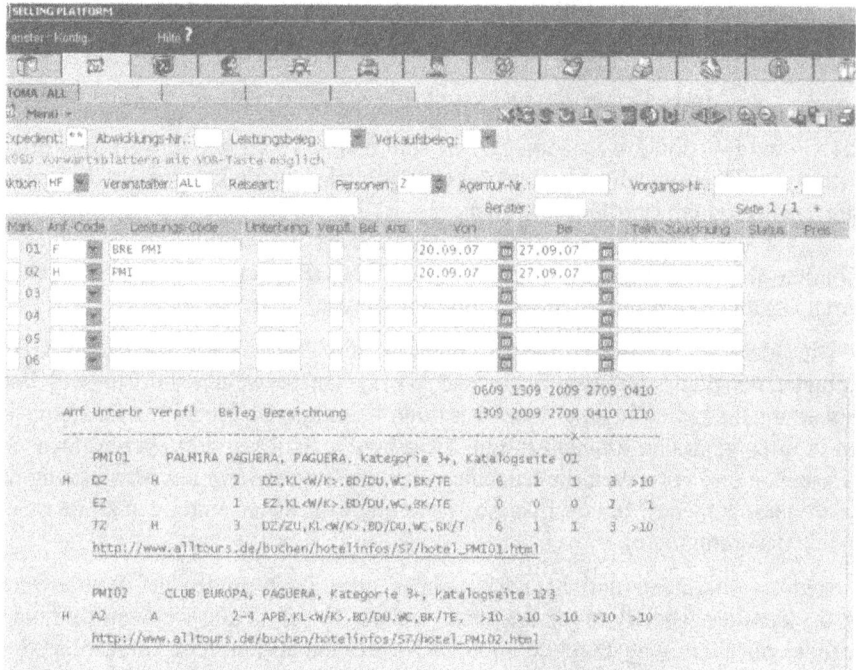

TOMA-Verfahren zur Buchung von Pauschalreisen, hier Vakanzanfrage und Vakanzanzeige:
Vakanzanfrage – Eingabe im Reisebüro:
Aktion: **HF** (Vakanzabfrage), Veranstalter: **ALL** (ausgewählter Reiseveranstalter – alltours) Anford.-Code **F** (Flug), Leistungs-Code **BRE PMI** (Bremen – Palma de Mallorca – Bremen) Anford.-Code **H** (Hotel), Leistungscode **PMI** (Hotels im Zielgebiet Mallorca).
Diese Anfrage wird an das Reservierungssystem des ausgewählten Veranstalters übermittelt, das die Vakanzanfrage mit der darunter stehenden Anzeige beantwortet. Diese **Vakanzanzeige** ist nicht umfassend standardisiert und muss im Zusammenhang mit dem Katalog des Veranstalters interpretiert werden. Die Buchung kann anschließend gemäß Verfügbarkeit und Kundenwunsch erfasst bzw. vervollständigt und an das Reservierungssystem des Reiseveranstalters gesendet werden.
Anmerkung: Das TOMA-Verfahren ist der (traditionelle) Kern des Buchungsverfahrens. Durch ein vorgelagertes Kundenberatungssystem mit grafischer Benutzeroberfläche, z.B. BistroPortal, kann die Kundenberatung anbieter-übergreifend und vergleichend unterstützt und die Datenerfassung vereinfacht werden (vgl. Abschnitt 1.2.5.1).

Abb. C.1-3:   Beispiel einer TOMA-Bildschirmmaske im Reisebüro zur Buchung einer Pauschalreisen bei einem angeschlossenen Reiseveranstalter im Amadeus-GDS

```
SELLING PLATFORM

Fenster  Konfig              Hilfe ?


Command page

                                              Scripts    Öffentliche Smart K  Agent

ET   ER   RT   IG   IR   TQT   XI   MD   MU   QT   QB   QN   QI   QU   RL   AP   ARNK

AN   BO   DHE   FQB   F/S   SM   MDF   MDS   MNF   MNS   MUF   MUS   MYF   MYS

AN10OCTHAMMUC*11OCT    1)
** AMADEUS AVAILABILITY - AN ** MUC MUNICH.DE              63 WE 10OCT 0000
  1   LH      9 D9 Z9 Y9 B9 M9 H9 /HAM 2 MUC 2   0610   0725 EO/320    1:15
              Q9 V9 W9 U9 S9 G9 K9 L9 T9 E9
  2   AB      Y7 D7 B7 H7 L7 M7 N7 /HAM 1 MUC 1   0615   0735 EO/319    1:20
              U7 T7 A7 Q7 R7 X7 G7 P7 O7 I7 K7 V7 W7
  3   4U      Y4 B4 M4 H4 Q4 W4 S4  HAM 2 MUC 1   0625   0730 TO 319    1:05
              G4 K4 L4 T4 X4 N4
  4   LH      C9 D9 Z9 Y9 B9 M9 H9 /HAM 2 MUC 2   0645   0800 EO/320    1:15
              Q9 V9 W9 S9 G9 K9 L9 T9
  5   LH      C9 D9 Z3 Y9 B9 M9 H9 /HAM 2 MUC 2   0730   0845 EO/320    1:15
              Q9 V9 W9 S9
** AMADEUS AVAILABILITY - AN ** HAM HAMBURG.DE             64 TH 11OCT 0000
** **SIDE ONLY AWARD-WINNING 5*DESIGN HOTEL IN HAMBURG CITY CTR
** EVERY SUNDAY FREE LATE CHECK OUT UNTIL 8 PM.   >HADSHAM706
 11   AB      5 D5 B5 H5 L5 M5 N5 /MUC 1 HAM 1   0615   0735 EO/733    1:20
              U5 T5 A5 Q5 R5 X5 G5 P5 O5 I5 K5 V5 W5
 12   LH      C9 D9 Z9 Y9 B9 M9 H9 /MUC 2 HAM 2   0640   0755 EO/320    1:15
              Q9 V9 W9 U9 S9 G9 K9 L9 T9 E9
 13 LH:NZ     C4 D4 J4 Z4 E4 O4 U4  MUC 2 HAM 2   0640   0755 EO.320 TR 1:15
              Y7 B7 M7 H7 Q7 V7 W7 G7 L7 S7 T7
```

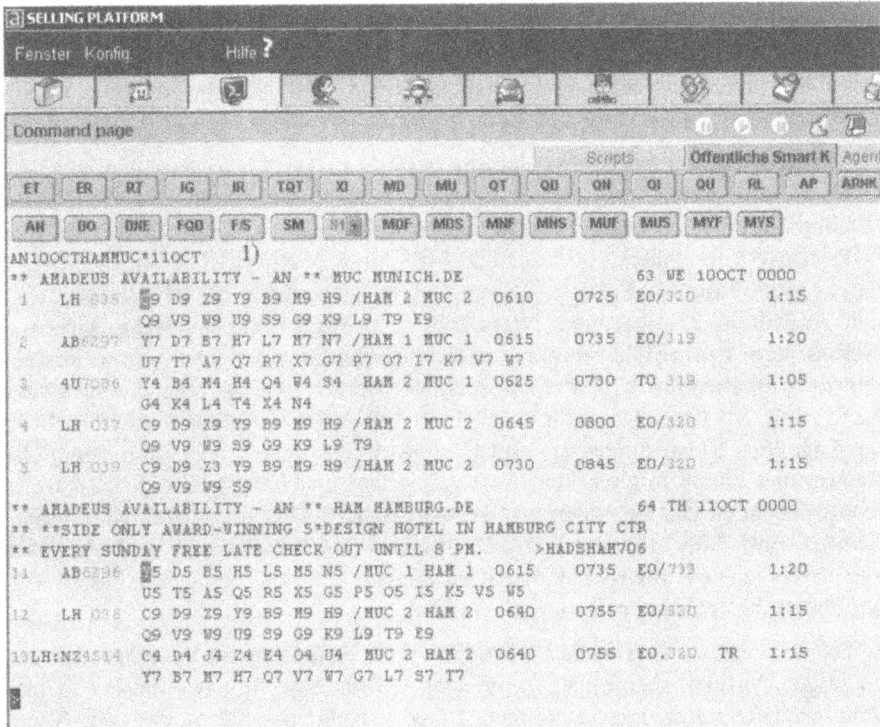

AMA-Verfahren zur Buchung von (Linien-)Flügen, hier Abfrage der Verfügbarkeit:

1) **Vakanzanfrage** – Eingabe im Reisebüro:
   AN (availability) **10OCT** (Hinflug am 10. Oktober) **HAMMUC** (von Hamburg nach München) ***11OCT** (Rückflug am 11. Oktober)

Diese Anfrage wird an das GRS gesendet und mit der darauf folgenden Anzeige beantwortet. Die Anzeige stellt die Flüge mit den Verfügbarkeiten in den jeweiligen Buchungsklassen sowie die Flugzeiten und weitere Fluginformationen dar. Die detailliert Interpretation dieser **Amadeus Availability-Anzeige** erfordert entsprechendes Fachwissen.

Anmerkung: Das AMA-Verfahren ist der (traditionelle) Kern des GRS-Buchungsverfahrens. Durch Elemente einer grafischen Benutzeroberfläche kann die Datenerfassung vereinfacht werden.

Abb. C.1-4:   Beispiel einer AMADEUS-Verfügbarkeitsanzeige im Reisebüro

Die internationalen Linienfluggesellschaften und die GDS sind in Europa (noch) an einen „**Code of Conduct**" (Airline-Verhaltenskodex) der Europäischen Union (EU) gebunden. Der besagt kurz zusammen gefasst, dass Global Reservation Systems und Linienfluggesellschaften sich nicht gegenseitig ausschließen oder bevorzugen dürfen. Jede Airline hat Anspruch, über jedes GRS neutral und gleichberechtigt buchbar zu sein, und jedes GRS hat den Anspruch, dass die Airlines ihre Leistungen über das jeweilige GRS verfügbar machen.

Bedingt durch die Reise-Portale im World Wide Web, die in den letzten Jahren auch unter Mitwirkung der Fluggesellschaften aufgebaut worden sind, bedingt durch den Wettbewerb dieser Vertriebssysteme mit dem traditionellen Vertriebsweg über GDS und bedingt durch die Bestrebungen zur Liberalisierung der Märkte und zum Abbau von Handelsbarrieren wird in der EU die Lockerung oder Abschaffung dieses Verhaltenskodex geplant (Stand 2007/08). In den USA ist ein entsprechender Kodex bereits ersatzlos abgeschafft worden.

Mit Abschaffung des Kodex sind die Airlines nicht mehr gezwungen, über die GDS zu vermarkten, und sie könnten die Kosten der ihnen zu hohen GDS-Gebühren reduzieren oder vermeiden. (Die Lufthansa hat in der Fachpresse ihre **GDS-Kosten** des Jahres 2005 mit 250 Mill. Euro beziffert.) Die Airlines haben bereits große **Internet-Portale** aufgebaut (z. B. www.opodo.de) bzw. unterstützen den Aufbau internet-basierter Netzwerke von Angebotsdatenbanken (**GNEs – Global New Entrants**), die die Vermarktungsfunktion vollständig und kostengünstiger übernehmen könnten. Die Airlines könnten sich zu Gunsten dieser neuen Systeme aus den GDS zurück ziehen, und die GDS wären dann nicht mehr in der Lage, den Reisemittlern ein vollständiges Flugangebot zu gewährleisten. Die Reisemittler hätten folglich keinen zentralen und unabhängigen Vertriebspartner mehr, der ihnen den neutralen und standardisierten Zugriff auf das vollständige internationale Linienflugangebot gewährleistet. Sie müssten mit einer Vielzahl von heterogenen Partnern kompetent zusammen arbeiten, um dem Reisekunden das jeweils beste Angebot vermitteln zu können.

Daher bemühen sich in den USA die GDS, **Full-Content-Verträge** mit den wichtigen Airlines abzuschließen, um das vollständige Angebot dieser Airlines über ihre GRS vermarkten zu können. Diese Verträge beinhalten, dass alle Angebote einer Fluggesellschaft auch über das GRS verfügbar gemacht werden und keine Bevorzugung von Web-Portalen z. B. durch spezielle Angebote erfolgt. Als Gegenleistung werden die GDS-Kosten der Fluggesellschaften erheblich reduziert, indem beispielsweise den Reisemittlern für die GDS-Nutzung eine **Distributionsgebühr** berechnet wird. Nachdem die Linienfluggesellschaften bereits die Zahlung von Vermittlungsprovisionen eingestellt haben, werden die Reisemittler ihre Geschäftsmodelle folglich erneut anpassen müssen, um ihre Beratungs- und Vermittlungsleistungen vom Reisekunden ausreichend vergütet zu bekommen.

1.2.5   Zusätzliche Dienstleistungsangebote der GDS zur Unterstützung und Integration der Leistungsprozesse

Die Grundstrukturen der im Wettbewerb stehenden Global Distribution Systems sind sehr ähnlich. Ein Reiseunternehmen, dass an einem GDS teilnehmen will, wird zur Auswahl neben den Kosten insbesondere vergleichen, mit welchen Geschäftspartnern über die jeweiligen GDS kooperiert werden kann. Doch auch in dieser Hinsicht haben sich die GDS durch den Wettbewerb bedingt sehr angeglichen. Daher ist es für die GDS zunehmend wichtig geworden, weitere Dienstleistungen den teilnehmenden Reisemittlern anzubieten. Dazu sind die GDS insbesondere durch ihre zentrale Position im Rahmen der tourismuswirtschaftlichen Kommunikationen (vgl. Abb. C.1-1) befähigt.

Abbildung C.1-5 ergänzt die Abbildung C.1-1, indem zusätzliche Dienstleistungen dargestellt werden, die die GDS oder mit ihnen kooperierende IT-Dienstleister den Reisemittlern anbieten,

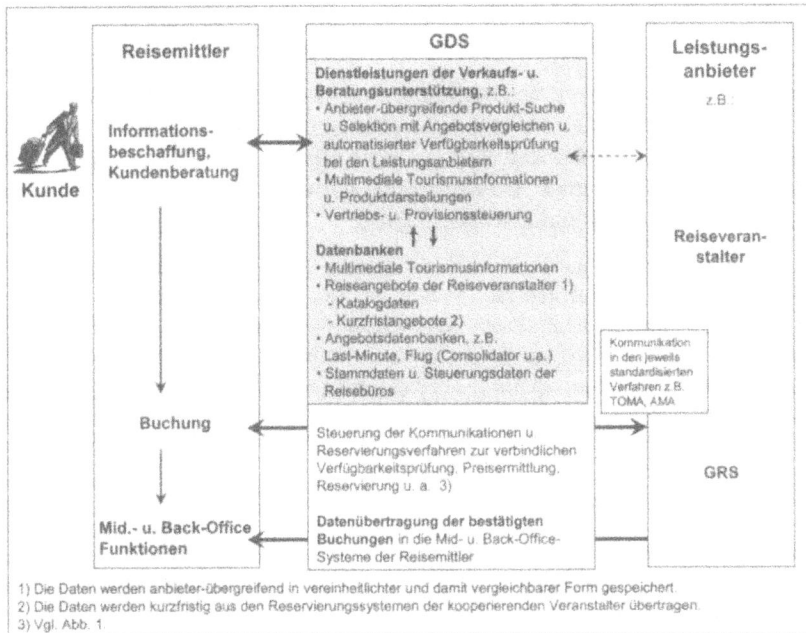

Reisemittler	GDS	Leistungs-anbieter
	Dienstleistungen der Verkaufs- u. Beratungsunterstützung, z.B.:	z.B.:
Informations-beschaffung, Kundenberatung	• Anbieter-übergreifende Produkt-Suche u. Selektion mit Angebotsvergleichen u. automatisierter Verfügbarkeitsprüfung bei den Leistungsanbietern • Multimediale Tourismusinformationen u. Produktdarstellungen • Vertriebs- u. Provisionssteuerung	

Kunde	**Datenbanken**
	• Multimediale Tourismusinformationen
	• Reiseangebote der Reiseveranstalter 1)
	  - Katalogdaten
	  - Kurzfristangebote 2)
	• Angebotsdatenbanken, z.B. Last-Minute, Flug (Consolidator u.a.)
	• Stammdaten u. Steuerungsdaten der Reisebüros
		Reiseveran-stalter

		Kommunikation in den jeweils standardisierten Verfahren z.B. TOMA, AMA
Buchung	Steuerung der Kommunikationen u. Reservierungsverfahren zur verbindlichen Verfügbarkeitsprüfung, Preisermittlung, Reservierung u.a. 3)	GRS
Mid.- u. Back-Office Funktionen	Datenübertragung der bestätigten Buchungen in die Mid- u. Back-Office-Systeme der Reisemittler	

1) Die Daten werden anbieter-übergreifend in vereinheitlichter und damit vergleichbarer Form gespeichert.
2) Die Daten werden kurzfristig aus den Reservierungssystemen der kooperierenden Veranstalter übertragen.
3) Vgl. Abb. 1

Abb. C.1-5:   IT-integrierter Leistungsprozess eines stationären Reisebüros auf Basis der GDS-Services

Die Integration der Prozess-Schritte im Front-Office-Betrieb (Information, Beratung und Buchung) kann, wie hier dargestellt, durch das Web-Portal des GDS erfolgen. Mid- und Back-Office-Funktionen können von kooperierenden Systemen des GDS übernommen werden, bzw. es können, wie in Abbildung C.1-5 dargestellt, die relevanten Buchungsdaten vom GDS an das individuelle Mid- und Back-Office-System des Reisemittlers transferiert werden. Abbildung C.1-5 zeigt, dass die GDS sich zu Full-Service-Dienstleistern für die Reisebüros auf Basis der Internet-Technolgie entwickelt haben.

1.2.5.1 Front-Office – Unterstützung und Integration des Beratungs- und Buchungsprozesses durch anbieterübergreifende Beratungssysteme

Die Abbildung 6 zeigt das in die Amadeus Selling Platform integrierbare Produkt BistroPortal der 100-prozentigen Amadeus-Tochtergesellschaft Traveltainment AG (www.traveltainment.de). Es ermöglicht eine veranstalter-übergreifende Produkt-Selektion und Beratung mit Preisvergleich und multimedialer Produktdarstellung.

Für Produkte, die ein Kunde in seine engerere Wahl genommen hat, kann automatisch im Hintergrund die Vakanzprüfung in den Reservierungssystemen der anbietenden Reiseveranstalter erfolgen. Das heißt, Vakanzanfragen, wie in Abbildung C.1-3 dargestellt, werden automatisiert für alle interessierenden Reisen durchgeführt. Mit der konkreten Auswahl eines Reiseproduktes werden die Reisedaten automatisch in den traditionellen TOMA-Buchungsprozess übergeben.

Produktinformationen, wie in Abbildung C.1-6 unter Ziffer 6) dargestellt, können für mehrere Angebote, die einen Kunden interessieren, zu einem **kunden-individuellen Katalog** gebündelt und gedruckt werden. Diese Beratungssysteme sind damit auch eine Alternative zu den umfangreichen Katalogen der Reiseveranstalter und zu ihrer aufwendigen Handhabung.

Anmerkung: BistoPortal ist nur ein Beispiel für Systeme zur veranstalter-übergreifenden und multimedialen Beratung. BistroPortal kann auch in das Sabre-Merlin-System integriert werden. Ebenso können auch alternative, im Wettbewerb stehende Systeme in die Amadeus Selling Platform oder in Merlin integriert werden. Bei den jährlich stattfindenden Veranstaltungen Internationale Tourismusbörse Berlin (www.itb-berlin.de) und fvw-Kongress Zukunft (www.fvw-kongress-zukunft.de) werden entsprechende Systeme von ihren Anbietern vorgestellt.

1.2.5.2   Mid- und Back-Office-Systeme

Der **Mid-Office-Bereich** umfasst Funktionen, die zwar im Zusammenhang mit den Kunden und ihren Buchungen stehen, aber nicht im direkten Kundenkontakt ausgeführt werden, z.B.:

- Zahlungskontrolle und Mahnwesen
- Kundendatenverwaltung, allgemeine Kundenbindungsmaßnahmen und Customer Relationship Management (CRM)
- Terminüberwachung und Vorgangsverwaltung.

Der **Back-Office-Bereich** umfasst allgemeine Funktionen, die nicht im konkreten Bezug zu einzelnen Kunden und ihren Buchungen stehen, z.B.:

- Provisionsabrechnungen / -kontrollen
- Finanzbuchhaltung
- Management-Information und Controlling.

Diese Funktionen werden unterstützt oder automatisiert durch **Reisebüro-Software-Systeme**, die in dezentrale Einzelsysteme und zentrale Dienstleistungssysteme unterschieden werden können:

- **Dezentrale Reisebüro-Software** wird im Büro im Rahmen seines lokalen Netzwerkes eingesetzt und somit durch das Reisebüro selbst betrieben.

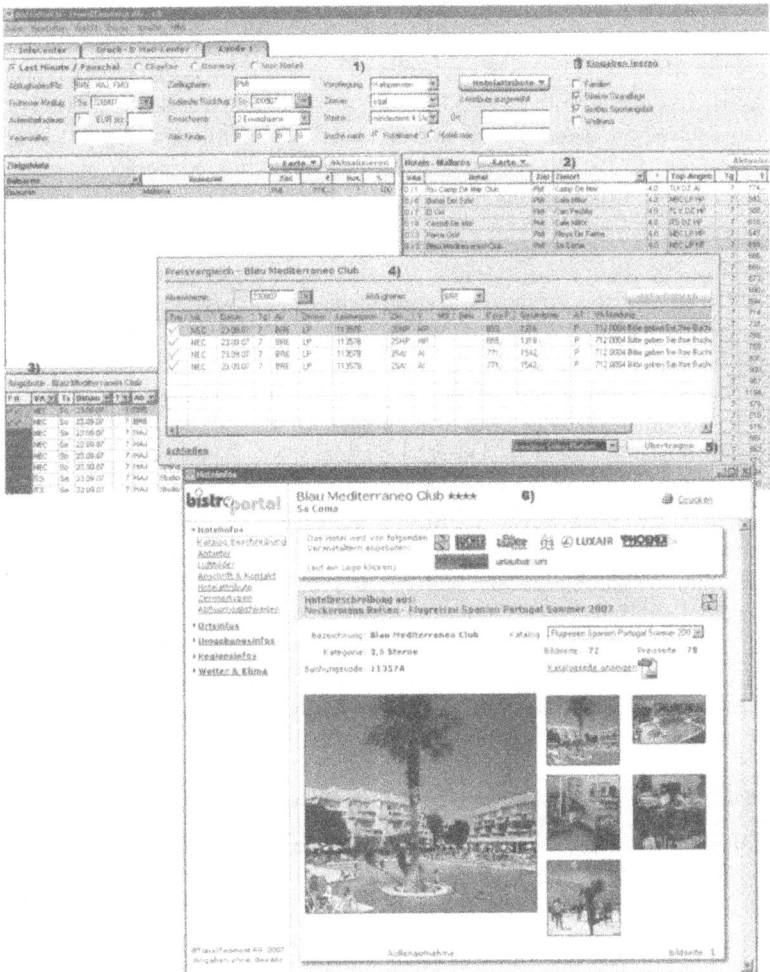

Kundenberatung:

1) Erfassung der gewünschten Auswahlkriterien

2) Veranstalter-übergreifende Liste der relevanten Angebote und Auswahl eines interessierenden Produktes der engeren Wahl. Es werden nur die Veranstalter einbezogen werden, mit denen das jeweilige Reisebüro einen Agenturvertrag geschlossen hat (Systemeinstellungen).

3) Veranstalter-übergreifende Liste (hier: **NEC** und **ITS**) zum Produkt der engeren Wahl mit Anzeige der Verfügbarkeiten (**F** – Flug, **H** – Hotel, Vakanzprüfung beim Veranstalter)

4) Preisvergleich der Alternativen eines Veranstalters zum Produkt

5) Auswahl einer Alternative und Übergabe an die Amadeus Selling Platform (hier: TOMA)

6) Weitere Informationen zum Produkt

Abb. C.1-6:   Veranstalter-übergreifende Produkt-Selektion am Beispiel von BistroPortal

- **Zentrale Systeme** sind Dienstleistungszentralen, deren Funktionen die Reise-büros als lizenzierte Mandanten nutzen können. Das Reisebüro betreibt dann keine eigene Mid- und Back-Office-Software, sondern ist via Datenfernverbin-dung, i.d.R. Internet, mit der Dienstleistungszentrale verbunden und erhält ge-schützten Zugriff auf seine Daten und lizenzierten Funktionen. Global-Distri-bution-Systems (GDS), Reisebüro-Ketten und Franchise-Systeme bieten z.B. ihren Reisebüros diese Dienste an bzw. verpflichten sie konzernintern zur Nut-zung der zentralen Systeme.

Anmerkung: Bei den jährlich stattfindenden Veranstaltungen Internationale Tourismusbörse Berlin (www.itb-berlin.de) und fvw-Kongress Zukunft (www.fvw-kongress.zukunft.de) werden entsprechende Systeme von ihren Anbietern vorgestellt.

Die Reisebüros erfassen mit den entsprechenden GDS-Buchungsverfahren (vgl. Abb. C.1-3 und C.1-4) die Reisebuchungen in den Reservierungssystemen der jeweiligen Reiseanbieter (vgl. Abb. C.1-1). Um diese Daten in ihren Mid- und Back-Office-Systemen weiter verarbeiten und nutzen zu können, müssen sie auch in diesen Systemen erfasst werden. Um hier doppelten Datenerfassungsaufwand und Erfassungsfehler zu vermeiden, bieten die GDS Datentransferdienste an, mit denen die bestätigten Buchungsdaten automatisch an das Reisebüro-System über-mittelt werden. Das Reisebüro-System muss eine Schnittstellen-Software (Inter-face) haben, die diese Buchungsdaten gemäß dem relevanten Buchungsverfahren (z.B. AMA oder TOMA) in die eigene Datenbank übernimmt, damit sie anschlie-ßend den Mid- und Back-Office-Funktionen zur Verfügung stehen.

1.2.5.3   Online-Buchungsfunktionalität durch Internet-Booking-Engines

Wie in Abbildung C.1-5 dargestellt, betreiben oder integrieren die GDS auch stets aktuelle Last-Minute-Datenbanken, Consolidator-Flug-Datenbanken und daten-banken-basierte Systeme, die die Katalog-Angebote aller größeren deutschen Rei-severanstalter zur Produktrecherche, zum Preisvergleich und zur multimedialen Produktdarstellung beinhalten. Diese **Datenbanken** und die entsprechenden Se-lektions- und Buchungsfunktionen mit Zugriff auf die Systeme der Reiseanbieter stehen nicht nur dem stationären Vertrieb im Ladenlokal des Reisebüros zur Ver-fügung. Ein Reisebüro kann sie auch kostenpflichtig als Internet-Booking-Engines (vgl. Abschnitt 1.3) in seine Web-Site integrieren und damit seinen Kunden die Möglichkeiten der Online-Recherche und -Buchung im Internet bieten. Das Rei-sebüro erhält ggf. bei einer Online Buchung die normale Vermittlungsprovision vom Reiseanbieter bzw. kann dem Kunden eine Vermittlungsgebühr berechnen.

Anmerkungen:

- Darüber hinaus bieten die GDS ihre Dienstleistungen nicht mehr nur stationären Reisemittlern an, wie in Abbildung C.1-1 dargestellt. Sie bieten auch virtuellen Reisemittlern, die ihre Kun-den über Web-Portale und Internet Booking Engines bedienen (vgl. Abschnitt 1.3), die auto-matisierte Nutzung ihrer IT-Systeme und Dienstleistungen an. Diese virtuellen Reisemittler können offene Web-Portale sein, die sich als Business-to-Consumer-Systeme an den privaten Endkunden wenden, oder geschlossene Portale, die als Business-to-Business-Systeme das Ge-schäftsreise-Management kostenpflichtig teilnehmender Unternehmen unterstützen (vgl. Ab-schnitt 1.4).

- Die GDS betreiben teilweise auch konzerneigene öffentliche Web-Portale, z.B. www.travelocity.com der Sabre Holding. Amadeus Germany hat sein ehemals entwickeltes Web-Portal www.start.de an die Deutsche Bahn AG abgegeben. Diese Portale arbeiten als virtuelle, öffentlich zugängliche Reisemittler mit vollständigem Sortiment.

1.2.6 Anmerkungen zu einer vergleichenden Bewertung der GDS

Die vorangegangenen Kapitel haben gezeigt, dass stationäre Reisebüros über den Anschluss an ein GDS die standardisierten Zugriffe auf ein sehr umfangreiches und in einigen Marktsegmenten nahezu vollständiges Reiseangebot erhalten. Das gibt ihnen eine internationale Markttransparenz und damit die Voraussetzung für eine kompetente und umfassende Kundenberatung und Reisevermittlung. Darüber hinaus bieten die GDS als IT-Dienstleister integrierte Möglichkeiten zur Unterstützung und Optimierung der betrieblichen Prozesse.

Für ein stationäres Reisebüro, das seinen Kunden ein weitgehend vollständiges Sortiment anbieten will, erscheint daher ein GDS-Anschluss unumgänglich. (Vgl. dazu aber auch die Einschränkungen und Unsicherheiten, wie sie im zweiten Teil des Abschnitts 1.2.4 beschrieben worden sind.)

Die Strukturen und die Leistungsangebote der im Wettbewerb stehenden Global Distribution Systems sind sehr ähnlich. Ein Reisebüro, dass an einem GDS teilnehmen will, muss dennoch zur Auswahl folgende Kriterien berücksichtigen, und mit seinen zukunftsorientierten Anforderungen detailliert abstimmen.

Wichtige Kriterien, in denen sich die GDS im Detail unterscheiden können (ohne Anspruch auf Vollständigkeit):

- Welche Reiseanbieter sind über das GDS zur **Online-Buchung in Echtzeit** verfügbar?

  - Sind die für das Reisebüro relevanten **Reiseveranstalter** angeschlossen (Marktsegment Freizeitreisen)?

  - Sind die für die Geschäftskunden erforderlichen Airlines z.B. in anderen Kontinenten mit „**last seat availability**" in Echtzeit buchbar (Marktsegment Geschäftreisen)?

- Welche **Front-, Mid-** und **Back-Office-Unterstützungen** werden angeboten? Können die GDS vollständige Funktionseinheiten (z.B. Back-Office) als Dienstleistung übernehmen oder existieren Schnittstellen zu dem vom Reisebüro genutzten System (vgl. Abschnitt 1.5.2)?

- Welche Unterstützung bietet das GDS, ggf. in Kooperation mit Partnern, zur automatisierten Reisevermittlung über die **Web-Site des Reisebüros**?

- Um eine hundertprozentige **Sicherheit** bzgl. der technischen Verfügbarkeit und bzgl. der **Vollständigkeit** des Reiseangebotes zu haben, unterhalten einige Reisebüros Anschlüsse an zwei GDS (z.B. Amadeus und Sabre-Merlin).

- Bezüglich der **Lizenzkosten** eines GDS-Anschlusses können folgende Kriterien relevant werden:

- Umfang der GDS-Nutzung je Arbeitsplatz: In welchem Umfang werden welche Buchungsverfahren an den einzelnen Arbeitsplätzen benötigt?

- Netzanbindung an das GDS: Anbindung über das öffentliche Internet mit verschlüsseltem Datentransfer oder Anbindung über exklusiv geschaltete Verbindungen?

- Hardware- und Netzwerktechnik: Stellen die GDS spezielle Anforderungen an die Arbeitsplatz-Geräte, an die Netzwerktechnik im Büro oder an einen zentralen Server-Computer?

- In welchem Umfang sind zusätzliche IT-Dienstleistungen, z. B. die Nutzung eines vergleichenden Beratungssystems (vgl. Abschnitt 1.2.5.1, S. 335ff.), kostenpflichtig?

Informationen zu den Lizenzkosten in Abhängigkeit von diesen Kriterien können über die bereits genannten deutschsprachigen Web-Sites der GDS gewonnen werden. Die oben genannten Kriterien zeigen aber, dass zur Auswahl einer GDS-Teilnahme eine konkrete und **zukunftsorientierte Anforderungsanalyse** des Reisebüros erforderlich ist. Auf Basis dieser aktuellen und geplanten Anforderungen können vergleichbare und verbindliche Detailkonzepte und entsprechende Angebote mit den GDS-Anbietern ausgearbeitet und verhandelt werden.

1.3   Virtuelle Reisevermittlung und Internet Booking Engines

1.3.1   Zur Bedeutung internet-basierter Reiseportale

Internet-basierte Reiseportale im World Wide Web (WWW) sind als virtuelle Reisemittler zu bedeutenden Marktteilnehmern und Wettbewerbern zum stationären Vermittlergeschäft geworden. Die Forschungsgemeinschaft Urlaub und Reise F.U.R. e.V. (www.fur.de) fasst die Bedeutung des Internets für die Reisen deutscher Urlauber und damit für den relevanten Business-to-Consumer-Bereich (B2C) wie folgt zusammen:

„Das Internet gewinnt in allen Lebensbereichen an Bedeutung. Im Januar 2007 hatte über die Hälfte (56%) der Bevölkerung ab 14 Jahre Zugang zum Internet. Auch für den Tourismus wird das Internet als Informationsquelle und Buchungsmedium immer wichtiger. Anfang 2007 hatten 39% der Deutschen das Internet bereits auf der Suche nach Urlaubsinformationen genutzt – fast dreimal so viele wie sechs Jahre zuvor. Auch wenn es noch deutlich weniger Internetbucher als Internet-informierer gibt, beeindruckt die Wachstumskurve für das Buchen im WWW. Mit 19% der Deutschen haben heute fast fünfmal mehr Menschen eine Urlaubsreise gebucht als noch 2001."

Dabei ist zu berücksichtigen, dass tendenziell alle für den Reisevertrieb relevanten Bevölkerungssegmente repräsentativ das Internet nutzen und dass die Zahl
der Internetnutzer insbesondere auch durch die Integration mit den Mobilfunk-
und Fernsehnetzen weiter steigen wird. Gemäß einer Zusammenfassung des Verband Internet Reisevertrieb VIR e.V. (Daten & Fakten zum Online-Reisemarkt
2007, Download unter www.v-i-r.de) werden im Jahre 2015 70% der deutschen
Bevölkerung Internetzugang haben, 70–80% werden das Internet zur Urlaubsin-
formation und 40–50% zur Buchung einer Urlaubsreise nutzen.

Im Bereich der Geschäftreisen und deren Buchung (Business-to-Business /
B2B) kann davon ausgegangen werden, dass das Internet über öffentliche Portale
und über lizenz-basierte Geschäftsreise-Portale (vgl. Abschnitt 1.4) eine noch
wesentlich höhere Bedeutung hat.

Anmerkung: Die **Bedeutung des Internets zum Reisevertrieb** wird regelmäßig beobachtet.
Analysen und Ergebnisse z. B. unter: www.fur.de, www.v-i-r.de, www.gfk.de, www.w3b.de oder
die ARD/ZDF-Online Studien unter www.daserste.de/service/ (Stand 2007/08). Informationen
zum Geschäftsreiseverkehr unter Verband Deutsches Reisemanagement e.V.-www.vdr-service.de.
Weitere Links und Tipps auch unter www.u-weithoener.de.

Stationäre Reisebüros stehen folglich in einem unmittelbaren Wettbewerb zu
virtuellen Reisemittlern. Um die Potentiale der virtuellen Reisevermittlung mit
den Vorteilen der stationären und damit kunden-individuellen und persönlichen
Vermittlung zu verbinden, können Reisebüros eigene virtuelle Büros betreiben.
Sie können in ihre Web-Site Internet Booking Engines (IBE) integrieren, die von
IT-Dienstleistern angeboten und betrieben werden, oder sie können entsprechende
Systeme als Mitglieder einer Ketten- oder Franchise-Organisation nutzen.

Beispiele für IBE-Dienstleister:

• Traffics Softwaresysteme GmbH, www.traffics.de oder Traveltainment AG, Tochtergesellschaft der Amadeus IT Group, www.traveltainment.de. Traveltainment beispielsweise betreibt
auch mit BistroPortal ein System zur Kundenberatung im stationären Vertrieb von Urlaubsreisen (vgl. Abschnitt 1.2.5.1, S. 335ff.). Das ist ein Beispiel dafür, dass die stationäre und die
web-basierte Reiseberatung auf denselben Angebotsdaten basieren.

• Bei den jährlich stattfindenden Veranstaltungen Internationale Tourismusbörse Berlin
(www.itb-berlin.de) und fvw-Kongress Zukunft (www.fvw-kongress-zukunft.de) werden weitere entsprechende Systeme für die Freizeit- und Geschäftsreisevermittlung von ihren Anbietern vorgestellt.

Im folgenden werden die Funktionen von Internet Booking Engines zum Vertrieb
von Freizeitreisen im Rahmen eines Web-Portals näher dargestellt.

1.3.2 Internet Booking Engines im Rahmen von (Freizeit-)Reiseportalen

Virtuelle Reisemittler bieten ihre Dienstleistungen der Reiseinformation und –
beratung, der Reisevermittlung und des Kundenservice automatisiert auf Basis der
Internet-Technologie über Web-Portale an. Dabei können die Web-Portale offen
und für jedermann zugänglich betrieben werden, oder sie bieten ihre Leistungen
einer geschlossenen, lizenzierten Nutzergruppe an, z.B. als Portale im Rahmen
von Business-Travel-Management-Systemen (vgl. Abschnitt 1.4).

Die angebotenen Dienstleistungen, die in einem stationären Reisebüro durch Mitarbeiter im Zusammenwirken mit den GDS (vgl. Abschnitt 1.2.3) erbracht werden, werden bei einem virtuellen Reisemittler durch Internet Booking Engines (IBE) automatisiert erbracht. Die IBE kann dazu auch auf Dienste eines Global Distribution Systems zugreifen. Die IBE ist damit das automatisiert operierende System, auf das das Web-Portal zur Umsetzung der angebotenen Beratungs- und Vermittlungsdienste Zugriff nimmt.

So kann auch ein stationärer Reisemittler, der zusätzlich seine Dienstleistungen automatisiert im Internet (virtuell) anbieten will, Rechte an einer IBE-Nutzung erwerben und sie in seine Web Site integrieren.

Das Web-Portal eines virtuellen Reisemittlers kann seinen Kunden Zugriff auf mehrere Internet Booking Engines bieten, die unterschiedlich spezialisiert sind, z.B. zu einer Flug-IBE für Linien- und Consolidator-Fluganbote, zu einer IBE, die standardisierte Pauschal- und Lastminute-Reisen anbietet oder zu der IBE eines virtuellen Dynamic-Packaging-Veranstalters.

Grundsätzlich gilt: Eine Internet Booking Engine kommuniziert über die Web-Site mit den Reiseinteressenten, sie informiert und berät mit ihrem datenbankbasierten Such- und Selektionssystem, und zur verbindlichen Buchung einer ausgesuchten Reise kommuniziert sie mit dem Reservierungssystem des jeweiligen Reiseanbieters.

Internet Booking Engines übernehmen die Reisemittler-Funktionen der touristischen Beratung, der multimedialen Produkt- und Preisvergleiche sowie der Kommunikation mit den Reservierungssystemen der Reiseanbieter zur Buchung und zur Buchungsabwicklung (z.B. Inkasso). Die IBE-Datenbank verwaltet allgemeine touristische Informationen über Länder, Zielgebiete u.a. sowie die Produktinformationen der kooperierenden Reiseanbieter und ihre Kurzfrist-Angebote. Diese Daten werden einem Web-Kunden im Sinne einer Beratung zur Verfügung gestellt, indem er sie über Selektionsmasken abfragen und recherchieren kann. Die Benutzerführung, die Such- und Selektionsmöglichkeiten und Ergebnisdarstellungen bilden den kundenorientierten Beratungsprozess ab. Mit Auswahl einer Reise(-leistung) ist ihre Verfügbarkeit zu prüfen, der verbindliche Preis darzustellen und ggf. anschließend die Buchung durchzuführen. Hierzu kommuniziert die Internet Booking Engine automatisiert und in Echtzeit mit dem Reservierungssystem des jeweiligen Anbieters auf Basis standardisierter Schnittstellen (Interfaces, vgl. Abschnitt 1.2.3).

Abbildung C.1-7 stellt die Funktionsweise einer Internet Booking Engine dar.

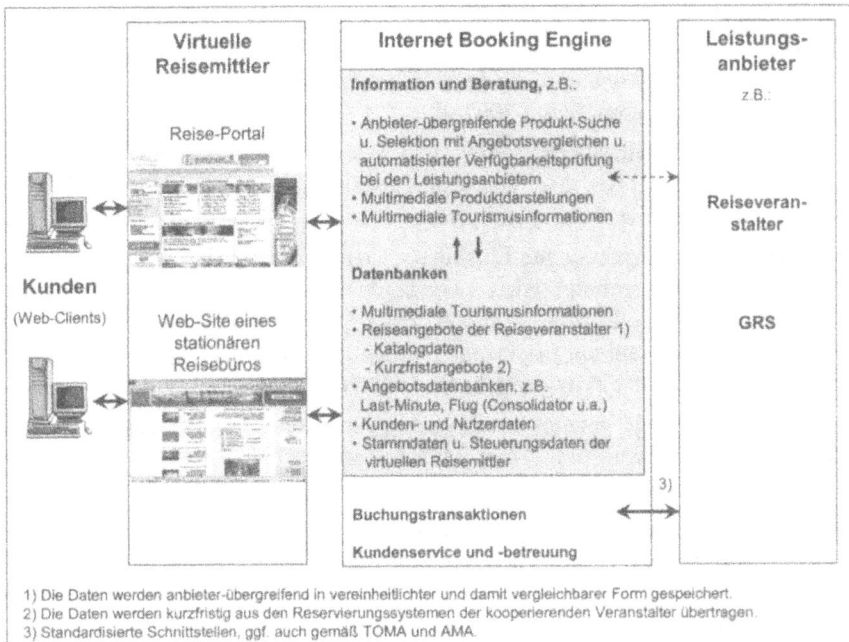

Abb. C.1-7:   Modell einer Internet Booking Engine als virtueller Reisemittler

Die Internet Booking Engines können darüber hinaus das Beziehungsmanagement zum Kunden (**Customer Relationship Management–CRM**) unterstützen. Der Reisekunde erfasst als Web Client durch Anreize motiviert oder im Rahmen der Reisebuchung seine Daten zur Registrierung und damit zur Speicherung in der IBE-Datenbank. Diese Daten können gemeinsam mit seinen erfassten Reisewünschen, seinen gebuchten Reisen u.a. verwaltet werden und sind die Basis für individualisierte (Stamm-) Kundenbeziehungen.

Einige virtuelle Reisemittler bieten den Kunden an, mehrere Einzelleistungen aus unterschiedlichen Quellen auszuwählen und in einem Online-Warenkorb zu bündeln (**Dynamic Bundling**). Dabei werden die Einzelpreise ausgewiesen und einzeln in Rechnung gestellt. Buchung und Abwicklung erfolgen in separaten Schritten je Einzelleistung, gesteuert durch den jeweiligen Leistungsgeber. Der virtuelle Reisemittler vermittelt damit zwar Einzelleistungen in einem Bündel, er wird dadurch aber nicht zum Reiseveranstalter.

Mit dem Verfahren des **Dynamic Packaging (DP)** übernimmt eine Internet Booking Engine zusätzlich die **Funktionen eines virtuellen Reiseveranstalters**. Dabei wird der Veranstalter-Prozess (Beschaffung von Reiseleistungen, Reiseproduktion und -kalkulation, Reservierung und Abwicklung) online zum Zeitpunkt der Kundenbuchung und gemäß der individuellen Kundenwünsche vollzogen. Dieser automatisierte Prozess in Echtzeit wird als Dynamic Packaging bezeichnet und kann wie folgt beschrieben werden:

- Der Kunde ruft via Web-Site die IBE des virtuellen Veranstalters auf und erfasst seine individuellen Reise- und Leistungswünsche (z.B. www.flyloco.de, www.expedia.de -> Click&Mix oder www.lastminute.com -> Selbst kombinieren, Stand 2007/08).

- Die IBE hat Online-Schnittstellen zu den Reservierungssystemen kooperierender Leistungsgeber. Mit den Kundenwünschen recherchiert die IBE in Echtzeit in diesen verbundenen Systemen.

- Die Daten der entsprechende Leistungen werden an die IBE übermittelt. Die IBE bietet diese recherchierten Leistungen in vereinheitlichter Darstellung und differenziert je Leistungsart (z.B. Flug, Unterbringung, Mietwagen) dem Kunden zur Auswahl an. Ergänzend werden ggf. multimediale Informationen zur Beratungsunterstützung angeboten (z.B. Hotelbilder und -videos).

- Der Kunde wählt je gewünschter Leistungsart eine der angebotenen Alternativen. Die IBE kontrolliert dabei, ob seine ausgewählten Leistungen in ihrer Kombination plausibel sind.

- Anschließend und im Hintergrund fasst die IBE die gewünschten Leistungen zu einem **Reisepaket** zusammen und **kalkuliert einen Gesamtpreis der Reise**. Paketbildung und –kalkulation werden software-technisch **auf Basis eines Regelwerks** vollzogen, das die IBE-Datenbank speichert.

- Das dynamisch und kundenindividuell generierte und kalkulierte Reisepaket wird dem Kunden mit ergänzenden multimedialen Informationen angeboten. Wenn der Kunde sich für diese Pauschalreise entscheidet, bucht die IBE die entsprechenden Leistungen in den Reservierungssystemen der Leistungsgeber.

- Das elektronische Fulfilment (z.B. Ticketing, Voucher, Inkasso) führt die IBE automatisiert nach den **Regeln des Veranstaltergeschäfts** durch (z.B. Sicherung der gebuchten Leistungen).

- Stornierungen, Umbuchungen u.ä. werden i.d.R. durch das Call- und Service Center des virtuellen Reiseveranstalters mit Zugriff auf die IBE-Datenbank durchgeführt.

Im Segment des Dynamic Packaging übernimmt das Web-Portal die rechtliche Stellung und die Verantwortung eines Reiseveranstalters, bzw. das Portal muss das dynamisch generierte Reisepaket an einen verantwortlichen Reiseveranstalter für den Kunden ersichtlich vermitteln. Für den Kunden kann es im Einzelfall schwierig zu unterscheiden sein, ob es sich bei Reiseangeboten eines Web-Portals um die Vermittlung von Reisen oder gebündelten Einzelleistungen (Dynamic Bundling) handelt oder ob es sich um ein Paketangebot eines virtuellen Reiseveranstalter handelt. Die Allgemeinen Geschäftsbedingungen müssen online verfügbar sein und hier deutlich für Klarheit sorgen.

Oben erwähnte IT- und IBE-Dienstleister bieten den Reisebüros mit ihren Internet Booking Engines auch die DP-Funktionalität an. Reisebüros, die das nutzen, werden damit für dieses Segment zu (virtuellen) Reiseveranstaltern und müssen die Erbringung der Reiseleistungen sichern, oder sie müssen im Hintergrund mit einem Reiseveranstalter kooperieren, der diese Verantwortung übernimmt.

Dynamic Packaging erlaubt den Reisekunden ein hohes Maß an Individualität in der Reisezusammenstellung bei gleichzeitiger Sicherung durch einen für alle Leistungen verantwortlichen Veranstalter.

Da der Kunde zur individuellen Konfektionierung seiner Reise Zugriff zu mehreren umfassenden Datenbanken unterschiedlicher Anbieter erhalten kann, kann es für den virtuellen Reiseveranstalter schwierig, weil unüberschaubar, werden, ein gewünschtes Qualitätsniveau der Reise und insbesondere der Unterkunft zu gewährleisten. Daher gewähren IBE-Systeme oftmals nur den Zugriff auf wenige ausgewählte Hoteldatenbanken, oder DP-Anbieter bauen eigene Unterkunftsdatenbanken auf (z. B. unter www.tui.com, Stand 2007/08).

Anmerkungen:

Dynamic Packaging ist von Bausteinreisen zu unterscheiden. Bausteinreisen sind mit einem Leistungsverzeichnis konfektioniert (pre-packaged) und erlauben bei Buchung neben den Pflichtleistungen nur eingeschränkte und vordefinierte Wahlfreiheiten.

Weiterführend zu neuen web-basierten Angebotsformen vgl.: WEITHÖNER 2007

1.4 Reisemittler und Systeme des Business-Travel-Managements

Der Verband Deutsches Reisemanagement VDR e.V. stellt in seinen jährlich durchgeführten Geschäftsreiseanalysen fest, dass deutsche Unternehmen nahezu 50 Mrd. Euro für über 150 Mill. Geschäftsreisen im Jahr ausgeben (vgl. unter www.vdr-service.de, Stand 2007/08).

Um durch die Vermittlung von Reiseleistungen und durch weitere Serviceleistungen im Rahmen des Business-Travel-Managements (BTM) an diesem Marktsegment teilzunehmen, haben auch virtuelle Reisemittler Web-Portale gegründet, die den Geschäftsreise-Prozess in der zu Abbildung C.1-8 beschriebenen Weise unterstützen (z.B. www.opodo-corporate.de).

Stationäre Reisebüros können an Business-Travel-Management-Systemen teilnehmen, um das Reisemanagement ihrer Geschäftskunden zu unterstützen.

Abbildung C.1-8 zeigt den traditionellen Geschäftsreiseprozess, und die nachfolgenden Erläuterungen zeigen das Unterstützungs- und Rationalisierungspotential und geben Hinweise auf Möglichkeiten der Kosten- und Serviceoptimierung für Unternehmen mit hohem Reiseaufkommen. Reisemittler können sich diesen Unternehmen als Dienstleister anbieten, wenn sie im Auftrag dieser Unternehmen an BTM-Systemen teilnehmen.

Ein **Business Travel Management System** unterstützt und integriert die Prozesse des Geschäftsreise-Managements international tätiger Unternehmen.

Die Kommunikationen, die Abläufe und der Workflow eines BTM-Systems basieren auf der Internet-Technologie. Die automatisierten Prozess-Abläufe und die Durchführung der Prozess-Stufen werden über eine zentrale Datenbank gesteuert. Über Internet Booking Engines mit elektronischen Schnittstellen wird mit

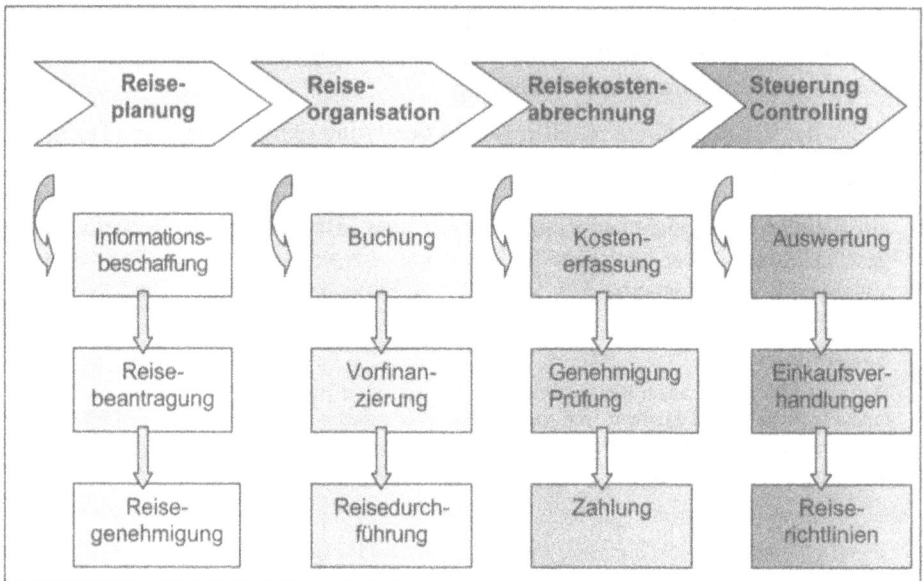

Abb. C.1-8: Traditioneller Geschäftsreiseprozess

kooperierenden Systemen kommuniziert, insbesondere mit den Reservierungssystemen der Anbieter von Reiseleistungen. Das Web-Portal des BTM-Systems bietet dem Geschäftsreisenden, seinem Sekretariat, der Geschäftsreise-Abteilung des Unternehmens oder einem beauftragten Reisemittler den Zugriff zu den Diensten des Systems.

Die **Teilprozesse einer Geschäftsreise** werden auf dieser Grundlage wie folgt informationstechnologisch unterstützt oder automatisiert:

* **Reiseplanung**
  In der Phase der Reiseplanung sind Informationen über die Preise und Verfügbarkeiten der erforderlichen Reiseleistungen zu beschaffen. Die BTM-Datenbank verwaltet die Reiserichtlinien des Unternehmens und die Informationen über die Positionen, Rechte und Ansprüche der reisenden Mitarbeiter (Mitarbeiterprofile). Mit diesen Daten werden über elektronische Schnittstellen zu den kooperierenden Reservierungssystemen (z.B. Global Distribution Systems und internationale Hotel-Reservierungssysteme) geeignete Reiseleistungen recherchiert. Dabei werden Best-Price-Suchfunktionen und ggf. die im BTM-System oder in den Reservierungssystemen hinterlegten Corporate Rates berücksichtigt.

  Ausgewählte Reiseleistungen können bereits im Geschäftsreiseantrag berücksichtigt werden und im jeweiligen Reservierungssystem auf Option gebucht werden. Das BTM-System übermittelt den generierten Reiseantrag automatisch an die in der Datenbank gespeicherte vorgesetzte Stelle zur Genehmigung. Die Genehmigung kann automatisiert erfolgen, wenn beispielsweise die vorgesetzte Stelle nicht innerhalb einer in der Datenbank gespeicherten Frist widerspricht. Mit der Genehmigung der Dienstreise werden ggf. die Optionbuchungen zu Festbuchungen umgewandelt.

- **Reiseorganisation und Reisedurchführung**
  Die Beantragung und Zahlung von Reisekostenvorschüssen an die Reisenden können entfallen, wenn das Unternehmen auf Basis des BTM-Systems und in Zusammenarbeit mit einem Kreditkartenunternehmen Unternehmenskreditkarten (Corporate Cards) zur Verfügung stellt. Der Reisende kann alle geschäftsreise-bedingten Kosten mit dieser Kreditkarte, die direkt mit dem Unternehmen abgerechnet wird, bezahlen. Das Kreditkartenunternehmen übermittelt die Daten direkt in das BTM-System.

  Durch den web-basierten Zugang zum BTM-Portal hat der Reisende weltweit mobilen Zugriff zu den Daten seiner Reise, er kann z.B. über Flugzeitenänderungen informiert werden oder selbst kurzfristig Umbuchungen o.ä. vornehmen.

- **Reisekostenabrechnung**
  Durch die Corparate Cards sind nach Abschluss einer Reise dem BTM-System bereits alle so bezahlten Reiseleistungen bekannt. Sie werden automatisch in die Reiseabrechnung übernommen. Sonstige Reiseleistungen können durch den Mitarbeiter im Online-Dialog ergänzt werden. Das Business Travel Management System kann auf Basis der gespeicherten Reisekostenrichtlinien eine Vorprüfung der Abrechnung vornehmen und sie mit einem elektronischen Formular der vorgesetzten Stelle zur Prüfung vorlegen. Wird die Abrechnung als genehmigt gekennzeichnet, können ggf. noch zu erstattende Zahlungen automatisch angewiesen werden.

- **Steuerung / Controlling**
  Mit den dargestellten Prozessen integriert das BTM-System alle Daten der getätigten Geschäftsreisen eines Unternehmens. Diese Daten können ausgewertet werden, z.B. um die Reiserichtlinien weiter zu entwickeln.

  Diese Auswertungen sind auch die Basis für unternehmenszentrale Verhandlungen des Business Travel Managements mit den Leistungsträgern (z.B. Hotelketten, Flug- und Mietwagengesellschaften), um als ihr Großkunde unternehmensspezifische Corporate Rates für zukünftige Reisen zu vereinbaren. Diese individuellen Corporate Rates werden dann im BTM-System oder im kooperierenden Reservierungssystem gespeichert, um sie bei zukünftigen Buchungen zu berücksichtigen.

  Business Travel Management Systeme können in den Unternehmen, z.B. konzern-zentral, implementiert werden. Sie werden teilweise als Module umfangreicher Rechnungswesen- und Controlling-Systeme angeboten. Ein Unternehmen kann aber auch als Lizenznehmer an einem zentralen BTM-System teilnehmen, das von einem IT-Dienstleister technisch betrieben wird.

  Reisemittler können ebenfalls Lizenznehmer eines solchen Systems werden, um damit für ihre Geschäftreisekunden die Dienste des Business Travel Managements zu übernehmen. Die Teilnahme an einem BTM-System kann den Reisebüros durch ein zentrales System ihrer Reisebürokette oder Franchise-Organisation geboten werden. Auch die Global Distribution Systems bieten BTM-Systeme zur Teilnahme an. Bei den jährlich stattfindenden Veranstaltungen Internationale Tourismusbörse Berlin (www.itb-berlin.de) und fvw-Kongress Zukunft (www.fvw-kongress-zukunft.de) werden weitere entsprechende Systeme von ihren Anbietern vorgestellt.

1.5   Zusammenfassung

Dieser Beitrag hat einen anwendungsorientierten Überblick über die wesentlichen Systeme gegeben, die die Leistungsprozesse der Reisevermittlung unterstützen. Diese Systeme stehen sowohl für einen stationären wie für einen web-basierten Reisevertrieb im Freizeit- und im Geschäftreisebereich zur Verfügung.

Um im Wettbewerb des Reisevertriebs bestehen zu können, ist es für ein Reisebüro unerlässlich, informationstechnologische Systeme zu nutzen. Um dies zielführend und zukunftsorientiert beurteilen und entscheiden zu können, ist ein kontinuierliches Informationsmanagement zur Optimierung der Leistungsprozesse und zur zukunftssicheren Positionierung im Wettbewerb erforderlich. Dieser Betrag sollte eine Grundlage für ein erfolgreiches Informationsmanagement geben.

2 Steuern im Reisebüro

Rechtsanwältin Corinna Kleinert, Berlin
Justiziarin des Deutschen ReiseVerbandes (DRV e.V.)

2.1 Einführung

Unter einem Reisebüro versteht man ein Handelsunternehmen, welches Pauschalreisen von Reiseveranstaltern, Beförderungsleistungen von Verkehrsunternehmen sowie andere touristische Dienstleistungen vermittelt. Reiseveranstalter ist, wer selbständig Reiseleistungen aus dem eigenen Unternehmen und/oder von dritten Leistungsträgern zur Pauschalreise zusammenstellt. Reisebüros haben entsprechende Agenturverträge mit den Leistungsträgern oder Reiseveranstaltern abgeschlossen (z.B. IATA-/DB-Lizenz oder TUI-/TC-Agentur). Die Rechtsbeziehungen zwischen Reisebüro als Mittler und Reiseveranstalter/Leistungsträger richten sich in der Regel nach dem Handelsvertreterrecht der §§ 84 ff. HGB. Eine Ausnahme bilden die Verträge mit den IATA-Fluggesellschaften. Hier erhält das Reisebüro keine Provision mehr von der Fluggesellschaft, sondern es muss ein Vermittlungsentgelt vom Kunden verlangen. Nach Ansicht der Fluggesellschaften wird die Agentur als Makler für den Kunden tätig.

Schreibt das Reisebüro eine Gruppenreise aus oder bündelt es verschiedene Reiseleistungen zu einem Angebot, tritt es selbst als Reiseveranstalter auf. Abhängig davon, ob das Reisebüro als Reisemittler oder als Reiseveranstalter tätig wird, kommen verschiedene Vorschriften zur Anwendung, die nachfolgend dargestellt werden. Bevor auf die speziellen Probleme des Umsatzsteuerrechts bei der Besteuerung touristischer Leistungen eingegangen wird, erfolgt ein kurzer Abriss der Buchführungspflichten des Reisebüros sowie eine Darstellung der zentralen Themen der Tourismusbranche im Lohnsteuerrecht: der Abgrenzung der Fachstudienreise von der Erholungsreise und die Behandlung der Sonderkonditionen für Touristiker als geldwerter Vorteil.

2.2 Buchführung

Reisebüros sind handelsrechtlich und steuerrechtlich Gewerbebetriebe. Nach § 15 Abs. 2 EStG versteht man unter einem Gewerbebetrieb eine selbständige nachhaltige Betätigung, die mit der Absicht, Gewinn zu erzielen, unternommen wird und sich als Beteiligung am allgemeinen wirtschaftlichen Verkehr darstellt.

Das Handelsrecht verpflichtet jeden Kaufmann gemäß § 238 HGB, Bücher zu führen und in diesen seine Handelsgeschäfte und die Lage seines Vermögens nach den Grundsätzen ordnungsgemäßer Buchführung ersichtlich zu machen. Die Buchführung muss so erfolgen, dass sich ein sachverständiger Dritter innerhalb angemessener Zeit einen Überblick über die Geschäftsvorfälle und über die Lage des Unternehmens verschaffen kann. Die Geschäftsvorfälle müssen in ihrer Entstehung und Abwicklung nachvollziehbar sein.

§ 140 AO verlangt von Gewerbetreibenden, die nach Handelsrecht zur Buchführung verpflichtet sind, diese Verpflichtung auch für die Besteuerung zu erfüllen. Andere Gewerbetreibende sind nach § 141 AO zur Buchführung angehalten, wenn eine der zwei folgenden Voraussetzungen vorliegt:

a) der Gesamtumsatz im Kalenderjahr mehr als 500.000 € beträgt oder

b) der Gewinn aus Gewerbebetrieb im Wirtschaftsjahr mehr als 30.000 € beträgt.

Die Buchführung muss vom Gewerbetreibenden ordnungsgemäß geführt werden. Dies ist dann der Fall, wenn die für die kaufmännische Buchführung erforderlichen Bücher geführt werden, die Bücher förmlich in Ordnung sind und der Inhalt sachlich richtig ist. Gemäß § 239 Abs. 2 HGB müssen die Eintragungen in den Geschäftsbüchern und die sonst erforderlichen Aufzeichnungen vollständig, richtig, zeitgerecht und geordnet vorgenommen werden.

§ 146 Abs. 5 AO gestattet es, die Bücher und die sonst erforderlichen Aufzeichnungen auf Datenträgern, z.B. Disketten, zu führen, soweit diese Form der Buchführung einschließlich des dabei angewandten Verfahrens den Grundsätzen ordnungsmäßiger Buchführung entspricht. Erfolgt die Buchführung auf Datenträgern, müssen die Daten jederzeit innerhalb angemessener Frist lesbar gemacht werden können.

Die Aufbewahrungsfristen für die Buchhaltungsunterlagen richten sich nach § 147 AO: Bücher, Aufzeichnungen und Buchungsbelege sind grundsätzlich zehn Jahre, sonstige für die Besteuerung bedeutsame Unterlagen sind grundsätzlich sechs Jahre aufzubewahren. Lassen andere Steuergesetze kürzere Aufbewahrungsfristen zu, so gelten diese Fristen. Die Aufbewahrungsfrist läuft jedoch nicht ab, soweit und solange die Unterlagen für Steuern von Bedeutung sind, für welche die allgemeine Festsetzungsfrist noch nicht abgelaufen ist. Nach § 147 Abs. 2 AO können diese Unterlagen auch als Wiedergabe auf einem Bildträger, z.B. Fotokopie, Mikrokopie, oder auf anderen Datenträgern, z.B. Magnetband, Magnetplatte, Diskette, aufbewahrt werden.

2.3 Lohnsteuer

Jedes Reisebüro, in dem Arbeitnehmer beschäftigt werden, muss lohnsteuerrechtliche Vorschriften beachten und anwenden. Die nachfolgenden Darstellungen beschränken sich auf die zentralen Themen der Tourismusbranche im Lohnsteuerrecht: Abgrenzung der Fachstudienreise von der Erholungsreise und Sonderkonditionen für Touristiker als geldwerter Vorteil.

2.3.1 Mitarbeiterreisen

Für die steuerliche Behandlung der Reisen der Mitarbeiter von Reisebüros ist zwischen Dienstreisen, Fachstudienreisen und verbilligten Urlaubsreisen, die der Mitarbeiter von seinem Arbeitgeber oder einem Dritten erhält, zu unterscheiden. Eine vom Arbeitgeber unentgeltlich oder verbilligt verschaffte Reise gehört dann nicht zum Arbeitslohn des Arbeitnehmers nach § 8 Abs. 3 EStG, wenn die Reise in ganz überwiegendem betrieblichen Interesse des Arbeitgebers durchgeführt wird. Die Teilnahme des Mitarbeiters beruht auf nachweisbaren betriebswirtschaftlichen Gründen.

2.3.1.1 Dienstreisen

Als Dienstreisen, die in ganz überwiegendem Interesse des Arbeitgebers ausgeführt werden, kommen solche Reisen in Betracht, bei denen

- ein unmittelbarer betrieblicher Anlass zugrunde liegt,
- Verhandlungen mit einem Geschäftspartner des Arbeitgebers geführt werden,
- die Durchführung eines bestimmten Auftrags des Arbeitgebers erledigt wird,
- Reiseveranstaltungen oder Objektbeschreibungen in Katalogen vorbereitet werden.

Derartige Reisen gehören als Dienstreisen zum Arbeitsgebiet des Mitarbeiters und sind somit Inhalt seiner nicht selbständigen Tätigkeit. Für die steuerliche Anerkennung von Dienstreisen müssen folgende Voraussetzungen gegeben sein:

- Die Reise wird auf Anordnung des Arbeitgebers durchgeführt.
- Die Reise ist für den Mitarbeiter unentgeltlich.
- Die Reisetage sind grundsätzlich wie normale Arbeitstage mit beruflicher Tätigkeit ausgefüllt.
- Die Reisetage werden auf den Urlaub des Mitarbeiters nicht angerechnet.

Wenn ein Arbeitnehmer Reisen im Auftrag seines Arbeitgebers für dessen Unternehmen durchführt, kann der Arbeitgeber dem Arbeitnehmer die dadurch entstehenden oder entstandenen Kosten bis zu bestimmten Höchstbeträgen steuerfrei ersetzen. Erstattungsfähige Reisekosten sind nach Abschn. 37 LStR Fahrtkosten, Verpflegungsmehraufwendungen sowie Übernachtungs- und Reisenebenkosten, wenn diese so gut wie ausschließlich durch die berufliche Tätigkeit des Arbeitnehmers außerhalb seiner Wohnung und einer ortsgebundenen regelmäßigen Arbeitsstätte veranlasst sind.

Eine Dienstreise ist eine Reise zur Erledigung eines Arbeitsauftrages außerhalb des Arbeits-/Wohnortes. Unter einem Dienstgang versteht man einen Gang oder eine Fahrt, welche/r innerhalb des Arbeits-/Wohnortes vorgenommen wird, um einen Arbeitsauftrag außerhalb der Arbeitsstätte zu erledigen.

Fahrtkosten anlässlich von Dienstreisen und Dienstgängen sind die tatsächlichen Aufwendungen, die dem Arbeitnehmer durch die persönliche Benutzung eines Beförderungsmittels entstehen. Bei Benutzung von öffentlichen Verkehrsmitteln ist der entrichtete Fahrpreis einschließlich etwaiger Zuschläge anzusetzen. Fährt der Arbeitnehmer mit seinem Auto, so können ohne Einzelnachweis der tatsächlichen Kosten die Fahrtkosten mit pauschalen Kilometersätzen angesetzt werden. Diese Kilometersätze dürfen folgende Beträge nicht überschreiten:

- bei einem Kraftfahrzeug 0,30 € je Fahrtkilometer,
- bei einem Motorrad oder Motorroller 0,13 € je Fahrtkilometer,
- bei einem Moped oder Mofa 0,08 € je Fahrtkilometer,
- bei einem Fahrrad 0,05 € je Fahrtkilometer.

Für jede Person, die bei einer Dienstreise oder einem Dienstgang mitgenommen wird, erhöht sich der Kilometersatz bei Benutzung eines Kraftfahrzeugs um 0,02 € und bei Benutzung eines Motorrads oder Motorrollers um 0,01 €. Die Erstattung der Fahrtkosten ist bis zu den genannten Höchstbeträgen steuerfrei.

Bei Dienstreisen sind Verpflegungsmehraufwendungen einheitlich mit folgenden Pauschalbeträgen anzusetzen (ein Einzelnachweis ist also ausgeschlossen):

- bei einer Abwesenheit von 24 Stunden 24,- €,
- bei einer Abwesenheit von weniger als 24 Stunden, aber mindestens 14 Stunden 12,- €,
- bei einer Abwesenheit von weniger als 14 Stunden, aber mindestens 8 Stunden 6,- €.

Beginnt die Auswärtstätigkeit nach 16.00 Uhr und wird sie vor 8.00 Uhr des nachfolgenden Tages beendet, ohne dass eine Übernachtung stattfindet, wird sie mit der gesamten Abwesenheitsdauer dem Kalendertag der überwiegenden Abwesenheit zugerechnet.

Bei Dienstreisen von Arbeitnehmern im Inland kann der Arbeitgeber ohne Einzelnachweis Übernachtungskosten pauschal mit 20,- € steuerfrei ersetzen, wenn der Arbeitnehmer die Unterkunft nicht aus dienstlichen Gründen unentgeltlich oder verbilligt erhalten hat. Wird die tatsächliche Höhe der Übernachtungskosten berücksichtigt, sind die Kosten für das Frühstück aus dem Rechnungsbetrag herauszurechnen. Bei Auslandsreisen werden länderweise gestaffelte erhöhte Pauschalen gewährt.

2.3.1.2   Fachstudienreisen

Eine Fachstudienreise liegt nach dem Schreiben des BMF vom 14.9.1994 (Az. IV B 6 – S 2334-115/94) vor, wenn sie in ganz überwiegendem Interesse des Arbeitgebers ausgeführt wird und der beruflichen Fortbildung des Mitarbeiters dient. Ein ganz überwiegendes betriebliches Interesse wird nur dann angenommen, wenn die nachfolgend aufgelisteten Voraussetzungen nebeneinander erfüllt sind. Des Weiteren darf die Fachstudienreise nicht mit einem privaten Reiseaufenthalt verbunden werden (Ausnahme: wenn der Anschlussaufenthalt nicht mehr als 10 v. H. der gesamten Reisezeit ausmacht).

Voraussetzungen für die steuerliche Anerkennung von Fachstudienreisen sind:

a) Der an der Reise teilnehmende Mitarbeiter ist im Reisevertrieb oder mit der Reiseprogrammbeschreibung, Reiseprogrammgestaltung oder Reiseprogrammabwicklung beschäftigt.

b) Der Arbeitgeber wertet die Teilnahme an der Reise als Arbeitszeit und rechnet jeden vollen Reisetag, der auf einen regelmäßigen Arbeitstag des teilnehmenden Mitarbeiters entfällt, mit mindestens sechs Stunden auf die vereinbarte regelmäßige Arbeitszeit an.

c) Der Reise liegt eine feste Programmgestaltung zugrunde, wobei das Programm auf die konkreten Qualifikationsbedürfnisse und Informationsbedürfnisse der mit dem Reisevertrieb oder mit der Reiseprogrammbeschreibung, der Reiseprogrammgestaltung oder der Reiseprogrammabwicklung beschäftigten Mitarbeiter zugeschnitten ist. Das Programm muss Fachveranstaltungen mit einer Gesamtdauer von mindestens sechs Stunden arbeitstäglich enthalten. Berufliche Programmpunkte können sein:

 – Kennenlernen der Leistungsträger der gesamten Organisation vor Ort,

 – Vorstellung verschiedener Unterkünfte und Unterkunftsbesichtigungen,

 – länderkundliche Referate, Zielgebietsschulung,

 – ortskundige Führungen,

 – Vorträge von Verkehrsämtern und Ausflugsveranstaltungen,

 – eigene Recherchen nach Aufgabenstellung (Fallstudien, Gruppenarbeit),

 – regelmäßige Programmbesprechungen.

d) Der Mitarbeiter nimmt grundsätzlich an allen vorgesehenen fachlichen Programmpunkten teil und erstellt ein Protokoll über den Reiseverlauf.

e) Der Mitarbeiter nimmt keine Begleitpersonen mit, es sei denn, dass die Mitnahme einer Begleitperson aus zwingenden betrieblichen Gründen erforderlich ist.

f) Zum Nachweis des ganz überwiegenden betrieblichen Interesses muss der Arbeitgeber folgende Unterlagen aufbewahren: die Einladung zur Fachstudienreise, Programmunterlagen, Bestätigung über die Teilnahme des Arbeitnehmers an den fachlichen Programmpunkten, Protokoll des Arbeitnehmers über den Reiseverlauf sowie Teilnehmerliste.

2.3.2   Urlaubsreisen

2.3.2.1   Vorteilsgewährung durch den Arbeitgeber

Nach den Vorschriften des Einkommensteuergesetzes gehören zu den Einkünften aus nicht selbständiger Arbeit neben Gehältern, Löhnen, Gratifikationen und Tantiemen auch alle anderen Bezüge und Vorteile, die für eine Beschäftigung im öffentlichen oder privaten Dienst gewährt werden. Gewährt der Reiseunternehmer als Arbeitgeber seinen Mitarbeitern verbilligte Urlaubsreisen, stellt dies für die Mitarbeiter einen geldwerten Vorteil dar. Die Besteuerung erfolgt nach § 8 Abs. 3 EStG, falls der Arbeitgeber keine Pauschalbesteuerung nach § 40 EStG vornimmt.

Der dem Arbeitnehmer zukommende Vorteil bei der Gewährung verbilligter oder kostenloser Reisen ist steuerpflichtig. Der Arbeitgeber ist verpflichtet, die im Einzelfall entstehende Lohnsteuer zu ermitteln, einzubehalten und an das Finanzamt abzuführen. In der Regel ist der geldwerte Vorteil kostenloser oder verbilligter Reisen mit dem üblichen Endpreis am Abgabeort anzusetzen. Im Falle von Belegschaftsrabatten – hier die Gewährung verbilligter Reisen durch den Arbeitgeber – gilt als steuerpflichtiger Wert der um 4 v. H. geminderte übliche Endpreis.

Außerdem ist bei der Ermittlung der Besteuerungsgrundlage der jährliche Rabattfreibetrag von 1.080,- € zu berücksichtigen: Die sich nach Abzug der vom Mitarbeiter gezahlten Entgelte ergebenden geldwerten Vorteile sind steuerfrei, soweit sie aus dem Arbeitsverhältnis insgesamt 1.080,- € im Jahr nicht übersteigen. Die Gewährung des Rabattfreibetrags setzt voraus:

– Der geldwerte Vorteil muss dem Mitarbeiter aufgrund seines Dienstverhältnisses gewährt werden.

– Es muss sich um die verbilligte oder kostenlose Überlassung von Dienstleistungen handeln. Zu derartigen Dienstleistungen gehören auch Reiseveranstaltungen.

– Es muss sich um Dienstleistungen handeln, die vom Arbeitgeber erbracht werden.

• **Beispiel:** Der Mitarbeiter zahlt für eine vom Arbeitgeber veranstaltete Pauschalreise die im Katalog zum Preis von 3.000,- € angeboten wird, nur 2.000,- €. Ermittlung der Besteuerungsgrundlage: Katalogpreis 3.000,- €, maßgebender Steuerwert 96 v. H. = 2.880,- €, mithin lohnsteuerpflichtiger Vorteil für den Mitarbeiter = 880,- €. Ist dies die einzige Reise des Mitarbeiters in diesem Jahr, bleibt der Vorteil wegen Berücksichtigung des Rabattfreibetrags lohnsteuerfrei. Hat der Mitarbeiter schon mehrere Reisen unternommen und einen lohnsteuerpflichtigen Vorteil für dieses Jahr von 700,- € erreicht, bleiben 380,- € lohnsteuerfrei (Rabattfreibetrag 1.080,- €). 500,- € müssen versteuert werden.

In dem vorstehenden Beispiel wird vom Katalogpreis als dem üblichen Endpreis ausgegangen. Nach dem Gesetz ist der übliche Endpreis am Abgabeort maßgebend, das heißt, der Preis, zu dem die Leistung fremden Letztverbrauchern im allgemeinen Geschäftsverkehr angeboten wird. Bei der Preisfeststellung ist daher zu prüfen, ob der Katalogpreis im Zeitpunkt der Reisebuchung noch gültig ist oder ob die Reise als Last-Minute-Angebot preisreduziert wurde.

2.3.2.2. Vorteilsgewährung durch Dritte

Bei der steuerlichen Behandlung von Preisvorteilen, die Mitarbeitern bei der Nutzung von Dienstleistungen von dritter Seite eingeräumt werden, kommt es entscheidend auf die Mitwirkung oder Nichtmitwirkung des Arbeitgebers an. Eine Mitwirkung des Arbeitgebers wird bei der Gewährung von Preisvorteilen durch Dritte angenommen, wenn

- aus dem Handeln des Arbeitgebers ein Anspruch des Arbeitnehmers auf den Preisvorteil entstanden ist,
- der Arbeitgeber für den Dritten Verpflichtungen übernommen hat, z.B. Inkassotätigkeit oder Haftung,
- zwischen dem Arbeitgeber und dem Dritten eine enge wirtschaftliche oder tatsächliche Verflechtung oder enge Beziehung sonstiger Art besteht, z.B. Organschaftsverhältnis,
- dem Arbeitnehmer Preisvorteile von einem Unternehmen eingeräumt werden, dessen Arbeitnehmer ihrerseits Preisvorteile vom Arbeitgeber erhalten.

Eine Mitwirkung des Arbeitgebers bei der Verschaffung von Preisvorteilen durch Dritte wird nicht angenommen, wenn sich die Mitwirkung des Arbeitgebers darauf beschränkt,

- Angebote Dritter in seinem Betrieb bekannt zu machen,
- Angebote Dritter an die Arbeitnehmer seines Betriebes zu dulden,
- die Betriebszugehörigkeit der Arbeitnehmer zu bescheinigen.

Eine Mitwirkung des Arbeitgebers liegt auch dann nicht vor, wenn bei der Verschaffung von Preisvorteilen allein eine vom Arbeitgeber unabhängige Selbsthilfeeinrichtung der Arbeitnehmer mitwirkt.

Die zum Arbeitslohn gehörenden Preisvorteile, die von einem Dritten eingeräumt werden und an deren Verschaffung der Arbeitgeber mitgewirkt hat, unterliegen dem Lohnsteuerabzug. Preisvorteile ohne Mitwirkung des Arbeitgebers unterliegen nur dann dem Lohnsteuerabzug, wenn diese Vorteile üblicherweise von einem Dritten für eine Arbeitsleistung gewährt werden.

Der Preis ist für die Bewertung der zum Arbeitslohn gehörenden Vorteile maßgebend, der im allgemeinen Geschäftsverkehr von Letztverbrauchern in der Mehrzahl der Verkaufsfälle am Abgabeort für gleichartige Dienstleistungen tatsächlich gezahlt wird. Aus Vereinfachungsgründen lässt es die Finanzverwaltung zu, wenn auf die Feststellung dieses Preises verzichtet wird und er statt dessen mit 96 v. H. des konkreten Endpreises für den Letztverbraucher angesetzt wird. Es wird auf den Verbraucherendpreis des Dritten abgestellt. Ist ein Dritter Reiseveranstalter, liegen nach Ansicht der Finanzverwaltung die Voraussetzungen für den Rabattfreibetrag nicht vor, weil der Begünstigte nicht Mitarbeiter des Dritten ist.

- **Beispiel**: Ein Mitarbeiter hat für eine vom Arbeitgeber vermittelte Pauschalreise, die im Katalog des Reiseveranstalters zum Preis von 4.000,- € angeboten wird, nur 3.000,- € zu zahlen. Vom Personalrabatt in Höhe von 1.000,- € entfallen 600,- € auf die Reiseleistung des Veranstalters und 400,- € auf die Vermittlungsleistung des Arbeitgebers. Die verbilligte oder unentgeltliche Vermittlungsleistung ist um 4 v. H. zu kürzen, also 400,- €/ 16,- € = 384,- €. Dieser steuerbare Vorteil bleibt wegen Berücksichtigung des Rabattfreibetrags steuerfrei. Auf die Verbilligung der Pauschalreise um 600,- € ist der Rabattfreibetrag nicht anwendbar, weil die Reiseveranstaltung nicht vom Arbeitgeber durchgeführt wird. Der maßgebende Preis von 3.600,- € ist mit 96 v. H. = 3.456,- € anzusetzen, so dass ein Vorteil von 456,- € der Lohnsteuer zu unterwerfen ist.

Die Finanzverwaltung ist der Auffassung, dass bei Vermittlungsleistungen der Rabattfreibetrag nur in Höhe der Vermittlungsprovision berücksichtigt werden kann, da nur in dieser Höhe eine Leistung des Arbeitgebers vorliegt. Die Verbände der Touristikbranche (asr, bdo, DRV, RDA) kritisieren diese steuerliche Ungleichbehandlung der Arbeitnehmer von vermittelnden Reisebüros gegenüber Arbeitnehmern von Reiseveranstaltern. Der Gesetzgeber oder die Finanzverwaltung konnte aber bisher nicht veranlasst werden, die Rechtsgrundlagen bzw. die Rechtsauslegung zu ändern.

Nach Ansicht der Verbände der Touristikbranche sollte eine Versteuerung nach § 8 Abs. 3 EStG mit der Freibetragsregelung erfolgen, wenn der geldwerte Vorteil auf einem individuellen Dienstverhältnis beruht (der „Leitveranstalter" des Arbeitgebers bietet eine verbilligte Reise an). Sie vertreten die Auffassung, dass der Preisnachlass als Bestandteil der Provisionsregelung dem Reisebüroinhaber zugesagt ist. Dieser verzichtet in voller Höhe auf seinen Provisionsanspruch gegenüber seinem Arbeitnehmer. Der Preisvorteil wird daher nicht von einem Dritten (dem Reiseveranstalter), sondern vom Arbeitgeber gewährt. Der Reisebüroinhaber verfügt in diesem Fall über eigene Ansprüche zugunsten seiner Arbeitnehmer.

Kann der Arbeitgeber die Rabattgewährung durch Dritte nicht selbst ermitteln, muss der Mitarbeiter ihm diese für jeden Lohnzahlungszeitraum schriftlich anzeigen. Nach § 38 Abs. 1 Satz 3 und 4 EStG muss der Arbeitgeber monatlich seinem Betriebsstättenfinanzamt die geldwerten Vorteile seiner Mitarbeiter anzeigen. Der Arbeitgeber muss dem Finanzamt gegenüber angeben, wenn der Arbeitnehmer in dem abgelaufenen Monat keine oder erkennbar unrichtige Angaben gemacht hat. Eine Anzeigepflicht besteht zum einen nicht, wenn der Arbeitnehmer keine geldwerten Vorteile in Anspruch genommen und eine sog. Nullmeldung gegenüber dem Arbeitgeber abgegeben hat. Zum anderen auch dann nicht, wenn der Arbeitnehmer in den Genuss einer Vergünstigung gekommen ist und diese dem Arbeitgeber mitgeteilt hat.

Der Arbeitgeber sollte seine Mitarbeiter darüber informieren, dass sie ab 01.01.2004 dazu verpflichtet sind, ihm monatlich anzuzeigen, wenn sie geldwerte Vorteile in Form von verbilligten Flügen, PEP-Angeboten o.ä. in Anspruch genommen haben und wenn nicht. Es empfiehlt sich eine Form der Benachrichtigung zu wählen, die auch gegenüber dem Finanzamt nachweisbar ist, z.B. in dem sich der Arbeitgeber den Erhalt dieser Information von seinem Mitarbeiter bestätigen lässt und zur Personalakte nimmt.

Der Arbeitgeber haftet grundsätzlich für die Lohnsteuer, die er einzubehalten und abzuführen hat. In dem Rahmen, in dem die Lohnsteuerpflicht entsteht, besteht auch Sozialversicherungspflicht. Eine Haftung besteht nicht für die Lohnsteuer, die der Arbeitgeber infolge unvollständiger oder unrichtiger Angaben des Arbeitnehmers zuwenig einbehalten hat. Der Arbeitgeber kann allerdings für die zuwenig einbehaltene Lohnsteuer dann in Anspruch genommen werden, wenn er annehmen musste, dass dem Arbeitnehmer von Dritten Arbeitslohn gezahlt worden ist, der dem Lohnsteuerabzug unterliegt und er den Arbeitnehmer nicht zu einer entsprechenden Anzeige veranlasst hat.

2.3.3 Agenten-Tickets

Für die Bewertung der zum Arbeitslohn gehörenden Vorteile aus unentgeltlichen oder verbilligt gewährten Flügen gilt nach dem Erlass der obersten Finanzbehörden der Länder vom 01.12.2006 folgendes:

a) Gewähren Luftfahrtunternehmen ihren Arbeitnehmern unentgeltlich oder verbilligt Flüge, die unter gleichen Beförderungsbedingungen auch betriebsfremden Fluggästen angeboten werden, so ist der Wert der Flüge nach § 8 Abs. 3 EStG zu ermitteln, wenn die Lohnsteuer nicht nach § 40 EStG pauschal erhoben wird.

b) Die Mitarbeiterflüge sind nach § 8 Abs. 2 EStG mit dem üblichen Preis zu bewerten

   – bei Beschränkungen im Reservierungsstatus, wenn das Luftfahrtunternehmen Flüge mit entsprechenden Beschränkungen betriebsfremden Gästen nicht anbietet, oder

   – wenn die Lohnsteuer pauschal erhoben wird.

c) Gewähren Luftfahrtunternehmen Arbeitnehmern anderer Arbeitgeber unentgeltlich oder verbilligt Flüge, so sind diese Flüge ebenfalls nach § 8 Abs. 2 EStG zu bewerten.

d) In den Fällen b) und c) können die Flüge mit Durchschnittswerten angesetzt werden. Für die Jahre 2007 bis 2009 werden folgende Durchschnittswerte nach § 8 Abs. 2 Satz 8 EStG für jeden Flugkilometer festgesetzt.

   – Wenn keine Beschränkung im Reservierungsstatus besteht, ist der Wert des Fluges wie folgt zu berechnen:

bei einem Flug von	Euro je Flugkilometer (FKM)
1 - 1.200 km	0,05 - (0,01 x (FKM : 1.200)
1.201 - 2.600 km	0,04
2.601 - 4.000 km	0,04 + (0,01 x (FKM - 2.600) : 1.400)
4.001 - 12.000 km	0,05 - (0,02 x (FKM - 4.000) : 8.000)
mehr als 12.000 km	0,03

Jeder Flug ist gesondert zu bewerten. Die Zahl der Flugkilometer ist mit dem Wert anzusetzen, der der im Flugschein angegebenen Streckenführung entspricht. Nimmt der Arbeitgeber einen nicht vollständig ausgeflogenen Flugschein zurück, so ist die tatsächlich ausgeflogene Strecke zugrunde zu legen. Bei der Berechnung des Flugkilometerwerts sind die Euro-Beträge nur bis zur vierten Dezimalstelle anzusetzen.

Die nach dem IATA-Tarif zulässigen Kinderermäßigungen sind entsprechend anzuwenden.

- Bei Beschränkungen im Reservierungsstatus mit Vermerk „space available - SA - " auf dem Flugschein beträgt der Wert je Flugkilometer 60 v. H. des nach der obigen Tabelle ermittelten Wertes.

- Bei Beschränkungen im Reservierungsstatus ohne Vermerk „space available – SA – " auf dem Flugschein beträgt der Wert je Flugkilometer 80 v. H. des nach der obigen Tabelle ermittelten Wertes.

Der nach dem Durchschnittswert ermittelte Wert des Fluges ist um 10 % zu erhöhen.

Bei einem Inlandsflug ist der ermittelte Wert um die Luftsicherheitsgebühr zu erhöhen, wenn diese vom Arbeitgeber getragen wird.

Beispiel: Der Arbeitnehmer erhält einen Freiflug Frankfurt - Palma de Mallorca und zurück. Der Flugschein trägt den Vermerk „SA". Die Flugstrecke beträgt insgesamt 2.507 km. Der Wert des Fluges beträgt 60 v. H. von (0,04 x 2.507) = 60,17 €, zu erhöhen um 10 % (= 6,02 €) = 66,10 €.

e) Mit den Durchschnittswerten nach d) können auch Flüge bewertet werden, die der Arbeitnehmer von seinem Arbeitgeber erhalten hat, der kein Luftfahrtunternehmer ist, wenn

- der Arbeitgeber diesen Flug von einem Luftfahrtunternehmen erhalten hat und

- dieser Flug mit Vermerk „space available – SA – " und ohne Vermerk „space available – SA – " auf dem Flugschein Beschränkungen im Reservierungsstatus unterliegt.

f) Von den Werten nach b) bis e) sind die von den Arbeitnehmern jeweils gezahlten Entgelte mit Ausnahme der für einen Inlandsflug entrichteten Luftsicherheitsgebühr abzuziehen; der Rabattfreibetrag nach § 8 Abs. 3 EStG darf nicht abgezogen werden.

g) Luftfahrtunternehmen im Sinne dieser vorstehenden Regelungen sind Unternehmen, denen die Betriebsgenehmigung zur Beförderung von Fluggästen im gewerblichen Luftverkehr nach der Verordnung (EWG) Nr. 2407/92 des Rats vom 23.7.1992 oder nach entsprechenden Vorschriften anderer Staaten erteilt worden ist.

Dieser Erlass erging mit Zustimmung des Bundesfinanzministeriums. Er ersetzt hinsichtlich der Durchschnittswerte den Erlass der obersten Finanzbehörden der Länder vom 10.12.2003 (BStBl. 2003 I S.748).

2.4 Umsatzsteuer

2.4.1 Allgemeines

Das Umsatzsteuergesetz unterscheidet zwischen steuerbaren und nicht steuerbaren Umsätzen. Der Umsatzsteuer unterliegen insbesondere die Lieferungen und sonstigen Leistungen wie Dienstleistungen (Reiseleistungen), die ein Unternehmer im Inland gegen Entgelt im Rahmen seines Unternehmens ausführt. Für die Umsatzsteuer ist die Unterscheidung zwischen Reiseveranstalter und Reisevermittler wichtig, da sich daraus unterschiedliche umsatzsteuerliche Konsequenzen ergeben.

Der Margenbesteuerung des § 25 UStG unterfallen die Reiseleistungen eines Unternehmers, die nicht für das Unternehmen des Leistungsempfängers bestimmt sind, soweit der Unternehmer dabei gegenüber dem Leistungsempfänger im eigenen Namen auftritt und Reisevorleistungen in Anspruch nimmt. Findet die Sondervorschrift des § 25 UStG keine Anwendung, wird auf die touristischen Leistungen die Regelbesteuerung angewendet. Außerdem wird von verschiedenen Bemessungsgrundlagen ausgegangen. Bei der reinen Vermittlungsleistung wird die Provision (das vom Reiseveranstalter/Leistungsträger gezahlte Entgelt an das vermittelnde Reisebüro), bei regelbesteuerten Umsätzen der Ausgangsumsatz und bei der Veranstaltungsleistung nach § 25 UStG die Marge der Umsatzsteuer unterworfen. In seinem Urteil vom 26.11.1975 (Az. I R 44/74 – BStBl.1976 II, S. 304) hat der Bundesfinanzhof entschieden, dass die zivilrechtliche Einordnung der Tätigkeit des Reiseunternehmens als Reiseveranstalter oder Reisemittler auch die Grundlage der umsatzsteuerlichen Entscheidung bildet. So handeln Reisebüros beim Verkauf von Fahrkarten, Flugscheinen und Schiffspassagen erkennbar nur als Verkaufsstellen, d.h. als Vermittler. Auch bei Reisen, die von anderen Unternehmen zusammengestellt und nach einem von dem Veranstalter herausgegebenen Prospekt angeboten werden, sind Reisebüros, wenn sie Buchungen für den Veranstalter entgegennehmen, in der Regel nur Vermittler. Anderseits tritt der Veranstalter einer Pauschalreise in unmittelbare Rechtsbeziehungen zum Reisenden.

Eine Vermittlungsleistung liegt vor, wenn das Reisebüro im fremden Namen und für fremde Rechnung handelt. Der Wille, im fremden Namen handeln zu wollen und unmittelbare Rechtsbeziehungen zwischen dem leistenden Unternehmer und dem Leistungsempfänger herstellen zu wollen, muss nach Ansicht des Bundesfinanzhofes (Urteil vom 19.1.1967, Az. V 52/63 – BStBl. 1967 III S.211) den Beteiligten gegenüber deutlich zum Ausdruck kommen.

2.4.2 Regelbesteuerung

2.4.2.1 Steuerpflichtige Vermittlungsleistungen

Die Vermittlungsleistungen des Reisebüros unterliegen der Regelbesteuerung. Eine Vermittlungsleistung liegt grundsätzlich nur dann vor, wenn das Reisebüro als Handelsvertreter des Leistungsträgers auftritt und eine Provision erhält.

Vermittlungsleistungen werden entsprechend § 3 a Abs. 2 Nr. 4 UStG grundsätzlich dort erbracht, wo der vermittelte Umsatz ausgeführt wird. Im einzelnen lassen sich folgende Leistungsorte für die Vermittlungsleistungen von Reisebüros feststellen:

a) Vermittlung von Pauschalreisen

Die Vermittlung von Pauschalreisen für Reiseveranstalter mit Sitz im Inland ist umsatzsteuerpflichtig. Dies gilt auch für eine im Inland gelegene Betriebsstätte, von der die sonstige Leistung im Sinne von § 25 UStG ausgeführt wird.

b) Vermittlung von Beherbergungsleistungen

Bei der Unterkunft wird die Vermittlungsleistung gemäß § 3 a Abs. 2 Nr. 1 UStG dort ausgeführt, wo sich das Grundstück befindet, d.h. nur die Vermittlung von Leistungen in Verbindung mit Grundstücken im Inland ist steuerbar.

c) Vermittlung von Verpflegungsleistungen

Seit Inkrafttreten einer Gesetzesänderung zu § 3 Abs. 9 UStG am 27.6.1998 gilt die Verpflegung von Personen oder die Abgabe von Speisen und Getränken zum Verzehr an Ort und Stelle nicht mehr als Lieferung nach § 3 Abs. 7 UStG sondern als sonstige Leistung gemäß § 3 a Abs. 1 UStG. Maßgebend ist nun der Unternehmensort des Unternehmers, der die Verpflegung anbietet und nicht mehr der Ort der verabreichten Verpflegung. Wird die Verpflegungsleistung von einem deutschen Unternehmer (auch außerhalb des inländischen Hoheitsgebietes) erbracht, ist die Vermittlungsleistung steuerbar.

d) Vermittlung von Personenbeförderungsleistungen

Nach § 3 b Abs. 1 UStG sind Beförderungsleistungen nur hinsichtlich des inländischen Beförderungsanteils steuerbar. Daher sind Vermittlungsleistungen nur steuerbar, soweit inländische Beförderungen vermittelt werden. Für grenzüberschreitende Beförderungen muss folglich eine Aufteilung erfolgen: Nicht steuerbar ist der auf den ausländischen Teil der Beförderungsleistung entfallende Anteil der Vermittlungsleistung; steuerbar ist der auf den inländischen Teil der Beförderungsleistung entfallende Anteil der Vermittlungsleistung. Hier kann aber die Steuerbefreiung nach § 4 Nr. 5 b UStG für grenzüberschreitende Personenbeförderung mit Luftfahrzeugen oder Seeschiffen zur Anwendung kommen.

Vermittlungsleistungen von Personenbeförderungen mit Bus, Bahn und Binnenschiffen sind mit dem auf das Inland entfallenden Anteil ebenso steuerbar und steuerpflichtig wie die Vermittlung von Inlandsbeförderungen.

Beispiel: Ein Reisebüro vermittelt die Beförderungsleistung eines Omnibusunternehmers, der die Strecke Frankfurt-Paris und zurück befährt. Der Inlandsanteil soll 40 v. H. betragen. Die dem Reisebüro gewährte Provision ist mit 40 v. H. steuerbar und steuerpflichtig.

e) Vermittlung von sonstigen touristischen Dienstleistungen

Die Vermittlung von sonstigen touristischen Dienstleistungen (z.B. Eintrittskarten für ein Musical) ist steuerbar, wenn die Leistung selbst im Inland erbracht wird.

f) Vermittlungsleistungen für Reisende

Gemäß § 4 Nr. 5 Satz 2 UStG ist die Vermittlung von Umsätzen durch Reisebüros für Reisende nicht von der Umsatzsteuer befreit. Diese Regelung gilt für alle Unternehmer, die Reiseleistungen für Reisende vermitteln.

Touristische Dienstleistungen werden regelmäßig im Auftrag des Leistungsträgers (z.B. auf Grund bestehender Agenturverträge) und nicht im Auftrag der Reisenden vermittelt. Unter die Ausnahmeregelung fallen daher nur diejenigen Tätigkeiten, für die das Reisebüro nicht vom Leistungsträger, sondern vom Reisenden bezahlt wird. Berechnet also das Reisebüro dem Reisenden eine Vergütung, seien es Vermittlungsentgelte für Flugbuchungen, Visabeschaffungsgebühren, eine Bearbeitungsgebühr oder ähnliches, liegt immer eine umsatzsteuerpflichtige Leistung vor, auch wenn diese mit nicht steuerbaren oder steuerfreien Vermittlungsleistungen im Zusammenhang steht.

Beispiel: Das Reisebüro vermittelt dem Reisenden eine grenzüberschreitende Fährverbindung. Gleichzeitig vermittelt es im Auftrag des Reisenden die Erteilung des Visums. In diesem Fall ist die Vermittlung der Fähre umsatzsteuerfrei, die Vermittlung des Visums umsatzsteuerpflichtig.

g) Stornogebühr

Eine dem Reisenden berechnete Stornogebühr ist als Schadensersatz keine Leistung im vorstehenden Sinne und deshalb nicht steuerbar. Steuerpflichtig ist jedoch die Provision, die ein Reiseveranstalter dem Reisebüro bei einer Stornierung vergütet. Das Reisebüro hat die Umsatzsteuer an das Finanzamt abzuführen. Der Reiseveranstalter kann den Vorsteuerabzug geltend machen.

Bei steuerpflichtigen Vermittlungsleistungen des Reisebüros steht seiner Umsatzsteuerpflicht ein entsprechender Vorsteuerabzug des Reiseveranstalters oder Leistungsträgers gegenüber. Bei ordnungsgemäßer Abrechnung ergibt sich deshalb keine steuerliche Belastung beim Reiseveranstalter oder Leistungsträger.

2.4.2.2   Steuerfreie Vermittlungsleistungen

Nicht steuerbar sind Lieferungen und Leistungen, die im Ausland ausgeführt werden: wo sich der maßgebende Leistungsort befindet ist im Umsatzsteuergesetz geregelt und entspricht nicht immer dem Verständnis des Praktikers.

a) Vermittlung von Pauschalreisen

Die Vermittlung von Pauschalreisen für im Ausland ansässige Reiseveranstalter ist in Deutschland umsatzsteuerfrei, da eine nicht steuerbare Leistung im Ausland erbracht wird. Solche Vermittlungsleistungen können im Sitzstaat des Veranstalters zu besteuern sein.

b) Vermittlung von Beherbergungsleistungen

Gemäß § 3 a Abs. 2 Nr. 1 UStG gilt das Belegenheitsprinzip. Die Vermittlung der Unterkunftsleistung wird dort ausgeführt, wo sich das maßgebliche Grundstück befindet. Liegt das Grundstück nicht im Inland, ist die Vermittlungsleistung nicht steuerbar.

c) Vermittlung von Verpflegungsleistungen

Bei Verpflegungsleistungen handelt es sich seit der Gesetzesänderung um eine sonstige Leistung nach § 3 a Abs. 1 UStG. Wird die Verpflegungsleistung von einem ausländischen Unternehmen erbracht, ist die Vermittlung der Verpflegungsleistung nicht steuerbar.

d) Vermittlung von Personenbeförderungsleistungen

Falls die Beförderungsleistung gemäß § 1 UStG steuerbar ist, weil das Beförderungsunternehmen im Inland tätig ist, bleibt nach § 4 Nr. 5 b UStG die Vermittlung einer grenzüberschreitenden Beförderung von Personen mit Luftfahrzeugen oder Seeschiffen steuerfrei. Steuerfrei ist das Reisebüro, das als Vermittler des Beförderungsunternehmers als Handelsvertreter tätig wird und eine Provision erhält.

Diese Voraussetzungen liegen nicht vor, wenn das Reisebüro auf Grund der von den Fluggesellschaften geänderten Verträge zur Einführung der sog. „Nullprovision" Flugbeförderungsleistungen gegen Zahlung eines Vermittlungsentgeltes vom Kunden vermittelt.

e) Vermittlung von sonstigen touristischen Dienstleistungen

Diese Vermittlungsleistung ist nicht steuerbar, wenn die Leistung selbst im Ausland erbracht wird.

f) Vermittlung von Versicherungsleistungen

Reiseversicherungen (Reiserücktrittskostenversicherung, Reisegepäckversicherung usw.) werden vom Reisebüro für das Versicherungsunternehmen vermittelt. Die vom Versicherungsunternehmen gezahlte Provision ist gemäß § 4 Nr. 11 UStG steuerfrei. Anders als bei den vorstehenden Umsätzen bewirkt diese Steuerfreiheit eine Minderung des Vorsteuerabzugs. Die Vorsteuer ist nämlich nicht abzugsfähig, soweit sie mit bestimmten steuerfreien Umsätzen in Verbindung steht. Der Vorsteuerabzug mindert sich im Verhältnis der Versicherungsprovision zu den übrigen Umsätzen.

2.4.2.3   Umsatzsteuer bei Nettopreistickets

Der Verkauf von Flugscheinen hat sich mit zunehmender Liberalisierung des Flugverkehrs außerordentlich vielgestaltig entwickelt. Grundsätzlich lassen sich folgende Sachverhalte unterscheiden:

a) Der Linienflugschein wird von einem lizenzierten IATA-Reisebüro verkauft und das Reisebüro erhält hierfür eine Provision.

b) Der Linienflugschein erhält einen Preiseindruck, der dem offiziellen IATA-Preis entspricht, der Kunde erhält eine Gutschrift in Höhe des gewährten Rabattes. Die Abrechnung erfolgt als „Nettopreisticket", so dass keine übliche Vermittlungsprovision vereinbart wird. Die Flugscheine werden mit einem am Markt durchsetzbaren Aufschlag auf den Festpreis an den Reisenden veräußert. Der Festpreis liegt in der Regel deutlich unter dem um die Provision geminderten offiziellen Ticketpreis. Erfolgt die Veräußerung über einen Vermittler (Consolidator), erhöht sich der Festpreis um einen Gewinnzuschlag des Vermittlers. Die Abrechnung erfolgt dann über eine sog. Bruttoabrechnung.

c) Bei „IT-Flugscheinen" (Linienflugtickets mit einem besonderen Status) darf der Flugpreis nicht im Flugschein ausgewiesen werden, da er nur im Zusammenhang mit einer Pauschalreise (Kombination des Fluges mit einer anderen Reiseleistung z.B. Hotel) gültig ist. Der Verkauf des Flugscheines erfolgt an den Kunden mit einem verbundenen, zusätzlichen Leistungsgutschein (Voucher) in einem Gesamtpaket zu einem Pauschalpreis. Sind sich der Kunde und der Verkäufer der Leistung aber einig, dass der Leistungsgutschein wertlos ist (Null-Voucher), handelt es sich wirtschaftlich um den Verkauf eines günstigen Fluges und nicht um eine Pauschalreise.

d) „Weichwährungstickets" sind Flugscheine mit regulärem Preiseindruck zum IATA-Tarif. Allerdings lautet der Flugschein nicht auf Euro, sondern wird in einer beliebigen „weicheren" Währung ausgedruckt. Dabei wird der Flugschein entweder unmittelbar im „Weichwährungsland" erworben oder in Deutschland mit einem fingierten ausländischen Abflugort ausgestellt und der für den angeblichen Abflugort gültige, günstigere Preis zugrunde gelegt.

e) Charterflugscheine unterlagen bis zur Änderung der luftfahrtrechtlichen Bestimmungen den gleichen Beschränkungen wie „IT-Flugscheine", d.h. nur die Bündelung der Flugleistung mit einer/mehreren anderen touristischen Leistung/en führte zu einem gültigen Ticket. Die Umgehung der luftfahrtrechtlichen Beschränkungen wurde über die Ausstellung von „Null-Vouchern" erreicht. Nach der Aufhebung der Beschränkungen ist der Verkauf von einzelnen Charterflugscheinen ohne Leistungsgutschein (sog. Nur-Flug) zulässig.

Die Veräußerung dieser Flugscheine an den Kunden erfolgt entweder unmittelbar über Reisebüros oder über einen oder mehrere zwischengeschaltete Tickethändler (Consolidator). Die eigentliche Beförderung kommt zwischen der Fluggesellschaft und dem Kunden zustande. Kennzeichnend ist in allen Sachverhalten, dass die Umsätze Elemente eines Eigengeschäfts (Veranstalterleistung) sowie eines Vermittlungsgeschäfts enthalten.

Als Ergebnis der Beratungen der Bund-/Länder-Arbeitsgruppe „Reiseleistungen" hat das Bundesfinanzministerium mit Schreiben vom 12.11.1997 (Az. IV C4-S7156d-4/97) zu den offenen Fragen bei der Umsatzbesteuerung des Flugscheinverkaufs durch Reisebüros und Consolidators Stellung genommen. Danach wird der Verkauf von Einzeltickets für grenzüberschreitende Flüge (Linien- oder Charterflugschein) vom Reisebüro an die Kunden als steuerfreie Vermittlungsleistung nach § 4 Nr. 5 b UStG behandelt. Gleiches gilt für die Umsätze des Consolidators, der in den Verkauf der Einzeltickets eingeschaltet worden ist. Wird dem Flugschein eine zusätzliche „Leistung" des Reisebüros oder des Consolidators ohne entsprechenden Gegenwert (z.B. Null-Voucher) hinzugefügt, handelt es sich bei dem wertlosen Leistungsgutschein um eine unentgeltliche Beigabe.

Das Reisebüro bzw. der Consolidator hat die Voraussetzungen der steuerfreien Vermittlungsleistung im einzelnen nachzuweisen. Dabei muss dem Käufer des Flugscheines deutlich werden, dass sich die angebotene Leistung auf die bloße Vermittlung der Beförderung beschränkt und die Beförderungsleistung tatsächlich von einem anderen Unternehmer (der Fluggesellschaft) erbracht wird.

Dies bedeutet, dass sowohl für grenzüberschreitende Flüge die gewährte Provision als auch bei Nettopreistickets der Regieaufschlag des Consolidators immer als steuerfreie Vermittlungsleistung nach § 4 Nr. 5 b UStG zu behandeln ist. Dies gilt für alle Mittelspersonen, also auch für Consolidators und Unteragenturen, weil das Bundesfinanzministerium in diesem Schreiben davon ausgeht, dass beim Einzelverkauf von Flugtickets in allen Fallgestaltungen ein Beförderungsvertrag zwischen dem Reisenden und der gebuchten Fluggesellschaft zustande kommt.

Die Vereinfachungsregelung kann nur dann keine Anwendung finden, wenn einer IATA-Agentur lediglich Kunden namhaft gemacht werden, der Vermittlungsauftrag aber der Hauptagentur erteilt wird.

Steht ein Ticketverkauf dagegen im Zusammenhang mit anderen Leistungen, die vom leistenden Unternehmer erbracht werden (Transfer, Unterkunft, Verpflegung etc.), liegt in der Gesamtleistung eine eigenständige Veranstaltungsleistung vor, die unter den Voraussetzungen des § 25 UStG der Margenbesteuerung unterworfen wird. Dabei kommt es nicht auf die Art des Flugscheines (Linien- oder Charterflugschein) an. Dies bedeutet, dass für Veranstalter die Ausgliederung von Linienflügen aus der Margenbesteuerung nicht mehr in Betracht kommt. Veranstalter können die Flugbeförderung ergänzend zur Landleistung vermitteln, wenn sie unter Hinweis auf den Leistungsträger gesondert fakturiert wird und ein entsprechender Hinweis erfolgt, z.B. „Wir vermitteln Linienflugtickets".

Das BMF-Schreiben legt ausdrücklich fest, dass entgegenstehende Verwaltungsanweisungen mit sofortiger Wirkung nicht mehr anzuwenden sind. Dazu zählen die Regelungen des Abschnitts 53 UStR und das BMF-Schreiben vom 26.9.1988, (Az. IV A 2-S7419-21/88) soweit in Nr. 3 eine weitergehende Rechtsansicht vertreten wurde.

2.4.2.4   Umsatzbesteuerung von Vermittlungsentgelten

Die Deutsche Lufthansa änderte zum 01.9.2004 ihr Vertriebsmodell mit den Reisebüros als IATA-Agenturen dergestalt ab, dass die Agenturen von ihr keine Provision mehr für ihre Tätigkeit erhalten. Die Leistung des Reisebüros müssen seit dem die Kunden durch Zahlung eines Vermittlungsentgeltes vergüten. Die Reisebüros sind auf Grund der neuen vertraglichen Zusammenarbeit berechtigt, Flüge für Kunden zu vermitteln. Dem Beispiel der Lufthansa sind mittlerweile fast alle Fluggesellschaften gefolgt.

Trotz intensiver Lobbyarbeit des DRV bewertete das BMF die Leistung der Reisebüros als Vermittlung für Kunden, die nach § 4 Nr. 5 Satz 2 UStG nicht steuerbefreit ist. Auch eine analoge Anwendung der Regelungen für Nettotickets im Consolidatorgeschäft (s. o. 2.4.2.3) wurde vom BMF abgelehnt.

Mit BMF-Schreiben vom 30.3.2006, Az. IV A 5 - S 7200 - 13/06, wurde festgelegt, dass das anteilige Vermittlungsentgelt für den innerdeutschen Streckenanteil bei grenzüberschreitender Flugbeförderung der Umsatzsteuer unterliegt. Danach muss ab dem 01.07.2006 der anteilige inländische Streckenanteil des Vermittlungsentgeltes beim Verkauf grenzüberschreitender Flugtickets versteuert werden.

Vom BMF werden zwei Pauschalen für den innerdeutschen Streckenanteil bei Flügen innerhalb und außerhalb der EU bestimmt. Es bleibt den Reisebüros freigestellt, den innerdeutschen Streckenanteil konkret zu berechnen.

Ab dem 01.07.2006 wird die Vermittlungsleistung von Reisebüros gegenüber Reisenden pauschal mit nachstehenden Anteilen der Besteuerung unterworfen:
- grenzüberschreitende Flüge innerhalb der EU (sog. EU-Flüge) mit 25%
- grenzüberschreitende Flüge außerhalb der EU (sog. Drittlandsflüge) mit 5%.

Die Vermittlung innerdeutscher Flüge unterliegt, wie bisher, zu 100% der Umsatzsteuer.

Nach Auffassung des BMF wird die Vermittlungsleistung eines Reisebüros an Kunden nicht erst mit der Durchführung der vermittelten Personenbeförderungsleistung erbracht, vielmehr kann im Allgemeinen auf das Buchungsdatum abgestellt werden. Vermittlungsentgelte bei grenzüberschreitenden Flügen müssen ab dem Buchungsdatum 01.7.2006 je nach Zielgebiet zu 25% oder 5% der Umsatzsteuer unterworfen werden.

Nach dem Erlass des Bayerischen Landesamtes für Steuern vom 06.11.2006 muss auch das anteilige Vermittlungsentgelt von Überflügen, die nicht in Deutschland starten oder landen, aber „ganz offensichtlich den inländischen Luftraum berühren" versteuert werden. Auch für diese Fälle kann die Pauschalierungsregelung angewendet werden.

Handelt es sich also um einen sog. EU-Überflug (= Start und Landung in einem EU-Mitgliedsstaat), wird das Entgelt mit 25% für die Vermittlungsleistung, z.B. Non-stop-Flug Rom - Kopenhagen, bzw. bei der Vermittlung von sog. Drittlandsüberflügen (= übrige Flugverbindungen) mit 5% des Entgelts für die Vermittlung, z.B. Non-stop-Flug Zürich - Kopenhagen, pauschal besteuert.

Des Weiteren stellt das Bayerische Landesamt für Steuern klar, dass Regieerträge (=Aufschlag beim Einkauf von Nettotickets) umsatzsteuerfrei bleiben. Aus Vereinfachungsgründen wird angenommen, dass insoweit eine Vermittlung für das Luftverkehrsunternehmen erfolgt. Zusätzlich erhobene vom Kunden gezahlte Vermittlungsentgelte stellen anteilig steuerpflichtige Vermittlungsleistungen gegenüber dem Kunden dar. Auf diese Entgelte kann die Pauschalierungsregelung (5%, 25%) angewendet werden.

2.4.3　Margenbesteuerung

§ 25 UStG gilt für alle Unternehmen, die Reiseleistungen an Nichtunternehmer, also an Endverbraucher im eigenen Namen erbringen, ohne Rücksicht darauf, ob dies allein Gegenstand des Unternehmens ist. Die Besonderheit der Besteuerung liegt darin, dass der Unternehmer nicht das von dem Reisenden aufgewendete Entgelt zu versteuern hat, sondern die Differenz zwischen dem Reisepreis und den in Anspruch genommenen Vorleistungen – die sog. Marge.

Die Margenbesteuerung findet keine Anwendung, soweit der Unternehmer Reiseleistungen durch Einsatz eigener Mittel erbringt. In diesem Fall gelten für die Eigenleistungen die Vorschriften der Regelbesteuerung. Als Eigenleistung kommen z.B. in Frage eigene Beförderungsmittel, eigenes Hotel, Betreuung durch angestellte Reiseleiter. Erbringt der Unternehmer sowohl Leistungen mit eigenen Mitteln als auch Reisevorleistungen, so unterliegen die Eigenleistungen der Regelbesteuerung, auf die Leistungen mit Inanspruchnahme von Reisevorleistungen findet die Margenbesteuerung Anwendung.

Soweit Reiseleistungen eines Unternehmers für das Unternehmen des Leistungsempfängers bestimmt sind, greift § 25 UStG nicht ein. Dies ist z.B. der Fall bei Kettengeschäften und bei Incentive-Reisen. In diesen Fällen erfolgt die Umsatzbesteuerung nach der Regelbesteuerung.

§ 25 UStG setzt voraus, dass der Reiseunternehmer, der Reiseleistungen im eigenen Namen an den privaten Leistungsempfänger erbringt, Reisevorleistungen in Anspruch nimmt. Reisevorleistungen sind nach der Gesetzesdefinition des § 25 Abs. 1 S. 5 UStG Lieferungen und sonstige Leistungen (z.B. Beförderung, Unterbringung) Dritter, die dem Reisenden unmittelbar zugute kommen. Keine Reisevorleistungen sind Leistungen dritter Unternehmer, die nur mittelbar dem Reisenden zugute kommen, z.B. Leistungen, die Fluggesellschaften im Falle von Flugunregelmäßigkeiten an die Passagiere erbringen (Verpflegung, Übernachtung).

Nach § 25 Abs. 3 UStG mindern die Aufwendungen für Reisevorleistungen die Bemessungsgrundlage. Für Reisevorleistungen können nach § 25 Abs. 4 UStG gesondert in Rechnung gestellte Steuerbeträge nicht als Vorsteuern abgezogen werden. Insoweit ist also der Vorsteuerabzug ausgeschlossen. Alle anderen, dem Unternehmer für Leistungen für sein Unternehmen in Rechnung gestellten Umsatzsteuerbeträge können vom Unternehmer als Vorsteuern berücksichtigt werden. Bei der Anwendung des § 25 UStG müssen daher Reisevorleistungen von Leistungen des Unternehmers abgegrenzt werden.

Keine Reisevorleistungen sondern Vermittlungsleistungen können vorliegen, wenn Linienflugtickets als Reiseleistungen eingesetzt werden. Die Linienflugtickets müssen neben dem Verkauf einer Landleistung unter Hinweis auf den Leistungsträger gesondert fakturiert werden und es muss ein entsprechender Hinweis, z.B. im Katalog („Wir vermitteln Ihnen Linienflugtickets") aufgenommen werden.

Sind die Voraussetzungen des § 25 Abs. 1 S.1 UStG gegeben, so ist die Leistung des Reiseunternehmers eine sonstige Leistung kraft Gesetzes. Erbringt der Unternehmer an einen Leistungsempfänger im Rahmen einer Reise mehrere originäre touristische Leistungen, so gelten sie als eine einheitliche sonstige Leistung. Die sonstige Leistung wird nach § 3a Abs. 1 UStG an dem Ort ausgeführt, von dem aus der Reiseveranstalter sein Unternehmen betreibt. Ein Reiseveranstalter, der sein Unternehmen im Ausland, also z.B. von der Schweiz aus führt, ist daher in der Bundesrepublik Deutschland mit der sog. Reiseleistung nicht steuerbar, wenn er die Reisen an einen deutschen Kunden verkauft.

Nach § 25 Abs. 2 UStG ist die sonstige Leistung steuerfrei, soweit die ihr zuzurechnenden Reisevorleistungen im Drittlandsgebiet bewirkt werden. Der Margenbesteuerung unterliegen daher die Reisevorleistungen, die im Gemeinschaftsgebiet erbracht werden. Das Gemeinschaftsgebiet umfasst das Gebiet der Bundesrepublik Deutschland (ohne Helgoland, Büsingen und Freihäfen) und die Gebiete der übrigen Mitgliedstaaten der Europäischen Gemeinschaft mit einigen Ausnahmen: Belgien, Bulgarien, Dänemark (ohne Grönland und die Färöer), Estland,

Finnland (ohne die Äland-Inseln), Frankreich (ohne die überseeischen Departements Guadeloupe, Guyana, Martinique und Réunion) zuzüglich des Fürstentums Monaco, Griechenland (ohne Berg Athos), Irland, Italien (ohne Livigno, Campione d'Italia, San Marino und den zum italienischen Hoheitsgebiet gehörenden Teil des Luganer Sees), Lettland, Litauen, Luxemburg, Malta, Niederlande (ohne die überseeischen Gebiete Aruba und Niederländische Antillen), Österreich, Polen, Portugal (einschließlich Madeira und Azoren), Rumänien, Schweden, Slowakische Republik, Slowenien, Spanien (einschließlich Balearen, ohne Kanarische Inseln, Ceuta und Melilla), Tschechische Republik, Ungarn, Vereinigtes Königreich und Nordirland (ohne die überseeischen Länder und Gebiete, die Selbstverwaltungsgebiete der Kanalinseln Jersey und Guernsey sowie die britischen Hoheitszonen auf Zypern, zuzüglich der Insel Man) sowie Zypern.

Gebiete, die nicht zum Gemeinschaftsgebiet gehören, werden als Drittland bezeichnet. Zum Drittlandsgebiet gehören u. a. auch Andorra, Gibraltar, Vatikan.

Eine Reiseleistung ist umsatzsteuerfrei, soweit die ihr zuzurechnenden Reisevorleistungen ausschließlich im Drittlandsgebiet erbracht werden. Zu derartigen Reisevorleistungen können insbesondere Unterkunft, Verpflegung und die Beförderung von Personen gehören.

Beispiel: Ein Reiseveranstalter bietet eine Flugreise in die USA bzw. eine Schiffskreuzfahrt in der Karibik zu einem Pauschalpreis an. Hin- und Rückreise sind in dem Preis nicht enthalten. Die in der Beförderung des Reisenden bestehenden Reisevorleistungen werden im Drittlandsgebiet erbracht. Erfolgen auch alle übrigen Reisevorleistungen im Drittlandsgebiet, ist die Reiseleistung des Veranstalters insgesamt steuerfrei.

Die einheitliche sonstige Leistung ist insgesamt umsatzsteuerpflichtig, wenn die Reisevorleistungen ausschließlich im Gemeinschaftsgebiet bewirkt werden. Zu derartigen Reisevorleistungen gehören insbesondere die Unterkunft und die Verpflegung im Gemeinschaftsgebiet.

Werden die Reisevorleistungen nur zum Teil im Drittlandsgebiet, im übrigen aber im Gemeinschaftsgebiet erbracht, so ist die Reiseleistung nur insoweit steuerfrei, als die Reisevorleistungen auf das Drittlandsgebiet entfallen. Dies gilt auch für Reisevorleistungen, die in der Beförderung von Personen mit Flugzeugen und Schiffen bestehen. Erstreckt sich somit eine Beförderung sowohl auf das Drittlandsgebiet als auch auf das Gemeinschaftsgebiet, so hat der Reiseveranstalter die gesamte Beförderungsleistung nach Maßgabe der zurückgelegten Strecken in einen auf das Drittlandsgebiet und in einen auf das Gemeinschaftsgebiet entfallenden Anteil aufzuteilen.

Beispiele: Ein Reiseveranstalter bietet eine Flugreise in die USA ab München zu einem Pauschalpreis an. Die Reiseleistung des Veranstalters ist insoweit steuerpflichtig, als die Personenbeförderung im Flugzeug (Reisevorleistung) über Gemeinschaftsgebiet führt.

Ein Reiseveranstalter bietet eine Flugreise von Köln nach Athen zu einem Pauschalpreis an. Die Reiseleistung des Veranstalters ist steuerpflichtig, da die Personenbeförderung im Flugzeug (Reisevorleistung) im Gemeinschaftsgebiet erfolgt.

Erstreckt sich eine Personenbeförderung im Luftverkehr - Reisevorleistung - sowohl auf das Drittlandsgebiet als auch auf das Gemeinschaftsgebiet, so kann der Reiseveranstalter auch eine von der Finanzverwaltung zugelassene Vereinfachungsregelung gemäß dem BMF-Schreiben vom 25.11.1993 (Az. IV C4-S7419a-47/93, BStBl. I S.957) in Anspruch nehmen:

– Liegt der Zielort der Personenbeförderung im Drittlandsgebiet, gilt die Beförderungsleistung (Reisevorleistung) insgesamt als im Drittlandsgebiet erbracht.

> **Beispiel:** Ein Reiseveranstalter bietet eine Flugreise von Düsseldorf nach den Kanarischen Inseln zu einem Pauschalpreis an. Da der Zielort der Reise im Drittlandsgebiet liegt, gilt die Beförderungsleistung insgesamt als im Drittlandsgebiet erbracht. Erfolgen auch alle übrigen Reisevorleistungen im Drittlandsgebiet, ist die Reiseleistung des Veranstalters insgesamt steuerfrei.

– Liegt der Zielort der Personenbeförderung im Gemeinschaftsgebiet, gilt die Beförderungsleistung (Reisevorleistung) insgesamt als im Gemeinschaftsgebiet erbracht.

> **Beispiel:** Ein Reiseveranstalter bietet eine Flugreise von Düsseldorf nach Athen zu einem Pauschalpreis an. Da der Zielort der Reise im Gemeinschaftsgebiet liegt, gilt die Beförderungsleistung insgesamt als im Gemeinschaftsgebiet erbracht. Erfolgen auch alle übrigen Reisevorleistungen im Gemeinschaftsgebiet, ist die Reiseleistung des Veranstalters insgesamt steuerpflichtig.

Hin- und Rückflug sind bei der Anwendung der Vereinfachungsregelung als eine Reisevorleistung anzusehen. Der Zielort bestimmt sich nach dem Hinflug. Zwischenlandungen aus flugtechnischen Gründen berühren die Anwendung der Vereinfachungsregelung nicht.

Verwendet ein Reiseveranstalter die Vereinfachungsregelung, muss er sie bei allen von ihm veranstalteten Reisen anwenden. Er kann jedoch jederzeit dazu übergehen, seine in einer Personenbeförderung bestehenden Reisevorleistungen insgesamt nach den Streckenanteilen aufzuteilen. Ermittelt der Reiseveranstalter den steuerfreien Anteil nach Streckenanteilen, kann er zur Vereinfachungsregelung nur übergehen, wenn die Ermittlung nach den Streckenanteilen nachweisbar mit unzumutbaren Schwierigkeiten verbunden ist.

Erstreckt sich eine Personenbeförderung bei Kreuzfahrten mit Schiffen im Seeverkehr sowohl auf das Drittlandsgebiet als auch auf das Gemeinschaftsgebiet, so kann der Reiseveranstalter - abweichend von der Regelung nach Streckenanteilen - von der Berücksichtigung des auf das Gemeinschaftsgebiet entfallenden Anteils der gesamten Beförderungsstrecke wegen Geringfügigkeit dieses Anteils absehen.

> • **Beispiel:** Ein Reiseveranstalter bietet eine Kreuzfahrt im Mittelmeer an, die in Genua beginnt und endet. Die in der Beförderung der Reisenden bestehenden Reisevorleistungen sind als im Drittlandsgebiet erbracht anzusehen. Die Reiseleistung des Veranstalters ist steuerfrei.

Nimmt der Reiseunternehmer bei einer Pauschalreise sowohl Vorleistungen in Anspruch, die zu einer Steuerbefreiung gemäß § 25 Abs. 2 Satz 1 UStG führen, als auch Vorleistungen, die nicht zu einer Steuerbefreiung führen, so hat er die einheitliche sonstige Leistung aufzuteilen. Die Aufteilung hat nach dem Verhältnis der steuerfreien zu den steuerpflichtigen Reisevorleistungen zu erfolgen. Im ersten Schritt werden die Reisevorleistungen bezüglich ihrer Steuerpflicht nach dem jeweiligen Leistungsort bestimmt. Anschließend ist der so ermittelte Verhältniswert auf die Bemessungsgrundlage in Form der Bruttomarge anzuwenden.

Dies hat zur Folge, dass die Reisevorleistungen des Veranstalters insoweit besteuert werden, als die Vorleistungen im Gemeinschaftsgebiet erbracht werden, und nicht besteuert werden, soweit die Vorleistungen im Drittlandsgebiet erfolgen.

Der DRV hat dem Bundesfinanzministerium Zweifelsfragen zur Umsatzbesteuerung von Reiseleistungen gemäß § 25 UStG vorgelegt. Mit Schreiben vom 7.4. 1998 (Az. IVC3 – S7419-9/98) hat es Stellung zu folgenden Problembereichen genommen: Anzahlungen auf Reiseleistungen, Reiserücktrittskostenversicherungen, Sachzuwendungen (sonstige Leistungen) an Arbeitnehmer, Vergütung an Zielgebietsagenturen (sog. Handling fee), Drittlandsleistungen im Zusammenhang mit Reiseleistungen, Abgrenzung von Eigenleistungen zu Reisevorleistungen, Reiseleitereinsatz, Zusammentreffen von Vermittlungsleistungen und Reiseleistungen, Stornogebühren/Umbuchungs- und Änderungsgebühren.

3 Versicherungen für das Reisebüro:
Betrieblicher Nutzen und persönliche Vorsorge

Rechtsanwältin Dr. jur. Irmtraud Nies, ELVIA Reiseversicherungen

3.1 Einleitung: Versicherung als Risikomanagement

Immer wieder werden Unternehmen unverschuldet und unvorbereitet von Krisen getroffen. Derartige Unternehmenskrisen sind weder an die Größe, noch an die Branche oder die Rechtsform eines Unternehmens gebunden.

Dabei können sowohl interne, als auch externe Faktoren die Ursachen sein. Die enorme Marktdynamik durch immer stärkeren Wettbewerbsdruck, die Individualisierung der Nachfrage und die zunehmende Internationalisierung sind nur einige Beispiele, denen sich gerade auch mittelständische Unternehmen – und zu denen gehören die meisten Reisebüros – heute stellen müssen. Diese Entwicklung der Unternehmensumwelt birgt Chancen, aber auch Risiken in sich. In jedem Fall haben sie zur Folge, dass die Unternehmen kaum noch Reservepotentiale aufbauen bzw. vorhalten können. Üppige „Polster", die es den Unternehmen früher erlaubt haben, Fehlentscheidungen und/oder unerwartete Marktveränderungen einfach wegzustecken, gehören heute meist der Vergangenheit an. Zu spät oder gar nicht erkannte Risiken und eine mangelhafte oder fehlende Anpassung an deren Auswirkungen führen die Unternehmen heute wesentlich schneller an ihre Grenzen als früher. Eine systematisch betriebene Vorsorge durch eine permanente Risikoerkennung und -beobachtung sowie den Aufbau und den Betrieb eines geeigneten Risikomanagementsystems sind mehr denn je eine unverzichtbare „Lebensversicherung" eines gut geführten Unternehmens.

Große Unternehmen delegieren die Verantwortung für Sicherheit auf eigene Riskmanager. Mittlere und kleinere Unternehmen haben gleichen Sicherheitsbedarf, aber oft nicht das Bewußtsein und auch nicht die Mittel, diese Sicherheit in Form eines Schutzsystems zu organisieren.

Für das Reisebüro als mittelständisches Unternehmen bietet sich jedoch die Möglichkeit, zumindest einige Risikosituationen durch entsprechenden Versicherungsschutz zu vermindern und die finanziellen Konsequenzen eines möglichen Schadens ganz oder teilweise zu kompensieren. Darüber hinaus sind im Geschäftsbetrieb eines Reisebüros gesetzliche Verpflichtungen zu beachten zur Absicherung der Zahlungsunfähigkeit bei Reiseveranstaltertätigkeit und die Verpflichtung, Reisekunden Gelegenheit zum Abschluss von Reiseversicherungen zu geben.

3.2 Das „Produkt" Versicherungsschutz

3.2.1 Begriff und Rechtsgrundlagen

Seit geraumer Zeit hat sich eingebürgert, auch Dienstleistungen als Produkte zu bezeichnen. Für das Produkt des Versicherungsbetriebes, d.h. für die Dienstleistung, die der Versicherer dem Versicherungsnehmer erbringt, hat sich die Bezeichnung Versicherungsschutz durchgesetzt. Die Risikoübernahme durch den Versicherer erfolgt mittels vertraglicher Abgabe einer bedingten Deckungszusage bzw. Zahlungsverpflichtung und deren Erfüllung/Einlösung die Schadenzahlung im Versicherungsfall. Die Juristen nennen die Deckungszusage das Verpflichtungsgeschäft und die faktische Entschädigungszahlung bzw. die Leistung im Versicherungsfall das Erfüllungsgeschäft. Ökonomisch gesehen verschafft die Deckungszusage dem Versicherungsnehmer einen Leistungsanspruch gegen den Versicherer, bei dem sich ein Risiko – zum Schadenfall – verwirklicht.

Die in der Praxis bedeutsamsten Rechtsquellen des Versicherungsrechtes sind die Allgemeinen Versicherungsbedingungen; sie sind die Allgemeinen Geschäftsbedingungen der Versicherer und unterliegen somit auch der Inhaltskontrolle des Rechts der Allgemeinen Geschäftsbedingungen, §§ 305 ff. Bürgerliches Gestzbuch/BGB. Bei etwaigen Lücken der Versicherungsbedingungen gilt automatisch das Versicherungsvertrags Gesetz /VVG – ab 1.1.2008 mit den weitreichenden Neuregelungen der Reform des VVG.

Die Allgemeinen Versicherungsbedingungen (und etwaige zusätzliche Besonderen Bedingungen, die das versicherte Risiko im Einzelnen festlegen) werden Bestandteil des Versicherungsvertrages in der bei Vertragsabschluss vereinbarten und zugrunde gelegten Fassung.

Aus dem privatrechtlichen Charakter des Versicherungsvertrages folgt weiter, dass für ihn (auch) die allgemeinen Vorschriften des Bürgerlichen Gesetzbuches/BGB (z.B. über Geschäftsfähigkeit, Anfechtung wegen Irrtum und arglistiger Täuschung, über das Zustandekommen von Verträgen) und des Handelsgesetzbuches/HGB (Kaufmannseigenschaft, Zuständigkeit der Kammer für Handelssachen) heranzuziehen sind.

In die Gewerbe Ordnung/GewO wurde am 22.5.07 das Gesetz zur Neuregelung des Versicherungsvermittlerrechts aufgenommen. Wer gewerbsmäßig den Abschluss von Versicherungen vermitteln will, bedarf seit diesem Zeitpunkt gemäß § 34 d GewO einer Erlaubnis der zuständigen Industrie- und Handelskammer/IHK sowie die Eintragung in das Vermittlerregister der IHK. Voraussetzung zur Erteilung der Erlaubnis ist der Nachweis von Sachkunde und wirtschaftlicher Zuverlässigkeit sowie der Abschluss einer Berufshaftpflichtversicherung und die Eintragung in das Vermittlerregister bei der zuständigen IHK. Nach § 34d Abs. 9 Nr. 1. GewO gelten diese Pflichten nicht für den Vertrieb von Reiseversicherungen ...

d) ... soweit „die Versicherung ... den Verlust von Gepäck oder andere Risiken im Zusammenhang mit einer bei dem Gewerbetreibenden gebuchten Reise (betrifft), einschließlich Haftpflicht- oder Unfallrisiken, sofern die Deckung zusätzlich zur Hauptversicherungsdeckung für Risiken im Zusammenhang mit dieser Reisegewährt wird,

e) die Jahresprämie einen Betrag von 500 € nicht übersteigt und

f) die Gesamtlaufzeit einschließlich etwaiger Verlängerungen nicht mehr als fünf Jahre beträgt;"

Von dieser begrenzten Ausnahmeregelung wird die Vermittlung von Reiseversicherungen unabhängig von der Buchung touristischer Leistungen vorderhand nicht erfasst. Das ist von Bedeutung z.B. bei zuvor erfolgter Buchung von Reiseleistungen über das Internet, selbstorganisierten Autoreisen, vorausgegangener Buchung der Reiseleistung bei einem anderen Unternehmen oder bei Abschluss von ,Incoming'-Versicherungen für den vorübergehenden Aufenthalt ausländischer Gäste in Deutschland. Allerdings erlaubt § 34d Abs. 9 Nr. 1d GewO unter den genannten Vorbehalten auch, „wenn ... die Versicherung eine Zusatzleistung zur ... Erbringung einer Dienstleistung darstellt und entweder das Risiko eines Defekts, eines Verlusts oder einer Beschädigung von Gütern abdeckt ...". Als Dienstleistung kann auch Reiseberatung oder Service bei der Beantragung eines Visums verstanden werden.

3.2.2   Grundregeln für den Versicherungsabschluss

Jeder Reisebüro-Unternehmer ist mit dem Schritt in die sicherlich reizvolle Selbständigkeit ein nicht zu unterschätzendes Risiko eingegangen. Ständig sind in eigener Verantwortung Entscheidungen zu treffen, die sich in ihrer Bedeutung oft erst in der Zukunft auswirken. Dies trifft auch für die Absicherung der persönlichen und betrieblichen Gefahren zu. Hierbei sollte folgendes beachtet werden:

1) Es gibt kein globales Sicherheits- bzw. Versicherungssystem. Ein solches ist weder sinnvoll noch machbar. Versicherung ist immer nur ein Teil der persönlichen und betrieblichen Sicherungsmaßnahmen. Es ist eine der wichtigsten Aufgaben der Unternehmensführung, die verschiedenen Sicherungsmaßnahmen zu gewichten und aufeinander abzustimmen. Hierbei sollte die Hilfe eines seriösen, kompetenten Versicherungsmaklers in Anspruch genommen werden, um so Zeit- und Personalaufwand für die Suche nach dem individuell passenden Versicherungsschutz zu sparen und gleichzeitig kostspielige Fehlentscheidungen zu vermeiden. Der Wegfall der Bedingungsgenehmigungen durch die staatlichen Aufsichtsbehörden hat zu einer Produktvielfalt von fast unbegrenzten Auswahlmöglichkeiten geführt. Die bisherige Überprüfung der von den Versicherern auf dem Markt angebotenen Sparten mit nahezu gleichen Inhalten durch die staatliche Versicherungsaufsicht hatte die Auswahl für den Versicherungskunden stark vereinfacht: Die Informationsbedürfnisse waren weitgehend auf die Preise beschränkt, die ein Kunde noch selbständig zu vergleichen und zu beurteilen vermochte. Die freie Gestaltung von Versicherungsschutz und Prämien verstärkt jedoch die Informationsschwierigkeiten für die große Masse der Interessenten. Es kommt hinzu, dass zur Bewertung des Versicherungsschutzes keineswegs nur die unmittelbaren Komponenten wie Risikoabdeckung und Prämie maßgeblich sind, sondern eben auch die Qualität der Geschäftsabwicklung – insbesondere im Schadenfall –, der Service und die dauerhafte Solvenz des Versicherers selbst. Dem Privatkunden wird es daher selbst kaum noch möglich sein, das Preis-Leistungs-Verhältnis richtig einzuschätzen.

2) Die Auswahl des Versicherungsschutzes sollte auf eine rationale Grundlage gestellt werden:

a) Das Merkmal der **Schadenwahrscheinlichkeit** eignet sich hierbei nicht als Kriterium für den Abschluss eines Versicherungsvertrages. Die Wahrscheinlichkeit, mit der ein Schaden eintritt, ist eine statistische bzw. durchschnittliche Größe, die sich aus einer Vielzahl gleichartiger Risiken errechnet und sich allenfalls als Maßstab für die Schadenhöhe eignet. Im Schadenfall interessiert es keinen Versicherungsnehmer, ob er im statistischen Mittel liegt oder ob er nur außergewöhnliches Pech hatte.

b) Auch auf die möglichen **Schadenursachen** kann nicht vorrangig abgestellt werden. Die Risiken des Betriebes sind so vielfältig, daß es einem Glücksspiel gleicht, nur plausibel erscheinende Ursachen zu versichern. Es steht auch „in den Sternen", ob man durch Krankheit oder Unfall stirbt, mit dem Fahrrad, dem Auto oder als Fußgänger verunglückt und dadurch dauernd arbeitsunfähig bleibt. Der Versicherungsschutz sollte daher möglichst viele relevante Ursachen erfassen, um von unkalkulierbaren Zufällen unabhängig zu werden.

c) Als entscheidendes Auswahlkriterium muss daher die wahrscheinliche **Schadenhöhe** im Mittelpunkt der Überlegungen stehen. Es ist die Frage zu stellen, ob der größtmögliche, vorstellbare Schaden selbst bezahlt werden kann. Nur was das Unternehmen finanziell überfordert, sollte versichert werden. Als Faustformel gilt: Je höher die finanziellen Folgen, desto wichtiger ist der Versicherungsabschluss („GAU-Prinzip"). Dieser Leitlinie folgend werden nachstehend die für den Reisebüroinhaber und sein Unternehmen wichtigsten Versicherungssparten skizziert.

d) Schließlich verlangt die Geschäftstätigkeit der **Reiseveranstaltung Kundengeldsicherung** gemäß § 651 k BGB. Als Reiseveranstaltung wird die Vermittlung einzelner touristischer Leistungen von der Rechtsprechung eingeschätzt, wenn das Reisebüro die Einzelleistungen auf einander abgestimmt für den Kunden auswählt, so dass im Ergebnis ein Arrangement entsteht. Dank der Buchungstechnik über die Computer-Reservierungssysteme der Touristik und der Touristik-Angebote im Internet gehört das Zusammenstellen touristischer Leistungen von unterschiedlichen Anbietern zu einem Reisearrangement zur selbstverständlichen Geschäftstätigkeit im Reisebüro. Da nach der Rechtsprechung das Reisebüro als Reiseveranstalter tätig wird, wenn es zwei oder mehr Hauptreiseleistungen zusammenfügt zu einem Arrangement und ein Gesamtpreis verlangt, besteht für diese Geschäftstätigkeit die Pflicht zur Kundengeldsicherung. Daher kann auf den Abschluss eines Rahmen-Vertrages zur Kundengeldsicherung nicht verzichtet werden. Überwiegend erfolgt die Kundengeldsicherung über Versicherungsverträge; die Abgabe von Bürgschaftserklärungen durch eine Bank bilden die Ausnahme.

3.3 Wichtige Versicherungssparten für das Reisebüro

3.3.1 Haftpflicht-Versicherungen (allgemein)

3.3.1.1 Privathaftpflicht-Versicherung

Nach den vorstehend genannten Maßstäben ist die Haftpflicht-Versicherung neben den gesetzlichen Pflichtversicherungen die bedeutsamste Versicherungssparte in der Praxis. Da die Schadenersatzansprüche Dritter der Höhe nach – mit wenigen gesetzlichen Ausnahmen – unbegrenzt sind, können sie den in Anspruch genommenen „Schädiger" finanziell ruinieren. Deshalb ist für jeden Privatmann oder Unternehmer ein Haftpflicht-Versicherungsvertrag ein absolutes „Muss". Inwieweit dieser für spezielle Risiken (Berufs- oder Betriebshaftpflicht, Tierhalter- oder Bauherrenhaftpflicht etc.) ausgestattet werden muss, sollte von der jeweils konkreten Situation abhängig gemacht und nach dem Gespräch mit einem Fachmann entschieden werden. Sofern die Vermittlung von Versicherungen im Auftrag eines autorisierten Vermittlers oder eines oder mehrerer Versicherungsunternehmen ausgeübt werden soll und die Geschäftstätigkeit ergänzend neben dem Reisevermittlungsgeschäft betrieben werden soll, verlangt § 34d Abs. 3 GewO den Abschluss einer Berufshaftpflicht-Versicherung. Dies gilt nicht, soweit Reiseversicherungen ergänzend zur Buchung von Reiseleistungen vermittelt werden; § 34d Abs. 9 GewO.

Der Schutz, den die **Privathaftpflicht-Versicherung** bietet, ist nach den Allgemeinen Haftpflicht-Bedingungen (AHB) und den Besonderen Bedingungen und Risikobeschreibungen für diese Sparte sehr weitgehend. Sie deckt in aller Regel sämtliche Haftpflichtrisiken (außer dem Gebrauch von Kraftfahrzeugen) ab, denen ein Durchschnittsbürger durch die „Gefahren des täglichen Lebens" im Privatbereich ausgesetzt sein kann. Die sich aus Beruf oder Betrieb ergebenden Haftpflichtrisiken müssen dagegen gesondert versichert werden (vgl. III B Ziff. 1–3), so dass es einer klaren Trennung zwischen Beruf- und Privatsphäre bedarf.

Eine Haftpflicht-Versicherung wehrt Ersatzforderungen des jeweils Geschädigten gegen den Versicherten ab und gleicht berechtigte Forderungen aus. Nur bei vorsätzlicher Herbeiführung eines Schadens versagt diese Deckung. Der Haftpflichtversicherer ist selbst bei „grober" Fahrlässigkeit eintrittspflichtig, soweit das im Versicherungsvertrag nicht ausdrücklich abweichend geregelt ist.

Ein Service besonderer Art wird im Rahmen der sogenannten Vorsorge-Versicherung geboten: Das während des Versicherungsjahres neu hinzukommende Haftpflicht-Risiko ist (zunächst) prämienfrei mitversichert. So ist z.B. ein neu angeschaffter Hund in der Privathaftpflicht bis zur nächsten Fälligkeit beitragsfrei eingeschlossen, erst dann wird eine zusätzliche Prämie erhoben.

Im Hinblick auf die unbegrenzte Pflicht zum Schadenersatz ist die Wahl ausreichender Versicherungssummen, auch Deckungssummen genannt, zu beachten. Es sind zwar die meisten Schadenfälle dem unteren Ende der Preisskala zuzuordnen, doch kommt es bei Personen- und Sachschäden, die üblicherweise pauschal versichert werden, leider auch zu Schäden in Millionenhöhe (Umsturz eines Tanklastzuges bei einem durch einen Radfahrer verursachten Ausweichmanöver; Brand durch Zündelei von Kindern etc.). Zu denken ist in diesem Zusammenhang auch an das geänderte Freizeitverhalten unserer Mitbewohner, verbunden mit der Tendenz zu immer risikoreicheren Beschäftigungen. Hierbei besteht ein erhebliches Haftpflicht-Risiko gegenüber Dritten. Kommt es zu einem Personenschaden, tragen die Gerichte diesem Umstand mit der Zubilligung in der Höhe steigender Schmerzensgelder Rechnung. Allein diese Aspekte lassen eine Deckungssumme von 5 Millionen DM zumindest für Personenschäden als sinnvoll erscheinen.

Viel zu wenig beachtet wird die passive Rechtsschutz-Funktion der Privathaftpflicht-Versicherung. Denn ihre Aufgabe ist nicht nur der finanzielle Ausgleich der vom Versicherungsnehmer verursachten Schäden, sondern auch die Klärung der Haftungsfrage. Wird die Haftung entsprechend der Sach- und Rechtslage verneint, so wird der Versicherungskunde auch gerichtlich vor unberechtigten Ansprüchen geschützt. Entstehende Anwalts- und Gerichtskosten werden zu Lasten der Police übernommen.

3.3.1.2   Betriebshaftpflicht-Versicherung

Während die Privathaftpflicht-Versicherung den privaten Lebensbereich erfasst, muss zur betrieblich-beruflichen Sphäre eine deutliche Abgrenzung erfolgen. Diesem allgemeinen Haftpflichtrisiko, das jeder Unternehmer aus der Unterhaltung und dem Betrieb von Büroräumen oder eines Ladengeschäftes zu tragen hat, kann durch den Abschluß einer **Betriebs-Haftpflicht-Versicherung** begegnet werden. So beinhaltet der Versicherungsschutz in dieser Sparte neben den allgemeinen Gefahren des Geschäftslebens (z.B. der Verkehrssicherungspflicht) auch

- die Haftpflichtgefahr des Inhabers selbst oder seiner Betriebsangehörigen währen ihrer dienstlichen Tätigkeiten, auf Reisen im In- und Ausland sowie die Teilnahme an Veranstaltungen im Interesse des versicherten Betriebes,

- die gesetzliche Haftpflicht des Versicherungsnehmers wegen Schäden an gemieteten Räumlichkeiten (Reisebüro),

- Haftpflichtansprüche mitversicherter Personen untereinander wegen Personenschäden, die nicht Arbeitsunfälle sind,

- die gesetzliche Haftpflicht des Versicherungsnehmers wegen Schäden aus Abhandenkommen von Sachen der Betriebsangehörigen sowie von Besuchern (ausgenommen Geld und Wertsachen), sofern keine anderweitige Versicherung hierfür besteht.

Selbstverständlich besteht die Möglichkeit, die Betriebs-Haftpflicht-Versicherung mit einer Privat-Haftpflicht zugunsten des/der Inhaber und/oder Geschäftsführer gegen eine geringe Mehrprämie zu kombinieren. Damit entfällt dann im Schadenfall jegliche Diskussion über etwaige Abgrenzungskriterien.

3.3.2   Haftpflicht-Versicherungen für den touristischen Bereich

3.3.2.1   Vermögensschadenhaftpflicht-Versicherung für Reisebüros

Die Tätigkeit der Reisebüros beinhaltet heute Risiken, die ohne ausreichenden Versicherungsschutz von einem Touristikunternehmen nicht mehr (allein) getragen werden können. Eine umfangreiche, häufig auch uneinheitliche Rechtsprechung, zahlreiche Publikationen sowie Aufklärungskampanien von Verbraucherschutz-Verbänden tragen dazu bei, dass immer mehr Reisende das „Produkt" Reise kritisch betrachten. Hierbei ist es für die Kunden selbstverständlich, gerade bei der enormen Angebotsvielfalt eine neutrale und fachkundige Beratung zu erhalten, die eine eigene Initiative und Sorgfaltspflicht für das Reisearrangement entbehrlich macht.

Einmal ist das Reisebüro als Vermittler fremder Reiseleistungen seinen Kunden gegenüber für die ordnungsgemäße Erfüllung des abgeschlossenen Geschäftsbesorgungsvertrages haftbar. Häufige Fehler treten auf bei

• der Erteilung von Reiseauskünften,

• der Ausstellung/dem Verkauf von Fahrtausweisen oder Eintrittskarten aller Art,

• dem Nachweis von Unterkünften,

• dem Unterlassen sofortiger Weiterleitung von Stornierungen an Reiseveranstalter und Leistungsträger (mit der Folge höherer Stornosätze),

• der Beschaffung der erforderlichen Reisepapiere (Visa!).

Sofern die fehlerhafte Geschäftstätigkeit zu einem (Vermögens-)Schaden des Kunden führt, ist das Reisebüro dem Risiko weitgehender Schadenersatzansprüche ausgesetzt.

Umfassenden Schutz bietet dann die **Vermögensschadenhaftpflicht-Versicherung für Reisebüros.** Im Fall des Falles prüft der Versicherer die Haftpflichtfrage, weist rechtlich unbegründete Forderungen zurück und führt – falls dies unumgänglich ist – für den Versicherungsnehmer Prozesse auf eigene Kosten. Natürlich muss beachtet werden, dass zur Erhaltung des Versicherungsschutzes eine unverzügliche Meldung des Schadensfalles unter wahrheitsgemäßer Schilderung des Sachverhaltes notwendig ist. Keinesfalls darf das Reisebüro als Versicherungsnehmer von sich aus Schadensersatzanprüche anerkennen oder gar befriedigen. Den Anweisungen des Versicherers ist bei der weiteren Behandlung des Schadenfalles Folge zu leisten.

3.3.2.2   Vermögensschaden-Haftpflichtversicherung für Reiseveranstalter

Es sollte allerdings genau beachtet werden, ob das Reisebüro im konkreten Falle tatsächlich nur und ausschließlich als Vermittler fremder Leistungen tätig wird. Bereits die Verbindung mehrerer Einzelleistungen zu einem von vornherein festgelegten Gesamtprogramm und zu einem Gesamtpreis begründet die Veranstaltereigenschaft. Dies gilt auch dann, wenn das Reisebüro derartige Angebote von an-

deren Reiseveranstaltern (auch Paketveranstaltern) aus den Computerreservie-
rungssystemen der Touristik oder aus dem Internet übernimmt. Bei diesen Voraussetzungen wird auch **Versicherungsschutz als Reiseveranstalter** benötigt.
Das Unternehmen hat dann Deckungsschutz für den Fall, daß dem Kunden aus
der mangelhaften Reiseleistung, die der Reiseveranstalter oder die von ihm einge-
schalteten Leistungsträger zu vertreten haben, ein über die bloße Vertragserfül-
lung hinausgehender Schaden entsteht.

- **Beispiel:** Reisende können infolge Streiks des Flugpersonals nicht termingerecht die Rückreise
  antreten. Versichert sind u.a. die Mehrkosten für Unterkunft, Verpflegung, Mietwagen, Ver-
  dienstausfall für ausgefallene Arbeitstage.

3.3.2.3   Haftpflicht-Versicherung für Reiseveranstalter gegen Personen- und Sachschäden

Das Reisebüro als Reiseveranstalter haftet aber auch – neben dem Leistungsträger
– für Verletzungen oder Tötungen von Reiseteilnehmern beim Absturz von Flugzeugen, für Unfälle des Gastes in der gebuchten Unterkunft sowie für jede Art von
Körperschädigung, die der Kunde durch Verschulden eines Leistungsträger (z.B.
durch Verabreichung verdorbener Speisen) erleidet. Die gleiche Haftung gilt für
Sachschäden.

- **Beispiel:** Während des Transfers vom Flughafen zum Hotel, durchgeführt mit dem Bus eines
  Leistungsträgers, kommt der Bus durch Unaufmerksamkeit des Fahrers von der Straße ab. Die
  Fahrgäste erleiden nicht nur Verletzungen, auch das mitgeführte Reisegepäck wird beschädigt.

Da die Ansprüche, die der Geschädigte gegen den Leistungsträger in solchen Fällen nach der Rechtslage hat, insbesondere im Ausland überhaupt nicht oder nur
sehr schwer realisiert werden können, wird der Kunde regelmäßig seinen eigentlichen Vertragspartner, also den Reiseveranstalter, mit seinen Forderungen kon-
frontieren. Damit ist auch dann zu rechnen, wenn das Reisebüro zwei oder mehrere Einzelleistungen dem äußeren Anschein nach nur vermittelt hat. Die Gerichte
werden die Vermittlung von zwei aufeinander abgestimmte Reiseleistung im Falle
eines Schadens eines Kunden, der von der Reiseveranstalterhaftung erfasst wird,
als ‚Reiseveranstaltung' bewerten. Dies ist ausdrücklich in § 651 a II BGB geregelt.

Besonders schwerwiegend im Zusammenhang mit eingetretenen Personenschäden können sich Regressansprüche der Sozialversicherungsträger auswirken,
die schon aufgrund der ihnen obliegenden gesetzlichen Verpflichtung eine Realisierung ihrer Leistungen gegenüber dem „Schädiger" durchsetzen.

Zur Absicherung dieser erheblichen Risiken ist eine **Haftpflicht-Versicherung
für Personen- und Sachschäden** unbedingt empfehlenswert. Der Verzicht auf
diesen unentbehrlichen Versicherungsschutz bedeutet im Ernstfall ein finanzielles
Fiasko des Unternehmens.

3.3.3   Vertrauensschaden-Versicherung

Immer wieder wird gemeldet, daß Unternehmen durch Mitarbeiter, Vertragspartner und Kunden erheblich geschädigt werden. Nicht nur große Firmen sind davon betroffen – die Praxis zeigt leider auch, daß der gleiche Trend bei mittelständischen und kleineren Betrieben festzustellen ist und dies sogar mit kaum für möglich gehaltenen Schadenssummen in Millionenhöhe. Unberücksichtigt hiervon bleiben die nicht aufgeklärten Fälle durch Betrug, Computermanipulation, Diebstahl, Unterschlagung, Untreue und Urkundenfälschung.

3.3.3.1   Betriebstreuhand-Versicherung

Gerade komplexe wirtschaftliche Aspekte, komplizierte internationale Konzernstrukturen und elektronische Vernetzungen können Straftaten durch Mitarbeiter erleichtern. Vermeintlich ausgeklügelte Kontrollsysteme, organisatorische Maßnahmen und Revisionen können zwar theoretisch die meisten Risiken ausschalten. Allerdings können derartige Kontrollen nicht unbegrenzt ausgebaut werden, da hierfür Zeit benötigt wird und die Gefahr hoher Effizienzverluste besteht. Jedes Unternehmen muß daher festlegen, bis zu welcher Höhe es das Risiko von Verlusten durch Mitarbeiterkriminalität tragen kann und will. Die darüber hinausgehenden Rest-Risiken müssen abgesichert werden. Hierfür steht eine der traditionellsten Versicherungsarten in Form einer Vertrauensschaden-Versicherung, ausgestaltet als sogenannte **„Betriebstreuhand-Versicherung"** zur Verfügung. Wesentlicher Inhalt ist der Ersatz von Vermögensschäden des Versicherungsnehmers, die von Vertrauenspersonen durch vorsätzliche Handlungen verursacht werden. Als „Vertrauenspersonen" wird der im Rahmen dieser Versicherungssparte versicherte Personenkreis bezeichnet.

Hierbei ist es wichtig, daß nicht nur vorsätzliche Handlungsweisen versicherbar sind, sondern auch dann Versicherungsschutz möglich ist, wenn der Schadenstifter – bedingt durch die Entdeckung des Schadens nach einem längeren Zeitraum – nicht (mehr) identifiziert werden kann. Der Versicherungsumfang kann sowohl pauschal für alle Betriebsangehörigen als auch je Mitarbeiter(-Gruppe) individuell bestimmt werden. Die im Vergleich mit dem bestehenden Risiko günstige Versicherungsprämie richtet sich im Normalfall nach der Höhe der Versicherungssumme und der Anzahl der Mitarbeiter.

Zur Klarstellung sei hervorgehoben, daß diese soeben beschriebene Form der Absicherung unabhängig von der unternehmerischen Ausrichtung, also sowohl für ein Reisebüro als auch für einen Reiseveranstalter konzipiert werden kann. Allerdings werden sich bei einem Reiseveranstalter die oben skizzierten Probleme wegen der betrieblichen Größenordnung und im Hinblick auf die Auslandsaktivitäten, in denen ausreichende Kontrollen nicht immer möglich und gewährleistet sind, häufiger stellen.

3.3.3.2   Vertrauensschaden-Versicherung für Firmenkunden

Die Vertrauensschaden-Versicherung bietet darüber hinaus die Möglichkeit weiterer Ausgestaltung. Aufgrund der Liberalisierung auf dem Versicherungssektor und insbesondere nach der erfolgten aufsichtsrechtlichen Freigabe der Versicherungsbedingungen sind Individualvereinbarungen mit den Versicherungsgesellschaften je nach dem Bedürfnis des einzelnen Unternehmens möglich.

So dürfte gerade für Reisebüros die **Vertrauenssschaden-Versicherung für Firmenkunden** eine interessante Versicherungsform darstellen.

- **Beispiel:** Im Zuge der zwischen Reisebüro und langjährigem Firmenkunden üblichen Auslieferung von Reiseunterlagen gegen Rechnung, verbunden mit einem Zahlungsziel, ist der Kunde plötzlich in eine finanzielle Schieflage geraten und meldet Konkurs an. Sobald die Zahlungsunfähigkeit des Firmenkunden feststeht und die Höhe des dem Reisebüro entstandenen Schadens nachgewiesen ist, wird die Leistung aus dem Versicherungsvertrag fällig.

3.3.3.3 Personenkautions-Versicherung

Eine weitere Variante der Vertrauensschaden-Versicherung ist die sogenannte **Personenkautions-Versicherung**. Als Vermittler fremder Reiseleistungen bietet das Reisebüro die Leistungen von Reiseveranstaltungsunternehmen oder auch Fluggesellschaften seinen Kunden an. Das Reisebüro ist mit diesen „Leistungserbringern" zumeist durch Agenturvertrag verbunden, der unter anderem das Inkasso der von den Reisenden zu entrichtenden Geldern zum Inhalt hat. Das Reisebüro als Agentur ist wiederum, je nach vertraglicher Ausgestaltung, verpflichtet, die kassierten Beträge an den jeweiligen Leistungsträger abzuführen. Dieser verlangt für die Absicherung des finanziellen Risikos, daß möglicherweise das Reisebüro vor Abführung der kassierten Gelder zahlungsunfähig wird, eine Zahlungsgarantie – zumeist in Form einer Bankbürgschaft. Bekanntes Beispiel hierfür sind die IATA-Bürg-schaften.

Die Höhe der Sicherheitsleistung orientiert sich nach der Höhe des Umsatzes. Mit der IATA werden entsprechende Zahlungsziele, z.B. monatlich, 14-tägig etc. vereinbart. Für das entsprechende Risiko, also den Ausfall der vertraglich zur Verfügung zu stellenden Gelder, wird eine entsprechende Bürgschaft verlangt. Diese Zahlungsgarantie kann in Form einer sogenannten Personenkautions-Versicherung erbracht werden. Bei dieser Versicherungsart schließt das Reisebüro zu Gunsten des Leistungserbringers einen Versicherungsvertrag über eine feste Versicherungssumme. Der Vorteil gegenüber einer Bankbürgschaft ist hierbei, dass keine Einschränkung in der Kreditlinie bei der Hausbank erfolgt und auch nur teilweise eine Sicherheitshinterlegung notwendig ist. Allerdings wird der Versicherer vor Abschluss des Versicherungsvertrages nicht auf eine Risikoprüfung anhand aktueller Bilanzunterlagen und sonstiger einschlägiger Auskünfte verzichten.

3.3.3.4 Vertrauensschaden-Versicherung für Reiseveranstalter

Die Darstellung dieses Versicherungszweiges wäre unvollständig ohne einen Hinweis auf die „**Vertrauensschaden-Versicherung für Reiseveranstalter**". Bei dieser Konstellation werden alle Reisebüros, mit denen der Reiseveranstalter einen Agenturvertrag unterhält, mit dem Ziel versichert, dass infolge Zahlungsunfähigkeit der einzelnen Büros die treuhänderisch vereinnahmten und verwalteten Reisepreise nicht mehr an den Veranstalter abgeführt werden (können).

Grundlage für die Bemessung der Versicherungssumme, die letztendlich die Höchsthaftung des Versicherers darstellt, ist der vom Reiseveranstalter geschätzte Forderungsausfall durch das einzelne Reisebüro. Die Versicherungsprämie wiederum richtet sich nach der Anzahl der Agenturen eines Reiseveranstalters und der Höhe der für diese gewählten Versicherungssummen. Selbstverständlich wirkt sich eine hohe Anzahl zu versichernder Agenturen prämienreduzierend aus. Im Insolvenzfall eines Reisebüros erfolgt die Schadenregulierung auf der Grundlage vertraglicher Vereinbarungen und gesetzlicher Bestimmungen. Diese sehen nach dem allgemein geltenden, selbstverständlichen Grundsatz der Schadenminderung zunächst einmal die direkte Rechtsverfolgung durch den Versicherungsnehmer (Reise-veranstalter) gegen den eigentlichen Schadenverursacher vor. Bleibt diese erfolglos, ist die Vertrauensschaden-Versicherung für den Reiseveranstalter die sichere Zahlungsgarantie.

Allerdings sind generelle Aussagen zur Prämie nur schwer möglich, da in dieser Sparte sehr individuelle Annahmerichtlinien der Versicherer bestehen. Grundsätzlich sollte die Vertrauensschaden-Versicherung mit hohen Deckungssummen und entsprechend hohen Selbstbehalten abgeschlossen werden. Sie ist kein Instrument zur Kompensation von kleineren Kassendifferenzen, sondern eine Deckung zum aktiven Risk-Management gegen Schäden, die massiven Einfluß auf die Gewinn- und Verlustrechnung haben können. So bietet die Vertrauensschaden-Versicherung – richtig eingesetzt – dem Reiseveranstalter ein gutes Instrument zur Absicherung seiner Vertriebswege.

3.3.4 Wichtige Bausteine der privaten Vorsorge

3.3.4.1 Risiko-Lebensversicherung

Nicht nur das Unternehmen selbst kann unvorbereitet von Schadenfällen betroffen werden. Schwerwiegend wirkt sich besonders in kleinen und mittleren Betrieben der vollständige oder zumindest teilweise Ausfall der Arbeitskraft des Inhabers und/oder von wichtigen Mitarbeitern aus. Durch Krankheiten und Unfälle können die persönliche Finanz- und Lebensplanung und das betriebliche Budget gehörig durcheinandergeraten. Daher ist der Abschluss einer Risiko-Lebensversicherung, ergänzt durch einen Berufsunfähigkeitsschutz, ein absolutes Muss für jeden verantwortungsbewusst Handelnden. Damit sind die Familie oder sonstige Hinterbliebene versorgt, wenn der Hauptverdiener während der Vertragslaufzeit stirbt oder vorzeitig seinem Beruf nicht mehr bzw. nur noch eingeschränkt nachgehen kann. Diese Vorsorgemaßnahme ist insbesondere in den ersten fünf Jahren der beruflichen Tätigkeit wichtig, da in diesem Zeitraum noch keine Ansprüche an die staatliche Rentenversicherung bestehen.

- **Beispiel:** Eine Musterrechnung würde (ohne Versicherungsschutz) so aussehen: Das bisherige Monatseinkommen betrug (netto) €.2.000,--, die staatliche Rentenversicherung gewährt eine Berufsunfähigkeitsrente in Höhe von ca. € 700,--, so daß eine Differenz zu dem Nettoeinkommen von € 1.300,-- verbleibt.

Diese Versorgungslücke könnte im Rahmen einer Risiko-Lebensversicherung mit gleichbleibender Versicherungssumme und einer kombinierten Berufsunfähig-

keits-Zusatzversicherung (BUZ) mit Beitragsbefreiung und Rentenzahlung geschlossen werden. Bei einer gewählten Versicherungssumme von € 75.000,-- und
einer monatlichen BUZ von € 1.300,-- werden bei einer Berufsunfähigkeit von
mindestens 50 % oder bei Pflegebedürftigkeit keine Beiträge mehr erhoben. Die
Leistungen bleiben ungekürzt in der vereinbarten Höhe, inklusive der Überschuss-
beteiligung, erhalten. Bei Pflegebedürftigkeit wird die Rente unabhängig von der
Pflegestufe in voller Höhe gewährt. Wichtig in diesem Zusammenhang ist noch,
daß im Leistungsfall die laufende Berufsunfähigkeits-Rente durch die Über-
schussbeteiligung ab dem 2. Rentenjahr jährlich um 3 % erhöht wird.

3.3.4.2   Unfall-Versicherung

Im täglichen Berufsleben besteht für ein plötzliches Unfallereignis zwar Versicherungsschutz im Rahmen der gesetzlichen Unfallversicherung, deren Leistungen
allerdings lediglich eine Grundabsicherung bietet. Alle anderen Unfälle, die sich
im häuslichen Bereich oder in der Freizeit ereignen, sind hiervon nicht umfaßt.
Der Abschluß einer **privaten** Unfallversicherung sollte daher unbedingt in Betracht gezogen werden. Sie gilt weltweit und rund um die Uhr. Sie leistet immer
unabhängig von den Zahlungen anderer Kostenträger, wie z.B. der gesetzlichen
Sozialversicherung, einer privaten Krankenversicherung oder Schadenersatzzah-
lungen aus einer Haftpflicht-Versicherung. Als Vorsorgemaßnahme hilft sie, zumindest die finanziellen Folgen eines Unfalles, die die materielle Lebensgrundla-
ge gefährden können, abzumildern.

Wie wichtig allerdings die genaue Kenntnis des Versicherungsumfanges gerade für „Oft-Reisende" der Touristikwirtschaft sein kann, zeigt ein kurzer Blick in
die für diese Sparte maßgeblichen Versicherungsbedingungen. Dort heißt es z.B.
einschränkend in dem „Kleingedruckten", dass „nicht unter den Versicherungsschutz fallen Unfälle, die unmittelbar oder mittelbar durch Kriegs- oder Bürger-
kriegsereignisse verursacht sind sowie Gesundheitsbeschädigungen durch Infekti-
onen". Auch wird im Falle einer Invalidität nach einer „Gliedertaxe" abgerechnet,
die oft nur einen Bruchteil der Versicherungssumme ausmacht. Glaubt sich der
Versicherungsnehmer gut abgesichert, wenn er im Rahmen einer Unfall-
Versicherung das Invaliditätsrisiko mit € 100.000,- abgeschlossen hat, so erhält er
tatsächlich im Ernstfall bei Verlust eines Auges nur die Hälfte dieser Versicherungssumme, bei dauernder Beeinträchtigung des Armes z.B. werden nur
€ 60.000,- gezahlt, ohne daß sonstige zusätzliche Leistungen für notwendige Aufwendungen, etwa für behinderungsbedingte Umbauten im häuslichen Bereich,
erbracht werden.

Es ist offensichtlich, dass dies gerade für Touristiker keine brauchbare Vorsorgemaßnahme darstellt. Einkäufer, Reiseleiter oder Teilnehmer von Incentive-
Reisen können überall auf der Welt, selbst in Europa, mit Krieg oder Infektionskrankheiten konfrontiert werden. Der Vielreisende der Touristik-Branche sollte
daher auf einer Unfall-Versicherung mit „Extra-Schutz" bestehen. Neben den
normalen Risiken einer Unfall-Versicherung werden zusätzlich abgedeckt bzw.
eingeschlossen das passive Kriegsrisiko, Kosten für Such-, Rettungs- oder Ber-
gungseinsätze, ein einmaliger Pflegekostenzuschuß von bis zu € 1.500,- nach einem 14-tägigen Krankenhausaufenthalt im Ausland und – vor allem! – erfolgt
eine Erhöhung sämtlicher Leistungen um bis zu 100 % bei einem Unfall eines

Transportmittels. Gegen einen geringen Prämienaufschlag ist auch der Einschluß von Infektionskrankheiten (Cholera, Dreitage-, Fleck- oder Gelbfieber, Malaria etc.) möglich.

Damit steht ein weltweiter Versicherungsschutz – rund um die Uhr – gegen die Folgen beruflicher und privater Unfälle zur Verfügung, der sich ganz den individuellen Bedürfnissen anpasst. Selbstverständlich kann dieser Versicherungsschutz auch für den Ehegatten/Lebensgefährten oder die Mitarbeiter des Unternehmens beantragt und ausgedehnt werden. Letzteres ist in der Form eines sogenannten Gruppenvertrages möglich, bei dem der Firmeninhaber zugunsten seiner Betriebsangehörigen den Vertrag abschließt und die Zahlung der Prämie übernimmt. Hierbei kann wiederum vereinbart werden, daß der versicherte Personenkreis mit unterschiedlichen Versicherungssummen ausgestattet wird, um so ggf. der Art der Beschäftigung (vielfache Außendiensttätigkeit?), der Funktion des Mitarbeiters im Unternehmen und der Dauer seiner Betriebszugehörigkeit Rechnung zu tragen. Eine derart sozial betonte Vorsorge ist sicherlich auch geeignet, Mitarbeiter längerfristig an das Unternehmen zu binden und so die – gerade in der Touristikwirtschaft – häufig zu beobachtende Fluktuation zu reduzieren.

3.3.5 Reise-Versicherungen: Serviceangebot und Provisionsmehrung

Die Vermittlung von Reiseversicherungen im Zusammenhang mit dem Vertrieb von Reisen gehört als selbstverständlicher Bestandteil zu einer guten Beratung im Reisebüro. Die Reiseveranstalter sind sogar gesetzlich verpflichtet, den Reisenden Gelegenheit zum Abschluss einer Reise-Rücktrittskosten-Versicherung oder einer Versicherung zur Deckung von Rückführungskosten bei Unfall oder Krankheit zu geben. Dies bestimmt ausdrücklich die Informationsverordnung zum Reisevertragsrecht in § 6 Abs. 3 Nr. 9. Die Regelung wurde wortgleich aus den Bestimmungen der betreffenden EU-Richtlinie übernommen. Daher entspricht der Inhalt nicht den Marktgegebenheiten in Deutschland. Im Rahmen vorsorgender Beratung der Reisekunden sollte im Reisebüro stets für alle Reiserisiken Versicherungen angeboten werden.

Mit der Buchung einer Reise, also mit dem Abschluss eines Reisevertrages, tragen die Kunden das Risiko, im Falle der Stornierung einen hohen Betrag als Stornokosten zu schulden, obgleich sie an der Reise nicht teilnehmen können. Das Risiko der Stornokosten bei einer Reiseabsage wegen Tod, schwerer Unfallverletzung, unerwarteter schwerer Erkrankung und einer Reihe weiterer einzeln aufgezählter wichtiger Gründe, kann mit der Reiserücktrittskosten-Versicherung abgedeckt werden. Muss der Kunde die Reise aus einem solchen Grund abbrechen, so werden aus der Reiseabbruch-Versicherung der anteilige Reisepreis für nicht genutzte Leistungen und zusätzliche Rückreisekosten ersetzt.

Die Gefahren schwerer Unfallverletzung oder akut auftretender Krankheit während der Reise im Ausland verlangen eine Absicherung notwendiger Krankenbehandlungskosten im Ausland über den Schutz der Gesetzlichen Kranken-Versicherungen/GKV hinaus. Auch bei ausreichender medizinische Versorgung im Reiseland, möchte in der Regel jeder Patient nach einer ersten ärztlichen Versorgung im Reiseland so schnell wie möglich in sein Heimatland in die gewohnte

Umgebung und in die Nähe seiner Angehörigen zurückkehren. Aus eigener Kraft ist das nicht zu schaffen. Zur Vorbereitung eines Krankenrücktransportes sind gesundheitliche Fragen zu klären und es muss eine geeignete – möglichst auch kostengünstige – Möglichkeit zum Rücktransport gefunden werden. Diese Sorge übernimmt eine Versicherung für Beistandsleistungen – auch Assistance-, Notruf- oder Schutzbrief-Versicherung genannt.

Sorgfältige Beratung bedenkt darüber hinaus die Risiken des Gepäckverlustes (Reisegepäck-Versicherung) sowie die Reiseunfall-Versicherung und die Reise-Haftpflichtversicherung. Bei Anmietung von Fahrzeugen im Ausland, insbesondere Nordamerika sollte der Abschluss einer Zusatz-Haftpflicht-Versicherung für Mietwagen bedacht werden. Für Selbstfahrer, die das Reisebüro z.B. zur Buchung einer Fährpassage für das Fahrzeug und die Familie aufsuchen, ist der Abschluss einer Autoschutzbrief-und Fähr-Versicherung ratsam.

Seit dem 22.05.2007 gelten für die Vermittlung von Versicherungen gesetzliche Regelungen. Als Voraussetzung für die vollberufliche Tätigkeit als Versicherungsvermittler verlangt § 34 GewO eine Erlaubnis durch die Industrie- und Handelskammer. Diese Erlaubnis wird nur erteilt, wenn zuvor in einer Prüfung vor der IHK umfassende Sachkunde nachgewiesen ist, die betreffende Person im Versicherungsvermittlerregister bei der IHK eingetragen ist und der Abschluss einer Berufshaftpflicht-Versicherung nachgewiesen wird.

Für die nebenberufliche Vermittlung von Reiseversicherungen im Reisebüro im Zusammenhang mit einer Reisebuchung gelten diese Regelungen nicht. Unter § 34d Abs. 9 GewO ist geregelt, dass für die Vermittlung von Reiseversicherungen im Zusammenhang mit einer Reisebuchung weder eine Erlaubnis noch einer ausdrücklichen Befreiung von einer Erlaubnis durch die IHK erforderlich ist. Einschränkungen gelten für Versicherungsverträge bei welchen die Jahresprämie mehr als € 500,00 beträgt sowie für Versicherungsverträge, welche die Laufzeit von fünf Jahren überschreiten – Verlängerungen eingerechnet.

Für die Vermittlung von Reiseversicherungen ohne gleichzeitige Buchung einer touristischen Leistung gelten diese Ausnahmen nach dem Wortlaut des Gesetzes allerdings nicht. Die Vermittlung von Reiseversicherungen sollte daher grundsätzlich als ,Nebenleistung', begleitend zu einer touristischen Leistung – Buchung, Reiseberatung, Beschaffung eines Visum – erfolgen. Praktische Bedeutung hat dies bei der Vermittlung von Versicherungen für einreisende Gäste (Incoming) und bei der Vermittlung von Reiseversicherungen für eine bereits bestehende Buchung. Es liegt auf der Hand, dass Kunden, die ihre Reise selbst organisiert haben oder Kunden, die erst unmittelbar vor dem bereits gebuchten Abflug an eine Absicherung der Reiserisiken denken, ebenfalls ein Interesse an einem unkomplizierten Vertragsabschluss haben.

Beratung zu den Reiseversicherungen ist nicht nur selbstverständlicher Service im Rahmen der Reiseberatung sondern auch eine gesetzliche Verpflichtung. Im Regelfall kann sich die Beratung im Reisebüro darauf beschränken, den Wunsch zum Abschluss von Reiseversicherungen als selbstverständliche Ergänzung zur Buchung aufzunehmen und den Kunden zugleich das Informationsmaterial und insbesondere die Allgemeinen Versicherungsbedingungen an den Kunden auszuhändigen. Jeder Mitarbeiter eines Reiseunternehmens, der mit dem Vertrieb von Reiseversicherungen zu tun hat, benötigt dazu Grundkenntnisse über Art und Umfang der wichtigsten Versicherungsprodukte. Das bereitgestellte Informationsmaterial der Versicherungsunternehmen mit den Produktinformationsblättern enthält ein Mindestmaß an Grundinformationen, welche den Mitarbeitern geläufig sein sollten. Sofern Kunden dies wünschen, können die Reisebüromitarbeiter über die Internetseiten des Reiseversicherers Vordrucke für Beratungsprotokolle abrufen, die sodann in der Beratung mit dem Kunden ausgefüllt werden können zur Aushändigung an den Kunden.

Der Verkauf von Reiseversicherungen ist eine gesetzliche Verpflichtung und bietet darüber hinaus eine gute Möglichkeit, die Rendite des Reisebüros nachhaltig zu verbessern. Die Provision der Versicherer für den Vertrieb der Reiseversicherungen gemäß §§ 84 ff. des Handelsgesetzbuches beträgt üblicherweise zwischen 15 % und 30 % der Prämie. Besonders günstig stellt sich der Verkauf von sog. Versicherungspaketen dar, die mehrere Versicherungssparten umfassen. Das bereitgestellte Informations- und Policenmaterial des Versicherers, das dem Kunden ausgehändigt wird, erspart es im Reisebüro die Einzelheiten des Deckungsumfangs und der Versicherungsbedingungen zu erläutern.

Der günstigste Zeitpunkt zur Vermittlung der Reiseversicherungen ist das Beratungs- und Vermittlungsgespräch bei der Buchung. In dieser Situation kann dem Kunden die Notwendigkeit einer Absicherung der verschiedenen Risiken am besten dargestellt werden und die Vermittlung der Reiseversicherungen im Zusammenhang mit der Buchung entspricht auch der gesetzlichen Vorgabe nach § 34d Abs. 9 GewO. Die wichtigsten Versicherungssparten im einzelnen:

3.3.5.1 Reise-Rücktrittskosten-Versicherung

Der Reiseveranstalter darf von den Kunden bei Rücktritt vom Reisevertrag Stornokosten verlangen als „angemessene Entschädigung" für Aufwendungen zur Vorbereitung der Reise und entgangenen Gewinn.

Die Reise-Rücktrittskosten-Versicherung erfasst das Risiko der vertraglich geschuldeten Stornokosten aus dem gebuchten und versicherten Reisearrangement bei Absage der Reiseteilnahme. Mit der Reisebuchung (Reiseanmeldung und Buchungsbestätigung) schließt der Kunde mit dem Reiseveranstalter einen Reisevertrag. Dort werden neben den Reiseleistungen, die der Kunde bucht, auch allgemeine Reisebedingungen vereinbart. Zu den wichtigsten Bestimmungen der Allgemeinen Geschäftsbedingungen der Reiseveranstalter (Reise-AGB) zählen die Regeln zur Haftungsbegrenzung und zu der Berechnung der Stornokosten. Das Reisevertragsrecht, § 651 i BGB, erlaubt den Reiseveranstaltern, für den Fall der Stornierung der Reisebuchung durch den Kunden die Vereinbarung sogenannter Stornostaffeln. Nach den Prozentsätzen und der Zeitstaffelung der Stornostaffel berechnet der Reiseveranstalter die Stornokosten bei Rücktritt eines Kunden vom Reisevertrag. Je kürzer die Zeitspanne ist zwischen der Reiseabsage und dem gebuchten Reisetermin, umso höher fallen die Stornokosten aus. Wird mit dem Reisevertrag keine Stornostaffel vereinbart, so kann der Reiseveranstalter im Falle der Reiseabsage durch den Kunden den Reisepreis abzüglich der Beträge verlangen, der durch anderweitigen Verkauf des Vertrages oder durch geringeren Kostenaufwand einspart.

Der Kunde kann von der Reisebuchung jederzeit, ohne Angabe von Gründen und ohne Einhaltung einer Form zurücktreten. Der Rücktritt vom Reisevertrag kann also schriftlich, telefonisch, per Fax oder E-Mail erklärt werden. Der Kunde kann schließlich nicht dazu gezwungen werden, eine Reise anzutreten.

Das Reisebüro hat gemäß § 87 a HGB gegenüber dem Reiseveranstalter oder Leistungsträger als Handelsherrn einen Provisionsanspruch wenn der Kunde die Reise angetreten hat. Darüber hinaus haben die Reiseveranstalter auch im Stornofall – wenn das Geschäft nicht zur Ausführung kommt weil der Kunde die Buchung vor Reiseantritt storniert - eine anteilige Provision gezahlt. Nachdem zunächst die Airlines und vereinzelt auch Reiseveranstalter an die Reisebüros für die Vermittlung einer Reisebuchung keine Provision oder nur geringe Provisionssätze zahlen, ist das Reisebüro darauf angewiesen, vom Kunden ein Serviceentgelt für die Vermittlungstätigkeit zu verlangen.

Das Reisebüro muss bei der Vermittlung und bei der Buchung darauf achten, dem Kunden schon vor der Buchung mitzuteilen, nach welchen Regeln und in welcher Höhe bei einer Buchung und im Falle der Stornierung Serviceentgelt für die Dienstleistung des Reisebüros geschuldet ist. Die Vereinbarung mit dem Kunden über das Serviceentgelt für die Tätigkeit des Reisebüros zu Beginn der Beratung und der Vermittlung, spätestens bei der Buchung ist Voraussetzung dafür, dass das Reisebüro dieses Entgelt tatsächlich vom Kunden verlangen kann. Unzulässig ist die Berechnung von Serviceentgelt oder der Einbehalt von Erstattungen eines Leistungsträgers (Airline) im Stornofall, wenn bei der Buchung keine entsprechende Vereinbarung mit dem Kunden getroffen worden war. Das Serviceentgelt des Reisebüros kann mit der Reise-Rücktrittskosten-Versicherung versichert werden, soweit es sich um ein angemessenes Entgelt für die Dienstleistung des Reisebüros handelt und es bei der Buchung bereits vereinbart wurde. In welchem Umfang der Reiseversicherer das Serviceentgelt des Reisevermittlers als Stornokosten erstattet, wird in den jeweiligen Allgemeinen Versicherungsbedingungen der Reise-Rücktrittskosten-Versicherung festgelegt.

Die Reise-Rücktrittskosten-Versicherung erstattet die Stornokosten des Reiseveranstalters – und ggf. des Reisebüros – nur in den einzeln in den Versicherungsbedingungen genannten Fällen. Zu den wichtigsten versicherten Ereignissen zählen Tod, schwere Unfallverletzung und unerwartete schwere Erkrankung. Die Versicherungsbedingungen der Reiseversicherer nennen weitere versicherte Ereignisse, z.B. Impfunverträglichkeit, Schwangerschaft und Schaden am Eigentum der versicherten Person durch Feuer oder eine vorsätzliche Straftat eines Dritten. Die Aufzählung der versicherten Ereignisse kann sich in den einzelnen Versicherungsbedingungen der verschiedenen Anbieter von Reiseversicherungen unterscheiden. Die Ereignisse Tod, schwere Unfallverletzung und unerwartete schwere Erkrankung sind jedoch stets versichert.

In den Versicherungsbedingungen werden außerdem die „Risikopersonen" genannt. Zu den Risikopersonen zählen die nahen Angehörigen und mitversicherte mitreisende Personen bei gemeinsamer Buchung von bis zu vier Personen. Wird eine dieser Risikopersonen von einem der aufgezählten versicherten Ereignisse betroffen, so tritt der Versicherer bei einer Reiseabsage aus diesem Anlass für die Stornokosten ein, wenn der Eintritt des versicherten Ereignisses die Ursache für die Reiseabsage war.

Wichtig ist, dass der Kunde die Buchung „unverzüglich" storniert, wenn ein solches versichertes Ereignis eingetreten ist und die Reiseteilnahme dadurch unzumutbar wird. Wird die Stornierung hinausgezögert und entstehen durch kurzfristige Stornierung vor dem Reisetermin höhere Stornokosten, wird der Versicherer den Betrag ersetzen, der bei sofortiger Stornierung berechnet worden wäre. Zwar muss mit der Schadenmeldung beim Versicherer stets ein Nachweis für das versicherte Ereignis eingereicht werden – dies ist im Falle von Krankheit stets ein ärztliches Attest. Die Versicherungsbedingungen der Reiseversicherer verlangen jedoch die unverzügliche Reiseabsage bei Eintritt des Ereignisses um höhere Stornokosten zu vermeiden. Wird ein Kunde z.B. wegen eines gesundheitlichen Zusammenbruchs oder einer Unfallverletzung in stationäre Behandlung aufgenommen, so ist an diesem Tag oder am nächsten Tag zu stornieren. Das ärztliche Attest kann danach angefordert werden.

Der Versicherungsschutz der Reise-Rücktrittskosten-Versicherung endet grundsätzlich mit dem Reiseantritt. In der Reise-Rücktrittskosten-Versicherung spricht man vom Reiseantritt, wenn der Kunde eine der gebuchten und versicherten Reiseleistungen in Anspruch nimmt. Bei Flugreisen stellt das Einchecken den Reiseantritt dar. Muss der Kunde etwa wegen eines Herzinfarktes oder einer Ohnmacht nach dem Einchecken das Gate wieder verlassen, kann er von der Reise-Rücktrittskosten-Versicherung keine Leistung erwarten. Daher ist es wichtig, zusammen mit der Reise-Rücktrittskosten-Versicherung stets auch die Reiseabbruch-Versicherung zu vermitteln. Kann eine versicherte Person die gebuchte Reise, z.B. durch unerwartete schwere Erkrankung oder schwere Unfallverletzung, nicht planmäßig zu Ende führen, so erstattet der Reiseversicherer zusätzliche Rückreisekosten bei außerplanmäßiger Rückreise, den anteiligen Reisepreis für nicht genutzte Leistungen vor Ort. Die Versicherungsbedingungen der einzelnen Reiseversicherer enthalten darüber hinaus noch weitere Leistungen, z.B. bei krankheitsbedingter notwendiger Nachreise bei Gruppenreisen diese zusätzlichen Nachreisekosten oder die zusätzlichen Kosten eines Hotelaufenthaltes, wenn die mitreisende versicherte Person wegen schwerer Krankheit im Reiseland in stationärer Behandlung bleiben muss.

3.3.5.2 Reise-Kranken-Versicherung

Versicherungsschutz für die Kosten notwendiger Krankenbehandlung im Ausland ist unerlässlicher Bestandteil der Beratung im Reisebüro. Die Europäische Krankenversichererkarte der Gesetzlichen Krankenversicherer/GKV bietet in den Ländern der EU und in Ländern, mit denen Deutschland ein Sozialversicherungsabkommen geschlossen hat, Versicherungsschutz nach dem jeweiligen Standard des Landes. Auf diese Krankenbehandlungskarte können sich die Patienten nur in bestimmten Krankenhäusern behandeln lassen. In privat geführten Krankenhäusern wird die Karte nur gelegentlich akzeptiert zur Verrechnung auf die Privatbehandlungskosten. Auch bei der Notwendigkeit ambulanter Krankenbehandlung können sich die Patienten nicht darauf verlassen, dass der Arzt die Krankenbehandlungskarte akzeptiert und danach mit der gesetzlichen Krankenkasse abrechnet. Dies heißt, dass es für die Mitglieder der gesetzlichen Krankenversicherungen unerlässlich ist, für Auslandsreisen zusätzlich eine Auslandsreise-Krankenversicherung zu vereinbaren.

Die Privaten Krankenversicherer/PKV bieten in der Regel Versicherungsschutz für notwendige Heilbehandlungskosten im Ausland. Dennoch ist es auch für die Versicherten einer PKV ratsam, zusätzlich eine Auslandsreise-Krankenversicherung bei einer Reiseversicherung zu vereinbaren. Dies gilt in gleicher Weise für Mitglieder der GKV, die bei einer PKV eine Zusatzversicherung für Auslandsreisen vereinbart haben. Der Versicherungsschutz für die Kosten eines Krankenrücktransportes ist die wichtigste Leistung neben dem Versicherungsschutz für die Kosten der im Ausland notwendigen ärztlichen Behandlung. Die Reiseversicherer übernehmen die Kosten eines Krankenrücktransportes wenn ein ärztlich angeordneter Krankenrücktransport **medizinisch sinnvoll und vertretbar** ist. Dagegen sagen die PKV die Übernahme der Kosten für einen Krankenrücktransport zu, wenn dies **medizinisch notwendig** ist. Dies bedeutet, dass die Versicherte der PKV keinen Versicherungsschutz für die Kosten eines Rücktransportes aus den Europäischen Nachbarländern erwarten können, da in diesen Ländern keine medizinische Unterversorgung besteht. Die Versicherten der Reise-Krankenversicherungen können dagegen die Übernahme der Kosten auch bei ausreichender oder guter medizinischer Versorgung im Reiseland erwarten.

Keinen Versicherungsschutz bieten die Auslandsreise-Krankenver-sicherungen für die Kosten von Heilbehandlungen und anderen ärztlich angeordneten Maßnahmen, die ein Anlass für die Reise sind sowie für Heilbehandlungen und andere ärztlich angeordnete Maßnahmen, deren Notwendigkeit der versicherten Personen vor Reiseantritt oder zur Zeit des Versicherungsabschlusses bekannt war oder mit denen sie nach den ihr bekannten Umständen rechnen mussten. Patienten, die ständig medizinische Betreuung benötigen – z.B. Dialysepatienten – müssen zunächst klären, ob die medizinische Versorgung während der Reise gewährleistet ist. Darüber hinaus sollten sie mit ihrem Krankenversicherer (GKV oder PKV) klären, ob die Kosten einer ärztlichen Behandlung während der Reise im Ausland in voller Höhe erstattet werden. Wer krank ist oder nach einer Operation, Verletzung oder Krankheit nicht vollständig ausgeheilt ist, kann im Rahmen der Auslandsreise-Krankenversicherung Kostenerstattung allenfalls für die Behandlung einer unerwarteten akuten Krankheitsphase erwarten. Keinen Versicherungsschutz bieten die Reiseversicherer im übrigen für pflegerische und Wellness-Behandlungen sowie für Behandlungen, die aufgrund von Alkohol- und Drogenkonsum notwendig werden.

3.3.5.3 Versicherung von Beistandsleistungen auf Reisen und Rücktransportkosten – Assistance-Versicherung

Während mit der Auslandsreise-Krankenversicherung jeweils die Kosten für ärztliche Behandlung sowie für den Krankenrücktransport abgesichert werden können, bietet die Versicherung von Beistandsleistungen (Reisenotruf-, Schutzbrief-, Assistance-Versicherung genannt) praktische Hilfe und Dienstleistung im Falle von Krankheit oder Unfallverletzung. Auf solche Hilfeleistung sind die Reisenden angewiesen. Der medizinische und organisatorische Dienst der Assistance-Versichung stellt zwischen der erkrankten Person, den behandelnden Ärzten vor Ort im Reiseland und den Hausärzten Kontakte her und klärt mit den behandelnden Ärzten vor Ort, welche ärztlichen Maßnahmen vor Ort im Reiseland notwendig sind. Auf diese Weise bleiben der erkrankten Person überflüssige oder gar schädliche Behandlungen im Reiseland erspart. Überdies können Kosten für unnötige Leistungen vermieden werden. Besonders wichtig ist bei stationärer Krankenhausbehandlung die Kostenübernahmeerklärung des Versicherers: Der Versicherer sagt dem Krankenhaus die Übernahme der Kosten zu und rechnet die Kosten sodann unmittelbar mit dem Krankenhausträger ab. Dies entlastet die Versicherten von der finanziellen Sorge der Finanzierung der notwendigen Krankenbehandlung im Reiseland. Außerdem werden die Versicherten vor überhöhten Kostenberechnungen der Krankenhausträger im Reiseland geschützt.

Der medizinische Dienst der Versicherer organisiert den Krankenrücktransport nach Absprache mit den behandelnden Ärzten vor Ort mit medizinisch adäquaten Mitteln, sobald dies sinnvoll und vertretbar ist. Aufgrund der Erfahrung der medizinischen Dienste der Versicherer kann das bestgeeignete Transportmittel eingesetzt werden. Bei Bedarf wird ein Ambulanzflug arrangiert oder die Patienten werden von einem Arzt des medizinischen Dienstes des Versicherers abgeholt und während des Rücktransports begleitet. Bei ernster Erkrankung oder Unfallverletzung eines versicherten Reisenden übernimmt der medizinische Dienst nach einem ersten Notruf der Reiseleitung, eines Mitreisenden oder des Patienten die Betreuung der verletzten Person. Dies kommt allem voran der verletzten Person zugute. Zugleich wird auch der Reiseveranstalter und die Reiseleitung vor Ort von der Fürsorgepflicht für die verletzte oder erkrankte Reiseteilnehmer entlastet.

Als weitere Dienstleistung der Versicherung für Beistandsleistungen werden unterstützende Maßnahmen bei Strafverfolgung im Ausland angeboten, z.B. durch Vermittlung eines Verteidigers und Verauslagung einer Kautionszahlung.

Kommen Reisepapiere oder Kreditkarten abhanden, unterstützt die Notrufzentrale des Versicherers bei der Sperrung der Kreditkarten und bei der Bewältigung sonstiger organisatorischer Probleme.

3.3.5.4 Reisegepäck-Versicherung

Die Reisegepäck-Versicherung bietet Versicherungsschutz für sämtliche Sachen des persönlichen Reisebedarfs die auf der Reise mitgeführt werden. Bei der Definition des Begriffs „Reisebedarf" sind dem Reisenden weite Grenzen gesetzt. Entscheidend ist, was er entsprechend seiner persönlichen Reiseplanung benötigt sowie unterwegs erworbene Geschenke und Reiseandenken. Die gewählte Versicherungssumme sollte jedoch dem (Neu-)Wert der mitgeführten Sachen entsprechen, um im Schadenfall eine Unterversicherung zu vermeiden.

So lange das Reisegepäck zur Beförderung, z.B. bei der Bahn, bei der Fluggesellschaft, dem Busunternehmen etc. aufgegeben ist, besteht Versicherungsschutz gegen jede nur denkbare Art von Beschädigung oder Verlust. Wird Reisegepäck verspätet ausgeliefert und werden hierfür Ersatzbeschaffungen notwendig, wird Entschädigung bis zu dem jeweils festgelegten Betrag geleistet.

Besonderheiten bestehen für den Versicherungsschutz von Wertsachen (z.B. Schmuck, Foto- und Film- sowie Videoausrüstungen). Die Versicherungsbedingungen bestimmen in diesem Fall, dass diesen besonders wertvollen Gegenständen größere Aufmerksamkeit geschenkt werden muss als dem üblichen Reisegepäck und sehen zum Teil besondere Verwahrungsarten vor. Nicht versichert sind zumeist Geld, Wertpapiere und Fahrkarten, Urkunden und Dokumente aller Art, Kontaktlinsen und Prothesen. Bei Reisen mit Auto ist das Reisegepäck über Nacht in der Unterkunft oder in einer abgeschlossenen Garage in Sicherheit zu bringen.

3.3.5.5   Krisenmanagement für das Reisebüro

In den vergangenen Jahren wurde die Touristik wiederholt von schweren Unglücken betroffen ohne dass das jeweilige Reiseunternehmen dafür eine Verantwortung zu tragen hatte. Die Berichte über Busunglücke, die von einem anderen Verkehrsteilnehmer verursacht worden waren, über den Absturz der ,Concorde' oder über die Tsunami Katastrophe sind eindringlich in Erinnerung. Bei einem solchen Unglück beobachten die Medien mit großer Aufmerksamkeit das Krisenmanagement des Reiseunternehmens dessen Gäste davon betroffen werden. Die Qualität des Reiseunternehmens – oder des Reisebüros – wird daran gemessen, in welcher Weise das Unternehmen für die betroffenen Reisenden sorgt und in welcher Weise es sich gegenüber den Medien darstellt. Professionelles Krisenmanagement kann von kleineren und mittleren Reisebüro- oder Reiseunternehmen schlechterdings nicht aus eigener Kraft aufgebaut werden. Daher bieten einige Reiseversicherer die Dienste der Assistance Zentralen zur Unterstützung bei der Bewältigung von Krisensituationen an. Dies betrifft neben der Organisation der Rückholung von Reisenden aus einem Krisengebiet auch die Unterstützung des Reiseunternehmens bei der Information und Verständigung mit Angehörigen durch Einrichtung eines Call-Center sowie den Auftritt gegenüber den Medien etwa in einer Pressekonferenz. Die Prämien, die für die Krisenvorsorge zu entrichten sind, können bei Eintritt eines Unglücks das Reisebürounternehmen vor dem wirtschaftlichen Ruin retten.

Die Kosten der Dienstleistungen des Versicherers zugunsten der einzelnen betroffenen Reiseteilnehmer werden von der Versicherung des Reiseunternehmens für das Krisenmanagement nicht erfasst. Insbesondere bietet diese Versicherung keinen Deckungsschutz für die Rücktransportkosten der betroffenen Reisenden. Der Abschluss der Reisekranken- und Reisenotruf-Versicherung sowie der Reiserücktrittskosten- mit Reiseabbruch-Versicherung für alle Reiseteilnehmer liegt daher vorrangig auch im geschäftlichen Interesse des Reisebüros. So kann das Reisebüro im Krisenfall eine Auseinandersetzung mit Kunden darüber vermeiden, welches Unternehmen zusätzliche Kosten für notwendige Krankenbehandlung im Ausland und Rücktransport im Krisenfall zu tragen hat.

3.4   Schlussbemerkung

Dieser Beitrag kann nur einen allgemeinen Überblick über die Versicherungen bieten, die für den geschäftlichen Alltag im Reisebüro wesentlich sind. Die Mitarbeiter im Reisebüro sollten sich darüber hinaus eingehende Kenntnisse, insbesondere von der Reiseveranstalter-Haftpflicht-Versicherung, der Pflicht zur Kundengeldsicherung und den Reiseversicherungen, verschaffen, die an die Kunden zu vermitteln sind. Die Haftpflicht-Versicherungen für Reisevermittler und für Reiseveranstalter sind ein unverzichtbarer Schutz des Reisebürounternehmens im Falle von Buchungsfehlern oder bei Eigenveranstaltungen. Bei der Wahl des Partnerunternehmens für Reiseversicherungen sollte auf die Erfahrung der Spezialversicherer gesetzt werden. Bei der täglichen Arbeit im Reisebüro ist es wichtig zu wissen, dass bei dem Reiseversicherer als Handelsherrn stets fachkompetenter Rat eingeholt werden kann und mit den Versicherungsprodukten des Reiseversicherers den Reisenden zuverlässiger und erfahrener Versicherungsschutz vermittelt wird. Die Provisionen tragen wesentlich zum Geschäftsergebnis eines Reisebürounternehmens bei. Die Fachkompetenz des Reiseversicherers ist ein unerlässliches Standbein fachkompetenter Beratung im Reisebüro. Für versicherte Reisende übernimmt der Reiseversicherer Fürsorgepflichten des Reiseveranstalters im Krankheits- oder Unglücksfall. Die Zusammenarbeit des Reisebüros mit dem Reiseversicherer ist daher sowohl zur Vorsorge bei Krankheits- und Unglücksfällen während eigenveranstalteter Reisen, für die finanziellen Geschäftsergebnisse und nicht zuletzt auch mit Rücksicht auf angewandte Fachkompetenz von hoher Bedeutung.

Noch ein wichtiger Hinweis:
Alle Reiseversicherungen, von der Rücktrittskosten- bis hin zur Kranken- und Gepäck-Versicherung sollten nur von leistungsstarken Anbietern, die im Markt seit vielen Jahren als Spezialunternehmen bekannt sind, verkauft werden. Hierbei sollte nicht ausschließlich (zum eigenen Profit!) die niedrige Prämie zum Maßstab des Verkaufs gemacht, sondern auch die Leistungsinhalte der angebotenen Produkte verglichen werden. Der Kunde ist ausführlich über die Besonderheiten der einzelnen Versicherungsarten zu informieren. Die Versicherungsbedingungen und die Verbraucherinformation des Versicherers sind dem Kunden als Grundlage seiner Entscheidung zum Abschluss der Versicherung auszuhändigen. Der Kunde muss die wichtigsten Einschränkungen des Versicherungsschutzes kennen und darüber informiert werden, was im Falle eines Schadens zu beachten ist.

4 Aus- und Weiterbildung für Reisebüros

Dr. Kristiane Klemm, Freie Universität Berlin/Dipl.-Volkswirt Ulrich Schöpp, ehem. Direktor des Deutschen Seminars für Fremdenverkehr, Berlin

4.1 Allgemeine Qualifikationsanforderungen für eine Tätigkeit in der Tourismusbranche

Die Berufs- und Arbeitswelt ist ständig in Bewegung. „Wissen und Kompetenzen sind entscheidende Bestimmungsgrößen für Innovation und Erfolg", so nachzulesen im Positionspapier der Deutschen Arbeitgeberverbände BDI und BDA (Mai 2007). Dies gilt in besonderem Maße auch für das Berufsfeld Tourismus. Die zunehmende Nachfrage nach Dienstleistungen in den Bereichen Freizeit und Tourismus und die rasante Entwicklung der Informationstechnologie führt zu einer immer breiteren Palette an speziellen Aus- und Weiterbildungsangeboten. Die Attraktivität dieser Branche, die sich mit Urlaub und Reisen befasst, verlockt viele junge Menschen gerade in diesem Bereich einen beruflichen Einstieg zu finden. Nach wie vor besteht eine hohe Nachfrage nach Ausbildungsplätzen. Dabei wird nicht bedacht, dass es sich beim Arbeitsalltag vorwiegend um eine Bürotätigkeit wie jede andere handelt. Im Vergleich zu anderen Berufen verlangt der Umgang mit Urlaubern neben grundlegenden Fachkenntnissen:

- eine hohe Bereitschaft mit Menschen umzugehen (Freundlichkeit),
- Verkaufstalent,
- gute Kenntnisse und Fähigkeiten im Umgang mit der Informationstechnologie (Internet, Reservierungssysteme, ...),
- die Akzeptanz ungewöhnlicher Arbeitszeiten,
- Kreativität,
- Flexibilität,
- Persönliches Engagement.

Bei einer vom Willy Scharnow-Institut für Tourismus der Freien Universität Berlin durchgeführten Expertenbefragung zählten zu den wichtigsten Qualifikationen der Mitarbeiter in Reisebüros und bei Reiseveranstaltern

- technische Kompetenz und Umgang mit neuen Medien/IT,
- Produktkenntnisse und kundenorientiertes Handeln,
- Teamfähigkeit,
- Selbstorganisation,
- soziale Kompetenz,

- Kenntnis der wirtschaftlichen Situation des Arbeitgebers,
- sowie Marketing- und sonstige grundlegende betriebswirtschaftliche Kenntnisse.

(Quelle: WILLY SCHARNOW-INSTITUT 2000: 65f.)

Die unterschiedlichen Aufgaben von Reiseveranstaltern und Reisemittlern, die vielfältigen Erscheinungsformen von Reisebürobetrieben, sehr differenzierte Leistungsangebote und Sortimentsstrukturen, vielfältige Rechts- und Kooperationsformen erschweren eine umfassende differenzierte Darlegung der beruflichen Herausforderungen für das Management im Reisebürogewerbe, insbesondere auch der Definition des Bildungsbedarfes. Meist sind die Tätigkeiten sowohl im Management wie auch bei den Mitarbeitern nicht abgegrenzt, häufig besteht ein offenes Berufsfeld mit Einstiegsmöglichkeiten und Kenntnissen, die außerhalb der Branche erworben wurden. Beim Reisebürogewerbe handelt es sich meistens um **mittelständische Dienstleistungsbetriebe**, in denen **spezielle Kenntnisse** beim Führungspersonal vorausgesetzt werden, und die sich insbesondere bei den Mitarbeitern im **direkten Bezug auf den Kunden** und Urlauber manifestieren.

Von größeren Reiseveranstaltern abgesehen, kommen auch Führungskräfte im Reisebüro in der Regel aus der Branche, oft aus dem Verkauf/Einkauf und arbeiten auch als leitende Angestellte im unmittelbaren Kontakt mit Kunden oder Geschäftspartnern.

Die **Arbeitszeiten** in der Branche sind gerade dort, wo das Kundengeschäft überwiegt, ungewöhnlich, die **Bezahlung** von Angestellten, auch in verantwortlichen Positionen, gilt als nicht zu hoch. Die Aufstiegsmöglichkeiten, speziell bei den klein- und mittelständischen Reisebüros, sind gering. Trotz dieser relativ schlechten Bedingungen vor allen Dingen im Reisebürogewerbe, ist die Zufriedenheit mit dem Arbeitsplatz hoch: Nach einer repräsentativen Umfrage des Willy Scharnow-Instituts (2001: 60f.) waren 65% der Befragten zufrieden und nochmals 28% eher zufrieden mit ihrer beruflichen Tätigkeit. Insbesondere das Arbeitsklima, das positive Feedback durch die Kunden, die Höhe des Grundgehalts sowie die Anerkennung durch den Chef und die Kollegen wurden am häufigsten genannt. Die Beschäftigtenstruktur ist durch einen hohen Frauenanteil (70–80%) gekennzeichnet, was zu einer hohen Fluktuationsrate führt. Die vielen Teilzeitarbeitsplätze dagegen werden gerade von Frauen mit Familie gerne wahrgenommen.

Die Bewältigung der **beruflichen Herausforderungen** angesichts gravierender Veränderungen in Wirtschaft, Gesellschaft und Technik, die sich deutlich auf die Reisemärkte auswirken, stellt neue Ansprüche an das **Wissen, Wollen und Können** der in der Branche tätigen **Fach- und Führungskräfte**. Von ihrem Leistungsvermögen, ihren Arbeits- und Führungsqualitäten hängt der Erfolg für die großen wie den kleinen Betrieben ab. Neben der Anpassung des Wissens und der Kenntnisse an veränderte Realitäten stehen Spezialisierungen und Erwerb neuen Wissens im Vordergrund. Vor allem aber werden neue Qualifikationen und Kompetenzen notwendig, die die Innovations- und Handlungsfähigkeit der Führungs- und Fachkräfte in einer ständig sich wandelnden Tourismuswelt auch längerfristig sicherstellen. Fragen der Personalentwicklung gehören daher zu den wichtigsten Themen in der Touristikbranche (vgl. Willy Scharnow-Institut, 2000: 65).

Die folgenden Ausführungen stellen nur solche Aus- und Weiterbildungsangebote vor, die sich explizit für eine Tätigkeit im Reisebüro (für die Vermittlung von Reisen) und im Reiseveranstalterbereich (für die Durchführung von Reisen) eignen.

4.2 Ausbildung für das Reisebüro- und Reiseveranstaltergewerbe

4.2.1 Betriebliche Ausbildung (Reiseverkehrskaufmann/-kauffrau)

Der klassische betriebliche Ausbildungsberuf im Reisebürogewerbe ist der des Reiseverkehrskaufmanns/der Reiseverkehrskauffrau, der in den 70iger Jahren aus dem Reisebürokaufmann hervorgegangen ist.

Die Dauer der Ausbildung beträgt drei Jahre. Sie findet im Betrieb und in der Berufsschule statt. Reiseverkehrskaufleute planen bzw. organisieren von der Anreise über die Unterkunft im Zielgebiet bis hin zur Rückreise den gesamten Reiseablauf. In Reisebüros beraten sie die Kunden über Urlaubs- und Geschäftsreisen, ermitteln die Reiseverbindungen sowie die Übernachtungsmöglichkeiten zu den gewünschten Terminen und erledigen die Reservierung. Bei Reiseveranstaltern organisieren sie die Individual- und Pauschalangebote, arbeiten mit in- und ausländischen Reiseagenturen sowie Verkehrsbetrieben zusammen (vgl. www.berufenet.de).

Vermittelt werden Kenntnisse zu den Produkten und Leistungen sowie der Preisgestaltung des Ausbildungsbetriebes. In den Bereichen Kommunikation und Kooperation soll eine kundenorientierte und marktorientierte Kenntnisvermittlung (Kundenberatung, Verkauf, Touristikmarkt) erfolgen. Des Weiteren gehören zur Qualifikation Kenntnisse über den Vertrieb, die Grundzüge des Marketings und schließlich die betriebliche Steuerung und Kontrolle. Bei der Bewältigung von Fachaufgaben sollen Fremdsprachen intensiver eingesetzt werden. Ein wichtiges Fachgebiet ist der Umgang mit computergestützten Informations- und Reservierungssystemen (CRS).

Umfang und Qualität der Ausbildung differieren in den sehr **unterschiedlichen Betrieben** des Reisebürogewerbes: Lehrinhalte können nur teilweise vermittelt werden (z.B. Last-Minute Vermittler) und müssen durch besondere **zusätzliche Maßnahmen** auf Prüfungsniveau gebracht werden. Andere Betriebe erkennen die Bedeutung einer umfassenden Ausbildung und legen diese im Ausbildungsvertrag (ABR-Reisebüros) fest. Insgesamt gelten die **Berufschancen** der ausgebildeten Reiseverkehrskaufleute im Vergleich mit den Absolventen der außerbetrieblichen Ausbildungsmaßnahmen als gut. In den letzten drei Jahren ging allerdings die Anzahl der Ausbildungsplätze, entsprechend der abnehmenden Zahl von Reisebüros, zurück und beträgt im Jahr 2007 ca. 5.000 Plätze. Eine neue Konkurrenz könnte sich auch durch das dreijährige Bachelorstudium an den Hochschulen ergeben (vgl. 4.2.4. u. 4.2.5).

Die Ausbildung zum/r **Kaufmann/ Kauffrau für Verkehrsservice** stellt im Gegensatz zum Reiseverkehrskaufmann einen eher neuen Beruf dar. Die Ausbildung dauert drei Jahre. Eine bestimme Vorbildung ist nicht vorgesehen und die Ausbildungsstätten sind vor allem der straßen- und schienengebundene Nah- und Fernverkehr, derzeit in erster Linie die Deutsche Bahn AG. Die Ausbildung ist in zwei Schwerpunkte „Verkauf und Service" und „Sicherheit und Service" gegliedert. Berufliche Tätigkeiten erstrecken sich vornehmlich auf die Deutsche Bahn AG sowie kommunale Verkehrsunternehmen.

4.2.2   Die Ausbildung an Berufsfachschulen

Berufsfachschulen bilden vor allem in zweijährigen Ausbildungsgängen zum/r **Internationalen und staatlich geprüften Touristikassistent/-assistentin** aus. Dabei wird im zweiten Ausbildungsjahr auch auf Inhalte des Reiseverkehrs ein Schwerpunkt gelegt, gleichzeitig mit der Beherrschung von drei Fremdsprachen. Ebenfalls auf Hochschüler setzt der/die **Touristikassistent/-assistentin,** bei dem ebenfalls Fremdsprachen und spezielle reisebürorelevante Lerninhalte im Mittelpunkt stehen. Zusätzlich kann ein Abschluss als Fremdsprachenkorrespondent (IHK-Prüfung) erworben werden. In den meisten Fällen werden Lehrgangsgebühren erhoben (vgl. www.berufenet.de).

Über den Einsatz von Touristikassistenten im Reisebürogewerbe liegen keine zuverlässigen Daten vor. Ähnliches gilt auch für die **Touristikfachkraft**, die auf die Ausbildung mit mittlerem Bildungsabschluss zielt. Allgemeine und spezielle Reiseverkehrsbetriebslehre, Sprachen und Zielgebietskenntnisse werden in dreijährigem Vollzeitunterricht vermittelt, ein sechswöchiges Berufspraktikum pro Jahr im Reisebüro oder bei einem Reiseveranstalter ist vorgesehen. Ebenfalls schulintern abgeschlossen, aber staatlich anerkannt, ist die Prüfung zum(r) **Touristikmanagementassistenten/-assistentin**, bei der ähnliche Lehrinhalte vermittelt, jedoch die Fachhochschulreife, ein mittlerer Bildungsabschluss oder eine abgeschlossene kaufmännische Berufsausbildung vorausgesetzt werden. Die Ausbildung erfolgt in einem dreijährigen Vollzeitunterricht. Ebenfalls Fachhochschulreife oder allgemeine Hochschulreife erfordert der/die **Internationale Tourismusassistent/-assistentin**, für den weitere unterschiedliche Zusatzqualifikationen erworben werden können. Auch hier wird die Möglichkeit geboten, eine Fremdsprachenkorrespondentenprüfung abzulegen. Einzelne Berufsfachschulen bieten für Teilnehmer mit mittlerem Bildungsabschluss an, sich in zwei bis drei Jahren Vollzeitunterricht zum **Internationalen Managementassistenten** ausbilden zu lassen.

In allen Ausbildungsarten für die Fachkräfte und Assistenten werden Kenntnisse und Fertigkeiten vermittelt, die sich an den Fächern für Reiseverkehrskaufleute orientieren. Häufig liegen Schwerpunkte auf Sprachen, auf Auslandspraktika und auf allgemeinen betriebswirtschaftlichen sowie auch speziell touristisch orientierten Kenntnissen. Die **Reisebürobranche** selbst steht der Vielfalt dieser Berufs- und Abschlussbezeichnungen allerdings eher mit **Skepsis** gegenüber.

4.2.3   Ausbildung an Berufsakademien

Eine Verbindung von berufspraktischer Ausbildung und der Vermittlung fachwissenschaftlicher Kenntnisse im so genannten dualen Bildungssystem (drei Monate Studium an der Akademie, drei Monate Praxis im Ausbildungsbetrieb) streben **Berufsakademien** an. Fach- und Führungskräfte, die sowohl im praktischen als auch im theoretischen Bereich tätig sein wollen, über die allgemeine oder fachgebundene Fachhochschulreife verfügen und einen Ausbildungsvertrag mit einem Ausbildungsbetrieb besitzen, werden zum Studium an einer Berufsakademie zugelassen. Die Ausbildungsdauer inklusive Studium beträgt drei Jahre.

Die Studierenden für den Reisebürobereich arbeiten während der Ausbildungsphasen auf verschiedenen Gebieten, bei Reiseveranstaltern oder Vollreisebüros etwa in Länderabteilungen, am Counter und in dem Bereich der Administration. Je nach Bundesland waren bis zur Hochschulreform (Bologna Prozess) die Abschlüsse unterschiedlich, teilweise **Dipl.-Betriebswirt (BA)** oder **Betriebswirt (BA)**. Nach der Hochschulreform – spätestens im Jahr 2010 – werden alle Erststudiengänge mit einem **Bachelor/Bakkalaureat (BA)** abschließen. Die auf die Übernahme von Managementaufgaben ausgerichtete Ausbildung an den Akademien zielt überwiegend auf eine Kombination von Touristik/Betriebswirtschaft bzw. Betriebswirtschaft/Schwerpunkt Tourismus ab. Die Berufschancen nach Beendigung des Studiums gelten wegen der Übernahmechancen beim Ausbildungsbetrieb als gut. Probleme ergeben sich bei der Suche eines Ausbildungsbetriebs, der bereit ist, die Auszubildenden für ihr Studium an der Akademie frei zu stellen.

4.2.4   Ausbildung an Fachhochschulen

An den **Fachhochschulen** soll der Managementnachwuchs auch für kleinere und mittlere Reiseveranstalter, für Reisebüros und für andere touristische Fachsparten herangebildet werden. Akademisch ausgebildete Absolventen der Fachhochschulen sollen wissenschaftliche Methoden selbständig anwenden können, d.h. die Aufgabe der Fachhochschule ist es, praxisbezogene Lehre auf wissenschaftlicher Grundlage zu vermitteln. Spezialisierung auf einzelne tourismusbezogene Fachgebiete erfolgt häufig im Hauptstudium, die übrigen Fächer wie Betriebswirtschaftslehre, Propädeutik, Volkswirtschaftslehre und Fremdsprachen ähneln denen an anderen Fachhochschulen. Im Bereich **Touristik, Reiseveranstalter, Reisevermittlung** bieten sämtliche Fachhochschulen entsprechende **Studiengänge** an. Teilweise finden sich eigenständige Studiengänge Tourismuswirtschaft, teilweise sind diese Gegenstand eines im Hauptstudium zu absolvierenden Studienschwerpunktes. Insgesamt ist die allgemeine Betriebswirtschaftlehre dominant. Den Abschluss bildete bis zur Hochschulreform der **Dipl.-Betriebswirt/in (FH)** oder der **Dipl.-Kaufmann (FH)**. In den letzten Jahren sind fast alle grundständigen Studienangebote mit den Schwerpunkten Touristik/Tourismus an den deutschen Fachhochschulen auf den sechs- bis siebensemestrigen **Bachelor (BA)** umgestellt worden. Einige Fachhochschulen bieten den weiterführenden auf den Bachelor aufbauenden sogenannten konsekutiven Masterstudiengang an, der mit dem Titel **Master (MA oder MBA)** abschließt. Da die Hochschulreform zurzeit der Drucklegung dieses Bandes noch nicht abgeschlossen ist, empfiehlt es sich bei den im Anhang aufgelisteten Fachhochschulen via Internet nachzuschauen, ob diese auch einen Masterstudiengang anbieten. Neben dem konsekutiven Master gibt es auch sogenannte postgraduale weiterbildende Masterstudiengänge, die sich vor allem an Berufspraktiker wenden (vgl. 5.3.1).

4.2.5 Die Ausbildung an Universitäten

In den wirtschaftswissenschaftlichen grundständigen Studiengängen bieten einige Universitäten (TU Dresden, die Katholische Universität Eichstätt, die Leuphana Universität Lüneburg und die Universität Trier) Studienschwerpunkte bzw. Nebenfächer oder einzelne Module an, die für das Management im Reisebürogewerbe eine breite Wissensvermittlung zu volks- und betriebswirtschaftlichen Themen ermöglichen. Die Ausbildung an den Universitäten schloss bisher mit dem/der **Dipl.-Kaufmann/-Kauffrau** oder dem/der **Dipl.-Volkswirt/-in** ab, nach Abschluss der Hochschulreform werden auch hier **Bachelor (BA)** und **Mastertitel** (MA oder MBA) verliehen. Die Leuphana Universität Lüneburg bietet einen weiterführenden konsekutiven viersemestrigen Masterstudium Tourismusmanagement an. Der Masterstudiengang Tourismusmanagement und Regionale Tourismusplanung an der Freien Universität Berlin ist ein weiterbildender Studiengang und wird unter 4.3.1 beschrieben.

Weitere Studienangebote im Bereich Geographie (Katholische Universität Eichstätt, die Universität Trier und die LMU München), im Bereich Kultur (Fernuniversität Hagen und die Viadrina Universität Frankfurt/Oder) eignen sich weniger für eine Tätigkeit beim Reisebüro, sondern eher für den beruflichen Einstieg bei einem Spezialreiseveranstalter, der ein der Ausbildung entsprechendes Know-how benötigt.

4.3 Die berufliche Fort- und Weiterbildung

Die Begriffe **Fort- und Weiterbildung** werden im deutschen Sprachgebrauch oft synonym verwendet. Weiterbildung kann übergreifend als Wiederaufnahme organisierten Lernens nach Abschluss einer ersten Bildungsphase verstanden werden. Unter Weiterbildung im engeren Sinne wird auch die Erweiterung der Bildung in einem nicht ausgeübten Beruf verstanden, also über die die Bereiche der Vorbildung und Ausbildung hinaus. Fortbildungsmaßnahmen haben zum Ziel neue Methoden oder Kenntnisse zu vermitteln, mit deren Hilfe die **bisherigen Aufgaben** im Beruf besser bewerkstelligt werden können (vgl. PUKKE 1993).

Weiterbildung wird immer mehr ein vollwertiger Bestandteil des Bildungssystems. Im Rahmen des kontinuierlichen **lebensbegleitenden Lernens** kommt ihr besondere Bedeutung zu. Weder der Arbeitnehmer noch der Selbstständige kann sich allein auf seine Erstausbildung verlassen. Der rasante Wissenszuwachs und damit verbunden die schnellere Entwertung von früher erworbenem Wissen machen kontinuierliche Weiterbildung und Anpassungsqualifizierung unverzichtbar (vgl. BDA Positionspapier vom Juli 2002).

Im weiteren Verlauf dieser Ausführungen wird generell der Begriff **Weiterbildung** benutzt. Die Darlegungen werden auf die berufliche Weiterbildung im Reisebürogewerbe beschränkt. Als weiteres Kriterium wird die Form der Weiterbildung herangezogen (formalisiert oder nicht formalisiert). Im Zentrum steht der Begriff der **betrieblichen Weiterbildung**, deren Bedarf und Ergebnis auf den Reisebürobetrieb abzielt, auch wenn die Bildungsmaßnahmen, was bei kleinen Betriebsgrößen häufig geschieht, über- bzw. außerbetrieblich erfolgen. In der Praxis sind Überschneidungen selbstverständlich. Außer den verschiedenen Lernorten können Weiterbildungsmaßnahmen differenziert werden nach ihren Zielen (Anpassungsweiterbildung, innovative Weiterbildung, Aufstiegsbildung, Umschulung, Reaktivierungs- und Ergänzungsweiterbildung). Weitere Kategorisierungen betreffen unterschiedliche Unterrichtsformen oder gar Lehrmethoden, auf die im Einzelnen nicht eingegangen werden kann.

4.3.1 Formalisierte Weiterbildung

Die formalisierte Weiterbildung kann über unterschiedliche **Bildungseinrichtungen**, bei bestimmten Eingangsvoraussetzungen und in geregelten Verfahren einerseits auf einen Beruf wie den Reiseverkehrskaufmann oder einen anderen Abschluss vorbereiten. Andererseits dient sie der Erweiterung und Vertiefung von Fertigkeiten und Kenntnissen in einem ausgeübten touristischen Beruf mit dem Ziel der Sicherung oder des Wechsels eines Arbeitsplatzes oder des beruflichen Fortkommens. Auch hier wird ein formaler Bildungsweg mit Abschluss gewählt.

Für Fachkräfte in den Reisebüros, für Luftverkehrsfachleute und Hotelkaufleute sowie für Mitarbeiter im Kur- und Bäderwesen wurde mit dem Abschluss zum/r **Tourismusfachwirt/-in** die Möglichkeit einer Fortbildung mit Prüfung vor der IHK geschaffen. Der Touristikfachwirt stellt eine Fortbildung in schulischer oder berufsbegleitender Form dar. Die Ausbildung vermittelt Kenntnisse in allgemeiner, spezieller Reiseverkehrsbetriebslehre, in Unternehmensführung, Personalwesen und Organisation, im Tourismusmarketing, Finanz- und Rechnungswesen sowie in volks- und betriebswirtschaftlichen Grundlagen. Der Absolvent soll in der Lage sein, betriebsübergreifend zu denken und zu handeln, es soll ein Aufstieg in mittlere und gehobene Führungspositionen ermöglicht werden. Für die Weiterbildung zum Touristikfachwirt bestehen ein Rahmenstoffplan des Deutschen Industrie- und Handelstages sowie Prüfungsrichtlinien. Die Weiterbildung wird in Teilzeitform berufsbegleitend oder im Vollzeitunterricht durchgeführt. Die Ausbildung zum Fachwirt stellte insbesondere in der Zeit nach der Wende eine wichtige Maßnahme der Arbeitsmarktpolitik dar. Vielen Tourismusfachleuten in den neuen Bundesländern war es durch diese Maßnahme möglich, Fachkenntnisse im Tourismus nachzuweisen. Die Tourismusbranche ist hinsichtlich einer Bewertung des Tourismusfachwirts, seiner Einsatzmöglichkeiten und tarifvertraglichen Einordnung zu keiner einheitlichen Bewertung gekommen.

Im Gegensatz dazu wird eine Weiterbildung zum **Staatlich-geprüften Betriebswirt** insbesondere durch die Tätigkeit der Hotelfachschulen allgemein akzeptiert. Die Absolventen verfügen in der Regel über berufliche Abschlüsse und eine mehrjährige Berufspraxis. Die Studieninhalte bieten teilweise eine Grundlage für berufliche Spezialisierung in Reiseverkehrsunternehmen und Reisebüros.

Weitere Maßnahmen für **Akademiker,** auch für Studienabbrecher, bieten mehr oder weniger fachlich orientierte Bildungsträger an, teils mit Praktika in Reiseunternehmen, teilweise auch im Ausland. Die einzelnen Fächer orientieren sich in etwa am Berufsbild des Reiseverkehrskaufmanns wie auch am akademischen Fächerangebot.

Einige private Bildungseinrichtungen offerieren Fachlehrgänge mit dem Abschluss **Touristikfachkraft.** Diese kann ihr Wissen in fünf bis acht Monaten erwerben und möglicherweise als Reiseleiter, bei Reisebüros oder Reiseveranstaltern sowie bei Luftverkehrsgesellschaften eingesetzt werden. Die Voraussetzungen für die Ausbildung sind relativ einfach, das Studium kann berufsbegleitend als Fernstudium durchgeführt werden. Auch für die Touristikfachkraft fehlt der Branche ein allgemein akzeptierter Maßstab.

Fachhochschulen und Universitäten bieten bei entsprechender einschlägiger touristischer Berufserfahrung so genannte **weiterbildende Masterstudiengänge** an. Im einjährigen postgradualen Masterstudiengang **Tourismusmanagement und Regionale Tourismusplanung der Freien Universität Berlin, Willy Scharnow-Institut für Tourismus** liegt der Studienschwerpunkt auf Marketing und Regionaler Planung. **Die Universität Viadrina in Frankfurt/Oder** bietet einen weiterbildenden **berufsbegleitenden Masterstudiengang im Kulturmanagement und Tourismus** an. Der zwei- bis dreisemestrige Masterstudiengang **European Tourism Management an der Fachhochschule Heilbronn** legt seinen Schwerpunkt auf internationale Bildungskooperationen durch Auslandssemester. **Die Fachhochschule Harz, Wernigerode** bietet einen berufsbegleitenden viersemestrigen Masterstudiengang **Tourism and Destination Development** an. **Die Fachhochschule Eberswalde** spezialisiert sich in ihrem drei- bis viersemestrigen Masterstudiengang auf einen Master of **Sustainable Tourism Management.** Es ist damit zu rechnen, dass im Rahmen der Hochschulreform weitere Angebote hinzu kommen werden.
Die genannten akademischen Weiterbildungsstudiengänge eignen sich eher für eine Tätigkeit bei Reiseveranstaltern als im Reisebüro.

4.3.2   Die nicht formalisierte Weiterbildung

Für die **nichtformalisierte Weiterbildung** besteht ohne Vorliegen staatlich anerkannter Abschlüsse, kammer- oder institutsbezogener Verfahren ein vielfältiges, flexibles Bildungsangebot, das sich an Organisationen, an Betriebe, an Fach- und Führungskräfte des Reisebürogewerbes wendet. Form und Verfahren dieser **Weiterbildung** werden von den **Betrieben und Bildungsträgern** selbst **geregelt.** Sie erfolgt meistens **berufsbegleitend** am Arbeitsplatz, im Betrieb oder über-/außerbetrieblich. Die überbetriebliche Weiterbildung findet in **Kooperationen** von Betrieben oder – wie im Reisebürogewerbe üblich – durch Veranstalter, Reservierungsgesellschaften, Verkehrsträger usw. statt.

Darüber hinaus verfügt die Branche über **branchenbezogene,** firmenunabhängige **Bildungseinrichtungen.** Diese werden i.d.R. durch die Reisebürobranche und ihre Verbände getragen und anerkannt. Ihre beiden Spitzenverbände DRV und asr geben der Aus- und Weiterbildung hohe Priorität und fördern die Weiterbildung ihrer Mitglieder. Sie engagieren sich in der Berufsschullehrer-Weiterbildung.

Branchenbezogene, anerkannte Institutionen bieten umfassende, am aktuellen Bedarf orientierte Bildungsmöglichkeiten, z.b. die Willy Scharnow-Stiftung, die traditionell länderkundliche Fragen behandelt, aber auch für das Management Führungskräfte weiterbildet. Neben der formalisierten Aus- und Weiterbildung (Umschulung) bietet die Schule für Touristik/Frankfurt/M. und Berlin vor allem CRS-Seminare aber auch weitere Kurse an. Das SSI-Institut München/Berlin führt praxisorientierte Lehrgänge im CRS-Bereich durch und bietet Prüfungsvorbereitungskurse sowie Weiterbildungsprogramme für Firmen an. Der AJT-Fachverband für touristische Weiterbildung offeriert u.a. Verkaufsschulungen, CRS und PC-Seminare, behandelt Fragen des Reiserechts oder der neuen Medien.

Das Deutsche Seminar für Tourismus (DSFT) ist eine betriebs- und fachspartenübergreifende, zentrale Weiterbildungseinrichtung mit Sitz in Berlin. Seit 1980 wird es von allen Dachverbänden der Tourismuswirtschaft, den kommunalen Spitzenverbänden und dem Deutschen Industrie- und Handelskammertag getragen. Das Bundesministerium für Wirtschaft und der Senat von Berlin fördern seine Bildungsveranstaltungen, darunter spezielle Fachkurse für Unternehmen und Mitarbeiter aus mittleren und kleineren Betrieben des Reisebürogewerbes. Schwerpunkte bilden dabei Management- und Marketingseminare sowie aktuelle Probleme der Tourismuswirtschaft, aber auch Maßnahmen der innovativen Weiterbildung. Die Qualifizierung von Multiplikatoren und des Ausbildungs- und Lehrpersonals sowie gemeinsame Lehrveranstaltungen mit den Vertretern der übrigen Tourismussparten sollen die Integration der Branche fördern und Synergieeffekte ermöglichen.

Bei größeren **Reiseveranstaltern**, bei Reisebüroketten, Reservierungsgesellschaften und Franchise-Gebern bestehen neben den Maßnahmen der betrieblichen Anpassungsbildung für das eigene Personal, **Angebote für die Schulung** von Fachkräften **der Vertriebspartner**. Deren Angebote (CRS, Direktmarketing, Controlling, produzentenorientierte Produktkenntnisse und Verkaufstraining) stellen einen wesentlichen Teil der heute bestehenden und am häufigsten genutzten **Bildungsaktivitäten** in der Reisebürobranche dar (vgl. Willy Scharnow-Institut 1999: 17f.). Schulungen, vor allem Internetschulungen, und Informationsveranstaltungen für die Vermittlerbüros finden sich bei Verkehrsträgern, bei größeren Hotelbetrieben oder -ketten sowie den sonstigen Leistungsträgern, den Vertretern in- und ausländischer Destinationen.

Neben den branchenbezogenen Einrichtungen offerieren **Dritte** eine **Vielzahl von Kursen, Seminaren, Tagungen** für alle Funktionsbereiche und Probleme im Tourismus. Dazu zählen Versicherungen, Banken, Bildungswerke der Wirtschaft, der Gewerkschaften oder Kirchen, wissenschaftliche Institute, Volkshochschulen, private Bildungsinstitute aller Art, Consultingunternehmen, Agenturen, Verlage, Messegesellschaften, einzelne Trainer usw.

Der Tourismus mit seinen **komplexen Themenfeldern** wird auch künftig zu Bildungsexperimenten und -offerten für das Reisebürogewerbe führen. Dies wird die bestehende Vielfalt und Buntheit vergrößern: Doch Vielfalt ist ein wichtiges Kennzeichen der „vierten Säule" des deutschen Bildungswesens, das eines **differenzierten und flexiblen Bildungsangebotes** bedarf, andererseits aber auch zu

Verunsicherung, Unübersichtlichkeit und mangelnder Vergleichbarkeit für Betriebe und Interessenten führt.

4.4 Die betriebliche Weiterbildung

4.4.1 Entwicklung

Die betriebliche Weiterbildung in der Reisebürobranche konzentrierte sich lange Zeit auf länderkundliche, Verkehrs- und Tarifkenntnisse. Sie erhielt vor 20 Jahren erstmals stärkere Bedeutung vor allem durch die Einführung der elektronischen **Datenverarbeitung**. Eine systematische Weiterbildung galt wegen des erheblichen Wachstums im Outgoing-Reiseverkehr und eines relativ stabilen Kundenverhaltens als nicht vordringlich, der Kunde kam von selbst. Verkaufserfolge ließen sich durch gelegentlich erweiterte Destinations- und Produktkenntnisse, vor allem im Hinblick auf den sich rasch entwickelnden Flugreiseverkehr und die dazu notwendigen Verfahrenstechniken bewerkstelligen.

Ein **neuer** expansiver **Bildungsbedarf** entsteht durch die komplexen Veränderungen im technischen, gesellschaftlichen und touristischen Umfeld des Reisebürobetriebs: Vor allem der **technische Wandel** durch den Einsatz des Internets setzt neue Maßstäbe und führt zu völlig neuen Verhaltensweisen bei Leistungsträgern, bei Kunden, Managern und Mitarbeitern. Dieser Wandel ist mit herkömmlichen Weiterbildungsmethoden nicht mehr zu bewältigen. Neue Möglichkeiten des Lernens ergeben sich durch Einsatz von **E-Learningprogrammen**, die ein von Zeit, Raum und Personal unabhängiges Lernen ermöglichen.

4.4.2 Ziele der betrieblichen Weiterbildung

Betriebliche Weiterbildung wird heute in **umfassendem Sinne** verstanden: Es geht um Inhalte und Methoden, die sich auf die Entwicklung des gesamten Betriebes beziehen, um die Leistungs- und Wettbewerbsfähigkeit, um die Produktivität, die Unternehmensführung und um die interne und externe Bewältigung des Wandels. Die im Jahr 2002 durchgeführte Untersuchung zur Qualitätssicherung im Reisebüro unterstreicht die Bedeutung von Weiterbildung: Die innerbetriebliche Weiterbildung der Mitarbeiter/innen gehört zu den zentralen Themen und wichtigsten Aufgaben von Reisebüros aller Vertriebsformen (vgl. Willy Scharnow-Institut, 2002: 24).

Betriebliche Weiterbildung ermöglicht dem modernen Reisebürobetrieb, dass

- der Informationsfluss besser funktioniert (vertikal und horizontal),
- Prozesse der Willens- und Bewusstseinsbildung entstehen,
- Neuerungen verstanden und akzeptiert,
- die Motivation gesteigert,
- die Menschen- und Unternehmensführung verbessert werden.

Zwischenmenschliche Beziehungen und Betriebsklima können gerade durch Bildungsmaßnahmen in besonderer Weise gefördert werden.

4.4.3 Spannungsfeld Weiterbildung

Betriebliche Weiterbildung findet immer im Spannungsfeld zwischen dem **wirtschaftlichen Auftrag des Reisebürobetriebes** und den **Erwartungen der Mitarbeiter** statt. Jede Neuerung und Veränderung im Betrieb ist von den Zielen des Unternehmens abhängig. Sie verändern Organisation und Arbeitsplatz. Sie verändern die Empfindungen, das Denken und die Motive, sie schlagen sich im Beziehungsgeflecht des Unternehmens nieder.

Unternehmensziele werden i.d.R. nur erreicht, wenn die Führungskräfte und Mitarbeiter

- ihre Aufgaben bestmöglichst erfüllen,
- Kenntnisse und Fähigkeiten ständig erweitern,
- leistungsbereit und mobil sind,
- Verbesserung vorschlagen,
- sich um Arbeitssicherheit bemühen,
- selbständig, innovativ und verantwortlich handeln.

Größere Unternehmen wie die marktbeherrschenden Veranstalter geben daher der Weiterbildung hohe Priorität in den **Führungsgrundsätzen** und definieren für sich eine bestimmte Bildungsphilosophie. Dabei sollen die unterschiedlichen Erwartungen in sozialer Kooperation bewältigt werden.

Betrachtet man die Schwerpunkte der betrieblichen Bildungsangebote für Mitarbeiter, so stellt sich heraus, dass in den touristischen Unternehmen vor allen Dingen Anpassungsmaßnahmen (Umstellung, Modernisierung von EDV-Systemen, CRS, Tarif- und Produktkenntnisse) im Umgang mit dem täglichen Handwerkszeug im Vordergrund stehen. Eine persönliche Weiterbildung ist damit in der Regel nicht verbunden. Deutliche Unterschiede gibt es allerdings bei Mitarbeiterschulungen von Reisebüroketten: Hier werden Schulungen im Bereich Rhetorik, Beschwerdemanagement und Reiserecht häufig genannt (vgl. Willy Scharnow-Institut, 1999: 6f.).

4.4.4 Die Ermittlung des Bildungsbedarfs

Generell entsteht der **Bedarf für die Weiterbildung** in den Reisebüros im wesentlichen auf drei Gebieten:

(1) Der institutionelle, ökonomische und technische Bedarf:

Hier schlagen sich die technischen Änderungen insbesondere durch die Einführung neuer Informations-, Buchungs- und Reservierungssysteme nieder. Sie führen zu Ergänzungen der Qualifikation der Mitarbeiter. Weitere Bedarfsfaktoren sind die Änderungen auf dem Reisemarkt, der Vertriebswege und Methoden, das veränderte Konsumentenverhalten sowie wirtschaftliche Ziele, Kostensenkung und Ertragssteigerung, die ohne weitere Qualifizierung im Betrieb nicht erreichbar wären.

(2) Der personell-soziale Bedarf:

Er resultiert aus Zielstellungen, die sich auf das Betriebsklima und die Arbeitszufriedenheit beziehen. Er entsteht aufgrund der Bedürfnisse der Mitarbeiter, des Wertewandels und der allgemeinen gesellschaftlichen Entwicklung.

(3) Der Bedarf an Führungskräften:

Er begründet auf allen Ebenen ebenfalls Bildungsaktivitäten. Betriebliche Bildung soll die Entfaltung von Fähigkeiten und Kompetenzen für die Heranbildung von Führungskräften fördern, den Nachwuchs sichern und vom Arbeitsmarkt unabhängig machen.

Für die Bildungsbedarfsermittlung verfügen **große Reisebürobetriebe** über umfassende **Personalentwicklungsprogramme**. Dabei werden zunehmend computergestützte Systeme angewandt, die auf der Anmeldung durch Vorgesetzte, durch das Personalwesen und Eigenmeldungen der Mitarbeiter aufbauen. Es folgt eine Auswahl durch Beurteilungen und Entscheidungen über die Teilnahme an geeigneten Maßnahmen (inner- oder außerbetrieblich). Zunehmend wird die Auswahl auch in Gruppenarbeit mit Entwicklungsgesprächen getroffen, es folgen plangemäß Seminarbesuche sowie Auswertungen und Erfahrungsaustausch, Veränderung und Anwendung am Arbeitsplatz.

Bei den **kleineren Reisebürobetrieben** mit flacher Hierarchie erfolgen Bildung und Schulung der Mitarbeiter durch den Inhaber oder Geschäftsführer, häufig und kostengünstig aber auch über die Angebotspalette der Produzenten/der Reisebürokette/des Franchisegebers. Genutzt werden teilweise auch die Angebote der Verbände, der branchenbezogenen Bildungsinstitute, für Informationsreisen sorgen Transportunternehmen in Verbindung mit den aus- und inländischen Organisationen der Zielgebiete. Die Weiterbildung trägt häufig punktuellen, unsystematischen Charakter und wird wesentlich von der **zeitlichen Verfügbarkeit der Mitarbeiter** und den Vertretungsproblemen in den kleinen Betrieben bestimmt.

Dies gilt auch für die Weiterbildung auf **Führungsebene**, die in das Ermessen der Chefs gestellt bleibt. Der Inhaber oder Manager im kleineren Reisebüro kann seinen eigenen Bildungsbedarf mit folgenden Fragen (ggf. zusammen mit einem Betriebsberater) ermitteln:

- Was möchte ich mit meinem Reisebüro erreichen, geschäftlich und privat?
- Habe ich eine Vision für die geschäftliche Entwicklung?
- Wie möchte ich in der Öffentlichkeit erscheinen?
- Steuere ich das Sortiment und den Verkauf der Produkte so, dass sie den größten Nutzen erbringen?
- Wo liegt das größte Risiko? Wo bin ich unschlagbar gut?

- Wie kann ich die Qualität meiner Verkaufsaktivitäten verbessern?
- Stimmen meine Einbindungen in die Kooperation – sachlich und finanziell?
- Wodurch kann ich unterlegene Positionen gegenüber Reiseveranstaltern durchhalten und ausgleichen?
- Verfüge ich über eine zeitnahe Buchhaltung und Liquiditätsplanung?

Wo und wie können die Stärken und Schwächen meines Betriebes, die eigenen und die Erwartungen meiner Mitarbeiter in **Lernprozesse** einmünden, wodurch können/müssen Verhaltensänderungen durch weitere Qualifizierung erreicht werden?

4.4.5   Inhalte der Mitarbeiter-Weiterbildung

Die **Mitarbeiter** im Reisebürogewerbe gelten als überdurchschnittlich **bildungsbereit**. Dies hat eine Intensivstudie der Technischen Universität Dresden ergeben: über 90% der Reisebürofachkräfte absolvierten in den letzten fünf Jahren eine Weiterbildungsmaßnahme. Fast 80% sollen auch künftig ihre weitere Qualifizierung betreiben. Hoch ist der Anteil derer, die auch in der Freizeit **Fachliteratur** lesen. Der Hinweis, dass durch die Bildung nicht in erster Linie Karriereziele angestrebt werden, hat offensichtlich mit den mangelnden Aufstiegsmöglichkeiten der Reisebürobetriebe zu tun (vgl. FVW 25/1996). Der Weiterbildungsbedarf, den diese Studie ermittelt, bestätigt länger anhaltende Trends in der beruflichen Weiterbildung des Reisebürogewerbes. In der Weiterbildungsstudie des Willy Scharnow-Instituts von 1999 werden als häufigste innerbetriebliche Weiterbildungsangebote folgende Themen genannt

- Direktmarketing,
- Verkaufstraining,
- Kundenbetreuung,
- Service und Verkauf,
- Produktschulungen.

(Quelle: Willy Scharnow-Institut 1999: 23)

Als Weiterbildungsangebote, die auch in Zukunft eine große Bedeutung haben, werden in der Studie genannt:

- Beratung,
- Verkauf,
- Kommunikation,
- Online-Schulungen.

Als besonders zukunftsweisend werden Kurse mit den Inhalten Verkaufstraining, Computer-Reservierungssysteme und Service genannt (vgl. Willy Scharnow-Institut 1999: 25).

Weiterbildungsangebote auf den Gebieten Einkauf, Organisation, Kostenrechnung, Buchhaltung gehen zurück, eine Folge der Verlagerung dieser Funktionen
zu speziellen Dienstleistern oder in zentrale Funktionen der Veranstalter.

4.4.6   Die Qualifizierung der Manager

Die Weiterbildung der Manager – hier verstanden im institutionellen Sinne und
wie im englischen Sprachraum gebräuchlich –, also die oberste Führungsebene,
aber auch aller Mitarbeiter mit Vorgesetztenfunktionen zielt darauf ab, deren Füh-
rungswissen und -verhalten zu verbessern und die Realisierung der Unternehmensziele durchgehend zu sichern. Dazu gibt es spezielle **Führungstrainings** bei
größeren Reisebürobetrieben, die allerdings die Definition der einzelnen Mana-
gerfunktionen voraussetzen und festlegen, welcher Schulungsbedarf beim mittleren und unteren Management vorliegt.

Die Förderung des **Führungsnachwuchses** ist im Reisebürogewerbe unterschiedlich ausgeprägt. Teilweise bilden Betriebe, insbesondere Veranstalter, ihre
nachrückenden Führungskräfte selbst aus: Sie verfügen über längerfristige Ent-
wicklungsprogramme, deren Absolvierung die Besetzung von Spitzenpositionen
ermöglicht. Mit der integrativen Weiterbildung ist eine Brückenfunktion zwischen
Hochschule und Praxis vorgesehen. Dabei werden Bildungsformen wie das **Training on the job** oder **Traineeprogramme** eingesetzt, die eine Rotation im Betrieb erlauben. Hochschulen beklagen den Mangel an Traineeplätzen seit Jahren;
doch sicherlich spielt dabei u.a. auch eine Rolle, dass – so das Institut der deutschen Wirtschaft bereits 1980 – die wenigen Plätze nach Anforderungen (Schlüsselqualifikationen) vergeben werden, die meist nicht Gegenstand der Ausbildung
an Hochschulen sind.

Die Herausforderungen der Zukunft führen zu neuen **Rollen** für die Führungskräfte und damit zu **neuem Qualifikationsbedarf**, der mit den Inhalten und Formen der bisherigen Weiterbildung nicht erreichbar sind. Die neuen Rollen beziehen sich auf:

(1) Entscheidungsfunktion

Die klassischen Managementfunktionen und Entscheidungsfelder reichen nicht
mehr aus: Der künftige Reisebüromanager wird angesichts der neuen Herausforderungen eher als Projektentwickler, Innovator, Teamchef agieren. Er denkt dabei
unternehmerisch und ist stets in der Lage, Krisen im Betrieb und beim Konsum
seiner Produkte zu bewältigen. Er ist „Steuermann" für die Potentiale seines Unternehmens, für das er effizient und deutlich, sozialverträglich, ökologisch und
wirtschaftlich Verantwortung trägt.

(2) Informationsmanagement

Der Manager des Reisebürobetriebes ist Sprecher, Kommentator und Reporter.
Er sammelt, bewertet und nutzt Informationen, kennt Wege und Mittel der Kommunikation nach innen und außen, tritt ins Licht der Öffentlichkeit, er ist Lobby-
ist seines Betriebes auf kommunaler oder Verbandsebene.

(3) Menschenführer

Der Manager wird erkennbar Menschen im Betrieb, aber auch außerhalb führen, d.h. er ist Moderator, Teamer, Coach, Trainer. Er ist ein professioneller Kontaktmacher. Ein Menschen-Manager, Leitfigur und Repräsentant seines Betriebes. Er lernt von anderen und motiviert andere zum Lernen. Er weiß, dass das betriebliche Umfeld immer wichtiger für den Erfolg seines Managements wird.

Das neue Rollenverständnis führt zu einem intensiven Qualifikationsbedarf auf allen Ebenen der Branche und der Betriebe. So wird angesichts der zunehmenden Internationalisierung der touristischen Arbeit die Verstärkung des **interkulturellen Bewusstseins** gefordert (POMPL, 1996: 71ff.). Verständnis für andere Kulturen und Mentalitäten sowie mehr Fremdsprachenkenntnisse werden zu berufsnotwendigen Inhalten der Aus- und Weiterbildung. Führungskräfte der Zukunft wissen um die Anforderungen an ein **umweltverträgliches Reisen** bei Unternehmenszielen, bei der Beschaffung, Gestaltung und dem Absatz ihrer Produkte (ZIMMER 1991: 243 ff.). Große Reiseveranstalter verfügen wie ihre Partner im Verkehrsgewerbe häufig über umfassende Systeme der **Qualitätssicherung** (TQM Total Quality Management). Dort werden Standards entwickelt und über abgestufte Verfahren die Sicherung der touristischen Potential-, Prozess- und Ergebnisqualität betrieben. Die Qualitätsverfahren orientieren sich teilweise an ISO-Normen, und einige Reisebüros sind nach diesen Normen zertifiziert. Auch der kleine Reisebürobetrieb wird sich künftig um höchste **Beratungs- und Servicequalität** in systematischer Weise bemühen müssen. Dazu gehört die Ermittlung von externen und internen Qualitätslücken, die Festlegung von Standards, die Messung und Steuerung sowie die Verankerung der angestrebten Qualität in Organisation und Verhalten. Hier versagen in der Praxis herkömmliche Führungsdirektiven und wie bei der zugehörigen Reklamationsbehandlung sind **Qualitätsziele nur in Bildungsprozessen** umzusetzen.

Für die neuen Rollen, Denkweisen und Methoden von Managern in der Reisebürobranche reicht die punktuelle, auf die Sachgestaltung bezogene Weiterbildung nicht mehr aus. Leitziel ist eine umfassende, ständige und vernetzte Qualifizierung. Dabei geht es darum, **Führungs- und Handlungsfähigkeit** unter sich ständig verändernden Bedingungen zu optimieren. Dazu wird es notwendig sein, alle Teilkompetenzen zu berücksichtigen:

- **Fachliche Kompetenz:**

Die am leichtesten zu erwerbende Kompetenz kommt meist klar zum Ausdruck, weil zwischen Anforderung und Können klare Verbindungen herrschen und hergestellt werden können. Hierunter fallen Sach- und Marktwissen, Fakten zu den Unternehmenszielen und über gesellschaftliche Zusammenhänge.

- **Methodische Kompetenz:**

Die Qualifikation des Managers entscheidet sich vor allem durch sein methodisches Repertoir. Ungeeignete Methoden hemmen den Erfolg, mit der Wahl der richtigen Methode wird die Handlungssituation in der Regel schon früh entschieden. Kenntnisse über Methoden sind für den Reisebüromanager unerlässlich, denn sie bestimmen die gesamte Palette der Produktion, der Strategieentwicklung, der Beschaffung, des Vertriebs.

- **Sozialkompetenz:**

Die Sozialkompetenz zeigt der Manager im Verhalten gegenüber den Kunden, den Lieferanten, den Finanziers, den Mitarbeitern und dem gesamten Umfeld des Betriebs. Sozialkompetenz heißt, zur Interaktion fähig zu sein, die richtige Einstellung gegenüber Personen zu entwickeln sowie die Fähigkeit, Konflikte zu lösen oder zu vermeiden.

- **Personale Kompetenz:**

Der Manager muss über personale Kompetenz verfügen: Er haftet für sein Tun mit der eigenen Person. Handlungsfähig ist nur, wer sich selbst organisieren, seine Aufgaben und die ihm zur Verfügung stehende Zeit optimal organisieren kann. Belastbarkeit, Kreativität, Lernbereitschaft, Willensbildungs- und Durchsetzungsfähigkeit, Umstellungsbereitschaft und Entfaltung der eigenen Persönlichkeit sind gefragte, durchaus erlernbare und einzuübende Kompetenzen.

Da die Arbeit des Managers, aber häufig auch die des Mitarbeiters im Reisebüro, nicht von festgefügten, sondern von **offenen Handlungssituationen** bestimmt wird, spielen alle Teilkompetenzen ineinander. Das bewusste Handeln des Managers liegt darin, die Kompetenzanteile situationsgerecht einzusetzen, Defizite selbstkritisch zu analysieren und sie stets aktuell zu halten.

Wie die Lebenszyklen der touristischen Produkte, die Werte und Meinungen von Kunden und Unternehmern, aber auch schnelllebiger und unsteter werden, so schrumpft auch die Halbwertzeit des einmal erworbenen Wissens. Im fachlichen Kompetenzbereich muss die Weiterbildung auch künftig Fachwissen erneuern und erweitern, das gilt z.B. für Marktinformationen oder für neue rechtliche Normen. Dies kann in Form des Selbstlernens, zunehmend unter PC-Einsatz, erfolgen. Es gibt dafür aber auch entsprechende Manager-Fachkurse. Trotz eines beeindruckenden Einsatzes von Medien sind sie nach wie vor reproduktiv. **Kennzeichen des Lernens** für Manager wird es jedoch künftig sein, dass nicht das reproduktive Lernen, sondern das **innovative Lernen**, die Unternehmens-, Strategie- und Organisationsentwicklung in den Mittelpunkt rücken. Die Bildung vollzieht sich in dynamischen, antizipatorischen, suchenden Formen.

4.5   Zukunftsfragen der Qualifizierung

4.5.1   Das „lernende Reisebüro" der Zukunft

Der **rapide Wandel** in Staat, Gesellschaft, Wirtschaft und Technik verändert nachhaltig den Tourismus und das Umfeld des Reisebürobetriebes. Er sieht sich unausweichlichen Herausforderungen, denen sich der kleine Reisebürobetrieb ebenso wenig wie der touristische Großveranstalter entziehen kann, gegenüber. Die Dynamik unserer Zeit führt zu **Lern- und Umdenkprozessen** wie nie zuvor. Ein Großteil der betrieblichen Führung und Arbeit wird sich zukünftig in Form von Lernen abspielen. Das Reisebüro wird Teil einer zukünftigen Lerngesellschaft, die den Wandel als das Ständige erlebt.

Eine zeitgemäße **Berufsausbildung**, in der auch auf das (lebenslange) Lernen vorbereitet wird, bleibt für Reisebürobetriebe unverzichtbar. Formale Erfordernisse werden durch neue Lernfelder und -methoden ergänzt, deren Ansätze im neuen Ausbildungsberufsbild des Reiseverkehrskaufmanns/der Reiseverkehrskauffrau deutlich sichtbar werden. Neue touristische Ausbildungsberufe könnten sich im Freizeit-, Kultur- und Gesundheitsbereich aufgrund neuer Nachfragestrukturen entwickeln. Der praxisorientierte Ausbildungsteil in der Hochschulausbildung wird sich stärker ausprägen müssen. Dabei wird er ergänzt durch die **berufliche Weiterbildung**, die in ihrer Bedeutung die Ausbildung übersteigen wird. Dabei ist davon auszugehen, dass in Zukunft vor allem die nicht betriebliche Weiterbildung privat finanziert werden muss.

Entscheidend aber werden Existenz, Wettbewerbsfähigkeit und Zufriedenheit der Beschäftigten künftig nicht mehr nur von der Aus- und Weiterbildung des einzelnen abhängen, sondern von der **Lernbereitschaft und -fähigkeit des gesamten Betriebs**. Im Mittelpunkt der Organisationsentwicklung von Reisebüros stehen daher die Sicherung und Verbesserung der Problemlösungsfähigkeit/der Handlungskompetenz des Managements, speziell von Gruppen oder des ganzen Unternehmens. Erfolgreich wird gerade im Reisebüro die Zusammenarbeit dann sein, wenn sich ein Team formiert hat und alle Anforderung an das **Teamwork** gesichert werden. Die Motivation, das gegenseitige Verständnis werden schließlich auch gegenüber dem Kunden spürbar. Doch Teams benötigen entsprechende Rahmenbedingungen, die die Betriebsführung sicherstellen muss.

Wenn nur in systematischen Lern- und Veränderungsprozessen der Reisebürobetrieb der Zukunft Mitarbeitererwartungen und Unternehmensziele integrieren und vor allem durch eine verbesserte Motivation die betriebliche Leistungsfähigkeit steigern kann, bedarf die **Weiterbildung** eines **neuen Stellenwertes**. Sie muß in den gesamten Reisebürobetrieb eingebunden werden. Ihre Aufgabe geht weit über die traditionelle Aus- und Weiterbildung als gesondertem und arbeitsteiligem Vorgang hinaus.

Der lernende Reisebürobetrieb wird Lernprozesse konsequent für die **Organisationsentwicklung**, bei der Qualifizierung von Arbeitsgruppen, der Anpassung von Arbeitsverfahren, der Einführung von Neuerungen, bei Qualitätsverbesserungen usw. zielgerecht nutzen. Das **lernende Reisebüro** lernt ständig aus sich selbst und von anderen - nicht zuletzt von den Kunden.

Im lernenden Reisebüro werden nicht Inhalte vermittelt, sondern **Prozesse** in Gang gesetzt. Das Reisebüro entwickelt sich selbst durch verantwortlich handelnde Mitarbeiter, durch deren Einbeziehung in den Prozess der Planung, Durchführung und Kontrolle sowie mit einem Lernen, das aufgrund selbst festgestellter Defizite, Änderungsbedürfnissen und vereinbarter Ziele erfolgt. Das lernende Reisebüro verbindet mehrere Aspekte und Dimensionen zu neuen **Formen ganzheitlichen Lernens**. Die Aus- und Weiterbildung in dieser Art von Betrieben erfolgt als mehrdimensionales Lernen, wobei persönliche Werte, sachliche Ziele und kommunikative Kompetenz im Bildungsprozess voll eingebracht und verbunden werden.

4.5.2   Führungskräfte als Bildungsmanager

Das **neue Lernen** nutzt neue Medien und Technologien in noch nie da gewesenem Umfang. Computerunterstützte Lernmethoden programmierter Unterricht und multimediales Distanzlernen prägen zunehmend die berufliche Bildungslandschaft. Informationen und Orientierungshilfen zur neuen **elektronischen Lernkultur** sind für den Bildungsmanager und -partner im Reisebürogewerbe unverzichtbar. Führungskräfte wie Mitarbeiter werden in den Lernprozessen die Chancen, aber auch die Grenzen der neuen Lerntechnologien und des selbstgesteuerten Lernens erkennen.

Als lernende Organisation ist das Reisebüro stets in einem Prozess des **Neulernens, des Umlernens und des Entlernens**. Der Unternehmer, Vorgesetzte oder Bildungsbeauftragte wird zum Bildungsmanager. Er ist nicht der Oberlehrer mit direktivem Verhalten. Er ist dort in seiner neuen umfassenden Manager-Rolle als Menschenführer zu Hause. Der Manager der Zukunft wird dabei eher das Indirekte steuern, also die Ressourcen dahin leiten, wo sie der Lernende benötigt. Dazu gehört **pädagogisch-didaktische Kompetenz**. Mit der **Organisationsentwicklung** fällt die Entscheidung von eindimensionalen und kognitiven Zielen, sowie von Sachzielen zu mehrdimensionalen Zielsetzungen, zu affektiven und vernetzten Zielen. Der lernende Betrieb geht von den operativen Bildungszielen zu strategischen und ideellen Zielen für Einheiten oder für das ganze Reisebüro über. Die mehrdimensionale Zielsetzung des lernenden Reisebüros wird immer versuchen, die Teilkompetenzen in der Arbeit und im Lernen wechselseitig und gezielt zu stärken. **Arbeit und Lernen** – im Betrieb und in Bildungseinrichtungen – gehen ineinander über: Dazu gibt es Teamworking, Lernstatt, Qualitätszirkel, Projektarbeit, Netzwerke, Zukunftswerkstatt. Je intensiver sich die Betriebe als lernende Organisationen verstehen, um so stärker werden sich die künftigen **Bildungsbeziehungen** zwischen Reiseveranstalter, den kleineren Reisebüros, den Verkehrsunternehmen, den Reservierungsgesellschaften, den Destinationen, sonstigen Leistungsträgern, der Tourismuswissenschaft, den Fachverbänden und vieler sonstiger Einrichtungen, in neuen Formen und mit neuen Zielen entwickeln.

Zu den Grundlagen des neuen Lehr-Lern-Managements gehören **neue Lern- und Entwicklungsmethoden**, z.B. Neuro-mentales Lernen, Mindfitness, selbstgesteuertes Lernen, Prozessdenken, Coaching, Mentaltraining u.a. (vgl. DECKER 1995: 97–176*)*. Angesichts des beschleunigten Wandels außerhalb und innerhalb ihrer Betriebe werden Topmanager, aber auch die Mitarbeiter die zunehmende Bedeutung der **eigenen mentalen Fitness** erkennen. Sie zu pflegen und zu stärken wird künftig auch selbstverständlicher Teil der eigenen Bildung und Entwicklung sein. So werden der Bildungsmanager, das lernende Reisebüro der Zukunft, seine Inhaber, Führungskräfte und Mitarbeiter mehr als andere den Wandel unserer Zeit nicht als Bedrohung, sondern als Chance für die Zukunft begreifen und mitgestalten.

4.6 Weitere Informationsquellen

Weitere Informationen über Qualifikationsanforderungen von Aus- und Weiterbildungsangeboten für Reisebüros und anderen Touristikunternehmen finden sich u.a. in folgenden Untersuchungen im Auftrag der Willy Scharnow-Stiftung für Touristik, Frankfurt/M. (erhältlich über die Willy Scharnow Stiftung für Touristik, Frankfurt/M.):

Willy Scharnow-Institut für Tourismus der Freien Universität Berlin:

- 1999: Fort- und Weiterbildungsangebote in der Touristikbranche

- 2000: Strukturveränderungen in der Reiseveranstalter- und Reisebürobranche. Eine Untersuchung

- 2001: Strategien zur Qualitätssicherung im Reisebüro in der aktuellen Branchensituation.

Weiterführende Literatur:
PUKKE, A.-S. (1993): Fortbildung, Weiterbildung und Umschulung. München.

4.7 Einrichtungen der beruflichen Aus- und Weiterbildung (Adressenkatalog)

Die folgenden Adressen von beruflichen Aus- und Weiterbildungseinrichtungen stellen eine Auswahl ohne Bewertung dar. Weitere Quellen für einschlägige Anschriften sind: Condor Taschenbuch für die Touristik-Presse, Kroll-Verlag, Seefeld sowie TID Touristik-Kontakt, Hamburg 2008. Informationen sind ferner erhältlich über die Fach- und Berufsverbände des Reisebürogewerbes, die Industrie- und Handelskammern und die Bundesagentur für Arbeit: www.kursnet.de, berufenet.de Deutscher Reiseverband: www.drv.de (Seminare/Aus- und Weiterbildungsdatenbank).

Die folgenden Angaben beziehen sich auf die vorgenannten Quellen und sind ohne Gewähr, insbesondere da sie aktuellen Änderungen unterworfen sind (Stand: 2008). Es besteht kein Anspruch auf Vollständigkeit, die Auswahl der Autoren stellt keinerlei Wertung dar. (Anmerkung die Herausgeber).

(1.) Universitäten (alphabetisch nach Standort)

Freie Universität Berlin, Institut für Tourismus; postgradualer weiterbildender Masterstudiengang Tourismusmanagement und Regionale Tourismusplanung; www.fu-tourismus.de

Technische Universität Dresden, Institut für Wirtschaft und Verkehr, Lehrstuhl für Tourismuswirtschaft; Tourismuswirtschaft als Vertiefungsfach im Rahmen der Studiengänge Verkehrs- und Wirtschaftswissenschaften; www.tourismus-tu-dresden.de

Katholische Universität Eichstätt-Ingolstadt, Fachrichtung Geographie; Bachelor-Studium Geographie mit Studienschwerpunkt Freizeit, Tourismus und Umwelt (Wahlpflicht); Stiftungslehrstuhl für Tourismus; www.ku-eichstaett.de/ Fakultaeten/MGF/Geographie/Schwerpunkte/Tourismus.de

Europa-Universität Viadrina Frankfurt/Oder, Master-Studium Kulturmanagement und Kulturtourismus; http://kulturmanagement.euv-frankfurt-o.de/master.htm

Universität Lüneburg, FB II Institut für Betriebswirtschaftslehre; Masterstudiengang Tourismusmanagement; www.uni-lueneburg.de/tour

Universität Rostock, Institut für Verkehr und Logistik, Lehrstuhl Tourismuswirtschaft; Tourismuswirtschaft als Vertiefungsfach; www.wiwi.uni-rostock.de/ ~verkehr/ lehre-tw.htm

Universität Trier, FB VI Geographie; Bachelor-Studium Angewandte Geographie mit dem Studienschwerpunkt Freizeit und Tourismus, Master-Studium Tourismusentwicklung und Destinationsmanagement; www.tourismus.uni-trier.de/ studium/ bachelor/frame_bachelor.htm

(2.) Fachhochschulen und Berufsakademien (alphabetisch nach Standort)

Accadis Hochschule Bad Homburg, Hochschule für Int. Management; B. A. International Business Administration mit Schwerpunktfächern Tourismusmarketing und -management, Studienform variierbar (Full/part-time, duales Studium); www.hochschule.accadis.com/bildung/Travel-and-Tourism/bachelor-travel-tourism.aspx

Internationale Fachhochschule Bad Honnef Bonn; Bachelor oder Doppelabschluss mit Diplom in Internationales Hotel- und Tourismusmanagement, Schwerpunkt Tourismus; www.fh-bad-honnef.de

Fachhochschule der Wirtschaft (FHDW), Standort Bergisch Gladbach, Wirtschaft; Studiengang Betriebswirtschaft (Bachelor), Schwerpunkt Tourism and Eventmanagement; www.bib.de/fhdw/

Fachhochschule für Wirtschaft Berlin; FB II Berufsakademie Wirtschaft/Technik; dualer Bachelor-Studiengang mit Spezialisierung Tourismus; www.fhw-berlin.de

Fachhochschule Braunschweig/Wolfenbüttel, Fakultät Verkehr, Sport, Tourismus, Medien Campus Salzgitter; Bachelorstudium Tourismusmanagement; www.Fh-Wolfenbuettel.de/FKS

Berufsakademie Sachsen, Staatliche Studienakademie Breitenbrunn; Abschlüsse Diplom-BetriebswirtIn (BA), Vertiefungsmöglichkeiten u.a. Reisemittler-/Reiseveranstaltermanagement, Travel-, Destinationsmanagement; www.ba-breitenbrunn.de

Hochschule Bremen, Fachbereiche 6 Internationale Wirtschaft und 8 Sozialwesen; Bachelor-Studium: Internationaler Studiengang angewandte Freizeitwissenschaft und Tourismusmanagement, Masterstudiengänge: Internationale Tourism Management sowie Leisure and Tourism; www.hs-bremen.de

Fachhochschule Deggendorf, Bereich Betriebswirtschaft; Bachelorstudiengänge Tourismusmanagement, Schwerpunkt u. a Destinationsmanagement und Management touristischer Leistungsträger sowie B.A. Betriebswirtschaft mit Schwerpunkt in Tourismusmanagement; www.fh-deggendorf.de

ISM International School of Management GmbH Dortmund, Touristik- und Hotelmanagement; Bachelor in Tourism and Event Management, www.ism-dortmund.de

Fachhochschule Eberswalde; gemeinsamer Masterstudiengang der FB Wirtschaft und Landschaftsnutzung/Naturschutz; Masterstudiengang Nachhaltiger Tourismus; www.fh-eberswalde.de/tour

Fachhochschule Gelsenkirchen, Abteilung Bocholt, Wahlschwerpunkt Tourismus am Fachbereich Wirtschaft im Rahmen des Bachelor-Studienganges Wirtschaft; www2.fh-gelsenkirchen.de/FH-Sites/fachbereiche/index.php?id=882

Private Fachhochschule Göttingen; Bachelor- und Masterstudiengang General Management mit Vertiefungsrichtung Tourism and Travel Management (Vertiefungsmodule); www.pfh-goettingen.de

Baltic College Güstrow; Bachelor-Studiengang Hotel- und Tourismusmanagement gleichzeitig IHK-Abschluss; www.college-guestrow.de

Fachhochschule Harz, Hochschule für angewandte Wissenschaften, FB Wirtschaftswissenschaften; Studiengänge: Bachelor in Tourismusmanagement, Master in Tourism and Destination Development; berufbegleitender MBA Strategisches Touristikmanagement; www.hs-harz.de/touristikmanagement.html/ www.hs-harz.de/mastertourism.html

Heidelberg International Business Academy; neben staatlich anerkannten Abschlüssen Erlangung eines B.A. in International Tourism Management oder International Event & Congress Management; www.hib-academy.de

Hochschule Heilbronn, Fakultät für Wirtschaft; Studiengänge: Bachelorstudiengang Tourismusbetriebswirtschaft, Masterabschlüsse in International Tourism Management und European Tourism Management; www.fh-heilbronn.de/ studiengaenge/tb

Merkur Internationale Fachhochschule Karlsruhe, staatlich anerkannte Fachhochschule; Fakultät II Freizeit-, Messe- und Kulturmanagement; Bachelor-Studiengang Internationales Tourismusmanagement; www.merkur-fh.org

Fachhochschule Kempten, Bachelor-Studiengang Tourismus-Management mit wählbaren Modulen in Reiseveranstaltung, Destinationsmanagement u.a.; www.fh-kempten.de

RheinAhrCampus, Fachhochschule Koblenz; MBA-Fernstudiengang, auf Basismodulen mit betriebswirtschaftlichem Schwerpunkt aufbauende Spezialisierung in Freizeit- und Tourismuswirtschaft; www.rheinahrcampus.de

Berufsakademie Lörrach, Staatliche Studienakademie; Bereich Wirtschaft; Tourismus-Betriebswirtschaft im Rahmen eines Bachelor-Studiums; www.baloerrach.de/tourismus.html

Fachhochschule München, Fakultät für Tourismus, Bachelor-Studium Tourism Management; www.fhm-tourismus.de

Berufsakademie Ravensburg, Staatliche Studien-Akademie; Bachelor-Abschlüsse in Tourismusbetriebswirtschaft mit speziellem Fokus auf Reiseverkehrsmanagement oder Hotel- und Gastronomiemangement; www.ba-ravensburg.de

Hochschule für Technik und Wirtschaft des Saarlandes (HTW), Fachbereich Betriebswirtschaft; Bachelor-Studiengang Internationales Tourismusmanagement; www.htw-saarland.de

Wirtschaftsakademie Schleswig-Holstein; Berufsakademie; Bachelor-Studium Betriebswirtschaftslehre mit speziellen Modulen zum Tourismus; sowie Fachschule für Betriebswirtschaft; staatlich geprüfter Betriebswirt, Schwerpunkt Tourismus www.wak-sh.de/betriebswirtschaft.html

Fachhochschule Stralsund, Fachbereich Wirtschaft; Bachelor-Studium Leisure and Tourism Management; www.fh-stralsund.de

Fachhochschule Westküste Heide, Hochschule für Wirtschaft und Technik; Bachelor- und Masterabschluss Internationales Tourismusmanagement mit derzeitigen Schwerpunkten im Reiseveranstalter- und Destinationsmanagement, weitere Schwerpunkte sind in Planung; www.fh-westkueste.de

Fachhochschule Wilhelmshaven, Fachbereich Wirtschaft; Bachelor in Tourismuswirtschaft, Masterstudium in Planung; www.fh-oow.de/fbw-whv/

Fachhochschule Worms, Fachbereich Verkehrswesen/Touristik; Bachelor- und Master-Studiengang Tourism and Travel Management; www.fh-worms.de/touristik

Fachhochschule Zittau/Görlitz, Hochschule für Technik, Wirtschaft und Sozialwesen; Fachbereich Wirtschaftswissenschaften; konsekutiver Bachelor-/Mastertudiengang Tourismus; www.hs-zigr.de

(3.) Weiterbildung (alphabetisch nach Name der Institution)

AFW Wirtschaftsakademie Bad Harzburg GmbH, AFW Fernstudium, Bad Harzburg

AJT e.V., Fachverband für touristische Aus- und Weiterbildung, Köln

Akademie für Touristik Freiburg, Wirtschaftsinstitut Angell GmbH, Freiburg

Akademie Hamburger Verkehrswirtschaft GmbH, Hamburg

Amadeus Germany GmbH, Bad Homburg

Bildungswerk der Omnibusunternehmer e.V., Böblingen

Bildungszentrum für Tourismus und Gastronomie, Husum

Compass GmbH- Die Beratungsgesellschaft der CBS, Köln

DAV Deutsche Außenhandels- und Verkehrs-Akademie, Bremen

Deutsches Reisebüro GmbH, DER Akademie, Frankfurt/M.

Deutsches Seminar für Fremdenverkehr - DSFT Berlin e.V., Berlin

Deutsches Touristik-Institut e.V. (DTI), DTI-Academy, Online-Schulungen, Stockdorf

DRV Service GmbH, Frankfurt/M.

ELVIA Akademie, Reiseversicherungs-Gesellschaft AG, München

EMS GmbH, Bonn

FernAkademie Touristik, Münster

FORTIS-AKADEMIE Gemeinnützige Bildungs-GmbH, Chemnitz

FORUM Berufsbildung e.V., Berlin

Freiburg International Business School e.V., Freiburg

F + U Gemeinnützige Bildungseinrichtung für Fortbildung und Umschulung GmbH, Akademie für Touristik, Heidelberg

IST-Studieninstitut GmbH, Düsseldorf

Management & Sales Training Dr. J. Egler, Bensheim

Martin-Behaim-Schule, Fachschule Fremdenverkehr, Darmstadt

RDA-Akademie, Internationaler Bustouristik Verband, Köln

Schule für Touristik Weigand KG, Frankfurt/M.

SFT - Schule für Tourismus Berlin GmbH, Berlin

SSI - Institut für Berufsbildung GmbH, München

SSI - Institut für Tourismus und Marketing, Berlin

Staatliche Fachschule für Bau, Wirtschaft und Verkehr, Gotha

ta.ts, Travel Agency, Technologies & Services GmbH, Frankfurt/M.

TFG Touristikfachschule Guzay, Düsseldorf

Touristik-Kolleg an der Europa-Schule, Rhein-Main-Schule Dr. Obermayr, Wiesbaden

Touristisches Ferninstitut Falk (TFF), München

Travel College für Touristik, Pfinztal

TSA Tourismus(fern)akademie der GFW – GbR, Düsseldorf

VDR-Akademie, Institut für Geschäftsreisemanagement, Frankfurt/M.

Willy Scharnow-Stiftung für Touristik, Frankfurt/M.

Wirtschaftsfachschule für Fremdenverkehr und Tourismus, Berufskolleg Eifel in Kall

ferner Industrie- und Handelskammern der einzelnen Bundesländer.

Autorenverzeichnis

Barg, Claus-Dieter, Prof. Dr. rer. pol., Diplom-Kaufmann, geboren 1945. Studium der Betriebswirtschaftslehre an der Universität Saarbrücken. Wissenschaftlicher Assistent am Institut für Konsum und Verhaltensforschung, Promotion zum Thema Werbeforschung. Leiter der Abteilung Psychologische Marktforschung in einem international tätigen Unternehmen. Seit 1979 Professor im Fachbereich Tourismusbetriebswirtschaft der Fachhochschule Heilbronn, Schwerpunkt Marketing. Von 1986–2002 Chefredakteur und Herausgeber der touristischen Fachzeitschrift „Touristik-Management".

Brözel, Claudia, Diplom-Tourismusbetriebswirtin (FH), geboren 1964. Studium der Betriebswirtschaftslehre an der Hochschule Heilbronn mit Schwerpunkt Tourismus und Personalwesen, Abschluss 1993. Im Anschluss Tourismusbeauftragte der Stadt Löwenstein sowie Beratungstätigkeit für Gemeinden in Agenda-21-Prozessen. Seit 1998 Lehrtätigkeit an verschiedenen touristischen Bildungseinrichtungen, u. a. an der Hochschule Heilbronn mit den Schwerpunkten Wirtschaftsethik, Nachhaltigkeit, Tourismuspolitik und E-Commerce. Seit 2000 Beratung und Projektbegleitung beim Aufbau verschiedener Online-Portale. Seit 2004 Vorstand des Verbandes Internet Reisevertrieb.

David, Hendrik, Diplom-Kaufmann, geboren 1977. Ausbildung zum Reiseverkehrskaufmann, danach Studium des Tourismus Management an der Fachhochschule München, mit Schwerpunkten Leistungsträger und Veranstalter. Seine Diplomarbeit über die Einführung eines Semestertickets in München wurde mit dem FH Hochschulpreis der Stadt München ausgezeichnet. Seit 2005 Berater bei Dr. Fried & Partner, Unternehmensberater für Marketing + Management, München. Spezialgebiete seiner touristischen Beratungstätigkeit sind u.a. Prozess- und Systemanalysen, Qualitätsmanagement sowie Projektmanagement.

Heller, Markus, Dr., Diplom-Kaufmann, geboren 1966. Studium der Betriebswirtschaftslehre an den Universitäten Wien und München mit den Schwerpunkten Strategische Unternehmensführung und Marketing. Promotion am Institut für Tourismus und Verkehrswirtschaft an der Universität St. Gallen. Seit 1995 Berater und seit 1998 Partner bei Dr. Fried & Partner, Unternehmensberater für Marketing + Management, München. Spezialgebiete u.a. Prozesskostenanalysen, Betriebsanalysen, Einführung von Qualitätsmanagement, Produktivitätsoptimierung sowie Konzeptionierung und Umsetzung von Marketingmaßnahmen. Buchveröffentlichungen: Dienstleistungsqualität in der touristischen Reisevermittlung. Bern/Stuttgart/Wien 1996 sowie Das Management der Dienstleistungsqualität im Reisebüro. Schriftenreihe des DRV, Frankfurt 1996.

Freyer, Walter, Prof. Dr. rer. pol., Diplom-Volkswirt, geboren 1950. Studium der Volkswirtschaftslehre und Promotion an der Universität Regensburg. Wissenschaftlicher Assistent an der Technischen Universität Berlin. Danach Geschäftsführer eines Reiseveranstalters und -mittlers in Berlin und Hamburg sowie Ausbilder für Reiseverkehrskaufleute, anschließend Geschäftsführer des FIT-

Forschungsinstituts für Tourismus Berlin und Bonn. 1991 Berufung zum Professor für Fremdenverkehrswirtschaft und Volkswirtschaftslehre an die Fachhochschule Heilbronn. Seit 1993 Universitätsprofessor für Tourismuswirtschaft an der Technischen Universität Dresden. Gründungspräsident der Deutschen Gesellschaft für Tourismuswissenschaft (1996). Seit 1995 Vorsitzender des Prüfungsausschusses für Touristikfachwirte bei der IHK Dresden, ab 1996 Mitglied des Education Council der Welttourismusorganisation (UNWTO).

Kirstges, Torsten, Prof. Dr. rer. pol., Diplom-Kaufmann, geboren 1962. Studium der Betriebswirtschaftslehre an der Universität Mannheim. 1984 bis 2001 Gründung, Aufbau und Leitung eines mittelständischen Tourismusunternehmens. Wissenschaftlicher Mitarbeiter von 1988 bis 1992 und Promotion am Institut für Marketing der Universität Mannheim. Diverse Lehraufträge an Berufsakademien und Fachhochschulen. Seit 1992 Professor für Allgemeine Betriebswirtschaftslehre und Tourismuswirtschaft an der Fachhochschule Wilhelmshaven; diverse Publikationen, speziell zum Themenbereich „Tourismus und Marketing". Homepage: www.Kirstges.de.

Kleinert, Corinna, Justiziarin, geboren 1962. Jurastudium mit Ablegung des zweiten Staatsexamens. Anschließend als Rechtsanwältin in einer wirtschaftsrechtlich ausgerichteten Kanzlei. Wechsel als Justitiarin zu einem Reiseveranstalter. Seit 1992 Beschäftigung beim asr Bundesverband mittelständischer Reiseunternehmen e.V. als Referentin für Recht und Steuern. Seit 1999 Tätigkeit beim Deutschen ReiseVerband (DRV) und seit 2001 Justiziarin. Diverse Veröffentlichungen zum Steuerrecht im Luchterhand Verlag.

Klemm, Kristiane, Dr. Akademische Oberrätin, Studium der Geographie, Volkswirtschaftslehre, Stadt- und Regionalplanung in Freiburg und Berlin; 1973–1978 wissenschaftliche Assistentin am Geographischen Institut der Freien Universität Berlin und 1978–1981 wissenschaftliche Mitarbeiterin im Modellversuch Tourismus an der Freien Universität Berlin. Gastprofessorin an der Technischen Universität Berlin, Fachbereich Landschaftsentwicklung und an der Universität Paderborn. Seit 1984 am Willy Scharnow-Institut für Tourismus der FU zuständig für den Ausbildungsbereich „Regionale Tourismusplanung" im Masterstudium Tourismus. Forschungsschwerpunkte: Regionale Tourismusentwicklung; touristische Marktforschung; empirische Untersuchungen zum Freizeitverhalten.

Molina, Manuel, Diplom-Kaufmann, geboren 1965 in Malaga (Spanien), aufgewachsen in Frankfurt/Main. Kombinationsstudium der Lufthansa an der Fernuniversität Hagen 1982–86, Spezialisierung Bereich Finanzcontrolling. Berufliche Stationen waren u.a. Lufthansa Frankfurt, Bereich Finanzcontrolling (1986–1989), danach Manager für Germanwings (in München, Köln und Hamburg), ab 1990 Projektmanagement für Lauda Air, 1992 Projektberatung Flughafen Dresden, ferner Dozent und Prüfer für Reiserverkehrskaufleute bei der IHK Dresden. Ab 1993 Gründung und Geschäftsführer der Touristik Service System GmbH (TSS) in Dresden mit mehreren spezialisierte Tochterunternehmen im In- und Ausland.

Verfechter der Multichannel-Strategie im Reisebüro. Weitere Informationen: www.tss-group.eu

Möller, Claudia, Dr. rer. soc. oec., Mag. rer.soc.oec., Diplom-Betriebswirtin (FH), geboren 1973. Nach Ausbildung zur Reiseverkehrskauffrau Studium der Tourismusbetriebswirtschaft an der Hochschule Heilbronn und der Betriebswirtschaft an der Universität Innsbruck. Doktorat am Institut für Strategisches Management, Marketing und Tourismus der Universität Innsbruck, selbständige Tätigkeit im Bereich touristische Marktforschung und Beratung.

Nies, Irmtraud, Dr. jur., Rechtsanwältin, geboren 1944. Jurastudium in Freiburg, Berlin und Tübingen, zweites Staatsexamen 1972, Promotion 1973 in Freiburg. Nach kurzer Tätigkeit als Rechtsanwältin in Villingen-Schwenningen, Schadensachbearbeitung KH – Großschäden bis 1978 Deutscher Lloyd Versicherung. Von 1979 bis 2007 Abteilungsleitung Recht und Schaden der ELVIA Reiseversicherungs-Gesellschaft AG, Niederlassung für Deutschland. Fachkommentierungen und Aufsätze zu Fragen der Reiseversicherung und des Reiserechts.

Pompl, Wilhelm, Prof. Dr. rer. pol., Diplom-Soziologe, geboren 1943. Studium der Soziologie in München, Wien und Berlin; Promotion 1976 zum Thema „Sozio-ökonomische Implikationen des Ferntourismus". Von 1970 bis 1979 Berufstätigkeit in der Touristik für Paneuropa, TUI, Bayerischer Jugendring im In- und Ausland. Seit 1979 Professor im Fachbereich Tourismusbetriebswirtschaft der Fachhochschule Heilbronn.

Schöpp, Ulrich, Diplom-Volkswirt, geboren 1941 in Ludwigsburg/Württemberg. Studium der Staats- und Wirtschaftswissenschaften an der Universität München. 1967–69 Büro für Internationale soziale Hilfe (BISH) Bonn, anschließend Kurortsplanung Oberstdorf/Allgäu. 1971–77 Verkehrsdirektor der Stadt Bad Mergentheim, 1977–80 Leiter der Aus- und Weiterbildung bei der Deutschen Zentrale für Tourismus (DZT) Frankfurt/M. Von 1981–2004 Direktor des Deutschen Seminars für Fremdenverkehr (DSF) Berlin.

Schrand, Axel, Diplom-Betriebswirt (FH) und Diplom-Soziologe. Dozent für Tourismusökonomie und Tourismussoziologie an der Fachhochschule München und Berufsakademie Ravensburg.

Schuckert, Markus, Dr. rer. soc. oec., Mag. rer. soc. oec., Diplom-Betriebswirt (FH), geboren 1971. Studium der Verkehrsbetriebswirtschaft und Logistik in Heilbronn sowie der Betriebswirtschaftslehre mit Schwerpunkt Tourismus in Innsbruck. Mehrjährige Berufstätigkeit in der Luftfahrtindustrie im In- und Ausland sowie Marktforschungs- und Beratungstätigkeit im Tourismus. Zur Zeit stellvertretender Leiter des Instituts für Tourismus und Freizeitforschung sowie Programmdirektor ad interim für Bachelor- und Masterstudiengang im Tourismus an der HTW Chur (Schweiz).

Schulz, Axel, Prof. Dr. rer. pol., Diplom-Kaufmann. Studium der Betriebswirtschaftslehre in Frankfurt. Promotion an der Universität Erlangen-Nürnberg zum Thema computergestützte Reservierungssysteme. Gleichzeitige Tätigkeit bei der

Deutschen Lufthansa AG im Marketingbereich, Projektleiter für Neue Medien. Anschließend Beschäftigung bei Lufthansa Systems als Produktlinienmanager. Seit 1997 Professor für Tourismuswirtschaft an der Hochschule Kempten.

Sülberg, Werner, Diplom-Volkswirt, geboren 1953 in Iserlohn. 1972–77 Studium der Volkswirtschaftslehre, Rechtswissenschaft, Verkehrswissenschaft/Regionalplanung an den Universitäten Münster und Köln. 1978–1990 verschiedene Funktionen bei der Deutschen Reisebüro GmbH in Frankfurt/M., u.a. im Eigenvertrieb der DER-Reisebüros, im Reiseveranstaltergeschäft, als Assistent des Vorstandsvorsitzenden sowie in Marktforschung, MIS und Controlling. 1991–1999 Bereichsleiter Strategische Unternehmensplanung, Marktforschung und Auslandsbeteiligungen beim DER-Konzern; als Projektleiter Umsetzung vieler Merger- und Akquisitions- sowie In- und Outsourcing-Projekte im In- und Ausland. Seit 2000 mit Übernahme des DER durch den Handelskonzern REWE Bereichsleiter Strategische Konzernentwicklung und Marktforschung für alle Unternehmen bzw. Geschäftssparten des Geschäftsbereichs Touristik der REWE Group (Baustein-Veranstalter, Pauschal-Veranstalter, stationäre Reisebüros, Business Travel). Darüber hinaus ehrenamtliche Tätigkeiten in verschiedenen Funktionen im Deutschen Reise Verband (DRV) und im ADAC. Nebenberuflich Lehraufträge und Vorträge an verschiedenen Universitäten und Fachhochschulen (u.a. Dresden, Berlin, Lüneburg, München, Worms, BA Sachsen) sowie Autor von Beiträgen und Veröffentlichungen in wissenschaftlichen Lehrbüchern und Fachzeitschriften.

Voigt, Peter, Prof. Dr. rer. pol., Diplom-Kaufmann, geboren 1947. Studium der Rechts- und Wirtschaftswissenschaften in Erlangen und Nürnberg. Promotion in Nürnberg 1981. Auslandstätigkeit in Mexiko. 1983 Berufung zum Professor für Betriebswirtschaftslehre und Touristik an der Fachhochschule München. 1987 Gründung des Deutschen Touristik-Instituts. Langjährige Praxis in der Touristik- und Reisebüro-Branche. Derzeit Studiengangleiter Bachelor an der Fakultät für Tourismus der Hochschule München.

Weithöner, Uwe, Prof. Dr. rer. pol., Diplom-Ökonom, geboren 1954. 1974–79 Studium der Wirtschaftswissenschaften an den Universitäten Bielefeld und Hannover, Abschluss 1979 als Diplom Ökonom. Wissenschaftlicher Mitarbeiter am Institut für Unternehmensplanung der Universität Hannover, Promotion 1984. 1985–89 Dozent und Abteilungsleiter bei einem namhaften privaten Bildungsträger, Fachgebiet Wirtschaftsinformatik (Berufsqualifizierung für Abiturienten und Akademiker). 1990–93 Projektleiter bei der TUI-Tochtergesellschaft TUI Software GmbH (System- und Software-Entwicklung für Reisemittler und Reiseveranstalter). Seit 1993/94 Professor für Wirtschaftsinformatik mit Schwerpunkt Tourismuswirtschaft an der Fachhochschule Oldenburg/Ostfriesland/Wilhelmshaven, seit Januar 2008 Vizepräsident am Studienort Wilhelmshaven mit der Ressortverantwortung für Internationales, Hochschulbibliothek und Hochschulrechenzentrum. Nebenamtlich: Berater für tourismuswirtschaftliche Informationssysteme.

Wilbers, Andreas, Diplom-Kaufmann, geboren 1963 in Duisburg. Studium der Betriebswirtschaftslehre an den Universitäten Bielefeld und Köln. Danach war er zehn Jahre in leitenden Positionen, zuletzt als Geschäftsführer, bei internationalen Reisebüroketten mit dem Schwerpunkt Geschäftsreisen tätig. Heute berät er mittelständische Unternehmen und Großunternehmen bei Kostensenkungsprogrammen im Bereich Geschäftsreisen.

Literaturverzeichnis

ABRAHAMSEN, A. 1993: Ausgewählte betriebswirtschaftliche Probleme bei Reiseveranstaltern (Manuskript, unveröff.), München

AHLERT, D. 1996: Distributionspolitik: das Management des Absatzkanals, 3. Aufl., Stuttgart

ALTSCHUL, K. 1991: Alles für den Kunden? Messen, wägen, handeln, pflegen – Total Quality Management im Kundenservice, in: Absatzwirtschaft, H. 10 (1991): 24–32

ASR 1998: Bundesverband mittelständischer Reiseunternehmen e.V (Hg.): Das Reisebüro – erfolgreich gründen und führen, Neuwied usw.

BALLIN, D./BRATER, M. 1996: Handlungsorientiert lernen mit Multimedia: Lernarrangements planen, entwickeln und einsetzen, Nürnberg

BAND, W. 1992: Werte für den Kunden schaffen, Wien

BARG, C.-D. 2007: Back in the bottle, Airline Business: 44–46

- 1990a: Schlüssel zur Seele des Gastes, in: touristik management, H. 1–2 (1990): 23–26

- 1990b: Wer dumm fragt, kriegt dumme Antworten, in: touristik management, H. 4 (1990): 19–22

BARTH, H. 1990: Von Platzbuchungssystemen in Verkehrsbetrieben zu globalen Reisevertriebssystemen, in: KURBEL, H./STRUNZ, E. (Hg.): Handbuch der Wirtschaftsinformatik, Stuttgart: 164–177

BECHHOFER, J. 1995: Reisevertragsrecht (Kapitel 3), München

BECKER, J. 2006: Marketing-Konzeption: Grundlagen des strategischen und operativen Marketing-Managements, 8. Aufl., München

BECKER, S. 2006: Flugangebot in den GDS, in: Touristik Report, Nr. 5 (2006), S. 128–130

BENKEL, A./HIRSCHBERG, G. 1998: Berufsunfähigkeits- und Lebensversicherung, München

BENKENSTEIN, M. 1993: Dienstleistungsqualität. Ansätze zur Messung und Implikationen für die Steuerung, in: Zeitschrift für Betriebswirtschaft, H. 11 (1993): 1095–1116

BENÖLKEN, H./GREIPEL, P. 1994: Dienstleistungs-Management, 2. Aufl., Wiesbaden

BEREKOVEN, L./ ECKERT, W./ELLENRIEDER, P. 1996: Marktforschung, Wiesbaden

BERGMANN, B. 1996: Lernen im Prozeß der Arbeit, Dresden

BIBB – BUNDESINSTITUT FÜR BERUFSBILDUNG

- 1990: Neue Ausbildungsmethoden in der betrieblichen Berufsausbildung: Ergebnisse aus Modellversuchen, Berlin/Bonn

- 1995, siehe INFRATEST SOZIALFORSCHUNG 1995

- 1996, siehe FREYER /TÖDTER 1996, LETTL-SCHRÖDER 1996 und SCHAFBERG 1996

- 1998, siehe FREYER /TÖDTER /WENZEL

BIDINGER, R./MÜLLER, R. 1995: Reisevertragsrecht, Berlin

BIEGER, T. 2008: Management und Destinationen, 7. Aufl., München/Wien

BISANI, F. 2000: Personalwesen und Personalführung, Wiesbaden

BLAKE, R.R./MOUTON, J.S. 1986: Verhaltenspsychologie im Betrieb, 2. Aufl., Düsseldorf

BLEICHER, K. 2004: Das Konzept Integriertes Management, 7. Aufl., Frankfurt/M. usw.

BLEILE, G. 1995: Tourismusmärkte, München/Wien

BROCHHAUSEN, E. u.a. 2004: SAP Travel Management, Bonn

BRUHN, M./STAUSS, B. (Hg.) 1995: Dienstleistungsqualität: Konzepte, Methoden, Erfahrungen, 2. Aufl., Wiesbaden

BUDDEBERG, H. 1959: Über die Vergleichbarkeit der Handelsbetriebe, Köln

BUNDESANSTALT FÜR ARBEIT NÜRNBERG 1998 (Hg.): Berufe im Tourismus, Blätter zur Berufskunde, 4. Aufl., Bielefeld, (Verfasser: STEINECKE, A./KLEMM, K.,)
BUNDESINSTITUT FÜR BERUFSBILDUNG, siehe BIBB
BUNDESMINISTERIUM FÜR ARBEIT UND SOZIALORDNUNG 1998: Mobilzeit: 84–93, Bonn
BUNDESMINISTERIUM FÜR BILDUNG, WISSENSCHAFT, FORSCHUNG UND TECHNOLOGIE 1997 (Hg): Berufsbildungsbericht, Berufliche Weiterbildung, Bonn: 152ff.
BUNDESVERBAND MITTELSTÄNDISCHER REISEUNTERNEHMEN E.V. 1998: siehe ASR
BUSSE, F.-J. 1997:Grundlagen der betrieblichen Finanzwirtschaft, München/Wien
BUSSIEK, J. 1996: Anwendungsorientierte Betriebswirtschaftslehre für Klein- und Mittelunternehmen, 2. Aufl., München usw.

CHROMIK, R./VON DER REITH, S. 1997: Das Reisebüro der Zukunft: Eine technologieunterstützte Kooperation, Forschungskreis Tourismus Management e.V., Eigenverlag, Trier
CORSTEN, H./GÖSSINGER, R. 2007: Dienstleistungsmanagement, 5. Aufl., München/ Wien

DECKER, F.
- 1985: Aus- und Weiterbildung am Arbeitsplatz: Neue Ansätze und erprobte berufspädagogische Programme, München
- 1995: Die neuen Methoden des Lernens und der Veränderung: Lern und Organisationsentwicklung mit NLP, Kinesiologie und Mentalpädagogik, München
DER 1987: Deutsches Reisebüro (Hg.): 70 Jahre Deutsches Reisebüro (Dokumentation), Frankfurt/M.
DEUTSCHE LUFTHANSA (Hg.)
- 1997a: Prozeßkostenanalyse im Reisebüro, Frankfurt/M.
- 1997b: Die Produktivität steigern. Ein praxisbezogener Leitfaden für das Reisebüro, Frankfurt/M.
DILLER, H.
- 1992: Key-Account-Management, in: DILLER, H. 1992 (Hg.): Vahlens Großes Marketing-Lexikon, München: 530–531
- 2002: Grundprinzipien des Marketing, Nürnberg
DÖRR, G. 1994: Wie gründe und führe ich ein Reisebüro: Das Reisegeschäft, 5. Aufl., Bonn
DREYER, A./DEHNER, C. 2003: Kundenzufriedenheit im Tourismus, 2.Aufl., München/Wien
DRUMM, H. J. 1995: Personalwirtschaftslehre, Berlin/Heidelberg
DRV – Deutscher ReiseVerband e.V. (Hg.)
- 1987: Reisebüro-Praxis Teil 3: Rechnungswesen im Reisebüro Teil 3
- 1990: Strategische Partnerschaften zur Sicherung erfolgreicher Unternehmensexistenz im beschleunigt wachsenden Wettbewerb, Frankfurt/M.
- 1991: Auswirkungen des EG-Binnenmarktes auf mittelständische Reiseveranstalter und Reisemittler, Frankfurt/M.
- 1998: Personal Computer im Reisebüro, 5. Aufl., Eigenverlag, Frankfurt/M.
- 1999–2007: Vertriebsdatenbank, versch. Jg. (Projektdurchführung: Projekt M, Lüneburg)
- 2006: Fakten und Zahlen zum deutschen Reisemarkt 2005, Berlin
- 2007: Fakten und Zahlen zum deutschen Reisemarkt 2006, Berlin
DSF 1991: Deutsches Seminar für Fremdenverkehr Berlin (Hg.): Dozent für Weiterbildung im Tourismus: Eine Bildungsoffensive des DSF, Berlin
DZT 2007: Geschäftsreisemarkt Deutschland 2006, Frankfurt/M.

EGGER, R. 2005: Grundlagen des eTourism; Informations- und Kommunikationstechnologien im Tourismus, Aachen

EGLER, J. 1980: Das Reisebüro der 80er Jahre, Vortragsmanuskript, Worms

EMMRICH-OLTMANNS, S. 1976: Planung des Personaleinsatzes, in: RKW, Arbeitsbuch Personalplanung, Lernprogramm VI, Saarbrücken

ERDMANN, B. 1994: Erfolgsfaktoren der Reisebüros – eine Analyse des Betriebsvergleichs für Reisebüros 1993, Hamburg

ERPENBECK, J./HEYSE, V. 1996: Neue Lehrinhalte und Aufgaben in der betrieblichen Weiterbildung, Berlin

FÄRBER, H.D.
- 1993: EDV-Systeme lösen bald alle Ordnungsrahmen ab, in: FVW International, H. 5 (1993): 144
- 1996: START als Vertriebsmedium mit Zukunftschancen, in: FVW International, H. 10 (1996): 58f.

FARNY, D. u a. 1988 (Hg.): Handwörterbuch der Versicherung, Karlsruhe

FAYOL, H. 1916: Administration industrielle et générale, Paris

FREMDENVERKEHRSWIRTSCHAFT INTERNATIONAL, siehe FVW INTERNATIONAL

FREY, F. 1985: Flexible Arbeitszeit, Zeitgemäße Vertragsformen bei wechselndem betrieblichen Personalbedarf, München

FREY, H. 1985: Flexible Arbeitszeit, Zeitgemäße Vertragsformen bei wechselndem betrieblichen Personalbedarf, München

FREYER, W.
- 1986a: Management im Reisebüro: Vier Wege zum Ziel, in: touristik report, Nr. 22: 30f.
- 1986b: Beratung: der goldene Mittelweg. Anmerkungen zu den steigenden Anforderungen an Reisebüromitarbeiter, in: touristik aktuell, Nr. 8: 22f.
- 1987: Papierlose Zukunft: Bedeutung der Elektronik im Tourismus, in: touristik report, Nr. 14: 13f.
- 1997: Konserve oder Kreuzfahrt – Urlaub ist keine Ware wie jede andere, in: touristik report, Sondernummer, Dezember 1997: 22–27
- 1998: Globalisierung und Tourismus, Gutachten für das Büro für Technikfolgenabschätzung beim Deutschen Bundestag, Bonn (erschienen: Dresden: FIT 1998, 2.Aufl. 2002)
- 2001: Qualitäts-Management im Marketing, in: ZOLLONDZ, H.-D. (Hg.): Lexikon des Qualitätsmanagements, München/Wien: 952–960
- 2006: Tourismus, Einführung in die Fremdenverkehrsökonomie, 8. Aufl., München/Wien
- 2007: Tourismus-Marketing: Marktorientiertes Management im Mikro- und Makrobereich der Tourismuswirtschaft, 5. Aufl., München/Wien

FREYER, W./MOLINA, M. 2008: Innovations in Destination Distribution Management, in: CONRADY, R./BUCK, R. (Hg.): Trends and Issues in Global Tourism 2008, Berlin usw.: 167–175

FREYER, W./NAUMANN, M./SCHRÖDER, A. 2006: Geschäftsreise-Tourismus: Geschäftsreisemarkt und Business Travel Management, 2. Aufl., Dresden

FREYER, W./POMPL, W.
- 1996: Schlüsselkompetenzen im internationalen Tourismusmanagement, in: AIEST (Hg.): Globalisierung und Tourismus, Rotorua/St. Gallen: 303–322
- 1999: Reisebüro-Management, München/Wien

FREYER, W./SCHERHAG, K. 1996 (Hg.): Zukunft des Tourismus, Dresden
- 1999: Reisebüro-Management, München/Wien

FREYER, W./TÖDTER, N. 1996: Berufsverläufe von Fachkräften in der Reisebranche, Gutachten für das Bundesinstitut für Berufsbildung (BiBB), Berlin/Dresden

FREYER, W./TÖDTER, N./WENZEL, U 1998 (Hg.): Karrierewege von Fachkräften der Reisebranche, Ergebnisse des Forschungsprojektes „Berufsverläufe von Fachkräften in der Reisebranche", wiss. Diskussionspapiere des BIBB, H. 39, Berlin

FRIED & PARTNER
- 1997: Prozesskostenanalyse, München
- 1998: Ablauf einer Pauschalreise-Buchung – Zeit je Teilprozeß, in: fvw, H. 14 (1998): 9
- 2005: Vertriebsanalyse im touristischen Verkauf stationärer Reisebüros, Vortrag DRV Tagung Dubai, (Dr. Markus Heller)
- 2007: Understanding how service fee automation impacts travel agency business, München

FRITZ, W. 2004: Internet-Marketing und Electronic Commerce, 3. Aufl., Wiesbaden

FROMMER, S. 1998: Kundenerwartungen an Reisebüros, in: FREYER, W./POMPL, W. 1999: 81–95

FÜHRICH, E.
- 1998: Reiserecht, 3. Aufl., Heidelberg (Rdnrn. 561 ff.)
- 2007: Basiswissen Reiserecht, München

F.U.R. – Forschungsgemeinschaft Urlaub und Reisen e.V. (Hg.)
- verschied. Jg.: Die Reiseanalyse, Hamburg
- 1998: Die Reiseanalyse RA 97, Hamburg
- 2008: Modul Information und Buchung auf der Basis der RA Online 11/2007

FUSS, W. 1960: Geschichte der Reisebüros, Darmstadt

FUZINSKI, A./MEYER, C. 1997: Der Internet-Ratgeber für erfolgreiches Marketing mit umfangreichen Checklisten, Düsseldorf/Regensburg

FVW INTERNATIONAL (bis 1991 Fremdenverkehrswirtschaft International)
- 1994: Schwerpunktheft „Das Reisebüro im Wandel", H. 22 (1994): 29ff.
- 1996: H. 10, Siehe FÄRBER 1996
- 1996: H. 25, siehe LETTL-SCHRÖDER 1996 und SCHAFBERG 1996
- 1997: Beilage „Reisebüro-Ketten und Kooperationen", H. 14 (1997)
- 1998: H. 14, siehe FRIED & PARTNER
- 1998: H. 14, siehe SPIELBERGER 1998c
- 2006: H. 8, siehe STIRM 2006
- 2007: Beilage „Veranstalterdokumentation 07", H. 31 (2007): 24
- 1976-2007: Dokumentation Deutscher Reiseveranstaltermarkt in Zahlen, in: FVW International, verschied. Jg.
- 1980-2007: Dokumentation Deutsche Reisebüroketten und Kooperationen, in: FVW International, verschied. Jg.
- 1988-2007: Dokumentation Europäischer Reiseveranstaltermarkt in Zahlen, in: FVW International, verschied. Jg.

GEPPERT, H.M. 1995: Vertikales Marketing in der Touristik-Branche, Bern usw.

GOOGLE Deutschland 2007 (Hg.): Internet-Reisebuchungen. Die Bedeutung der Suchmaschinen in der touristischen Wertschöpfungskette. Studie durchgeführt von Convios Consulting, Hamburg

GRAN, A. 1998: Die IATA aus der Sicht deutschen Rechts, Frankfurt/M.

GRAUER, M./MERTEN, U. 1997: Multimedia – Entwurf, Entwicklung und Einsatz in betrieblichen Informationssystemen, Berlin usw.

GREEN, P.E./TULL, D.S. 1982: Methoden und Techniken der Marketingforschung, 4. Aufl., Stuttgart

GREER, T. 1997: Intranets verstehen: Ein Leitfaden für Entscheidungsträger, Unterschleißheim

GRÖNROOS, C. 1990: Service Management and Marketing: Management the Moments of Truth in Service Competition, Lexington

GUTENBERG, E. 1969: Die Produktion, 16. Aufl., Berlin usw.

HAEDRICH, G. u. a. 1998 (Hg.): Tourismus-Management: Tourismus-Marketing und Fremdenverkehrsplanung, 3. Aufl., Berlin/New York

HAMMER, M./NAUMANN, M. 2006: Der Markt für Geschäftsreisen – Nachfrage- und Angebotsstrukturen. In: FREYER, W. u.a. 2006: Geschäftsreise-Toursimus, Dresden: 11–84

HANSEN, H. R. 1996: Wirtschaftsinformatik I – Grundlagen der betrieblichen Informationsverarbeitung, Stuttgart

HÄSSEL, G. 1994: Die Besteuerung und Buchführung der Reisebüros, Hinweise – Empfehlungen – Erfahrungen, 2. Aufl., München

HEBESTREIT, D. 1992: Touristik Marketing, 3. Aufl., Berlin

HELL, H. 1985: Programmierte Direktwerbung, Einbeck

HELLER, M. 1996: Dienstleistungsqualität in der touristischen Reisevermittlung: Ein Leitfaden zur Verbesserung der Wettbewerbsfähigkeiten kleiner und mittlerer Reisebüros, Bern/Stuttgart/Wien

HELLER, M. 1998: Prozeßkostenanalyse, in: KLUTMANN, M. 1998: Beraten und Verkaufen im Reisebüro, 2. Aufl., Hamburg

HENTZE, J.: Personalwirtschaftslehre Band I und II, Bern/Stuttgart, neueste Auflage

HERMÉS MANAGEMENT CONSULTING 2006 (Hg.): Understanding travel agencies cost drivers and ways to optimise business in the Scandinavian countries, SMTV analysis

HESSE, K. P., 1983: Gründe für die Beanspruchung des Reisebüros, in: Das Reisebüro, Nr. 10 (1983): 1–4

HINTERHUBER, H.H. 2004: Strategische Unternehmensführung, 7. Aufl., Berlin usw.

HINTERHUBER, H./HANDLBAUER, G./MATZLER, K. 1997: Kundenzufriedenheit durch Kernkompetenzen, München

HOCHREITER, R./U. ARNDT 1978: Die Tourismusindustrie, Frankfurt/M./Bern/Las Vegas

HOERNER, R./VITINIUS, K. 1997: Heiße Luft in neuen Schläuchen: Ein kritischer Führer durch die Managementtheorien, Frankfurt/M.

HOFMANN, W. 1996: Die Flugpauschalreise, in: MUNDT, J. W. 1996: 123

HOMBURG, C./SCHÄFER, H./SCHNEIDER, J. 2006: Sales Excellence – Vertriebsmanagement mit System, 4. Aufl., Wiesbaden

HOFSTEDE, G. 1980: Culture's consequences: International differences in workrelated values, Beverly Hills/London

HOPFENBECK, W. 1993: Allgemeine Betriebswirtschafts- und Managementlehre, 7. Aufl., Landsberg/Lech

HOPFENBECK, W./ZIMMER, P. 1993: Umweltorientiertes Tourismusmanagement: Strategien, Checklisten, Fallstudien, Landsberg/Lech

HOPT, K. J. 2003: Handelsvertreterrecht, München

HORVATH, P. 1986: Controlling, München

HUMMEL, T.R. 1994: Betriebswirtschaftslehre: Gründung und Führung kleiner und mittlerer Unternehmen, 2. Aufl., München/Wien

HUMPHREYS, B. 1995: New Developments in CRSs, Paris

HÜNERBERG, R./HEISE, G./MANN, A. 1996: Handbuch Online-Marketing – Wettbewerbsvorteile durch weltweite Datennetze, Landsberg

HYVÄRINEN, K./ABLER, G./TÖDTER, N. 2008: Geschäftsreisestudien in Deutschland: Unterschiede der Konzepte und Methoden, in: Modernes Geschäftsreise-Management 2008, München: 20–26

INFRATEST SOZIALFORSCHUNG 1995: Zertifizierung und Qualitätssicherung in der beruflichen Weiterbildung, im Auftrag des Bundesinstituts für Berufsbildung, München (Verfasser: KUWAN, H./WASCHBÜSCH, F.)

INKPEN, G. 1998: Information technology for Travel and Tourism, 2. Auflage, Singapore

ISERMANN. E. 1987: Rechtsfragen im Reisebüro, in: VERBRAUCHER UND RECHT (1987): 301

INTERNATIONAL AIR TRANSPORT ASSOCIATION 2007: IATA Ticketing Handbook, Genf

JEFKINS, F. 1992: Public Relations, 4.Aufl., Suffolk

KAMENZ, U. 1997: Marktforschung, Stuttgart

KASPAR, C. 1995: Management im Tourismus: Eine Grundlage für die Führung von Tourismusunternehmen und -organisationen, 2. Aufl., Bern usw.

KATZ, R. L. 1974: Skills of an Effective Administrator, in: Harvard Business Review, Nr. 5 (1974): 90–102

KIRSTGES, T.
- 1994: Management von Tourismusunternehmen: Organisation, Personal- und Finanzwesen, München/Wien
- 2000: Management von Tourismusunternehmen: Organisation, Personal- und Finanzwesen bei Reiseveranstaltern und Reisemittlern, 2. Auflage, München/Wien
- 2003: Sanfter Tourismus, 3. Aufl., München/Wien
- 2005: Expansionsstrategien im Tourismus: Marktanalyse und Strategiebausteine, unter besonderer Berücksichtigung mittelständischer Reiseveranstalter, 3. Auflage, Wilhelmshaven
- 2006: Analyse des Stellenmarktes „Tourismus" des Jahres 2005, Wilhelmshaven

KIRSTGES, T./GLEUE, N. 2005: Touristischer Arbeitsmarkt: Bewerberzahl auf und Erfolgsfaktoren von Stellenannoncen in der Tourismuswirtschaft, Wilhelmshaven

KLIMECKI, R.G./PROBST, G.J./EBERL, P. 1991: Perspektiven eines entwicklungsorientierten Managements, Konstanz

KLUTMANN, M.M.F. 1993: Beraten und Verkaufen im Reisebüro, Hamburg

KNÜPFFER, R. V.: Partnerschaft, betriebliche, in: HWP: 1441–1448

KOCH, H.
- 1994a: Bis zum Stammkunden ist es noch ein weiter Weg, in: FVW International, H. 22 (1994): 55–60
- 1994b: Der Markenname spielt eine untergeordnete Rolle, in: FVW International, H. 19 (1994): 18

KOLLMANN, T. 2007: E-Business, Grundlagen elektronischer Geschäftsprozesse in der Net Economy, Wiesbaden

KOREIMANN, D.S. 1999: Management, 7. Aufl., München usw.

KOTLER, P./BLIEMEL, F. 2001: Marketing-Management: Analyse, Planung, Umsetzung und Steuerung, 10. Aufl., Stuttgart

KRÄMER, I. 1999: Neue Medien und elektronischer Handel in der Tourismuswirt-schaft, Folge 4: Auswertung der WWW-Kontakte mittels Logfile-Analyse als Instrument der Marktbeobachtung, in: Tourismus Jahrbuch, H. 1 (1999)

KRAUSE, J. 1998: Electronic Commerce: Geschäftsfelder der Zukunft heute nutzen, München/Wien

KREIKEBAUM, H. 1997: Strategische Unternehmensplanung, 6. Aufl., Stuttgart

KREILKAMP, E.
- 1987: Strategisches Management und Marketing, Berlin usw.

- 1995: Tourismusmarkt der Zukunft – Die Entwicklung des Reiseveranstalter- und Reisemittlermarktes in der Bundesrepublik Deutschland, Frankfurt/M.
- 1997: Bessere Servicequalität hilft beim Sparen, in: FVW International, H. 25 (1997): 48f.
- 1998: Strategische Planung im Tourismus, in: HAEDRICH u.a. 1993: 287–324
KREILKAMP, E./REGELE, U. 1998: Konzentration im Reisemittlermarkt, in: FVW International, H. 14 (1998): 48–50
KUSS, A. 2004: Marktforschung – Grundlagen der Datenerhebung und Datenanalyse, Wiesbaden

LANDGREBE, S. 1999: Internationales Tourismus-Management, München/Wien
LANZ, I.
- 1996: FVW-Umfrage zur Verkaufssteuerung in den Reisebüros, in: FVW International, Nr. 1 (1996): 12f.
- 1997a: Das gemietete Spiegelbild des Kunden, in: FVW International, H. 22 (1997): 68–70
- 1997b: Höflichkeit und Kompetenz versetzen Berge, in: FVW International, H. 22, (1997): 64–67
- 1998: Mit vielen Stammkunden auf Erfolgskurs, in: FVW International, Nr. 7 (1998): 14f.
- 2007: Kraftakt am Rande der Null, in FVW Dokumentation Ketten und Kooperationen 2006: 4–6
LASSBERG, D.V. 1998: Ergebnisse der Reiseanalyse 1998 zu Urlaubsreisen und Umweltbewußtsein, in: FVW International, Nr. 20 (1998): 64f.
LEBLANC, G. 1992: Factors Affecting Customer Evaluation of Service Quality in Travel Agencies: An Investigation of Customer Perceptions, in: Journal of Travel Research, Bd. 30, Nr. 4 (1992): 10–17
LEHMANN, A. 1995: Dienstleistungsmanagement: Strategien und Ansatzpunkte zur Schaffung von Servicequalität, 2. Aufl., Stuttgart/Zürich
LEIDERER, W. 1984: Ist die Budgetierung als betriebswirtschaftliches Informationsinstrument auch in mittelständischen gastgewerblichen Unternehmen anwendbar?, in: Allgemeine Hotel- und Gaststättenzeitung, H. 16 (1984)
LETTL-SCHRÖDER, M. 1996: Studie zur Karrieremöglichkeit von Fachkräften der Reisebranche: Die Karriereleiter können nur sehr wenige erklimmen, in: FVW International, H. 25 (1996): 56
LITTLE, A.1996: Management im vernetzten Unternehmen, Wiesbaden
LOVELOCK, C.H. 1992: Managing Services, 2. Aufl., Englewood Cliffs: Prentice-Hall
LUECHINGER, U. 1975: Die Planung des Reiseprodukts, Diss., St. Gallen
LUFT, H. 1996: Grundlegende Tourismusbetriebslehre, Limburgerhof

MAESS, TH./MISTELI, J. M. 1996: Das Unternehmer-Jahrbuch, Neuwied
MASING, W. 1994 (Hg.): Handbuch des Qualitätsmanagements, 3. Aufl., München/Wien
MATT, A. 1994: Verkaufsgespräch. Schau ihm in die Augen, in: touristik management, H. 6 (1994): 19–21
MEFFERT, H.
- 1992: Marketingforschung und Käuferverhalten, Wiesbaden
- 1999 (Hg.): Marktorientierte Unternehmensführung im Wandel, Wiesbaden
- 2000: Marketing – Grundlagen marktorientierter Unternehmensführung, 9. Aufl., Wiesbaden

MEFFERT, H./BURMANN, C./KIRCHGEORG, M. 2008: Marketing, Grundlagen marktorientierter Unternehmensführung, 10. Aufl., Wiesbaden

MEFFERT, H./BRUHN, M. 2006: Dienstleistungsmarketing: Grundlagen – Konzepte – Methoden, 5. Aufl., Wiesbaden

MEIER, H. 1991: Personalentwicklung – Konzept, Leitfaden und Checklisten für Klein- und Mittelbetriebe, Wiesbaden

MEIFORT, B./SAUTER, E. 1991 (Hg): Qualität in der beruflichen Weiterbildung – Ergebnisse eines Workshops des Bundesinstituts für Berufsbildung, Berlin/Bonn

MEYER, W. 1991: Grundlagen der Verkaufspsychologie, in: WOLF, J./SEITZ, E.: 367–405

MEZZASALMA, R. 1994: Öko-Management für Reiseveranstalter, Bern

MIHALIC, T./KASPAR, C. 1996: Umweltökonomie im Tourismus, Bern usw.

MINTZBERG, H. 1973: The Nature of Managerial Work, New York usw.

MÜLLER, H.
- 2000: Qualitätsorientiertes Tourismus-Management, Bern usw.
- 2007: Tourismus und Ökologie, München/Wien

MUNDT, J.W.
- 1996: Reiseveranstaltung, 3. Aufl., München/Wien
- 1998: Einführung in den Tourismus, München/Wien

MÜSER, M. 1999: Ressourcenorientierte Unternehmensführung, Lohmar

MURPHY, J.A. 1994: Dienstleistungsqualität in der Praxis: ein Handbuch für den praktischen Gebrauch, München usw.

NIEHUUS, M. 1996: Reiserecht in der anwaltlichen Praxis, Bonn (§ 15)

NIES, I.
- 1997: Die Beratungspflichten des Reisebüros, in: ReiseRecht aktuell (1997): 21ff.
- 2005: Reisebüro – Rechts- und Versicherungsfragen, 2. Aufl., München

NIES, I./TRAUT, U. 1995: Reiserecht, München

NIESCHLAG, R./DICHTL, E./HÖRSCHGEN, H. 2002: Marketing, 19. Auflage, Berlin

NOLL, R. 1996: Besteht eine Pflicht des Reisevermittlers, den billigsten Reiseveranstalter zu empfehlen?, in: ReiseRecht aktuell (1996): 67ff.

OEHME, W. 1992: Handelsmarken, in: DILLER, H. (Hg.) 1992 (Hg.): Vahlens Großes Marketing-Lexikon, München: 401f.

O'REILLY, T. 2005: Design Patterns and Business Models for the Next Generation of Software, http://www.oreilly.de/artikel/web20.html

ÖTVÖS, P. 2003: Erfolgsfaktor Mobilität: Ansprüche an Unternehmen bei der Beschaffung, Steuerung und Umsetzung von Mobilität, in: Bundesverband Materialwirtschaft, Einkauf und Logistik e.V.: Mobilität: Voraussetzung und Motor für die Wirtschaft, Mülheim an der Ruhr: 10–14

O.V. 1991: Beraten und verkauft?, in: test, H. 7 (1991): 94

O.V. 1993: Arbeitsrecht – Streitpunkt Arbeitszeit: Justitias Stechuhr, in: touristik management, H. 9 (1993): 38–43

O.V. 1996: Back-Office-Software als Verkaufshilfe, in: touristik report, 15.10.1996: 22f.

O.V. 1996: Rationalisierung durch Technik, in: touristik report, 15.10.1996: 25f.

O.V. 1997: Günstig oft nur auf Nachfrage, in: test, H. 4 (1997): 98–101

O.V. 2007: Großer Wandel ohne große Folgen, in: Touristik Report Spezial Geschäftsreisen, H. 10 (2007)

PENROSE, E.T. 1959: The Theory of the Growth of the Firm, New York

PEPELS, W. 2003: Distribution von Dienstleistungen, in: Pepels, Betriebswirtschaft der Dienstleistungen, Herne/Berlin: 108–128

PEPELS, W. 2007: Vertriebsmanagement in Theorie und Praxis, München/Wien

PHOCUS WRIGHT INC. 2007: Germany online Travel Overview, Second edition, April 2007; zitiert nach Verband Internet Reisevertrieb. Daten und Fakten zum Online-Reisemarkt, 2. Aufl., München: 8

PIEROTH, E. 1970: Das Pieroth-Modell, in: Arbeitsgemeinschaft zur Förderung der Partnerschaft in der Wirtschaft e.V. (Hg.), AGP-Mitteilungen, Nr. 156 (vom 15.2.70): 3–5.

PLÜMACHER, K./OEHMS, C. 1995: Was erwartet der Kunde von Reisebüros – Präsentation einer Umfrage, o. O.

POMPL, W.
- 1996: Touristikmanagement 2: Beschaffungs-, Qualitäts-, Produkt-, Preismanagement, Berlin/Heidelberg
- 1997a: Touristikmanagement 1: Beschaffungsmanagement, 2. Aufl., Berlin/Heidelberg
- 1997b: Qualität touristischer Dienstleistungen, in: POMPL, W./LIEB, M. (Hrsg.): Qualitätsmanagement im Tourismus, München/Wien 1997: 1–29
- 2003: Tourismusdienstleistungen, in: PEPELS, W. 2003: Betriebswirtschaft der Dienstleistungen, Herne/Berlin
- 2007: Luftverkehr, 5. Aufl., Berlin

PORTER, M.
- 1992: Wettbewerbsvorteile, 3. Aufl., Frankfurt/M.
- 1999: Wettbewerbsstrategie, 10. Auflage, Frankfurt/M.

PRÖLSS, J./MARTIN, A. 2004: Versicherungsvertragsgesetz, 27. Aufl., München

PUKKE, A.-S. 1993: Fortbildung, Weiterbildung und Umschulung, München

RAFFÉE, H./FRITZ, W./WIEDMANN, K.-P. 1994: Marketing für öffentliche Betriebe, Stuttgart

REETZ, L./ROTH, V. 1990: Zur Bedeutung der Schlüsselqualifikationen in der Berufsausbildung, in: REETZ,L./REITMANN, T. 1990: Schlüsselqualifikationen - Fachwissen in der Krise?, Hamburg

REISEANALYSE, siehe F. u. R.

RENSHAW, M.B. 1992: The Travel Agent, Sunderland

RIEMANN J. 1996: Wohin gehen die CRS? Riesen im Wandel der Zeit, in: touristik report, Sonderausgabe (Juli 1996): 58–62

ROGGE, H.-J. 1981: Marktforschung, München/Wien

ROGL, D. 2003: Schwieriges Spiel mit Bausteinen, in: FVW H. 24 (vom 15.10.2003): 59

ROMEISS-STRACKE, F. 1995: Service-Qualität im Tourismus, München

RÖMER, W./LANGHEID, T. 2003: Versicherungsvertragsgesetz, München

ROTH, P./SCHRAND, A. 1998 (Hg.): Touristik-Marketing: Das Marketing der Tourismus-Organisationen, Verkehrsträger, Reiseveranstalter und Reisebüros, 3. Aufl., München

RUHWEDEL, E. 1998: Der Luftbeförderungsvertrag, 3. Auflage, Neuwied/ Kriftel

SCHAFBERG, B. 1996: BIBB-Studie: Berufsverläufe von Fachkräften in der Reisebranche: Akademiker werden für die Chefetage gesucht, in: FVW International, H. 9 (1996): 18

SCHARFENORTH, S. 2005: Erfolgreich im Strukturvertrieb, Wiesbaden

SCHERTLER, W. 1994 (Hg.): Tourismus als Informationsgeschäft: Strategische Bedeutung neuer Informations- und Kommunikationstechnologien im Tourismus, Wien

SCHIERENBECK, H. 2006: Grundzüge der Betriebswirtschaftslehre, 16. Aufl., München/ Wien

SCHMID, R./LEFFERS, C. 1997: Rechtsprechung zum Charterflug. Rechtsprobleme bei der Luftbeförderung im Rahmen von Flugpauschalreisen, Neuwied/Kriftel

SCHÖGEL, M. 2001: Multichannel Marketing – Erfolgreich in mehreren Vertriebswegen, Zürich

SCHRAND, A. 1995: Das Marketing der Reisebüroorganisationen, in ROTH, P./ SCHRAND, A. 1995: 309–397

SCHRÖDER, E. 1982: Modernes Unternehmenscontrolling, Ludwigshafen

SCHULZ, A.
- 1997: Electronic Marketcoordination in the Travel Industry, in: TJOA, A. (Hg.): Information and Communication Technology in Tourism, Wien/New York: 67–75
- 1998: Elektronische Reservierungsmöglichkeiten in der Touristik: CRS oder neue Medien?, in: Tourismus Jahrbuch, H. 1 (1998): 227–255
- 1998: Multimediale Anwendungen im Tourismus, in: BAUSCH, T./ SCHMÖLZER, A. (Hg.): Tourismus Forum 1998: 55–57

SCHULZ, A./FRANK, K./SEITZ, E. 1996: Tourismus und EDV – Reservierungssysteme und Telematik, München

SCHULZ, B. 2005: Amadeus Griffbereit, Amadeus Vista Graphic Page – Air, Hotel, Car, Bad Homburg

SCHUSTER, R./FÄRBER, J./EBERL, M. 1997: Digital Cash – Zahlungssysteme im Internet, Berlin u.a.

SCHWANINGER, M. 1989: Integrale Unternehmensplanung, Frankfurt a. M. usw.

SEIBT, D./MÜLDER, W. 1986 (Hg): Methoden- und computergestützte Personalplanung, Köln

SEITZ, E./MEYER, W. 1995: Tourismusmarktforschung, München

SEYDERHELM, B. 1997: Reiserecht, Heidelberg

SHENHAR, A. 1990: What is a Manager? A New Look, in: European Management Journal, H. 2 (1990): 198–202

SIEWERT, H. 1994: Zukunftschance Weiterbildung, München

SPÄTE, B. 1993: Haftpflichtversicherung, München

SPIELBERGER, M.
- 1998a: Firmen wollen jetzt Kickbacks abschaffen, in: FVW International, Nr. 7 (1998): 18f.
- 1998b: Studie zum Geschäftsprozeß im Business Travel Management, in: FVW International, Nr. 10 (1998): 30f.
- 1998c: Ergebnisse der Prozeßkostenanalyse der TUI Reise Center: Pauschalreise subventioniert viele Geschäftsbereiche, in: FVW International, Nr. 14 (1998): 8–10
- 1999: Betriebsvergleich der Reisebüros 1997: Stammkunden bringen eine höhere Erlösrendite, in : FVW International, H. 3 (1999): 12f.

STAEHLE, W. 1994: Management, 7. Aufl., München

STATISTISCHES BUNDESAMT 1997: Tourismus in Zahlen, Wiesbaden

STAUSS, B.
- 1990: Qualität von Dienstleistungen, München
- 1998: Total Quality Management im Tourismus, in: HAEDRICH, G. 1998: 357–377

STAUSS, B./SEIDEL, W. 1996: Beschwerdemanagement, München/Wien

STEINDL, A./ MERKL, K. 1990: Betriebswirtschaftslehre des Reisebüros, Wien

STEINMANN, H./SCHREYÖGG, G. 2005: Management: Grundlagen der Unternehmensführung, 6. Aufl., Wiesbaden

STIRM, P. 2006: Abkürzung am GDS vorbei, in: FVW, NR. 8 (2006): 52–53

STRANGFELD, R. P. 1993: Rechtliche Rahmenbedingungen, in: HAEDRICH, G. u. a. 1993 (Hg.): Tourismus-Management, 2. Aufl., Berlin/New York: 105–131

SÜLBERG, W.
- 1996: Mit weit über 17.000 Reiseagenturen scheint die Höchstzahl erreicht - Entwicklung der Reisebürolandschaft von 1970 bis 1995, in: Das Reisebüro, H. 12 (1996) – H. 1 (1997), Frankfurt/M.
- 1998: Reisevermittler, in: HAEDRICH u.a. 1998: 571–613

TID – Touristik Dokumentation
- 1980: Beilagen der Fachzeitschrift TID International vom 29.2., 28.3., 28.4. und 23.5.1980
- 1982: Beilage der Fachzeitschrift TID International vom 29.1.1982
THIESING, E.-O./DEGOTT, P. 1993: Reiseveranstalter – Ziele, Aufgaben und rechtliche Stellung, in: HAEDRICH, G. u. a. 1993 (Hg.): Tourismus-Management, 2. Aufl., Berlin/New York: 518–537
TIETZ, B. 1980: Handbuch der Tourismus-Wirtschaft, München
TIPPELT, R. 1994 (Hg): Handbuch der Erwachsenenbildung, Opladen
TMS 1997 u. 1998 – Tele-Marketing-Service GmbH (Hg.): Dokumentationen zu den ITB-Kongressen „Elektronik in der Touristik – Von der Vision zur Praxis", Berlin
TODD, G./RICE, S. 1996: Travel Perspectives: A Guide to Becoming a Travel Agent, Albany usw.
TÖPFER, A./MEHDORN, H. 1994: Total Quality Management, Neuwied
TONNER, K. 1995: Der Reisevertrag, 3. Auflage, Neuwied/Kriftel
TOURISTIK AKTUELL 9/1998: Das Try- and Error-Prinzip: Es hapert in der touristischen Aus- und Weiterbildung, Wiesbaden
TÜV SÜD (Hg.)
- 2003: ServiceQualität – Im Dienst des Kunden. Zertifizierung von ServiceQualität & Kundenzufriedenheit – Kriterien zur Zertifizierung
- 2005: ServiceQualität – Im Dienst des Kunden. Vertrauen schaffen. Erfolg optimieren, H.1 (2005)

ULRICH, H. 1990: Unternehmungspolitik, 3. Aufl., Bern usw.
ULRICH, P./FLURI, E. 1995: Management, 7. Aufl., Bern usw.

VDR – VERBAND DEUTSCHES REISEMANAGEMENT E.V. (Hg.)
- 2003–2007: VDR-Geschäftsreiseanalyse, Frankfurt
VIEGAS, A. 1998: Ökomanagement im Tourismus, München/Wien
VOIGT, P./BENTUM, E.V. 1997: Personal im Reisebüro, in: ASR 1997: 103–129

WEINKNECHT, J./BELLINGHAUSEN, I. 1997: Multimedia-Recht für Autoren, Produzenten und Nutzer, Heidelberg
WEIS, H./STEINMETZ, P. 2005: Marktforschung, 6. Aufl., Ludwigshafen
WEITHÖNER, U.
- 1998: Informationsmanagement, in: DETTMER, H. 1998 (Hg.): Tourismuswirtschaft – Arbeitsbuch für Studium und Praxis-Tourismus 1, Köln: 94–129
- 2007: Grundlagen des E-Commerce in der Tourismuswirtschaft, WiWi-Online.de, Hamburg
WEITHÖNER, U./EHBRECHT, O. 1998: Neue Medien und elektronischer Handel in der Tourismuswirtschaft, Folge 2: Konzept zur regionalen Integration örtlicher Informations- und Reservierungssysteme und Nutzung serviceorientierter internationaler Vertriebswege für das Gebiet der Nordsee-Tourismus-Marketing GmbH, in: Tourismus Jahrbuch, H. 1 (1998): 129–144

WEITHÖNER, U./EHBRECHT, O. 2004: Integrierte Informations- und Kommunikationssysteme im Touristikkonzern, in: BASTIAN, H./BORN, K. (Hg.): Der integrierte Touristikkonzern: 101–120

WIELENS, H. 1983: Kostensenkung und Leistungssteigerung als strategische Aufgabe im Kreditwesen, in: SCHIERENBECK, H. 1983 (Hg.): Rationalisierung und Personalmanagement in Kreditinstituten, Frankfurt/M.: 15–25

WILD, J. 1982: Grundlagen der Unternehmensplanung, 4. Aufl., Reinbek

WILLY SCHARNOW INSTITUT FÜR TOURISMUS AN DER FREIEN UNIVERSITÄT BERLIN
- 1999: Fort- und Weiterbildungsangebote in der Touristikbranche, Berlin/Frankfurt/M.
- 2000: Strukturveränderungen in der Reiseveranstalter- und Reisebürobranche, Berlin/Frankfurt/M.
- 2001: Strategien zur Qualitätssicherung im Reisebüro in der aktuellen Branchensituation, Berlin/Frankfurt/M.

WIRTZ, B. 2007 (Hg.): Handbuch Multi-Channel-Marketing, Wiesbaden

WITT, S.F./MOUTINHO, L. 1994 (Hg.): Tourism Marketing and Management Handbook, 2. Aufl., Hertfordshire: Prentice Hall

WÖHE, G. 2000: Einführung in die Allgemeine Betriebswirtschaftslehre, 20. Aufl., München

WOLF, J./SEITZ, E. 1991 (Hg.): Tourismusmanagement und -marketing, Landsberg/Lech

WOLL, A. 1993: Wirtschaftslexikon, 7. Aufl., München/Wien

WÖRL, V. 1994: Mehr Beschäftigte durch mehr Teilzeitarbeit, in: SZ Nr. 72 (1994) vom 28.3.94: 19

WUSSOW, W./PÜRCKHAUER, H. 1990: Allgemeine Unfallversicherungs-Bedingungen, Köln

WYSS, W. 1991: Marktforschung von A–Z, Adligenswil

ZEITHAML, V.A./BERRY, L.L./PARASURAMAN, A.
- 1991: Kommunikations- und Kontrollprozesse bei der Erstellung von Dienstleistungsqualität, in: BRUHN, M./STAUSS, B. 1991 (Hg.): 110–123
- 1992: Qualitätsservice, New York

ZIEGENBEIN, K. 1992: Controlling, in: Kompendium der praktischen Betriebswirtschaft, 4. Aufl., Ludwigshafen

ZIMMER, P. 1991: Ganzheitliches Management im Tourismus, in: WOLF, J./SEITZ, E. 1991: 243–264

ZUCKER-STENGER, W. H. 1989: Über 40 Prozent nutzen die Dienste desselben Reisebüros, in: FVW International, Nr. 22 (1989): 20f.

Abbildungsverzeichnis

Sachwortverzeichnis

Klimawandel:
Reisen ohne schlechtes Gewissen

Hansruedi Müller
Tourismus und Ökologie
Wechselwirkungen und Handlungsfelder
3., überarbeitete Auflage 2007. XV, 245 Seiten,
gebunden € 32,80, ISBN 978-3-486-58336-6

Lehr- und Handbücher zu Tourismus, Verkehr und
Freizeit

Es geht in diesem Buch darum, dass die erlangte
Reisefreiheit als populärste Form von Glück auch
unseren Enkelkindern erhalten bleibt, und darum,
den Tourismus als Grundlage des Wohlstandes
und der kulturellen Identität vieler Regionen auch
unseren Enkelkindern mit Stolz zu vererben. Im
Vordergrund steht die Generationenverträglich-
keit, das heißt, dass mit dem heutigen Handeln
nicht Optionen zukünftiger Generationen maßgeblich eingeschränkt werden dürfen. Dies aber
wird nur möglich sein, wenn wir unsere natürliche
Umwelt lebenswert und erlebnisvoll bewahren.
Voraussetzung dazu ist ein ökologischer Kurs-
wechsel.

Dieses Buch umfasst das heutige, für den Tourismus relevante Wissen über die ökologischen Zusammenhänge und leitet daraus generelle
Verhaltensgrundsätze für eine auf Nachhaltigkeit
ausgerichtete touristische Entwicklung ab.

Prof. Dr. Hansruedi Müller, 1947,
lehrt „Theorie und Politik von
Freizeit und Tourismus" an der
Universität Bern und leitet das
Forschungsinstitut für Freizeit
und Tourismus (FIF) seit 1989.

Oldenbourg

Geballtes Wissen zum studentenfreundlichen Preis

Siegfried G. Häberle (Hrsg.)
Das neue Lexikon der Betriebswirtschaftslehre
Kompendium und Nachschlagewerk -
mit 200 Schwerpunktthemen, 6.000 Stichwörtern,
2.000 Literaturhinweisen sowie
1.300 Internetadressen
2008. XLIX, 1.408 S., Br., 3 Bände in Schuber
€ 39,80
ISBN 978-3-486-58305-2

Das neue Lexikon stellt den aktuellen Stand der Wissenschaft dar – gewährleistet durch die Kompetenz von mehr als 200 Wissenschaftlern an Universitäten, Hochschulen und Akademien in Deutschland, Österreich und der Schweiz. Dabei handelt es sich um mehr als ein Lexikon: Mit 200 mehrseitigen Übersichtsbeiträgen ist das neue Lexikon zugleich ein Lehrbuch, ein Kompendium der gesamten Betriebswirtschaftslehre. Das Werk umfasst sowohl die Wissensgebiete der klassischen Betriebswirtschaftslehre als auch – besonders ausgeprägt – die Erkenntnisse der internationalen Betriebswirtschaftslehre. Über 2.000 Literaturangaben und 1.300 Internetquellen eröffnen den gezielten Zugang zu weiterführenden Informationen. Letztlich zeichnet sich das Buch durch eine überzeugende Systematik, eine übersichtliche Präsentation sowie eine umfassende Vernetzung des Wissens aus.

Das Nachschlagewerk richtet sich an Studierende der Betriebswirtschaftslehre sowie an Dozenten und wissenschaftliche Mitarbeiter. Auch Praktiker finden hierin wichtige Definitionen und Inhalte.

Prof. Dr. Siegfried Häberle lehrt an der Hochschule Reutlingen.

Oldenbourg

www.ingramcontent.com/pod-product-compliance
Lightning Source LLC
Chambersburg PA
CBHW081523190326
41458CB00015B/5443